THE DIRECTORY OF TUNES
AND MUSICAL THEMES

Other books by Denys Parsons

It must be true, it was all in the papers
What's where in London

THE DIRECTORY OF TUNES
AND MUSICAL THEMES

DENYS PARSONS

Introduction by
BERNARD LEVIN

SPENCER BROWN

First published 1975 by
Spencer Brown & Co
17 Halifax Road
Cambridge England

Original material © 1975 by Denys Parsons

Additional material © 1975 by Spencer Brown & Co

ISBN 0 904747 00 X

Printed in Great Britain by
Lowe & Brydone (Printers) Ltd, Thetford, Norfolk

CONTENTS

INTRODUCTION

by

BERNARD LEVIN

If Mr Denys Parsons did not exist, it would be necessary to invent him, but how on earth would we set about doing so? To start with, his versatility is quite astonishing; he is, or has been, a film-maker, a chemist, scientific adviser to the Society of Authors, an amateur flautist, an author, inventor of, among other creations, that inspired maker of newspaper misprints, Gobfrey Shrdlu, an Etonian, a psychic researcher, Press Officer to the British Library, and several dozen other things besides.

Chief among which, of course, is a Filler of Long-Felt Wants. There are certain objects or principles or techniques of which it may be said that we cannot think how we managed before they were devised. Sellotape, for instance; can it really be true that we always tied up parcels with string before Signor Sello came along? Where did we get all that string from? And what about those living alone, who could not ask someone else to put a finger on the knot while they finished tying it? And what political party would dare to face the wrath of millions now by putting in its election programme a pledge to abolish Sellotape if elected?

Now Mr Parsons did not invent Sellotape. But he did invent a compendium called *What's where in London,* which is a book that tells you where, in London, you can get all those things which you may not need very often, but for which, when you *do* need them, there is no substitute. Megaphones, for instance, and tailor's dummies; swimming-pools and model railways; accessories for wood-carvings; an expert to mend your broken china; every kind of antique; dancing-classes; clothes for tall women; trombones, Turkish baths and terrapins; raffia, regimental badges and rat-catchers; flippers, fossils and fountain-pens, joss-sticks, jewellery and junk; an all-night chemist, a chair caner, an ear-piercer, a vet, a harness-maker, a midwife and a launderer of nappies. (Be reasonable; if you need a

7

midwife you are bound, sooner or later, to need a nappy-laundry.)

What *did* we do before Mr Parsons compiled *What's where in London*, with all that information, and thousands more such items? One thing we did not do, it should be noted, was to think of the idea ourselves; but Mr Parsons did. Many have followed where he led (that has always been the story of the pioneer) and there are now many such guides. But it was he who had the idea, and (another aspect of the pioneer's story) tried an appallingly large number of publishers before he found one who would take it up. And yet, as I say, nobody who has ever made use of his invaluable handbook can imagine how they got on before he thought of it.

"Yes, Mr Galileo, what can I do for you?"
"Er, well, I believe I have invented a telescope."
"And what is that, pray?"
"Well, it is a device for seeing things a long way away—miles and miles away—oh, hundreds of miles, if not thousands."
"Oh, I don't think we want that. I mean, there wouldn't be any call for it, would there?"

And so, having proved that there was a call for *What's where in London*, Mr Parsons wondered what else there might be a call for that did not exist. And one day (it may have been in his bath, and it may not) he solved—in a single, instantaneous flash of inspiration—a problem that has hitherto been unsolved, and that seemed to be quite impossible of solution. What he did was no less extraordinary than would be the squaring of the circle or the construction of a perpetual-motion machine; he did something that, properly defined, *could not be done*. He worked out a method by which people who could not read a single note of music could look up musical themes in a directory thereof.

This is something the need for which is obvious. However ignorant of music we may be, if we have ever hummed a snatch of anony-mous tune, remembered from our childhood or from yesterday's radio-programme, we have also wished we could put a name to it. Note that this is just as true for *Mairzy doats and doazy doats* or *She was one of the early birds* or *Lucy in the sky with diamonds* as it is for the *maestoso* theme from the last movement of Beethoven's Ninth Symphony or the Gigue from Bach's French Suite No 2 in C minor:

8

even the man who said that he only knew two tunes, and that one of them was *God save the Queen* and the other one wasn't, would find it useful to know what the other one actually was.

If we can read music, we have long had works of reference to which we can turn to track down the theme that is teasing our minds. If we know that what we are singing is in B flat major, and that the notes at the beginning of the phrase are E flat, A flat and B flat respectively, we can hope to look it up without much difficulty in something like Barlow and Morgenstern's *Dictionary of musical themes*. But what if we cannot read, or write, a single note of music? What if we think that A flat major is an army officer who has had the misfortune to be run over by a tank? Are we to long in vain for the ability to discover what we are trilling, or the trombone-playing busker in the street is tootling, or the maiden at the piano glimpsed behind the lace curtains is tinkling?

Yes, said the world. No, said Mr Parsons, and suited the action to the word. In his preface to this book, he explains in detail how his system works, and explains much more clearly than I could. But even he cannot keep out of his explanation the tone of wonder at the fact that something so simple, so obvious, so childishly simple and ridiculously obvious, actually works—works without flaw or failure, works for those who know absolutely nothing whatever about music, works for those who hate music and want only to know exactly what music it is that they are hating at any given moment as much as for those who love music and want to know the particular name that their beloved goes by.

I cannot even say that his method only takes five minutes to learn. It takes, literally, no time at all to learn. As soon as you have read the few lines in which he explains his method you have it, complete and entire in your head, and can thereafter use it for any piece of music. For convenience, he has divided his directory into three sections—classical, popular, and National Anthems—but the worst this can do is to delay the finding of your elusive tune for a few extra moments, if you are undecided whether it is by Mozart or John Lennon and it turns out to be the National Anthem of Burundi.

Mr Parsons has told me the number of publishers who turned down this book before Messrs Spencer Brown and Co accepted it; I have mercifully forgotten how many it was, but it was a very large number indeed. And yet, within twelve months of its publication they, like

9

you and I and countless others, will be unable to understand how on earth anybody could have managed before the idea came to him. That, as I say, has always been the fate of pioneers.

"Oh, no, Mr Galileo, there wouldn't be any call for a telescope. No, there is really no point in your leaving your name and address. No, I am afraid I cannot think of anybody who might be interested. *But would you mind telling me, before you go, what is that tune you were humming as you came in?*"

PREFACE

On setting out to compile a new and comprehensive directory of musical themes, I intended at first to follow the method used by Barlow and Morgenstern[1] in America in the 1940s. To identify an unknown tune by their method the searcher has to transpose it into the key of C and then write down the actual notes. The idea is straightforward but requires a fair degree of musical knowledge to work it.

After giving the matter some thought, I made the unexpected discovery that a single feature—the up-and-down pattern of the melody—was sufficient to differentiate any number of themes.

All the searcher needs to do is to hum the tune and decide whether the consecutive notes of the melody go up (U), down (D), or repeat (R). Thus the first phrase of *God save the Queen*[2] would be coded * R U D U U, the asterisk representing the first note of the tune. From this we can see that there is no need to transpose, and that, apart from the shape of the melody, all other features—key signature, rhythm, phrasing, pitch, and note intervals—are ignored because they are not needed. The code sequence is simply looked up in the alphabetical index.

I continue to be astonished that such a simple test, taken to the sixteenth note (or less), should be adequate to distinguish more than 10,000 classical themes. Many of the popular songs are in fact sorted out before the ninth note is reached.

Admittedly, even at the sixteenth note in the classical section, there are themes with identical codings, but in these cases the style of the music will almost always enable the searcher to pick out the right answer from one or more alternatives.

In selecting works for inclusion in the present Directory I have used a number of source books, in particular the thematic indexes of

[1] *A dictionary of musical themes*, Crown Publishers, New York, 1948; Williams & Norgate (now Ernest Benn Ltd), London 1949, still in print: and *A dictionary of vocal themes*, Crown Publishers, New York, 1950; Ernest Benn Ltd, London, 1956, still in print.

[2] For readers in USA this is the same tune as *America*, 'My country, 'tis of thee'.

Barlow and Morgenstern. Together these contain about 17,500 themes, but they include a number of works that would nowadays be considered as of academic interest only. Furthermore, they stop short at 1947, before the advent of the modern long-playing record that has made so many more works available and familiar to a general musical public. As a basic guide to today's repertoire I have used *The Gramophone* Classical Record Catalogue, and aimed to include nearly all items represented by two or more recordings, as well as many listed only once, and works not represented at all in current recordings which seemed worthy of inclusion. I shall be glad to be notified of omissions or errors which the reader considers serious.

The Barlow and Morgenstern directories cater only for 'classical' music, and the index of Popular Tunes included in the present Directory is, as far as I know, the first such thematic index ever to be published. In it I have included most of the tunes listed in *The Book of World-famous Music* by James J Fuld (Crown Publishers 1966), and have also worked from publishers' thematic lists and *The Gramophone* Popular Record Catalogue. The majority of the popular songs were coded by me directly from the sheet music.

Sometimes it has been difficult to decide the boundary between 'classical' and 'popular'. I have followed *The Gramophone* Classical Record Catalogue in putting Sullivan, Waldteufel, Lehar, and the Strausses with the classical (but Oscar Straus with the popular). In some instances I have entered a theme in both sections.

For the popular tunes I have given dates but these may not always be quite accurate. It is often difficult to determine the date of a piece; there is the date of composition and/or the date of the arrangement; there may be different copyright dates on the two sides of the Atlantic, and a song may be popularized long after it was composed. Some popular songs are listed without dates or composers; this is because the time for research ran out.

In compiling the directories my aim has been to supply the best possible facility to enable readers to find what they are looking for. This has meant attempting to decide how a given melody will be remembered. There may be different versions of a folk song; a departure from what a composer actually wrote may have gained acceptance over the years. Sometimes it is difficult to decide whether the searcher will include the unaccented note or notes before the bar-line. Will the triplet which introduces the Rakoczy march be

12

included or omitted? What about the 'Oh!' which introduces 'Charlie is my darling'?

In all such cases I know of I have included two versions, sometimes adding 'misquoted' in brackets after an unauthorized version. In certain cases I have omitted as intractable a glissando or quasi-glissando before the bar-line, assuming that the user will do likewise. Examples are the flute theme from Ravel's Daphnis and Cloë suite No 2, and the opening glissando from *The whistler and his dog*.

Sometimes different instruments play simultaneously tunes that are judged by the ear to be of equal importance, or sometimes a base line, as in Diabelli's waltz, can be so insistent as to be considered part of the tune. In these cases too I have listed more than one version. No less than three versions of Handel's largo in G (ombra mai fu) have been included because the instrumental and vocal versions are different, and there are doubts whether the searcher will include the accompaniment link. Again, *Land of hope and glory* does not tally with the trio of Elgar's Pomp and Circumstance March No 1, so both versions are included. Jessel's *Parade of the tin soldiers* is frequently remembered with an introductory duplet instead of the triplet which is correct. Both are listed.

In cases where the octave of a note is scored, it may be heard or remembered as the fundamental, especially if the octave takes the theme beyond the range of the human voice. A few such themes have been given an additional coding which takes account of this. In cases of doubt, the reader should try alternative codings that seem plausible.

Where I have followed Barlow and Morgenstern's selections I have thought it sensible to adopt also their conventions of thematic analysis. For example, they occasionally list a theme in two parts 'a' and 'b'. This explains entries in the directory such as 1t(b) and 2t(a).

Broadly I have followed the practice of Barlow and Morgenstern of including appoggiaturas and omitting grace notes, trills, and other ornaments. This is by no means as easy as it sounds, particularly with music written before the 19th century. In spite of their instruction that 'trills, turns, grace notes, and other embellishments are not taken into consideration', they invariably do code these where the composer has arbitrarily chosen to write them out as full notes—

13

eg as a couple of semi-quavers or demi-semi-quavers at the conclusion of a trill. One such example occurs at the beginning of the third movement of the Mozart piano concerto/12 in A K414. Such themes are practically impossible to identify from exact codings of the scores, and I have also listed codings for the themes as heard, ie without the notes that sound like ornaments. But there may not be alternative codings in every such case, and if the searcher cannot at first find a theme with (for example) a trilled note, it may yet be identified by adding (or subtracting) an extra DU after the trill.

Acknowledgments

I wish to thank Brian Godfrey for his help in matters of method and nomenclature, and for coding a number of works. I gratefully acknowledge further help from Basil Bard, Jean Barnard, Constance Clift, William Coates, Marianne Davies, Verity Elliott, Lewis Foreman, Archie Harradine, Mary and Ann Hill, Isabel Hyatt, Arthur Jacobs, Pauline Kapourta, Hannah Kelly, Lester S Levy of Pikesville, Maryland, Alastair MacGeorge, Brian Mann, Jim Matthews, Patricia Millard, Pamela Morrison, John Parry of Chappell & Co Ltd, Frances, Alan, and Paul Parsons, Audrey Patton, Sonia Peters, Wolfgang Petrauschke, Eugene Rosenfeld, Margaret Skelton, Nicholas Temperley, and Anne Yeomans.

I wish also to thank W Sullivan, former BBC Light Music Librarian, Brian Payne, the present librarian, and his staff Tim Wills, Alan Wisher, Andrew David, and Chris Vezey; Alan Sopher and his staff at Westminster City Council's Central Music Library; Robert Tucker of Uxbridge Public Library; the Music Librarian of the Lincoln Center, New York; and O W Neighbour of the British Library's Music Library.

Finally I wish to thank Ernest Benn Ltd for permission to use themes from the Barlow and Morgenstern directories, and the Royal Marines' School of Music at Deal (Ministry of Defence) for permission to quote from their collection of national anthems.

HOW TO USE THE DIRECTORIES

Write down an asterisk to represent the first note of the theme you wish to identify. Then play, sing, or hum the tune, noting whether consecutive notes go down, up, or repeat, writing down D, U, or R in each case. Go on like this to the 16th note (14th note for popular) or as far as you are able.

For readability the codes are entered in the directory in groups of five, so divide the code you have written down into groups of five from the left ignoring the asterisk. You are now ready to look up the answer.

Example: in *God save the Queen* the second note repeats so we write R, the third note is up, U, the fourth down, D, the fifth and sixth are up, U U. (It doesn't matter what the intervals are—you don't need to know.) So the full coding turns out to be:

1	2	3	4	5	6		7	8	9	10	11		12	13	14	15	16
*	R	U	D	U	U		U	R	U	D	D		D	U	D	D	U

Overseas readers may refer to their own national anthem for a familiar example.

Even if you can remember only the first few notes of a tune this will narrow your search considerably, and by glancing down the page you may recognize the theme or popular song whose title you had forgotten.

Warning. The most common mistake is to give a value to the *first* note of a tune, which must of course be neutral. Thus there is a temptation to code the opening of Beethoven's fifth symphony as RRRD. It should be *RRD. That is why it is important to write down the asterisk to represent the first note.

Abbreviations

In the Classical Section m = movement, t = theme, and the meaning of other abbreviations will be self-evident. Source books and thematic indexes are identified as follows.

BWV	Bachwerke Verżeichnis (Bach)
D	Deutsch (Schubert)
FWB	Fitzwilliam Virginal Book
J	Jahns (Weber)
K	Köchel (Mozart)
Kp	Kirkpatrick (Scarlatti)
P	Pincherle (Vivaldi)

DIRECTORY OF CLASSICAL THEMES

```
*DDDDD  DDDDD  DDDDD  Saint-Saëns  piano concerto/4 in Emi op44 2m 1t
*DDDDD  DDDDD  DDDDU  Berlioz  Fantastic symphony 4m 1t
*DDDDD  DDDDD  DDDUD  Mussorgsky  Pictures from an exhibition: Gnome 2t
*DDDDD  DDDDD  DUDDU  Verdi  string quartet in Emi 3m 2t
*DDDDD  DDDDD  UUUDU  Mendelssohn  Midsummer night's dream: overture 2t
*DDDDD  DDDDU  DDDDU  Berlioz  The Corsair: overture 1t
*DDDDD  DDDDU  DDDUD  Vaughan Williams  Fantasia on Greensleeves 1t
*DDDDD  DDDDU  DDUDD  Franck  quintet for piano/str in Fmi 1m intro
*DDDDD  DDDDU  DRRUD  Walton  violin concerto 2m 1t(a)
*DDDDD  DDDDU  DUUUU  Bach  suite/3 for cello solo in C 1m 1t BWV1009
*DDDDD  DDDDU  UDDDD  Max Bruch  violin concerto/1 in Gmi 1m 2t
*DDDDD  DDDDU  UDDDD  Rossini  Boutique Fantasque 3m mazurka
*DDDDD  DDDDU  UUDUD  Scarlatti  harpsichord sonata in G Kp13
*DDDDD  DDDRR  UUURU  Berlioz  Te Deum: Christe, rex gloriae
*DDDDD  DDDRU  UUUDU  MacDowell  Sea pieces, piano op55/1: To the sea
*DDDDD  DDDUD  UDURR  Schumann  Papillons, piano op2/11
*DDDDD  DDDUD  UUUDU  Vivaldi  concerto flute/str in D op10/3 'Gold-
*DDDDD  DDDUU  DDUUD  Delius  sonata/2 for violin/piano 2t [finch' 3m
*DDDDD  DDRDD  UUDUD  Saint-Saëns  Samson & Dalila: Ah! réponds à ma
*DDDDD  DDRDU  UDUUU  Grieg  piano sonata Emi op7 1m 1t      [tendresse
*DDDDD  DDRDU  UUDDD  Shostakovitch  symphony/6 in Bmi op54 2m 1t
*DDDDD  DDRUD  DDDDU  Mahler  symphony/5 theme from 5m
*DDDDD  DDRUD  DUDDD  Waldteufel  Sirenenzauber waltzes/4
*DDDDD  DDRUU  UDDDD  Mozart  piano sonata/3 K281 2m andante
*DDDDD  DDRUU  UDDUU  Berlioz  Te Deum: Salvum fac populum
*DDDDD  DDUDD  DDDDD  Brahms  symphony/1 in Cmi op68 3m 2t
*DDDDD  DDUDD  DDDDD  Shostakovich  sonata for cello/piano op40 2m 2t
*DDDDD  DDUDD  DDDUU  Handel  Acis & Galatea: Would you gain the tender
*DDDDD  DDUDD  UDDUU  Bach  Well-tempered Clavier II prel/6      [creature?
*DDDDD  DDUDU  DUDDU  Franck  quintet for piano/str in Fmi 1m 1t
*DDDDD  DDURR  DURRU  Wagner  Siegfried Act I: Zwangvolle Plage!
*DDDDD  DDUUD  DUDUR  Haydn  string quartet/49 D op50/6 'The Frog' 1m
*DDDDD  DDUUD  UDUDD  Bach  Two-part inventions/6 E, Clavier 1t BWV777
*DDDDD  DDUUD  UUDDD  Weber  Konzertstück for piano/orch 4t (Jahns 282)
*DDDDD  DDUUD  UUDDU  Handel  Water music 15m
*DDDDD  DDUUD  UUDUU  Mozart  string quintet/5 in D K593 4m (newly dis-
*DDDDD  DDUUD  UUUDD  Bach  concerto Dmi 2 violins 2m [covered version)
*DDDDD  DDUUD  UUUUU  Weber  Konzertstück for piano/orch 2t (Jahns 282)
*DDDDD  DDUUU  DDDUD  Sibelius  Autumn night (song)
*DDDDD  DDUUU  DDDUU  Haydn  symphony/44 in Emi 2m trio
*DDDDD  DDUUU  DDUUU  Sibelius  symphony/4 in Ami op63 2m 1t
*DDDDD  DDUUU  DUDD   Wagner  five Wesendonck songs/4: Schmerzen
*DDDDD  DDUUU  UDDUD  Haydn  symphony/84 in E♭ 3m trio
*DDDDD  DDUUU  UUUDD  Beethoven  serenade for violin/viola/cello op8 2m
*DDDDD  DDUUU  UUUDU  Bruckner  symphony/9 in Dmi 2m 1t
*DDDDD  DDUUU  UUUUD  Brahms  symphony/4 in Emi op98 1m 2t
*DDDDD  DRDDU  DDDDD  Haydn  symphony/99 in E♭ 3m minuet
*DDDDD  DRDUD  UDUUU  J Strauss Jr  Frühlingsstimmen 6t
*DDDDD  DRRDD  URDUU  Bach  Prelude (and fugue) in C organ BWV545
*DDDDD  DRRUU  DDUDD  Schubert  piano sonata in A 3m 1t D664
*DDDDD  DRUUD  UDDDR  Tchaikovsky  Eugene Onegin Act II: ballroom waltz 2t
*DDDDD  DUDDD  DDDUD  Verdi  Rigoletto Act I: Caro nome
*DDDDD  DUDDD  DDDUD  Beethoven  piano sonata/2 in A op2/2 1m 1t
*DDDDD  DUDDD  UD     Brahms  symphony/4 in Emi op98 1m 5t
*DDDDD  DUDRU  DDUDU  Tchaikovsky  E Onegin II: What has the coming day
*DDDDD  DUDUD  DDUUU  Bach  sonata/1 in Gmi solo violin 1m BWV1001
*DDDDD  DUDUD  UDU    Haydn  str quartet/74 Gmi op74/3 'Horseman' 3m 1t
```

19

```
*DDDDD  DUDUR  RRRDU   Bach concerto/1 in Dmi for harpsichord 1m BWV1052
*DDDDD  DUDUU  UDDDD   Dvořák Bagatelles for piano/strings op47 5m 1t
*DDDDD  DUDUU  UDDDD   Tchaikovsky symphony/3 in D op29 2m 2t
.DDDDD  DURDD  DUUDD   Bach Fantasia in Cmi for Clavier BWV906
*DDDDD  DURRD  UDUDU   Bartok string quartet/2 op17 3m 1t
*DDDDD  DURUU  UDDDD   Brahms string sextet in B♭ op18 3m 2t
*DDDDD  DUUDD  D       Tchaikovsky piano concerto/2 G op44 1m 2t
*DDDDD  DUUDD  DDDDD   Schumann Fantasy for piano in C op17 3m 2t
*DDDDD  DUUDD  DDDDU   Beethoven piano sonata/1 in Fmi op2/1 1m 2t
*DDDDD  DUUDD  DUDRD   Waldteufel Immer oder nimmer waltzes/3 2t
*DDDDD  DUUDR  UUUDU   Brahms piano sonata in Fmi op5 scherzo 1t
*DDDDD  DUUDU  DDDDD   Mozart symphony/41 in C 'Jupiter' K551 3m 1t
*DDDDD  DUUUD  UDDUU   Schubert Grand Duo in C for piano 4 hands D812 1m
*DDDDD  DUUUD  UDU     Sibelius symphony/7 in C op105 7t
*DDDDD  DUUUR  RRR     Verdi Requiem: Rex tremendae
*DDDDD  DUUUU  DU      Debussy La Mer, 1m 6t
*DDDDD  DUUUU  UUDDD   Schumann Des Abends, piano op12/1
*DDDDD  DUUUU  UUUUD   Bruckner symphony/8 in Cmi 1m 3t
*DDDDD  DUUUU  UUUUU   Haydn symphony/90 in C 3m trio
*DDDDD  RDDUD  DDDDD   Mahler symphony/8/II Bei dem Bronn
*DDDDD  RDDUU          Beethoven symphony/6 in F 'Pastoral' 1m 3t(b)
*DDDDD  RDRUU  UDRUU   Brahms quartet for piano/strings in Cmi op60 1m 2t
*DDDDD  RDUUU  UUUUU   Stravinsky Capriccio for piano/orchestra 1m 2t
*DDDDD  RRUDD  DDDRR   Mendelssohn string quartet/1 E♭ op12 1m 2t
*DDDDD  RRUUU  DURUD   Mendelssohn Songs without words/34 piano op67/4
*DDDDD  RUDDD  DDDUD   Mozart Don Giovanni Act II: Ah, pietà!
*DDDDD  RUDDD  DDRUU   Wagner Siegfried Idyll, orchestra 2t
*DDDDD  RUDRR  UDRRR   Mozart Don Giovanni: overture 2t
*DDDDD  RUUDU  DUUDD   Mozart piano sonata/13 in B♭ K333 1m
*DDDDD  UDDDD  DDDDU   Handel suite/3 for harpsichord in Dmi 2m
*DDDDD  UDDDD  DDDUD   Brahms symphony/3 in F op90 1m 1t
*DDDDD  UDDDD  DUDDD   Handel concerto grosso in G op6/1 1m
*DDDDD  UDDDD  DUDDU   Richard Strauss Till Eulenspiegel op28 7t
*DDDDD  UDDDD  DUUDD   Verdi La Traviata Act I: prelude 2t
*DDDDD  UDDDD  DUURR   Rachmaninov sonata cello/piano Gmi op19 2m 1t
*DDDDD  UDDDD  RRUUD   Beethoven piano concerto/2 in B♭ op19 1m 2t
*DDDDD  UDDDD  UUDDD   Handel organ concerto in Gmi op7/5 1m 1t
*DDDDD  UDDDR  UUUUD   Sterndale Bennett May dew (song)
*DDDDD  UDDDU  DUD     Richard Strauss Salome: Dance of the seven veils 3t
*DDDDD  UDDDU  UDDDD   Handel concerto grosso in Emi op6/3 2m 1t
*DDDDD  UDDDU  UUURU   Beethoven symphony/4 in B♭ 2m 1t
*DDDDD  UDDRU  DDRRU   Elgar Dream of Gerontius: Dispossessed
*DDDDD  UDDUD  DUDDU   Beethoven symphony/9 in Dmi 'Choral' 1m 1t
*DDDDD  UDDUD  U       Bach Toccata (and fugue) in Dmi, organ BWV565
*DDDDD  UDRDD  D       John Dowland Awake, sweet love
*DDDDD  UDRDD  UD      Cilea Adriana Lecouvreur: La dolcissima effigie
*DDDDD  UDRUU  DRUUU   Brahms symphony/1 in Cmi op68 1m intro
*DDDDD  UDUDD  DDDDD   Bach partita/5 in G preamble, Clavier BWV829
*DDDDD  UDUDD  DDDUD   Bach sonata in Gmi for violin/Clavier 2m BWV1020
*DDDDD  UDUDD  DDDUD   Scarlatti harpsichord sonata Kp400
*DDDDD  UDUDD  DDUDU   Butterworth A Shropshire lad: Think no more, lad
*DDDDD  UDUDD  UDDUD   Schubert Die Winterreise/1 Gute Nacht D911
*DDDDD  UDUDD  UDDUU   Elgar Wand of Youth suite/1 slumber scene op1
*DDDDD  UDUDD  UUUUU   Chopin prelude/16 op28
*DDDDD  UDUDU  DDDD    Fauré sonata/1 violin/piano in A op13 2m 2t
*DDDDD  UDUDU  UUUDU   Handel organ concerto in Gmi op4/7 2m 1t
*DDDDD  UDUUU  DDDUU   Mozart cassation/1 in G K63 4m menuetto
```

20

```
*DDDDD UDUUU RRRDU   Haydn  symphony/34 in Dmi 3m menuet
*DDDDD URDDD DDURD   Beethoven  piano sonata/29 B♭ op106 Hammerklavier
*DDDDD URDDD UUDD    Khachaturian  Gayaneh ballet: variations         [4m 1t
*DDDDD URDDU R       Johann Strauss Jr  Der Zigeunerbaron Act I: So elend
*DDDDD URDUD DDDDU   Bach  St John Passion/37 Ach Herr BWV245
*DDDDD URRDD DDD     Verdi  La Traviata Act II: Amami Alfredo
*DDDDD URRRU UUDUD   Haydn  symphony/34 in Dmi 4m
*DDDDD URRUD DDUUU   Balfe  Killarney song
*DDDDD URUUU DDDDR   Handel  sonata in E oboe or vln/fig bass op1/15 3m
*DDDDD URUUU DUDDD   Vaughan Williams  Songs of travel: Bright on the ring
*DDDDD UUDDD DDD     Grieg  Lyric suite op54 piano: Shepherd boy [of words
*DDDDD UUDDD UUDDD   Mozart  piano concerto/18 in B♭ K456 1m 3t
*DDDDD UUDDR UUUUU   Berlioz  Benvenuto Cellini Act I Chorus of metal-
                       workers: Si la terre aux beaux jours se couronne
*DDDDD UUDDU DDDDD   Tchaikovsky  symphony/6 in Bmi 'Pathétique' 1m 2t
*DDDDD UUDDU DRUDD   Fauré  Ballade for piano/orch 2t
*DDDDD UUDDU UDDUU   Handel  concerto grosso in C Alexander's feast 4m
*DDDDD UUDDU UDDUU   Mozart  divertimento in D K136 1m
*DDDDD UUDRD UUDDU   Walton  violin concerto 3m 2t
*DDDDD UUDUD DD      Mozart  string quintet/4 in Gmi K516 4m
*DDDDD UUDUD UUDUD   Wagner  Das Rheingold: Weia! Waga! Woge!
*DDDDD UUDUU DD      Berlioz  Beatrice & Benedict: overture intro
*DDDDD UUDUU DUUUU   Bruckner  symphony/5 in B♭ 3m 1t
*DDDDD UUDUU RDUD    Bach  Well-tempered Clavier Bk II prel/21 BWV890
*DDDDD UUDUU UDDDD   Wagner  Siegfried Act II: Hei! Siegfried gehört
*DDDDD UUDUU UUURD   Brahms  piano sonata/3 in Fmi op5 2m
*DDDDD UURDU UD      Berlioz  Beatrice & Benedict overture 2t
*DDDDD UURRU DDDDD   Haydn  symphony/45 in F♯mi 'Farewell' 1m
*DDDDD UUUDD         Sibelius  symphony/3 in C 3m 1t
*DDDDD UUUDD DD      Mozart  Serenade in B♭ K361 13 wind instr 2m
*DDDDD UUUDD DDDUU   Chopin  mazurka/32 2t op50/3
*DDDDD UUUDD DDUUD   Poulenc  nouvellette/2 for piano 1t
*DDDDD UUUDD UUDDD   Waldteufel  España waltz/1 2t (misquoted)
*DDDDD UUUDU DDUUD   Waldteufel  España waltz/1 2t
*DDDDD UUUDU DDUUD   Chabrier  España 2t
*DDDDD UUUDU DUD     Liszt  Rakoczy march 3t (Hung'n rhaps/15 piano)
*DDDDD UUUDU DUUUU   Tchaikovsky  symphony/5 in Emi 3m 1t
*DDDDD UUUUD DDDDU   Debussy  Prélude à l'après-midi d'un faune 1t
*DDDDD UUUUD DDUUU   Beethoven  symphony/6 in F 'Pastoral' 3m 2t
*DDDDD UUUUD U       Purcell  Dido and Aeneas: With drooping wings
*DDDDD UUUUD UR      Puccini  Il tabarro: Se tu sapressi
*DDDDD UUUUU DDDUU   Chopin  mazurka/26 op41/1
*DDDDD UUUUU DUDDD   Palmgren  May night, piano
*DDDDD UUUUU RDDDD   Fauré  violin sonata in A op13 1m 2t
*DDDDR DDDDU URDRD   Brahms  Romance in F for piano op118/5
*DDDDR DDDUD RUD     Reger  quintet for clarinet/strings A op146 1m 2t
*DDDDR DDUDD UUDDD   Gounod  Funeral march of a marionette, orch 2t
*DDDDR DRURD DDDUU   Mozart  horn concerto/2 in E♭ K417 1m 3t
*DDDDR DRUUD DRDRU   Brahms  trio clar or vla/cello/piano Ami op114 1m 2t
*DDDDR DUDDD DRDUD   Albinoni  Adagio for organ/strings (spurious)
*DDDDR DUDDD DUDDD   Donizetti  L'elisir d'amore Act I: Adina, credimi
*DDDDR DUDDR RUUDD   Beethoven  piano sonata/31 in A♭ op110 2m
*DDDDR DURRD URRDU   J Strauss Jr  Perpetuum mobile op257
*DDDDR DUUUD URUUD   Berlioz  Les Troyens IV: Royal hunt & storm 2t
*DDDDR RDDUU DUDDU   Grieg  Dance caprice op28/3 piano 2t  [(horn)
*DDDDR RRUDD DDRRR   Mozart  piano sonata/7 in C K309 3m
*DDDDR RRUDD RDUUD   Mozart  sonata/23 violin/piano in D K306 3m 3t
```

21

*DDDDR	RUDDD	DRRU	**Dvořák** waltz/3 op54/3 for piano 1t
*DDDDR	RUDDD	DRRUD	**Mozart** violin concerto/5 in A K219 1m 2t
*DDDDR	RUUUD	UDDUD	**Beethoven** symphony/4 in B♭ 4m 2t
*DDDDR	UDDRD	DUDDD	**Mozart** Die Zauberflöte Act II: Ach, ich fühl's
*DDDDR	UDDUU	UUUU	**Verdi** Falstaff Act I: l'Onore! Ladri!
*DDDDR	URDUD	DDDRU	**Poulenc** Toccata for piano, intro
*DDDDR	URDUU	UUUUR	**Handel** suite/2 in F for harpsichord 4m
*DDDDR	URUDD	UUDUU	**Honegger** Pastorale d'été, orch, 4t
*DDDDR	UUDD		**Vaughan Williams** symphony/2 'London' 1m 1t
*DDDDR	UURUR	UD	**Beethoven** Fidelio I: Ha! welch' ein Augenblick
*DDDDU	DDDDD		**D'Indy** Istar symphonic variations op42 1t
*DDDDU	DDDDD	DDDDD	**Debussy** Préludes for piano Bk I/2 Voiles 1t
*DDDDU	DDDDD	DUURU	**Debussy** Prélude à l'après-midi d'un faune 2t
*DDDDU	DDDDD	UUUDU	**Beethoven** sonata/4 violin/piano in Ami op23 1m
*DDDDU	DDDDU	DDDUD	**Brahms** trio piano/vln/cello in C op87 1m 3t
*DDDDU	DDDDU	DDUUD	**Vaughan Williams** symphony/4 in Fmi 4m 1t(a)
*DDDDU	DDDUD	DDDUD	**Humperdinck** Hansel & Gretel Act II: Prelude
*DDDDU	DDDUD	DUUDD	**Schumann** Three romances for oboe/piano op94/1
*DDDDU	DDDUD	UDUDD	**Haydn** symphony/45 F♯mi 'Farewell' 4m 2nd part
*DDDDU	DDDUD	UDUDU	**Mozart** piano sonata/6 K284 1m 1t
*DDDDU	DDDUR	URUDU	**Brahms** symphony/2 in D op73 2m 1t
*DDDDU	DDDUU	DDD	**Vaughan Williams** Flos campi 6m 2t
*DDDDU	DDDUU	DDUUU	**Brahms** trio for violin/cello/piano in B op8 3m 1t
*DDDDU	DDRRU	URDUD	**Schubert** An die Nachtigall (song) D196
*DDDDU	DDRUU	DDDDU	**Elgar** symphony/1 in A♭ op55 3m 2t(b)
*DDDDU	DDUDD	DDUDD	**Beethoven** symphony/6 in F 'Pastoral' 1m 2t
*DDDDU	DDUDD	DDUDD	**Mozart** Rondo in D for piano K485
*DDDDU	DDUDD	DDUDD	**Rimsky-Korsakov** Coq d'or: Hymn to the sun 2t
*DDDDU	DDUDD	DDUUU	**Rimsky-Korsakov** Tsar Sultan: Flight of bumble bee
*DDDDU	DDUDD	DUDUD	**Mozart** sonata/34 for violin/piano in A K526 1m 2t
*DDDDU	DDUDD	DUUDU	**Chopin** Fantaisie in Fmi op49 4t
*DDDDU	DDUDD	UDDUD	**Chopin** scherzo/3 in C♯mi op39 2t
*DDDDU	DDUDD	UDDUD	**Mozart** Don Giovanni Act I: Batti, batti, o bel Masetto
*DDDDU	DDUDD	UUUDD	**Prokofiev** violin concerto/2 in Gmi op63 1m 2t
*DDDDU	DDUDD	UUUUU	**Mahler** Das Lied v d Erde: Der Einsame im Herbst
*DDDDU	DDUDR	RUUUU	**Chopin** sonata for cello/piano in Gmi op65 1m
*DDDDU	DDUDU	RRRDD	**Brahms** Vier ernste Gesänge/2: Ich wandte mich
*DDDDU	DDUDU	UDDDD	**Bloch** Schelomo (Hebrew rhapsody) cello/orch 5t
*DDDDU	DDURD	DDDUD	**Rimsky-Korsakov** Le coq d'or suite 1m 1t
*DDDDU	DDURU	UDDUD	**Corelli** concerto grosso in B♭ op6/11 3m
*DDDDU	DDUUU	DD	**Beethoven** quintet for piano/wind in E♭ op16 2m
*DDDDU	DDUUU	DURDR	**Mozart** quartet/1 for piano/strings in Gmi K478 2m
*DDDDU	DRDDD	UUDRD	**Haydn** symphony/52 in Cmi 3m trio
*DDDDU	DRDUD	UDDUR	**Roger Quilter** Blow, blow, thou winter wind
*DDDDU	DRDUU	UUDDU	**Thomas Arne** Blow, blow, thou winter wind
*DDDDU	DRRUU	DUR	**Schumann** Intermezzo op39/2 Dein Bildnis...(song)
*DDDDU	DRUDD	DDUDD	**Mozart** sonata/27 for violin/piano in G K379 2m
*DDDDU	DRUDR	UDUDU	**Haydn** symphony/97 in C 1m
*DDDDU	DRURR	DRDDD	**Tchaikovsky** symphony/5 in Emi op64 4m 5t
*DDDDU	DRUUD	UDDDR	**Haydn** symphony/46 in B 4m
*DDDDU	DUDDD	DDUDD	**Prokofiev** piano concerto/3 in C op26 3m 2t
*DDDDU	DUDDU	DDDDU	**Schumann** piano sonata/2 in Gmi op22 4m 2t
*DDDDU	DUDDU	DR	**Giordano** Andrea Chenier Act I: O Pastorelle
*DDDDU	DUDDU	DUDDD	**de Falla** Three-cornered hat: Jota 4t
*DDDDU	DUDRD	DDDD	**Delius** violin concerto 1t
*DDDDU	DUDUD	UDDDD	**Haydn** symphony/92 in G 1m
*DDDDU	DUDUD	UDDDD	**Mozart** Allegro (& andante) K533 piano

22

*DDDDU	DUDUD	UDUDD	**Mozart** sonata/34 for violin/piano in A K526 1m 1t
*DDDDU	DUDUU	UUDDD	**Schubert** symphony/6 in C D589 3m 2t
*DDDDU	DUDUU	UUUUD	**A Pestalozza** Ciribiribin (song) first part
*DDDDU	DURDD	DDURD	**Dvořák** Bagatelles for piano/strings op47 1m
*DDDDU	DURUD	DDDDD	**Franck** Prélude (aria & finale), piano: prél 2t
*DDDDU	DUUDU	DUDUD	**Bach** Well-tempered Clavier Bk II prelude/13 BWV882
*DDDDU	DUURU	DDDDD	**Kodály** Háry János: Sej besoroztak
*DDDDU	DUUUU	UUDUU	**Mozart** sonata for two pianos in D K448 1m 1t
*DDDDU	DUUUD	UUUUD	**Chopin** étude in C♯mi op10/4
*DDDDU	DUUUD	UUUUD	**Prokofiev** symphony/1 in D 'Classical' 4m 1t
*DDDDU	DUUUR	RDDUD	**Mozart** Divertimento vln/vla/cello K563 1m
*DDDDU	DUUUU	D	**Schubert** symphony/9 'Great' 2m 4t D944
*DDDDU	DUUUU	DRDDD	**Schubert** piano sonata in Cmi 1m 2t D958
*DDDDU	RDDDD	RURDU	**Sibelius** symphony/4 in Ami op63 4m 5t
*DDDDU	RDDR		**Liszt** Grand galop chromatique, piano, 2t
*DDDDU	RDRDU	UURDU	**John Dowland** Say love, if thou didst ever find
*DDDDU	RDUDD	DDDRD	**Bach** prelude in E♭ for organ BWV552
*DDDDU	RRDUU	RDDDD	**Mozart** divertimento in B♭ K287 2m
*DDDDU	RRDUU	URRUD	**Handel** harpsichord suite/7 in G 1m 1t
*DDDDU	RRUUR	RDDRR	**Dvořák** symphony/6 in D op60 4m 1t
*DDDDU	RRUUU	UUD	**Schubert** string quartet/9 in Gmi 4m D173
*DDDDU	RUDDU	D	**Wagner** Die Meistersinger Act III: Wahn Wahn
*DDDDU	UDDDD	DDUDD	**Haydn** flute concerto in D (spurious) 3m
*DDDDU	UDDDD	DDUUD	**Chopin** prelude/23 op28
*DDDDU	UDDDD	DDUUD	**Weber** Der Freischütz: overture 2t
*DDDDU	UDDDD	DUUD	**Mendelssohn** trio/2 vln/cello/piano Cmi op66 3m 2t
*DDDDU	UDDDD	DUUUU	**Mussorgsky** The nursery/7 Pussy cat
*DDDDU	UDDDD	RU	**Sibelius** Finlandia op26 2t
*DDDDU	UDDDD	UDDRR	**Tchaikovsky** symphony/6 in Bmi 'Pathétique' 4m 1t
*DDDDU	UDDDD	UDURR	**Brahms** symphony/4 in Emi op98 3m 3t
*DDDDU	UDDDR	UDRDD	**R Strauss** sonata for violin/piano in E♭ op18 1m 2t
*DDDDU	UDDDU	DRRRU	**Mendelssohn** Frülingsleid (song) op8/6
*DDDDU	UDDDU	DUUUD	**Prokofiev** piano concerto/3 in C op26 1m 2t
*DDDDU	UDDDU	URD	**Erik Satie** Gymnopédies/3, piano
*DDDDU	UDDRU	RR	**Bizet** Carmen Act II: Flower song
*DDDDU	UDDUD	DDDDD	**Chausson** Poème for violin/orch 2t op25
*DDDDU	UDDUD	DDDUU	**Verdi** Aida Act III: Là tra foreste vergini
*DDDDU	UDDUD	UUUUU	**Lehar** Luxembourg valse
*DDDDU	UDDUR	UDDU	**Waldteufel** Dolores waltzes/1 2t
*DDDDU	UDDUR	UUUDD	**Sibelius** string quartet op56 'Voces intimae' 5m 1t
*DDDDU	UDDUU	DDDDU	**Bruckner** symphony/3 in Dmi 1m 4t
*DDDDU	UDDUU	DDUUD	**Brahms** Variations on a theme of Haydn: var 7
*DDDDU	UDDUU	UUUDD	**Sibelius** symphony/5 in E♭ op82 1m 4t
*DDDDU	UDDUU	UUUUD	**Chopin** piano sonata in Bmi op58 1m 1t
*DDDDU	UDRDD	DUDDD	**Mozart** sonata/34 for violin/piano in A K526 3m
*DDDDU	UDRDD	DUUDR	**Sullivan** Pirates of Penzance: Take heart
*DDDDU	UDRDU	UUUUU	**Brahms** Ein deutsches Requiem: Selig sind
*DDDDU	UDRUU	UDRUU	**Mozart** sonata for piano 4 hands in F K497 3m
*DDDDU	UDRUU	UUDUD	**Sullivan** The Mikado Act II: See how the fates
*DDDDU	UDUDD	DDDDU	**Brahms** symphony/1 in Cmi op68 3m 3t(a)
*DDDDU	UDUDD	DDUUD	**Bruckner** symphony/4 in E♭ 4m 4t
*DDDDU	UDUDU	UDDDD	**Hindemith** Mathis der Maler, symphony 1m 2t
*DDDDU	UDUUD	U	**Franck** pastorale for organ op19 2t
*DDDDU	UDUUD	UDUDU	**Bach** St Matthew Passion: So ist mein Jesus
*DDDDU	UDUUD	UUDDD	**Handel** harpsichord suite/3 in Dmi 4m gigue
*DDDDU	UDUUD	UUDUU	**Haydn** symphony/7 in C 4m
*DDDDU	UDUUU	DUUDU	**Brahms** quartet for piano/strings in Cmi op60 3m

23

```
*DDDDU URUDU UURUD   Schumann symphony/4 in Dmi op120 1m intro
*DDDDU URUUD RRUDU   Handel Fireworks music 6m
*DDDDU UUDDD DDUUD   Mozart quartet/2 for piano/strings in E♭ K493 2m
*DDDDU UUDDD DDUUU   Tchaikovsky symphony/4 in Fmi op36 4m 1t
*DDDDU UUDDD UUUDU   Handel sonata for violin/fig bass in A op1/3 2m
*DDDDU UUDDU DDDDU   Waldteufel Ganz allerliebst waltz 4t
*DDDDU UUDRD DDDUU   Bach Easter Oratorio: Kommt, eilet und laufet
*DDDDU UUDUD DDRUU   Vaughan Williams For all the Saints (hymn)
*DDDDU UUDUD RRURD   Rachmaninov Floods of Spring (song) op14/11
*DDDDU UUDUU DDDUU   Chopin waltz in Ami op34/2 3t
*DDDDU UUDUU DUUDU   Mozart string quintet/4 in Gmi K516 2m
*DDDDU UUDUU UDDDD   Shostakovich symphony/5 in Dmi op47 2m 1t(b)
*DDDDU UUDUU UDUDD   Shostakovich symphony/5 in Dmi op47 1m 1t(c)
*DDDDU UURDD DD      Tchaikovsky Marche Slave op31 1t
*DDDDU UURDU DDDDU   Dvořák Slavonic dances/14 op72/6 1t
*DDDDU UUUDD DDDDD   Beethoven piano sonata/21 C 'Waldstein' op53 1m 2t
*DDDDU UUUDD DDDDU   J B Pescetti Allegretto in C
*DDDDU UUUDD DDDDU   Paganini violin concerto/1 in E♭ (D) op6 3m 1t
*DDDDU UUUDD DDDUU   Albinoni oboe concerto op7/6 3m
*DDDDU UUUDD DDDUU   Bartok Contrasts, violin/clarinet/piano 3m 3t
*DDDDU UUUDD DRD     Weber Der Freischütz: overture 3t
*DDDDU UUUDR D       Bach Partita/4 in D, Clavier: aria BWV828
*DDDDU UUUUD DDDDU   Berlioz Les Francs-Juges: overture intro(a)
*DDDDU UUUUD DRUUD   Prokofiev symphony/5 in B♭ op100 2m 2t
*DDDDU UUUUD DUUDD   A Rubinstein Kamenoi-Ostrow/22
*DDDDU UUUUD RD      Donizetti Don Pasquale Act I: Pronta io son
*DDDDU UUUUR DUURD   Brahms string quartet/1 in Cmi op51/1 4m 3t
*DDDDU UUUUU DDDDU   Orlando Gibbons Pavan - Lord Salisbury
*DDDDU UUUUU DDDU    Chopin waltz in G♭ op70 1t
*DDDDU UUUUU DUD     Mozart piano sonata/16 in B♭ K570 2m
*DDDDU UUUUU UUDDD   Beethoven sonata/3 violin/piano in E♭ op12/3 1m 1t
*DDDDU UUUUU UUDDR   Beethoven piano sonata/9 in E op14/1 1m 2t
*DDDDU UUUUU UURDD   Bach Partita/3 for solo violin in E gigue BWV1006
*DDDRD DDRUU UUUDD   Handel Xerxes: Ombra mai fu (with accomp't link)
*DDDRD DRDRD UUUUU   Delibes Coppelia: Danse de Fête
*DDDRD DRRR          Mussorgsky Boris Godunov Act II Clock scene
*DDDRD DRRUD URUUU   Mendelssohn Elijah: Thanks be to God
*DDDRD DUDDR DRR     Schumann piano sonata/2 in Gmi op22 1m 1t
*DDDRD DUUUD         J Strauss Jr Zigeunerbaron Act II: Wer uns getraut?
*DDDRD RDUUU DRUDD   Waldteufel Estudiantina waltzes/2 2t
*DDDRD RURDU DRD     Liszt Faust symphony 1m 4t
*DDDRD RURDU RRRRU   Puccini Tosca Act II: Già! Mi dicon venal
*DDDRD RURUU DDDUU   Dvořák string quartet in F op96 'American' 2m
*DDDRD RURUU DRU     Sullivan Pirates of Penzance Act II: Stay, Fred'ric
*DDDRD RUURR RRR     Liszt Missa choralis: Sanctus
*DDDRD UUDDD UDDDD   Offenbach Orphée aux Enfers: Galop 1t(b)
*DDDRD UUDUR DUUDU   Mahler symphony/5 5m theme at bar 24
*DDDRD UUUDR UUDUD   Handel Messiah: How beautiful are the feet
*DDDRD UUUUD DU      Handel Xerxes: Ombra mai fu
*DDDRD UUUUD U       Meyerbeer Les Huguenots Act IV: Tu l'as dit
*DDDRD UUUUU UDD     Massenet Roi de Lahore: overture 2t
*DDDRR DDRDR DRDRD   Debussy Soirée dans Grenade 3t
*DDDRR DRRDR UUUU    Verdi Rigoletto Act I final chorus: Zitti zitti
*DDDRR DUUDD DRRUU   Beethoven piano sonata/15 in D 'Pastoral' 3m 2t
*DDDRR RDDUR UDUDR   Mozart Divertimento for woodwind in B♭ K186 5m
*DDDRR RRDDU DURRR   Pergolesi Concertino for string orch in Fmi 1m
*DDDRR RRDUD R       Mendelssohn piano concerto/2 in Dmi op40 1m intro
```

24

*DDDRR	RRUDD	DDRRR	**Brahms** piano sonata/5 in Fmi op5: intermezzo
*DDDRR	RRUDD	DRRDU	**Bach** Cantata 189/1: Meine Seele rühmt BWV189
*DDDRR	RUDDD	RD	**Schumann** Novelette for piano op21/6
*DDDRR	RUDDD	UD	**Mozart** sonata/18 for violin/piano in G K301 1m 1t
*DDDRR	RUUUU	DUDDD	**Dvořák** Serenade for strings in E op22 3m
*DDDRR	UDDDD	RRUDD	**Mozart** piano concerto/24 in Cmi K491 1m 2t
*DDDRR	UDDDR	RUDDD	**Beethoven** symphony/5 in Cmi 4m 4t
*DDDRR	UDDDR	RUDUD	**Mozart** violin concerto/3 in G K216 3m 1t
*DDDRR	UDDDR	UUDDD	**Bruckner** symphony/7 in E 1m 3t
*DDDRR	UDRRR	UURDD	**MacDowell** suite/2 for orch part V 1t
*DDDRR	UDUDU	U	**Vaughan Williams** symphony/8 2m 3t
*DDDRR	UDUUD	DRUDU	**Tchaikovsky** symphony/1 in Gmi op13 2m 2t(a)
*DDDRR	URDRU	UDRDU	**Wagner** Lohengrin Act I: Dank, König dir
*DDDRU	DDDRD	UURUU	**Grieg** The lonely wanderer op43/2 piano
*DDDRU	DDDRR	RU	**R Strauss** Traum durch die Dämmerung (song) op29
*DDDRU	DDDRU	DDR	**Sibelius** symphony/5 in E♭ op82 2m 1t
*DDDRU	DDDRU	DUDDD	**Sullivan** Mikado II: Here's a how-de-do!
*DDDRU	DDDRU	UUDDD	**Bach** Komm, süsser Tod (song) BWV478
*DDDRU	DDDUD	DD	**Verdi** Nabucco Act I: Come notte a sol fulgento
*DDDRU	DDRRD	DDUUD	**Dvořák** Carnaval: overture 3t
*DDDRU	DDRRR	UDUUD	**Boccherini** cello concerto in G 2m
*DDDRU	DDUDD	DUDDD	**Richard Strauss** Ein Heldenleben op40 4t
*DDDRU	DDUDR	UDRUD	**Mendelssohn** Das erste Veilchen (song) op19/2
*DDDRU	DDUUD	DDDUU	**Mozart** piano sonata/12 in F K332 3m 2t
*DDDRU	DDUUR	UDDUU	**Haydn** symphony/53 in D 4m (version B)
*DDDRU	DRDUD	UUUDD	**Haydn** symphony/52 in Cmi 2m
*DDDRU	DRUDR	UUUUD	**Scarlatti** harpsichord sonata Kp96
*DDDRU	DUUDD	UDUDD	**Haydn** symphony/89 in F 3m trio
*DDDRU	DUUDD	UUDDU	**Bach** St John Passion/1 Herr, Herr, Herr
*DDDRU	RDUDR	DRUDD	**Brahms** Serenade for orch in D op11 4m minuet/2
*DDDRU	RDURD	UDDDR	**Lortzing** Zar und Zimmermann: overture 1t
*DDDRU	RUUDD	UUDDD	**Bach** Mass in B minor/4 Et incarnatus est
*DDDRU	UDDRU	DUUUU	**Michael Arne** The lass with the delicate air (song)
*DDDRU	UDUDD	UUUUU	**Handel** Samson Part I: Total eclipse
*DDDRU	UDUUU	UUDD	**Beethoven** symphony/6 in F 'Pastoral' 2m 1t(b)
*DDDRU	URDDD	RUDUD	**Haydn** symphony/93 in D 1m intro
*DDDRU	URDDR	DDUUU	**Parry** Blest pair of Sirens: O may we soon again
*DDDRU	UUDDD	RURUU	**Handel** Messiah: Lift up your heads
*DDDRU	UUDDD	UUUDR	**Haydn** The Seasons: O wie lieblich ist der Anblick
*DDDRU	UUDUD	D	**Mendelssohn** symphony/5 D op107 'Reformation' 3m
*DDDRU	UUUDD	UUDDU	**Stravinsky** Capriccio for piano/orch 2m 3t [1t
*DDDRU	UUUUD	UDRDD	**Handel** Xerxes: Largo in G (Ombra mai fu)
*DDDRU	UUUUU	RD	**Mendelssohn** Elijah: It is enough
*DDDUD	DDDDD	DUUUU	**Mendelssohn** piano concerto/1 in Gmi op25 3m
*DDDUD	DDDDD	RRUDU	**Mozart** piano concerto/15 in B♭ K450 2m
*DDDUD	DDDDD	UDUDU	**Mozart** Maurerische Trauermusik K477 intro
*DDDUD	DDDDD	UUUDD	**Bach** Cantata/56 Ich will den Kreuzstab/3 Endlich
*DDDUD	DDDDR		**Mendelssohn** Midsummer night's dream: overture 3t
*DDDUD	DDDDU		**Vaughan Williams** symphony/8 in Dmi 4m 1t
*DDDUD	DDDDU	DDDDU	**Shostakovich** symphony/1 in Fmi op10 1m 1t
*DDDUD	DDDDU	DDDUD	**Berlioz** Les Troyens Act IV: Royal hunt and storm 1t
*DDDUD	DDDDU	R	**Mahler** symphony/9 3m 5t
*DDDUD	DDDDU	UDDD	**Mozart** piano concerto/25 in C K503 2m
*DDDUD	DDDDU	UUUDD	**Bruckner** symphony/3 in Dmi 1m 3t
*DDDUD	DDDRU	D	**Mozart** Fantasia for mechanical organ in Fmi K608 3t
*DDDUD	DDDRU	DD	**Holst** The planets: Mercury 1t
*DDDUD	DDDUD	DDDDU	**Hindemith** Mathis der Maler, symphony 3m 4t

25

```
*DDDUD  DDDUD  DUUUU   Handel  Water music 10m
*DDDUD  DDDUD  UUDUU   Franck  chorale/3 for organ: adagio
*DDDUD  DDDUR  RUUDD   Mendelssohn  Songs without words op19/6 Venetian
                              boat song, piano
*DDDUD  DDDUU  DDUD    Brahms  Rhapsody for alto/male chorus op53: Ist auf
*DDDUD  DDDUU  DDUDD   Bach  Cantata/7 Christ unser/6 Menschen glaubt
*DDDUD  DDDUU  DDUDD   A Pestalozza  Ciribiribin (song)
*DDDUD  DDDUU  UD      Brahms  trio for clar or vla/cello/piano op114 2m
*DDDUD  DDDUU  UUUUD   Warlock  Serenade for string orchestra 1t
*DDDUD  DDDUU  UUUUU   Berlioz  The Corsair: overture 3t
*DDDUD  DDRDD  DUUUR   Mendelssohn  Elijah: Be not afraid
*DDDUD  DDRDU          Beethoven  string quartet/12 in E♭ op127 1m 2t
*DDDUD  DDRUU  UU      Schubert  waltz, piano op9/12
*DDDUD  DDRUU  UUDDU   Beethoven  piano sonata/4 in E♭ op7 1m 2t
*DDDUD  DDUD           Sibelius  symphony/4 in Ami op63 2m 5t
*DDDUD  DDUDD  DDDDD   Franck  Symphonic variations for piano/orch 1t
*DDDUD  DDUDD  DDDDD   Scarlatti  harpsichord sonata in G Kp328
*DDDUD  DDUDD  DDDDD   Schubert  symphony/3 in D 3m 1t D200
*DDDUD  DDUDD  DDDRU   Bach  Prelude in Bmi for organ BWV544
*DDDUD  DDUDD  DDRR    Debussy  Children's corner suite: Little shepherd 1t
*DDDUD  DDUDD  DDU     Liszt  piano concerto/1 in E♭ 4t
*DDDUD  DDUDD  DDUDU   Chopin  nocturne/19 in Emi op72
*DDDUD  DDUDD  DDUDU   Respighi  Pines of Rome: Pines of the Gianicolo 1t
*DDDUD  DDUDD  DDUDU   Brahms  Intermezzo for piano in A♭ op76/3
*DDDUD  DDUDD  DDUUD   Brahms  piano sonata/3 in Fmi op5 finale 2t
*DDDUD  DDUDD  DRRDR   Schubert  trio/1 violin/piano/cello in B♭ 3m 1t D898
*DDDUD  DDUDD  DRRRR   Mozart  horn concerto/3 in E♭ K447 1m 2t
*DDDUD  DDUDD  DRUDD   Tchaikovsky  symphony/3 in D op29 1m 2t
*DDDUD  DDUDD  DRUDD   Mozart  piano concerto/21 in C K467 1m 2t
*DDDUD  DDUDD  DUDDD   Beethoven  trio for vln/cello/piano in D op70/1 1m 1t
*DDDUD  DDUDD  DUDDD   Chopin  waltz in F op34/3 1t
*DDDUD  DDUDD  DUDDD   Delius  Hassan: intermezzo
*DDDUD  DDUDD  DUDDD   Rachmaninov  suite/1 Fantasy op5 3m Tears
*DDDUD  DDUDD  DUDUD   Sullivan  The Mikado Act I: With aspect stern
*DDDUD  DDUDD  DUDUU   Handel  concerto grosso in F op6/2 4m
*DDDUD  DDUDD  DUUDU   Richard Strauss  Sinfonia domestica op53 1m 4t
*DDDUD  DDUDD  DUUUD   Shostakovich  2 pieces for str octet op11/2 scherzo 1t
*DDDUD  DDUDD  DUUUU   Stravinsky  Petrushka: Chez Petrushka 1t
*DDDUD  DDUDD  UDDUU   Giordani  Caro mio ben (song)
*DDDUD  DDUDD  UDUUU   Nicolai  Merry wives of Windsor: overture 2t
*DDDUD  DDUDD  URDDD   Butterworth  A Shropshire lad: Loveliest of trees
*DDDUD  DDUDD  UUUDD   Mozart  symphony/31 in D K297 'Paris' 3m 1t
*DDDUD  DDUDD  UUUDU   Bach  Cantata/80 Ein feste Burg/4 Komm in mein
*DDDUD  DDUDR  DDDUD   Prokofiev  Gavotte, piano, op12/2
*DDDUD  DDUDR  URDDU   John Dowland  Flow, my tears
*DDDUD  DDUDU  DDDUD   Rachmaninov  Prelude in C♯mi for piano op3/2 2t
*DDDUD  DDUDU  DUDUD   Beethoven  sonata/3 for violin/piano in E♭ op12/3 2m
*DDDUD  DDUDU  DUDUD   Brahms  symphony/1 in Cmi op68 2m 4t
*DDDUD  DDURU  DDUD    Mahler  symphony/9 2m 4t
*DDDUD  DDUUD  DDDUU   Mozart  piano sonata/14 in Cmi K457 3m 1t
*DDDUD  DDUUD  DDUDD   Handel  concerto grosso for strings in Dmi op6/10 1m
*DDDUD  DDUUD  DUDUU   Glazunov  violin concerto in Ami op82 2t
*DDDUD  DDUUD  DUUUU   Bach  organ fugue in F BWV540
*DDDUD  DDUUR  DDUDD   Josef Suk  Serenade for strings in E♭ op6 1m 1t
*DDDUD  DDUUU  DDDUD   Schumann  Toccata for piano op7 2t
*DDDUD  DDUUU  UDUDU   Leoncavallo  I pagliacci Act II serenade: O Colombina
*DDDUD  DRDDD  URR     Chopin  nocturne in B op62/1
```

26

```
*DDDUD  DRDRD  RURUR  Brahms  trio for violin/cello/piano in B op8 1m 2t
*DDDUD  DRDRD  UUDD   Verdi  La forza del Destino Act IV: Pace pace
*DDDUD  DRDUD  RRDR   Puccini  Tosca Act II: Vissi d'arte
*DDDUD  DRRUD  DUDD   Dvořák  trio vln/cello/piano Emi op90 'Dumky' 5m
*DDDUD  DRUD          Tchaikovsky  Swan lake: Hungarian dance 1t [intro
*DDDUD  DRUUD  DUU    Britten  Serenade for tenor/horn/str op31: Hymn
*DDDUD  DUDDD  DDUUU  Debussy  La mer 2m 3t
*DDDUD  DUDDD  UDD    Dvořák  Gypsy songs op55/5: Rein gestimmt
*DDDUD  DUDDD  URU    Beethoven  string quartet/13 in B♭ op130 1m intro
*DDDUD  DUDDU  DDDDD  Shostakovich  symphony/1 in Fmi op10 3m 1t
*DDDUD  DUDDU  DDURU  Beethoven  piano sonata/15 in D op28 'Pastoral' 3m 1t
*DDDUD  DUDDU  DDUUU  Scarlatti  harpsichord sonata Kp519
*DDDUD  DUDDU  UDUDD  Rachmaninov  symphony/3 in Ami op44 1m 1t
*DDDUD  DUDUU  DDDDU  Beethoven  piano sonata/15 in D op28 'Pastoral' 4m
*DDDUD  DUDUU  URDUU  J Strauss Jr  Emperor waltz/4 1t
*DDDUD  DURRD  RUDUD  Franz Bendel  Julia's arbor at Clarens
*DDDUD  DURRD  UUU    Bach  sonata/2 for violin/Clavier in A 3m BWV1015
*DDDUD  DUUDD  DUDUD  Bach  St John Passion: Es ist vollbracht
*DDDUD  DUUDD  R      Mozart  sonata/33 for violin/piano in E♭ K481 1m 2t
*DDDUD  DUUDD  UUDDD  Scarlatti  harpsichord sonata in F#mi Kp447
*DDDUD  DUUDD  UUDDU  Borodin  In the Steppes of Central Asia 1t
*DDDUD  DUUDU  D      Schubert  Military marches/1 piano 4 hands 2t D733
*DDDUD  DUURD  D      Haydn  Nelson Mass: Dona nobis pacem
*DDDUD  DUURR  DDUUD  Wagner  Siegfried Act III: Wache, Wala! Wala!
*DDDUD  DUURU  UD     Berlioz  Harold in Italy, part of 1m intro
*DDDUD  DUUUD  DDUDD  Fauré  sonata/1 in A for violin/piano op13 3m 2t
*DDDUD  DUUUD  DUDDD  Brahms  quintet for clarinet/strings in Bmi op115 4m
*DDDUD  DUUUD  UUDDD  Handel  sonata for flute/fig bass in Bmi op1/9 6m
*DDDUD  DUUUD  UUDDU  Mozart  Deutsche Tänze/4, orch, K509
*DDDUD  DUUUR  DUDDU  Mozart  symphony/34 in C K338 1m 2t
*DDDUD  DUUUU  DDDDR  Shostakovich  symphony/5 in Dmi op47 1m 1t(b)
*DDDUD  DUUUU  DDDDU  Schumann  quartet for piano/strings in E♭ op47 2m 2t
*DDDUD  DUUUU  DRUDU  Thomé  Simple aveu
*DDDUD  DUUUU  UDDUD  Herbert Howells  Puck's minuet op20/1 orch 2t
*DDDUD  DUUUU  UDDUU  Elgar  symphony/1 in A♭ op55 4m 3t
*DDDUD  DUUUU  URDDD  John Rutter  Love came down at Christmas (carol)
*DDDUD  RDUDR  DUDRD  Tchaikovsky  piano concerto/1 in B♭mi op23 2m 2t
*DDDUD  RDUDR  UDDDD  Beethoven  piano sonata/31 in A♭ op110 3m
*DDDUD  RDUUU  UDDDD  Bach  St John Passion: Von den Stricken
*DDDUD  RRDUD  UDDU   Schumann  symphonic études in C#mi op13 piano
*DDDUD  RUDDD  RUUUU  Saint-Saëns  piano concerto/2 op22 1m 1t
*DDDUD  RUDDU  URUDD  Brahms  Intermezzo for piano in B♭mi op117/2 1t
*DDDUD  RUUUD  DD     Mendelssohn  Bei der Wiege (song) op47/6
*DDDUD  RUUUU  UDRDU  Verdi  Don Carlos Act IV: O mia Regina
*DDDUD  RUUUU  UDURR  Beethoven  sonata/4 for cello/piano in C op102/1 2m
*DDDUD  UDDDD  UDDDU  Bach  Well-tempered Clavier Bk I prelude/4 BWV849
*DDDUD  UDDDU  DDDUD  Brahms  sonata/2 for violin/piano in A op100 2m 3t
*DDDUD  UDDDU  DRDDD  Schubert  piano sonata in Cmi 4m 2t D958
*DDDUD  UDDDU  DRUDD  Verdi  Aida Act II: Ah! vieni
*DDDUD  UDDDU  DU     Bach  Two part inventions/9 in Fmi Clavier BWV780
*DDDUD  UDDDU  DUDDD  Borodin  string quartet/2 in D 2m 1t
*DDDUD  UDDDU  DUDDU  Stravinsky  Le Sacre du Printemps part I intro
*DDDUD  UDDDU  DUUDD  Rossini  Boutique fantasque 5m Can-Can 2t
*DDDUD  UDDDU  DUUDU  Rossini  Il barbiere di Siviglia Act II: Buona sera
*DDDUD  UDDDU  UDUDU  Scarlatti  harpsichord sonata Kp115
*DDDUD  UDDUD  DDDD   Bach  English suite/4 in F 2nd minuet BWV809
*DDDUD  UDDUD  DUDDD  Bach  Well-tempered Clavier Bk I prel/22 BWV891
```

*DDDUD	UDDUD	DUUUU	**Britten**	Serenade for tenor/horn/strings: Pastoral
*DDDUD	UDDUD	UDDU	**Mozart**	symphony/1 in E♭ K16 3m 2t
*DDDUD	UDDUD	UUDUD	**Tchaikovsky**	piano concerto/1 in B♭mi op23 1m 1t
*DDDUD	UDDUU	DDUD	**Scarlatti**	Gavotte in Dmi for harpsichord Kp64
*DDDUD	UDDUU	UDDU	**Verdi**	La Traviata Act I: Ah! fors' è lui
*DDDUD	UDDUU	UUUUR	**Walton**	viola concerto 2m 3t
*DDDUD	UDRDD	UUUD	**Shostakovich**	sonata for cello/piano op40 1m 2t
*DDDUD	UDUDU	DUUUD	**Handel**	sonata in Bmi for flute/fig bass op1/9 5m
*DDDUD	UDUDU	DDDUU	**Haydn**	symphony/53 in D 4m (version C)
*DDDUD	UDUDU	DUD	**Milhaud**	La création du monde 4m 2t
*DDDUD	UDUDU	DUDUD	**Handel**	suite/5 for harpsichord in E 1m prelude
*DDDUD	UDUDU	UDD	**Mozart**	sonata/33 for violin/piano in E♭ K481 2m
*DDDUD	UDUDU	UUUUU	**Verdi**	Rigoletto Act I: Veglia O donna
*DDDUD	UDUUD	DD	**Sibelius**	Valse triste (from Kuolema op44) 3t
*DDDUD	UDUUD	UU	**Berlioz**	King Lear: overture 1t
*DDDUD	URRUD	DUUUD	**Gesualdo**	Moro lasso, madrigal
*DDDUD	URUUD	UDDDU	**Bach**	Two part inventions/7 in Emi Clavier BWV778
*DDDUD	UUDDD	UDDDD	**Mozart**	Don Giovanni Act II: finale
*DDDUD	UUDDD	UDUUD	**Mozart**	symphony/28 in C K200 1m 1t
*DDDUD	UUDDU	UUUDD	**Rimsky-Korsakov**	May night: overture 3t
*DDDUD	UUDUD	DDDDD	**Mozart**	trio/4 for piano/violin/cello in E K542 1m
*DDDUD	UURRD		**Beethoven**	sonata/9 vln/piano A 'Kreutzer' op47 1m
*DDDUD	UUUDD	DDDUU	**Beethoven**	str qtet/14 in C♯mi op131 7m 2t [intro
*DDDUD	UUUDU	UDUD	**Handel**	Messiah: overture 2t
*DDDUD	UUUDU	UUDRD	**Hindemith**	organ sonata/3 1m 1t
*DDDUD	UUURD	DDURD	**Elgar**	symphony/1 in A♭ op55 1m intro
*DDDUD	UUUUD	DDDDR	**Delibes**	Le Roi s'amuse: Lesquercarde
*DDDUD	UUUUD	DDDUD	**Wagner**	Parsifal Act II: Ihr kindischen Buhlen
*DDDUD	UUUUD	DU	**Dvořák**	cello concerto in Bmi op104 1m 2t
*DDDUD	UUUUD	UD	**Mozart**	symphony/31 in D 'Paris' K297 2m 1t
*DDDUD	UUUUU	UUU	**Richard Strauss**	Aus Italien: Neapolitan 2t
*DDDUR	DDDDU	RDDDD	**J Strauss Jr**	Tales of the Vienna woods/2 1t
*DDDUR	DDDUD	DDUUR	**Dukas**	La Péri, dance poem for orch, 2t
*DDDUR	DDDUU	RDDDU	**Dukas**	La Péri, dance poem for orch, 4t
*DDDUR	DDRDU	U	**Verdi**	Nabucco Act III: Va pensiero
*DDDUR	DDUDD	UUDDD	**Handel**	harpsichord suite/8 in Fmi 1m
*DDDUR	DDUU		**Mozart**	piano concerto/15 in B♭ K450 1m 2t
*DDDUR	DRRRU	D	**Mozart**	Der Schauspieldirektor: overture 2t K486
*DDDUR	DRURD	RDDUU	**Suppé**	Die schöne Galathé: overture 1t
*DDDUR	DUDDD	DUUUU	**Richard Strauss**	Der Bürger als Edelmann: Cleonte 1t
*DDDUR	DURDR	DRDDD	**Haydn**	symphony/90 in C 3m menuet
*DDDUR	DUUDU	DDDUD	**Mozart**	piano sonata/9 in D K311 3m
*DDDUR	RDDDU	RDDDU	**Massenet**	Le Cid, 3m Aragonaise
*DDDUR	RDDRD	UDDUU	**Verdi**	Nabucco: overture 2t
*DDDUR	RDUUD	UDDUD	**Berlioz**	La damnation de Faust pt 2: Heureux Faust
*DDDUR	RUD		**Beethoven**	Missa solemnis: Agnus Dei 2t
*DDDUR	RUDDD	DRUDU	**Bach**	Cantata/106 Gottes Zeit/2 In deine BWV106
*DDDUR	UDDDU	R	**Mozart**	violin concerto/4 in D K218 2m
*DDDUR	UDURU	DUDDD	**Dvořák**	Slavonic dances/8 op46 1t
*DDDUR	UUDDD	DURUU	**Liszt**	Hungarian rhapsody/9 in E♭, 'Carnival in Pesth', piano 4t
*DDDUR	UURRD	UDRRR	**Handel**	Messiah: Glory to God in the highest
*DDDUR	UUUDU	DUUU	**Wagner**	Die Meistersinger Act I: Ja, ihr seid es
*DDDUR	UUURR	RDDDU	**Wagner**	Das Rheingold: Entry of the Gods into Val-
*DDDUU	DDDDD	UUDDD	**Richard Strauss**	Ein Heldenleben 8t [halla 2t
*DDDUU	DDDDD	UUDUU	**Prokofiev**	Peter and the wolf: The duck
*DDDUU	DDDDU	DDDDD	**Grieg**	piano concerto in Ami op16 1m 3t(a)

*DDDUU	DDDDU	DDDUD	**Brahms** Vier ernste Gesänge/3: O Tod op121
*DDDUU	DDDDU	DDDUU	**Edward German** Nell Gwyn dances/1
*DDDUU	DDDDU	DDUDU	**Rachmaninov** symphony/2 in Emi op27 2m 2t
*DDDUU	DDDDU	DDUUD	**Beethoven** sonata/5 vln/piano F 'Spring' op24 1m
*DDDUU	DDDDU	DUDDD	**Brahms** trio for violin/cello/piano in Cmi op101 3m 2t
*DDDUU	DDDDU	UDDDD	**Respighi** Fountains of Rome: Valle Giulia 2t
*DDDUU	DDDDU	UDDDD	**Brahms** Serenade for strings in A op16 2m 2t
*DDDUU	DDDDU	UDDDU	**Liszt** Berceuse, piano
*DDDUU	DDDDU	UUDDD	**Saint-Saëns** cello concerto/1 in Ami op33 1m 1t
*DDDUU	DDDRR	UDDDD	**Tchaikovsky** serenade for strings in C op48 1m 1t
*DDDUU	DDDRU	RDRDR	**Ricahrd Strauss** Der Bürger als Edlemann: Tailors 2t
*DDDUU	DDDUD	DUDD	**Puccini** Manon Lescaut Act II: In quelle trine
*DDDUU	DDDUR	UUUUU	**Brahms** quartet for piano/strings in Gmi op25 2m 1t
*DDDUU	DDDUU	DDDUD	**Haydn** symphony/52 in Cmi 3m menuetto
*DDDUU	DDDUU	DDDUU	**Brahms** trio clar or vla/cello/piano op114 4m 2t
*DDDUU	DDDUU	DUDUD	**Corelli** concerto grosso in B♭ op6/11 5m giga
*DDDUU	DDDUU	UDDU	**Elgar** symphony/1 in A♭ op55 1m 2t
*DDDUU	DDDUU	UDDUD	**Schubert** symphony/1 in D 3m 1t D82
*DDDUU	DDDUU	UDUDU	**Handel** sonata for violin/fig bass in F op1/12 1m
*DDDUU	DDDUU	UDUUU	**Chopin** polonaise/1 in A op40 2t
*DDDUU	DDRDD	DDDDU	**Weber** Jubel overture 3t (Jahns index 245)
*DDDUU	DDRDU		**Tchaikovsky** The Seasons: October op37/10
*DDDUU	DDRUD	UDRUD	**Beethoven** piano sonata/14 C♯mi 'Moonlight' 3m 2t
*DDDUU	DDUDD	UDUD	**Massenet** Werther II: J'aurais sur ma poitrine
*DDDUU	DDUDD	UDUDD	**Ravel** Bolero 2t
*DDDUU	DDUDU	DUDDD	**Bach** Cantata/212 'Peasant'/4 Ach es schmeckt
*DDDUU	DDUDU	RD	**Mendelssohn** Abschied vom Wald (song) op59/3
*DDDUU	DDUDU	UUDDU	**Sullivan** Ruddigore Act I: I know a youth
*DDDUU	DDURU	UDDDU	**Vivaldi** concerto for flute/strings Cmi 1m P440
*DDDUU	DDUUD	DUUDD	**Vaughan Williams** The lark ascending, violin/orch 1t
*DDDUU	DDUUD	UDDDU	**Tartini** The Devil's trill, violin/piano, 4m 2t
*DDDUU	DRRUD	DDUUD	**Cimarosa** Il matrimonio segreto: overture 2t
*DDDUU	DRUDR	UDDUU	**Hugo Wolf** Verborgenheit (song)
*DDDUU	DUDDD	DR	**Beethoven** piano sonata/16 in G op31/1 1m 1t
*DDDUU	DUDDD	DUUDU	**Haydn** string quartet in B♭ op1/1 'La Chasse' 3m
*DDDUU	DUDDD	UUD	**Brahms** symphony/1 in Cmi op68 4m intro(b)
*DDDUU	DUDDD	UUDDU	**Mendelssohn** Capriccio brillant in Bmi op22 4t
*DDDUU	DUDDU	DDUUU	**Tchaikovsky** Eugene Onegin Act I: If in this world
*DDDUU	DUDUD	UUDD	**Beethoven** sonata/2 for violin/piano in A op12/2 2m
*DDDUU	DUDUU	DDDUD	**Ravel** Le tombeau de Couperin, minuet 2t
*DDDUU	DUDUU	DDUUD	**Handel** concerto grosso in F op6/9 4m
*DDDUU	DURDD	DUUDU	**Ravel** La valse, orch, 8t
*DDDUU	DUUDU	DDDUU	**Delius** Paris, nocturne for orchestra, 1t
*DDDUU	DUURD	DDUUD	**Sullivan** Pinafore Act II: For he himself has said
*DDDUU	DUUUD	DUDDD	**Bach** Well-tempered Clavier I prelude/11 BWV856
*DDDUU	DUUUU	UDUDU	**Haydn** symphony/85 in B♭ 'La Reine' 1m
*DDDUU	DUUUU	UUU	**Haydn** string quartet/81 in G op77/1 3m 2t
*DDDUU	RDDDU	U	**Beethoven** string quartet/16 in F op135 4m
*DDDUU	RDDRU	URDDD	**Beethoven** piano sonata/26 in E♭ op81a 3m
*DDDUU	RDRUR	RUDRR	**Donizetti** La Favorita Act II: Vien Leonora
*DDDUU	RDUDD	DUURD	**Tchaikovsky** symphony/4 in Fmi op36 2m 1t(a)
*DDDUU	RDURU	DUUUD	**Butterworth** A Shropshire lad: Look not in my eyes
*DDDUU	RUDDD	DDDUU	**Mozart** sonata for 2 pianos in D K448 1m 2t
*DDDUU	RUDDU	URUDU	**Mendelssohn** string quartet/3 in D op44/1 3m 1t(b)
*DDDUU	RUDUD		**Mozart** string quartet/18 in A K464 4m
*DDDUU	UDDDD	DDDUU	**Tchaikovsky** Sleeping Beauty 4m Panorama
*DDDUU	UDDDD	UDUUU	**Shostakovich** symphony/9 in E♭ op70 1m 1t

```
*DDDUU UDDDD UUUDD   Dvořák  Slavonic dances/8 op46 2t
*DDDUU UDDDD UUUUD   Rimsky-Korsakov  May night: overture 2t
*DDDUU UDDDD UUUUU   Debussy  Suite Bergamasque: Menuet 2t
*DDDUU UDDDR         Sibelius  symphony/6 in Dmi op104 1m 6t
*DDDUU UDDDU DDDUU   Liszt  Gnomenreigen étude, piano 3t
*DDDUU UDDDU DDDUU   Sibelius  symphony/5 in E♭ op82 1m 2t
*DDDUU UDDDU UDRDU   Debussy  La fille aux cheveux de lin, piano
*DDDUU UDDDU UDUUD   Grieg  Peer Gynt suite/1 In morning mood
*DDDUU UDDDU UU      Vaughan Williams  symphony/3 'Pastoral' 3m 1t
*DDDUU UDDDU UUDDD   Handel  concerto grosso in Ami op6/4 4m 1t
*DDDUU UDDDU UUDDD   Tchaikovsky  Chant sans paroles, piano op2
*DDDUU UDDDU UUDDD   Debussy  Petite suite, 2 pianos: Cortège 2t
*DDDUU UDDDU UUDDD   Poulenc  Nouvellette/2 piano 2t
*DDDUU UDDDU UUDDU   Mozart  concerto for flute/harp in C K299 1m 1t
*DDDUU UDDDU UUDUD   Mozart  Marriage of Figaro: overture 2t
*DDDUU UDDDU UUDUD   Stravinsky  Firebird intro
*DDDUU UDDDU UUDUU   Grieg  Peer Gynt suite/1 Morning mood (coded
                              without ornaments in bar 2)
*DDDUU UDDDU UUUU    Lehar  Das Land des Lächelns II: Wer hat die Liebe
*DDDUU UDDDU UUUUU   Beethoven  sonata/8 for violin/piano in G op30/3 1m
*DDDUU UDDDU UUUUU   Mendelssohn  trio/2 violin/cello/piano in C op66 2m 1t
*DDDUU UDDRU RDD     Sibelius  symphony/6 in Dmi op104 1m 1t
*DDDUU UDDUD DDUUD   Brahms  symphony/4 in Emi op98 4m 2t
*DDDUU UDDUD DUDUD   Rachmaninov  Serenade op3/5
*DDDUU UDDUD DURRU   John Dowland  Queen Elizabeth's galliard
*DDDUU UDDUD UDUDD   Mozart  quintet for clarinet/strings in A K581 1m
*DDDUU UDDUU DDDDD   Debussy  La Mer 1m 3t
*DDDUU UDDUU DDUUD   Bruckner  symphony/3 in Dmi 4m 2t
*DDDUU UDDUU RRUDU   Berlioz  La damnation de Faust pt 1: Les bergers
*DDDUU UDRDD DDUUD   Rachmaninov  piano concerto/1 in F♯mi op1 3m 3t
*DDDUU UDRUU DD      Sibelius  symphony/6 in Dmi op104 1m 2t
*DDDUU UDRUU DUUDD   Haydn  The creation: Rollend in schäumende Wellen
*DDDUU UDUDD UUUDD   Haydn  symphony/39 in Gmi 3m trio
*DDDUU UDUDU DDDDD   Mendelssohn  Capriccio brillant op22 piano/orch 1t
*DDDUU UDUDU DDDRD   Mozart  piano sonata/8 in Ami K310 3m
*DDDUU UDUDU DDUUD   Stravinsky  Pastorale (song without words)
*DDDUU UDUDU DUDUD   Ravel  Daphnis and Chloë suite/1 3t
*DDDUU UDUDU UDDUD   Handel  harpsichord suite/7 Gmi 5m gigue
*DDDUU UDUUD UUDDD   Chopin  polonaise in F♯mi op44
*DDDUU UDUUU DUDDU   Bruckner  symphony/4 in E♭ 2m 2t
*DDDUU UDUUU DUUUD   Liszt  Grandes études de Paganini/2 in E♭, piano 2t
*DDDUU URDDD UUU     Rimsky-Korsakov  Flight of the bumble bee 2t
*DDDUU URDDR DUUDR   Max Bruch  violin concerto/1 in Gmi 1m 3t
*DDDUU URRDD DDUUU   J Strauss Jr  Die Fledermaus II: Ha, welch ein Fest
*DDDUU UUDDD DUU     de Falla  Sierra de Cordoba 1t  [(Du und du waltz)
*DDDUU UUDDD DUUUU   Ravel  Intro & Allegro for harp/str quartet: Allegro 1t
*DDDUU UUDDD RDUUD   D'Indy  sonata for violin/piano in C 1m 2t
*DDDUU UUDDD UDUD    Bizet  Jeux d'enfants: berceuse
*DDDUU UUDDD UUDDD   Giles Farnaby  Fantasia (Fitzw'm Virginal Book 129)
*DDDUU UUDDU DDD     Debussy  Rapsodie for clarinet/orch 1t
*DDDUU UUDDU DDU     Sibelius  str quartet op56 'Voces intimae' 5m 2t
*DDDUU UUDDU DUDRU   Handel  concerto grosso in Gmi op6/6 2m
*DDDUU UUDDU DUDUU   Chopin  nocturne/2 in D♭ op27
*DDDUU UUDDU URUUR   Beethoven  string quartet/5 in A op18/5 1m 1t
*DDDUU UUDDU UUUDD   Haydn  symphony/96 in D 'Miracle' 1m
*DDDUU UUDDU UUUDU   Haydn  symphony/43 in E♭ 3m trio
*DDDUU UUDUD DDUDD   Bach  Partita/3 in Ami, Clavier: scherzo BWV827
```

30

```
*DDDUU  UUDUD  DDUUD    Weber  Jubel overture 2t (Jahns index 245)
*DDDUU  UUDUD  UDUD     Charles Ives  The greatest man (song)
*DDDUU  UUDUR  D        Ravel  Intro & Allegro for harp/str qtet: Intro 1t(b)
*DDDUU  UUDUU  DRDRD    Bach  St Matthew Passion/51 Gebt mir meinen Jesum
*DDDUU  UUDUU  UDUUU    Massenet  Scènes pittoresques 2t
*DDDUU  UURDD  DUUUU    Honegger  Chant de Nigamon, orch, 1t
*DDDUU  UURUU  UDDDD    Mendelssohn  Meeresstille (& Glückliche Fahrt) op27
*DDDUU  UUUDD  DDDDD    Mozart  trio for clarinet/piano/viola K498 rondo 2t
*DDDUU  UUUDD  DDDUU    Beethoven  string quartet/16 in F op135 3m
*DDDUU  UUUDU  DDD      Verdi  Il trovatore Act I: Di geloso amor sprezzato
*DDDUU  UUUDU  DDUUD    Smetana  Bartered bride III: Is it all settled?
*DDDUU  UUUDU  RRDD     Beethoven  sonata/4 cello/piano C op102/1 1m intro
*DDDUU  UUUDU  UUDDD    Bizet  L'Arlésienne suite/2: intermezzo 1t
*DDDUU  UUURR  UDRRU    Tchaikovsky  symphony/4 in Fmi op36 3m 1t(a)
*DDDUU  UUUUD  UDDD     Bach  Well-tempered Clavier Bk II fugue/24 BWV893
*DDDUU  UUUUU  DUDDU    Bach  Easter oratorio: Saget, saget BWV249/9
*DDDUU  UUUUU  UUDUD    Berlioz  Fantastic symphony 2m 1t
*DDDUU  UUUUU  UUUDD    Beethoven  piano sonata/7 op10/3 1m 1t
*DDRDD  DDDUU  UUUDD    Paganini  violin concerto/2 in Bmi op7 2m
*DDRDD  DDUUR  RRRDD    Sibelius  Was it a dream? (song) op37/4
*DDRDD  DUDDD  RDUD     Tosti  Falling leaf, from Goodbye (song)
*DDRDD  DUDDU  UR       Schumann  Faschingsschwank aus Wien, piano
*DDRDD  DUUDD  UDUUD    Scarlatti  harpsichord sonata D Kp140 [op26 2m
*DDRDD  DUUDU  DDRDD    Dvořák  sonatina for violin/piano in G op100 4m 1t
*DDRDD  RDDDD  DDDUU    Suppé  Poet and peasant overture 2t(a)
*DDRDD  RDDDU  D        Brahms  Intermezzo for piano in Ami op118/1
*DDRDD  RDDDU  UUUUU    Scarlatti  harpsichord sonata Kp265
*DDRDD  RDDRU  UDRD     Coleridge-Taylor  Life and death (song)
*DDRDD  RDUUU  UR       Liszt  Hungarian rhapsody/5 for piano in Emi 3t
*DDRDD  RURDR  UUUUR    Beethoven  Missa solemnis: Gloria 4t
*DDRDD  RUUDR  UDDRD    Scarlatti  harpsichord sonata in C Kp104
*DDRDD  UDDRD  DRUUD    Liszt  étude/5 for piano in E 'La chase' based on
*DDRDD  UDDRD  DRUUD    Paganini  Caprice for violin op1/9 'La chasse'
*DDRDD  UDDRD  DUDDU    Scarlatti  harpsichord sonata in E Kp20
*DDRDD  UDRDU  DDRDD    Mozart  Figaro Act I: Non so più
*DDRDD  UDRDU  UURDU    Beethoven  string quartet in B♭ op18/6 3m
*DDRDD  UDUDU  RDUDU    Vivaldi  concerto grosso in Dmi op3/11 2m
*DDRDD  UUDDD  DDDDU    Paganini  violin concerto/1 in E♭(D) op6 2m
*DDRDD  UUDDD  RDDUU    Rachmaninov  sonata for cello/piano Gmi op19 4m 1t
*DDRDD  UUDDR  DUDDD    Grieg  Sigurd Jorsalfar op56 1m 2t
*DDRDR  DDUDU  DUDUD    Mozart  Cosi fan tutte Act II: Donne mie la fate
*DDRDR  DRDDU  DDRUD    Wagner  Lohengrin Act II: Du ärmste kannst wohl
*DDRDR  DRUDD  DDUUU    Wagner  Lohengrin Act II: Euch Lüften
*DDRDR  DUUUR  UUUDD    Beethoven  piano concerto/4 in G op58 3m 2t
*DDRDR  RUUDD  DUD      Verdi  Il trovatore Act I: Abbietta zingara
*DDRDR  UDDDU  URURU    Charles Ives  Evening (song)
*DDRDR  UDRUD  R        Schubert  Moments musicaux/5 in Fmi D780
*DDRDR  UDUDD  RDUDR    Elgar  Dream of Gerontius: Praise to the holiest
*DDRDR  URRDU  DDDRD    Chopin  The maiden's wish (17 Polish songs/1)
*DDRDR  UUDDU  DDRDU    John Dowland  Lasso vita mea
*DDRDU  DDRDU  DDDDU    Richard Strauss  Alpine symphony 2t
*DDRDU  DDRDU  DDRDU    Beethoven  trio for piano/vln/cello Cmi op1/3 1t(b)
*DDRDU  DDRDU  DRURU    Wagner  Tannhäuser: overture 5t
*DDRDU  DRDUD  DRDUD    Franck  sonata for violin/piano 1m 2t
*DDRDU  DUDDU  UDRRR    Verdi  Aida Act III: Oh, patria mia (Nile song)
*DDRDU  DUDDU  UUUUD    Wagner  Der fliegende Holländer Act II Senta's
                                 ballad, also overture 2t
```

*DDRDU	DUDRD	UUUDU	**Haydn** symphony/8 in G 3m trio
*DDRDU	DUUUU	DDUUD	**Scarlatti** harpsichord sonata Kp377
*DDRDU	RDD		**Rachmaninov** prelude op23/1 piano
*DDRDU	RDDDU	UUUUU	**Chopin** nocturne in Gmi op37/1
*DDRDU	RRRRU	UDU	**Richard Strauss** Arabella Act I: Mein Elemer
*DDRDU	RUDUD	URUD	**Chopin** prelude/22 op28
*DDRDU	UDDDD	RD	**Leoncavallo** I Pagliacci: Decidi il mio destin
*DDRDU	UDUDD	RDUUD	**Janáček** Sinfonietta 2m 1t
*DDRDU	UDUUD	UUUUD	**Richard Strauss** sonata for violin/piano in E♭ 1m 1t(b)
*DDRDU	UUUDR	DDDUU	**J C Bach** overture to La Calamità de' cuori, quoted below by Mozart
*DDRDU	UUUDR	DDDUU	**Mozart** piano concerto/12 in A K414 2m
*DDRDU	UUUUD	D	**Schumann** quartet for piano/strings in E♭ op47 3m 2t
*DDRDU	UUUUR	UDDDU	**Shostakovich** symphony/7 op60 (Leningrad) 3m 2t
*DDRDU	UUUUU	UDDUU	**Berlioz** La damnation de Faust pt 2 chorus: Oh! qu'il
*DDRRD	DDRDD	DUDDU	**Bizet** Carmen: Habanera [fait bon (drinking chorus)
*DDRRD	DRRUR	RRU	**Mozart** piano sonata/12 in F K332 1m 2t
*DDRRD	DRUDD	RRR	**Mozart** Marriage of Figaro Act I trio: In mal punto
*DDRRD	RDDUR	UDRDR	**Elgar** Dream of Gerontius pt 2: Take me away
*DDRRD	RDRRU	DDUDD	**Haydn** symphony/99 in E♭ 3m trio
*DDRRD	UDURU	DUD	**Sullivan** The Mikado II: For he's gone and married
*DDRRD	UUUUU	UUUUU	**Nielsen** wind quintet op43 1m 1t [Yum-yum
*DDRRD	URUUU	DD	**John Braham** Death of Nelson
*DDRRR	DUDDR	URUDU	**Sullivan** The Mikado I: For he's going to marry
*DDRRR	RDDRR	RRDDR	**Bellini** Norma: overture 2t [Yum-yum
*DDRRR	RDUUD	DUDUD	**Stravinsky** Petrushka: Tableau/1 4t
*DDRRR	RRRRR	R	**Stravinsky** Les Noces: On tresse
*DDRRR	RUDDU	UUDD	**Mozart** Warnung (song) K433
*DDRRR	RUDRD	RRRUD	**Wagner** Tannhäuser Act III: Wohl wusst' ich hier
*DDRRR	RURDD	DDDUD	**Kodály** Háry János: La la la la la
*DDRRR	UDUDD	RRRUD	**Rossini** Il barbiere di Siviglia Act I: A un Dottor
*DDRRR	URRDU	UUDDU	**Haydn** symphony/34 in Dmi 3m trio
*DDRRR	UUDDR	RRUUD	**Schubert** piano sonata/21 in B♭ 4m D960
*DDRRU	DDDRD	DRDDR	**Bach** Mass in B minor: Qui tollis peccata mundi
*DDRRU	DDDUU	DDUUU	**Mozart** piano sonata/2 in F K280 3m
*DDRRU	DDDUU	UURUD	**Delibes** Coppelia: prelude 2t and mazurka
*DDRRU	DDRRU	DDRUU	**Dussek** Rondo
*DDRRU	DDRUU	UUD	**Puccini** Manon Lescaut Act IV: Vedi, vedi
*DDRRU	DDUUU	RR	**Mendelssohn** piano concerto/2 in Dmi op40 1m 2t
*DDRRU	DRRUD	DUDRD	**Mozart** concerto for 3 pianos/orch F K242 2m
*DDRRU	RRDDR	RU	**Mozart** Die Zauberflöte Act I: Das klinget
*DDRRU	UDDDD	UDRUD	**Liszt** Venice and Naples 'Gondoliera', piano
*DDRRU	UUDDR	DDDUD	**Schumann** piano concerto in Ami op54 1m 1t
*DDRRU	UUDDR	UDURD	**Mozart** Cosi fan tutte II duet: Fra gli amplessi
*DDRRU	UUDDU	DRRUU	**Holst** St Pauls suite for str orch 4m The Dargason
*DDRRU	UURDD	RRUUU	**Schumann** Frühlingsnacht (song) op39/12
*DDRRU	UURDU	DDDUR	**Beethoven** Fidelio Act I: Komm, Hoffnung
*DDRRU	UUUDD	DUUDU	**Prokofiev** Alexander Nevsky/2 Song about Nevsky 1t
*DDRRU	UUUDD	UUUUD	**Vivaldi** concerto for 2 trumpets/strings in C 1m P75
*DDRUD	DDRDD	UUDDD	**Chopin** étude/7 in C♯mi op25 2t
*DDRUD	DDUDD	DUDD	**Wagner** Tannhäuser Act II Entrance of the guests
*DDRUD	DRDDR	UUDDD	**Beethoven** Leonore overture/1 3t or /2 or /3 1t
*DDRUD	DRDRR	UUDUD	**Beethoven** Fidelio Act II: In des Lebens
*DDRUD	DRDUR	RRU	**Mendelssohn** Capriccio brillant in Bmi op22 3t
*DDRUD	DRUDD	DDDRU	**Beethoven** piano concerto/1 in C op15 3m 1t
*DDRUD	DRUDD	RRRD	**Haydn** string quartet/76 in D op76 2m 2t
*DDRUD	DRUDD	URRRD	**Kuhlau** Allegro vivace from sonatina in C

32

*DDRUD	DRURD	UURD	**Sibelius** Schilfrohr, saüsle (Whisper, O reed)(song)
*DDRUD	DRURR	UDDD	**Hugo Wolf** Nimmersatte Liebe (song)
*DDRUD	DUDDD	UUDDD	**Ravel** Chanson Madécasse/3: Il est doux
*DDRUD	DUDDR	UDDDD	**Dvořák** symphony/9 in Emi 'New World' 2m 2t
*DDRUD	DUDRU	R	**Rachmaninov** piano concerto/3 in Dmi op30 2m 1t
*DDRUD	DUUUD	RDDRU	**Mozart** Die Zauberflöte Act I: Der Vogelfänger
*DDRUD	RDDUR	RRDUD	**Chopin** scherzo/2 in B♭mi op31 2t
*DDRUD	RUDDD	UUDDR	**Kodály** Galanta dances 3m
*DDRUD	RUDRU	UDDUU	**Beethoven** piano sonata/26 in E♭ op81a 1m intro
*DDRUD	UDDRU	DDUDU	**Dvořák** Serenade for strings in E op22 4m
*DDRUD	UDUDD	UDUDU	**Haydn** symphony/88 in G 3m trio
*DDRUD	URURU	DUUU	**Schubert** symphony/5 in B♭ 1m 2t D485
*DDRUD	UUDDU	DDRUD	**Elgar** Dream of Gerontius pt 1 chorus: Be merciful
*DDRUR	DDUUD	RUD	**Fauré** En sourdine (song)
*DDRUR	RDDRU	RRDUD	**Wagner** Tannhäuser: Venusberg music 2t, overture 4t
*DDRUR	RDRRD	DURRD	**Bach** Cantata/211 Schweigt stille/6 Mädchen
*DDRUR	URUUU	UURD	**Mozart** Die Entführung Act II: Welche Wonne
*DDRUU	DDDDR	UDDR	**Rossini** L'Italiana in Algeri Act I: Oh! che muso
*DDRUU	DDRUD	DD	**Schumann** piano concerto in Ami op54 1m coda
*DDRUU	DRUDU	DUDUD	**Mozart** piano sonata/13 in B♭ K333 3m
*DDRUU	DUDDU	UD	**George Butterworth** Bredon Hill (song)
*DDRUU	DUUDD	RUUDU	**Schubert** piano sonata in A 3m 1t D959
*DDRUU	RDRUD	DDRUU	**Haydn** string quartet/75 in G op76 1m 2t
*DDRUU	UDDDR	UUDUU	**Handel** organ concerto in B♭ op7/1 2m 2t
*DDRUU	UDDRU	UUURU	**Brahms** string quintet in F op88 2m
*DDRUU	UDDUU	UDD	**Liszt** Bénédiction de Dieu dans la solitude, piano
*DDRUU	UDUDD	RRUUD	**Rossini** L'Italiana in Algeri Act I: cruda sorte
*DDRUU	UDUUR	UDUUD	**Mahler** symphony/6 2m mysterioso theme
*DDRUU	URDUD	DDDDU	**Mendelssohn** Andante (& Rondo capriccioso) op14
*DDRUU	UURDD	DUDDD	**Inghelbrecht** Nurseries/3/3 orch: Bon voyage
*DDRUU	UUUDD	RUUUU	**Schubert** string quartet/8 in B♭ 2m 2t D112
*DDUDD	DDDDR	DDUUU	**Debussy** cello sonata, prologue
*DDUDD	DDDDD	U	**Mozart** quartet/2 for piano/strings in E♭ K493 1m 1t
*DDUDD	DDDDD	UDDDD	**Schumann** piano sonata/2 in Gmi op22 3m
*DDUDD	DDDDU	DDDDD	**Vaughan Williams** symphony/5 D 4m passacaglia 1t
*DDUDD	DDDDU	UD	**Schumann** quartet/2 piano strings E♭ op47 3m intro
*DDUDD	DDDRD	D	**Weber** Oberon Act II: Traure, mein Herz
*DDUDD	DDDUD	DUDDU	**Peter Warlock** Capriol suite: Tordion
*DDUDD	DDDUD	DUUUU	**Nicolai** Merry wives of Windsor: overture 4t
*DDUDD	DDDUD	UDU	**Brahms** sonata for violin/piano in Dmi op108 4m 2t
*DDUDD	DDDUD	UDUUU	**Brahms** Academic Festival overture op80 3t
*DDUDD	DDDUR	DUUUD	**Bartok** Hungarian folk songs, violin/piano, 1m 3t
*DDUDD	DDDUU	DRRUU	**Mendelssohn** Songs without words/9 op30/3 piano
*DDUDD	DDDUU	UUDDU	**Brahms** sonata for cello/piano in Emi op38 2m 2t
*DDUDD	DDRRU	UUD	**Mozart** symphony/40 in Gmi K550 1m 2t
*DDUDD	DDRUU	DRUUD	**Sibelius** string quartet op56 'Voces intimae' 1m 2t
*DDUDD	DDUDD	DRD	**Massenet** Phèdre: overture 2t
*DDUDD	DDUDD	DUD	**Wagner** Die Walküre Act III: War es so schmählich
*DDUDD	DDUDD	DUUUD	**Easthope Martin** Evensong
*DDUDD	DDUDD	UDDDD	**Beethoven** piano sonata/14 C♯mi 'Moonlight' op27/2
*DDUDD	DDUDD	UDRUD	**Sullivan** Iolanthe Act II: Oh foolish fay [2m 1t
*DDUDD	DDUDR	DDUDD	**Franck** string quartet in D 1m 1t
*DDUDD	DDUDR	UD	**Bach** Three part inventions/11 Gmi Clavier BWV797
*DDUDD	DDUDU	UDUUU	**Mendelssohn** Wedding march 1t
*DDUDD	DDURD	UUD	**Verdi** Don Carlos Act IV: O don fatale
*DDUDD	DDUUD	UUUUU	**Haydn** symphony/53 in D 1m intro
*DDUDD	DDUUU	DUD	**John Dowland** Shall I sue

33

*DDUDD	DDUUU	UD	**Tchaikovsky** violin concerto in D op35 2m 2t
*DDUDD	DDUUU	UDUUD	**Charles Ives** symphony/2 2m 1t
*DDUDD	DDUUU	UUUUD	**Chopin** nocturne/1 in B♭mi op9 2t
*DDUDD	DRRRR	UD	**Schubert** piano sonata/16 in Ami 1m D845
*DDUDD	DRRUD	UDU	**Bach** St John Passion/10: Ach, mein Sinn
*DDUDD	DRURU	DUUDD	**Haydn** symphony/104 in D 'London' 4m
*DDUDD	DUDDD	DDD	**Moskovsky** Valse Mignonne 2t, piano
*DDUDD	DUDDD	DUDD	**Handel** sonata for violin/fig bass in A op1/3 4m
*DDUDD	DUDDD	RUUDD	**Mussorgsky** Night on a bare mountain 5t
*DDUDD	DUDDD	UDDDD	**Brahms** symphony/1 in Cmi op68 1m 3t
*DDUDD	DUDDD	UDDDD	**Grieg** piano concerto op16 1m 2t
*DDUDD	DUDDD	UDDDU	**Liszt** Waldesrauschen étude, piano
*DDUDD	DUDDD	UDDDU	**Wagner** Magic fire music 1t
*DDUDD	DUDDD	UDUDU	**Mozart** violin concerto/5 in A K219 2m
*DDUDD	DUDDD	UDURD	**Bach** concerto for harpsichord in A 2m BWV1055
*DDUDD	DUDDD	URRRD	**Offenbach** Gaieté Parisienne 3t
*DDUDD	DUDDD	UUDDU	**Mozart** string quartet/23 in F K590 4m
*DDUDD	DUDDD	UUDDU	**Delius** Intermezzo from Fenimore and Gerda
*DDUDD	DUDDR	DUDDU	**Wagner** Die Meistersinger Act III: prelude 1t
*DDUDD	DUDDU	DDU	**Sullivan** Iolanthe Act II: He who shies at such a prize
*DDUDD	DUDDU	DDUDD	**Schumann** violin concerto in Dmi 2m
*DDUDD	DUDDU	DDUDU	**Berlioz** King Lear: overture 4t
*DDUDD	DUDDU	RRUUU	**Bellini** Beatrice di Tenda: Angiol di pace
*DDUDD	DUDDU	UDU	**Haydn** str quartet/74 Gmi op74/3 'Horseman' 2m 1t
*DDUDD	DUDRD	R	**Franck** quintet for piano/strings in Fmi 2m 1t
*DDUDD	DUDUD	D	**Verdi** La Traviata Act I: A quell' amor
*DDUDD	DUDUD	UDDDU	**John Ireland** A London Overture 2t
*DDUDD	DUDUD	UUDDD	**Mendelssohn** Songs without words/1 in E op19/1
*DDUDD	DUDUD	UUDUU	**Handel** sonata 2 violins or 2 oboes/fig bass in E♭ 1m
*DDUDD	DUDUU	DDD	**Handel** Rodelinda: Dove sei (Art thou troubled?)
*DDUDD	DUDUU	DUUDD	**Wagner** Die Meistersinger III: Euch macht ihr's leicht
*DDUDD	DUDUU	U	**Liszt** piano concerto/2 in A 1t
*DDUDD	DUDUU	UDUUD	**Machaut** Messe Notre-Dame: Credo
*DDUDD	DURRU	RUDR	**Puccini** La Rondine: Fanciulla è sbocciato
*DDUDD	DUUDD	DDUUU	**Haydn** symphony/47 in G 2m
*DDUDD	DUUDU	DDRU	**Franck** organ chorale/1 1t
*DDUDD	DUUDU	UDUDD	**Brahms** Romance/5 for piano in F op118 2t
*DDUDD	DUUDU	UUDUU	**Brahms** symphony/4 in Emi op98 1m 1t(a)
*DDUDD	DUUUD	DDUUU	**Stravinsky** Petrushka: Chez le Maure
*DDUDD	DUUUD	UDR	**Debussy** sonata for violin/piano in Gmi 1m 1t
*DDUDD	DUUUU	UUUDR	**Richard Strauss** oboe concerto, theme at Fig 30
*DDUDD	RDDRD	D	**Beethoven** string quartet/10 in E♭ op74 'Harp' 4m
*DDUDD	RDDUD	DDUDD	**Richard Strauss** Burleske, piano/orch, 5t
*DDUDD	RDDUD	DRUDU	**Brahms** Vars on a theme of Schumann, piano 4 hands
*DDUDD	RDDUD	DURDU	**Mozart** symphony/25 in Gmi K183 2m [op9
*DDUDD	RRRRU	UUDDU	**Dvořák** Slavonic Rhapsody op45 2t
*DDUDD	RRRRU	UUUUU	**Schumann** string quartet in F op41/2 4m 2t(a)
*DDUDD	RRUDD	UDDRR	**Scarlatti** harpsichord sonata Kp380
*DDUDD	RUDDD	UUDDR	**Smetana** Bartered bride III: How blessed are lovers
*DDUDD	RUDDU	DDRUD	**Bizet** Carmen: prelude, fate motif
*DDUDD	RUDUD	DRUDD	**Stravinsky** The rake's progress Act I: I go
*DDUDD	RUUDU	UD	**Tchaikovsky** symphony/2 in Cmi op17 2m 1t
*DDUDD	RUUUU	DDUDD	**Beethoven** string quartet/2 in G op18/2 4m 2t
*DDUDD	UDDDD	DDD	**Franck** quintet for piano/strings in Fmi 1m 2t
*DDUDD	UDDDD	DDDD	**Beethoven** symphony/7 in A 4m 2t
*DDUDD	UDDDD	DDDUU	**Shostakovich** symphony/9 in E♭ op70 3m 1t
*DDUDD	UDDDD	DDUDU	**Scarlatti** harpsichord sonata in G Kp125

```
*DDUDD  UDDDD  UDD     Mozart  string quintet/5 in D K593 3m
*DDUDD  UDDDD  UUD     Bartok  string quartet/1 op7 2m 1t
*DDUDD  UDDDR  DDDUD   Brahms  Ballade in Dmi, piano op10/1 2t  .
*DDUDD  UDDDU  UDUDU   Shostakovich  symphony/5 in Dmi op47 3m 4t
*DDUDD  UDDDU  UUDDD   Brahms  sonata for cello/piano in Emi op38 3m 2t
*DDUDD  UDDDU  UUUUD   D'Indy  Le Camp de Wallenstein, orch, op12 5t
*DDUDD  UDDRD  UDUDR   Berlioz  Requiem/6: Lacrymosa
*DDUDD  UDDUD  DDDDD   Haydn  symphony/97 in C 2m
*DDUDD  UDDUD  DDDDU   Schubert  symphony/4 in Cmi 'Tragic' 2m 3t D417
*DDUDD  UDDUD  DDDUU   Brahms  symphony/2 in D op73 3m 4t
*DDUDD  UDDUD  DDUDD   Scarlatti  harpsichord sonata in D Kp23
*DDUDD  UDDUD  DDUDU   Brahms  quintet for piano/strings in Fmi op34 1m 3t
*DDUDD  UDDUD  DDUUD   Haydn  symphony/38 in Gmi 'La Poule' 3m menuet
*DDUDD  UDDUD  DUDDD   Grieg  sonata/3 for violin/piano in Cmi op45 3m 2t
*DDUDD  UDDUD  DUDDD   Verdi  Aida: Dance of the priestesses 2t
*DDUDD  UDDUD  DUDDU   Shostakovich  concerto for piano/trumpet op35 3m 2t
*DDUDD  UDDUD  DUDDU   Bach  Well-tempered Clavier Bk I prelude/6 BWV851
*DDUDD  UDDUD  DUDDU   Beethoven  symphony/3 in E♭ 'Eroica' 1m 2t
*DDUDD  UDDUD  DUDDU   Fauré  élégie for cello op24 1t
*DDUDD  UDDUD  DUDDU   Debussy  Petite suite for 2 pianos: En bateau 2t
*DDUDD  UDDUD  DUDDU   Haydn  symphony/22 in E♭ 4m
*DDUDD  UDDUD  DUDDU   Mendelssohn  overture The Hebrides (Fingal's cave) 1t
*DDUDD  UDDUD  DUDDU   Rossini  La Danza (Tarantella Napoletana) Già la luna
*DDUDD  UDDUD  DUDDU   Verdi  Il trovatore Act II: Vedi! le fosche notturne
*DDUDD  UDDUD  DUDRU   Kabalevsky  Colas Breugnon overture op26
*DDUDD  UDDUD  DUDUD   Bach  choral prelude, organ: Kommst du nun BWV650
*DDUDD  UDDUD  DUDUD   Sibelius  King Christian II suite op27 Elégie
*DDUDD  UDDUD  DUDUU   Wagner  Der fliegende Holländer: overture 3t
*DDUDD  UDDUD  DUDUU   Mozart  Divertimento/14 in B♭ K270 4m
*DDUDD  UDDUD  DURDR   Bach  Well-tempered Clavier Bk II fugue/21 BWV890
*DDUDD  UDDUD  DURUR   Stravinsky  L'Oiseau de Feu: finale
*DDUDD  UDDUD  DUUDU   Wagner  Der fliegende Holländer III: Sailors' chorus
*DDUDD  UDDUD  DUUUD   Berlioz  Benvenuto Cellini I: Pasquarello's melody
*DDUDD  UDDUD  UDDUD   D'Indy  violin sonata in C op59 3m 1t(a)
*DDUDD  UDDUD  UDDUD   Lortzing  Undine: overture 3t
*DDUDD  UDDUD  UDUDU   Handel  concerto grosso in B♭ op6/7 5m hornpipe
*DDUDD  UDDUD  UDUDU   Handel  Theodora: Lord! to thee each night
*DDUDD  UDDUD  UDUUD   Richard Strauss  Liebeshymnus (song) op32/3
*DDUDD  UDDUD  UUDDU   Ravel  piano concerto in G 3m 1t
*DDUDD  UDDUR  RDUUU   Mozart  Mentre ti lascio, o figlia (aria) K513 2t
*DDUDD  UDDUR  URURU   Scarlatti  harpsichord sonata Kp17
*DDUDD  UDDUU  DDDUD   Dvořák  Carnaval overture op92 2t
*DDUDD  UDDUU  DDDUD   Mendelssohn  O for the wings of a dove (motet)
*DDUDD  UDDUU  DDUDR   Rossini  La Cenerentola: overture 2t
*DDUDD  UDDUU  UDDUU   Haydn  string quartet/75 in G op76 1m 1t
*DDUDD  UDRDD  UUUUD   Mendelssohn  symphony/4 in A op90 'Italian' 2m 3t
*DDUDD  UDRRU  DDUDD   Vivaldi  concerto for lute/strings in D 1m P209
*DDUDD  UDRRU  DDUUU   Tchaikovsky  symphony/3 in D op29 3m 3t
*DDUDD  UDRRU  DUDDD   Sullivan  Iolanthe Act II: Strephon's a Member
*DDUDD  UDRUD  D       Mendelssohn  piano trio/1 in Dmi op49 4m 1t
*DDUDD  UDUDD  DDRUR   Sibelius  symphony/2 in D op43 1m 1t
*DDUDD  UDUDD  DDUD    Mozart  Die Zauberflöte Act II: Dann schmeckte mir
*DDUDD  UDUDD  UDDUD   D'Indy  Istar, symphonic variations 4t
*DDUDD  UDUDD  UDDUU   Brahms  quintet for clarinet/strings in Bmi op115 2m
*DDUDD  UDUDU  UDDUU   Mahler  Das Lied von der Erde/4: Von der Schönheit
*DDUDD  UDUUD  DDUDD   Bach  suite/2 for flute/strings in Bmi, Rondo BWV1067
*DDUDD  UDUUD  DDUDD   Wagner  5 Wesendonck songs/2: Stehe still
```

35

*DDUDD	UDUUD	DUDD	**Schumann** Dichterliebe/14 Allnächtlich im Traüme
*DDUDD	UDUUD	DUDDD	**Menotti** Amahl & the night visitors: Emily, Emily
*DDUDD	UDUUD	DUDUD	**Borodin** string quartet/2 in D 3m 1t
*DDUDD	UDUUD	DUUDD	**Haydn** symphony/96 in D 'Miracle' 4m
*DDUDD	UDUUU	DD	**Mozart** violin sonata/18 in G K301 2m
*DDUDD	UDUUU	UDDUD	**Stravinsky** Capriccio, piano/orch 1m 3t
*DDUDD	UDUUU	UDDUU	**Max Bruch** violin concerto/1 Gmi 1m intro & cadenza
*DDUDD	UDUUU	UUDDD	**Bruckner** symphony/4 in Eb 3m 2t
*DDUDD	UDUUU	UUDDD	**Tchaikovsky** piano trio in Ami op50 1m 2t
*DDUDD	UDUUU	UUUUD	**Albinoni** oboe concerto op7/6 1m
*DDUDD	URDDR	DDUUU	**Massenet** Thais Act II: L'amour est une vertu rare
*DDUDD	URDDU	DDUDD	**Vaughan Williams** Flos Campi 1m 1t
*DDUDD	URUDR	URRDD	**Haydn** Nelson Mass: Sanctus
*DDUDD	URURR	RDRUU	**Handel** Messiah: Surely he hath borne our griefs
*DDUDD	URUUD	DDDDR	**Handel** sonata for violin/fig bass in A op1/3 1m
*DDUDD	UUDDD	DDDDD	**Mahler** symphony/9 in D 1m 5t
*DDUDD	UUDDD	DUDUD	**Vaughan Williams** Flos Campi 5m
*DDUDD	UUDDD	DUUUD	**Chopin** waltz in Ab op69/1 1t
*DDUDD	UUDDD	UDDDU	**Schumann** string quartet in Ami op41/1 1m 1t
*DDUDD	UUDDD	UDDUU	**Haydn** symphony/73 in D 'La Chasse' 1m intro
*DDUDD	UUDDD	UDUD	**Bach** Well-tempered Clavier Bk II fugue/14 BWV883
*DDUDD	UUDDU	DDUDD	**Brahms** string quartet in Ami op51/2 3m 1t
*DDUDD	UUDDU	DDUDD	**Beethoven** Freudvoll und leidvoll (song)
*DDUDD	UUDDU	DDUUD	**Chopin** waltz in Ab op69/1 2t
*DDUDD	UUDDU	DDUUD	**Mussorgsky** Pictures from an exhibition: Gnome 1t
*DDUDD	UUDDU	DDUUU	**Brahms** symphony/1 in Cmi op68 3m 1t
*DDUDD	UUDDU	DUDDD	**D'Indy** Istar, symphonic variations 3t
*DDUDD	UUDDU	DUDUD	**Mozart** string quintet/4 in Gmi K516 3m
*DDUDD	UUDDU	RDUUU	**Grieg** piano sonata in Emi op7 2m
*DDUDD	UUDDU	UDDDU	**Stravinsky** Capriccio, piano/orch, 1m 5t
*DDUDD	UUDDU	UDDUD	**Brahms** symphony/1 in Cmi op68 3m 3t(b)
*DDUDD	UUDDU	UURDU	**Elgar** Falstaff, symphonic study op68 8t
*DDUDD	UUDRD	UU	**Richard Strauss** Wozu noch Mädchen (song)
*DDUDD	UUDRU	DDUDD	**Dvořák** Songs my mother taught me op55/4
*DDUDD	UUDUD	DUDDU	**Dvořák** Songs my mother taught me op55/4 (misq'ted)
*DDUDD	UUDUD	UDDUD	**Handel** Water music 2m
*DDUDD	UUDUU	DU	**Dvořák** quartet for piano/strings in Eb op87 1m 2t
*DDUDD	UURDD	DUURU	**Schumann** symphony/2 in C op61 1m intro
*DDUDD	UUUDD	DDDUD	**Brahms** concerto for violin/cello/orch in Ami op102
*DDUDD	UUUDD	DUDUU	**Bach** Mass in B minor: Benedictus [1m 1t
*DDUDD	UUUDR	UUURR	**Tchaikovsky** symphony/5 in Emi op64 2m 1t
*DDUDD	UUUDU	DDUD	**Alabiev** The nightingale (song)
*DDUDD	UUUDU	URDDU	**Millöcker** Der Bettelstudent: Ach ich hab' sie ja nur
*DDUDD	UUUDU	UUUUU	**Saint-Saëns** Carnaval des animaux: The swan
*DDUDD	UUURR	RDURD	**Waldteufel** Mein Traum waltzes/2 1t
*DDUDD	UUUUD	DUUD	**Honegger** King David: March of the Philistines
*DDUDD	UUUUD	DUUUD	**Pachelbel** Fantasia for cembalo in Gmi
*DDUDD	UUUUD	UUDDR	**Brahms** Ein deutsches Requiem: Herr, du bist würdig
*DDUDD	UUUUU	UUUDD	**Beethoven** violin concerto in D op61 3m 2t
*DDUDR	DDDUU	DDDDD	**Mozart** piano sonata/13 in Bb K333 2m
*DDUDR	DDDUU	UDURU	**Tchaikovsky** symphony/1 in Gmi op13 4m 2t
*DDUDR	DDUDR	D	**Mozart** symphony/28 in C K200 2m 2t
*DDUDR	DUDDU	DRD	**Franck** string quartet in D 3m 1t
*DDUDR	DURUD	RDRUD	**Butterworth** A Shropshire lad: Is my team ploughing
*DDUDR	RRRUU	UUUUR	**Schubert** symphony/6 in C 'Little' 2m 2t D589
*DDUDR	RUDDU	DRRDU	**Rachmaninov** Prelude for piano op23/3
*DDUDR	RUUDD	UUUUD	**Mahler** Nicht wiedersehen (song)

36

```
*DDUDR  RUUUD  RRRUU   Massenet  Le Cid 6m 2t
*DDUDR  UDDDD  UUDDD   Mozart  Don Giovanni Act I: Dalla sua pace
*DDUDR  UDDDU  DDDRU   Haydn  Nelson Mass: Agnus dei
*DDUDR  UDDUD  RUDDD   Haydn  symphony/100 in G 'Military' 3m menuet
*DDUDR  UDDUU  DDDUD   Bellini  La sonnambula: Come per me (recitative:
                              Care compagne)
*DDUDR  URDUD  DDDUD   Tchaikovsky  Vars on a Rococo theme, cello/orch op33
*DDUDR  UURDR  R       Schumann  quartet piano/strings E♭ op47 3m 1t
*DDUDR  UUUUU  UDDUD   Vaughan Williams  symphony/9 in Emi 4m 3t
*DDUDU  DDDDD  UDUDD   Brahms  symphony/4 in Emi op98 1m 1t(b)
*DDUDU  DDDDD  UDUDD   Debussy  Pour le piano, toccata
*DDUDU  DDDDU  DUUUD   Walton  Crown Imperial, Coronation march 2t
*DDUDU  DDDRU          Sibelius  symphony/7 in C op105 5t
*DDUDU  DDDUD  DDUDD   Bach  Well-tempered Clavier Bk I: fugue/24 BWV869
*DDUDU  DDDUD  DUDUD   Grieg  Norwegian melody op12/7 1t
*DDUDU  DDDUU  UDUDU   Rossini  La Cenerentola: Non più mesta
*DDUDU  DDRUD  DRDD    Schubert  Die schöne Müllerin/13 Mit dem grünen
*DDUDU  DDUDD  DDUDD   Copland  Appalachian Spring 6t      [Lautenbande
*DDUDU  DDUDD  DUUUD   Lalo  cello concerto in Dmi 2m 1t
*DDUDU  DDUDD  UDDUD   Schubert  string quartet/13 in Ami 1m 1t D804
*DDUDU  DDUDD  UDUDD   Mendelssohn  Midsummer night's dream: scherzo 1t
*DDUDU  DDUDD  UDUDD   Rachmaninov  Prelude for piano op32/12
*DDUDU  DDUDD  UUUUD   Malipiero  Impressioni dal Vero: Il Capinero 2t
*DDUDU  DDUDR  DDUDU   Smetana  The bartered bride: Dance of comedians 5t
*DDUDU  DDUDU  D       Vaughan Williams  symphony/4 in Fmi 1m 1t
*DDUDU  DDUDU  DDUDD   Mozart  sonata for 2 pianos in D K448 3m 1t
*DDUDU  DDUDU  DDUDD   Massenet  Les Erinnyes (incidental music) finale 2t
*DDUDU  DDUDU  UUUUU   Haydn  string quartet/78 in B♭ op76 4m 1t
*DDUDU  DDUUR  UURRD   Torelli  trumpet concerto/2: allegro t at bar 89
*DDUDU  DDUUU  DUDDD   Scarlatti  harpsichord sonata Kp107
*DDUDU  DRDDU  DDDD    Schumann  sonata for violin/piano in Ami op105 3m 2t
*DDUDU  DRUDR  DDUUU   Beethoven  symphony/7 in A 1m intro
*DDUDU  DUDDD  DU      Scarlatti  harpsichord sonata in Bmi Kp27
*DDUDU  DUDDR  URUDU   Beethoven  Missa solemnis: Gloria 3t
*DDUDU  DUDDU  DDUDU   Bartok  string quartet/2 op17 2m 2t
*DDUDU  DUDDU  DUUDD   Tchaikovsky  symphony/3 in D op29 1m 3t
*DDUDU  DUDDU  UDUDU   Brahms  trio for piano/violin/cello in C op87 4m 3t
*DDUDU  DUDDU  UUDUD   Shostakovich  symphony/5 in Dmi op47 3m 3t
*DDUDU  DUDRD  UDUDU   Debussy  Bruyères, piano
*DDUDU  DUDUD  DDD     Mendelssohn  Ruy Blas overture 2t
*DDUDU  DUDUD  DUD     Handel  a minuet from Alcina
*DDUDU  DUDUD  UDRDD   Mozart  Deutsche Tänze/2, orch, K600
*DDUDU  DUDUD  UDUDU   Brahms  string sextet/2 in G op36 2m 2t
*DDUDU  DUDUD  UDUDU   Schubert  Impromptu/5 for piano in Fmi D935
*DDUDU  DUDUD  UDUDU   Mendelssohn  Capriccio brillant 2t
*DDUDU  DUDUU  DUUDD   Handel  harpsichord suite/8 in F 5m gigue
*DDUDU  DUDUU  RDDUD   Weber  Der Freischütz: overture intro(b)
*DDUDU  DUDUU  URDDU   Prokofiev  symphony/5 in B♭ op100 2m 1t
*DDUDU  DUDUU  UURRD   Handel  sonata for violin/fig bass in D op1/13 2m
*DDUDU  DUDUU  UUUR    Chausson  quartet for piano/strings in A op30 4m 1t
*DDUDU  DUDUU  UUUUU   Rachmaninov  symphony/2 in Emi op27 4m 2t
*DDUDU  DURDU  UD      Brahms  symphony/1 in Cmi op68 1m 2t
*DDUDU  DURUD  DUDUU   Ravel  Ma Mère l'Oye: Empress of the Pagodas
*DDUDU  DUUDD  DDUDU   Elgar  Pomp and Circumstance march/1 1t
*DDUDU  DUUDD  DDUUU   Torelli  trumpet concerto/1 1m
*DDUDU  DUUDD  DUDDD   Bach  Well-tempered Clavier Bk I: fugue/7 BWV852
*DDUDU  DUUDD  UDUDD   Purcell  Dido and Aeneas Act I: Shake the cloud
```

37

*DDUDU	DUUDD	UDUDU	**Bach** Well-tempered Clavier Bk I: prelude/2 BWV847
*DDUDU	DUUUD	DUDUD	**Khachaturian** Gayaneh ballet: Ayshe's awakening 2t
*DDUDU	DUUUD	DUDUD	**Sibelius** symphony/1 in Emi op39 1m 1t
*DDUDU	DUUUD	UUURR	**Shostakovich** symphony/5 op47 2m 1t(a)
*DDUDU	DUUUU	UUUUD	**Schubert** sonatina for violin/piano in D 3m D384
*DDUDU	RDDDU	DUDDU	**Mozart** symphony/32 in G (one movement) K318 3t
*DDUDU	RDUDD	UDUDU	**Grieg** Sigurd Jorsalfar op56 1m prelude
*DDUDU	RUDUR	UDRRU	**Schumann** An den Mond (song) op95/2
*DDUDU	RUUUD	DDRUU	**Haydn** symphony/86 in D 1m intro
DDUDU	RUUUD	UDDDU	**Weber** bassoon concerto in F 1m (Jahns index 127)
*DDUDU	UDDDD	DUDUD	**Verdi** Aida Act IV: Ah! tu dei vivere
*DDUDU	UDDDD	UD	**Puccini** Manon Lescaut Act II: Tu, tu amore?
*DDUDU	UDDDD	UDDDR	**Byrd** Bow thine ear
*DDUDU	UDDDD	UDDUD	**Beethoven** Bagatelle in B♭ op119/1 piano
*DDUDU	UDDDD	UUDUU	**Mozart** sonata/28 for violin/piano in E♭ K380 1t
*DDUDU	UDDDU	DDD	**Bach** Cantata/182: Himmelskönig, sei willkommen
*DDUDU	UDDRR	UDUUD	**Bartok** string quartet/1 op7 3m 1t
*DDUDU	UDDUD	DUDUU	**Liadov** Russian folk dances, orch op58: I danced with a mosquito
*DDUDU	UDDUD	DUDUU	**Ravel** Daphnis & Chloë suite/2 4t
*DDUDU	UDDUD	U	**Beethoven** sonata/2 cello/piano in Gmi op5/2 1m intro
*DDUDU	UDDUD	UDUDU	**Brahms** quintet for piano/strings in Fmi op34 3m 3t
*DDUDU	UDDUD	UUDUD	**Brahms** piano concerto/2 in B♭ op83 2m 3t
*DDUDU	UDDUD	UUDUU	**Mascagni** Cavalleria Rusticana: O, che bel mestiere
*DDUDU	UDDUU	DDDUD	**Purcell** Indian Queen: I attempt from love's sickness
*DDUDU	UDDUU	DUDRR	**Beethoven** Fidelio Act II: Euch werde Lohn
*DDUDU	UDDUU	UUUUD	**Vaughan Williams** symphony/4 in Fmi 1m 2t
*DDUDU	UDRUD	DDUUD	**Shostakovich** sonata for cello/piano op40 1m 1t
*DDUDU	UDUDD	DDDUD	**Mozart** symphony/33 in B♭ K319 4m 2t
*DDUDU	UDUDD	UDDUU	**Handel** concerto grosso in Bmi op6/12 3m
*DDUDU	UDUDU	DUDDU	**Bach** Partita/1 for Clavier in B♭ minuet/1 BWV825
*DDUDU	UDUDU	DUDUD	**Haydn** string quartet/82 op77/2 2m 1t
*DDUDU	UDUDU	UUUDU	**Mozart** piano concerto/14 in E♭ K449 1m
*DDUDU	UDURD	DUDDU	**Bach** Christmas oratorio/8: Grosser Herr
*DDUDU	UDUUD	UDUDU	**Charles Ives** symphony/2 4m 1t
*DDUDU	UDUUD	UUDDU	**Elgar** symphony/2 op63 1m 2t(a)
*DDUDU	URDRR	URRDU	**Schumann** Kennst du das Land? (song) op98/1
*DDUDU	URRUU	RDRUU	**Beethoven** symphony/7 in A 1m 1t
*DDUDU	UUDDD	UDUUU	**Bach** Prelude & fugue in Gmi: prelude BWV535
*DDUDU	UUDDU	UDDUD	**Handel** concerto grosso in C 'Alexander's Feast' 2m
*DDUDU	UUDDU	UUD	**Bartok** string quartet/1 op7 1m
*DDUDU	UUDRD	UUUUU	**Tchaikovsky** Eugene Onegin: Polonaise
*DDUDU	UUDUD	DUDD	**Leoncavallo** I Pagliacci: Bell chorus
*DDUDU	UUDUD	UDUDU	**Prokofiev** symphony/5 in B♭ op100 3m 2t(b)
*DDUDU	UUDUR	RUD	**Schubert** Lied der mignon I op62/1: Heiss mich nicht
*DDUDU	UUDUU	DUDRU	**Moszkowski** Guitarre, piano, op45/2
*DDUDU	UUDUU	UDUDU	**Mozart** symphony/25 in Gmi K183 4m 2t
*DDUDU	UUDUU	UDUUU	**Stravinsky** Apollon Musagète: Apotheosis
*DDUDU	UUDUU	UDUUU	**Haydn** symphony/47 in G 3m menuet
*DDUDU	UURDR	UURDU	**Mozart** Don Giovanni Act I quartet: Non ti fidar
*DDUDU	UUUDU	D	**Haydn** The seasons: Komm, holder Lenz
*DDUDU	UUUUU	UUDDU	**Schumann** Davidsbündler, piano op6/16
*DDURD	DDDDU	DDRUU	**Bach** Motet/4 fürchte dich nicht BWV228
*DDURD	DDDRU	DDURD	**Mozart** Don Giovanni Act II finale: Già la mensa
*DDURD	DDUUU	UUDD	**Beethoven** symphony/7 in A 2m 2t
*DDURD	DRDUU	DRDUU	**Sullivan** Pirates of Penzance I: Poor wand'ring one
*DDURD	DRUUD	UD	**Roger Quilter** Fair house of joy (song)

38

```
*DDURD  DUDDD  URDUU   Debussy  Images : Iberia 1m 6t
*DDURD  DURDD  URDRD   Bach  Mass in B minor : Agnus dei
*DDURD  DUUDD  UDDUD   Ravel  piano concerto for left hand 1t(b)
*DDURD  DUUUD  UUDD    Grieg  string quartet in Gmi op27 1m 2t
*DDURD  DUUUU  DUUUU   Mozart  Divertimento in F K138 2m
*DDURD  RUDUR  DRURD   Wolf-Ferrari  Susanna's secret : overture 2t
*DDURD  UDDUD  URRUD   Mozart  Don Giovanni II quintet : Ah! dov'è il perfido
*DDURD  UDDUR  DUDDU   Beethoven  piano sonata/17 in Dmi op31/2 1m 2t
*DDURD  UDDUU  DUDRD   Ibert  Histoires/8 piano : Le cage de crystal
*DDURD  UUDDU  RDURU   Josef Strauss  Mein Lebenslauf ist Lieb' und Lust/3
*DDURR  DDDDU  DDU     Mozart  Serenade in B♭ 13 wind instr K361 6m
*DDURR  DDDUR  RDDDU   Lalo  Namouna : Fête foraine 2t
*DDURR  DDUDR  RDRDD   Wagner  Die Walküre Act I : Du bist der Lenz
*DDURR  DUDDU  RRD     Verdi  Rigoletto Act II : Tutte le feste al tempio
*DDURR  RDDRD  UUDDU   Mahler  Aus! Aus! (song)
*DDURR  RDUUR  DUDDD   Hugo Wolf  Lebe wohl (song)
*DDURR  RRDDU  R       Leoncavallo  I Pagliacci : Vesti la giubba
*DDURR  RUDDR  RRUDR   Schumann  Dichterliebe/7 Ich grolle nicht (song)
*DDURR  UDRDD  URRUD   Verdi  La Traviata Act II : Pura siccome un angelo
*DDURR  UUUUU  DRDDU   Rachmaninov  Preludes op32/5, piano
*DDURU  DDDDU  UU      Albeniz  suite Española : Sevillanas
*DDURU  DDDUR  UUDDD   Hugo Wolf  In dem Schatten meiner Locken (song)
*DDURU  DDDUU  RUDDD   Brahms  string quartet/1 in Cmi op51/1 4m 2t
*DDURU  DUDDU  RD      Meyerbeer  Les Huguenots Act IV : Le danger presse
*DDURU  RDDDD  URURD   Sullivan  Ruddigore I : Fair is Rose as bright May day
*DDURU  RRDUR  UDDDD   Mascagni  L'amico Fritz Act I : Son pochi fiori
*DDURU  RUUDD  URURU   Borodin  string quartet/2 in D 4m 2t
*DDURU  UDDUU  UD      Bruckner  symphony/4 in E♭ 4m 1t
*DDURU  UDRUD  DRUUD   Schubert  string quintet in C 2m D956
*DDURU  UURRD  DDDRR   Mozart  Idomeneo Act II : Fuor del mar
*DDURU  UUUUU  UURD    Sibelius  Black roses (song)
*DDUUD  DDDDD  DDDUU   Prokofiev  symphony/5 in B♭ op100 1m 3t
*DDUUD  DDDRU  DUDDD   Berlioz  La Damnation de Faust pt 2 : Certain rat
*DDUUD  DDDUD  RDDUD   Handel  sonata 2 vns or 2 oboes/fig bass in E♭ 2m
*DDUUD  DDDUR  UDDDD   Albinoni  oboe concerto op7/3 2m
*DDUUD  DDDUU  DRUUR   Shostakovich  quintet for piano/strings op51 4m
*DDUUD  DDDUU  DU      Schubert  symphony/4 'Tragic' 4m 2t D417
*DDUUD  DDDUU  UDUDU   Mozart  symphony/24 in B♭ K182 1m
*DDUUD  DDDUU  UDUUD   Verdi  Don Carlos Act V : Tu che la vanità
*DDUUD  DDRUD  DU      Schubert  trio/2 piano/vln/cello in E♭ 1m 1t D929
*DDUUD  DDUUD  DDUUD   Wagner  Die Walküre : Ride of the Valkyries 2t
*DDUUD  DDUUD  DUUDD   Riccardo Drigo  Serenade - Les millions d'Arlequin 2t
*DDUUD  DDUUD  UDUUU   Brahms  string quartet/1 in Cmi op51/1 1m 2t
*DDUUD  DDUUR  UUDUU   Edward German  Henry VIII music : Shepherd's dance
*DDUUD  DDUUU  DUDU    Haydn  The Seasons : Schon eilet froh der Ackersmann
*DDUUD  DDUUU  UUUUD   Shostakovich  concerto piano/trumpet/orch op35 1m 1t
*DDUUD  DRDDR  UDDUU   Josquin des Prés  Basies Moy
*DDUUD  DRDR          Mozart  piano sonata/15 in C K545 1m 2t
*DDUUD  DRRRD  UUUDD   Handel  Alcina : overture 1t
*DDUUD  DUDDD          Beethoven  symphony/4 in B♭ 2m 2t
*DDUUD  DUDDD  DURRD   Offenbach  Tales of Hoffmann Act II : Ah! vivre doux
*DDUUD  DUDDD  UDDDD   Ibert  Trois pièces brèves/1 for wind quintet
*DDUUD  DUDDD  UU      Bach  Partita for Clavier in B♭ gigue BWV825
*DDUUD  DUDDU  DDDUU   Brahms  sonata/2 for cello/piano in F op99 3m 2t
*DDUUD  DUDDU  DDUDD   Borodin  symphony/2 in Bmi 1m 3t
*DDUUD  DUDDU  DUD     D'Indy  Symphony on a French mountain air 3m 2t
*DDUUD  DUDDU  DUUUU   Liadov  The music box op32, piano 2t
```

39

```
*DDUUD DUDDU UDDUU  Bach Well-tempered Clavier Bk II: prel/14 BWV883
*DDUUD DUDRD U      Bruckner symphony/7 in E 3m 2t
*DDUUD DUDRU DDUUD  Bach English suite/2 in Ami, bourrée I BWV807
*DDUUD DUDUD DUUDD  Brahms violin concerto in D op77 2m
*DDUUD DUDUD DUUDD  Mascagni Cavalleria Rusticana: Viva il vino
*DDUUD DUDUD UUDDU  Rachmaninov prelude in C♯mi, piano 1t
*DDUUD DUDUU DUUDU  Brahms symphony/1 in Cmi op68 4m 2t
*DDUUD DURDD UUUDD  Respighi Pines of Rome: Pines near a catacomb
*DDUUD DURDD UUUDD  Sullivan Where the bee sucks (song)
*DDUUD DURRU RRU    Wagner Die Walküre Act II: Ho jo to ho, Ho jo to ho
*DDUUD DURUU UDU    Roger Quilter To daisies (song)
*DDUUD DUUDD UUDDD  Mozart symphony/25 in Gmi K183 1m 3t
*DDUUD DUUDD UUDDD  Milhaud Création du Monde 3m
*DDUUD DUUDD UUDDU  Mozart Serenade in D K250 'Haffner' 4m 1t
*DDUUD DUUDD UUDDU  de Falla Noches en los jardines de España: Cordoba
*DDUUD DUUDD UUDDU  Brahms quintet for piano/strings Fmi op34 4m 2t  [2t
*DDUUD DUUDD UUDDU  Schubert Moments musicaux/4 in C♯mi 1t
*DDUUD DUUDD UUDDU  Chopin prelude/5 in D op28
*DDUUD DUUDD UUDRU  Fauré nocturne/6 1t, piano
*DDUUD DUUDD UUU    Debussy L'Isle joyeuse intro, piano
*DDUUD DUUDU DDDDD  Brahms piano sonata/3 in Fmi op5 1m 2t
*DDUUD DUUDU UDDUD  Handel sonata for flute/fig bass in G op1/5 5m
*DDUUD DUUDU UUDDU  Franck sonata for violin/piano in A 3m 3t
*DDUUD DUURD UDU    Liadov The enchanted lake, orch op62 1t
*DDUUD DUURU DDDUU  Tchaikovsky Swan Lake: Hungarian dance 2t
*DDUUD DUUUD DDDDD  Rachmaninov Elégie op3/1 piano 1t
*DDUUD DUUUD DUUDD  Bartok Allegro barbaro, piano, 2t
*DDUUD DUUUD UDDDD  Beethoven piano sonata/24 in F♯ op78 1m 2t
*DDUUD DUUUR DUU    Handel Alcina: Minuet from ballet
*DDUUD DUUUR UUUDU  Sibelius violin concerto in Dmi op47 2m
*DDUUD DUUUU DRDUU  Bach Easter orat'o/7: Sanfte soll mein Todeskummer
*DDUUD DUUUU UDDDU  Chausson quartet for piano/strings in A op30 1m 3t
*DDUUD DUUUU UDDR   Josef Suk Serenade for strings in E♭ op6 2m 1t
*DDUUD RDDDU UDRDR  J Strauss Jr Wine, women and song/2 2t
*DDUUD RDUDD UUDDD  Bartok Hungarian sketches/1: An evening in the vill-
*DDUUD RRDDU UDDR   Verdi Aida Act I: Nume custode            [age 1m 1t
*DDUUD RURRR RURDD  Sir Henry Bishop Should he upbraid (song)
*DDUUD RUUDU UDRUD  Handel concerto grosso in Dmi op6/10 5m 1t
*DDUUD RUUUR DDUDD  Adolphe Adam Giselle 1t
*DDUUD UDDDD UUDUD  Bruckner symphony/9 in Dmi 1m 3t
*DDUUD UDDDU UDUDU  Brahms symphony/3 in F OP90 4m 1t(b)
*DDUUD UDDDU UUUUD  Arthur Somervell Come into the garden, Maud (song)
*DDUUD UDDUD DUDD   Dvořák Slavonic dances/6 op72/8 5t
*DDUUD UDDUR DUUDD  Stanford Songs of the sea: Drake's drum
*DDUUD UDDUU DUDDU  Edward German Nell Gwyn dances/2
*DDUUD UDDUU DUDDU  Grieg Norwegian bridal procession op19/2 piano
*DDUUD UDDUU DUDDU  Verdi Il trovatore Act IV: Ai nostri monti
*DDUUD UDDUU UDDUD  Sibelius Pelléas et Mélisande: Spring in the park
*DDUUD UDDUU UDDUU  Grieg Lyric pieces for piano op54/4: Notturno 2t
*DDUUD UDRDD UUDUD  Dvořák Serenade for strings in E op22 1m 1t
*DDUUD UDRUD DUUUD  Bach sonata/4 violin/Clavier in Cmi 4m BWV1017
*DDUUD UDUDD DDDUU  Beethoven piano sonata/3 in C op2/3 1m 3t
*DDUUD UDUDD UDDUU  Handel concerto grosso in Bmi op6/12 2m
*DDUUD UDUDD UDUUD  Mozart Deutsche Tänze/3, orch K600
*DDUUD UDUDR DD     Beethoven Serenade for violin/viola/cello op8 1m
*DDUUD UDUDU DDDDD  Dvořák Slavonic dances/16 op72/8 4t
*DDUUD UDUDU DUDDU  Beethoven piano sonata/23 Fmi 'Appassionata' 1m 3t
```

*DDUUD	UDUDU	DUDUD	**Beethoven** piano sonata/13 in E♭ op27/1 1m 2t
*DDUUD	UDUDU	DUDUD	**Bach** Well-tempered Clavier Bk I: prelude/3 BWV848
*DDUUD	UDUDU	DUUUD	**Schubert** Rosamunde: overture 2t D797
*DDUUD	UDUDU	UDUUU	**Prokofiev** Classical symphony 3m 1t
*DDUUD	UDURR	RDRDU	**Haydn** symphony/85 in B♭ 'La Reine' 3m trio
*DDUUD	UDUUU	DDDUD	**Mahler** symphony/5 5m rondo, theme at bar 16
*DDUUD	URDDU	UUDUR	**Delius** Paris, nocturne for orchestra 4t
*DDUUD	URDUD	URURR	**Beethoven** piano concerto/5 in E♭ 'Emperor' 1m 2t
*DDUUD	UUDDD	RDDUU	**Waldteufel** Estudiantina waltzes/3 2t
*DDUUD	UUDDU	DDUUU	**Brahms** piano concerto/1 in Dmi op15 1m 1t
*DDUUD	UUDDU	DUDDD	**Brahms** Sapphische Ode op94/4
*DDUUD	UUDUD	DUDUD	**Saint-Saëns** violin concerto/3 in Bmi op61 3m 2t
*DDUUD	UUDUU	DDDU	**Copland** El sal n Mexico 5t
*DDUUD	UUDUU	URUDD	**Ravel** Daphnis & Chloë suite/2 1t(a)
*DDUUD	UURDU	UUURD	**Grieg** sonata for cello/piano in Ami op36 3m 2t
*DDUUD	UUUDD	DDDUU	**Vaughan Williams** Concerto Accademico 1m 2t
*DDUUD	UUUDD	UDDDU	**Sibelius** symphony/1 in Emi op39 4m 3t
*DDUUD	UUUDD	UUDUU	**Rachmaninov** suite/2 for 2 pianos 4 hands 2m 1t
*DDUUD	UUUDD	UUUUD	**Beethoven** piano sonata/29 in B♭ op106 'Hammerklav-
*DDUUD	UUUDU	DDUUD	**Bach** Brandenburg concerto/2 in F 1m 1t [ier 4m 2t
*DDUUD	UUURU	D	**Richard Strauss** Ich liebe dich (song) op37/2
*DDUUD	UUUUD	DDUUD	**Viotti** violin concerto/22 in Ami 2m 1t
*DDUUR	DDUUR	DDUUR	**Bach** Fantasie in G for organ 1m BWV572
*DDUUR	DDUUR	DUDUD	**Albeniz** Iberia I: Fête Dieu à Seville 2t, piano
*DDUUR	DDUUR	RRUUU	**Thomas Arne** Orpheus with his lute (song)
*DDUUR	DUDDU	URD	**Mozart** Minuet for piano K1
*DDUUR	DUURD	UURDU	**Beethoven** symphony/8 in F op93 4m 3t
*DDUUR	RRDDU	DDDDU	**J Strauss Jr** Tales of the Vienna Woods/4 1t
*DDUUR	RRDDU	URDUU	**Verdi** Requiem: Hostias et preces
*DDUUR	RRRDU	URRRR	**Mozart** Deutsche Tänze/5, orch K509
*DDUUR	RRRRU	UUDDD	**Mozart** string quartet/21 in D K575 3m
*DDUUR	RUDDD	DR	**J Strauss Jr** Der Zigeunerbaron Act II: Her die Hand
*DDUUR	RURRD	RUDDD	**Britten** Serenade for tenor/horn/strings op31, Elegy
*DDUUR	RUUDD	DDD	**Dvořák** Gypsy songs op55/7: Cloudy heights of Tatra
*DDUUR	UDDDD	UDDDD	**Richard Strauss** horn concerto/2 in E♭ t at Fig 24
*DDUUR	UDUDD	UUUD	**Mahler** Lieder eines fahrenden Gesellen/1 Wenn
[DDUUR	URRUU	DDRDD	**Berlioz** Les Troyens I: Mais le ciel [mein Schatz
*DDUUR	UUDDD	UURUU	**Mozart** Adagio for violin/orch in E K261
*DDUUR	UUUDD	UU	**Handel** concerto grosso in G op6/1 2m
*DDUUR	UUUDU	DRUDU	**Elgar** Wand of youth suite/2: March
*DDUUU	DDDDD	UDRUU	**Schubert** symphony/3 in D 2m 1t D200
*DDUUU	DDDDD	UU	**Liszt** Valse oubliée, piano 1t
*DDUUU	DDDDD	UUDDU	**Brahms** sonata/2 for violin/piano in A op100 1m 2t
*DDUUU	DDDDU	UUDDD	**Debussy** string quartet in Gmi 2m 1t(a)
*DDUUU	DDDDU	UUUR	**Verdi** Requiem: Qui Mariam
*DDUUU	DDDRD	DUDRU	**Handel** Messiah: Comfort ye my people
*DDUUU	DDDRR	DDD	**Chopin** prelude/24 in Dmi op28
*DDUUU	DDDUD	RUDUD	**Debussy** string quartet in Gmi 1m 1t(a)
*DDUUU	DDDUD	U	**Handel** organ concerto in F op4/4 4m 2t
*DDUUU	DDDUR	DDUUU	**Brahms** symphony/4 in Emi op98 3m 1t(c)
*DDUUU	DDDUU	UDDDU	**Mozart** Divertimento in D K334 3m
*DDUUU	DDDUU	UDDDU	**Richard Strauss** Salome: Dance of the seven veils 4t
*DDUUU	DDDUU	UDDUR	**Ravel** Le tombeau de Couperin: Prelude
*DDUUU	DDRDD	UU	**Richard Strauss** Till Eulenspiegel op28 1t
*DDUUU	DDUDD	DUDDD	**Shostakovich** Three fantastic dances/3
*DDUUU	DDUDD	UDDDD	**Verdi** Requiem: Agnus Dei
*DDUUU	DDUDD	UUUDD	**Bach** Toccata & fugue Cmi, Clavier: fugue BWV911

*DDUUU	DDUDD	UUUDU	**Bach** French suite/5 in G, gavotte BWV816
*DDUUU	DDUDR	UUURD	**MacDowell** piano concerto/1 2m
*DDUUU	DDUDU	DDUUU	**Elgar** Chanson de nuit op15/1 orch
*DDUUU	DDUUD	DUDDU	**Delius** Summer night on the river
*DDUUU	DDUUD	DUDU	**Sibelius** symphony/2 in D op43 1m 2t
*DDUUU	DDUUD	DUURD	**Liszt** Rapsodie espagnole, piano/orch 4t
*DDUUU	DDUUR	U	**Fauré** Requiem: Offertorium
*DDUUU	DDUUU	DDDDU	**Brahms** string quintet/2 in G op111 3m
*DDUUU	DDUUU	DDUDD	**Walton** Façade suite/2: Country dance
*DDUUU	DDUUU	DDUDD	**Mozart** piano concerto/12 in A K414 3m 2t
*DDUUU	DDUUU	DDUUD	**Mozart** piano sonata/11 in A K331 3m 1t
*DDUUU	DDUUU	DUDDD	**Ravel** Gaspard de la nuit: Ondine, piano
*DDUUU	DDUUU	UDDUD	**Elgar** Contrasts, orch op10/3 2t
*DDUUU	DDUUU	UUDDD	**Schubert** symphony/8 in Bmi 'Unfinished' 1m 1t
*DDUUU	DRDDR	UUDUD	**Bodenschatz** Joseph, lieber Joseph mein
*DDUUU	DRDDU	DURDU	**Bruckner** symphony/7 in E 2m 1t
*DDUUU	DRDUU	UDDU	**D'Indy** Istar, symphonic variations 5t
*DDUUU	DRRDD	UUUDR	**Khachaturian** Gayaneh ballet: Young Kurds' dance 2t
*DDUUU	DRRDU	DUUUU	**Schumann** Carnaval op9, piano: Estrella
*DDUUU	DRRUD	DD	**Sibelius** symphony/7 in C op105 4t
*DDUUU	DRURU	DDDUD	**Elgar** Caractacus: O my warriors
*DDUUU	DUDDD	UUD	**Ravel** string quartet in F 2m 1t
*DDUUU	DUDDU	DDUUU	**Liszt** Raps. espagnole, piano/orch: Jota Aragonesa
*DDUUU	DUDDU	DUUUU	**Massenet** Manon Act III: Oui, dans les bois
*DDUUU	DUDDU	UUDUR	**Corelli** concerto grosso op6/8 'Christmas' 1m intro
*DDUUU	DUDRD	RDRDU	**Mozart** Divertimento in F K247 7m
*DDUUU	DUUDD	DD	**Beethoven** Septet in E♭ op20 4m
*DDUUU	DUUDD	DRDUU	**Delibes** Le Roi s'amuse: scène du bouquet
*DDUUU	DUUDU	DDDUD	**Ravel** Valses nobles et sentimentales/8
*DDUUU	DUUDU	UDDU	**Tchaikovsky** piano concerto/2 in G op44 1m 1t ·
*DDUUU	DUUUD	DDDUD	**Thomas Arne** Under the greenwood tree (song)
*DDUUU	DUUUD	DDRUD	**Purcell** St Cecilia: Thou turn'st this world
*DDUUU	DUUUD	RRUDD	**MacDowell** Sea pieces/3: A.D.1620
*DDUUU	DUUUU	DDDDD	**Beethoven** string quartet/14 in C♯mi op131 5m 1t
*DDUUU	DUUUU	URRUD	**Beethoven** sonata/4 for cello/piano in C op102/1 3m
*DDUUU	RDDDD	UURDD	**Mozart** sonata for piano 4 hands in F K497 2m
*DDUUU	RDDDU	D	**Beethoven** string quartet/14 in C♯mi op131 6m
*DDUUU	RDDDD	DUUUR	**Schubert** Adagio & Rondo concertante piano/str F 1m
*DDUUU	RDDUU	UUDUD	**Ravel** Valses nobles et sentimentales/3 [D487
*DDUUU	RDRDD	UUDRU	**Mozart** trio/6 for piano/vln/cello in G K564 1m
*DDUUU	RDRRU	RRUDU	**Schumann** Frauenliebe und Leben op42/2: Er, die herrlichste
*DDUUU	RDUDR	UDUUU	**Berlioz** Benvenuto Cellini Act I: Harlequin's melody
*DDUUU	RDUUU	DUDDU	**Elgar** Falstaff, symphonic study 2t [& overture 3t
*DDUUU	RRDDU	UUDUU	**Beethoven** trio/5 for piano/vln/cello E♭ op70/2 1m 1t
*DDUUU	RRRRR	UURRR	**Dvořák** symphony/8 in G op88 1m 3t
*DDUUU	RRUDD	UUURR	**Handel** concerto grosso in G op6/1 4m
*DDUUU	UDDDD	DDUUD	**Bruckner** symphony/5 4m 1t
*DDUUU	UDDDD	DDUUU	**Franck** symphony in Dmi 2m 4t
*DDUUU	UDDDD	DUUD	**Meyerbeer** L'Africaine: O Paradis
*DDUUU	UDDDR	UDDDU	**Richard Strauss** Also sprach Zarathustra 3t(a)
*DDUUU	UDDDU	U	**Debussy** Printemps, symphonic suite 1m 1t
*DDUUU	UDDDU	U	**Chausson** quartet for piano/strings op30 4m 2t
*DDUUU	UDDDU	UDUUD	**Lalo** Namouna suite: Prelude 2t
*DDUUU	UDDDU	UUUDD	**Beethoven** Wellington's Sieg op91 3t: Sturm-Marsch
*DDUUU	UDDDU	UUUDD	**Milhaud** Scaramouche 2m
*DDUUU	UDDUU	DD	**Schubert** string quartet/8 in B♭ 3m 2t D112

42

*DDUUU	UDDUU	DDDUU	**Rimsky-Korsakov** Antar, symphony 4m
*DDUUU	UDDUU	DUUDD	**Beethoven** piano sonata/4 in E♭ op7 3m
*DDUUU	UDDUU	UUDD	**Flotow** Martha: overture 1t
*DDUUU	UDDUU	UUDDD	**Saint-Saëns** Intro & Rondo capriccioso vn/orch: Intro
*DDUUU	UDDUU	UUDDD	**Brahms** quartet/3 piano/strings in Cmi op60 4m 1t
*DDUUU	UDDUU	UUDR	**Mahler** symphony/4 in G 3m 2t
*DDUUU	UDRRR	R	**Mussorgsky** Night on a bare mountain 2t
*DDUUU	UDRUD	DD	**Puccini** Turandot Act II: Addio amore
*DDUUU	UDUDD	DDUUD	**Bach** suite/4 orch: Menuet/2 BWV 1069
*DDUUU	UDUDD	UDDD	**Beethoven** Fidelio Act I: Hat man nicht auch Gold
*DDUUU	UDUDD	UUDUU	**Wieniawski** violin concerto/2 op22 1m 1t
*DDUUU	UDUDU	DUDRD	**Schumann** piano sonata/2 in Gmi op22 1m 2t
*DDUUU	UDUUR	DUDUD	**Schubert** symphony/9 in C 'Great' 2m 1t D944
*DDUUU	URRDU	DDUUU	**Sibelius** King Christian II suite op27 musette
*DDUUU	URRRR	RUDRR	**Tchaikovsky** Serenade in C op48 1m 3t
*DDUUU	UUDDD	DRD	**Bach** St John Passion/11: Petrus, der nicht denkt
*DDUUU	UUDDD	DUU	**Haydn** string quartet/75 in G op76 2m
*DDUUU	UUDDD	RUDDD	**Handel** chaconne/9 (2nd set of keyboard suites)
*DDUUU	UUDDD	UDDDU	**Mendelssohn** Songs without words/3 op62/5 Venetian
*DDUUU	UUDDD	UUUUU	**Bach** St Matthew Passion/75: Mache dich [boat song
*DDUUU	UUDDD	UUUUU	**Mozart** str quartet/19 in C K465 'Dissonance' 1m intro
*DDUUU	UUDDU	UUUUU	**Bach** French suite/6 in E minuet BWV817
*DDUUU	UUDUD	DDDDD	**Mozart** piano sonata/16 in B♭ K570 1m 1t
*DDUUU	UUDUD	DDRDD	**Schumann** string quartet/4 in A op41/3 1m 1t
*DDUUU	UUDUD	DDRDD	**Ravel** Sonatine for piano 1m 1t
*DDUUU	UUDUD	UUUUD	**Fauré** Dolly suite op56 piano 4 hands: Jardin de Dolly
*DDUUU	UUDUU	DDDUU	**Vivaldi** concerto vla d'amore/lute/str in Dmi 1m P266
*DDUUU	UUDUU	UDDUU	**Massenet** Thais: Méditation 1t
*DDUUU	UUDUU	UUUUU	**Vaughan Williams** London symphony 1m 4t(a)
*DDUUU	UURDU	DDDDR	**Berlioz** La damnation de Faust pt I: introduction
*DDUUU	UUUDD	DDDUD	**John Ireland** I have twelve oxen (song)
*DDUUU	UUUDD	DDUUU	**Auber** Fra Diavolo: overture 1t
*DDUUU	UUUDD	RDUDD	**Purcell** Dido and Aeneas: But ere we this perform
*DDUUU	UUUDD	UUDDD	**Prokofiev** symphony/5 in B♭ op100 4m 3t
*DDUUU	UUUDR	DDUUD	**Chopin** prelude/15 in D♭ 'Raindrop' 1t
*DDUUU	UUUDU	DUDUU	**Holst** The Planets op32: Mars 2t
*DDUUU	UUUDU	URDUD	**Beethoven** piano sonata/23 Fmi 'Appassionata' 1m 1t
*DDUUU	UUURR	DDUD	**Sullivan** The Mikado Act I: Were you not to Co-co
*DDUUU	UUUUD	DDRDD	**Massenet** Le Cid 5m 2t [plighted
*DDUUU	UUUUD	UDDDD	**Beethoven** Gottes Macht und Vorsehung (song) op48/5
*DDUUU	UUUUR	UDDUD	**Dvořák** quintet for piano/strings op81 2m 2t
*DDUUU	UUUUU	UD	**Chopin** mazurka/14 op24/1
*DDUUU	UUUUU	UUUUU	**Borodin** string quartet/2 in D 3m 2t
*DRDDD	DDUDU	DUDUD	**Prokofiev** Classical symphony 1m 1t
*DRDDD	DDUUD	UUUDU	**Bach** Mass in B minor: Domine Deus
*DRDDD	DRRRR	URURU	**Schubert** string quartet/15 in G 4m D887
*DRDDD	DUUDU	DUUUD	**Mozart** Cosi fan tutte Act II: Prenderò quel brunettino
*DRDDD	RDDDR	UDDDU	**Mozart** sonata/23 violin/piano in D K30g 3m 1t
*DRDDD	RDDUD	DDRDD	**Tchaikovsky** symphony/4 in Fmi op36 1m 3t
*DRDDD	RDUUD	RUDD	**Bizet** Carmen: intermezzo/3
*DRDDD	RUUDD	DUUDR	**Mozart** symphony/29 in A K201 3m 2t
*DRDDD	UDDRD	DDUUD	**Tchaikovsky** symphony/4 in Fmi op36 1m 1t
*DRDDD	UDRUR	RDDRD	**Offenbach** Gaieté Parisienne: 2nd valse lente
*DRDDD	UUDUR	RRDUD	**Erik Satie** Trois petites pièces: Jeux de Gargantua
*DRDDD	UUDUU	UDU	**Schubert** Alfonso & Estrella overture
*DRDDD	UUUDU	RURUD	**Khachaturian** violin concerto 3m 2t
*DRDDR	DDDDD	DDDDD	**Franck** quintet for piano/strings in Fmi 2m 3t

*DRDDR	DDRDU	**Purcell** Fairy Queen: Next, winter comes slowly
*DRDDR	UDDRD RRURR	**Mendelssohn** Elijah: Lord God of Abraham
*DRDDR	UDUDD UR	**Brahms** Academic Festival overture op80 2t(a)
*DRDDR	UDUDU DUUDD	**Mozart** violin concerto/2 in D K211 1m
*DRDDR	UUDUU UUUUD	**Beethoven** sonata/9 vln/piano A op47 Kreutzer 2m
*DRDDU	DDRD	**Verdi** Rigoletto Act II: Cortigiani
*DRDDU	DDUDD D	**Mendelssohn** (Meeresstille und) Glückliche Fahrt 3t
*DRDDU	DUDRD DUDRD	**Karl Zeller** Der Vogelhändler: Wie mein Ahnl 20 Jahr
*DRDDU	DUUDD DDUUD	**Wagner** Der fliegende Holländer Act II: Traft ihr das
*DRDDU	DUUUU DUDUD	**John Dowland** Sweet stay awhile (song) [Schiff
*DRDDU	UDDUU DRR	**Mozart** Figaro Act I duet: Ora si, ch'io son contenta
*DRDDU	UDUDU DUUDD	**Mozart** violin concerto/2 in D K211 1m 1t
*DRDDU	URDUD RDDUU	**Schubert** Schwanengesang/3 Frühlingssehnsucht
*DRDDU	URURU RURDR	**Fauré** quartet piano/str op15 in Cmi 1m 1t [D957
*DRDDU	UUUUU UD	**Tchaikovsky** Sleeping Beauty 1m: Fée des lilas
*DRDRD	DRDDU UUDDD	**Franck** string quartet in D 3m 2t
*DRDRD	RDRDR URD	**Bach** Christmas oratorio/19: Schlafe, mein Liebster
*DRDRD	RDRDU DRDRD	**Rachmaninov** suite/1 Fantasy 2m O night, O love
*DRDRD	RDRRR DRRU	**Chopin** waltz in Gb op70/1 2t
*DRDRD	RDRUD DUDRD	**Verdi** La forza del Destino Act III: Lorchè pifferi
*DRDRD	RDRUU UD	**Mozart** piano concerto/25 in C K503 1m 1t
*DRDRD	RDUDR DRDRD	**Brahms** string quartet/1 in Cmi op51/1 3m 1t
*DRDRD	RRDUR RRUDD	**Menotti** The telephone: Hello, hello
*DRDRD	RURDR DRDUU	**Franck** Prélude, aria & finale, piano: finale 1t
*DRDRD	RURDU RD	**Beethoven** Variations on Paisiello's 'Nel cor più'
*DRDRD	RURRD DUDRU	**Clementi** piano sonata Gmi op50/3 Didone abbando-
*DRDRD	RURUU DDDDD	**Mozart** Cosi fan tutte II: Per pietà [nata 1m intro
*DRDRD	RUUUD DDDUU	**Ravel** Sainte: A la fenêtre recélant (song)
*DRDRD	RUUUD DRDRU	**Tchaikovsky** symphony/4 in Fmi op36 2m 2t
*DRDRD	RUUUU UD	**Meyerbeer** Robert le Diable III: Nonnes qui reposez
*DRDRD	UDUDU DUUU	**Richard Strauss** Der Rosenkavalier III: waltz in Bb
*DRDRD	UDUUU DUUU	**Rachmaninov** sonata for cello/piano Gmi op19 1m 2t
*DRDRD	UURDD RDDR	**Beethoven** septet in Eb op20 5m
*DRDRD	UURRR D	**Massenet** Werther Act I: Il faut nous séparer
*DRDRD	UURUD URURR	**Mozart** piano concerto/24 in Cmi K491 3m
*DRDRR	DRDRU DRDUU	**Schubert** Lob der Tränen (song) op13/2
*DRDRR	DRURD RUDRR	**J Strauss Jr** The Blue Danube/1 2t
*DRDRU	DDDRR RR	**Mozart** string quartet/20 in D K499 1m
*DRDRU	DDURD DRRDU	**John Dowland** Sorrow, stay (song)
*DRDRU	DDUUD DRDUD	**Paganini** violin caprice op1/21
*DRDRU	DRDRD URU	**Sibelius** symphony/5 in Eb op82 1m 5t
*DRDRU	DRDRU DRDUU	**Nielsen** wind quintet op43 2m 1t
*DRDRU	DRRDD UUR	**Sullivan** Pirates of Penzance Act I: Stop, ladies, pray!
*DRDRU	DUUUU	**Bruckner** symphony/3 in Dmi 1m 2t
*DRDRU	RDDUU DRDRD	**Stravinsky** violin concerto in D 1m 2t(b)
*DRDRU	RDRDR RR	**Berlioz** Harold in Italy 4m 3t
*DRDRU	RUDRD RURUD	**Saint-Saëns** Nightingale & the rose (wordless song)
*DRDRU	RURDD DDDUD	**Grieg** Peer Gynt suite/1 3m Anitra's dance 2t
*DRDRU	UDDUD RRR	**Puccini** La Bohème Act II: Musetta's waltz, Quando
*DRDRU	UDRUR RUDRD	**Handel** Messiah: Thus saith the Lord [me'n vo'
*DRDRU	URDDD UDDDU	**Orlando Gibbons** Ah! dear heart (madrigal)
*DRDRU	UUUUD UUUUU	**Mozart** string quartet/14 in G K387 2m 1t
*DRDUD	DDDDD D	**Bizet** Les Pêcheurs de perles: Act III: O Nadir
*DRDUD	DDDDU DD	**Berlioz** Beatrice and Benedict overture 3t(b)
*DRDUD	DDDUD RUUDU	**Paisiello** harpsichord concerto in C 1m 1t
*DRDUD	DDUDR DUD	**Sullivan** Yeomen of the Guard Act I: Tower warders
*DRDUD	DRDUU DRDUD	**Beethoven** piano sonata/4 in Eb op7 4m

*DRDUD	DRUUU	RURD	**Sullivan** Yeomen of the Guard II: Night has spread
*DRDUD	RDDDU	DUDU	**J Strauss Jr** Morgenblätter waltz 4t
*DRDUD	RDDDU	UUD	**Massenet** Les Erinnyes: scène religieuse
*DRDUD	RDDUU	UDRD	**Waldteufel** skaters waltz/3 1t
*DRDUD	RDRDD	DUUUD	**Beethoven** symphony/8 in F 4m 1t(b)
*DRDUD	RDUDR	DDDU	**Sullivan** Iolanthe Act I: None shall part us
*DRDUD	RDUDR	DUUUU	**Debussy** Rapsodie for saxophone/orch 2t
*DRDUD	RDUDU	DUUDU	**Schubert** An Sylvia (Who is Sylvia?) D891
*DRDUD	RDUDU	UDDUD	**J Strauss Jr** Frühlingsstimmen 2t
*DRDUD	RDUUU	UDRDD	**Grieg** Ballade op24 piano
*DRDUD	RRRRD		**Mozart** Deutsche Tänze/3 K605 1t
*DRDUD	RUDRD	UDRDU	**Delius** violin concerto 5t
*DRDUD	UDDUD	DUDDU	**Bach** Motet/1: Singet dem Herrn BWV225
*DRDUD	UDRDD	UDRUD	**Beethoven** Missa solemnis: Kyrie 2t
*DRDUD	UDRDU	DUDRD	**Handel** concerto grosso in Ami op6/4 1m
*DRDUD	UDRDU	DUURR	**Debussy** Petite suite, 2 pianos: ballet 2t
*DRDUD	UDRRR	UDDD	**Monteverdi** Lagrime d'amante V: O chiome d'or
*DRDUD	UDUDD	UURUD	**Edward German** Henry VIII music: Morris dance 2t
*DRDUD	UDUDU	DUUU	**Liadov** Kikimora, orch op63 2t
*DRDUD	URDDU	DRRUR	**Wagner** Rheingold: Erda's warning, Weiche, Wotan
*DRDUR	RDDRR	DDRRD	**Mendelssohn** (Meerestille und) Glückliche Fahrt 2t
*DRDUR	UURDU	UUUDU	**Schumann** cello concerto in Ami op129 2m
*DRDUU	DRDUD	UUDRD	**Chopin** polonaise in A♭ op53 1t
*DRDUU	DRDUU	DUDUD	**Schubert** Military Marches/1 1t, piano 4 hands D733
*DRDUU	DURDU	UDUUR	**Wieniawski** violin concerto/2 in Dmi 3m 2t
*DRDUU	DUUDU	DUUDU	**Bach** Mass in B minor: Sanctus
*DRDUU	RUDUD	UDDUD	**Brahms** Intermezzo in B♭mi op117/2, piano 2t
*DRDUU	UDRUU	U	**Mozart** Divertimento in D K334 4m
*DRDUU	URDUD	RDU	**Sullivan** Iolanthe Act I: Iolanthe from thy dark exile
*DRDUU	UURDR	UUUDR	**Beethoven** piano sonata/29 B♭ op106 Hammerklavier
*DRDUU	UUUUD	DDUDD	**Mozart** symphony/34 in C K338 1m 1t [3m 1t
*DRDUU	UUUUU	UU	**Sibelius** symphony/4 in Ami op63 1m 3t
*DRRDD	DRRR		**Weber** Jubel overture intro 1t (Jahns index 245)
*DRRDD	DUDUR	URUUR	**Prokofiev** March, piano op12/1
*DRRDD	UUUDU		**Stravinsky** Symphony of Psalms: Expectans
*DRRDD	UUUDU	DUDUU	**Gounod** The Queen of Sheba: Cortège
*DRRDR	RDRUU	DRRDR	**Grieg** Norwegian melodies op63 string orch 2m 2t
*DRRDR	RDRUU	UDR	**Dvořák** Slavonic dances/13 2t op72/5
*DRRDU	DDRRD	UDUDU	**Johann & Josef Strauss** Pizzicato polka
*DRRDU	DDURD	UUDUD	**Mozart** symphony/35 in D K385 'Haffner' 4m 1t
*DRRDU	DDUUR	DD	**Mozart** Mentre ti lascio, O figlia (song) 1t K513
*DRRDU	DUDUD	DU	**Mozart** Divertimento in D K334 5m
*DRRDU	DUDUD	UUUDD	**Mozart** symphony/40 in Gmi K550 2m 2t
*DRRDU	RRURD	DDDDD	**Mozart** string quartet/15 in Dmi K421 1m
*DRRDU	UDDUU	DRRDU	**Bruckner** symphony/4 in E♭ 'Romantic' 4m 3t
*DRRDU	UUDRD	D	**Dvořák** Slavonic dances/6 2t op46
*DRRDU	UUUDR	RDUUU	**Mozart** Deutsche Tänze/6, orch, K509
*DRRDU	UUUUU	UUDDD	**Wagner** Die Meistersinger: overture 1t
*DRRRD	DDUDR	RUD	**Sullivan** Yeomen of the Guard II: Warders are ye?
*DRRRD	DUDUD	RRRDR	**Schubert** piano sonata/20 in A 2m D959
*DRRRD	DUURU	DRRRD	**Brahms** Hungarian dances/5 piano 4 hands F♯mi 2t
*DRRRD	RDUUD	DDD	**Mendelssohn** string quartet/3 in D op44/1 3m 1t(a)
*DRRRD	RRRDU	UD	**Mozart** Adagio in B♭ from woodwind quintet K411
*DRRRD	UDUDU	DUUDD	**Scarlatti** Good-humoured ladies 1m (Sonata Kp2)
*DRRRD	UUDDR	RRDUU	**Elgar** Where corals lie (song)
*DRRRD	UUDDU	DDDDU	**Ibert** Divertissement, chamber orch, 6m finale
*DRRRD	UUDRU	UUDDU	**Schubert** symphony/9 in C 'Great' 2m 3t D944

45

```
*DRRRR  DDUUU  RRRUU   Handel  Water music 8m
*DRRRR  DUUDR  UDDD    Donizetti  L'Elisir d'Amore: Una furtiva lagrima
*DRRRR  RDUDR  RRRRD   Mozart  Die Entführung Act III: Ha! wie will ich trium-
*DRRRR  RRRRR  RUUDD   Gershwin  piano concerto in F 3m 1t          [phieren
*DRRRR  RRRRR  UDUDR   Mozart  symphony/33 in B♭ K319 4m 1t
*DRRRR  RRUUR  URURR   Schumann  Frauenliebe und Leben op42/8 Nun hast du
*DRRRR  RURUR  U       Mozart  piano concerto/16 in D K451 1m 1t
*DRRRR  RUUUU  UDUDU   Elgar  Wand of youth suite/1: overture
*DRRRR  UDDUU  RRRRU.  Brahms  quintet for piano/strings in Fmi op34 3m 2t
*DRRRR  UURRR  RUDUD   Schubert  piano sonata in D 1m 1t D850
*DRRRU  DDUDR  RRUDD   Schubert  octet in F 5m 2t D808
*DRRRU  DDUDU  RUUUD   Haydn  symphony/48 in C 1m
*DRRRU  DDUUD          Walton  Belshazzar's Feast: How shall we sing
*DRRRU  DRRRD  UDUUD   Mozart  symphony/33 in B♭ K319 3m 1t
*DRRRU  DRRRU  DUUDD   Scarlatti  harpsichord sonata in Gmi 'Burlesca' Kp450
*DRRRU  DRUDD  DRDDD   Mozart  Flute concerto in G K313 1m
*DRRRU  UDDRU  DRRRU   Dvořák  string quartet/2 in Dmi op34 1m
*DRRRU  UURDR  RRU     Tchaikovsky  Humoresque op10/2 piano 2t
*DRRRU  UURDR  RRUUD   Stravinsky  Le baiser de la fée 2m: Fête au village 1t
*DRRUD  DRRUU  UUDDU   Bach  Well-tempered Clavier Bk II fugue/12 BWV881
*DRRUD  DRURD  RUDRR   Haydn  symphony/43 in E♭ 1m
*DRRUD  DUDDU  DU      Mozart  Divertimento in B♭ K287 5m
*DRRUD  DUDRR  UDD     Weber  Oberon Act II: Vater! Hör' mich fleh'n zu dir
*DRRUD  DUUUU  UUUD    Mozart  piano sonata/14 in Cmi K457 2m
*DRRUD  RUDDD  DDDDU   Beethoven  Turkish march op113
*DRRUD  RUDUD  DDDDD   Handel  concerto grosso in G op6/1 5m
*DRRUD  UDDUU  UUUUU   Weber  Oberon Act II: Ozean du Ungeheuer!
*DRRUD  UDRUR         Stravinsky  Le baiser de la fée 1m 2t
*DRRUD  UDUUD  DDDUU   Beethoven  piano sonata/31 in A♭ op110 1m 1t(a)
*DRRUR  RUUUD  DDD     Beethoven  septet in E♭ op20 3m
*DRRUR  RUUUD  DDDRD   Beethoven  piano sonata/20 in G op49/2 2m
*DRRUU  DRRUD  RRUUD   Schumann  Album for the young op68 piano: Sicilienne
*DRRUU  RDDUD  UDDUD   Beethoven  trio for piano/vln/cello in B♭ op97
                                    'Archduke' 2m 3t
*DRRUU  RUDUD  DDRRD   Debussy  Suite Bergamasque: Passepied 2t, piano
*DRRUU  URUDR  RUUUD   Beethoven  piano sonata/19 in Gmi op49/1 1m 2t
*DRRUU  UUUDR  DUUDD   Chopin  polonaise/1 in A op40/1 1t
*DRUDD  DDDDU  URRRU   Mozart  Cosi fan tutte Act I: Smanie implacabili
*DRUDD  DDUDD  DDU     Bruckner  symphony/9 in Dmi 1m 1t
*DRUDD  DDUDU  DRUDD   Kodály  Háry János suite, Hogyan tudtal rozsam
*DRUDD  DRRRU  RRDUR   Mozart  Don Giovanni Act I duet: Fuggi crudele
*DRUDD  DUDDD  UDRUD   Kodály  Galanta dances 5m 2t
*DRUDD  DUDDD  UUUDR   Delibes  Coppelia: Marche de la cloche 2t
*DRUDD  DUDRU  DDD     Bizet  Carmen Act I: Children's chorus
*DRUDD  DUDRU  DUUDD   Vaughan Williams  The lark ascending, violin/orch 4t
*DRUDD  RURDD  URD     John Dowland  Weep you no more, sad fountains
*DRUDD  RUUDD  UUDDR   Franck  string quartet in D 1m 2t
*DRUDD  RUUDR  UDDRU   Brahms  waltzes op39/3 piano
*DRUDD  RUURU  UUUUU   Beethoven  string quartet/3 in D op18 4m 2t
*DRUDD  UDRUD  DUD     Orlando Gibbons  What is our life (madrigal)
*DRUDD  UUDUD  UD      Brahms  Hungarian dances/6 in D♭, piano 4 hands
*DRUDD  UUUDR  DDDDU   Haydn  string quartet/76 in D op76 2m 1t
*DRUDD  UUUUD  RUDDU   Haydn  string quartet/82 in F op77/2 4m 1t
*DRUDR  RRRRR  RUDRR   Stravinsky  Sacre du Printemps: Dance of the earth
*DRUDR  RRRUR  RRURD   Beethoven  piano sonata/18 in E♭ op31/3 1m 1t
*DRUDR  RRUDR  DRUUU   Beethoven  piano sonata/32 in Cmi op111 2m
*DRUDR  RURDR  URDDD   Bach  Partita/2 solo violin Dmi: sarabande BWV1004
```

46

```
*DRUDR RUUUR UUD    Brahms Academic Festival overture op80 5t: Gaudea-
*DRUDR UDDUD UDD    Beethoven symphony/8 in F 1m 2t          [mus igitur
*DRUDR UDDUR DUDU   Leopold Mozart Toy symphony 2m 1t (not Haydn)
*DRUDR UDRUD        Beethoven Fidelio: overture 1t
*DRUDR UDRUD DDDDD  Rossini La scala di sieta: overture, allegro 1t
*DRUDR UDRUD RUDRU  Rachmaninov piano concerto/3 in Dmi op30 3m 1t
*DRUDR UDRUR DDRDD  Mozart symphony/40 in Gmi K550 1m 1t
*DRUDR UDUDU UD     Wagner Siegfried Act I: Schmiede, mein Hammer
*DRUDR UDUUU DRUUD  Mahler Frühlingsmorgen (song)
*DRUDR URDUR RRRUR  Haydn Nelson Mass: Kyrie
*DRUDR UURRD DDDDD  Mozart quartet/1 piano/strings in Gmi K478 1m 1t
*DRUDR UUUUR UDDDD  Tchaikovsky Nur wer die Sehnsucht kennt
                      (None but the lonely heart) op6/6 (song)
*DRUDR UUUUU DRUUR  Schubert Rosamunde: overture 3t D797
*DRUDU DDDDD URURD  Franck Pièce héroique, organ, 2t
*DRUDU DDDDD RUDUD  Smetana The bartered bride Act III: How strange
*DRUDU DDUDU DRDDD  Bach English suite/3 in Gmi: Sarabande BWV808
*DRUDU DRUDU DDRUU  Dvořák Slavonic dances/4 op46 2t
*DRUDU DRUDU DUDUU  Mozart piano concerto/9 in Eb K271 2m
*DRUDU DUUUD .URD   Roussel Sinfonietta 2m
*DRUDU DUUUD UUUUD  Mozart Figaro Act II: Voi che sapete
*DRUDU RDUDU UDDRR  Verdi Aida Act II: Gloria al Egitto
*DRUDU RDUUD        Chopin Polish songs/6: Go thou, and haste thee
*DRUDU RUUDU UDUDR  Handel Acis and Galatea: O the pleasures
*DRUDU UDDDU RD     Schumann violin concerto in Dmi 1m 1t
*DRUDU UDDUD DUDU   Tchaikovsky symph/6 in Bmi op74 'Pathétique' 3m 3t
*DRUDU UDDUU DUDDD  Mozart string quartet/20 in D K499 3m
*DRUDU UDRUD UUDDU  J Strauss Jr Emperor waltz/3 2t
*DRUDU UDUDR UUDDU  Schumann Du bist wie eine Blume (song) op25/24
*DRUDU UDUDU UD     Mozart piano concerto/20 in Dmi K466 3m 2t
*DRURD DDDRU DRUDD  Purcell King Arthur: Shepherd, shepherd
*DRURD DRURR DRUUR  Massenet Thais: Méditation 2t
*DRURD DUDUD RURDD  Offenbach Gaieté Parisienne 1t
*DRURD DUUUR RD     Berlioz Harold in Italy intro(b)
*DRURD RRDRD RDUDD  Liszt Faust symphony 1m 3t
*DRURD RRRRU RDR    Verdi Rigoletto Act I: Partite? Crudele
*DRURD RURDD UUUDD  Massenet Les Erinnyes: finale 1t
*DRURD RURDR URRDU  Bach (Toccata and) fugue in Gmi, organ BWV915
*DRURD RURDR UURRR  Hugo Wolf Abschied (Unangeklopft ein Herr...) (song)
*DRURD RURDR UURUD  John Ireland Concertino pastorale, str orch, 2m
*DRURD RUUDD UDRUU  Brahms waltzes op39/15 piano
*DRURD UDRUR DUDDD  Handel organ concerto in Gmi op4/1 3m
*DRURR RRDDD DRUDD  Handel Messiah: For unto us a child is born
*DRURU DDUD        Schumann symphony/3 in Eb op97 'Rhenish' 1m 1t
*DRURU DUDU        Mozart piano concerto/12 in A K414 1m 2t
*DRURU DUDUD UD     Mozart Serenade in D K320 1m 1t
*DRURU RDRDR UDUUD  Richard Strauss Alpine symphony 12t
*DRURU RDRUR DRURU  Brahms piano concerto/1 in Dmi op15 1m 3t
*DRURU RURDR URDRU  Beethoven symphony/9 in Dmi 'Choral' 4m intro
*DRURU RUUUU UDRUR  Handel concerto grosso in D op6/5 5m 2t
*DRUUD DDUUD DUUUU  Schubert symphony/1 in D 3m D82
*DRUUD DRRUR URRUD  Grieg Elegiac melody op34/1 str orch 'Heart wounds'
*DRUUD DRUDD RDRRU  Tosti La serenata (song)
*DRUUD DRUUD RRUUU  Dvořák string quartet/7 in Ab op105 4m 1t
*DRUUD RDUDD UUDRD  Kodály Háry János: Hagyj békét
*DRUUD RRDUD RRDUU  Sibelius Karelia suite, orch, 1m
```

47

*DRUUD	RURDR	UDDRU	**Bruckner** symphony/4 in E♭ 1m 1t
*DRUUD	RURUU	DDUUU	**Beethoven** symphony/9 in Dmi 'Choral' 1m 4t
*DRUUD	RUUDR	UDDRU	**Schumann** symphony/4 in Dmi op120 4m 4t
*DRUUD	RUUDU	DUDDU	**Handel** sonata in Gmi for 2 fl or 2 vns/fig bass op2/2
*DRUUD	RUUUU	RDURR	**Schubert** symphony/9 in C 'Great' 1m 3t D944 [4m
*DRUUD	UDRDR	UUDUD	**Joaquin Rodrigo** Concierto de Aranjuez, guitar 3m
*DRUUD	UDRUU	DUDUU	**Beethoven** symphony/9 in Dmi 'Choral' 3m 2t[at fig 3
*DRUUD	UUDD		**Wagner** Die Walküre I finale: Winterstürme wichen
*DRUUR	DURDU	DDR	**Boito** Mefistofele: prologue, trumpet theme
*DRUUR	UDDDU	DRUUD	**Bach** violin sonata/3 in E 2m BWV1016
*DRUUR	UUUDU	UDUD	**Gounod** Romeo et Juliette I: Ballade of Queen Mab
*DRUUU	DDDRU	UUD	**Mahler** symphony/8/II opening theme
*DRUUU	DRRDU	UUD	**Gluck** Armide Act IV: ballet
*DRUUU	DUDRR	RUDRD	**Mendelssohn** Songs without words/47 in A op102/5 'The joyous peasant'
*DRUUU	DUDUU	UDD	**Wagner** Götterdämmerung: Siegfried's funeral 2t
*DRUUU	DUUDD	DUDDD	**Beethoven** symphony/9 in Dmi 'Choral' 2m 3t(b)
*DRUUU	UDDDU		**Tchaikovsky** string quartet in D op11 4m
*DRUUU	UDUDR	DDUUU	**Wagner** Die Meistersinger Act II: Lenzes Gebot
*DRUUU	URUDR	URUUR	**Fauré** quartet for piano/strings in Cmi op15 4m 2t
*DRUUU	UUDDD		**Schumann** symphonic études in C♯mi op13/1 piano
*DRUUU	UUDDD	DDRUD	**Mozart** Cosi fan tutte: overture 1t
*DRUUU	UUDDU	DR	**Wagner** Der fliegende Holländer Act II: Wirst du
*DRUUU	UUURR	UDD	**Schumann** Mit Myrthen und Rosen (song) op24/9
*DRUUU	UUUUD	UDUDU	**Mahler** symphony/5 5m theme before Fig 7
*DUDDD	DDDDD	DDDDD	**Schubert** Impromptu/2 in E♭ 1t, piano D899
*DUDDD	DDDDD	UUUUD	**Beethoven** symphony/9 in Dmi 'Choral' 2m 3t(b)
*DUDDD	DDDDR	DUDUD	**Chaminade** Callirhoë, air de ballet in G, piano
*DUDDD	DDDDU	DRUUU	**Vivaldi** concerto for 2 violins/orch in Ami op3/8 1m
*DUDDD	DDDDU	UDUDD	**Weber** Konzertstück, piano/orch 1t (Jahns 282)
*DUDDD	DDDUD	DDDDD	**Berlioz** Beatrice & Benedict: overture 3t(a)
*DUDDD	DDDUD	DDU	**Mozart** quintet clarinet/strings in A K581 3m 2t
*DUDDD	DDDUD	DUUDD	**Brahms** piano concerto/2 in B♭ op83 3m
*DUDDD	DDDUD	UDDDD	**Schumann** Carnaval, piano op9: Pierrot
*DUDDD	DDDUD	UDUDU	**Dvořák** symphony/4 in Dmi op13 1m 2t
*DUDDD	DDDUU	UDUUD	**Tchaikovsky** Sleeping Beauty 2m: Pas d'action
*DUDDD	DDRDU	RUUUU	**Bach** sonata/2 in Ami for solo violin: grave BWV1003
*DUDDD	DDRRU	UDUD	**Bach** Motet/3 Jesu, meine Freude/5 Trotz BWV227
*DUDDD	DDRUD	UUDDU	**Tchaikovsky** trio for piano/vln/cello in Ami op50 1m 1t
*DUDDD	DDUDD	UDUDD	**Janáček** Taras Bulba 2m 1t
*DUDDD	DDUDD	UDUDU	**Bach** Toccata (& Fugue) in Dmi, organ BWV565
*DUDDD	DDUDU	DUDDD	**Tchaikovsky** symphony/3 in D op29 4m 3t
*DUDDD	DDUDU	DUDUD	**Mozart** string quartet/20 in D K499 4m
*DUDDD	DDUUD	UUUUU	**Richard Strauss** Aus Italien: Sorrento 1t
*DUDDD	DDUUR	DDUUU	**Bach** Italian concerto, Clavier 2m BWV971
*DUDDD	DDUUU	UDDD	**Sibelius** symphony/7 in C op105 9t
*DUDDD	DDUUU	UUDD	**Beethoven** symphony/8 in F 1m 4t(b)
*DUDDD	DDUUU	UUUUR	**Lortzing** Undine: overture 1t
*DUDDD	DRDUD	DDDRD	**Saint-Saëns** Intro & Rondo capriccioso vln/orch 1t
*DUDDD	DRRDU	DDRDU	**Rossini** L'Italiana in Algeri Act II: Pensa alla patria
*DUDDD	DRURU	UDUDD	**Mozart** trio for clarinet/piano/viola K498 2m
*DUDDD	DRUUR	DUUUD	**Sibelius** Pohjola's daughter op49 3t
*DUDDD	DUDDD	DUDDD	**Elgar** Dream of Gerontius: prelude 5t
*DUDDD	DUDDD	DUDUD	**Telemann** suite flute/strings in Ami 4m minuet/1
*DUDDD	DUDDD	UDDUU	**Meyerbeer** Les Huguenots Act I: Plus blanche
*DUDDD	DUDDD	UUUUD	**Vivaldi** concerto vla d'amore/lute/str in Dmi 3m P266
*DUDDD	DUDDU	DDDDD	**Franck** Grande pièce symphonique op17 organ 3t

*DUDDD	DUDDU	DDU	**Mozart** Mass/19 in Dmi (Requiem) K626: Tuba mirum
*DUDDD	DUDDU	DU	**John Dowland** Fantasia in G
*DUDDD	DUDDU	UUUDD	**Haydn** string quartet/77 op76 'Emperor' 1m 1t
*DUDDD	DUDRD	RUDD	**Glinka** Russlan & Ludmilla: overture 2t
*DUDDD	DUDUD	DUU	**Ravel** Le tombeau de Couperin: toccata 2t
*DUDDD	DUDUD	UDU	**Fauré** nocturne/6 2t op63 piano
*DUDDD	DUDUD	URD	**Grieg** Summer's eve, piano op71/2
*DUDDD	DUDUU	UDUDU	**Bizet** Carmen Act IV: Les voici!
*DUDDD	DURDR	UUURD	**Tchaikovsky** piano concerto/1 in B♭mi op23 2m 1t
*DUDDD	DURUD	UDUDD	**Dvořák** symphony/6 in D op60 2m
*DUDDD	DUUDD	DDUDU	**Brahms** string quartet/2 in Ami op51/2 3m 2t
*DUDDD	DUUDD	UDUUD	**Tchaikovsky** Chant sans paroles, piano op40
*DUDDD	DUUDD	UUUUD	**Handel** Minuet from Berenice
*DUDDD	DUUDU	DDD	**Tchaikovsky** Humoresque, piano 1t op10/2
*DUDDD	DUUDU	DDDDU	**Ravel** Alborada del Gracioso, piano 2t
*DUDDD	DUUDU	DDUDU	**Wolf-Ferrari** Susanna's secret: overture 1t
*DUDDD	DUUDU	DUDUU	**Richard Strauss** Salome: Dance of the seven veils 1t
*DUDDD	DUUDU	UUDD	**Sibelius** King Christian suite: nocturne 2t
*DUDDD	DUUUD	UDUUD	**Handel** Fireworks music 5t
*DUDDD	DUUUD	UUUDD	**Bach** Well-tempered Clavier Bk I: fugue/22 BWV867
*DUDDD	DUUUD	UUUDR	**Telemann** suite for flute/strings in Ami 1m 1t
*DUDDD	DUUUU	DDD	**Brahms** symphony/2 in D op73 1m 2t
*DUDDD	DUUUU	UDDUD	**Britten** Simple symphony 2m Playful pizzicato 2t
*DUDDD	DUUUU	UUUDD	**Hindemith** Trauermusik (for George V of England) 1m
*DUDDD	RDURU	DUDDD	**Dvořák** symphony/9 in Emi 'New World' 4m 3t
*DUDDD	RRRUD	DUDDD	**Mozart** string quartet/16 in E♭ K428 4m
*DUDDD	RRUDU	DDDRR	**Haydn** symphony/77 in B♭ 1m
*DUDDD	RRURD	UDDDR	**Massenet** Le Cid 5m 1t
*DUDDD	RUDDD	D	**Tchaikovsky** violin concerto in D op35 3m 2t
*DUDDD	RUDUD	DDR	**Beethoven** trio for piano/vln/cello Cmi op1/3 4m 1t
*DUDDD	RUUUD	DDUDU	**Mozart** Divertimento for string trio in E♭ K563 6m
*DUDDD	RUUUU	DD	**Haydn** string quartet/81 in G op77/1 2m
*DUDDD	UDD		**Massenet** Manon Act I duet: accompanying figure
*DUDDD	UDDDD	DUDDR	**Albeniz** Cordoba (nocturne) piano 1t
*DUDDD	UDDDD	DUUDD	**Charles Ives** Robert Browning overture 1t
*DUDDD	UDDDD	U	**Mozart** symphony/41 in C K551 'Jupiter' 4m 3t
*DUDDD	UDDDD	UUD	**Brahms** Serenade in D op11 3m 3t
*DUDDD	UDDDU	DDDDD	**Franck** Les Djinns, symphonic poem, piano/orch 4t
*DUDDD	UDDDU	DDDUD	**Mozart** symphony/38 in D K504 'Prague' 1m 2t
*DUDDD	UDDDU	DDUUU	**Wagner** Tannhäuser Act II: Wo lange noch
*DUDDD	UDDDU	DRRUU	**Prokofiev** piano concerto/3 1m 1t(a)
*DUDDD	UDDDU	DUUUD	**Brahms** quartet for piano/strings in Cmi op25 1m 4t
*DUDDD	UDDDU	UUR	**Sibelius** symphony/2 in D op43 4m 2t
*DUDDD	UDDUD	DDDDR	**Brahms** symphony/3 in F op90 2m 3t
*DUDDD	UDDUD	DDDDU	**Borodin** symphony/2 in Bmi 4m 2t
*DUDDD	UDDUD	DDU	**Mozart** symphony/41 in C K551 'Jupiter' 2m 1t
*DUDDD	UDDUD	DU	**Beethoven** piano sonata/17 in Dmi op31/2 2m 2t
*DUDDD	UDDUD	UDDDU	**Liszt** Drei Zigeuner (song)
*DUDDD	UDDUU	DUUUD	**Brahms** trio for horn/vln/piano in E♭ op40 3m 1t
*DUDDD	UDRDD	UDDUU	**Haydn** symphony/99 in E♭ 1m
*DUDDD	UDRRU	DUDDD	**Mahler** symphony/8/I Veni creator spiritus
*DUDDD	UDRUD	UDUDD	**Franck** Grande pièce symphonique, organ, 6t
*DUDDD	UDUDD	DUDDR	**Telemann** suite for flute/strings in Ami 3m
*DUDDD	UDUDD	DUDUD	**Chopin** étude/10 in Bmi op25 1t
*DUDDD	UDUDD	DUDUD	**Ravel** La valse, orch, 4t
*DUDDD	UDUDD	DUDUD	**Mozart** Serenade in D K250 'Haffner' 7m
*DUDDD	UDUDD	DUDUD	**Bach** Brandenburg concerto/6 in B♭ 1m BWV1051

49

*DUDDD	UDUDD	DUDUD	**Saint-Saëns** Havanaise, violin/orch op83 2t
*DUDDD	UDUDD	DUUD	**Poulenc** Nouvellette/1, piano, 1t
*DUDDD	UDUDD	UUUUU	**Gounod** Faust Act II: Vin ou bière
*DUDDD	UDUDU	DDDDD	**Bach** English suite/5 in Emi: Passepied/2 BWV810
*DUDDD	UDUDU	DDDUD	**Bach** organ concerto in G 3m BWV592
*DUDDD	UDUDU	DDDUD	**Stravinsky** Le Sacre du Printemps pt 2: Mysterious circles of the adolescents
*DUDDD	UDUDU	DUDUD	**Shostakovich** cello concerto in E♭ op107 1m 1t
*DUDDD	UDUDU	RDRDD	**Reger** quintet for clarinet/strings in A op146 4m
*DUDDD	UDURU	UDDUU	**Ravel** string quartet in F 3m 1t
*DUDDD	UDUUD	UDDDU	**Beethoven** piano sonata/11 in B♭ op22 1m 3t
*DUDDD	UDUUD	UUUDD	**Walton** symphony/1 in B♭mi 3m 1t
*DUDDD	UDUUD	UUUDU	**Bach** concerto 3 harpsichords/str Dmi 2m BWV1063
*DUDDD	UDUUU	DDUUD	**Lehar** Das Land des Lächelns Act II: Dein ist mein
*DUDDD	UDUUU	UDDDU	**Bach** fugue in Cmi, organ, BWV562 [ganzes Herz
*DUDDD	UDUUU	UUUDU	**Prokofiev** symphony/5 in B♭ op100 3m 1t
*DUDDD	URDUR	DRDDR	**Stravinsky** Petrushka: Dance of nurses 1t
*DUDDD	URRUU	UDUUU	**Massenet** Phèdre: overture 1t
*DUDDD	UUDDD	DDUDU	**Haydn** symphony/95 in Cmi 3m trio
*DUDDD	UUDDD	DUDUD	**Mozart** symphony/39 in E♭ K543 3m 2t
*DUDDD	UUDDD	UDDDU	**Mahler** symphony/2 in Cmi 4m 2t
*DUDDD	UUDDD	UUUDR	**Wallace** Maritana Act III: Scenes that are brightest also overture 3t
*DUDDD	UUDRU	UDUDD	**Stravinsky** Sacre du Printemps: Ritual of ancestors
*DUDDD	UUDUD	UDDDD	**Shostakovich** concerto piano/tr'pt/orch op35 2m 3t
*DUDDD	UURRD	UDUDD	**Elgar** Salut d'amour op12 orch
*DUDDD	UUUDD	DUDDD	**Haydn** string quartet/17 in F op3 3m 1t
*DUDDD	UUUDU	DDDUD	**Brahms** trio/3 piano/vln/cello in Cmi op101 1m 1t
*DUDDD	UUUDU	DDDUU	**Haydn** string quartet/77 in C op76 'Emperor' 1m 2t
*DUDDD	UUUDU	DDDUU	**Sullivan** Iolanthe Act II: Tho' p'r'aps I may incur
*DUDDD	UUUDU	DDDUU	**Widor** organ symphony/5, toccata
*DUDDD	UUUDU	DDDUU	**Debussy** Nocturnes, orch: Sirènes 1t
*DUDDD	UUUDU	DDUDU	**Brahms** quartet/1 piano/strings in Gmi op25 3m 2t
*DUDDD	UUUDU	DUDUD	**Beethoven** symphony/6 in F 'Pastoral' 5m 1t
*DUDDD	UUUDU	UDDDU	**Handel** Samson: Let the bright Seraphim
*DUDDD	UUURR	DUDUD	**Mozart** Divertimento in F K247 1m 1t
*DUDDD	UUUUD	ÐDUDD	**Richard Strauss** oboe concerto 1m 1t
*DUDDD	UUUUD	DDUUD	**Bizet** L'Arlésienne suite/1: Carillon 1t
*DUDDD	UUUUD	DUDDU	**Rimsky-Korsakov** Snow Maiden: Dance of buffoons 2t
*DUDDD	UUUUD	U	**Mascagni** Cavalleria rusticana: prelude 1t
*DUDDD	UUUUD	UDDUD	**Fauré** barcarolle/5 op66 piano
*DUDDD	UUUUD	UUDDD	**Mascagni** Cavalleria rusticana: La tua Santuzza
*DUDDD	UUUUR	UURDU	**Brahms** quartet for piano/strings Cmi op60 2m 1t
*DUDDD	UUUUU	DD	**Beethoven** symphony/9 in Dmi 'Choral' 3m 1t
*DUDDD	UUUUU	DUDDD	**Elgar** violin concerto in Bmi 2m 1t
*DUDDR	DDDUD	UDUDD	**Mozart** piano concerto/23 in A K488 3m 1t
*DUDDR	DDDUU	D	**Mendelssohn** Elijah: Hear ye, Israel
*DUDDR	DRDRD	UDUDD	**Tchaikovsky** symphony/5 op64 4m 2t
*DUDDR	DUDDR	DUDUD	**Berlioz** Les Troyens IV: Royal hunt & storm 4t (trpt)
*DUDDR	DUDDU	DUDUD	**Verdi** Un ballo in maschera Act II: Ve' se di notte
*DUDDR	DURDR	DDUDD	**Handel** Acis & Galatea: Wretched lovers
*DUDDR	RDDUU	RRDDU	**Grieg** piano sonata in Emi op7 3m
*DUDDR	RDUUD	DDDUU	**Vaughan Williams** Sea symphony 4m: O we can wait no longer
*DUDDR	RRDRR	UUDU	**Ravel** Mélodie hébraique/2: L'énigme éternelle
*DUDDR	RRDUU	DUDDR	**Mozart** Der Schauspieldirektor: overture 1t K486
*DUDDR	RRRD		**Rossini** Boutique fantasque 7m nocturne

```
*DUDDR  RRUDU  DD      Schubert string quartet/8 in B♭ 2m 1t D112
*DUDDR  UDDUD  DUDDD   Debussy arabesque/1 in E for piano 2t
*DUDDR  UDDUD  UDD     Sullivan Iolanthe Act I: Bow, bow, ye lower
*DUDDR  UDDUR  DDUDD   Mozart Die Entführung Act II: Martern aller Arten
*DUDDR  UDDUU  DDDRU   Wieniawski violin concerto/2 op22 2m Romance
*DUDDR  UDUDD  RRUUU   Mozart Serenade B♭ K361 13 wind instr 7m
*DUDDR  URDUD  DDRUD   Richard Strauss Bürger als Edelmann: intermezzo
*DUDDR  URUUU  DUUUD   Haydn symphony/84 in E♭ 1m
*DUDDR  URUUU  UU      Beethoven Missa solemnis: Credo 1t
*DUDDR  UURDD  UDDDU   Bach Magnificat in D/6: Et misericordia BWV243
*DUDDR  UUUDU  DDRUU   Schumann Romanze/2 op8 piano
*DUDDR  UUUUU  UUDUD   Mozart horn concerto/2 in E♭ K417 1m 1t
*DUDDU  DDDDD  DDUDU   Bruckner symphony/5 in B♭ 1m intro
*DUDDU  DDDDD  DDUUD   Prokofiev Classical symphony 2m
*DUDDU  DDDDD  DUUDU   Fauré Dolly suite for piano 4 hands: Kitty-valse 2t
*DUDDU  DDDDU  DDUDD   Mozart symphony/25 in Gmi K183 4m 1t
*DUDDU  DDDDU  DRDUD   Brahms piano concerto/2 in B♭ op83 1m 3t
*DUDDU  DDDDU  DUDRU   Beethoven Fidelio Act I quartet: Mir ist so wunderbar
*DUDDU  DDDRR  DUDDU   Mozart trio/3 for piano/vln/cello in B♭ K502 1m
*DUDDU  DDDRR  RUDUD   Rossini William Tell: Soldiers' ballet 1t
*DUDDU  DDDRR  RUDUD   Britten Soirées musicales, March based on above
*DUDDU  DDDRU  UURUU   Debussy string quartet in Gmi 1m 2t
*DUDDU  DDDUD          Mahler symphony/8/I Infirma nostri corporis
*DUDDU  DDDUD  DDUDD   Offenbach Tales of Hoffmann Act I: J'ai les yeux
*DUDDU  DDDUD  DRDUD   Mozart quartet for oboe/strings in F K370 2m
*DUDDU  DDDUD  DUDUD   Mozart piano sonata/5 in G K283 3m 2t
*DUDDU  DDDUD  UDDDU   Brahms piano concerto/2 in B♭ op83 4m 3t
*DUDDU  DDDUD  UDDUD   Haydn symphony/93 in D 2m
*DUDDU  DDDUD  UDUDU   Brahms sonata clar or vla/piano in E♭ op120 1m 1t
*DUDDU  DDDUR  RUDUD   J Strauss Jr Wine, women and song 4t
*DUDDU  DDRDD  UD      Mozart Requiem K626: Recordare
*DUDDU  DDRUD  UDUUU   Eva dell'Acqua J'ai vu passer l'hirondelle (song)
*DUDDU  DDRUR  URDDU   Brahms Serenade in D op11 1m 1t
*DUDDU  DDRUU  DDU     Mozart sonata for organ/strings in F K145
*DUDDU  DDUDD  D       Purcell Fairy Queen: When I have often heard
*DUDDU  DDUDD  DUDUD   Dvořák quartet for piano/strings in D op23 2m
*DUDDU  DDUDD  RUDDD   Dvořák violin concerto in Ami op53 1m 1t(a)
*DUDDU  DDUDD  UDDU    Liszt Les jeux d'eaux à la Villa d'Este, piano 2t
*DUDDU  DDUDD  UDDUD   Beethoven symphony/3 in E♭ 'Eroica' 1m 4t
*DUDDU  DDUDD  UDDUD   Mozart symphony/28 in C K200 4m 1t
*DUDDU  DDUDD  UDDUD   Tchaikovsky symphony/3 in D op29 2m 3t
*DUDDU  DDUDD  UDDUD   Walton symphony/1 in B♭mi 1m 3t
*DUDDU  DDUDD  UDRUD   Liszt Les jeux d'eaux à la Villa d'Este, piano 1t
*DUDDU  DDUDD  UDUDD   Donizetti Don Pasquale III chorus: Che interminabile
*DUDDU  DDUDD  UUDDU   Mahler Des Knaben Wunderhorn: Das irdische Leben
*DUDDU  DDUDD  UUDUD   Handel Concerto grosso in D op6/5 5m 1t
*DUDDU  DDUDD  UUDUD   Schubert symphony/4 in Cmi 'Tragic' 3m 1t D417
*DUDDU  DDUDD  UUDUD   Verdi Otello Act III: Questa è una ragna
*DUDDU  DDUDD  UUUDU   Glinka Kamarinskaya, orch, 2t(a)
*DUDDU  DDUDD  UUUDD   Rimsky-Korsakov Scheherazade 1m intro(b)
*DUDDU  DDUDD  UUUUU   Beethoven string quartet/3 in D op18/3 4m 1t
*DUDDU  DDUDR  RRUDU   Chopin Fantaisie in Fmi op49 1t
*DUDDU  DDUDU  DDDUD   Schubert string quartet/12 in Cmi (one movt) 1t D703
*DUDDU  DDUDU  DDUD    Brahms string quintet in G op111 1m 2t
*DUDDU  DDUDU  DDUUD   Beethoven Missa solemnis: Gloria 2t
*DUDDU  DDUDU  DUDDU   Brahms string quartet in B♭ op87 1m 1t
*DUDDU  DDUDU  DUDDU   Elgar cello concerto in Emi op85 2m 2t
```

*DUDDU	DDUDU	DUDDU	**Rachmaninov** piano concerto/2 in Cmi 3m 1t
*DUDDU	DDUDU	DUDUD	**Rimsky-Korsakov** Scheherazade 2m 1t(a)
*DUDDU	DDUDU	DUDUD	**Sibelius** symphony/1 in Emi op39 2m 2t
*DUDDU	DDUDU	DUUUD	**Eva dell'Acqua** J'ai vu passer l'hirondelle (song)
*DUDDU	DDUDU	DUUUD	**Shostakovich** quintet piano/str op57 5m 1t [misquoted
*DUDDU	DDUDU	RRUD	**Chopin** Fantasia in Fmi op49 1t
*DUDDU	DDUDU	UDDUD	**Bizet** Jeux d'enfants suite: impromptu
*DUDDU	DDUDU	UUD	**Adolphe Adam** Si j'étais Roi: overture 3t
*DUDDU	DDURD	UUURD	**Liszt** Rakoczy march 1t (Hung'n rhapsody/15 in Ami)
*DUDDU	DDURR	RRRRD	**Bach** Well-tempered Clavier Bk II: fugue/16 BWV885
*DUDDU	DDURU	DUDDD	**Thomas Arne** Tell me where is fancy bred (song)
*DUDDU	DDUU		**Byrd** Ave verum corpus (Gradual)
*DUDDU	DDUUD	UDDUU	**Giles Farnaby** Tower Hill (Fitzwilliam Virginal Bk 245)
*DUDDU	DDUUD	UUDUD	**Edward German** Tom Jones Act II waltz: For tonight
*DUDDU	DDUUD	UUDUD	**Scarlatti** harpsichord sonata Kp487
*DUDDU	DDUUD	UUUUD	**Beethoven** symphony/7 in A 4m 3t(a)
*DUDDU	DDUUD	UUUUD	**Chopin** Berceuse op57
*DUDDU	DDUUR	UURDU	**Elgar** Dream of Gerontius: prelude 3t
*DUDDU	DDUUU	U	**Grieg** sonata for cello/piano in Ami op36 1m 2t
*DUDDU	DDUUU	UDDUD	**Brahms** quintet for clarinet/str in Bmi op115 3m
*DUDDU	DDUUU	UUUUD	**Haydn** symphony/6 in D 1m
*DUDDU	DRDRU	DUDRR	**Honegger** Chant de Nigamon, orch, 4t
*DUDDU	DRRDR	RDRRD	**Tchaikovsky** Nutcracker suite: Dance of the sugar-plum fairy
*DUDDU	DRUUU	DUUU	**Puccini** Madam Butterfly Act I: Oh quanti occhi
*DUDDU	DUDDD		**Schubert** symphony/1 in D 4m 3t D82
*DUDDU	DUDDD	UDDDD	**Mozart** Serenade in B♭ K361 13 wind instr 5m 1t
*DUDDU	DUDDD	UDUDD	**Franck** symphony in Dmi 2m 1t
*DUDDU	DUDDD	UDUUD	**Bach** English suite/2 in Ami: prelude BWV807
*DUDDU	DUDDD	UUURR	**Berlioz** Les Troyens Act IV: Tout n'est que paix
*DUDDU	DUDDR	DDRDD	**John Field** nocturne/4 1t, piano
*DUDDU	DUDDR	DDUUD	**Schumann** Faschingsschwank aus Wien op26 pft 1m
*DUDDU	DUDDR	DUDD	**Verdi** Un ballo in maschera III: Saper vorreste [2t
*DUDDU	DUDDU	DDUDU	**Bach** Partita/3 for solo violin in E: prelude BWV1006
*DUDDU	DUDDU	DRDRU	**Mozart** piano sonata/5 in G K283 1m
*DUDDU	DUDDU	DUDDU	**Scarlatti** harpsichord sonata in D Kp53
*DUDDU	DUDDU	DUDDU	**Handel** concerto grosso in Dmi op6/10 5m 2t
*DUDDU	DUDDU	DUDUD	**Weber** Invitation to the dance 2t
*DUDDU	DUDDU	DUUDU	**Delibes** La source, ballet: Pas de violes
*DUDDU	DUDDU	RDUUU	**Rossini** L'Italiana in Algeri Act II: Per lui che adoro
*DUDDU	DUDUD	DDUUU	**Chopin** sonata in B♭mi op35 1m 2t
*DUDDU	DUDUD	DUDUD	**Haydn** symphony/77 in B♭ 3m menuetto
*DUDDU	DUDUD	DUDUD	**Stravinsky** Sacre du Printemps part 2 intro
*DUDDU	DUDUD	DUDUU	**Tchaikovsky** violin concerto in D op35 1m 3t
*DUDDU	DUDUD	DUUUU	**Ravel** Le tombeau de Couperin: fugue
*DUDDU	DUDUD	RUDUD	**Rimsky-Korsakov** Antar, symphony 1m 2t
*DUDDU	DUDUD	UDR	**Mussorgsky** The nursery/3: The beetle
*DUDDU	DUDUD	UUUDU	**Rimsky-Korsakov** Scheherazade 1m intro(a)
*DUDDU	DUDUD	UUUUU	**Shostakovich** cello concerto/1 in E♭ op107 2m 1t
*DUDDU	DURUR	DDD	**Brahms** Intermezzo in A for piano op118/2 1t
*DUDDU	DURUU	RDUDD	**Beethoven** piano sonata/30 in E op109 3m
*DUDDU	DUUDD	DDUDU	**Verdi** Il trovatore Act III: Squilli e cheggi
*DUDDU	DUUDD	RDUDU	**Rachmaninov** Isle of the Dead, orch op29 2t
*DUDDU	DUUDD	UUDUD	**Waldteufel** Frühlingskinder waltz 2t
*DUDDU	DUUDU	DDDDD	**Handel** sonata for violin/fig bass in A op1/14 2m
*DUDDU	DUUDU	DRDUD	**Rimsky-Korsakov** Scheherazade 1m 1t
*DUDDU	DUUDU	DUDDD	**Ravel** string quartet in F 1m 1t

*DUDDU	DUUDU	DUUDD	**Erik Satie** Pièces froides/1 Airs à faire fuir/1, piano
*DUDDU	DUURU	UUUUD	**Mozart** flute concerto/2 in D (oboe in C) K314 3m
*DUDDU	DUUUD	DDDUD	**Haydn** cello concerto in D 2m
*DUDDU	DUUUD	DUDUD	**Elgar** symphony/2 op63 4m 1t
*DUDDU	DUUUD	UDDUD	**Elgar** symphony/2 op63 2m intro
*DUDDU	DUUUD	UDUDD	**Adolphe Adam** Giselle: Marche des vignerons
*DUDDU	DUUUU	DD	**Thomas Dunhill** To the Queen of Heaven
*DUDDU	DUUUU	DUD	**Verdi** I Lombardi Act IV: Non fu sogno
*DUDDU	DUUUU	UURDD	**Brahms** trio in E♭ for violin/horn/piano op40 3m 2t
*DUDDU	RDUDD	RUUUU	**Donizetti** L'Elisir d'amore Act I: Obligato obligato
*DUDDU	RDUDD	URDUD	**Beeethoven** symphony/5 in Cmi 4m 2t
*DUDDU	RRDUD	DDU	**Sibelius** symphony/7 in C op105 11t
*DUDDU	RRDUD	DURRD	**Handel** oboe concerto/3 in Gmi op3/2 2m
*DUDDU	RRUDR	UUDDU	**Haydn** The Creation: O glücklich Paar!
*DUDDU	RRUUU	DDRUD	**Handel** Messiah: And the glory of the Lord
*DUDDU	RUDDU	DDUUU	**Palestrina** Tu es Petrus (motet for 6 voïces)
*DUDDU	RURDD	RDURU	**Beethoven** piano sonata/26 E♭ op81a 'Les adieux' 2m
*DUDDU	RUUDU	RUUD	**Mozart** violin concerto/4 in D K218 3m 1t
*DUDDU	RUUUU	DUDDD	**Rachmaninov** symphony/1 op13 4m 1t
*DUDDU	UDDDD	DDUDU	**Mozart** Mass/19 in Dmi (Requiem) K626: Osanna
*DUDDU	UDDDU	DUDUD	**Britten** Variations on a theme of Frank Bridge, orch
*DUDDU	UDDDU	UUDDU	**Schubert** Die Winterreise/16 Letzte Hoffnung
*DUDDU	UDDDU	DDUUU	**Holst** The planets: Neptune the mystic 1t
*DUDDU	UDDDU	UDDDU	**Bach** Well-tempered Clavier Bk I: prelude/16 BWV861
*DUDDU	UDDUD	DDUUD	**Stravinsky** Sacre du Printemps: Rounds of Spring
*DUDDU	UDDUD	DUUDD	**Sibelius** symphony/4 in Ami op63 2m 3t
*DUDDU	UDDUU	DDU	**Brahms** symphony/3 in F op90 1m 4t
*DUDDU	UDDUU	DUUUD	**Bach** Well-tempered Clavier Bk I: fugue/4 BWV849
*DUDDU	UDDUU	RDRDR	**Schubert** piano sonata/20 in A 2m 1t D959
*DUDDU	UDDUU	UUUUD	**Richard Strauss** Sinfonia domestica 1m 2t(a)
*DUDDU	UDUDD	DDDUU	**Mozart** string quartet/18 in A K464 3m
*DUDDU	UDUDD	DDUDU	**Bach** French suite/4 in E♭: gavotte BWV815
*DUDDU	UDUDD	DUDDR	**Edward German** Who'll buy my lavender (song)
*DUDDU	UDUDD	DUDUD	**de Falla** La vida breve: Dance/2 1t
*DUDDU	UDUDD	UDDUU	**Haydn** piano concerto in D 3m 2t
*DUDDU	UDUDD	UUDUU	**Rimsky-Korsakov** Scheherazade 1m 3t
*DUDDU	UDUDD	UUUDD	**Bach** Brandenburg concerto/3 in G 1m
*DUDDU	UDUDD	UUUUR	**Handel** sonata for violin/fig bass op1/13 4m
*DUDDU	UDUDD	UUUUU	**Tchaikovsky** sym/6 Bmi 'Pathétique' 3m 1t
*DUDDU	UDUDR	UDD	**Verdi** La forza del Destino Act III: Rataplan rataplan
*DUDDU	UDUDU	DUUU	**Sibelius** symphony/5 in E♭ op82 1m 3t
*DUDDU	UDUDU	UDRDU	**Massenet** Manon Act III: Ah! Fuyez, douce image
*DUDDU	UDUDU	UDUUD	**Beethoven** Serenade for flute/violin/viola in D op25
*DUDDU	UDUDU	UDUUD	**Bach** Well-tempered Clavier Bk II: prel/7 [allegro 1t
*DUDDU	UDUDU	UDUUU	**Mozart** symphony/29 in A K201 3m 1t
*DUDDU	UDUDU	UUDDD	**Schumann** symphony/2 in C op61 2m 3t
*DUDDU	UDUDU	UUDDR	**Mozart** piano and wind quintet in E♭ K452 2m
*DUDDU	UDUDU	UUDUR	**Bach** suite/3 in D orch: gavotte 2t BWV1068
*DUDDU	UDUUD	UUDDD	**Machaut** Messe Nôtre-Dame: Qui propter nos
*DUDDU	UDUUU	UUDUD	**Rachmaninov** Prelude op23/9 piano
*DUDDU	URDDD	DUDDD	**Coleridge-Taylor** Demande et réponse (from Petite
*DUDDU	URDDU	DDUUR	**Liszt** Missa choralis: Credo [suite de concert)
*DUDDU	URDDU	U	**Stravinsky** Les noces: Tresse, tresse
*DUDDU	URRDU	UDD	**Chopin** prelude/21 op28
*DUDDU	URRUD	DDRR	**Meyerbeer** Le Prophète Act II: Ah! mon fils
*DUDDU	UUDDD		**Berlioz** Harold in Italy 1m 1t

```
*DUDDU UUDDU DD      Albeniz  Suite española, piano: Cadiz 2t
*DUDDU UUDDU DDDDU   Debussy  string quartet in Gmi 3m 2t(b)
*DUDDU UUDUU DRDD    Schubert  Die schöne Müllerin/14 Der Jäger
*DUDDU UUDUU DRR     Sibelius  Rakastava suite op14 1m
*DUDDU UUDUU DUUUD   Beethoven  piano sonata/8 Cmi 'Pathétique' op13 2m
*DUDDU UUU           Sibelius  The swan of Tuonela op22/3 1t        [1t
*DUDDU UUUDD         Moszkovski  valse op34/1 1t, piano
*DUDDU UUUDU DDUUU   Lecuona  Suite Andalucia: Andalucia 2t, piano
*DUDDU UUUDU DDUUU   Sinding  Rustle of Spring (Frühlingsrauschen) 1t
*DUDDU UUUDU DU      Chopin  waltz in A♭ op64/3
*DUDDU UUUDU DUDDU   Ravel  La Valse, orch, 2t
*DUDDU UUUUD DDDUD   Walton  Façade suite/2: Noche española 1t
*DUDDU UUUUR         Ravel  D'Anne jouant de l'espinette (song)
*DUDDU UUUUU DDUUU   Delius  violin concerto 3t
*DUDDU UUUUU UDDUD   Haydn  piano concerto in D 3m
*DUDDU UUUUU UUDDD   Weber  bassoon concerto in F 3m (Jahns index 127)
*DUDDU UUUUU UURUD   Richard Strauss  Der Bürger als Edelmann: Minuet
*DUDRD DUDDD UUU     Bach  Well-tempered Clavier Bk II: prel/16 BWV885
*DUDRD DUDUD RDDUD   Corelli  concerto grosso in B♭ op6/11 1m 2t
*DUDRD RDRUR URURU   Vivaldi  concerto in C for 2 mandolines/str 1m P16
*DUDRD RRDRD DRRUU   Mozart  Cosi fan tutte Act I: Ah! che tutta in un
*DUDRD UDDDU DDUU    Tchaikovsky  Swan lake: 2m waltz      [momento
*DUDRD UDDDU UUU     Fauré  quartet/1 for piano/strings Cmi op15 1m 2t
*DUDRD UDDRD UDUDU   Copland  Billy the Kid, ballet: The open prairie intro 2t
*DUDRD UDDRD UU      Verdi  Aida Act I: Numi pietà del mio soffrir
*DUDRD UDRUD DDDUU   Donizetti  Lucia di Lammermoor Act II: Se tradirmi
*DUDRD UDRUU UUDUD   J Strauss Jr  O schöner Mai/2 1t
*DUDRD URDDD UUUDU   Bartok  Rumanian folk dances/6 1t, piano
*DUDRD UUUDU DR      Beethoven  piano concerto/2 in B♭ op19 3m
*DUDRD UUUUD RUUDU   Elgar  Dream of Gerontius: prelude 1t
*DUDRD UUUUU RRR     Beethoven  string quartet/15 in Ami op132 5m
*DUDRR RDUDR UDUDR   Schumann  Frauenliebe & Leben/6: Süsser Freund
*DUDRR RRRDU UDD     Diabelli  waltz theme, see 2 items below
*DUDRR RRRRR RRRR    Wagner  Götterdämmerung Act II: Hoi-ho! Hoi-ho
*DUDRR RRRRR RRUDU   Diabelli  waltz (1819) theme for piano variations
                         by Beethoven (op120), Czerny, Forster, Hummel,
                         Liszt, Schenk, Schubert, 44 other composers
*DUDRR RRUDU DR      Mussorgsky  Song of the flea
*DUDRR UDUDR         Chopin  waltz in E♭ op18 3t
*DUDRR UDUUR RDDUD   Lalo  Namouna: Fête Foraine 1t
*DUDRR UUUDD UDRRU   Bach  concerto for violin/str in E 2m BWV1042
                         also harpsichord concerto in D 2m BWV1054
*DUDRU DDDDD URDRR   Mozart  Cosi fan tutte II: Secondate aurette amiche
*DUDRU DDUDU DRUDD   Menotti  Amahl and the night visitors: Thank you
*DUDRU DDUDU DRUUD   Purcell  Dido & Aeneas Act III: Great minds[kindly
*DUDRU DRDUD UD      Mussorgsky  The nursery: The hobby horse
*DUDRU DRRRR UDRR    Mussorgsky  The nursery: In the corner
*DUDRU DRUDU DUDRU   Schubert  piano sonata in D 1m 2t D850
*DUDRU DUDD          Beethoven  sonata/3 for cello/piano in A op69 2m 2t
*DUDRU DUDDU DUD     Mozart  symphony/28 in C K200 3m 1t
*DUDRU DUDRU DUDUU   Schubert  scherzo in B♭, piano D593
*DUDRU DURRU DDDDU   Britten  Simple symphony 4m Frolicsome finale 2t
*DUDRU DUUDD RDURU   Chausson  quartet piano/strings in A op30 1m 1t
*DUDRU RUUDR RDDDU   Morley  Thyrsis and Milla
*DUDRU UDDUD UDUDU   Brahms  Es ist ein Ros' entsprungen, organ chor prel
*DUDRU UDDUR DUUDU   Stravinsky  Capriccio, piano/orch 3m 3t(a)
*DUDRU UDUDD UDUDU   Haydn  The Creation, pt 3 duet: Holde Gattin
```

54

```
*DUDRU  UUDUD  UUUUD  Mozart Divertimento/14 in B♭ K270 1m
*DUDRU  UUUUD  DDUDD  Vivaldi concerto 2 mandolines/strings in G 1m P133
*DUDRU  UUUUD  UDRUU  Scarlatti Good-humoured ladies (sonata Kp435 2m)
*DUDRU  UUUUR  RDUUR  Mendelssohn motet: Hear my prayer op39/1
*DUDUD  DD            Wagner A Faust overture 1t
*DUDUD  DDDDD  UDUUU  Walton Portsmouth Point overture 1t(a)
*DUDUD  DDDDD  UUUDD  Wagner Die Meistersinger: overture 2t
*DUDUD  DDDDU  DDDDD  Walton viola concerto 3m 2t
*DUDUD  DDDDU  UUUDR  Berlioz Les Troyens Act V: Didon's immolation scene
*DUDUD  DDDRU  UDDDR  Haydn symphony/52 in Cmi 4m
*DUDUD  DDDUD  DUUD   Brahms symphony/1 in Cmi op68 4m 4t
*DUDUD  DDDUD  RUDUD  Debussy Children's Corner: Golliwog's cake walk 1t
*DUDUD  DDDUD  UUUDU  Wagner Die Meistersinger Act II: Cobbler's song
*DUDUD  DDDUU  DDUDR  Bartok Rhapsody/1 for violin/orch 1m 2t (folk dances)
*DUDUD  DDDUU  DUUUU  Mozart piano concerto/21 in C K467 2m
*DUDUD  DDRDD  RDDDU  Mendelssohn Variations sérieuses op54 piano
*DUDUD  DDUDD  DDDUD  Schubert Die Winterreise/15 Die Krähe
*DUDUD  DDUDD  DRUUD  Mozart symphony/40 in Gmi K550 2m 3t
*DUDUD  DDUDD  DUDDD  Bartok string quartet/1 op7 2m 2m
*DUDUD  DDUDR  UUUUD  Debussy Poissons d'or, piano
*DUDUD  DDUDU  DDD    Brahms quartet piano/strings in Cmi op60 1m 1t
*DUDUD  DDUDU  DDDU   Bizet Carmen: Toreador's song (first part)
*DUDUD  DDUDU  DDR    Mussorgsky Khovantschina: Persian dance
*DUDUD  DDUDU  DUDDD  Elgar Falstaff, symphonic study op68 5t
*DUDUD  DDUDU  DUDDD  Dvořák quartet for piano/strings in D op23 1m 2t
*DUDUD  DDUDU  DUDDD  Shostakovich cello concerto/1 in E♭ op107 1m 3t
*DUDUD  DDUDU  UDUDU  Handel Alcina: overture 2t
*DUDUD  DDUDU  URU    Brahms waltz op39/12 piano
*DUDUD  DDURD  DUDUU  Haydn symphony/39 in Gmi 3m menuet
*DUDUD  DDUUD  D      Brahms string quintet in G op111 4m 2t
*DUDUD  DDUUD  UDDUD  Elgar Contrasts op10/3 orch, 1t
*DUDUD  DDUUD  UDUDD  Mendelssohn violin concerto in Emi op64 3m 1t
*DUDUD  DDUUD  UDUDU  Bach Well-tempered Clavier Bk II: fugue/1 BWV870
*DUDUD  DDUUU  DDDDD  Bach concerto for 3 harps'ds/str in C 1m BWV1064
*DUDUD  DDUUU  DDRDU  Berlioz La damnation de Faust: Une puce gentile
*DUDUD  DDUUU  RDDDD  Malipiero Impressioni dal Vero: Il Chiù
*DUDUD  DRDUD  UDD    Liszt piano concerto/1 in E♭ 1t
*DUDUD  DRDUU  UDUDU  Haydn symphony/45 in F♯mi 'Farewell' 3m menuet
*DUDUD  DUDDD  DUDUD  Wagner Siegfried Act III: Erda! Erda!
*DUDUD  DUDDD  UDUDD  Haydn symphony/103 in E♭ 'Drum roll' 1m intro
*DUDUD  DUDDU  DDRDU  Mendelssohn (Andante &) Rondo capriccioso, piano 1t
*DUDUD  DUDDU  DUDDD  Bach concerto for 2 harps'ds/str in Cmi 3m BWV1060
*DUDUD  DUDRD  UDUDD  Richard Strauss Aus Italien: Neapolitan 1t(b)
*DUDUD  DUDU          Franck Prélude choral et fugue: Prélude 1t, piano
*DUDUD  DUDUD  DDU    Bach 3 part inventions/4 in Dmi, Clavier BWV790
*DUDUD  DUDUD  DUDUR  Beethoven piano sonata/2 in A op2/2 3m 1t
*DUDUD  DUDUD  DUU    Beethoven string quartet in F op135 1m 1t
*DUDUD  DUDUD  DUUUD  Walton symphony/1 in B♭mi 1m 4t
*DUDUD  DUDUD  UDD    Mozart piano sonata/7 in C K309 2m
*DUDUD  DUDUD  UDDUD  Schubert trio for violin/piano/cello in B♭ 2m D898
*DUDUD  DUDUD  UDDUD  Mozart Divertimento in F K247 4m
*DUDUD  DUDUD  UDDUD  de Falla suite populaire espangnole: Jota 1t
*DUDUD  DUDUD  UDUU   Mahler symphony/2 5m 1t
*DUDUD  DUDUD  UURDU  Walton symphony/1 in B♭mi 3m 2t
*DUDUD  DUDUD  UUUDD  Brahms Hungarian dances/1 in Gmi, piano 4 hands
*DUDUD  DUDUD  UUUUU  Mozart symphony/38 in D K504 'Prague' 2m 2t
*DUDUD  DUDUR  DUDUD  Handel Alcina: Musette
```

```
*DUDUD  DUDUR  UDDUD    Rossini L'Italiana in Algeri: overture 1t
*DUDUD  DUDUU  DUDUU    Elgar Enigma variations, theme
*DUDUD  DUDUU  RURUU    Ravel Daphnis & Chloë suite/1 4t
*DUDUD  DURDU  RUDUD    Franz Scharwenka Polish dance op3/1 piano
*DUDUD  DURRR  RRDUR    J Strauss Jr Morgenblätter 3t
*DUDUD  DURRR  RRUDU    Verdi Otello Act II: Dove guardi
*DUDUD  DURRU  UUUDD    Tchaikovsky suite/3 in G op55 orch, 4m
*DUDUD  DUUDD  DUD      Stravinsky Les Noces: Hier soir
*DUDUD  DUUDU  DDUUD    Haydn str quartet/39 C op33/3 'The bird' 4m 1t
*DUDUD  DUUDU  DUDDU    Sibelius violin concerto op47 3m 1t
*DUDUD  DUUDU  DUDUU    Mozart piano concerto/8 in C K246 1m 2t
*DUDUD  DUUDU  UDDUU    Richard Strauss Alpine symphony 11t
*DUDUD  DUUDU  UUURD    Berlioz Les Troyens Act III: Sa voix fait naître
*DUDUD  DUUUD  UDDUD    Stravinsky symphony in C 2m
*DUDUD  DUUUD  URDUU    Mahler symphony/2 5m 2t
*DUDUD  DUUUR  UDUDU    Rachmaninov Prelude op23/10, piano
*DUDUD  DUUUU  DDDDU    Tchaikovsky Francesca da Rimini op32 3t
*DUDUD  DUUUU  RDDDU    Beethoven piano concerto/4 in G op58 1m 2t
*DUDUD  DUUUU  RUUDD    Beethoven sonata/7 violin/piano Cmi op30/2 3m 2t
*DUDUD  DUUUU  UUDDD    Beethoven Missa solemnis: Agnus Dei 4t
*DUDUD  DUUUU  UUDDR    Mascagni Cavalleria rusticana: Voi lo sapete
*DUDUD  DUUUU  UUDDD    Chopin mazurka/36 op59/1
*DUDUD  RDDRD  DRDDD    Mozart string quintet/4 in Gmi K516 5m
*DUDUD  RDDUD  UDRRD    Schumann Vogel als Prophet op82/7 piano 2t
*DUDUD  RDDUR  DUD      Mendelssohn Lobgesang: Alles, alles op52/2
*DUDUD  RDRDU  DRDRD    Mozart string quartet/16 in E♭ K428 3m
*DUDUD  RDUDU  DUDUD    Meyerbeer Les Huguenots Act I: Une dame noble
*DUDUD  RRUDU  DUDUR    Haydn Symphonie concertante in B♭ op84 2m
*DUDUD  RUDRD  RDRDR    Mozart Mass/18 in Cmi K427: Credo
*DUDUD  RUDRU  RDRDR    Mahler symphony/9 2m 5t
*DUDUD  RUDUU  DUDUU    Elgar Enigma variations: Nimrod variation
*DUDUD  RUUDD  UUUDD    Toselli Serenade (song)
*DUDUD  RUUUU  UUD      Mozart Figaro Act III: Vedro mentre io
*DUDUD  UDDDD  DDDDD    Stravinsky Apollon Musagète, ballet 2t
*DUDUD  UDDDD  DDDUU    Dvořák Slavonic dances/11 op72/3 4t
*DUDUD  UDDDD  DDUUU    Haydn symphony/90 in C 2m
*DUDUD  UDDDD  UDDDD    Prokofiev violin concerto/2 in Gmi op63 2m 1t
*DUDUD  UDDDD  URRUD    Mozart piano concerto/18 in B♭ K456 3m 3t
*DUDUD  UDDDR  RRDDU    Dvořák Carnaval overture op92 4t
*DUDUD  UDDDU  D        Reger quartet clarinet/strings in A op146 2m 1t
*DUDUD  UDDDU  DDUDU    Beethoven string quartet/8 Emi op59/2 'Rasumovsky'
*DUDUD  UDDDU  DUDDD    George Butterworth A Shropshire lad, orch 1t  [2m 2t
*DUDUD  UDDDU  DUDDD    Stravinsky Capriccio, piano/orch 1m 4t
*DUDUD  UDDDU  DUDDD    Bach Well-tempered Clavier Bk II: fugue/20 BWV889
*DUDUD  UDDDU  UDDUD    Handel Water music 9m
*DUDUD  UDDDU  URDUU    Schumann Blondel's Lied (song) op53/1
*DUDUD  UDDDU  UUDUU    Beethoven Für Elise, piano
*DUDUD  UDDRD  DDDDU    Scarlatti harpsichord sonata in Ami Kp175
*DUDUD  UDDRD  DUDUD    Orff Carmina Burana 7m Floret silva
*DUDUD  UDDUD  DDDUD    Grieg Erotic, piano, op43/5
*DUDUD  UDDUD  DRUDD    Clementi Sonata in Gmi 'Didone abbandonata'
*DUDUD  UDDUD  DUUDU    Suppé Pique Dame overture 4t        [op50/3 1m
*DUDUD  UDDUD  RRU      Mozart Figaro Act IV: In quegli anni
*DUDUD  UDDUD  UDUDR    Beethoven piano sonata/11 in B♭ op22 1m 2t
*DUDUD  UDDUD  UDUDU    Brahms symphony/2 in D op73 4m 1t(b)
*DUDUD  UDDUD  UDUDU    de Falla El amor brujo: Fire dance 2t, ballet
*DUDUD  UDDUD  UDUDU    Sibelius symphony/2 in D op43 1m 3t
```

56

```
*DUDUD  UDDUR  UDDUD    Stravinsky  violin concerto in D 2m aria(b)
*DUDUD  UDDUR  UUDUD    Mozart  piano concerto/17 in G K453 1m 3t
*DUDUD  UDDUU  DUDDU    Franck  Prélude, aria & finale, piano: aria 2t
*DUDUD  UDDUU  DUDDU    Ravel  Daphnis & Chloë suite/1 2t
*DUDUD  UDDUU  RDDDU    Franck  organ pastorale 1t op19
*DUDUD  UDDUU  UDD      Ravel  Valses nobles et sentimentales/4
*DUDUD  UDDUU  UUUUU    Tchaikovsky  symphony/5 in Emi op64 1m 3t
*DUDUD  UDRDD  DUDD     Mozart  Mass/19 (Requiem) in Dmi K626: Sanctus
*DUDUD  UDRDD  UDUDU    Beethoven  symphony/6 in F 'Pastoral' 4m 2t
*DUDUD  UDRDR  D        Franck  quintet for piano/strings Fmi 1m intro(b)
*DUDUD  UDRDU  DRDDU    Bach  Two-part inventions/15 in Bmi, Clavier BWV786
*DUDUD  UDRDU  DUDUD    J Strauss  Der Zigeunerbaron Act I: Ja, das Schreiben
*DUDUD  UDRRD  UD       Corelli  concerto grosso in Gmi 'Christmas' 4m
*DUDUD  UDRRD  URRUU    Mozart  Mass/19 (Requiem) in Dmi K626: Dies irae
*DUDUD  UDRRU  DDUDR    Chausson  symphony in B♭ op20 2m 1t(a)
*DUDUD  UDRUD  DUDDU    Shostakovich  symphony/6 1m 2t
*DUDUD  UDRUD  UDURD    Verdi  Don Carlos Act IV: Io morrò ma lieto in core
*DUDUD  UDRUU  UUDDU    Tchaikovsky  symphony/5 in Emi op64 2m 2t
*DUDUD  UDUDD  DDDDD    Adolphe Adam  Si j'étais Roi: overture 2t
*DUDUD  UDUDD  DDDDD    Mozart  Mass/19 (Requiem) in Dmi K626: Confutatis
*DUDUD  UDUDD  DDUDD    Donizetti  Lucia di Lammermoor Act I: Sulla tomba
*DUDUD  UDUDD  DDUDU    Beethoven  piano sonata/15 in D 'Pastoral' op28 1m 3t
*DUDUD  UDUDD  DUDDR    Schumann  sonata violin/piano in Dmi op121 1m intro
*DUDUD  UDUDD  DUDDU    Verdi  Il trovatore Act I: Di tale amor
*DUDUD  UDUDD  DUDUD    Elgar  Pomp & Circumstance march/3 1t
*DUDUD  UDUDD  DUDUR    Mozart  Sonata for organ/strings K144 1t
*DUDUD  UDUDD  UD       Schumann  sonata violin/piano in Dmi op121 1m 1t
*DUDUD  UDUDD  UDUDU    Tchaikovsky  Nutcracker suite: Arabian dance
*DUDUD  UDUDD  UDUDU    Weber  Clarinet concerto in Fmi 1m 1t (Jahns 114)
*DUDUD  UDUDD  UDUUD    Liszt  Valse-impromptu 1t, piano
*DUDUD  UDUDD  UDUUD    Dvořák  string quintet in E♭ op97 3m
*DUDUD  UDUDD  UU       Verdi  Il trovatore Act I: Deserto sulla terra
*DUDUD  UDUDR  DDRDD    Suppé  Poet & peasant overture 1t(b)
*DUDUD  UDUDR  RDRUU    Rachmaninov  Prelude op23/2 piano
*DUDUD  UDUDU          Wagner  Siegfried: Forest murmurs 5t(a)
*DUDUD  UDUDU          Rachmaninov  suite/2 op17 2m 3t
*DUDUD  UDUDU  DDDD     Schumann  symphony/3 in E♭ op97 'Rhenish' 5m 3t
*DUDUD  UDUDU  DDDRD    Mozart  quartet/4 for flute/strings in A K298 3m
*DUDUD  UDUDU  DDUD     Verdi  Rigoletto Act II: Si vendetta
*DUDUD  UDUDU  DDUDD    Chopin  'Minute' waltz op64/1 2t
*DUDUD  UDUDU  DDUUD    Bach  Well-tempered Clavier Bk I: fugue/19
*DUDUD  UDUDU  DDUUU    Orff  Carmina Burana 5m Ecce gratum
*DUDUD  UDUDU  DRDUD    Verdi  Rigoletto Act II: Scorrendo uniti remota
*DUDUD  UDUDU  DU       Mozart  symphony/33 in B♭ K319 1m 2t(a)
*DUDUD  UDUDU  DUDDD    Beethoven  piano sonata/17 in Dmi op31/2 3m 2t
*DUDUD  UDUDU  DUDDD    Shostakovich  The golden age, ballet 1t polka
*DUDUD  UDUDU  DUDDR    Khachaturian  piano concerto in D♭ 3m 2t
*DUDUD  UDUDU  DUDDU    Rossini  Semiramide: overture 2t
*DUDUD  UDUDU  DUDUD    Bach  Toccata & fugue in Dmi: fugue, organ BWV914
*DUDUD  UDUDU  DUDUD    Bach  organ fugue in Gmi BWV542
*DUDUD  UDUDU  DUDUD    Bach  organ fugue in Emi 'The wedge' BWV548
*DUDUD  UDUDU  DUDUD    Bach  Toccata in F, organ BWV540
*DUDUD  UDUDU  DUDUD    Bach  Prelude in Dmi 'Dorian', organ BWV538
*DUDUD  UDUDU  DUDUD    Beethoven  piano sonata/12 in A♭ op26 4m
*DUDUD  UDUDU  DUDUD    Brahms  waltz op39/9 piano
*DUDUD  UDUDU  DUDUD    Debussy  Nocturnes: Nuages, orch 1t
*DUDUD  UDUDU  DUDUD    de Falla  El amor brujo, intro
```

*DUDUD	UDUDU	DUDUD	**Ibert** concerto da camera for alto saxophone 3m 1t
*DUDUD	UDUDU	DUDUD	**Handel** Acis & Galatea: Behold the monster Poly-
*DUDUD	UDUDU	DUDUD	**Handel** suite/8 for harps'd 3m Allemande [pheme
*DUDUD	UDUDU	DUDUD	**Liadov** The musical snuff box (Music box) op32 piano
*DUDUD	UDUDU	DUDUD	**Massenet** Les Erinnyes: Grecque 1t
*DUDUD	UDUDU	DUDUD	**Mozart** piano concerto/9 in E♭ K271 2m
*DUDUD	UDUDU	DUDUD	**Richard Strauss** Till Eulenspiegel 6t
*DUDUD	UDUDU	DUDUD	**Richard Strauss** Alpine symphony 5t
*DUDUD	UDUDU	DUDUR	**Ibert** Divertissement for chamber orch 1m intro
*DUDUD	UDUDU	DUDUU	**Bach** concerto in Dmi for 2 violins/orch 3m BWV1043
*DUDUD	UDUDU	DUDUU	**Elgar** Falstaff, symphonic study 1t
*DUDUD	UDUDU	DUDUU	**Verdi** string quartet in Emi 2m
*DUDUD	UDUDU	DUUUD	**Mozart** piano concerto/17 in G K453 1m 3t
*DUDUD	UDUDU	DUUUU	**Gounod** Faust: ballet music 1t
*DUDUD	UDUDU	DUUUU	**Grieg** string quartet in Gmi op27 4m 2t
*DUDUD	UDUDU	DUUUU	**Kodály** Háry János: Viennese musical clock
*DUDUD	UDUDU	RDUDU	**Handel** suite/8 for harpsichord in G 4m aria
*DUDUD	UDUDU	UDDDD	**Dvořák** waltz op54/1 piano
*DUDUD	UDUDU	UDDRD	**Mozart** Cosi fan tutte Act I: Vorrei dir
*DUDUD	UDUDU	UDRDD	**Weber** Invitation to the dance 4t
*DUDUD	UDUDU	UDUDU	**Handel** organ concerto in B♭ op7/1 1m 2t
*DUDUD	UDUDU	UDUUU	**Sullivan** The gondoliers Act I: Try we life long
*DUDUD	UDUDU	UUD	**Vaughan Williams** symphony/9 in Emi 4m 2t
*DUDUD	UDUDU	UUDDD	**Berlioz** Benvenuto Cellini Act I: Ah! cher canon
*DUDUD	UDUDU	UUDDR	**Debussy** Nocturnes: Sirènes 2t, orch
*DUDUD	UDUDU	UUDUD	**Fauré** impromptu/2 op34 2t, piano
*DUDUD	UDUDU	UUUUU	**Khachaturian** piano concerto in D♭ 3m 1t(a)
*DUDUD	UDUDU	UUUUU	**Brahms** quintet piano/strings in Fmi op34 1m 2t
*DUDUD	UDURD	RDRRU	**Beethoven** piano sonata/5 in Cmi op10/1 1m 1t
*DUDUD	UDURR	RDRRR	**Bizet** Carmen Act III card trio: Mêlons!
*DUDUD	UDURR	RRRRR	**Handel** Messiah: Hallelujah!
*DUDUD	UDURU	DDUDU	**Khachaturian** violin concerto in Dmi 1m 1t(b)
*DUDUD	UDURU	UD	**Beethoven** violin sonata/7 in Cmi op30/2 3m 1t
*DUDUD	UDUUD	DDDUD	**Brahms** Intermezzo in E♭mi op118/6 piano 1t
*DUDUD	UDUUD	DDR	**Mozart** Serenade in D K320 3m
*DUDUD	UDUUD	DUDDD	**Handel** organ concerto in Gmi op7/5 3m
*DUDUD	UDUUD	DUUDD	**Saint-Saëns** Carnaval des animaux: Aquarium
*DUDUD	UDUUD	RUDRD	**Bach** Cantata/211: Schweigt stille/8 Heute noch
*DUDUD	UDUUD	UDUDU	**Delius** On hearing the first cuckoo in Spring, orch
*DUDUD	UDUUD	UDUUR	**Debussy** Petite suite 2 pianos or orch: En bâteau 1t
*DUDUD	UDUUD	UU	**Waldteufel** Sirenenzauber waltzes/1 1t
*DUDUD	UDUUD	UUDUU	**Mozart** string quintet/5 in D K593 4m (formerly accepted version)
*DUDUD	UDUUD	UUURD	**Brahms** string sextet/2 in G op36 4m 2t
*DUDUD	UDUUR	DUDUD	**Verdi** Un ballo in maschera Act I: Alla vita
*DUDUD	UDUUU	DDDDD	**Bach** Mass in B minor/8: Qui sedes ad dextram
*DUDUD	UDUUU	DDDDD	**Mussorgsky** Pictures from an exhibition: Market place
*DUDUD	UDUUU	DDUUU	**Wagner** Siegfried Idyll 4t [at Limoges
*DUDUD	UDUUU	DUDDU	**Haydn** symphony/6 in D 2m
*DUDUD	UDUUU	DUDUD	**Verdi** La forza del Destino Act I: Ah! per sempre
*DUDUD	UDUUU	UDD	**Dvořák** Slavonic dances/10 op72/2 2t
*DUDUD	UDUUU	UDDDD	**Dvořák** violin concerto in Ami op53 3m 2t
*DUDUD	UDUUU	UDUDU	**Brahms** symphony/1 in Cmi op68 1m 1t(c)
*DUDUD	UDUUU	URUUD	**Brahms** symphony/1 in Cmi op68 2m 3t
*DUDUD	UDUUU	UUD	**Mahler** symphony/1 4m 2t
*DUDUD	UDUUU	UUDUD	**Tchaikovsky** Nutcracker suite: Dance of reed flutes
*DUDUD	UDUUU	UUUDD	**Mozart** symphony/39 in E♭ K543 3m 1t

*DUDUD	UDUUU	UUUDD	**Richard Strauss** Alpine symphony 12t
*DUDUD	UDUUU	UUUU	**Vaughan Williams** symphony/8 2m 1t
*DUDUD	URDDD	DRUUU	**Bartok** Hungarian folk songs, violin/piano 3m 1t
*DUDUD	URDDR	DDURU	**Mahler** Hans und Grethe (song)
*DUDUD	URDUD	DUDUR	**J Strauss Jr** Morgenblätter 2t
*DUDUD	URDUD	UDDUD	**Chopin** 'Minute' waltz in D♭ op64/1 2t
*DUDUD	URDUU	UDUDU	**Richard Strauss** horn concerto/2, rondo 1t
*DUDUD	URUDD	DUURD	**Prokofiev** symphony/5 in B♭ op100 4m 2t
*DUDUD	URURU	DD	**Berlioz** Fantastic symphony 5m 2t
*DUDUD	URURU	UUDUR	**Wagner** Parsifal Act III: Höchsten Heiles
*DUDUD	URUUU	DDUUD	**Beethoven** piano concerto/5 E♭ 'Emperor' op73 2m
*DUDUD	UUDDD	DD	**Schumann** piano concerto in Ami op54 2m 2t
*DUDUD	UUDDD	UDUDR	**Janáček** Sinfonietta 1m
*DUDUD	UUDDD	UUUDR	**Mozart** sonata for violin/piano in D K306 2m
*DUDUD	UUDDU	DDUUU	**Mozart** Divertimento/17 D, 2 horns/str qtet K334
*DUDUD	UUDDU	DUUDD	**Fauré** Pelléas & Mélisande: prélude 2t op80 [6m
*DUDUD	UUDDU	UDDDU	**Prokofiev** Lieutenant Kije, orch op60 1m 3t
*DUDUD	UUDDU	UDDDD	**Pergolesi** concertino for string orch in Fmi 2m
*DUDUD	UUDDU	UDDDU	**Dvořák** string sextet in A op48 2m (Dumka) 1t(a)
*DUDUD	UUDDU	UDDUU	**Mozart** piano concerto/6 in B♭ K238 2m
*DUDUD	UUDDU	UDUDU	**Tchaikovsky** Nutcracker suite: Waltz of flowers 2t
*DUDUD	UUDRR	DUDU	**Mozart** Cosi fan tutte: overture 2t
*DUDUD	UUDRU	DRDUR	**Menotti** Amahl and the night visitors: Mother, come with me
*DUDUD	UUDUD	DDUDR	**Ibert** concertino da camera for alto saxophone 1m 2t
*DUDUD	UUDUD	DUDDU	**Hubay** Hejre Kati, violin/orch op32/4 3t
*DUDUD	UUDUD	UDDUU	**Prokofiev** Contes de la vielle grand'mère, op31/2 pft
*DUDUD	UUDUD	UDUDU	**Richard Strauss** Schlechtes Wetter (song) op69/5
*DUDUD	UUDUD	UDUUD	**Mozart** Don Giovanni Act I: Notte e giorno faticar
*DUDUD	UUDUD	UUUUR	**Richard Strauss** Aus Italien: Sorrento 4t
*DUDUD	UUDUU	DR	**J Strauss Jr** Emperor waltzes/3 1t
*DUDUD	UUDUU	DURU	**Corelli** concerto grosso in B♭ op6/11 2m Allemande
*DUDUD	UUDUU	UUUDU	**Wagner** Der fliegende Holländer I: Durch Sturm
*DUDUD	UUDUU	UUUUU	**Fauré** Dolly suite for piano 4 hands op56: Kitty-valse
*DUDUD	UURDD	RUURD	**Haydn** symphony/95 in Cmi 1m
*DUDUD	UURDU	DUDU	**Mussorgsky** Pictures from an exhibition: Ballet of un-
*DUDUD	UURDU	DUDUU	**Sibelius** symph/2 in D op43 3m 2t [hatched chickens
*DUDUD	UURDU	URDUU	**Debussy** sonata cello/piano in Dmi finale
*DUDUD	UURUD	DDDUU	**Liszt** Totentanz, piano/orch
*DUDUD	UURUU	DDUDD	**Mozart** violin concerto in E♭ K268 1m
*DUDUD	UUUDD	DDRUD	**Delibes** Le Roi l'a dit: overture 1t
*DUDUD	UUUDD	DUDUD	**Stravinsky** Le sacre du Printemps: Wise men
*DUDUD	UUUDD	UDU	**Daquin** Le coucou 2t, harpsichord
*DUDUD	UUUDD	UDUDD	**Mozart** Serenade in G K525 Eine kleine Nachtmusik
*DUDUD	UUUDD	UDUDU	**Purcell** Dioclesian: What shall I do [1m
*DUDUD	UUUDD	UUDDD	**Haydn** string quartet/76 in Dmi op76/2 1m
*DUDUD	UUUDU	DUDUD	**Haydn** symphony/49 in Fmi 2m
*DUDUD	UUUDU	DUDUD	**Schumann** Toccata for piano op7 1t
*DUDUD	UUUDU	UDUDU	**Handel** Messiah: Let us break their bonds asunder
*DUDUD	UUUDU	UUDUU	**Haydn** string quartet/81 in G op77/1 4m
*DUDUD	UUUR		**Sibelius** Finlandia op26 1t
*DUDUD	UUUUD	DDUDU	**Holst** St Paul's suite, orch, 2m ostinato
*DUDUD	UUUUD	UDUDU	**Bartok** string quartet/2 op17 2m intro
*DUDUD	UUUUR	DUUDD	**J Strauss Jr** Der Zigeunerbaron: overture 1t
*DUDUD	UUUUR	RRRRR	**Richard Strauss** Der Bürger als Edelmann: overt 1t
*DUDUD	UUUUU	D	**Chopin** nocturne/3 in Gmi op15
*DUDUR	DDDDD	UDDDU	**Mozart** (Allegro &) andante, piano K33

59

*DUDUR	DDDUD	UDURD	**Chopin** ballade/3 op47 2t
*DUDUR	DDUDD	UDDUD	**Dvořák** string trio in Fmi op65 4m 1t
*DUDUR	DDUUU	DUU	**Shostakovich** symphony/1 in Fmi op10 4m 2t
*DUDUR	DRRDD	DUDUD	**Berlioz** L'enfance du Christ pt II: The Holy Family
*DUDUR	DRRUR	RDDUU	**Chabrier** Marche joyeuse 2t [resting
*DUDUR	DUD		**Bach** fugue in E♭ 'St Anne's', organ BWV552
*DUDUR	DUDRU	DDD	**Leoncavallo** I Pagliacci, prologue: Si può?
*DUDUR	DUDUD	UR	**Puccini** Madam Butterfly Act II: Un bel d
*DUDUR	DUUDR	D	**Schumann** string quartet in Ami op41 3m
*DUDUR	DUUUD	UUUDU	**Mozart** Figaro: overture 1t
*DUDUR	RDRUU	DUDUR	**Mozart** piano concerto/20 in Dmi K466 1m 2t
*DUDUR	RUDDR	RUD	**Mozart** violin concerto/5 in A K219 1m 1t
*DUDUR	UDDDD	UDURD	**Balakirev** Islamey 2t(a) piano
*DUDUR	URDDD	DUDUD	**Schubert** symphony/5 in B♭ 2m 1t D485
*DUDUR	UUUDD	UDDRD	**Mahler** symphony/4 in G 3m 4t
*DUDUU	DDDDD	DDD	**Handel** sonata flute/violin/fig bass in Cmi op2/1 4m
*DUDUU	DDDDD	DDDDD	**Schubert** symphony/5 in B♭ 1m intro D485
*DUDUU	DDDDD	DUUDU	**Kodály** Galanta dances/4 2t
*DUDUU	DDDDD	R	**Mozart** sonata/23 for violin/piano in D K306 1m 2t
*DUDUU	DDDDD	UUDDD	**Copland** Billy the Kid, ballet intro 1t: The open
*DUDUU	DDDDR	R	**Wagner** Siegfried I: Nothung! Nothung! [prairie
*DUDUU	DDDDR	UDDUU	**Mozart** Cosi fan tutte I trio: Una bella serenata
*DUDUU	DDDDU	DDU	**Wagner** Götterdämmerung, Siegfried's Rhine journey
*DUDUU	DDDDU	DUUDD	**Brahms** string quartet/2 in Ami op51/2 1m 2t [5t
*DUDUU	DDDDU	DUUDU	**Elgar** Dream of Gerontius pt 1: Sanctus fortis
*DUDUU	DDDDU	UDUDU	**Mussorgsky** Pictures from an exhibition: Tuileries
*DUDUU	DDDDU	UUUUR	**Beethoven** Missa Solemnis: Kyrie 3t
*DUDUU	DDDRU	DDRDR	**Mozart** piano concerto/20 in Dmi K466 2m
*DUDUU	DDDRU	UDUDU	**Smetana** The bartered bride Act III: What an obstinate girl
*DUDUU	DDDUD	URRUD	**Wagner** Das Rheingold: Song of the Rhinemaidens
*DUDUU	DDDUD	UUDDD	**J Strauss Jr** The Blue Danube waltz/2 1t
*DUDUU	DDDUD	UUDDD	**Millöcker** Der Bettelstudent: Das Spiel begann
*DUDUU	DDDUU	RDUUU	**Mozart** piano concerto/18 in B♭ K456 1m 2t
*DUDUU	DDUDD	UDUUD	**Beethoven** piano sonata/3 in C op2/3 1m 1t
*DUDUU	DDUDU	DUDUD	**Schumann** quintet for piano/strings in E♭ op44 2m 2t
*DUDUU	DDUDU	DUUDR	**Mozart** Figaro Act III: Ricevete O padroncina
*DUDUU	DDUDU	DUUDU	**Brahms** piano concerto/2 in B♭ op83 4m 2t
*DUDUU	DDUDU	DUUDU	**Schumann** quintet for piano/strings in E♭ op44 3m 2t
*DUDUU	DDUDU	UDDUD	**Rachmaninov** Vocalise (wordless song) op34/14
*DUDUU	DDUDU	UDUDU	**Ravel** Ma Mère l'Oye: Beauty and the Beast
*DUDUU	DDUDU	URRUR	**Schubert** string quartet/14 in Dmi 1m 2t D810
*DUDUU	DDUDU	UUDUD	**Shostakovich** concerto for piano/trumpet/orch in Cmi op35 3m 3t
*DUDUU	DDURD	UDUDU	**Karg-Elert** improvisation on 'Nun danket' op65
*DUDUU	DDURD	UDUUD	**Vaughan Williams** London symphony 2m 3t
*DUDUU	DDUUD	DDUUU	**Haydn** symphony/93 in D 3m menuetto
*DUDUU	DDUUD	DUDUU	**Stravinsky** Petrushka: Dance of the gypsies
*DUDUU	DDUUD	DUUDU	**Stravinsky** symphony in 3 movements 2m 3t
*DUDUU	DDUUD	UDUDU	**Handel** harpsichord suite/5 in E 3m
*DUDUU	DDUUD	UUUUD	**D'Indy** Symphonie sur un chant montagnard 3m 1t
*DUDUU	DDUUD	UUUDU	**Schubert** symphony/8 Bmi 'unfinished' 1m 2t D759
*DUDUU	DDUUR	DRDRD	**Schubert** piano sonata in A 2m 1t D959
*DUDUU	DRDUD	UUDUD	**Mahler** Lieder & Gesänge aus der Jugendzeit/2 Erin-
*DUDUU	DRDUU	DRUDU	**Mozart** flute concerto/2 D (oboe C) K314 2m [nerung
*DUDUU	DRDUU	RDDUD	**Sibelius** Return of Lemminkainen op27/4 3t
*DUDUU	DRRDU	DUUDR	**Beethoven** wind octet in E♭ op103 allegro

60

```
*DUDUU  DRUDU  DUUDD   Schubert  piano sonata/8 in B 3m D575
*DUDUU  DRURU          Wagner  Die Walküre Act II: Siegmund sieh' auf mich
*DUDUU  DUDDD  DUDD    MacDowell  Sea pieces op55/7 Nautilus
*DUDUU  DUDDD  UDUUR   Bach  sonata for solo violin/2 in Ami, fugue BWV1003
*DUDUU  DUDDU  DDUDD   Beethoven  piano sonata/4 in E♭ op7 1m 1t
*DUDUU  DUDDU  DDUDU   Wagner  Die Walküre Act I: Siegmund heiss' ich
*DUDUU  DUDDU  DUDUD   Ibert  Divertissement for chamber orch 4m 2t
*DUDUU  DUDDU  UDDUU   Massenet  Scènes pittoresques/1 3t
*DUDUU  DUDDU  UDUU    Prokofiev  symphony/5 in B♭ op100 3m 3t
*DUDUU  DUDUD  DDDUU   Ravel  Tzigane, violin/orch 1t
*DUDUU  DUDUD  DDUDU   Prokofiev  symphony/5 in B♭ 3m 2t(a)
*DUDUU  DUDUD  DUDUD   Handel  Concerto grosso in F op3/3 3m
*DUDUU  DUDUD  UUDUU   Brahms  concerto violin/cello/orch Ami op102 1m 2t
*DUDUU  DUDUD  UUUDU   Bach  suite in Emi for lute 1m BWV996
*DUDUU  DUDUD  UUUUD   Respighi  Fountains of Rome: Triton fountains at morn-
*DUDUU  DUDUU  DDDUD   Dvořák  string trio in Fmi op65 4m 2t            [ing
*DUDUU  DUDUU  DDDUD   Hummel  Rondo brillant on a Russian folk theme,
                              piano/orch op98
*DUDUU  DUDUU  DUDUU   Ippolitov-Ivanov  Caucasian sketches, orch op10 1m 2t
*DUDUU  DUDUU  RRRUD   Hummel  Rondo in E♭ op11
*DUDUU  DURUD  UDDDD   Mahler  symphony/1 in D 2m 2t
*DUDUU  DUUDD  DUDUD   Roussel  Sinfonietta 1m 2t
*DUDUU  DUUDU  DUUDU   Bach  Well-tempered Clavier Bk I: fugue/2 BWV847
*DUDUU  DUUDU  URDDD   Handel  oboe concerto/1 in B♭ 4m
*DUDUU  DUUUD  DUUUU   Rachmaninov  piano concerto/1 in F♯mi op1 2m
*DUDUU  DUUUD  UUDDD   Tchaikovsky  The sleeping beauty, ballet 5m waltz
*DUDUU  DUUUU  DUDUU   Rachmaninov  Prelude for piano op23/4
*DUDUU  RRDDU  DUDDU   Haydn  string quartet/8 op2 2m
*DUDUU  RRRDU  UDUDU   Chaminade  Scarf dance, piano
*DUDUU  RRUDU  DRURR   Chopin  mazurka/17 op24/4
*DUDUU  RUDDD  D       Alban Berg  Wozzeck: Ringel, Ringel
*DUDUU  RUDDU  DD      Caccini  Amarilli, mia bella (song)
*DUDUU  UDDDD  UDDUU   Beethoven  trio piano/vln/cello in E op70/2 allegretto
*DUDUU  UDDDD  UDUDD   Saint-Saëns  symphony/3 in Cmi op78 3m 1t
*DUDUU  UDDDD  UDUUU   Beethoven  piano sonata/9 in E op14/1 2m 2t
*DUDUU  UDDDD  UUDU    Brahms  sonata/3 for violin/piano in Dmi op108 4m 1t
*DUDUU  UDDDR  UUUU    MacDowell  piano concerto/1 1m 1t
*DUDUU  UDDDU  DUD     Rachmaninov  sonata cello/piano in Gmi op19 2m 2t
*DUDUU  UDDDU  DUUDU   Handel  concerto grosso in F op6/2 1m
*DUDUU  UDDDU  DUUUD   Kodály  Háry János suite, A császári 1t
*DUDUU  UDDDU  DUUUU   Kodály  Háry János suite, A császári 2t
*DUDUU  UDDDU  RUDUD   Mozart  La clemenza di Tito: Parto, parto
*DUDUU  UDDDU  UDD     MacDowell  piano concerto/1 3m 4t
*DUDUU  UDDUD  DDUDU   Schubert  symphony/3 in D 1m 1t D200
*DUDUU  UDDUD  DUDUD   Rachmaninov  sonata cello/piano in Gmi op19 1m 1t
*DUDUU  UDDUD  DUDUU   Haydn  Nelson Mass: Credo
*DUDUU  UDDUD  UUDDD   Gounod  Faust Act III Jewel song: Ah! Je ris
*DUDUU  UDDUD  UUU     Brahms  symphony/4 in Emi op98 4m 7t
*DUDUU  UDDUD  UUU     Dukas  La Péri, dance poem for orch, 1t
*DUDUU  UDDUU  DDUDD   Hindemith  organ sonata/2 3m
*DUDUU  UDDUU  DDUUU   Orlando Gibbons  Fantazia of foure parts
*DUDUU  UDRDD  DDUD    Beethoven  An die ferne Geliebte (song) op98/3
*DUDUU  UDUDD  D       Sibelius  symphony/3 in C op52 1m 3t
*DUDUU  UDUDD  RUUUD   Mendelssohn  Songs without words/35 piano op67/5
*DUDUU  UDUDU  DUDUU   Bach  Christmas oratorio/39: Flösst, mein Heiland
*DUDUU  UDUDU  DUUUD   Hummel  piano concerto in Ami op85 3m 2t
*DUDUU  UDUDU  DUUUD   Ravel  Daphnis & Chloë suite/2 6t
```

```
*DUDUU UDUDU URRDU   Tchaikovsky symphony/1 in Gmi op13 2m 1t
*DUDUU UDURR DRDUR   Stravinsky The rake's progress I: How sad a song
*DUDUU UDUUR DUDUU   Erik Satie 3 morçeaux en forme de poire/3 2t
*DUDUU UDUUU DDDD    Mahler symphony/5 5m Rondo theme at Fig 11
*DUDUU UDUUU UDDDR   Handel concerto grosso in G op6/1 3m
*DUDUU UDUUU UDDUD   Schubert symph/8 Bmi 'Unfinished' 1m 1t (strings)
*DUDUU UDUUU UUDUD   Bach Well-tempered Clavier Bk II: fugue/17 BWV886
*DUDUU URDRD         Schubert piano sonata/18 in G 1m D894
*DUDUU URDUD UUURD   Ravel Sonatine for piano 3m 2t
*DUDUU UUDD          Beethoven string quartet/13 in B♭ op130 4m 1t
*DUDUU UUDDD UDDD    Richard Strauss Aus Italien: Roms Ruinen 3t
*DUDUU UUDDD UUUDD   Haydn string quartet/39 op33 4m 2t
*DUDUU UUDDD UUUDU   Handel Messiah: But who may abide?
*DUDUU UUDDU DUUUU   Franck Prélude, fugue et variation, organ op18 1t
*DUDUU UUDRD RRURD   Handel Messiah: O thou that tellest glad tidings
*DUDUU UUDUD DDDRR   Schubert piano sonata/21 in B♭ 3m D960
*DUDUU UUDUD DDU     Richard Strauss Der Bürger als Edelmann: Fencing
*DUDUU UUDUD DU      Tchaikovsky symph/5 Emi op64 4m 4t      [master
*DUDUU UUDUD UDR     Sullivan Yeomen of the Guard Act I: I have a song
*DUDUU UUDUD UDUUU   Bruckner symphony/9 in Dmi 1m 2t
*DUDUU UUDUD DDDDU   Vaughan Williams Concerto Accademico 3m 2t
*DUDUU UURRR         Mozart Figaro: overture 3t
*DUDUU UUUDD DUDUU   Wagner Die Meistersinger Act III: Sei euch vertraut
                       and overture 5t
*DUDUU UUUDD DUDUU   Sullivan Iolanthe Act I: Fare thee well
*DUDUU UUUDD U       Mahler symphony/1 4m 1t(b)
*DUDUU UUUDD URDDD   Beethoven string quartet/2 in G op18/2 1m 1t
*DUDUU UUUDU UUURD   Bruckner symphony/5 in B♭ 2m 2t
*DUDUU UUUUD DD      Paganini Caprice op1/22 violin
*DUDUU UUUUD UDDDU   Fauré nocturne/4 in E♭ op36 piano
*DUDUU UUUUU DDDDD   Handel Messiah: And with His stripes
*DUDUU UUUUU DDDU    Schubert symphony/1 in D 4m 2t D82
*DUDUU UUUUU DDUDU   Gounod Mireille: O légère hirondelle
*DURDD DDDDR RU      Max Bruch violin concerto/1 in Gmi 3m 2t
*DURDD DDUD          Mendelssohn violin concerto in Emi op64 3m 2t
*DURDD DDUUU RU      Grieg Lyric suite, nocturne, piano op54
*DURDD DUDRU UUUDR   Tchaikovsky symphony/4 in Fmi op36 4m 3t
*DURDD DURDD DDUUD   Schubert string quartet/15 in G 1m D887
*DURDD DUUDU DDU     Bach violin sonata/6 in G 2m BWV1019
*DURDD RDUDD UDUDU   Mozart Adagio in Bmi K540 piano
*DURDD RUUUD         Verdi Rigoletto Act I: Figlia!
*DURDD UDDDU DDDUD   Schumann quartet for piano/strings in E♭ op47 4m 1t
*DURDD UDDUD DUUUD   J Strauss Jr Nacht in Venedig: overture 1t
*DURDD UDUDU UDUUD   Bach organ sonata in E♭ 2m BWV525
*DURDD UDURD DU      Mozart Fantasia for mechanical organ Fmi K608 1t
*DURDD UR            Ippolitov-Ivanov Caucasian sketches op10: The moun-
*DURDD UUDDU UUD     Debussy Rapsodie for saxophone/orch 1t    [tain pass
*DURDD UUDUR RDURR   Thomas Morley Fire, fire
*DURDD UUUD          Mendelssohn Songs without words/49 in A op102/7
*DURDD UUUUU RDRDU   Scriabin Etudes op8/12, piano      ['Boat song'
*DURDR DDUDD DUDDD   Debussy Estampes, piano: La soirée dans Grenade
*DURDR DDUDD UUUUD   Beethoven piano concerto/2 in B♭ op19 1m 1t    [1t
*DURDR DRDUU URDRD   Smetana The bartered bride: Polka 1t
*DURDR DUDUU DDURD   Beethoven piano sonata/32 in Cmi op111 1m intro
*DURDR UD            Liszt Faust symphony 1m 2t
*DURDU DDDDU DUUDU   Verdi Nabucco Act I: D'Egitto là sui lidi
*DURDU DDDRU DUD     Puccini Suor Angelica: Senza mamma
```

*DURDU	DDDUU	UUUUU	**Liszt** 2 legends: St François d'Assise 2t, piano
*DURDU	DDURD	UUDDD	**Ravel** Valses nobles et sentimentales/7
*DURDU	DUDDU	DD	**John Field** nocturne/5, piano
*DURDU	DUDRD	U	**Liszt** Faust symphony 2m 4t
*DURDU	DUDUD	DRDUD	**Weber** Jubel overture 1t (Jahns index 245)
*DURDU	DUUUU		**Vaughan Williams** symphony/9 in Emi 2m 4t
*DURDU	DUUUU	UUUDD	**Beethoven** König Stephan overture op117 1t
*DURDU	RDDD		**Tchaikovsky** Francesca da Rimini op32 orch 1t
*DURDU	RDRDU	UUURD	**Donizetti** Don Pasquale Act III: Tornami a dir
*DURDU	RDUDD	DDDDU	**Franck** symphony in Dmi 1m intro
*DURDU	RDUDD	DDURD	**Brahms** piano sonata in Fmi op5 1m 3t
*DURDU	RDUDD	DUUDU	**Bellini** Concerto (concertino) oboe/strings E♭ 1m
*DURDU	RDUDD	UDURD	**J Strauss Sr** Radetsky march 1t
*DURDU	RDURD	UDUDU	**Walton** symphony/1 in B♭mi 1m 1t
*DURDU	RDURD	UUDDU	**Liszt** Two legends: St François d'Assise 1t, piano
*DURDU	RDURD	UUUUU	**Beethoven** piano sonata/26 in E♭ op81a 1m 1t(a)
*DURDU	RDUUD	DD	**Liszt** Sposalizio, piano 2t
*DURDU	RDUUD	DDDUR	**Brahms** Waltz op39/2 piano
*DURDU	RDUUD	DDUDU	**Schubert** string quartet/13 in Ami 3m D804
*DURDU	RDUUU	DRUUR	**Debussy** L'Isle joyeuse 3t, piano
*DURDU	RDUUU	UUUDU	**Bach** Three-part inventions/2 in Cmi, Clavier BWV788
*DURDU	RUDDD	DDDDD	**Mozart** violin sonata/33 in E♭ K481 1m 1t
*DURDU	RUDDD	DU	**Mahler** symphony/2 in Cmi 5m 3t
*DURDU	RUUDD	DDDUR	**Beethoven** piano sonata/30 in E op109 2m
*DURDU	RUUDU	DRDDU	**Johann Christian Bach** concerto for piano/strings
*DURDU	RUUUD	D	**Beethoven** symphony/7 in A 3m 2t [E♭ op7/5 3m
*DURDU	RUUUD.	UDURD	**Sullivan** Iolanthe Act I: We are peers
*DURDU	UDDDD	UUUDD	**J Strauss Jr** O schöner Mai/3
*DURDU	UDDDU	DUUUD	**Beethoven** piano sonata/9 in E op14/1 2m 1t
*DURDU	UDDDU	UUUDD	**Ravel** Le tombeau de Couperin: minuet 1t
*DURDU	UDDUD	URDUU	**Liszt** Les Préludes, symphonic poem 3t
*DURDU	UDDUU	RDUUD	**Franck** symphony in Dmi 1m 1t
*DURDU	UDRDU	RDUU	**Stravinsky** Les Noces: Console-toi
*DURDU	UDRRR	URRUU	**Handel** Messiah: Worthy is the lamb
*DURDU	UDURD	UUDUD	**Handel** oboe concerto/3 in Gmi op3/2 4m
*DURDU	UDURD	UUDUU	**Handel** harpsichord suite/8 in G 7m
*DURDU	UDUUD	DDUDD	**Anton Rubinstein** Melody in F, op3/1 piano
*DURDU	UDUUD	URUUU	**J Strauss Jr** The Blue Danube/4 2t
*DURDU	URUDR	RRRD	**Max Bruch** violin concerto/1 in Gmi 2m 1t(a)
*DURDU	UUDUD	URDUU	**Brahms** Waltz op39/14 piano
*DURDU	UURRR	DURDU	**Haydn** symphony/73 in D 'La Chasse' 3m menuetto
*DURDU	UUUDU	D	**Mozart** symphony/33 in B♭ K319 2m 1t
*DURDU	UUUUU		**Mendelssohn** symphony/5 in D op107 'Reformation'
*DURRD	DRDUR	UURRD	**Haydn** symphony/99 in E♭ 2m [3m 4t
*DURRD	RDRUR	D	**Orlando de Lassus** La nuicte froide et sombre
*DURRD	URRDU	RRUDU	**Mozart** symphony/29 in A K201 1m 1t
*DURRD	URRUD	UDUDU	**Prokofiev** Lieutenant Kije op60 orch 2m 2t
*DURRD	UUDUR	RDUUU	**Handel** Water music 6m
*DURRR	DDRRR	UR	**Verdi** La forza del Destino Act II: Madre madre
*DURRR	DDUDD	DDUUD	**Telemann** suite for flute/str in Ami 7m polonaise
*DURRR	RDDUD	DDDUD	**Prokofiev** Peter and the wolf: The bird
*DURRR	URUDD	DDDUU	**Mozart** Die Entführung Act III: Meinetwegen
*DURRU	DUDDU	RDURR	**Suppé** Light Cavalry overture 1t
*DURRU	DURRU	DURRU	**Handel** oboe concerto/3 in Gmi op3/2 1m
*DURUD	DDDDU	DUDUD	**Haydn** symphony/101 in D 'The clock' 2m
*DURUD	DDDUU	DURUD	**Rimsky-Korsakov** Scheherazade 2m 2t
*DURUD	DURRR		**Chopin** prelude/2 in Ami op28

*DURUD	RDURU	DRDUR	**Britten** Fantasy quartet oboe/vln/vla/cello 3t
*DURUD	UDDDD	DDUDD	**Copland** Appalachian Spring, ballet 2t
*DURUD	UDDUU	UDUDR	**Handel** Messiah: He trusted in God
*DURUD	UDURU	DU	**Handel** organ concerto in B♭ op4/2 1m
*DURUD	UUDRU	DDDDR	**Bach** cantata/106/1 Gottes Zeit
*DURUD	UUDUD	UDRUR	**Stravinsky** The rake's progress III: You love him
*DURUR	DDRDD	DDURU	**Dvořák** Slavonic dances/16 op72/8 3t
*DURUR	DDUDD	DDDUD	**Bach** Cantata/140 Wachet auf/7 Mein Freund ist mein!
*DURUR	DURUR	DUR	**Mozart** Idomeneo Act I: Non ho colpa
*DURUR	UDRUR	URUDU	**Haydn** symphony/46 in B 3m menuet
*DURUR	UDURU	DUUDD	**Mozart** Cosi fan tutte Act I: Come scoglio
*DURUR	UUDUR	URUUD	**Ponchielli** Dance of the hours 4t
*DURUU	DDDUR	RDDRR	**Mendelssohn** Elijah: Blessed are the men
*DURUU	DDUDD	UDURU	**Elgar** Wand of youth suite/1: serenade
*DURUU	DDUDR	DDDUD	**Schubert** Nacht und Träume (song) D827
*DURUU	DDUUD	DDDDU	**Meyerbeer** Le Prophète: pour Bertha
*DURUU	DURDU	UURUU	**Britten** Rape of Lucretia: Slumber song
*DURUU	RUDRD	RRUU	**Monteverdi** Orfeo Act II lament: Tu se' morta
*DURUU	RUUUD	DDU	**Schubert** octet in F 1m 1t D803
*DURUU	UDDDD	UUD	**Mussorgsky** Boris Godunov: Coronation scene 2t
*DUUDD	DDDDD	DDRU	**Beethoven** string quartet/1 in F op18/1 4m
*DUUDD	DDDDD	DDURR	**Beethoven** piano concerto/1 in C op15 1m 2t
*DUUDD	DDDDU	DDUDD	**Tchaikovsky** symphony/4 in Fmi op36 3m 2t
*DUUDD	DDDDU	DDUDD	**Massenet** Le Cid 7m
*DUUDD	DDDDU	DDUUU	**Schubert** Military marches/3 2t piano 4 hands D733
*DUUDD	DDDDU	UDDRR	**Mahler** symphony/2 in Cmi 2m 2t
*DUUDD	DDDDU	UDDUR	**Mozart** Figaro Act III finale (Fandango)
*DUUDD	DDDDU	UDUUD	**Haydn** symphony/100 in G 'Military' 3m trio
*DUUDD	DDDDU	UDUUU	**Bach** Easter oratorio/5: Seele deine Specereien
*DUUDD	DDDDU	UUUDD	**Beethoven** piano sonata/3 in C op2/3 3m
*DUUDD	DDDUD	RUDDU	**Chopin** prelude/11 op28
*DUUDD	DDDUD	UUDRR	**Mozart** quartet flute/strings in A K298 2m 2t
*DUUDD	DDDUU	D	**Sibelius** symphony/1 in Emi op39 1m intro
*DUUDD	DDDUU	UD	**Chopin** piano concerto/2 in Fmi op21 1m 1t
*DUUDD	DDRRD	DDURD	**Verdi** Un ballo in maschera Act I: La revedrà
*DUUDD	DDRUD	UUDDU	**Chopin** Fantaisie in Fmi op49 5t
*DUUDD	DDUDD	DUDDU	**Haydn** symphony/53 in D 3m trio
*DUUDD	DDUDD	UD	**Bach** English suite/5 in Emi, sarabande BWV810
*DUUDD	DDUDD	UUUDD	**Martinu** concertino cello/piano/wind: moderato
*DUUDD	DDUDU	DUUDU	**Thomas Arne** When daisies pied (song) [theme
*DUUDD	DDUDU	UDDDU	**Bach** violin sonata/2 in A 4m BWV1015
*DUUDD	DDUDU	UDDUU	**Ravel** Le tombeau de Couperin: Rigaudon 1t
*DUUDD	DDUDU	URDUD	**J Strauss Jr** Die Fledermaus Act II: Brüderlein
*DUUDD	DDUUD	DDDUU	**Mozart** piano sonata/12 in F K332 3m 1t
*DUUDD	DDUUD	DDUUU	**J Strauss Jr** Die Fledermaus: overture 3t
			and Du und Du waltz/1 2t
*DUUDD	DDUUD	DUU	**Schubert** string trio in E♭ 4m 1t D929
*DUUDD	DDUUD	R	**Liszt** polonaise/2 in E piano 3t
*DUUDD	DDUUD	UUURU	**Stravinsky** The rake's progress Act II: Vary the song
*DUUDD	DDUUD	UUUUU	**Elgar** Pomp & Circumstance march/1 in D 2t
*DUUDD	DDUUU	DDUDU	**Sullivan** Iolanthe Act I: Spurn not the nobly born
*DUUDD	DDUUU	DDURU	**Weber** Invitation to the dance 5t
*DUUDD	DDUUU	UDDUD	**Richard Strauss** Wiegenliedchen (song) op49/3
*DUUDD	DDUUU	UDUUD	**Mozart** Fantasia in Dmi K397 piano 1t
*DUUDD	DRDUU	DUDUU	**Gluck** Orfeo ed Euridice: Dance of the Blessed
			Spirits (flute solo)
*DUUDD	DRRRR	DUUDD	**Beethoven** sonata/5 for violin/piano F 'Spring' 4m

```
*DUUDD DRUDU DDD      Mozart clarinet concerto in A K622 1m
*DUUDD DRURD UUUUD    Schubert symphony/6 in C 2m 1t D589
*DUUDD DUDDD DUUDD    Chopin impromptu op29 1t
*DUUDD DUDDD DUUUD    Wagner Die Meistersinger III: Morgenlich leuchtend
*DUUDD DUDDD UDDDU    Grieg Holberg suite 3m musette 2t      [(Prize song)
*DUUDD DUDDD UUDDD    Beethoven trio for piano/vln/cello in D op70 2m
*DUUDD DUDDR UURUD    Mendelssohn symphony/4 in A op90 'Italian' 3m 1t
*DUUDD DUDDU DUDRU    Ibert The little white donkey, piano
*DUUDD DUDDU UDDDD    Dvořák Slavonic dances/15 4t op72/7
*DUUDD DUDDU UDDDR    Albeniz Recuerdos de viaje/5: Puerta de Tierra
*DUUDD DUDDU UUDDD    Walford Davies Solemn melody
*DUUDD DUDUD DDUDD    Haydn symphony/90 in C 4m
*DUUDD DUDUD UDUDU    Elgar Wand of youth suite/2: The little bells
*DUUDD DUDUU DDDDU    Bruckner symphony/4 in E♭ 2m 1t
*DUUDD DUDUU DDDDU    Constant Lambert Horoscope, ballet: Valse of Gemini
*DUUDD DUDUU DUDDU    Brahms Rhapsody for piano in Bmi op79/1
*DUUDD DUDUU DUDUU    Bach suite/4 orch: bourrée/1 BWV1069
*DUUDD DURDR UUUUD    Beethoven symphony/8 in F 1m 1t
*DUUDD DURDU DDUDD    Rossini Stabat Mater: Inflammatus
*DUUDD DURDU DUDDD    Ravel Bolero 1t
*DUUDD DURRD RDUUD    J Strauss Jr Thousand and one nights/2
*DUUDD DUUDD D        Vaughan Williams symphony/8 4m 2t
*DUUDD DUUDD DUUDD    Haydn symphony/47 in G 1m
*DUUDD DUUDD DUUDD    Schubert symphony/3 in D 1m 3t D200
*DUUDD DUUDD UDDUD    Schumann violin concerto in Dmi 1m 2t
*DUUDD DUUDD URRRD    Chabrier Marche joyeuse, intro
*DUUDD DUUDD UUDUD    Debussy La cathédrale engloutie 1t
*DUUDD DUUDD UUUDR    Mozart Die Entführung Act III: Ich baue ganz
*DUUDD DUUDD UUUUD    Beethoven piano sonata/3 in C op2/3 2m
*DUUDD DUUDD UUUUR    Massenet Scènes pittoresques II: 1t
*DUUDD DUUDR DDDU     Verdi La forza del Destino Act IV: Non imprecare
*DUUDD DUUDR UUUDD    Verdi string quartet in Emi 1m 2t
*DUUDD DUURD          Honegger Chant de Nigamon, orch 3t
*DUUDD DUURR URU      Beethoven piano concerto/3 in Cmi op37 1m 2t
*DUUDD DUUUD DDUDU    Brahms string sextet in B♭ op18 1m 1t
*DUUDD DUUUD UUUDR    Lortzing Czar und Zimmerman: overture 4t
*DUUDD DUUUU DDUDD    Brahms symphony/2 in D op73 4m 1t(a)
*DUUDD DUUUU DUDUU    R Strauss Heimliche Aufforderung (song) op27/3
*DUUDD DUUUU DUUD     Hindemith Kleine Kammermusik op24/2 2m 3t
*DUUDD DUUUU UUDD     Bach suite/4 orch: Réjouissance BWV1069
*DUUDD RDDUD RUDUU    Verdi Requiem: Recordare
*DUUDD RDDUD UUDUR    Schubert symphony/6 in C 3m 1t D589
*DUUDD RDUUU UUUD     Liszt polonaise/2 in E piano 2t
*DUUDD RRDRR U        Dvořák waltz for piano op54/3 2t
*DUUDD RRUUR RUDDU    Grieg Two Elegiac melodies/2 op34/2 strings
*DUUDD RUUDD UUDDR    Wagner Siegfried: Forest murmurs 2t
*DUUDD RUUUD DDUD     Mozart string quartet/19 in C K465 'Dissonance' 2m
*DUUDD RUUUD UUUDD    Schumann Fantasy in C for piano op17 2m 3t
*DUUDD UDDDD DUUDU    Mozart violin concerto/4 in D K218 1m 2t
*DUUDD UDDDD RDDUD    Pergolesi concertino for string orch in Fmi 4m
*DUUDD UDDDD UDUUD    Donizetti Lucia di Lammermoor Act II: Esci fuggi
*DUUDD UDDDD UUUDD    Mozart Don Giovanni Act II: Non mi dir
*DUUDD UDDRR DUUDU    Verdi Luisa Miller Act I: Lo vidi
*DUUDD UDDUD DUDDD    Roger Quilter O mistress mine (song)
*DUUDD UDDUD URRRD    Brahms Rhapsody for piano in E♭ op119 1t
*DUUDD UDDUR DUUDR    Verdi Rigoletto Act II: Parmi veder le lagrime
*DUUDD UDDUU DDU      Borodin symphony/2 in Bmi 3m 2t
```

65

```
*DUUDD  UDDUU  DDUDD  Richard Strauss  Burleske, piano/orch 4t
*DUUDD  UDDUU  DDUUD  Bartok  Hungarian folk songs, violin/piano 3m 2t
*DUUDD  UDRUU  RDUUU  Sibelius  Romance op24/9 piano 1t
*DUUDD  UDUDD  RUUDD  Richard Strauss  Arabella Act III: Das war sehr gut
*DUUDD  UDUDD  UDRDD  Debussy  Printemps, symphonic suite, 2m 1t
*DUUDD  UDUDD  UDURD  Chopin  Barcarolle op60
*DUUDD  UDUDD  UUUDD  Chopin  waltz in A♭ op42 2t
*DUUDD  UDUDU  DDDDD  Brahms  Serenade in A for strings op16 5m 2t
*DUUDD  UDUDU  DDDDU  Brahms  Intermezzo in B♭ op76/4 piano
*DUUDD  UDUDU  DUDDU  Chopin  waltz in E op posth
*DUUDD  UDUDU  DUDUD  Sibelius  King Christian II suite op27  Ballade 2t
*DUUDD  UDUDU  DUDUR  Richard Strauss  Bürger als Edelmann: Courante 1t(b)
*DUUDD  UDUDU  DUUDD  Bartok  piano concerto/2 2m intro
*DUUDD  UDUDU  DUUDU  Tchaikovsky  Romeo and Juliet: fantasy overture 3t
*DUUDD  UDUDU  UDDDU  Scarlatti  harpsichord sonata in E♭ Kp193
*DUUDD  UDUDU  UDDUD  Mendelssohn  Midsummer night's dream intermezzo 2t
*DUUDD  UDUDU  UDDUD  Bach  Well-tempered Clavier Bk II: fugue/15 BWV884
*DUUDD  UDUDU  UDDUD  Verdi  La Traviata Act II: De miei bollenti spiriti
*DUUDD  UDUDU  UDDUR  Verdi  Il trovatore Act IV: Ah chè la morte ognora
*DUUDD  UDUDU  UUDDU  Inghelbrecht  Four fanfares for brass/1: Pour une fête
*DUUDD  UDUDU  UUDUU  Holst  The planets: Jupiter 3t op32
*DUUDD  UDURU  RDUUD  Sibelius  Finlandia op26 3t
*DUUDD  UDURU  UUDRU  Purcell  The Indian Queen: We the spirits
*DUUDD  UDUUD  DDD    Scarlatti  harpsichord sonata in Ami Kp188
*DUUDD  UDUUD  DDUD   Kodály  Galanta dances, intro
*DUUDD  UDUUD  DRDDD  Beethoven  sonata/7 violin/piano in Cmi op30/2 1m 1t
*DUUDD  UDUUD  DUDDU  Schumann  sonata violin/piano in Dmi op121 2m 2t
*DUUDD  UDUUD  DUUUU  Franck  organ pastorale 3t op19
*DUUDD  UDUUD  URDUU  Verdi  Nabucco: overture intro
*DUUDD  UDUUU  DDUUU  Grieg  Elegiac melodies/2 'Springtime' op34
*DUUDD  UDUUU  DUUUU  Beethoven  sonata/6 violin/piano in A op30/1 1m 1t
*DUUDD  URUDD  RUDDR  Mozart  piano sonata/7 in C K309 1m
*DUUDD  UUDDD  DUDDU  Beethoven  piano concerto/4 in G 3m 1t(b)
*DUUDD  UUDDD  DUDUR  Schubert  Ave Maria (song) D839
*DUUDD  UUDDD  DURDD  Josef Suk  Serenade for strings in E♭ op6 3m 1t
*DUUDD  UUDDD  UUDDD  Debussy  Rapsodie for saxophone/piano (orch) 3t
*DUUDD  UUDDD  UUUU   MacDowell  To a waterlily 2t op51/6 piano
*DUUDD  UUDDU  DDDDD  Dvořák  Slavonic dances/5  op46/5 2t
*DUUDD  UUDDU  DDDUU  Ravel  Daphnis & Chloë suite/2 2t
*DUUDD  UUDDU  DUDDD  Verdi  Don Carlos Act I: Io la vidi
*DUUDD  UUDDU  DUDUU  Herbert Murrill  Carillon for organ
*DUUDD  UUDDU  UDDRD  Dvořák  string quartet in G op106 4m 3t
*DUUDD  UUDDU  UDDRD  Sullivan  Yeomen of the Guard I: When maiden loves
*DUUDD  UUDDU  UDDUU  Bach  Well-tempered Clavier Bk II: prelude/2
*DUUDD  UUDDU  UDDUU  Bach  sonata/3 in E violin/Clavier 4m BWV1016
*DUUDD  UUDDU  UDR    J Strauss Jr  Roses from the South waltzes/1 1t
*DUUDD  UUDDU  URU    Beethoven  string quartet/12 in B♭ op130 2m
*DUUDD  UUDDU  UUUDD  Brahms  quartet/2 for piano/strings in A op26 1m 2t
*DUUDD  UUDDU  UUUDU  Schubert  symphony/9 in C 'Great' 1m 1t D944
*DUUDD  UUDRD  DDUDD  Hugo Wolf  Auf ein altes Bild (song)
*DUUDD  UUDUD  DDD    D'Indy  sonata for violin/piano in C op59 3m 1t(b)
*DUUDD  UUDUD  DUUDD  Chopin  'Minute' waltz in D♭ 1t op64/1
*DUUDD  UUDUD  DUUDD  Haydn  string quartet/75 in G op76 4m
*DUUDD  UUDUD  DUUDU  Rachmaninov  Rhapsody on a theme of Paganini: varia
*DUUDD  UUDUD  UDUDU  Delibes  Le Roi l'a dit: overture 4t          [tion 1
*DUUDD  UUDUU  UUDDU  Scarlatti  harpsichord sonata in A Kp113
*DUUDD  UUDUU  DUDDU  Ravel  Gaspard de la nuit: La gibet, piano
```

```
*DUUDD UUDUU DUDUU   Grieg  piano sonata in Emi 1m 2t op7
*DUUDD UUDUU UDDDU   Bach  Well-tempered Clavier Bk II : fugue/11 BWV880
*DUUDD UUDUU UDDDU   Debussy  L'Isle joyeuse 1t, piano
*DUUDD UURDR RDUUD   Boccherini  string quintet in E 3m minuet
*DUUDD UURDU D       Grieg  With a waterlily (song) op25/4
*DUUDD UURDU UDDUU   Bizet  symphony/1 in C 4m 1t
*DUUDD UURRU DUDDU   Thomas  Mignon : overture 3t
*DUUDD UURUU DDUUU   Chopin  nocturne/2 in E♭ op55
*DUUDD UUUDD DDUUU   Richard Strauss  Bürger als Edelmann : overture 2t
*DUUDD UUUDD DU      Chopin  nocturne/1 in Cmi 2t op48
*DUUDD UUUDU DUDUU   Bartok  violin concerto/1 1m 2t
*DUUDD UUUDU DUUDU   Sibelius  The North (song)
*DUUDD UUUDU UD      Schumann  sonata violin/piano in Ami op105 2m 2t
*DUUDD UUURD UUUUD   Haydn  symphony/92 in G 2m
*DUUDD UUUUD DUUDU   Beethoven  piano sonata/16 in G op31/1 3m
*DUUDD UUUUU DDDUU   Shostakovich  sonata for cello/piano op40 3m 2t
*DUUDD UUUUU UDDDD   Bizet  'Roma' symphony 2m 1t
*DUUDD UUUUU URRDU   Haydn  horn concerto in D (1762) 2m 1t
*DUUDR DDDDR UUUUU   Mozart  quartet for flute/strings in D K285 1m
*DUUDR DDDDU DDDUD   Chopin  waltz in D♭ op70/3
*DUUDR DDDDU UUU     Chopin  nocturne in A♭ op32/2
*DUUDR DDRDU UDDRU   W Kienzl  Der Evangelimann : O schöne Jugendtage
*DUUDR DRDDD UUDUU   Haydn  symphony/46 in B 1m
*DUUDR DRRUD DDDRR   Berlioz  Les Troyens Act V : En un dernier naufrage
*DUUDR DRUDD UDUUD   Poulenc  Concert champêtre, harpsichord/orch 3m
*DUUDR DRURD DU      Liszt  Nimm einen Strahl (song)
*DUUDR DUDDD UDDUD   Vaughan Williams  Concerto accademico 2m
*DUUDR DUUDR DU      Beethoven  piano concerto/1 in C op15 3m 3t
*DUUDR DUUDR UUUD    Liszt  Valse-impromptu, piano 2t
*DUUDR DUUDU DUUDR   Schubert  Nocturne in E♭ for piano trio D897
*DUUDR DUUDU UDDDR   Handel  sonata for oboe/fig bass in Gmi op1/6 3m
*DUUDR DUURD UUDRD   Elgar  symphony/1 in A♭ op55 3m 3t
*DUUDR DUURU RUDDR   Beethoven  Fidelio Act I : O wär' ich schon mit dir
*DUUDR DUUUD DDUUD   Frank Bridge  Love went a-riding (song)
*DUUDR DUUUD UDDD    Amy Woodforde-Finden  Pale hands I loved (song)
*DUUDR DUUUD UUDRD   Chopin  piano sonata in B♭mi op35 2m 2t
*DUUDR DUUUU DRD     Guy d'Hardelot  I know a lovely garden (song)
*DUUDR RDD           Sibelius  Tapiola, symphonic poem op112 1t
*DUUDR RDDUD DDUUD   Telemann  suite for flute/strings in Ami 5m
*DUUDR RDDUD RR      Mozart  string quartet/20 in D K499 2m 1t
*DUUDR RDUDU DURDR   Kreisler  The old refrain, violin/piano
*DUUDR RDUUD RRUDR   Beethoven  concerto for violin/cello/piano in C op56
*DUUDR RDUUD UUUUD   Dvořák  trio piano/vln/cello Fmi op65 3m        [1m 1t
*DUUDR RRRDU UDRRR   Stravinsky  violin concerto in D 1m 1t
*DUUDR RRRUD UDUD    Prokofiev  symphony/5 in B♭ op100 1m 4t
*DUUDR RURDU DUDRR   Rossini  La gazza ladra : overture 1t
*DUUDR UDDDR UDUUD   Beethoven  piano sonata/2 in A op2/2 1m 2t
*DUUDR UDUUD RRURR   Tchaikovsky  suite/3 op55 orch 2m waltz
*DUUDR UDUUD RUDUU   Elgar  Introduction & Allegro, str q'tet/orch 2t
*DUUDU DDDDD DU      Bach  partita/1 in E♭ Clavier : trio BWV825
*DUUDU DDDDD RDUUD   Ravel  trio for piano/violin/cello in Ami 3m
*DUUDU DDDDD UUUUU   Haydn  string quartet/34 in D op20/4 4m
*DUUDU DDDDR RRRUD   Shostakovich  quintet for piano/strings op57 3m 1t
*DUUDU DDDDR UUDD    Schubert  trio piano/violin/cello E♭ 1m 3t D929
*DUUDU DDDDU DUUDU   Bach  suite/2 for flute/strings in Bmi : sarabande
*DUUDU DDDDU UDUDD   Mendelssohn  Ruy Blas overture 1t        [BWV1067
*DUUDU DDDDU UDUDD   Scarlatti  harpsichord sonata in Fmi Kp462
```

67

*DUUDU	DDDDU	UUDUD	**Mozart** piano concerto/16 in D K451 2m
*DUUDU	DDDDU	UUUDD	**Liszt** Hungarian Rhapsody/2 in C♯mi, piano 3t
*DUUDU	DDDR		**Debussy** Danse sacrée, harp
*DUUDU	DDDUD	DDUDR	**Debussy** sonata for violin/piano in Gmi 1m 2t
*DUUDU	DDDUD	UUDUD	**Handel** harpsichord suite/7 in Gmi 3m
*DUUDU	DDDUU	DDDDU	**Mahler** symphony/4 in G 2m 3t
*DUUDU	DDDUU	DUDUU	**Bartok** Contrasts, violin/clar/piano 3m Fast dance 1t
*DUUDU	DDDUU	UD	**Walton** Belshazzar's Feast: Praise ye the Gods
*DUUDU	DDRUD	RUDUR	**Wallace** Maritana Act II: Yes! Let me like a soldier
*DUUDU	DDRUR		**Sibelius** Pohjola's daughter op49 4t [fall
*DUUDU	DDUD		**Beethoven** sonata/10 for violin/piano in G op96 3m
*DUUDU	DDUDD	DD	**Mozart** symphony/28 in C K200 4m 2t
*DUUDU	DDUDD	DDD	**Bach** Well-tempered Clavier Bk II: fugue/2 BWV871
*DUUDU	DDUDD	RDUUU	**Bach** Cantata/51 Jauchzet Gott/3 Höchster
*DUUDU	DDUDU	DUDUD	**Roussel** Sinfonietta op52 1m 1t
*DUUDU	DDUDU	DDDDU	**Schubert** string quintet in C 1m 2t D956
*DUUDU	DDUUD	UDDUU	**Brahms** symphony/2 in D op73 1m 5t
*DUUDU	DDUUD	UDDUU	**Liszt** Hungarian rhapsody/13 in Ami 3t, piano
*DUUDU	DDUUD	UDUUD	**Ibert** Entr'acte for flute/harp (or guitar) 1t
*DUUDU	DDUUD	URUDU	**Tchaikovsky** symphony/2 in Cmi op17 1m 1t
*DUUDU	DDUUR	UD	**Schumann** Warum?, piano op12/3
*DUUDU	DDUUU	DDUU	**Debussy** Images: Homage à Rameau 2t
*DUUDU	DDUUU	DDUUD	**D'Indy** sonata for violin/piano in C op59 2m 2t
*DUUDU	DDUUU	DUDDD	**Brahms** sonata for violin/piano in A op100 1m 1t
*DUUDU	DDUUU	UUDDU	**Brahms** trio/2 for piano/vln/cello in C op87 3m 2t
*DUUDU	DRDDR	DDRDU	**Mozart** Die Entführung III: Nie werd' ich
*DUUDU	DRRUR	URUR	**Humperdinck** Königskinder Act II: prelude 3t
*DUUDU	DRRUU	DU	**Mozart** quartet/2 piano/strings in E♭ K493 1m 2t
*DUUDU	DUDDD	D	**Schubert** trio for piano/violin/cello in B♭ 1m 2t D898
*DUUDU	DUDDD	DRUDD	**Mozart** piano concerto/23 in A K488 1m 1t
*DUUDU	DUDDD	R	**Corelli** concerto grosso in Gmi op6/8 'Christmas'
*DUUDU	DUDDR	DDRDD	**Berlioz** Les Troyens I: Trojan march [1m 1t
*DUUDU	DUDDU	D	**Schubert** string quartet/10 in E♭ 1m 2t D87
*DUUDU	DUDDU	DDUDD	**MacDowell** piano concerto/1 in Ami op15 3m 1t
*DUUDU	DUDRD		**Liszt** polonaise/1 in Cmi 2t, piano
*DUUDU	DUDRD	UDDDD	**Scarlatti** harpsichord sonata in Ami 'Pastorale' Kp451
*DUUDU	DUDUD	DRDUD	**Haydn** string quartet/77 in C op76/3 'Emperor' 3m 1t
*DUUDU	DUDUD	RDDUU	**Dvořák** Slavonic dances/15 op72/7 1t
*DUUDU	DUDUD	RUDDU	**Clementi** piano sonata in B♭ op47/2 3m 1t
*DUUDU	DUDUD	UDUD	**Schubert** waltz, piano D365/2
*DUUDU	DUDUD	UDUDU	**Rossini** La boutique fantasque 6m Valse lente
*DUUDU	DUDUD	UDUDU	**Gigout** Toccata in Bmi organ
*DUUDU	DUDUU		**Wagner** Götterdämmerung: Siegfried's funeral 7t
*DUUDU	DUDUU	DUDUD	**Handel** concerto grosso in Ami op6/4 2m
*DUUDU	DUDUU	RDUUD	**Wagner** Götterdämmerung: Siegfried's Rhine journey
*DUUDU	DUUDD	UUUDD	**Haydn** symphony/88 in G 2m [2t
*DUUDU	DUUDD	UUUDU	**Brahms** sonata/3 for violin/piano in Dmi op108 2m
*DUUDU	DUUDD	UUUUU	**Liszt** Hungarian Rhapsody/2 in C♯mi 5t, piano
*DUUDU	DUUDU	DDDDR	**Weber** Der Freischütz: overture 4t
*DUUDU	DUUDU	DUUD	**Waldteufel** Skaters waltz/4
*DUUDU	DUUDU	DUUDU	**Vivaldi** concerto for 2 mandolines/str G 2t P133
*DUUDU	DUUDU	DUUUD	**Chopin** piano sonata in B♭mi op35 1m 1t
*DUUDU	DUUDU	UDDDD	**Dvořák** Slavonic dances/7 1t op46/7
*DUUDU	DUUDU	UDUDD	**Inghelbrecht** Nurseries/3/2 orch: Le tour prends
*DUUDU	DUUDU	UDUDU	**Mendelssohn** scherzo for piano op16/2 1t [garde!
*DUUDU	DUUDU	UDUDU	**Saint-Saëns** symphony/3 op78 2m 2t
*DUUDU	DUUUD	DUUUD	**Handel** concerto grosso in A op6/11 1m

*DUUDU	DUUUD	UDDUU	**Handel** Water music 14m
*DUUDU	DUUUU	UUDUD	**Bach** Well-tempered Clavier Bk II: fugue/4 BWV873
*DUUDU	RDDDD	DUUUU	**Offenbach** Orfée aux Enfers: overture 2t
*DUUDU	RDDUR	DURUD	**Saint-Saëns** cello concerto/1 in Ami op33 2m
*DUUDU	RDRUD		**Offenbach** La Grande Duchesse de Gérolstein: Voici
*DUUDU	RDUUD	DDDDU	**Purcell** Dioclesian: Let us dance [le sabre
*DUUDU	RDUUD	UUDDD	**Beethoven** piano sonata/7 in D op10/3 2m
*DUUDU	RRRUD	UDDDU	**Delibes** Coppelia: Scène
*DUUDU	RUUUR	UUDDU	**Richard Strauss** Don Juan 2t
*DUUDU	UDDDD	UDDUU	**Sibelius** symphony/4 in Ami op63 4m 3t
*DUUDU	UDDDD	UUDUU	**Brahms** symphony/2 in op73 1m 3t
*DUUDU	UDDDD	UUUUU	**Bach** Well-tempered Clavier Bk II: fugue/13
*DUUDU	UDDDU	DUDUD	**Mozart** Serenade in E♭ for wind K375 2m
*DUUDU	UDDDU	UDUU	**Holbrooke** quintet for clarinet/strings op27/1 1m
*DUUDU	UDDDU	URDUU	**Verdi** Nabucco: overture 3t
*DUUDU	UDDDU	UUURD	**Elgar** symphony/1 in A♭ 2m 4t
*DUUDU	UDDRD	D	**Mozart** Serenade in D K239 3m 2t
*DUUDU	UDDRU	RDUD	**Debussy** Children's Corner suite: Jimbo's lullaby
*DUUDU	UDDUD		**Schumann** symphony/3 in E♭ op97 'Rhenish' 1m 2t
*DUUDU	UDDUD	R	**Mozart** string quartet/17 in B♭ K458 'Hunt' 2m 1t
*DUUDU	UDDUD	UUDUU	**Haydn** cello concerto in D 3m 1t
*DUUDU	UDDUU	DDUUD	**Kodály** Háry János suite: Toborz 2t
*DUUDU	UDDUU	DUUDD	**Brahms** symphony/2 in D op73 1m coda
*DUUDU	UDDUU	UUDU	**Bach** 'Kyrie' arranged for organ BWV674
*DUUDU	UDUDD	DD	**Tchaikovsky** piano concerto/1 in B♭mi op23 1m 2t
*DUUDU	UDUDD	DD	**Mozart** piano concerto/9 in E♭ K271 3m 2t
*DUUDU	UDUDD	DUDDD	**Schumann** quartet for piano/strings in E♭ op47 1m 1t
*DUUDU	UDUDD	UDDUD	**Handel** Judas Maccabeus: march
*DUUDU	UDUDD	UUU	**Waldteufel** Dolores waltz/1 1t
*DUUDU	UDUDD	UUUUD	**Beethoven** symphony/6 in F 'Pastoral' 2m 3t
*DUUDU	UDUDU	DUD	**Respighi** Pines of Rome: Pines of Villa Borghese 2t
*DUUDU	UDUDU	UDUUD	**Smetana** The bartered bride: overture 1t
*DUUDU	UDURU	RDRDR	**Handel** organ concerto in B♭ op7/1 4m
*DUUDU	UDUU		**Delius** In a summer garden 2t
*DUUDU	UDUUD	DDD	**J Strauss Jr** Roses from the South/3 1t
*DUUDU	UDUUD	DUDUU	**Brahms** sonata for cello/piano in F op99 3m 1t
*DUUDU	UDUUD	DUUDD	**Shostakovich** symphony/7 1m 1t
*DUUDU	UDUUD	DUUUD	**Gershwin** An American in Paris, orch 1t
*DUUDU	UDUUD	RUUDU	**Brahms** trio for piano/vln/cello in B op8 2m 2t
*DUUDU	UDUUD	UDDDU	**Sibelius** symphony/7 in C op105 2t
*DUUDU	UDUUD	UDUDD	**Hindemith** organ sonata/3 2m
*DUUDU	UDUUD	UUDDU	**Ravel** La Valse, orch 5t
*DUUDU	UDUUD	UUDUD	**Handel** concerto grosso in D op6/5 2m
*DUUDU	UDUUD	UUDUD	**Scarlatti** harpsichord sonata in G Kp523
*DUUDU	UDUUD	UUDUR	**Chopin** piano sonata in Bmi op58 4m
*DUUDU	UDUUD	UUDUU	**Samuel Barber** Adagio for strings op11
*DUUDU	UDUUD	UUDUU	**Elgar** Dream of Gerontius: prelude 4t
*DUUDU	UDUUD	UUDUU	**Bach** English suite/6 in Dmi, gigue BWV811
*DUUDU	UDUUD	UUDUU	**Brahms** sonata for cello/piano in Emi op38 3m 1t
*DUUDU	UDUUD	UUUDD	**Bach** Well-tempered Clavier Bk I: prel/17 BWV862
*DUUDU	UDUUD	UUUUU	**Liszt** Faust symphony 1m 1t
*DUUDU	UDUUU	DD	**Elgar** Pomp & Circumstance march/3 3t(a)
*DUUDU	UDUUU	DRD	**Waldteufel** Frühlingskinder waltz 1t
*DUUDU	UDUUU	DUDDD	**Nielsen** Sinfonia espansiva 2m 1t
*DUUDU	UDUUU	DUUUR	**Mozart** trio/5 for piano/violin/cello in C K548 1m
*DUUDU	UDUUU	UUDUU	**Schubert** string quartet/10 in E♭ 2m D87
*DUUDU	UDUUU	UUUDU	**Saint-Saëns** violin concerto/3 in Bmi op61 2m 2t

69

```
*DUUDU  URDDU   DDUDD   Beethoven sonata/1 for violin/piano in D op12/1 1m
*DUUDU  URDUU   RDUUU   Beethoven symphony/1 in C 1m 1t
*DUUDU  URRDD   UDDDD   Haydn Clavier concerto in D 2m 1t
*DUUDU  URURU   RDDRD   Bartok Rumanian folk dances, piano 1m
*DUUDU  UUDDD   DUUUD   Erik Satie 3 petites pièces: De l'enfance de Pan-
*DUUDU  UUDDD   UDDUU   J Strauss Jr Roses from the South/4 1t     [tagruel
*DUUDU  UUDDU   DDDDD   Brahms symphony/3 in F op90 4m 1t(a)
*DUUDU  UUDUD   DD      Tchaikovsky The seasons: June, 2t piano
*DUUDU  UUDUD   DRRDR   Charpentier Louise: Depuis le jour
*DUUDU  UUDUD   UDDDD   Schubert string quartet/13 in Ami 4m 1t D804
*DUUDU  UUDUD   UDUDD   Delibes Le Roi s'amuse: Scène du bal, Madrigal
*DUUDU  UUDUU   UDUUU   Tchaikovsky string quartet in D 2m 2t
*DUUDU  UUDUU   UUDUU   Saint-Saëns cello concerto/1 in Ami op33 1m 2t
*DUUDU  UUDUU   UUUDD   Beethoven symphony/5 in Cmi 3m 3t
*DUUDU  UUUDD   DDUUD   Schubert trio for piano/violin/cello B♭ 3m 2t D898
*DUUDU  UUUDD   DUDDD   Dvořák string quartet in A♭ op105 4m 3t
*DUUDU  UUUDD   DUUUD   de Falla El amor brujo: Cueva
*DUUDU  UUUDD   DUUUU   Antonio Lotti Pur dicesti (aria)
*DUUDU  UUUDD   DUUUU   Handel Judas Maccabeus: See, the conqu'ring hero
*DUUDU  UUUDD   UUUUU   Liszt Funeral triumph of Tasso, symphonic poem 1t
*DUUDU  UUUDR   DUUDU   Khachaturian Gayaneh ballet 2t
*DUUDU  UUUDU   DDDD    Beethoven symphony/4 in B♭ 4m 1t
*DUUDU  UUUDU   DRRRU   Haydn flute concerto in D (spurious) 2m adagio
*DUUDU  UUUDU   DUD     Schubert symphony/6 in C 1m 1t D589
*DUUDU  UUUUD   DDDDD   Grieg string quartet in Gmi op27 2m 1t
*DUUDU  UUUUD   DDUUD   Bizet Carmen Act III: March of the smugglers
*DUUDU  UUUUD   UUDDU   Sibelius string quartet op56 'Voces intimae' 4m 3t
*DUUDU  UUUUU           Beethoven string quartet/1 in F op18/1 3m
*DUUDU  UUUUU   DDDUD   Bach Well-tempered Clavier Bk I: fugue/23 BWV868
*DUURD  DDUUR   DDDUU   Liszt polonaise/2 in E 1t, piano
*DUURD  DDUUR   DDDUU   Beethoven piano sonata/5 in Cmi op10/1 3m 1t
*DUURD  DDUUU   DRDDU   Kodály Galanta dances 2m
*DUURD  DDUUU   DUDUU   Mozart symphony/39 in E♭ K543 2m 2t
*DUURD  DURDD   URDDU   Mozart Fantasia for mechanical organ in Fmi K608 2t
*DUURD  RDRUD   UDRUD   Josef Strauss Mein Lebenslauf ist Lieb' und Lust
*DUURD  RUDUD   UDDDU   Fauré ballade, piano/orch op19 1t          [waltz/1
*DUURD  UDDRU   DRR     Sullivan Yeomen of the Guard Act I: I've jibe
*DUURD  UDURD   UUDUR   Schubert string quintet in C 4m 2t D956
*DUURD  UDURR   D       Handel concerto grosso in Bmi op6/12 1m
*DUURD  UDUUR   D       Waldteufel Dolores waltz/3
*DUURD  UUDDU   DDUUU   Moszkovski Spanish dances/1
*DUURD  UUDUD   RRUDD   Mendelssohn St Paul: I will sing of thy great
*DUURD  UUDUU   UDUDD   Bach sonata violin/piano/2 A 1m BWV1015 [mercies
*DUURD  UURDD   RDRUD   Beethoven sextet in E♭ op71 1m 1t
*DUURD  UURDU   U       Beethoven septet in E♭ op20 1m 1t
*DUURD  UURUD   UDDDD   Vivaldi concerto grosso in D op3/9 3m
*DUURD  UURUD   UDUDU   Stravinsky Pulcinella: Contento forse
*DUURR  DDDUD   UURR    Schubert Die schöne Müllerin/11 Mein!
*DUURR  DDUDD   DDDDU   Dvořák violin concerto in Ami op53 1m 1t(b)
*DUURR  DDUUR   RDRRU   Beethoven piano sonata/1 in Fmi op2/1 4m 1t
*DUURR  DRDRD   RDUD    Gershwin piano concerto in F 2m 1t
*DUURR  DUDRD   DDUDU   Berlioz Benvenuto Cellini Act I: Cette somme
*DUURR  DUUUD   DDUUD   Vaughan Williams Sea Symphony 2m: After the sea-
*DUURR  DUUUD   UUUU    Schubert str quartet/14 Dmi 3m 1t D810        [ship
*DUURR  DUUUU   UD      Mendelssohn Herbstlied op63/4
*DUURR  RRUD            Offenbach Geneviève de Brabant: Gendarmes' duet
*DUURR  RUUUU   DDDDD   Mozart piano concerto/9 in E♭ K271 1m 1t
```

70

*DUURR	UDDDU		**Wagner** Götterdämmerung: Siegfried's funeral 3t
*DUURR	UDDUU	DUUDD	**Mozart** Divertimento in D K136 2m
*DUURR	UDUDU	UUUDU	**Beethoven** concerto in C for violin/cello/piano
*DUURR	URDDR	DUUUU	**Vaughan Williams** Silent noon (song) [op56 2m
*DUURR	URU		**John Wilbye** Draw on sweet night (song)
*DUURR	UURUU	RDDD	**Mozart** piano concerto/17 in G K453 1m 1t
*DUURU	DDDUD	UURUD	**Berlioz** Romeo & Juliette: love scene
*DUURU	DDUDD	UDDUD	**Rachmaninov** symphony/2 in Emi 3m 1t
*DUURU	DDUDU	UDDUU	**Fauré** Dolly suite, piano 4 hands: Miaou 1t
*DUURU	DUDDD	UUDDU	**Kurt Weill** Die Dreigroschenoper: Zuhälterballade
*DUURU	DUDUD	UUUUD	**Britten** Simple symphony 1m (Boisterous bourrée) 1t
*DUURU	DUURU	URUDD	**Mozart** concerto 3 pianos/orch in F K242 1m 1t
*DUURU	RDUDD	DDRUD	**Haydn** Clavier concerto in D 1m
*DUURU	UDUDU	DDUUD	**Bach** Partita/5 for Clavier in G: sarabande BWV829
*DUURU	UDUUD	DDUDU	**Bach** St Matthew Passion/74: Am Abend
*DUURU	UUDRR	RUUD	**Mozart** string quartet/17 in Bb 'Hunt' 2m 2t
*DUURU	UURUU	DDDDU	**Stanford** Songs of the sea: The Old Superb (chorus)
*DUUUD	DDDDD	DUDDD	**Janáček** Taras Bulba 1m 1t
*DUUUD	DDDDD	DUDDU	**Kodály** Galanta dances 4m 1t
*DUUUD	DDDDD	UDUUD	**Mendelssohn** symphony/5 in D op107 'Reformation'
*DUUUD	DDDDU	DDDDD	**Honegger** Pastorale d'été, orch 2t [2m 2t
*DUUUD	DDDDU	DUUUD	**Massenet** Scènes Alsaciennes/1 1t
*DUUUD	DDDDU	UUDDD	**Sullivan** Pirates of Penzance II: When you had
*DUUUD	DDDDU	UUDDD	**Bach** suite/4 orch: bourrée/2 BWV1069 [left
*DUUUD	DDDDU	UUDUU	**Mozart** piano concerto/21 in C K467 1m 1t
*DUUUD	DDDUD	RDDDU	**Haydn** symphony/8 in G 3m menuetto
*DUUUD	DDDUD	UDUDD	**Thomas Arne** Preach not me your musty rules
*DUUUD	DDDUD	UUDD	**Debussy** sonata for violin/piano in Gmi 2m 2t
*DUUUD	DDDUR	DRURR	**Borodin** Prince Igor: Galitsky's aria
*DUUUD	DDDUR	UDUUU	**Rimsky-Korsakov** Russian Easter Festival overture 2t
*DUUUD	DDDUU	D	**Brahms** Ein deutsches Requiem: Dass sie ruhen
*DUUUD	DDDUU	DDUUU	**Sibelius** symphony/6 in Dmi op104 4m 4t
*DUUUD	DDDUU	DUUUD	**Beethoven** str q'tet/8 in Emi op59/2 'Rasoumovsky' 1m
*DUUUD	DDDUU	UDD	**George Butterworth** A Shropshire lad: When the lad
*DUUUD	DDDUU	UDUDU	**Bizet** L'Arlésienne suite/2: Farandole
*DUUUD	DDDUU	UUURD	**Grieg** sonata for violin/piano in Cmi op45/3 1m intro
*DUUUD	DDRDU	UDDDU	**Bach** cantata/4 'Easter'/1 Christ lag
*DUUUD	DDRDU	URURU	**Beethoven** piano sonata/20 in G op49/2 1m 1t
*DUUUD	DDRUD	DUD	**Jensen** Murmuring breezes (song)
*DUUUD	DDUDU	U	**Constant Lambert** Rio Grande: The noisy streets
*DUUUD	DDUDU	UUUDD	**Debussy** Children's Corner suite: Little shepherd 2t
*DUUUD	DDURU	URUDU	**Rachmaninov** sonata for cello/piano in Gmi 2m 3t
*DUUUD	DDUUD	DURRD	**Mozart** symphony/25 in Gmi K183 3m 1t
*DUUUD	DDUUD	DUU	**Bach** St Matthew Passion/66: Komm süsses Kreuz
*DUUUD	DDUUD	UUUDD	**Berg** Wozzeck: Hansel spann deine sechs Schimmel
*DUUUD	DDUUU	DDDUU	**Chopin** waltz in Ami op34/2 1t [an
*DUUUD	DDUUU	DDDUU	**Kodály** Háry János suite: Defeat of Napoleon 2t
*DUUUD	DDUUU	DDUDU	**Edward German** Henry VIII incidental music: Torch
*DUUUD	DDUUU	UDDDU	**Brahms** string quintet in G op111 1m 1t [dance
*DUUUD	DDUUU	UDUUD	**Albeniz** Iberia/1, piano: Evocaci n
*DUUUD	DDUUU	URRRU	**Bizet** Carmen Act I: Habanera 2t
*DUUUD	DRDDD	UUU	**Holst** Country song (without words) op22/1 orch 1t
*DUUUD	DRDRD	DRRRR	**Sibelius** Valse triste (from Kuolema) op44 1t
*DUUUD	DRDUD	DUUUD	**Sibelius** Lemminkainen's return 2t
*DUUUD	DRRUR	UDDUD	**Balfe** Come into the garden, Maud (song)
*DUUUD	DRU		**Schubert** quintet piano/str in A 'Trout' 1m 1t D667
*DUUUD	DRUDD	DRDRR	**Mozart** violin concerto/3 in G K216 2m

```
*DUUUD  DRUDD  DUUUD   Schumann  Three romances for oboe/piano op94/3 1t
*DUUUD  DUDDD  D       Mussorgsky  Pictures from an exhibition: Catacombs
*DUUUD  DUDDD  UDDDU   Hubay  Hejre Kati, violin/orch op32/4 1t
*DUUUD  DUDDU  DD      Mussorgsky  Pictures from an exhibition: Promenade
*DUUUD  DUDDU  DUUDD   Brahms  sonata clar or viola/piano op120/2 2m 2t
*DUUUD  DUDDU  UD      MacDowell  suite/2 (Indian) orch 1t
*DUUUD  DUDDU  UDD     MacDowell  Sea pieces op55/4 Starlight
*DUUUD  DUDDU  UDDUU   Tchaikovsky  suite/1 orch op43: Marche miniature
*DUUUD  DUDDU  UUDDU   Tchaikovsky  Romance in Fmi, piano op5 2t      [1t
*DUUUD  DUDRU  UDDDD   Richard Strauss  Don Juan 4t
*DUUUD  DUDUD  DUUUD   Debussy  Rêverie, piano 1t
*DUUUD  DUDUD  UDUUU   Schubert  Die Winterreise/24 Der Leiermann
*DUUUD  DUDUD  UUUDD   Paganini  Caprice for violin op1/18
*DUUUD  DUDUU  UDDUD   Grieg  piano concerto in Ami op16 1m 3t(b)
*DUUUD  DUDUU  UDDUR   Mozart  symphony/28 in C K200 3m 2t
*DUUUD  DUDUU  UDDUU   Brahms  trio for violin/horn/piano E♭ op40 2m 3t
*DUUUD  DURRR  UD      Wagner  Götterdämmerung Act III: Mime hiess
*DUUUD  DUUDD  DUUDD   Suppé  Poet and peasant overture 4t
*DUUUD  DUUDD  UDDDU   Bach  St John Passion/1b: Herr, unser Herrscher
*DUUUD  DUUDU  DDUUD   Rachmaninov  Rapsodie on theme of Paganini var 18
*DUUUD  DUUDU  DUUDU   Purcell  Minuet in G from Abdelazar
*DUUUD  DUUDU  DUUUU   Bach  organ fugue in C BWV547
*DUUUD  DUUDU  RDUUU   Fauré  Pelléas et Mélisande: prelude 1t
*DUUUD  DUUDU  UDUDD   Purcell  Dido & Aeneas: Thanks to these lonesome
*DUUUD  DUURR  RDUDD   Handel  Messiah: And he shall purify      [vales
*DUUUD  DUUUD  DUDUD   Beethoven  violin concerto in D op61 3m 1t
*DUUUD  DUUUD  DUUDR   Brahms  symphony/4 in Emi op98 4m 4t
*DUUUD  DUUUD  RDUUD   Beethoven  Serenade flute/vln/vla D op25 Andante
*DUUUD  DUUUD  RR      Holst  Marching song (without words) op22/2 orch 1t
*DUUUD  DUUUD  UDUUU   Bach  Mass in B minor: Gloria
*DUUUD  DUUUD  UUUDD   Paisiello  harpsichord concerto in C 2m 1t
*DUUUD  DUUUU  DUDUU   Haydn  string quartet/78 in B♭ op76/4 2m
*DUUUD  DUUUU  UD      Vaughan Williams  symphony/8 4m 3t
*DUUUD  DUUUU  UDDDD   Dukas  La Péri, poem for orch, 3t
*DUUUD  DUUUU  UUUDU   Handel  organ concerto in Gmi op4/1 1m 1t
*DUUUD  RDDUU  UDRUD   J Strauss Jr  Du und du waltz/3 1t
*DUUUD  RDUUU          Liszt  Faust symphony 1m 5t
*DUUUD  RRDUU  UD      Mascagni  Cavalleria Rusticana: Addio al mamma
*DUUUD  RUD            Beethoven  string quartet/16 in F op135 4m intro
                                  'Muss es sein?', 'Es muss sein'
*DUUUD  RUDDD  UDDD    Bach  English suite/6 in Dmi: sarabande BWV811
*DUUUD  UDDDU  RDUUU   Verdi  Luisa Miller Act I: Sacra la scelta
*DUUUD  UDDRD          Bach  Italian concerto for Clavier 1m BWV971
*DUUUD  UDDUD  DDDDR   Verdi  La Traviata: Prelude 1t
*DUUUD  UDDUD  UDDDU   Mendelssohn  symphony/4 in A op90 'Italian' 4m 1t
*DUUUD  UDDUD  UDDDU   Meyerbeer  Le Prophète: Coronation march 1t
*DUUUD  UDDUU  DUD     Bach  French suite/2 in Cmi: gigue BWV813
*DUUUD  UDDUU  RRDDU   Chopin  piano sonata in Cmi op4(posth) 1m
*DUUUD  UDUDD  DD      Beethoven  symphony/3 in E♭ 'Eroica' 1m 6t
*DUUUD  UDUDU  DRRDD   Dvořák  string quartet/7 in A♭ op105 3m
*DUUUD  UDUDU  UDDU    Bruckner  symphony/5 in B♭ 2m 1t
*DUUUD  UDUDU  UUDDD   Bizet  L'Arlésienne suite/1: overture 1t
*DUUUD  UDUDU  UUDUD   Bach  French suite/6 in E: Allemande BWV817
*DUUUD  UDURD  UDUUD   Grieg  scherzo-impromptu, piano op73/2
*DUUUD  UDUUD  UDUUD   J Strauss Jr  Tales of the Vienna woods/5 2t
*DUUUD  UDUUU  D       Mozart  symphony/29 in A K201 1m 3t
*DUUUD  UDUUU  DDDD    Schumann  string quartet in F op41/2 1m 2t
```

*DUUUD	UDUUU	DUDUU	**Bach** Partita/3 in Ami, harpsichord: gigue BWV827
*DUUUD	UDUUU	DUDUU	**Beethoven** piano sonata/28 in A op101 4m
*DUUUD	UDUUU	DUUDU	**Rachmaninov** piano concerto/3 in Dmi op30 1m 2t
*DUUUD	URDDD	DUUDD	**Byrd** Hodie beata Virgo Maria
*DUUUD	URDUR	DDDD	**Kodály** Háry János suite: Felszant m a császár
*DUUUD	URUDD	DUUDU	**Gounod** Faust Act IV: Soldiers' chorus
*DUUUD	URUDU	UDU	**Offenbach** La Grande Duchesse de Gérolstein: Dites-
*DUUUD	UUDDD	DUUUD	**Auber** Fra Diavolo: overture 1t [lui
*DUUUD	UUDDD	RUDDD	**Sibelius** symphony/5 in E♭ op82 2m intro 1t
*DUUUD	UUDDU	DD	**Beethoven** string quartet/10 in E♭ op74 'Harp' 1m
*DUUUD	UUDDU	DDDDU	**Bach** Two part inventions/2 Cmi, Clavier BWV773
*DUUUD	UUDDU	UDUDD	**Dvořák** string quartet/8 in G op106 1m 2t
*DUUUD	UUDDU	UUDUU	**Haydn** symphony/49 in Fmi 4m
*DUUUD	UUDRU	DUUUD	**Schumann** string quartet in A op41/3 4m 1t
*DUUUD	UUDRU	UUDDU	**Bach** suite/1 in C, orch: overture 1t BWV1066
*DUUUD	UUDUD	DDDDU	**Waldteufel** Estudiantina waltzes/3 1t
*DUUUD	UUDUU	RUDDD	**Suppé** Poet and peasant overture 1t(a)
*DUUUD	UUDUU	UDDDU	**Sibelius** Rakastava suite op14 2m
*DUUUD	UUDUU	UDUDD	**Ravel** Le tombeau de Couperin: Rigaudon 2t
*DUUUD	UUDUU	URDDD	**Respighi** Pines of Rome: Pines of Appian Way 1t
*DUUUD	UUDUU	UUUDR	**Wagner** Der fliegende Holländer II: Ach! Könntest
*DUUUD	UUDUU	UUUDU	**Richard Strauss** Wie sollten wir geheim
*DUUUD	UUUDD	DDUUU	**Grieg** Norwegian dances/1 piano or str orch op35 2t
*DUUUD	UUUDD	DDUUU	**Scriabin** Poème d'extase, orch 2t
*DUUUD	UUUDU	UDDDU	**Brahms** ballade in Gmi op118/3 2t
*DUUUD	UUUDU	DUDUD	**Kreisler** Praeludium (& Allegro)(style of Pugnani)
*DUUUD	UUUDU	DUUDD	**Chopin** scherzo in B♭mi op31 1t(a) [violin/piano
*DUUUD	UUUDU	UDUDD	**Bach** fugue in Cmi for Clavier BWV906
*DUUUD	UUUDU	UUDDD	**Berlioz** Les Francs-Juges overture 1t
*DUUUD	UUUDU	UUDDU	**Tchaikovsky** Sleeping beauty 5m valse intro
*DUUUD	UUUDU	UUDUU	**Mozart** symphony/38 in D K504 'Prague' 1m intro
*DUUUD	UUUDU	UUDUU	**Rossini** La boutique fantasque 8m galop
*DUUUD	UUURD	DUURD	**Bartok** Rhapsody/1 for violin/orch 2m 1t
*DUUUD	UUUUD	DDDDD	**Berlioz** Béatrice et Bénédict Act II: Il m'en souvient
*DUUUD	UUUUD	DDDDU	**Bach** organ fugue in Bmi BWV544
*DUUUD	UUUUD	UDDDD	**Beethoven** str quartet/10 in E♭ op74 'Harp' 1m intro
*DUUUD	UUUUR	DUDUD	**Mozart** symphony/41 in C K551 'Jupiter' 1m 1t
*DUUUD	UUUUR	UDUDD	**Sullivan** The Mikado Act I: I am so proud
*DUUUD	UUUUU	UUD	**Schubert** symphony/4 in Cmi 'Tragic' 2m 2t D417
*DUUUR	DDDUD	DUDDD	**Gluck** Orfeo ed Euridice: Dance of the blessed spirits
*DUUUR	DDRDU	UUDU	**Grieg** Peer Gynt suite/2 Solveig's song intro [intro
*DUUUR	DDUUU	DDDRD	**Boccherini** cello concerto in G 1m
*DUUUR	DRDRU	DUUUR	**Richard Strauss** Der Bürger als Edelmann: Dinner 3t
*DUUUR	DUDRD	UDRDU	**Schubert** trio for piano/vln/cello in B♭ 1m 1t D898
*DUUUR	DUDRU	DD	**Dvořák** sonatina for violin/piano in G op100 4m 2t
*DUUUR	DUUDD	DDDUD	**Beethoven** Serenade for violin/viola/cello op8 6m
*DUUUR	DUUUD	DUUUD	**Bach** Well-tempered Clavier Bk I: fugue/20 BWV865
*DUUUR	DUUUD	UUUUU	**Mahler** symphony/2 in Cmi 1m 1t
*DUUUR	RDRRR	RDRRR	**J Strauss Jr** Wiener-Blut waltzes/2 op354
*DUUUR	RRRRD	DDRDU	**Haydn** str quartet/49 in D op50/6 'The Frog' 3m 2t
*DUUUR	RUDDD	DU	**Beethoven** str quartet/8 Emi op59/2 'Rasoumovsky'
*DUUUR	RUDUD	DRRDU	**Sullivan** Patience: Prithee, pretty maiden [3m 2t
*DUUUR	RUDUD	URRUD	**J Strauss Jr** Wine, women and song/1 2t
*DUUUR	RUDUU	RRUDU	**Mozart** Idomeneo: overture
*DUUUR	RURDD	RURDU	**Anton Rubinstein** Romance in E♭ op44/1
*DUUUR	UDUDU	DUUU	**Tchaikovsky** symphony/3 in D op29 1m intro
*DUUUR	URUUR	DD	**Beethoven** str quartet/7 F op59/1 'Rasoumovsky' 4m

```
*DUUUR  UUDDU  UURUU   Mozart  Andante for flute/orch in C K315
*DUUUU  DDDDD  D       Stravinsky  Apollon Musagète: Calliope variation
*DUUUU  DDDDD  DDUUU   D'Indy  violin sonata in C op59 4m
*DUUUU  DDDDU  DDRDU   Tchaikovsky  The Seasons: November 1t
*DUUUU  DDDDU  UDDDD   Sibelius  symphony/3 in C op53 3m 2t
*DUUUU  DDDUD  DURDU   Schumann  symphony/4 in Dmi op120 1m 2t
*DUUUU  DDDUD  UDDDU   Elgar  Serenade for strings op20 2m
*DUUUU  DDDUD  UDU     Schumann  symphonic études in C♯mi op13 piano
*DUUUU  DDDUD  URUDD   Waldteufel  Estudiantina waltzes/1 2t      [finale 1t
*DUUUU  DDDUU  UUDDU   Prokofiev  piano concerto/3 in C op26 1m 1t(b)
*DUUUU  DDDUR  RUDDU   Beethoven  Romance/1 for violin/orch in G op40
*DUUUU  DDDUR  UDDRR   Wagner  Tannhäuser: overture 6t
*DUUUU  DDDUU  DDU     Verdi  Rigoletto II: Piangi, piangi, fanciulla
*DUUUU  DDDUU  UUDDD   Schumann  violin concerto in Dmi 3m 1t
*DUUUU  DDDUU  UUDDR   Prokofiev  symphony/5 in B♭ op100 4m 1t
*DUUUU  DDRDU  UDRDU   J Strauss Jr  Die Fledermaus III: Spiel ich 'ne Dame
*DUUUU  DDRDU  UUUD    Sibelius  violin concerto in Dmi op47 1m 2t(a)
*DUUUU  DDRUR  DUDDD   Bach  St John Passion/8 Wer hat dich so
*DUUUU  DDRUU  RDUDD   Bach  St Matthew Passion/16 Ich bin's
*DUUUU  DDRUU  RDUDD   Bach  St Matthew Passion/46 Wer hat dich so
*DUUUU  DDUDD  UDDD    Beethoven  str quartet/9 C op59/3 'Rasoumovsky' 3m
*DUUUU  DDUDD  UUDDU   Puccini  Manon Lescaut Act II: Ah! Manon
*DUUUU  DDUDU  UUUU    Chausson  symphony in B♭ op20 1m 2t
*DUUUU  DDURD  UUUUD   Fauré  quartet for piano/strings in Cmi op15 4m 3t
*DUUUU  DDUUU  UDDUU   Chopin  étude in Bmi op25/10 intro
*DUUUU  DDUUU  UDUDD   Bach  Two part inventions/5 in E♭, Clavier BWV776
*DUUUU  DDUUU  UDUUD   Mozart  sonata for organ/orch in C K329
*DUUUU  DR             Bruckner  symphony/3 in Dmi 2m 2t
*DUUUU  DRU            Wagner  Götterdämmerung: Siegfried's funeral 4t
*DUUUU  DRUDU  UUU     Bach  Minuet in G, A M Bach notebook BWV Anh114
*DUUUU  DRUUU  RDU     Beethoven  sonata/10 for violin/piano in G op96 2m
*DUUUU  DUDDD  DDDD    Wallace  Maritana: overture 5t
*DUUUU  DUDDD  DDDUD   Bach  Motet/3 Jesu meine Freude/4 Denn das Gesetz
*DUUUU  DUDDD  DDUDD   Schumann  piano concerto in Ami op54 3m 1t
*DUUUU  DUDDD  URUDD   Wagner  Tannhäuser Act I: Dir töne Lob!
*DUUUU  DUDDR  DDUDU   Prokofiev  violin concerto/2 op63 3m 2t
*DUUUU  DUDDU  UDDDD   Haydn  string quartet/81 in G op77/1 1m 2t
*DUUUU  DUDUD  DD      Brahms  intermezzo in E, piano op116/4
*DUUUU  DUDUD  UD      Tchaikovsky  Swan lake 1m intro
*DUUUU  DUDUD  UDUDU   Bach  Partita/2 in Cmi, Clavier: Rondeau BWV826
*DUUUU  DUDUU  UUDUD   Wagner  Siegfried III: Ewig war ich, ewig bin ich
*DUUUU  DUUDD  UUUDU   Bach  Cantata/51 Jauchzet Gott/1
*DUUUU  DUUDU  URDDD   Ravel  Tzigane, violin/orch 4t
*DUUUU  DUUDU  UUDDU   Elgar  Introduction & Allegro for str q'tet/orch
*DUUUU  DUUDU  DUDDU   Wagner  Die Meistersinger III: prel 2t [op47 1t
*DUUUU  DUUUD  UDDDD   Chopin  mazurka/39 op63/1
*DUUUU  DUUUU  UDDDR   Berlioz  Requiem/9b Hosanna
*DUUUU  DUUUU  UDU     Bruckner  symphony/5 in B♭ 4m 3t
*DUUUU  DUUUU  UR      Bizet  Carmen Act III Card song: En vain
*DUUUU  RDDR           Chopin  scherzo in E op54 3t
*DUUUU  RDDUD          Puccini  Madame Butterfly Act I: Dammi ch'io baci
*DUUUU  RDUUU  DDDDD   Wagner  Tannhäuser Act II: march 2t
*DUUUU  RRRUD  UUDDD   Bach  Christmas oratorio/41: Ich will nur dir
*DUUUU  RUDDD  DURUD   Mozart  piano sonata/9 in D K311 1m 2t
*DUUUU  RUDRU  DUUDU   Mendelssohn  Hebrides overture (Fingal's Cave) op26
*DUUUU  RUDUU  DDUUD   Handel  Messiah: Thou art gone up on high      [3t
*DUUUU  UDDDD  UUDDU   Thomas Arne  harpsichord sonata/1 in F, allegro
```

```
*DUUUU  UDDDD  UUUUU  Khachaturian piano concerto in D♭ 2m intro
*DUUUU  UDDDR  DUUUU  Holst Perfect fool, ballet op39: Spirits of water
*DUUUU  UDDDU  DUUD   Bliss A colour symphony 1m 1t
*DUUUU  UDDDU  UDDRD  Chopin piano concerto/1 in Emi op11 1m 2t
*DUUUU  UDDDU  UUUUD  Beethoven Prometheus overture 2t
*DUUUU  UDDUD  DRUUD  Mahler symphony/2 in Cmi 5m 5t
*DUUUU  UDDUD  DUDDU  Elgar symphony/1 in A♭ op55 2m 1t or 3m 1t
*DUUUU  UDDUD  DUDUD  Erik Satie 3 Morçeaux en forme de poire: Prolon-
*DUUUU  UDDUD  DUUUU  Richard Strauss Don Quixote op35 5t(a)    [gation
*DUUUU  UDDUD  UDUDU  Mozart Cassation/1 in G K63 6m menuetto
*DUUUU  UDDUU  DDDDU  John Ireland Concertino pastorale, str orch 1m 2t
*DUUUU  UDDUU  UUUDU  Ponchielli Dance of the hours 2t
*DUUUU  UDRDD  DDURU  Ambroise Thomas Raymond overture 3t
*DUUUU  UDRDD  DUUUU  Elgar Dream of Gerontius pt 2: Angel's theme
*DUUUU  UDRUD  UUUUU  Mendelssohn octet in E♭ op20 3m 2t
*DUUUU  UDRUU  DU     Schubert symphony/3 in D 3m 2t D200
*DUUUU  UDUDD  DDDDD  Bach Partita/2 in Dmi solo violin, gigue BWV1004
*DUUUU  UDUDD  DUUU   Mozart Serenade in D K250 'Haffner' 1m 2t
*DUUUU  UDUDR  UDDDD  Bach Motet/3 Jesu meine Freude/7 So aber Christus
*DUUUU  UDUDU  DDUDU  Telemann suite for flute/strings in Ami 2m 1t
*DUUUU  UDUDU  DRD    Mozart Figaro Act I chorus: Giovanni liete
*DUUUU  UDUDU  DUDUU  Dvořák piano quintet in A op81 3m
*DUUUU  UDUUU  DDDDU  Bruckner symphony/7 in E 1m 1t(a)
*DUUUU  UDUUU  DUDDD  Bach organ concerto/1 in G 2m BWV592
*DUUUU  UDUUU  UUDUU  Schumann piano quintet in E♭ op44 1m 2t
*DUUUU  UDUUU  UUDUU  Mozart symphony/34 in C K338 3m 1t
*DUUUU  UDUUU  UUUUR  Wagner Die Meistersinger Act III quintet: Selig wie
*DUUUU  URDDD  UUUDU  Wagner Die Meistersinger: overture 4t  [die Sonne
*DUUUU  URDRU  DUDDD  Bach French suite/2 in Cmi: Air BWV813
*DUUUU  URDUD  UUUUU  Offenbach Tales of Hoffmann Act IV: J'ai le bonheur
*DUUUU  URRDR  DUUUR  Vivaldi concerto for 2 violins/orch in Ami 3m
*DUUUU  UUDDD  DDRU   Mendelssohn Wedding march op61/9 3t
*DUUUU  UUDDD  DUURU  Brahms Mit vierzig Jahren (song) op94/1
*DUUUU  UUDDD  DUUUD  Bach Brandenburg concerto/3 in G 3m BWV1048
*DUUUU  UUDDD  RDDDU  MacDowell piano concerto/2 1m 1t
*DUUUU  UUDDD  RURUR  Mozart concerto/2 for horn/strings in E♭ K417 1m 2t
*DUUUU  UUDDD  UDUDD  Haydn symphony/7 in C 1m intro
*DUUUU  UUDDD  URRDR  Berlioz Les Troyens Act I: Dieux protecteurs
*DUUUU  UUDDD  UUUUD  Mahler symphony/2 in Cmi 3m 1t
*DUUUU  UUDDR  DUUUU  Prokofiev Alexander Nevsky/2 Song about A Nevsky 2t
*DUUUU  UUDDR  UDDDD  Berlioz Les Troyens Act I: March & hymn
*DUUUU  UUDDU  DDDDD  Wallace Maritana: overture 1t
*DUUUU  UUDDU  DDUDD  Berlioz Carnival Romain overture 4t
*DUUUU  UUDDU  DRUDD  Wagner Die Meistersinger Act I: Da zu dir
*DUUUU  UUDDU  UDDD   Elgar Serenade for string orch op20 3m
*DUUUU  UUDDU  UUUUD  Bruckner symphony/7 in E 4m 1t
*DUUUU  UUDRD  UUDDU  Hubay Poème hongrois for violin/orch op27/9 2t
*DUUUU  UUDUD  DDDRU  Brahms quintet for piano/strings in Fmi op34 1m 4t
*DUUUU  UUDUD  DDUUU  Mozart symphony/33 in B♭ K319 1m 1t
*DUUUU  UUDUD  UUUDD  Bach Cantata/17 Wer Dank opfert/3 Herr, deine Güte
*DUUUU  UUDUU         Richard Strauss Also sprach Zarathustra 6t
*DUUUU  UUDUU  DU     Berlioz Harold in Italy 4m 2t
*DUUUU  UURDD  DDDD   Mozart symphony/35 in D K385 'Haffner' 3m 1t
*DUUUU  UUUDD  DDDUD  Brahms Vier ernste Gesänge/4: Wenn ich mit Men-
*DUUUU  UUUDD  UUUUD  Erik Satie Parade ballet: Rag-time parade  [schen
*DUUUU  UUUR          Chopin Andante spianato & Polonaise in E♭ op22 1t
*DUUUU  UUUUD  DDDDD  Tchaikovsky symphony/3 in D op29 4m 1t
```

```
*DUUUU UUUUD DDDUU    Mahler sym/1 in D 1m 1t (same tune as next entry)
*DUUUU UUUUD DDDUU    Mahler Lieder eines fahrenden Gesellen/2 Ging
                             heut' Morgen
*DUUUU UUUUD U        Mendelssohn piano concerto/1 in Gmi op25 1m 1t
*DUUUU UUUUU DDDDU    Grieg Lyric pieces, piano op43/1: Butterfly
*DUUUU UUUUU DDUUD    Mozart sonata piano 4 hands in F K497 1m intro
*DUUUU UUUUU URDUD    Schubert symphony/1 in D 1m 1t(a) D82
*DUUUU UUUUU UURRD    Bach Italian concerto, Clavier, 3m 1t BWV971


*RDDDD DDDDU DDDUU    Dvořák trio piano/violin/cello Emi op90 'Dumky' 1m
*RDDDD DDDRR RUDRU    Mendelssohn symph/3 Ami op56 'Scotch' 2m 2t [1t(b)
*RDDDD DDDRU UUUDU    Beethoven piano sonata/15 in D 'Pastoral' op28
*RDDDD DDDUU UURRU    Nielsen Irmelin Rose (song)                [1m 1t
*RDDDD DDUDU DDDDD    J Strauss Jr Wine, women and song/3
*RDDDD DDUDU URDDD    Bach Magnificat in D/8: Deposuit, deposuit
*RDDDD DDURD DDDDD    Poulenc Mouvement perpetuel/1, piano
*RDDDD DDURD RDRDR    Borodin symphony/2 in Bmi 2m 1t(b)
*RDDDD DDUUD DDDDU    Bach A M Bach notebk: Gedenke doch (song) BWV509
*RDDDD DDUUD DUUDD    Bach suite for cello solo in C, courante BWV1009
*RDDDD DDUDU DDDDD    Handel harpsichord suite/3 in D 1m allemande
*RDDDD DURDD DDDU     Haydn string quartet/49 in D op50/6 'The Frog' 4m
*RDDDD DUUDD UDUUU    Handel harpsichord suite/8 3m courante          [2t
*RDDDD DUUUD UDUUU    Mozart symphony/31 in D K297 'Paris' 2m 2t
*RDDDD DUUUU UUDRD    Handel Messiah: He shall feed his flock
*RDDDD RUDDU RUDDU    Tchaikovsky symphony/2 in Cmi 4m 2t
*RDDDD UDDDD UUD      Handel harpsichord suite/4 in Emi 3m courante
*RDDDD UDDDD UUDUR    Mahler symphony/9 4m 1t
*RDDDD UDDDU DDDD     Berlioz Le spectre de la rose (song) op7/2
*RDDDD UUDDD DUUUD    Handel harpsichord suite/4 in Emi 2m allemande
*RDDDD UUDDD DUUUU    Elgar Dream of Gerontius pt 2: To us His elder
*RDDDD UUDDD UUUUD    Bach Cantata/78/1 Jesu, der du meine Seele BWV78
*RDDDD UUUDD DUUUD    Bach Motet/3/1 Jesu, meine Freude
*RDDDD UUUUD UUUU     Verdi Requiem: Libera me
*RDDDD UUUUU DDUUU    Grieg Lyric pieces, piano op54/4 Notturno 1t
*RDDDR DDDDD DDDD     Beethoven string quartet/11 in Fmi op95 3m
*RDDDR DRDD           Bach organ fantasia in G 2m BWV572
*RDDDR DRRRU UDDDU    Schubert Im Frühling (song) D882
*RDDDR UUUUU DURDR    Handel Largo from Xerxes (instr'l arrangement)
*RDDDR UUUUU UUDDD    Beethoven symphony/6 in F 'Pastoral' 2m 2t
*RDDDU DDDDU DDDDU    Massenet Scènes Alsaciennes IV 1t
*RDDDU DDDDU U        Mendelssohn Hymn of praise: Erzählet op52/3
*RDDDU DDDRU DUDDD    Wagner Lohengrin Act I: O fänd ich Jubel
*RDDDU DDURD DDUDD    Dvořák string quintet in E♭ op97 2m 1t
*RDDDU DDUUD DD       R Strauss Ach Lieb, ich muss nun scheiden (song)
*RDDDU DDUUU UDDDU    César Cui Orientale, violin/piano op50/9   [op21/3
*RDDDU DRDDD UURDD    Beethoven piano sonata/18 in E♭ op31/3 4m t(a)
*RDDDU DRUUR DDDDU    Bach English suite/6 in Dmi, courante BWV811
*RDDDU DUDUR RDDDU    Ibert Escales, orch, 1m Rome - Palermo 1t
*RDDDU DURDR UDUUD    Bach French suite/1 in Dmi, courante BWV812
*RDDDU DUUDD DURU     Schubert Die schöne Müllerin/19 Der Müller und
*RDDDU DUURU DU       John Ireland The Sally Gardens (song) [der Bach
*RDDDU DUUUU DD       Mozart Deutsche Tänze/6, orch K600
*RDDDU DUUUU UDDUR    Haydn symphony/85 in B♭ 'La Reine' 4m
*RDDDU DUUUU UUUDD    Bach suite for cello solo in G 2m BWV1007
```

76

*RDDDU	RDDDU	DUDUD	**Prokofiev** Lieutenant Kije, orch 2m 3t
*RDDDU	RDDDU	RDDDD	**Suppé** Morning, noon & night in Vienna, overture 4t
*RDDDU	RDDDU	RDDRU	**Berlioz** Les Troyens Act IV: Ballet music A
*RDDDU	RDDDU	RDURD	**Tchaikovsky** symphony/6 in Bmi 'Pathétique' 4m 2t
*RDDDU	RUDDD	D	**de Falla** Canciòn 'Por traidores'
*RDDDU	RURDD	DRUDD	**Bach** English suite/2 in Ami, Sarabande BWV807
*RDDDU	UDDDU	DDDUD	**Schubert** string quintet in C 4m 1t D956
*RDDDU	UDDRU	UUUUU	**Mendelssohn** Elijah: Woe, woe unto them
*RDDDU	UDDUU	D	**Mozart** Deutsche Tänze/3, orch K602 1t
*RDDDU	UDRUD	DDDUU	**Dvořák** symphony/4 in Dmi op13 2m
*RDDDU	UDUDD	DUUD	**Mozart** piano concerto/23 in A K488 2m 2t
*RDDDU	URDUU	RRRRD	**Bach** Cantata/51 Jauchzet Gott/4 Sei Lob und Preis
*RDDDU	URUDD		**Mozart** quintet for clarinet/strings in A K581 3m 1t
*RDDDU	UUDDD	DUDU	**Bach** Cantata/212 'Peasant'/22 Und dass ihr's alle
*RDDDU	UUDDD	URDD	**Schubert** Die schöne Müllerin/9 Des Müllers Blumen
*RDDDU	UURDD	DUURD	**Beethoven** piano sonata/21 C op53 'Waldstein' 3m
*RDDDU	UURDD	UDUU	**Prokofiev** Alexander Nevsky/7 A's entry into Pskov 3t
*RDDDU	UURRR	DDUDD	**Louis Bourgeois** Old hundredth (hymn)
*RDDDU	UUUDD		**Mozart** Deutsche Tänze/6 K600 orch
*RDDDU	UUUDU	DD	**Delibes** Le Roi l'a dit, overture 2t
*RDDDU	UUURR	DURRD	**Ravel** Tzigane, violin/orch 3t
*RDDDU	UUUUU	UDDDD	**Hindemith** Trauermusik (for George V of England) 4m
*RDDRD	DDRRD	RUDDU	**Waldteufel** Estudiantina waltzes/4 1t
*RDDRD	DDUUU	D	**Mozart** piano sonata/10 in C K330 1m
*RDDRD	DDUUU	URDDU	**Mahler** symphony/9 in D 2m 3t
*RDDRD	DRDDD	DDUDD	**Franck** Prélude, chorale & fugue: fugue, piano
*RDDRD	DRDDD	RUDRU	**Vaughan Williams** Concerto accademico vln/str orch
*RDDRD	DRDDR	DDRDD	**Grieg** piano concerto op16 1m intro [in Dmi 3m 1t
*RDDRD	DRDDR	DUDDU	**J Strauss Jr** O schöner Mai/2 2t
*RDDRD	DRDUD	UDRDD	**Wagner** Die Meistersinger Act I: Aller End' ist doch
*RDDRD	DURRR	R	**Mozart** sonata in F, piano 4 hands K497 1m [David
*RDDRD	DUUUD	UDUD	**Delibes** La source: Danse Circassienne 1t
*RDDRD	RDDRU	UDUUD	**Percy Grainger** Country gardens (trad) arrangement
*RDDRD	UDUUD	DDRDU	**Schubert** Die Winterreise/3 Gefror'ne Tränen
*RDDRD	URDDR	DURUU	**J Strauss Jr** Thousand and one nights/1 1t
*RDDRD	URDDR	DURUU	**John Wilbye** Sweet honey-sucking bees (madrigal)
*RDDRD	URDDR	RRUUU	**Nielsen** symphony Det Uudslukkelige (the inextingui-shable) 1m, theme after fig 4
*RDDRD	URDDU	DDD	**Debussy** Images: Iberia 2m 3t
*RDDRD	URDUU	DDDDD	**Wagner** Parsifal Act II: Amfortas! Die Wunde!
*RDDRR	DDRRU	UUU	**Schubert** piano sonata in Bb 1m 2t D960
*RDDRR	DDUDR	DDDRU	**Mozart** Die Zauberflöte Act I: Zum Leiden
*RDDRR	DRUD		**Liszt** Mazeppa, Transcendental étude/4, piano 1ty 2,2t
*RDDRR	DURDD	UR	**Schubert** symphony/1 in D 4m 1t D82
*RDDRR	DUUDU	RUDDD	**Richard Strauss** Allerseelen (song) op10/8
*RDDRR	DUUDU	UUUDU	**Schubert** Die Winterreise/19 Täuschung
*RDDRR	RDDUR	DDDDU	**P von Klenau** Liebeslied (song)
*RDDRR	RDUUR	DRRDD	**Tosti** Ideale (song)
*RDDRR	RRUDD	DRRRR	**Puccini** La fanciulla del West Act II: Or son sei mesi
*RDDRR	RURDD	DRU	**Mozart** Mass/19 (Requiem) K626: Rex tremendae
*RDDRR	RURRD	UDD	**Wagner** Tannhäuser Act III: Inbrunst im Herzen
*RDDRU	DDDDR		**Puccini** Turandot Act I trio: Non v'è in China
*RDDRU	DRDDR	DDRUU	**Dvořák** quartet for piano/strings in Eb op87 3m 1t
*RDDRU	RDDRU	RDDRD	**Beethoven** piano concerto/1 in C op15 3m 1t
*RDDRU	RRDDU	RDURD	**Beethoven** piano sonata/13 in Eb op27/1 1m 1t
*RDDRU	RRRRU	DDURR	**Berlioz** La damnation de Faust pt 4: Nature immense
*RDDRU	UDDRU	URUUR	**Anonymous** Farewell to the piano, formerly attrib-uted to Beethoven

*RDDRU	UDURD	DUU	**Sullivan** Pirates of Penzance Act I: Oh! men of dark
*RDDRU	URDDR	UURDR	**Verdi** La forza del Destino III: Compagni, sostiamo
*RDDRU	URDDR	UUUDU	**Paderewski** Minuet op14/1 piano
*RDDRU	UUDUR	DUUUD	**Mascagni** L'Amico Fritz Act II: Suzel, buon d
*RDDUD	DDDUU	UDDDD	**Schubert** string quintet in C 3m 2t D956
*RDDUD	DDUDD	RURDD	**Richard Strauss** Aus Italien: Neapolitan 3t
*RDDUD	DDUUU	DUDUU	**Hindemith** organ sonata/2 1m 1t
*RDDUD	DDUUU	UDDUU	**Chopin** posthumous étude/2 in D♭
*RDDUD	DRDDD	UDDD	**Britten** Peter Grimes: first interlude, Dawn
*RDDUD	DRDDU	D	**Liszt** Liebestraum/2 piano
*RDDUD	DRUUU	RDUUU	**Beethoven** piano sonata/13 in E♭ op27 3m
*RDDUD	DUDDD	DDUUD	**Berlioz** La damnation de Faust pt 3: Merci, doux
*RDDUD	DUUDU	DD	**R Strauss** Winterweihe (song) op48/4 [crépuscule
*RDDUD	RDDUD	RRDUR	**Meyerbeer** Les Huguenots Act II: O beau pays
*RDDUD	RDDUD	RRRUU	**Mozart** string quartet/22 in B♭ K589 1m
*RDDUD	RDDUR	RDDRR	**Beethoven** string quartet/2 in G op18/2 2m 2t
*RDDUD	RRDUD	RDDUD	**Grieg** Mélodie op47/3 piano
*RDDUD	RRRDR		**Hugo Wolf** Auch kleine Dinge (song)
*RDDUD	RURDD	UDDU	**Elgar** The Kingdom: The sun goeth down
*RDDUD	RUUUU	UUURU	**Berlioz** Les Troyens Act V: Adieu fière cité
*RDDUD	UDDUD	DUD	**Mozart** Ah, lo previdi (aria) K272 2t andantino
*RDDUD	UDDUD	DUDDD	**Chopin** étude in E♭mi op10/6
*RDDUD	UDRDD	UUDUU	**Granados** La maja dolorosa/3 De aquel majo
*RDDUD	UDUDD	DUUUD	**Stravinsky** Petrushka: Ballerina et Maure 2t(b)
*RDDUD	UUDDD		**Mozart** Abendempfindung (song) K523
*RDDUD	UUDRU	RDD	**Verdi** Requiem: Quid sum miser
*RDDUD	UUUDD	RRRU	**Sibelius** symphony/2 in D 2m 2t
*RDDUD	UUUUD	UDR	**Puccini** La Bohème Act I: Mi piaccion quelle cose
*RDDUR	DDDDU	DUDUD	**Dvořák** symphony/6 in D op60 4m 2t
*RDDUR	DDUDD	UDDUD	**Grieg** symphonic dances/2 2t
*RDDUR	DDURD	DURD	**Beethoven** symphony/9 in Dmi 'Choral' 4m 2t
*RDDUR	DDURR	RUDDD	**Lalo** symphonie espagnole, violin/orch op21 3m 1t
*RDDUR	DDUUU	UUDUD	**Beethoven** symphony/9 in Dmi 'Choral' 4m 4t
*RDDUR	DRDDD	DDUDR	**Josef Suk** Serenade for strings E♭ op6 3m 2t
*RDDUR	DRDUR	RUDDU	**Berlioz** Béatrice & Bénédict Act I: Je vais le voir
*RDDUR	DUDUD	UU	**William Byrd** The carman's whistle, harps'd FVB58
*RDDUR	DURDD	DUR	**Mozart** Idomeneo Act III: Se colà ne' fati è scritto
*RDDUR	DURDD	URD	**Suppé** Poet & peasant overture 3t
*RDDUR	RDDUD	DDUD	**Charles Ives** Ann Street (song)
*RDDUR	RDUUR	RDDUR	**Beethoven** piano sonata/27 in Emi op90 1m
*RDDUR	RRRDD	UDUDU	**Handel** concerto grosso in F op3/4 1m
*RDDUR	RRRRD		**Hugo Wolf** Wie lange schon war immer (song)
*RDDUR	RRURD	DDRUR	**Chopin** The return home (17 Polish songs/15)
*RDDUR	UDDDD	RDRUR	**Mozart** Divertimento for string trio in E♭ K563 4m
*RDDUR	UDUUR	UDDDD	**Schubert** sonata for violin/piano in A 3m D574
*RDDUR	UURRD		**Verdi** Aida Act I: I sacri nomi di padre
*RDDUU	DDDDD	UUUDD	**Rossini** Il barbiere di Siviglia II: Zitti zitti
*RDDUU	DDDDU	RDDUU	**Tchaikovsky** Romance in Fmi op5 piano 1t
*RDDUU	DDDDU	RDUDD	**Bach** St John Passion/5 Dein Will' gescheh'
*RDDUU	DDDUD	URURD	**Reynaldo Hahn** D'une prison (song)
*RDDUU	DDURD	DUDDR	**J C Bach** concerto for Clavier/strings in E♭ op7/5 2m
*RDDUU	DDUUU	UUDDD	**Schumann** Erstes Grün (song) op35/4
*RDDUU	DRDRU	UDU	**Beethoven** symphony/6 in F 'Pastoral' 5m 3t
*RDDUU	DRRUU	URRUU	**Tchaikovsky** Marche Slave op31 orch 3t
*RDDUU	DRUDD	UDDUD	**Donizetti** Lucia di Lammermoor I: Cruda funesta
*RDDUU	DUDDR	UUURD	**Handel** oboe concerto/3 in Gmi 3m

78

*RDDUU	DUDRD	DUUDU	**Handel** Acis and Galatea: As when the dove
*RDDUU	DUDUD	UDU	**Brahms** quintet clarinet/strings Bmi op115 1m 2t
*RDDUU	DUDUU	DDUUU	**Rimsky-Korsakov** Capriccio espagnol: Gypsy song
*RDDUU	DUDUU	RUUUU	**Tchaikovsky** violin concerto in D op35 1m 1t
*RDDUU	DURDU	DDDUR	**Mozart** Cosi fan tutte Act II: Il core vi dono
*RDDUU	RDDDD	DUUUR	**Schubert** Moments musicaux/1 in C piano D780
*RDDUU	RDDRR	DDDRD	**Wagner** Lohengrin Act I: Des reinen Arm
*RDDUU	RDDUU	RDDUU	**Grieg** symphonic dances/3 op64
*RDDUU	RDURD	RUDDD	**Hugo Wolf** Schlafendes Jesuskind (song)
*RDDUU	RUURD	D	**Leoncavallo** Pagliacci: No! Pagliaccio non son
*RDDUU	UDDDD	DUUD	**Bach** Partita/6 for Clavier in Emi, courante BWV830
*RDDUU	UDDDU	DDUUU	**Bach** suite for cello solo in G 3m BWV1007
*RDDUU	UDDDU	RDDUU	**Mozart** string quartet/22 in B♭ K589 4m
*RDDUU	UDRDU	UUUUU	**Gounod** Funeral march of a marionette, orch 1t
*RDDUU	UDRDU	URDDD	**Spontini** La Vestale Act II: O Nume tutelar
*RDDUU	UDRRD	DUUUD	**Mozart** Cosi fan tutte Act I: Ah, guarda sorella
*RDDUU	URDDU	DUDUD	**Brahms** Intermezzo in E♭mi op118/6 piano 2t
*RDDUU	URDDU	UUUU	**Tchaikovsky** Soldiers' march, piano op39/5
*RDDUU	URRRU	DDDUD	**Dvořák** symphony/9 in Emi 'New World' 1m 3t
*RDDUU	UUDUD	UDRUD	**Bizet** L'Arlésienne suite/2: minuetto
*RDDUU	UUUDD	DUD	**Bizet** Les pêcheurs de perles: Je crois entendre
*RDDUU	UUUUD	UUUUD	**Elgar** Introduction & Allegro for str quartet/orch 3t
*RDRDD	DUDRU	RURUD	**Haydn** symphony/88 in G 4m
*RDRDD	DUUUR	DUDDD	**Brahms** sonata clar or vla/piano in Fmi op120 2m
*RDRDD	RDDDR	URDRD	**Elgar** Dream of Gerontius pt2 Jesu, by that shudd'ring
*RDRDD	RDDRD	RUURU	**Beethoven** An die ferne Geliebte (song) op98/5
*RDRDD	RRDRD		**Wagner** Tannhäuser Act III: Wie Todes Ahnung
*RDRDD	RUDDD	UUUUU	**Berlioz** Romeo et Juliette pt 4: Pauvres enfants
*RDRDD	RUDRU	RRU	**Sullivan** Yeomen of the Guard Act II: Hark! What
*RDRDD	UDDRU	UUDUU	**Bartok** violin concerto/1 2m [was that, Sir?
*RDRDD	UDRDR	DDUDD	**Grieg** Sigurd Jorsalfar, orch op56 2m Borghild's
*RDRDD	UDRRU	DUDDD	**Puccini** Tosca Act I: Te Deum [dream
*RDRDD	UDRUU	UDDDD	**Purcell** Dido & Aeneas: In our deep vaulted cell
*RDRDD	UDURD	RDUDD	**Schubert** Wer nie sein Brot (song)
*RDRDD	UUDRU	DDR	**Wagner** Tannhäuser Act II: Der Unglücksel'ge
*RDRDD	UURUR	DRDDU	**Brahms** Serenade in D, orch op11 5m 2t
*RDRDD	UUUUD	RUUUD	**Mahler** Das Lied von der Erde: Der Abschied
*RDRDR	DDRUR	DDDRD	**Schumann** Dichterliebe op48/8: Und wüssten's die
*RDRDR	DRURD	RDRDU	**Mozart** Figaro II finale: Ah, signore [Blumen
*RDRDR	DRURD	RDRRR	**Tartini** The devil's trill, violin/piano 4m 1t
*RDRDR	DRURD	RURD	**Elgar** Light of life: As a spirit
*RDRDR	DRUUD	UUU	**Schubert** quintet piano/strings in A 'Trout' 3m 2t D667
*RDRDR	DUDDD	UDUDU	**Sibelius** symphony/6 in Dmi 4m 1t
*RDRDR	DUUDD	DDD	**J Strauss Jr** Roses from the South/4 2t
*RDRDR	DUURD	RDR	**Sullivan** Pirates of Penzance I: Stay we must not lose
*RDRDR	RRDUU	RDRDR	**Debussy** symphonic suite, Printemps 2m 2t
*RDRDR	RRRUD	UDUD	**Verdi** Un ballo in maschera Act I: E lui è lui
*RDRDR	RUDDD	DUDRU	**Haydn** Nelson mass: Et incarnatus
*RDRDR	URDRD	RURDD	**Franck** Messe solonnelle op16: Panis angeli-
*RDRDR	URDRD	RURDR	**Rossini** La boutique fantasque 1m 3t [cus
*RDRDR	URDRU	RURDR	**Vivaldi** concerto bassoon/str/cembalo Emi 2m P137
*RDRDR	URURU	RUDDU	**Sullivan** Iolanthe Act II: If we're weak enough
*RDRDR	UUDDD	RRRRU	**Mozart** symphony/36 in C K425 'Linz' 3m 1t
*RDRDR	UUURD	RD	**Beethoven** trio piano/vln/cello in B♭ op97 'Archduke'
*RDRDR	UUUUU	UDDDU	**Haydn** symphony/92 in G 3m trio [3m
*RDRDU	DDDDD	DDDD	**Shostakovich** Two pieces from string octet/1 prel 2t
*RDRDU	DRURR	RRUUU	**Schubert** Die Winterreise/9 Irrlicht

*RDRDU	DRUUD	DUUUD	**Mozart**	sonata for 2 pianos in D K448 2m
*RDRDU	DURDR	DUD	**Menotti**	The medium: Mother, mother
*RDRDU	DUUUU	UDUDU	**Schumann**	piano sonata/2 in Gmi op22 4m 1t
*RDRDU	RDUDU	UUDDD	**Liszt**	Hungarian rhapsody/9 E♭ 'Carnival in Pesth' 2t
*RDRDU	RRRDD	RDRDR	**Brahms**	trio piano/vln/cello in C op87 4m 2t
*RDRDU	UDDRU	RDRDU	**Tchaikovsky**	Serenade for strings in C op48 4m 1t
*RDRDU	UUDRR	UURUD	**Berlioz**	Benvenuto Cellini Act II: A tous penchés and overture 2t
*RDRRD	DRRRU	RRRRU	**Mozart**	Cosi fan tutte Act II: Tutti accusan le donne
*RDRRD	DUUDU	DDUUU	**Bach**	English suite/3 in Gmi prelude BWV808
*RDRRD	RDUUR	DURUD	**Mozart**	Die Zauberflöte Act I: Bei Männern
*RDRRD	RRDDU	UDDDU	**Brahms**	Intermezzo in E, piano op116/6
*RDRRD	RRDRU	RRDRD	**Mahler**	Ablösung im Sommer (song)
*RDRRD	RRUDU	UDDDU	**Mozart**	string quartet/17 in B♭ 'Hunt' 1m
*RDRRD	RRURR	U	**Anonymous**	Kol Nidre, 16th century synagogue song
*RDRRD	RRUUU	UDRDR	**Schumann**	Wanderlied (song) op35/3
*RDRRD	RURDR	DR	**Vaughan Williams**	symphony/8 1m 3t
*RDRRD	UUDUU	UUUDD	**Shostakovich**	sonata for cello/piano op40 2m 1t
*RDRRR	DRUDU	UD	**Charles Ives**	Charlie Rutlage (song)
*RDRRR	DRUUU	DDDUR	**Schubert**	Die Winterreise/5 Der Lindenbaum
*RDRRR	RRRRR	UDDUD	**Stravinsky**	Petrushka: Danse Russe 2t
*RDRRR	RRUDR	DRRRD	**Mussorgsky**	Boris Godunov Act IV: Farewell my son
*RDRRR	URRRD	RRRRR	**Schumann**	Faschingsschwank aus Wien, piano op26 1m 3t
*RDRRR	URRRU	RUDDU	**Beethoven**	trio piano/vln/cello Cmi op1/3 3m 1t
*RDRRR	URURD	RRRUU	**Sullivan**	Patience Act II: Sing 'Hey to you'
*RDRRR	UURRR	UURRR	**Rossini**	Il barbiere di Siviglia: overture intro
*RDRRU	DDDDD	DUUU	**Mozart**	Mass in Cmi K427: Quoniam tu solus
*RDRRU	DDUUU	DRDR	**Ravel**	Rapsodie espagnole 1m
*RDRRU	DRDRU	RDRRU	**Delius**	Twilight fancies (song)
*RDRRU	RDDU		**Schubert**	piano sonata in B♭ 2m D960
*RDRRU	RDRRU	DUD	**Schumann**	Dem rothen Röslein (song) op27/2
*RDRRU	UDRRR	DDUUR	**Schubert**	Die Winterreise/23 Die Nebensonnen
*RDRRU	UUDDD	UDDD	**Mahler**	symphony/8/II gerettet ist das edle Glied
*RDRRU	UUDUD		**Schubert**	Deutsche Tänze, piano D783/7
*RDRUD	DDDRU	RUDDU	**Brahms**	piano concerto/2 in B♭ op83 4m 1t
*RDRUD	DRDUU	DD	**Wagner**	Lohengrin Act I Elsa's dream: Einsam
*RDRUD	DRURD	RUDDR	**Offenbach**	Gaieté Parisienne: con brio theme
*RDRUD	RUDUR	RDDDR	**Mozart**	Vars (on a theme of Gluck) piano K455
*RDRUD	RUUDD	DD	**Schubert**	Der Schiffer (song) D536
*RDRUD	UDUUD	URUUD	**Handel**	Messiah: But thanks be to God
*RDRUD	UUDDD		**Alfvén**	Midsommarvarka ('Swedish rhapsody') 3t
*RDRUD	UUDUR	UUDDU	**Elgar**	The pipes of Pan (song)
*RDRUD	UUURD	RUDUU	**Schumann**	Dichterliebe/1 op48 Im wunderschönen
*RDRUR	DRDRD	RDR	**Erik Satie**	Gnossiennes/3 piano [Monat Mai
*RDRUR	DRDRD	URDDR	**Haydn**	symphony/26 in Dmi 3m menuet
*RDRUR	DRRUU	RR	**Gounod**	Sappho: O ma lyre immortelle
*RDRUR	DRUDD	DDDDD	**Prokofiev**	Classical symphony 1m 2t
*RDRUR	DRURD	RURDR	**Rossini**	La boutique fantasque 5m Can-can 1t
*RDRUR	DRURD	UDUDR	**Mozart**	Don Giovanni I finale: Presto, presto
*RDRUR	DRURD	UUDDU	**Orff**	Carmina Burana 1m Semper crescis
*RDRUR	DRURU	DDUUR	**Grieg**	sonata violin/piano in Cmi op45 3m 1t
*RDRUR	DRURU	DUDUD	**Mozart**	piano concerto/25 in C K503 3m
*RDRUR	DRURU	RURDR	**Saint-Saëns**	symphony/3 in Cmi op78 1m 1t
*RDRUR	DUDUU	UDU	**Purcell**	Indian Queen: By the crooking
*RDRUR	DURRR	URRD	**Schumann**	Dichterliebe/11 Ein Jüngling liebt
*RDRUR	DURUR	DRD	**Bartok**	3 Burlesques op8c/2 'A bit drunk'

*RDRUR	DUUDD	RURDU	**Schumann** symphonic études/6 in C♯mi op13 piano
*RDRUR	UDDRU	RUDDD	**Prokofiev** Music for children: march
*RDRUR	UDRDU	UUDDU	**Liszt** Hungarian rhapsody/13 in Ami, piano 1t
*RDRUR	UURD		**Wagner** Tristan und Isolde Act II: Einsam wachend
*RDRUU	DRDDU	UUDDU	**Stravinsky** violin concerto in D 4m intro
*RDRUU	DRDRU	UDRUU	**Grieg** Peer Gynt suite/2 1m 2t
*RDRUU	RDUDD	RUUU	**Delius** sonata/2 for violin/piano 3t
*RDRUU	RRDDU	RRUUD	**Handel** Acis & Galatea: O didst thou know
*RDRUU	UDDRD	RU	**Mozart** quintet clarinet/str in A K581 4m
*RDRUU	UDDUU	DDUDU	**Mozart** Mass/19 Dmi (Requiem) K626 Requiem
*RDUDD	DDUDU	DDDDU	**Bach** Partita/2 in Dmi solo violin, courante
*RDUDD	DDUUD	DD	**Paganini** violin concerto/2 3m 2t [BWV1004
*RDUDD	DDUUU		**Liszt** Les préludes, symphonic poem/3 2t
*RDUDD	DUDDD	DUUU	**Mozart** string quartet/18 in A K464 1m
*RDUDD	DUDUU	RDRD	**Debussy** Chansons de Bilitis/2 La chevelure
*RDUDD	DURRU	RDUUD	**Berlioz** Te Deum/2 Tibi omnes (vocal line)
*RDUDD	DUUDD	DDDDU	**Handel** sonata for flute/fig bass in G op1/5 4m
*RDUDD	DUUDR	UDDDD	**Bizet** 'Roma' symphony 3m 1t
*RDUDD	RDDRD	UUUUU	**Berlioz** Romeo et Juliette: Juliette's funeral
*RDUDD	RDURD	DUUDD	**Mahler** symphony/3 in Dmi 3m 1t
*RDUDD	RDRDR	UUUDD	**Vaughan Williams** Flos campi 4m 2t
*RDUDD	RRUUU	DDR	**Verdi** La Traviata II gypsies' chorus: Noi siamo
*RDUDD	RUDDD	DDUU	**Orlando de Lassus** Justorum animae [zingarelle
*RDUDD	UDDDD	UUUDU	**Paul Lacome** Estudiantina (song, better known as the Waldteufel waltz arrangement)
*RDUDD	UDDUU	DRDDU	**Mozart** Divertimento in F K138 3m
*RDUDD	UDDUU	DRDUU	**Auber** Fra Diavolo overture 2t
*RDUDD	UDDUU	UDD	**Beethoven** symphony/4 in B♭ 4m 3t
*RDUDD	UDRUD	D	**Mendelssohn** Venetian gondola song op57/5
*RDUDD	UDUUD	UDDRU	**Schubert** octet in F 4m theme & variations D803
*RDUDD	UDUUD	UUUDU	**Mozart** string quartet/15 in Dmi K421 2m
*RDUDD	URDRU	RDUUR	**J Strauss Jr** Die Fledermaus III: O Fledermaus
*RDUDD	UURRU	DDDUU	**Wagner** Parsifal III Amfortas's prayer: Mein Vater!
*RDUDD	UUUDR	R	**Tchaikovsky** Hamlet, fantasy overture 1t
*RDUDR	DDURD	DUUDU	**Beethoven** string quartet/2 in G op18/2 3m 1t
*RDUDR	DUDDU	RD	**Thomas Campian** Never weather-beaten sail (song)
*RDUDR	DUDRD	UDUDU	**Milhaud** Scaramouche 3m
*RDUDR	DUDRD	URDUD	**Debussy** Children's Corner: Golliwog's cake walk 2t
*RDUDR	DUDUD	DUDDU	**Hubay** Poème hongrois, violin/orch op27/9 1t
*RDUDR	DURDD	UDDUD	**Handel** concerto grosso in Gmi op6/6 5m
*RDUDR	RDDDU	RRDDD	**Liszt** valse oubliée, piano 2t
*RDUDR	RDUDU	UUDUU	**Weinberger** Schwanda the bagpiper: fugue
*RDUDR	RRDUR	URRDU	**Carlo Gesualdo** O vos omnes, motet
*RDUDR	URUDU	UDUUD	**Mozart** Mass/19 in Dmi (Requiem) K626 Kyrie eleison
*RDUDR	UUDR		**Hugo Wolf** Wie soll ich fröhlich sein (song)
*RDUDR	UUUUU	UUU	**Mozart** Rondo in Ami for piano K511
*RDUDU	DDRDD	RDDDU	**Berlioz** Les Troyens Act I: Du Roi des dieux (Trojan
*RDUDU	DDUDD	DUUDU	**Brahms** trio piano/vln/cello in B op8 3m 2t [march)
*RDUDU	DDUDD	UDUDU	**Richard Strauss** Burleske, piano/orch 1t
*RDUDU	DDURD	UDUDU	**Bach** English suite/5 in Emi, prelude BWV810
*RDUDU	DDURR	UDDUU	**John Bartlet** Of all the birds...Philip my sparrow
*RDUDU	DDUUU	DUUUU	**Elgar** Wand of Youth suite op1a: Fairy pipers
*RDUDU	DRUDR	UDDDD	**Rossini** William Tell Act IV: Asile héréditaire
*RDUDU	DRUUD		**Mendelssohn** symphony/4 in A op90 'Italian' 1m 3t
*RDUDU	DUDDR	DUDUD	**Mozart** violin concerto/3 G K216 1m 1t solo entry
*RDUDU	DUDRD	UDUDU	**Liszt** Hungarian rhapsody/6 in D♭, piano 1t
*RDUDU	DUDRD	UDUDU	**Mozart** violin concerto/3 in G K216 1m

81

```
*RDUDU  DUDUD  DUD    Handel  Concerto grosso in A op6/11 2m
*RDUDU  DUDUD  DUUD   Verdi  Aida, Dance of the Moorish slaves
*RDUDU  DUDUU  DDRDD  Sullivan  Ruddigore Act II: There grew a little
*RDUDU  DUDUU  UDUUD  Bach  Partita/3 in E solo violin, minuet BWV1006
*RDUDU  DUDUU  UUDUD  Dvořák  Carnaval overture op92 1t
*RDUDU  DURRD  UDUDU  Suppé  Pique Dame overture 1t
*RDUDU  DUUDU  DDUDD  Wagner  Die Meistersinger Act III: O Sachs!
*RDUDU  DUURR  DUDUD  Handel  concerto grosso in F op6/2 2m
*RDUDU  DUUUD  DDUDU  Brahms  quartet piano/strings in A op26 1m 1t
*RDUDU  RDRRR  DUDUR  Chabrier  Marche joyeuse 1t
*RDUDU  RDUDU  DD     Bartok  Bagatelle op2 piano
*RDUDU  RDUDU  DUDU   Mozart  Divertimento in D K334 2m
*RDUDU  RDUDU  RDDUU  Mozart  piano concerto/9 in E♭ K271 2m
*RDUDU  RRRDD  DDRD   Beethoven  Fidelio Act I: Leb' wohl du warmes
*RDUDU  RUDDD  UDDD   Verdi  Il trovatore Act III: Ah si, ben mio
*RDUDU  UDUUU  DU     Tchaikovsky  violin concerto in D op35 3m 1t
*RDUDU  URDUD  R      Ravel  l'enfant et les sortilèges: Fire song
*RDUDU  URRDU  RUDUD  Mozart  flute concerto/2 D (oboe C) K314 1m intro
*RDUDU  UUDDR  DUDUU  de Falla  Three-cornered hat, ballet: Jota 3t
*RDUDU  UUDDU         Richard Strauss  Das Geheimnis (song) op17/3
*RDUDU  UURDR  DUDUU  Borodin  symphony/2 in Bmi 1m 2t
*RDUDU  UURRU  DDUUD  Schubert  piano sonata in Cmi 2m 1t D958
*RDUDU  UUUUU  UDDUU  Erik Satie  3 morçeaux en forme de poire/2, piano
*RDUDU  UUUUU  UUDUU  Mozart  flute concerto/2 D (oboe C) K314 1m fl entry
*RDURD  DDDUU  DUDDD  Millöcker  Der Bettelstudent: Ich knüpfte manche
*RDURD  DDUDR  DURDD  Tchaikovsky  Nutcracker suite: Russian dance
*RDURD  DUUDD  UUUUU  Mozart  piano sonata/15 in C K545 3m
*RDURD  DUUUD  D      Schubert  Moments musicaux/6 in A♭ 1t D780
*RDURD  RRDRU  R      Lortzing  Zar und Zimmermann Act III: Sonst spielt
*RDURD  UDRDU  RDUDD  Bruckner  symphony/4 in E♭ 1m 3t              [ich
*RDURD  UDRRR  URRD   Schumann  Die Stille (song) op39/4
*RDURD  UDRUD  URDUD  Louis Daquin  La guitarre, for harpsichord
*RDURD  UDUDU  DUDUD  Roussel  Sinfonietta 3m 1t
*RDURD  UDURU  UDURU  Mozart  Cosi fan tutte Act I: La mia Dorabella
*RDURD  URDDD  DURDD  Boccherini  cello concerto in B♭ 3m
*RDURD  URDDD  URRDU  Mozart  Die Zauberflöte Act I: Zu Hülfe! zu Hülfe!
*RDURD  URDDR  D      Bach  Well-tempered Clavier Bk II: prel/12 BWV881
*RDURD  URDDR  DDUDR  Clementi  piano sonata Gmi 'Didone abbandonata' 3m
*RDURD  URDDU  RDU    Mozart  Figaro Act I: Non più andrai
*RDURD  URDRU  RDDUU  Fauré  Requiem: Kyrie
*RDURD  URDUD         Mozart  Deutsche Tänze/1 K509
*RDURD  URDUD  UDU    Rimsky-Korsakov  Russian Easter Festival ov 4t
*RDURD  URDUR  D      Beethoven  symphony/8 in F 1m 4t(a)
*RDURD  URDUR  DDUUU  Brahms  symphony/2 in D 3m 3t
*RDURD  URDUR  DURDD  Debussy  La mer 3m 1t
*RDURD  URDUR  DURDU  Khachaturian  Gayaneh ballet: The young Kurds 1t
*RDURD  URDUU  U      Verdi  Il trovatore Act III: All'armi! All'armi
*RDURD  URUDD  RDRRU  Mozart  Cosi fan tutte Act II: E amore un ladroncello
*RDURD  UUDUD  D      Verdi  I Lombardi Act II: Se vano
*RDURD  UURUD  RDURD  Bach  Sheep may safely graze (from cantata/208)
                              accompaniment theme, 2 flutes
*RDURD  UUUDU  UDRUD  Schubert  Rosamunde: ballet/2 D797
*RDURD  UUURD  DRDUU  Nielsen  symphony Det Uudslukkelige (The inextin-
                              guishable) 2m 1t
*RDURR  DDDDR  RURDD  Sullivan  Pirates of Penzance Act I: Oh, better far
*RDURR  DDRDU  UDDDD  Purcell  Dido & Aeneas Act I: Ah! Ah! Ah! Belinda
*RDURR  DUDD          Liszt  piano concerto/2 in A 2t (Grove 125)
```

82

```
*RDURR  DUDUU  UDU     J Strauss Jr  Der Zigeunerbaron Act II: Mein Aug'
*RDURR  DURDD  DUDRD   Wagner  Lohengrin I: Gegrüsst du gottgesandter Held
*RDURR  RDURR  RDUUD   Jessel  Parade of the tin (wooden) soldiers 1t
*RDURR  RDURR  UUUDR   Chopin  piano sonata in Cmi op4 3m
*RDURU  DRDRD  RDU     Mozart  piano concerto/19 in F K459 3m 1t
*RDURU  DUDUU  UUUDD   Wagner  Die Meistersinger Act I: Am stillen Herd
*RDURU  RDURR  DDUDD   Purcell  Retir'd from any mortal's sight (King
*RDURU  RUUUD  DRDDU   Dvořák  symphony/7 in Dmi op70 4m 2t [Richard II]
*RDUUD  DDDUU  UURRU   Mozart  Deutsche Tänze/2 K605
*RDUUD  DDRDU  UDU     Elgar  Land of hope and glory - setting of Pomp &
                               circumstance march/1 2t see DUUDD DDUUD UUUUU
*RDUUD  DDUDD          Verdi  I Lombardi Act II: La mia letizia
*RDUUD  DDUDR  DRDRU   Ravel  Tzigane, violin/orch intro cadenza
*RDUUD  DDURD  UDDDU   Bach  Vater unser im Himmelreich, chorale BWV737
*RDUUD  DDUUR  DUUDU   Massenet  Scènes pittoresques IV 1t
*RDUUD  DRDUD  DURDU   Erik Satie  Pièces froides/1 Airs à faire fuir/2
*RDUUD  DRDUD  RDD     Verdi  I Lombardi Act II: O madre       [piano
*RDUUD  DRDUR  DDDUU   Bach  Cantata/78 Jesu der du/7 Herr, ich glaube
*RDUUD  DRRDD  UUUU    Bizet  Carmen Act III Michaela's aria: Je dis que rien
*RDUUD  DUDUU  UDURR   Rossini  Semiramide overture 1t
*RDUUD  DUDUU  UDUUU   Wagner  Siegfried Act I: Es sangen die Vöglein
*RDUUD  DURDD  DDUU    Saint-Saëns  Samson et Dalila Act I: Maudite à jamais
*RDUUD  DUUDD  D       Brahms  Hungarian dances/2 in Dmi, piano 4 hands 1t
*RDUUD  DUUDD  DUDDU   Beethoven  piano sonata/19 in Gmi op49/1 2m 2t
*RDUUD  DUUDD  URDUU   Fauré  Dolly suite, piano 4 hands: berceuse
*RDUUD  DUUDD  UUDUD   J Strauss Jr  Der Fledermaus: overture 4t
*RDUUD  DUURD  UDDUU   Berlioz  L'Enfance du Christ/1 O mon cher fils
*RDUUD  RDDDU  DRDDU   Brahms  sonata for violin/piano in A op100 1m 4t
*RDUUD  RDDUR  UDR     Giordano  Andrea Chenier Act IV: Come un bel d
*RDUUD  RDUDU  DUDDD   Mozart  string quartet/1 in G K80 2m
*RDUUD  RDUDU  DUDUD   Mozart  piano concerto/12 in A K414 3m 1t
*RDUUD  RDUUD  UDUUD   Mozart  sonata for violin/piano in G K379 2m
*RDUUD  RRRDU  UD      Sullivan  Patience Act I: And everyone will say
*RDUUD  RURDU  UDDUU   Corelli  concerto grosso in Gmi 'Christmas' 3m
*RDUUD  UDDDU  DRDUD   Bach  O Jesulein süss, o Jesulein mild (song) BWV493
*RDUUD  UDDUU  RDURU   Dvořák  Rusalka: O silver moon
*RDUUD  UDR           Brahms  Ballade in Dmi op10/1 piano 1t
*RDUUD  UDUDR  DUUDU   Bach  Partita/1 in B♭ for Clavier: prelude BWV825
*RDUUD  UDUUU  UDDDR   Dvořák  quartet piano/strings in D op23 3m 1t
*RDUUD  URUUD  UDDDU   Bach  Cantata/189 Meine Seele rühmt/3 Gott hat
*RDUUD  UUDUU  DUUDU   Chopin  prelude/19 op28
*RDUUD  UUUDD          Brahms  Ein deutsches Requiem: So seid nun
*RDUUD  UUUDR  DUU     Sullivan  Yeomen of the Guard II: A man who would
*RDUUR  DDUDU  URDDU   Beethoven  piano sonata/28 in A op101 2m    [woo
*RDUUR  DDURD  RDUDR   Ravel  trio for piano/violin/cello 2m
*RDUUR  DRUDU  UDD     Verdi  Il trovatore Act II: Il balen
*RDUUR  DUDRD  UDDD    Debussy  Images: Gigues 2t
*RDUUR  DUDRD  UUDDU   Ravel  Le tombeau de Couperin: Forlane 2t
*RDUUR  DUUDR  DDDRR   Mozart  sonata/24 for violin/piano K376 2m
*RDUUR  DUURD  UURDU   Mozart  Variations on an allegretto in B♭ K500 piano
*RDUUR  RDDUD  RRDUU   Puccini  Turandot Act I: Non piangere
*RDUUR  RDURD  URDDR   Haydn  cello concerto in D op101 3m 2t
*RDUUR  RRRUD  DR      J Strauss Jr  Die Fledermaus Act I: Täubchen
*RDUUR  RRUUU  UURDR   Boccherini  cello concerto in B♭ 1m cello entry
*RDUUR  RUURR  DDUDU   Bach  Partita/2 in Cmi, Clavier: prelude BWV826
*RDUUR  UUDDD  DDR     Brahms  Ein deutsches Requiem: Herr, lehre doch mich
*RDUUU  DDDRR  DUUUD   Bach  Cantata 68/2 My heart ever faithful
```

```
*RDUUU  DDRDU  DDUUR   Ravel  trio for piano/violin/cello 1m
*RDUUU  DDRDU  UU      Vaughan Williams  On Wenlock Edge (song)
*RDUUU  DDURR  DDU     Schubert  piano sonata/21 in B♭ 1m 1t D960
*RDUUU  DDUUU  DDUDD   Grieg  piano concerto in Ami op16 2m 1t
*RDUUU  DRDUD  DUD     Sullivan  Iolanthe, Good-morrow, good mother
*RDUUU  DRDUU  UDRDU   Mozart  sonata/19 for violin/piano K404 2m
*RDUUU  DRUDR  UDUDU   Verdi  Nabucco Act I: Tremin gl'insani
*RDUUU  DUDDU  RDUUU   Glinka  Capriccio brilliant on the Jota Aragonesa 1t
*RDUUU  DUDDU  UDDUU   Bach  Nun komm der Heiden Heiland, choral
*RDUUU  DURRD  UUUDU   Mahler  symphony/2 Cmi 2m 1t [prelude BWV659
*RDUUU  DURRR  DUUUD   Verdi  Il trovatore Act II: Condotta ell'era
*RDUUU  RDUDD  DDUUU   Mozart  Don Giovanni Act II: Sola, sola
*RDUUU  RDUDD  UDUD    Liszt  Consolation/3 piano
*RDUUU  RDUUU  DUUDD   Leopold Mozart  Toy symphony 1m 2t (not by Haydn)
*RDUUU  RDUUU  RDRD    Beethoven  symphony/2 in D 1m 1t
*RDUUU  RDUUU  URUUD   Schumann  Faschingsschwank aus Wien op26 piano
*RDUUU  RDUUU  UUDUU   Schubert  symphony/2 in B♭ 1m 1t D125        [1m 1t
*RDUUU  RUDDR  DU      Delibes  Le Roi s'amuse: Pavane
*RDUUU  RUDDR  DUDRD   Warlock  Capriol suite: Pavane
*RDUUU  UDDDR  RRDUU   Sibelius  The tryst (song) op37/5
*RDUUU  UDDDU  DDRDU   Scarlatti  harpsichord sonata in E Kp206
*RDUUU  UDDRD  D       Shostakovich  cello concerto/1 in E♭ op107 2m 3t
*RDUUU  UDDRD  DDRDD   Lalo  Le Roi d'Ys: overture 2t
*RDUUU  UDDUD  DUUUD   Bach  suite/1 in C, orch: courante BWV1066
*RDUUU  UDDUU  UUUDD   Shostakovich  symphony/1 in Fmi op10 4m 1t
*RDUUU  UDUDD  UDDUD   Bach  French suite/1 in Dmi minuet/2 BWV812
*RDUUU  UDUDD  UUDDD   Dvořák  cello concerto in Bmi op104 3m 2t
*RDUUU  UDUDU  RRDUU   Rimsky-Korsakov  Mlada ballet 1t
*RDUUU  UDUUD  U       Mozart  Divertimento in F K247 5m
*RDUUU  URDUU  RUDDR   Beethoven  piano sonata/11 in B♭ op22 2m
*RDUUU  UUDDD  DUUUD   Mahler  Ich atmet' einem linden Duft (Rückert song)
*RDUUU  UUDUD  DUUUD   Yradier  La paloma
*RDUUU  UURDU  DUDDU   Mozart  fugue in Cmi for piano duo K426
*RDUUU  UURDU  DUDDU   Mozart  (Adagio &) fugue for strings in Cmi K546
*RDUUU  UURRD  UUUUU   Haydn  symphony/85 in B♭ 'La Reine' 1m intro
*RDUUU  UUUUD  DRRRD   Berlioz  Requiem/4: Rex tremendae
*RRDDD  DDDDR         Liszt  piano sonata in Bmi 1t
*RRDDD  DDDDR  UDDUR   Shostakovich  symphony/9 5m 2t
*RRDDD  DRUDD  URR     Sullivan  Iolanthe Act I: Nay tempt me not
*RRDDD  DUDDD  DDDDU   Berlioz  Requiem/1a: Requiem aeternam
*RRDDD  DUDDD  UUDUU   Purcell  Trumpet tune in D (not J Clarke's voluntary)
*RRDDD  DURRU  RRRUU   Brahms  sonata/1 for violin/piano in G op78 1m 1t
*RRDDD  DUUD          Liszt  Faust symphony 2m 3t
*RRDDD  DUUDR  DUUDD   Suppé  Light Cavalry overture 3t(b)
*RRDDD  DUUUD  DUDDU   Litolff  piano 'concerto symphonique' op102 scherzo
*RRDDD  RDDDU  RURRD   Mozart  Ah, lo previdi (aria) K272 1t allegro
*RRDDD  RDRRR  RURU    Schumann  Fantasy in C op17 piano 1m 1t
*RRDDD  RRRDD  DDUUU   Rimsky-Korsakov  Le coq d'or, suite 2m
*RRDDD  RRRRD  DDURR   Verdi  string quartet in Emi 1m 2t
*RRDDD  RRRUD  URRUD   Wagner  Lohengrin Act III: Das süsse Lied verhallt
*RRDDD  RUUUU  RDDD    Kodály  Háry János: Gyiytottam
*RRDDD  UDDDD  UURDD   Mahler  symphony/6 in Ami 4m brass theme at bar 49
*RRDDD  UDDDU  DDDUR   Mozart  symphony/41 in C K551 'Jupiter' 4m 2t
*RRDDD  UDRUD  RUUDU   Weber  Der Freischütz I: Hier im ird'schen Jammer-
*RRDDD  UDRUR  RDDRD   Offenbach  Gaieté Parisienne: valse lente/2     [thal
*RRDDD  UDUDR  DUUDD   Dufay  La belle de siet
```

84

*RRDDD	UDUUR	RDDDU	**de Falla** concerto harps'd/chamber orch in D 3m 1t
*RRDDD	UDUUU	UUDUD	**Mozart** Serenade in D K320 2m
*RRDDD	URURR	UDD	**Schumann** Auf dem Rhein (song) op51/4
*RRDDD	UUDUD	DUUDU	**Brahms** sonata clar or vla/piano in Fmi op120/1 4m
*RRDDD	UUUDD	DUU	**Liszt** Hungarian rhapsody/12 in C♯mi piano 2t
*RRDDD	UUUDU	DD	**Tchaikovsky** The seasons op37/11 November 2t
*RRDDD	UUUDU	RR	**Bach** Partita/1 in B♭ for Clavier: Sarabande BWV825
*RRDDD	UUURU	DD	**Bach** St Matthew Passion/3 Herzliebste Jesu
*RRDDR	DDDUR	UUUDD	**Mendelssohn** Andante & rondo capriccioso: rondo 2t
*RRDDR	DDRDD	D	**Mendelssohn** trio/1 piano/vln/cello in Dmi op49 2m 2t
*RRDDR	DDRDD	RDDRR	**Mendelssohn** symphony/3 in Ami op56 'Scotch' 1m 2t
*RRDDR	DDUUD	URRDD	**Beethoven** sonata/7 violin/piano in Cmi op30⊘2 2m
*RRDDR	DRRRU	DURRR	**Berlioz** Requiem/2 Tuba mirum
*RRDDR	DURDD	RURD	**Wagner** Die Walküre Act II: Der alte Sturm
*RRDDR	DURRD	DRD	**J Strauss Jr** Emperor waltz/2
*RRDDR	DUUDU	UUUUU	**Liszt** Hungarian rhapsody/5 in Emi, piano 1t
*RRDDR	RDDRR	DUDD	**Mendelssohn** sym/5 in D op107 'Reformation' 2m 1t
*RRDDR	RDDRR	URDRD	**Beethoven** trio vln/cello/piano B♭ 'Archduke' 1m 2t
*RRDDR	RDDRU	DDRDD	**Tchaikovsky** sym/6 Bmi op74 'Pathétique' 2m 2t [op97
*RRDDR	RDURR	DDRR	**Bach** Motet/3 Jesu meine Freude/8a Gute Nacht
*RRDDR	RDURR	UDRR	**Sullivan** The Mikado II: Mi-ya-sa-ma, mi-ya-sa-ma
*RRDDR	RRRRD	DRRRU	**Beethoven** sonata/6 violin/piano in A op30/1 2m
*RRDDR	RRUDR	UUUUD	**Mozart** Cosi fan tutte II: Una donna a quindici anni
*RRDDR	URRDR	URR	**Beethoven** Missa solemnis: Kyrie 1t
*RRDDR	URRUU	DURRD	**Beethoven** trio 2 oboes/cors anglais op87 minuet 2t
*RRDDR	UURRR	RDDRU	**de Falla** 4 piezas españoles: Montañesa 2t
*RRDDR	UUUDD	RUUDD	**Sibelius** Pelléas et Mélisande: Pastorale op46
*RRDDU	DRRRD	DUDRR	**Franck** quintet piano/strings Fmi 2m 2t and 3m 2t
*RRDDU	DUDUU	DUDUU	**Elgar** violin concerto in Bmi op61 1m 1t(b)
*RRDDU	DURD		**Bruckner** symphony/3 in Dmi 4m 1t
*RRDDU	DURRU	URRUR	**Beethoven** sextet in E♭ op71 rondo
*RRDDU	RDURD	URDRU	**J Strauss Jr** Tritsch-tratsch polka 2t
*RRDDU	RRDDU	DDUDD	**Khachaturian** Gayaneh ballet: Lezghinka
*RRDDU	RRDDU	RRUDD	**Verdi** Ernani Act III: O sommo Carlo
*RRDDU	RRDDU	UD	**Tchaikovsky** symphony/2 in Cmi op17 1m 2t
*RRDDU	RRDRR	DDRRR	**Mozart** string quartet/1 in G K80 4m
*RRDDU	RRRDD	UUDDD	**Grieg** Holberg suite op40 4m Air
*RRDDU	RUUDR	R	**Puccini** Manon Lescaut Act I: Donna non vidi mai
*RRDDU	RUUDR	UDDUD	**Rimsky-Korsakov** Russian Easter Festival overture
*RRDDU	UDDDD	UDU	**Vaughan Williams** symphony/9 in Emi 3m 2t [1t
*RRDDU	UDDDD	UDUUU	**John Dunstable** O rosa bella
*RRDDU	UDDDU	RRDDU	**Elgar** Chanson de matin op15/2 orch
*RRDDU	UDRDD	UUDRD	**Waldteufel** Skaters waltz/3 2t
*RRDDU	UDURR	DDUUD	**Sullivan** Patience Act I: Twenty lovesick maidens we
*RRDDU	UDUUU	UUUUD	**Haydn** symphony/85 in B♭ 'La Reine' 2m
*RRDDU	URDDU	UDDUD	**Sullivan** Pirates of Penzance I: When Fred'rick was
*RRDDU	URUU		**Beethoven** Rondo in C op51/1 piano
*RRDDU	URUUU	RRUDD	**Schubert** symphony/2 in B♭ 2m D125
*RRDDU	UUDDD	DURRU	**Bach** suite/6 in D for cello solo: gavotte BWV1012
*RRDDU	UUDRD	UUU	**Bach** prelude in Cmi, organ BWV546
*RRDDU	UUDUR	RDDUR	**Handel** sonata 2 fl or 2 vlns/fig bass op2/2 2m
*RRDDU	UUDUU	UD	**Froberger** suite/10 in Ami
*RRDDU	UURUD	DRUUU	**Bach** St John Passion: O grosse Lieb'
*RRDDU	UURUD	DRUUU	**Bach** St Matthew Passion/55 Wie wunderbarlich
*RRDDU	UUUUD	UUUDU	**Mozart** concerto for flute/harp in C K299 2m
*RRDRD	DRDDU	UUUUU	**Scarlatti** harpsichord sonata Kp202
*RRDRD	DURRR	D	**Gluck** Orfeo ed Euridice Act II: Che puro ciel

85

*RRDRD	DURUD	DDDUR	**Dvorak** Gypsy songs op55/3 Rings ist der Wald
*RRDRD	DUUUD	UUU	**Hindemith** Kleine Kammermusik 5m 3t
*RRDRD	RDDDU	DDRDD	**Berlioz** Romeo et Juliette: Allegro (Capulets' Ball)
*RRDRD	RDDU		**Hugo Wolf** Ich liess mir sagen (song)
*RRDRD	RDRDR	DUUDR	**Tchaikovsky** symphony/1 in Gmi op13 1m 1t(b)
*RRDRD	RRUDR	RRDR	**Schubert** impromptu/3 in B♭ piano D935
*RRDRD	RRURU	RDU	**Schumann** Dichterliebe/16 Die alten bösen Lieder
*RRDRD	RUDRU	RUR	**Schumann** Dichterliebe/10 Hör' ich das Liedchen
*RRDRD	UDUUD	URDDD	**Dvořák** quintet piano/strings in A op81 4m 2t
*RRDRR	DDUUD	RRUDU	**Brahms** symphony/4 in Emi op98 3m 1t(b)
*RRDRR	DRDRR	RURD	**Liszt** Missa choralis: Agnus Dei
*RRDRR	DRRDR	RURRU	**Chopin** posthumous étude/3 in A♭
*RRDRR	DRRRD	URRUR	**Verdi** Falstaff Act II: Quand' ero paggio
*RRDRR	DRRUR	DRDUD	**Jannequin** La guerre (song)
*RRDRR	DRRUR	RURRU	**Verdi** Aida: ballet 1t
*RRDRR	DRRUR	RURUD	**Max Bruch** Kol Nidrei (trad) violin/piano 1t
*RRDRR	DRURR	UDDRR	**Chabrier** España 1t
*RRDRR	DRURR	UDDRR	**Waldteufel** España waltz/1 1t (same tune as Chabrier)
*RRDRR	DUUDR	URRDR	**Schubert** string quartet/13 in Ami 2m D804
*RRDRR	DUUDR	URRDR	**Schubert** Rosamunde entr'acte D797 (same tune)
*RRDRR	RRRDR	RRRDR	**Verdi** La forza del Destino Act II: Il santo nome di Dio
*RRDRR	UDDDD	UUUD	**Sullivan** Princess Ida: If you give me your attention
*RRDRR	UDRDD	UU	**Hugo Wolf** Das verlassene Mägdlein (song)
*RRDRR	URRDD	DD	**Mozart** sextet in F K522 'Ein musikalischer Spass' 4m
*RRDRR	URRDR	RURRD	**Schumann** (Adagio &) Allegro for piano/horn op70
*RRDRR	URRUD	DUDR	**Shostakovich** The golden age, ballet 2t
*RRDRU	DURDR	DUDDU	**Handel** oboe concerto/1 in B♭ 1m
*RRDRU	RDDUR	DRURR	**Handel** organ concerto in F op4/4 2m
*RRDRU	RDRUU	DRDDU	**Sullivan** Iolanthe I: The law is the true embodiment
*RRDRU	RRDRR	UDDRU	**J Strauss Jr** Der Zigeunerbaron: overture 4t
*RRDRU	UDDDU	RRDRU	**Dvořák** symphony/9 in Emi op95 'New World' 3m 1t
*RRDRU	URRDR	UUDRD	**Sibelius** symphony/3 in C 3m 3t
*RRDRU	UUDRD	DUUUR	**Suppé** Boccaccio (operetta)/3 Holde Schöne
*RRDRU	UURRD	RUUUD	**Grieg** Holberg suite op40 1m prelude
*RRDUD	DDRDU	DDDUD	**Berlioz** Les Troyens Act IV: Tout conspire à vaincre
*RRDUD	DDRRU	UDD	**Moszkowski** Serenade for piano op15/1
*RRDUD	DDRRU	DDUDD	**Moszkowski** ditto encoded with ornament in 4th bar
*RRDUD	DDRUD	DUDU	**Richard Strauss** Die Zeitlose (song) op10/7
*RRDUD	DDUDU	DDDUD	**Albeniz** Iberia/1 piano: Fête Dieu à Seville 1t
*RRDUD	DDURR	DUDDD	**Ippolitov-Ivanov** Caucasian sketches 3m
*RRDUD	DUDDD	DRRDU	**Haydn** symphony/93 in D 3m trio
*RRDUD	DUDDR	UUU	**Verdi** Nabucco Act II: Tu sul labbro
*RRDUD	DUDDU	UUUDD	**Lalo** Symphonie espagnole, violin/orch 3m intro
*RRDUD	DURRD	UDDDR	**Schumann** Papillons op2/8 piano
*RRDUD	DURRD	UDDUD	**Sibelius** symphony/1 in Emi 2m 1t(b)
*RRDUD	DUURR	DUDDU	**D'Indy** Le camp de Wallenstein, orch op12 1t
*RRDUD	DUURR	RDDDD	**Edward Purcell-Cochrane** Passing by (song)
*RRDUD	DUUUD		**Sibelius** The first kiss (song) op37/1
*RRDUD	RRRDU	D	**Smetana** The bartered bride Act II: Stuttering song
*RRDUD	RRRRD	UUDUR	**Schubert** piano sonata in D 3m 2t D850
*RRDUD	RUDDD	UD	**Berlioz** King Lear: overture 5t
*RRDUD	RURDD	RD	**Hugo Wolf** Gebet (song) Herr! Schicke was du willt
*RRDUD	UDDDU	UDD	**Bach** Well-tempered Clavier Bk II: fugue/5 BWV 874
*RRDUD	UDDRR	DUDUD	**Gounod** Romeo et Juliette: waltz song
*RRDUD	UDDUD	UDDUU	**Shostakovich** symphony/1 in Fmi op10 2m 2t
*RRDUD	UDDUR	R	**Chopin** étude in F op10/8 2t
*RRDUD	UDDUR	RRRRR	**Shostakovich** symphony/9 1m 2t

```
*RRDUD  UDRDD  D       Mozart  Divertimento in B♭ K186 3m
*RRDUD  UDUUU  DDDDD   Dvořák  quintet for piano/strings in A op81 4m 1t
*RRDUD  URRDU  DDRRD   Vaughan Williams  symphony/4 in Fmi 4m 1t(b)
*RRDUD  URRDU  DURRD   Mussorgsky  The nursery/4 Dolly's cradle song
*RRDUD  URRDU  DURRR   Schubert  piano sonata in A 2m 2t D959
*RRDUD  URRDU  UDRRD   Mendelssohn  violin concerto in Emi op64 3m intro
*RRDUD  UUDDR  RDUDD   Liszt  Hungarian rhapsody/2 in C♯mi piano 1t
*RRDUD  UUDDU  DUUDD   Poulenc  Mouvement perpétuel/3 2t
*RRDUD  UUDUD  UDUDD   Mozart  concerto/10 for 2 pianos K365 1m 2t
*RRDUD  UUUDU  DUDDU   Buxtehude  (Prelude, fugue and) chaconne in C, organ
*RRDUD  UUUDU  DUUDD   Weber  Der Freischütz Act II: Kommt ein schlanker
*RRDUR  DDDUU  URRRD   Mozart  string quartet/15 in Dmi K421 3m 1t
*RRDUR  DUDDD  UD      Mendelssohn  violin concerto in Emi op64 1m 1t
*RRDUR  DUURR  RDURD   Mozart  sonata for violin/piano in D K306 3m 2t
*RRDUR  DUUUU  DRDDU   Albeniz  Iberia/2 piano: Triana 2t
*RRDUR  RDDRR  DUUDD   Debussy  Images: Gigues 1t
*RRDUR  RDUDD  UUUDU   Mozart  Rondo for piano/orch in D K382
*RRDUR  RDUDU  DDRRD   Tchaikovsky  symphony/2 in Cmi 3m 2t
*RRDUR  RDUDU  RRDDD   Bach  St John Passion/13: Wäre dieser nicht
*RRDUR  RDURR  DDDD    Mendelssohn  sym/5 in D op107 'Reformation' 3m 6t
*RRDUR  RDURR  DRURR   Inghelbrecht  Nurseries/3/6 Arlequin marié sa fille
*RRDUR  RDURR  DUDD    Beethoven  string quartet in E♭ op74 'Harp' 3m
*RRDUR  RDURR  DUR     Mozart  piano concerto/18 in B♭ K456 2m
*RRDUR  RDURR  DURRD   Beethoven  symphony/5 in Cmi 1m 1t
*RRDUR  RDURR  DURRD   Sullivan  HMS Pinafore Act II: Oh joy, oh rapture
*RRDUR  RDURR  RDDD    Schubert  An mein Klavier (song) D342
*RRDUR  RDUUU  D       Stravinsky  Petrushka: Ballerina et Maure 2t(a)
*RRDUR  RRDDU  DURRD   Mozart  Cosi fan tutte Act I: Sento, oh Dio!
*RRDUR  RRDUD  D       Stravinsky  Les Noces: Daigne aimable mère
*RRDUR  RRDUR  RUUUR   Ibert  Divertissement, chamber orch, 4m waltz 1t
*RRDUR  RRRRR  DR      John Bennet  All creatures now
*RRDUR  RRUD          Bartok  Allegro barbaro, piano 1t
*RRDUR  UDDUD  UDU     Rachmaninov  piano concerto/2 in Cmi 1t(b)
*RRDUR  UDUDR  RRRRR   Mozart  Don Giovanni Act I: Madamina
*RRDUR  URRDU  D       Vaughan Williams  symphony/9 2m 2t
*RRDUR  UUDUD  DUUUU   Martinu  concertino for cello/piano/wind 1t
*RRDUU  DDDDU  UDDDD   Dvořák  quintet for piano/strings in A op81 1m 2t
*RRDUU  DDDDU  UDDDD   Brahms  sonata for violin/piano in G op78 3m 1t
*RRDUU  DDDDU  UDUUR   Mozart  Cassation/1 in G K63 3m
*RRDUU  DDDUD  DUUUD   Bach  Magnificat in D/5: Quia facit BWV243
*RRDUU  DDDUU          Debussy  Images: Iberia 2m 1t
*RRDUU  DDDUU  UD      Honegger  concertino for piano/orch 2m
*RRDUU  DDRRR  DUUDD   Bach  English suite/6 in Dmi: Gavotte/1 BWV811
*RRDUU  DDRRR  DUUDU   Bach  English suite/6 in Dmi: Gavotte/2 BWV811
*RRDUU  DDUDD  DUDDD   Mendelssohn  sym/5 in D op107 'Reformation' 3m 2t
*RRDUU  DDUDD  UUDUU   Mozart  Mass/18 in Cmi K427: Gloria
*RRDUU  DDUDU  UDDUD   Schubert  Schwanengesang/5 Aufenthalt D957
*RRDUU  DDURR  URDDD   Beethoven  piano sonata/2 in A op2/2 2m
*RRDUU  DDURU  RRDUU   Richard Strauss  Don Quixote 5t(b)
*RRDUU  DDUUD  DDUUU   John Dowland  What if I never speed (song)
*RRDUU  DDUUD  UDDDU   Mendelssohn  piano trio/2 in Cmi op66 3m 1t
*RRDUU  DDUUU  UUUUU   Mozart  Sinfonia concertante in E♭ K297b 1m 1t
*RRDUU  DRRDU  UD      Berlioz  Harold in Italy op16 3m 1t
*RRDUU  DUDDD  RRDUU   Sullivan  Pirates of Penzance Act I: Climbing over
*RRDUU  DUDDR  RUURU   Stravinsky  The rake's progress I: Love too
*RRDUU  DUDDU  DUDDD   Bach  Mass in B minor/12 Credo/2(b) [frequently
*RRDUU  DUDUU  URRD    Albeniz  Iberia/3: El Albaicin, piano
```

87

*RRDUU	DURDU	UDURD	**Walton** symphony/1 in B♭mi 4m 3t
*RRDUU	DUUDD	DDURR	**Richard Strauss** violin sonata in E♭ op18 3m 2t
*RRDUU	DUUDR	RRUUU	**Buxtehude** Jubilate Domino (Ugrino/19) cantata
*RRDUU	DUURD	URRDU	**Nicolai** Merry wives of Windsor: overture 5t
*RRDUU	RDDUU	RDDUU	**Offenbach** La belle Hélène: overture 1t
*RRDUU	RRDRR	DUDRR	**Sibelius** violin concerto in Dmi op47 3m 2t
*RRDUU	RRDUU	RRDU	**Waldteufel** Mein Traum waltzes/4
*RRDUU	RRDUU	RRDUU	**Mozart** Sinfonia concertante in E♭ K364 3m 1t
*RRDUU	RRUDD	RU	**Roger Quilter** Weep you no more, sad fountains
*RRDUU	RUDDU	RRDUU	**Haydn** symphony/8 in G 1m
*RRDUU	UDDDD	UD	**Dufay** Bon jour, bon mois
*RRDUU	UDDDU	DDDUD	**Bach** chorale: Ein feste Burg BWV302
*RRDUU	UDDDU	DDDUD	**Meyerbeer** Les Huguenots I: Seigneur rempart (tune:
*RRDUU	UDDRD	UUUDD	**Waldteufel** Sirenenzauber waltzes/2 [Ein feste Burg]
*RRDUU	UDDRR	DDUUR	**Brahms** symphony/3 in F op90 4m 2t
*RRDUU	UDDUD	UDDDU	**Bach** suite/1 in C, orch 2t BWV1066
*RRDUU	UDRUR	UR	**Verdi** Rigoletto Act I: Pari siamo
*RRDUU	UDUUR	DDURD	**Debussy** Nocturnes, orch: Fêtes 4t
*RRDUU	UDUUR	RDUUU	**Schubert** quintet piano/str A 'Trout' 1m 2t D667
*RRDUU	UUDDD		**Haydn** Nelson Mass: Gloria
*RRDUU	UUDDR	UDRUD	**Chopin** waltz in E♭ op18 4t
*RRDUU	UURUD	UUUUU	**J Strauss** Blue Danube waltz/5 2t
*RRDUU	UUUDU	DD	**Schumann** cello concerto in Ami op129 3m 3t
*RRDUU	UUUDU	UUUUD	**Bach** Magnificat in D/12: Gloria
*RRRDD	DDDDD	DUUUU	**Beethoven** piano sonatina in F 1m 1t
*RRRDD	DDDDU	RRD	**Mendelssohn** sym/5 in D op107 'Reformation' 3m 5t
*RRRDD	DDDRR	RRUDU	**Tchaikovsky** Nutcracker suite: March 2t
*RRRDD	DDDUR	RRUUD	**Mozart** Mass/18 Cmi K427 'Great': Benedictus
*RRRDD	DDUDD	DDUUR	**Beethoven** Missa solemnis: Credo 4t
*RRRDD	DDUDD	UDUDD	**Honegger** concertino for piano/orch 1m 2t
*RRRDD	DDUUU	DD	**Verdi** Il trovatore Act II: Chi del gitano
*RRRDD	DDUUU	UUURD	**Sibelius** Come away death (song) op60/1
*RRRDD	DRRUR	RRUDU	**Sibelius** symphony/3 in C 1m 1t
*RRRDD	DRURD	DDDRD	**Monteverdi** Chiome d'oro
*RRRDD	DUDDU	UDUUD	**John Dowland** King of Denmark's galliard, lute/str
*RRRDD	DUDDU	RRRUD	**Haydn** symphony/92 in G 1m intro
*RRRDD	DUDRU	UU	**Verdi** Aida Act III: O cieli azzurri
*RRRDD	DUDUD	DDUDD	**Mozart** flute concerto/1 in G K313 3m
*RRRDD	DUURD		**Mozart** Divertimento in C K188 1m
*RRRDD	DUUUR	DDD	**Bach** St John Passion/12: Christus, der uns selig
*RRRDD	DUUUU	UURRR	**Haydn** symphony/103 in E♭ 'Drum roll' 4m
*RRRDD	RDDUR	RRDDR	**Tchaikovsky** symphony/4 in Fmi 4m 2t
*RRRDD	RDRUD	URRRU	**Mozart** piano sonata/8 in Ami K310 1m
*RRRDD	RDUUD	DUUDD	**Liszt** Years of travel, piano: Sonnet 104 of Petrarch
*RRRDD	RRRDD	RRRDD	**Saint-Saëns** Havanaise, violin/orch op83 1t
*RRRDD	RRRUU	RRRDD	**Brahms** trio/1 for piano/vln/cello in B op8 4m
*RRRDD	RURRR	DDR	**Mozart** Cosi dunque tradisci (song) K432
*RRRDD	RUUDR	UDDRU	**Handel** sonata for flute/fig bass in G op1/5 2m
*RRRDD	UDDDU	DUUDU	**Elgar** violin concerto in Bmi 3m 2t
*RRRDD	UDDRD	U	**Monteverdi** Zefiro torno
*RRRDD	UDDUD		**Hindemith** Mathis der Maler, symphony 1m 1t(a)
*RRRDD	UDRRR	DUURR	**Elgar** Pomp & Circumstance march/2 1t
*RRRDD	UDUDD	DU	**Schubert** piano sonata in A 1m 2t D959
*RRRDD	UDUUD	URRR	**Bach** organ fugue in Dmi BWV539
*RRRDD	UDUUD	URRR	**Bach** sonata/1 for solo violin in Gmi: fugue BWV1001
*RRRDD	UDUUU	UUDUR	**Wagner** Die Meistersinger Act I: So rief der Lenz
*RRRDD	URDRR	RR	**Puccini** Tosca Act I: Sempre con fe sincera

```
*RRRDD  URRRD  DUU    Vaughan Williams On Wenlock Edge: From far
*RRRDD  URRRD  UDRRR  Mozart piano concerto/18 in B♭ K456 3m 1t
*RRRDD  URRRR  DDU    Handel Water music 13m 2t
*RRRDD  UUDDU         Delius Mass of Life: O du mein Wille
*RRRDD  UUDDU  RRRDD  Ewald symphony for brass 2m
*RRRDD  UUDDU  UDDUU  Bizet Carmen: Danse Bohème
*RRRDD  UUDRD  DURUU  Vaughan Williams symphony/3 'Pastoral' 4m 1t
*RRRDD  UUDUU  DUUDU  Nielsen flute concerto, a theme from 1m
*RRRDD  UURRD  DUU    Ravel L'enfant et les sortilèges: clock
*RRRDD  UURRR  DDUDR  Shostakovich symphony/5 3m 2t
*RRRDD  UURRR  UUDDR  Bizet Carmen: prelude 1t
*RRRDD  UUUDD  UDDDU  Sibelius Pelléas et Mélisande: Entr'acte
*RRRDD  UUUUD  RRRRD  Chopin Fantaisie in Fmi op49 2t
*RRRDR  DDUDU  DUUUD  Bach St Matthew Passion/67: Der du den Tempel
*RRRDR  DDURR  RDRDD  J Strauss Jr Artist's life/1 1t
*RRRDR  DRDRR  RURUR  Sibelius symphony/5 in E♭ 3m 1t
*RRRDR  DRDUR  DDDDD  Massenet Scènes Alsaciennes/2 1t
*RRRDR  DRRRU  DURUD  G Gabrieli Sonata pian' e forte, for brass 1t
*RRRDR  DRUDR  DRDRU  Haydn string quartet/39 in C op33 'The bird' 1m 2t
*RRRDR  DRURD  RRDDR  Richard Strauss Aus Italien: Neapolitan 1t(a)
*RRRDR  RDRUR  RRDDR  Wagner Das Rheingold: Immer ist Undank
*RRRDR  RRDRR  RDRRR  Haydn string quartet/76 in D op76/2 4m 2t
*RRRDR  RRRUR  RRRDR  Mozart Die Zauberflöte Act I: Hm, hm, hm
*RRRDR  RRUDD  DRRRD  Donizetti La Favorita Act IV: Spirto gentil
*RRRDR  RRUDR  RRRRR  Wagner Der fliegende Holländer II: Auf hohem Felsen
*RRRDR  RRURR  RDDR   Puccini Turandot Act III: Nessun dorma!
*RRRDR  RURRD  RRDRR  Sullivan Ruddigore Act I: My boy you may take it
*RRRDR  RURRD  RRURR  Schubert Die Winterreise/17 Im Dorfe
*RRRDR  UDURR  RDRUD  Sullivan The Mikado I: Three little maids from school
*RRRDR  URDRU  DRUUU  Schubert Die Winterreise/13 Die Post
*RRRDR  URRDR  DUUDU  Mozart Mass/19 in Dmi K626 (Requiem): Quam olim
*RRRDR  URRRR  UDDRU  Rachmaninov sonata for cello/piano in Gmi 3m
*RRRDR  UUURR  RDRUU  Schumann symphony/4 in Dmi op120 4m 1t
*RRRDR  UUUUD  RUUUU  Vivaldi concerto in Bmi op3/10 2m
*RRRDU  DDDDD  RRDUD  Berlioz Les Troyens: Royal Hunt and Storm 3t
*RRRDU  DDDDR  DRDUD  Mozart sonata for violin/piano in G K379 1m 1t
*RRRDU  DDDDR  URDRD  Stravinsky Petrushka: Dance of the coachmen
*RRRDU  DDDDU  UD     Schubert Impromptu/3 in G♭ piano D899
*RRRDU  DDDRU  RRRDU  Sibelius En saga op9 5t
*RRRDU  DDDUU  RU     Richard Strauss Der Rosenkavalier Act II: Mit Ihren
*RRRDU  DDRRR  DUD    Sibelius symphony/1 in Emi op39 3m 1t       [Augen
*RRRDU  DDRUU  D      Mozart piano concerto/11 in F K413 1m 2t
*RRRDU  DDUDD  DUUDD  Henri Rabaud La procession nocturne 3t
*RRRDU  DDUDD  UDRDR  Lalo Symphonie espagnole, violin/orch 5m 2t
*RRRDU  DDUUU  RDUDD  Sibelius symphony/1 in Emi op39 2m 1t(a)
*RRRDU  DRDRU  RRDUD  Gounod Faust Act III: Salut! demeure chaste et pure
*RRRDU  DRRDU  D      Honegger King David, symphonic psalm 2t
*RRRDU  DRRDU  U      Debussy Images/2 Iberia 2m 2t
*RRRDU  DRRRD  UUR    Hugo Wolf Herr, was trägt der Boden hier (song)
*RRRDU  DRUUU  DDRRR  Balakirev Islamey, oriental fantasy for piano 1t
*RRRDU  DUDUD  UDDDR  Schumann string quartet in Ami op41/1 1m 2t(a)
*RRRDU  DUDUR  RRDUD  Mozart Deutsche Tänze/6 orch K571
*RRRDU  DURRR  DUDUD  Bartok Hungarian folk songs, violin/piano 2m 2t
*RRRDU  DUUDD  DDDRR  Grieg sonata violin/piano Gmi op13/2 1m intro
*RRRDU  DUURR  RUDDR  Mozart piano sonata/10 in C K330 2m 2t
*RRRDU  RDDDR  UUDD   Haydn string quartet/39 in C op33 'The bird' 1m 1t
*RRRDU  RDDUU  RRR    Sullivan Iolanthe Act II: Love unrequited robs me
```

*RRRDU	RDRRR	RUU	**Sullivan** Iolanthe Act II: In vain to us you plead
*RRRDU	RDUDD	DDDDD	**Mozart** piano sonata/5 in G K283 2m
*RRRDU	RDUUD	RUDUD	**Holst** The Planets op32: Mars 3t
*RRRDU	RRDDU	UUD	**Sullivan** Yeomen of the Guard Act I: Oh, Sergeant
*RRRDU	RRDUD	RDUDU	**de Falla** concerto harps'd/chamber orch in D 1m 1t
*RRRDU	RRDUR	RRDUU	**Handel** harpsichord suite/7 in G 1m 2t
*RRRDU	RRRDU	DDURR	**Mozart** Don Giovanni Act II: Eh via buffone
*RRRDU	RRRDU	RRRDU	**Mozart** symphony/24 in B♭ K182 3m
*RRRDU	RRRRU	URRRD	**Debussy** Pour le piano: prelude 1t
*RRRDU	RRRUR	RRRUR	**J Strauss Jr** Artist's life/2 1t
*RRRDU	RRUD		**Waldteufel** Immer oder Nimmer waltzes/2 1t
*RRRDU	RRUDU	D	**Purcell** Indian Queen: Ye twice ten hundred
*RRRDU	RUDDD	DUD	**Handel** harpsichord suite/3 in Dmi 5m minuet
*RRRDU	RUDDD	URUD	**Bach** Christmas oratorio/1 Jauchzet, frohlocket
*RRRDU	RUDDU	UUDUU	**Stravinsky** Les Noces: Et vous père
*RRRDU	RURRR	DURUR	**Bruckner** symphony/4 in E♭ 3m 1t
*RRRDU	RURRR	UDDDD	**Wagner** Tannhäuser Act I: Frau Holde kam
*RRRDU	·RUURR	UURD	**Wagner** Die Walküre Act I: Der Männer Sippe
*RRRDU	UDDDD	UUDDR	**Verdi** Il trovatore Act II: Stride la vampa
*RRRDU	UDDDU	RRRDU	**Offenbach** Orpheus in the underworld: overture 1t
*RRRDU	UDDUD	DDDRR	**Mozart** piano concerto/22 in E♭ K482 1m 1t
*RRRDU	UDDUD	DDUUD	**Tchaikovsky** symphony/3 in D op29 3m 2t
*RRRDU	UDDUD	UUDDU	**Vaughan Williams** Flos campi 4m 1t
*RRRDU	UDDUR	RRDUU	**Tchaikovsky** Swan lake 3m: swans
*RRRDU	UDDUR	RRDUU	**Chabrier** España 3t
*RRRDU	UDDUU	UUUUR	**Sibelius** symphony/2 in D op43 3m 1t
*RRRDU	UDUDD	DDUDD	**Tartini** Devil's trill, violin/piano 3m
*RRRDU	UDUUD	URR	**Mozart** Figaro Act I: Se vuol ballare
*RRRDU	UDUUU	UUUD	**Reynaldo Hahn** Si mes vers avaient des ailes (song)
*RRRDU	URDUD	RDUUD	**Vaughan Williams** London symphony 4m 1t
*RRRDU	URRRD	UURRR	**Offenbach** Tales of Hoffmann Act IV: Chère enfant!
*RRRDU	URRRR	RUDUU	**Liszt** Les funérailles, piano 3t
*RRRDU	URUDU	D	**Bellini** Norma: overture 1t
*RRRDU	UUDDU	DDUDD	**Sibelius** symphony/6 in Dmi 3m 3t
*RRRDU	UUDDU	R	**Vaughan Williams** Sea symphony: Flaunt out O sea
*RRRDU	UUDRR	RRDUU	**Schumann** Dichterliebe/5 Ich will meine Seele
*RRRDU	UUDUD	DDU	**Ravel** Mélodies grecques: Réveille-toi
*RRRDU	UUUDD	DRUDU	**Stravinsky** Firebird: Ronde des Princesses 2t
*RRRDU	UUUDD	DURDU	**Haydn** Nelson Mass: Quoniam tu solus
*RRRDU	UUUDD	U	**Vaughan Williams** symphony/8 3m 2t
*RRRDU	UUURR		**Beethoven** string quartet/6 in B♭ op18/6 4m
*RRRDU	UUUUD	DUUUU	**Chopin** waltz in Emi (op posth.) 1t
*RRRDU	UUUUD	RRDUU	**Vivaldi** concerto for piccolo/strings in C 1m P79
*RRRDU	UUUUU	DDRRR	**Wagner** Götterdämmerung: Siegfried's funeral 1t
*RRRRD	DDDDD	DUUDU	**Bach** Magnificat in D/4 Omnes generationes
*RRRRD	DDDDU	DDDDD	**Mendelssohn** string quartet/4 in Emi op44/2 2m
*RRRRD	DDDRR	RUUUU	**Orff** Carmina Burana 8m Chramer, gip die varwe mir
*RRRRD	DDRRR	UDD	**Verdi** Don Carlos Act II: Nel giardin del bello
*RRRRD	DDUDD	DUUUU	**Schubert** Military marches/1 piano 4 hands 3t D733
*RRRRD	DDUDU		**Hugo Wolf** Du denkst mit einem Fädchen (song)
*RRRRD	DDURR	RRDDD	**Sibelius** Driftwood (song) op13/7
*RRRRD	DRRRR	R	**Waldteufel** skaters waltz/2 2t
*RRRRD	DUDRD	UUUUU	**Liszt** piano sonata in Bmi 5t
*RRRRD	DUDRU	RUDDU	**Sullivan** Pirates of Penzance Act I: For I am a pirate
*RRRRD	DUDUR	RR	**Wagner** Das Rheingold: Abendlich strahlt [King
*RRRRD	DUDUU	RRRUD	**Vaughan Williams** symphony/4 in Fmi 3t
*RRRRD	DUUDU	UDRD	**Dvořák** sonatina for violin/piano in G op100 3m

90

```
*RRRRD  DUURR  R       Hugo Wolf Nun wandre Maria (song)
*RRRRD  DUUUD  DDDUU   Verdi Requiem: Lux aerterna: Requiem aeternam
*RRRRD  RDUDR  URR     Sullivan The Gondoliers Act II: Here we are
*RRRRD  RRRDR  RRDUD   Sousa Stars and stripes march 4t
*RRRRD  RRRRD  RRRR    Beethoven symphony/1 in C 1m 4t
*RRRRD  RRRRU  D       Mozart sonata for violin/piano in Emi K304 2m 2t
*RRRRD  RRRRU  RRRRD   Mozart symphony/25 in Gmi K183 1m 1t
*RRRRD  RRRRU  RRRRU   Malipiero Impressioni dal Vero: Il picchio 1t
*RRRRD  RRRRU  RURDD   Schubert trio for piano/vln/cello in Eb 1m 2t D929
*RRRRD  RRRUR  RRUDD   Beethoven piano concerto/4 in G 1m 1t
*RRRRD  RRURU  RRUU    Verdi La forza del Destino Act III: Urna fatale
*RRRRD  RRUUR  RDUDD   Lalo symphonie espagnole, violin/orch 1m 1t(b)
*RRRRD  RUDDD  RUDUD   Haydn symphony/86 in D 4m
*RRRRD  RUUDD  URRRR   Hummel concerto piano/vln/orch in·G op17 1m 1t
*RRRRD  UDUDD          de Falla El amor brujo: fire dance t
*RRRRD  UDUDD  RDRUD   Ravel Rapsodie espagnole 4m 3t
*RRRRD  UDUDU  RRURD   Mozart symphony/41 in C K551 'Jupiter' 1m 1t
*RRRRD  URDDD  DRU     Mozart Figaro Act I: Via resti servita
*RRRRD  URRRR  RDURR   Hummel concerto piano/vln/orch in G op17 1m 1t
*RRRRD  URRRU  DRRRR   Hindemith Kleine Kammermusik op24/2 4m
*RRRRD  URURU  UDUDU   Bach sonata for viola da gamba/Clavier 3m BWV1029
*RRRRD  UUDDD  DRRRR   Saint-Saëns Carnaval des animaux: finale
*RRRRD  UUDDD  DURRR   Mozart symphony/39 in Eb K543 2m 3t
*RRRRD  UUDDD  UUDDD   Dvořák string sextet in A op48 2m (Dumka) 1t(b)
*RRRRD  UUDDU  DRRRR   Mozart symphony/29 in A K201 1m 2t
*RRRRD  UUDDU  RUUDU   Handel Dead March from Saul
*RRRRD  UUDUR  DURD    Ravel Don Quichotte à Dulcinée: Chanson roman-
*RRRRD  UURDD  UURDR   Haydn flute concerto D (spurious) 1m        [tique
*RRRRD  UURDU  URDUU   Nielsen flute concerto 2m 1t
*RRRRD  UURDU  UURUD   Schumann symphony/1 in Bb op38 'Spring' 1m 1t
*RRRRD  UURRR  DUUUD   Verdi Luisa Miller Act II: Quando le sere
*RRRRD  UURRU  RUD     Tchaikovsky Chanson triste, piano op40/2
*RRRRD  UUUDD  DUUUD   Honegger piano concertino 1m 1t
*RRRRD  UUUDU  DDDUU   Grieg Elfin dance, piano op12/4
*RRRRD  UUUDU  UDDUU   Thomas Raymond overture intro
*RRRRD  UUUDU  UUDUU   Bach organ fugue in Emi BWV533
*RRRRD  UUURR  RRDUU   Schumann symphony/1 in Bb op38 'Spring' 1m intro
*RRRRR  DDDRR  RUDDU   Honegger piano concertino 3m 2t
*RRRRR  DDDUD  UDUDD   Ravel Rapsodie espagnole 2m 1t
*RRRRR  DDDUR  RRRRU   Schubert string quartet/15 in G 3m 1t D956
*RRRRR  DDDUR  UDUUU   Haydn symphony/90 in C 1m
*RRRRR  DDRUR  UUDDD   Wagner Die Meistersinger Act II: Hört, ihr Leut'
*RRRRR  DDUD          Schubert symphony/9 in C 'Great' 3m 4t D944
*RRRRR  DDURR  RRUU    Paganini caprice for violin op1/4 'Militaire'
*RRRRR  DDURR  RUDDD   Bartok Contrasts, violin/clar/piano 1m 2t
*RRRRR  DDURR  RUDDD   Schubert Schwanengesang/13 Der Doppelgänger D957
*RRRRR  DDURR  RUR     Hugo Wolf Blumengruss (song)
*RRRRR  DDURU  UUDDD   Balfe The arrow and the song (song)
*RRRRR  DDUUR  DDUUR   Brahms concerto violin/cello/orch Ami op102 3m 3t
*RRRRR  DDUUR  RRRRD   Brahms trio for piano/vln/cello in C op87 3m 1t
*RRRRR  DRDRR  DRURR   Clementi piano s'ta Gmi 'Didone abbandonata' 2m
*RRRRR  DRRRR  RDUDU   Schubert Grand Duo in C piano 4 hands 3m D812
*RRRRR  DRURD  RURDR   Mozart Idomeneo Act I: Tutte nel cor
*RRRRR  DRURR  RRRDD   Bach sonata/5 violin/Clavier Fmi 3m BWV1018
*RRRRR  DRUUR  RRRDR   Beethoven piano sonata/6 in F op10/2 2m 2t
*RRRRR  DUDDR  RRRDU   de Falla Seguidilla Murciana (song)
*RRRRR  DUDDU  UU      Mozart Divertimento in Bb K287 6m
```

*RRRRR	DUDRD	UUDRR	**Wagner** Tannhäuser Act II: Verzeihe
*RRRRR	DURRR	RRDUD	**Haydn** Clavier concerto in D 2m 2t
*RRRRR	DURUR	RRRUU	**Guy d'Hardelot** O love! when thou art far away (song)
*RRRRR	DUURU	DUDUD	**Inghelbrecht** Four fanfares/3, brass: Funèbre
*RRRRR	DUUUR	DRDRD	**J Strauss Jr** Tales of the Vienna Woods/3
*RRRRR	DUUUU	UUU	**Schubert** symphony/6 in C 4m 3t D589
*RRRRR	DUUUU	UUUUD	**Debussy** sonata for violin/piano in Gmi 2m 1t
*RRRRR	RDDDU	UDDDD	**Beethoven** symphony/3 in E♭ 'Eroica' 4m 3t
*RRRRR	RDDRR	UUURR	**Dvořák** symphony/7 in Dmi op70 3m 1t
*RRRRR	RDDUD	RRRRR	**Ivanovici** Donauwellen/1 2t (Waves of the Danube)
*RRRRR	RDDUU	DDUUD	**Mozart** Die Entführung I: Solche hergelauf'ne Laffen
*RRRRR	RDRDR		**Monteverdi** Lagrime d'amante/6 Dunque amate
*RRRRR	RDRRR	DRRRD	**J Strauss Jr** Thousand and one nights/1 2t
*RRRRR	RDRRR	RRRRR	**Richard Strauss** Ariadne auf Naxos: Es gibt ein Reich
*RRRRR	RDUDD	DUUUU	**Waldteufel** Estudiantina waltzes/2 1t
*RRRRR	RDUUD	DD	**Berlioz** Fantastic symphony 3m 2t
*RRRRR	RDUUU	UUUUR	**Schubert** Fantasie in C 'Der Wanderer' piano 1t D760
*RRRRR	RRDDD	UDRRR	**Saint-Saëns** piano concerto/4 in Cmi op44 2m 2t
*RRRRR	RRDDD	UDUUU	**Stravinsky** Sacre du Printemps: Adolescents 1t
*RRRRR	RRDRR	RDRRR	**Mussorgsky** Pictures from an exhibition: S Golden-
*RRRRR	RRDRR	RRRRR	**Ravel** La Valse, orch 3t [berg & Schmuyle 2t
*RRRRR	RRDRR	RRUDU	**Monteverdi** Lagrime d'amante/3 Dará la notte
*RRRRR	RRDRU	UURDR	**Mozart** violin concerto/1 B♭ K207 3m 2t
*RRRRR	RRDUU	DU	**Honegger** King David, symphonic psalm: Cortège 1t
*RRRRR	RRDUU	RDUUU	**Mendelssohn** symphony/3 in Ami 'Scotch' 3m 2t
*RRRRR	RRRDU	DDDRR	**Mozart** piano concerto/20 in Dmi K466 1m 1t
*RRRRR	RRRDU	RRRUD	**Sousa** El Capitan, march 3t
*RRRRR	RRRDU	UUUDU	**Sibelius** symphony/2 in D op43 3m 3t
*RRRRR	RRRDU	UUURR	**Wagner** Tannhäuser Act II: march, intro
*RRRRR	RRRRD	DDDDU	**R strauss** Der Rosenkavalier Act II: Mir ist die Ehre
*RRRRR	RRRRD	DDDDU	**Haydn** string quartet/49 in D op50 'The frog' 4m 1t
*RRRRR	RRRRD	DUUDD	**Scarlatti** harpsichord sonata in D K397
*RRRRR	RRRRD	RDDUD	**Catalani** La Wally: Ebben? Ne andrò lontana
*RRRRR	RRRRR	RDURR	**Ravel** L'enfant et les sortilèges: Lullaby
*RRRRR	RRRRR	RDUUR	**Tchaikovsky** symphony/4 in Fmi op36 1m intro
*RRRRR	RRRRR	RRRD	**Villa-Lobos** Bachianas Brasileiras/5 2t
*RRRRR	RRRRR	RRRDD	**Schubert** piano sonata in A 1m 1t D959
*RRRRR	RRRRR	RRRDU	**Handel** concerto grosso in B♭ op6/7 2m
*RRRRR	RRRRR	RRRRD	**Khachaturian** Sabre dance from Gayaneh ballet 1t
*RRRRR	RRRRR	RRRRR	**Beethoven** piano sonata/12 in A♭ op26 3m
*RRRRR	RRRRR	RRRRR	**Mozart** concerto/10 2 pianos K365 1m 2t
*RRRRR	RRRRR	RRRRU	**Stravinsky** violin concerto in D 4m
*RRRRR	RRRRR	RRRUD	**Verdi** La forza del Destino Act I: Me pellegrina
*RRRRR	RRRRR	RRRUD	**Verdi** La Traviata Act III: Prendi quest'è l'immagine
*RRRRR	RRRRR	RRUD	**Gaetano Braga** Angel's serenade (song)
*RRRRR	RRRRR	RRURD	**Verdi** Otello Act II: Si, pel ciel marmoreo giuro
*RRRRR	RRRRR	RRURU	**Beethoven** piano sonata/21 C 'Waldstein' op53 1m 1t
*RRRRR	RRRRR	RRURU	**Sullivan** The lost chord (song)
*RRRRR	RRRRR	RRUUU	**Sibelius** Valse triste, orch op44 2t
*RRRRR	RRRRR	RUDDD	**Stravinsky** Petrushka: Tableau 2t
*RRRRR	RRRRR	RUDDD	**Beethoven** symphony/5 in Cmi 3m 2t
*RRRRR	RRRRR	RUDDD	**Hummel** trumpet concerto in E 3m
*RRRRR	RRRRR	RUDRD	**Verdi** Requiem: Requiem aeternam
*RRRRR	RRRRR	RUUDR	**Berlioz** Requiem/8 Hostias
*RRRRR	RRRRR	RUURD	**J Strauss Jr** Tales of the Vienna Woods/5 1t
*RRRRR	RRRRR	RUURR	**Beethoven** symphony/7 in A 2m 1t
*RRRRR	RRRRR	UDDRD	**Mozart** Serenade in E♭ K375 1m 1t

92

*RRRRR	RRRRR	UDRRU	**Mahler** symphony/5 1m funeral march 1t
*RRRRR	RRRRR	UDUUD	**Sir Henry Bishop** The mistletoe bough (song)
*RRRRR	RRRRR	URUR	**Mahler** Kindertotenlieder/5 In diesem Wetter
*RRRRR	RRRRU	DRRRD	**Haydn** symphony/31 in D 1m
*RRRRR	RRRRU	DUDUD	**Stravinsky** symphony in 3 movements 2m 1t
*RRRRR	RRRUD	DDDDR	**Prokofiev** Lieutenant Kije, orch 1m 2t
*RRRRR	RRRUD	DDDRU	**Poulenc** Les biches: adagietto
*RRRRR	RRRUD	DRUDD	**Bloch** Schelomo (Hebrew rhapsody) cello/orch 6t
*RRRRR	RRRUD	UDDUU	**Mahler** symphony/4 in G 1m intro
*RRRRR	RRRUD	UDRUD	**Mozart** Divertimento for string trio in E♭ K563 2m
*RRRRR	RRRUD	UDUDU	**Schumann** string quartet in Ami op41/1 2m 1t
*RRRRR	RRRUD	UUUDD	**Shostakovich** symphony/6 in Bmi 3m 1t
*RRRRR	RRRUR	DDDUD	**Puccini** La Bohème Act I: Che gelida manina
*RRRRR	RRRUR	RRRU	**Verdi** Otello Act II: Credo in un Dio crudel
*RRRRR	RRRUU	RDRRU	**Berlioz** Requiem/10 Agnus dei
*RRRRR	RRUDD		**Verdi** La forza del Destino Act III: Toh toh! Poffare
*RRRRR	RRUDR	RRRRR	**Liszt** Les préludes, symphonic poem 4t
*RRRRR	RRUDU	D	**Stravinsky** Pulcinella: Una te falanz
*RRRRR	RRURR	RDUUR	**Giordano** Andrea Chenier Act III: La mamma morta
*RRRRR	RRUUD	R	**Verdi** Requiem: Lux aeterna
*RRRRR	RRUUD	UUDUU	**Beethoven** sonata/9 violin/piano op47 'Kreutzer' 3m 1t
*RRRRR	RRUUU	DDRR	**Puccini** La Bohème Act IV: Vecchia zimarra
*RRRRR	RRUUU	DDURR	**Sibelius** En saga op9 1t
*RRRRR	RRUUU	DRRRR	**Rossini** William Tell: overture 2t
*RRRRR	RUDDD	DDDUD	**Beethoven** symphony/3 in E♭ 'Eroica' 3m 1t(b)
*RRRRR	RUDDD	DDUD	**Beethoven** Fidelio Act I: O welche Lust!
*RRRRR	RUDDD	DURDD	**Walton** symphony/1 in B♭mi 2m 2t
*RRRRR	RUDDD	UURRR	**Ravel** Rapsodie espagnole 4m 2t(a)
*RRRRR	RUDDR	DUUDR	**Verdi** Don Carlos Act IV: Dormirò sol
*RRRRR	RUDDR	RDUDD	**Sullivan** The Mikado Act I: So please you, sir
*RRRRR	RUDDR	RDUUR	**Gershwin** piano concerto in F 1m 2t
*RRRRR	RUDDU	RUDDD	**Berlioz** Benvenuto Cellini Act II: Bienheureux
*RRRRR	RUDRR	D	**Debussy** Chansons de Bilitis/3 Le tombeau des Naiades
*RRRRR	RUDRU	DDUUU	**Dvořák** trio/4 piano/vln/cello Emi op90 'Dumka' 1m
*RRRRR	RUDUU	DUUDU	**Beethoven** symphony/8 in F 4m 1t(a) [2t
*RRRRR	RURRR	RRDUR	**Brahms** trio/2 piano/vln/cello in C op87 3m 1t
*RRRRR	RUUDD	DDUUU	**Brahms** symphony/1 in Cmi op68 3m 4t
*RRRRR	RUUDD	DRDDD	**Haydn** symphony/87 in A 1m
*RRRRR	RUUDD	DU	**Dvořák** string quartet in G op106 3m 1t
*RRRRR	RUUDR	RRRRU	**Tchaikovsky** The doll's burial, piano
*RRRRR	RUURD		**Hugo Wolf** Gesang Weyla's (song)
*RRRRR	RUURU	R	**Monteverdi** Lagrime d'amante/1 Incenerite spoglie
*RRRRR	UDDDD	U	**Chopin** waltz in E♭ op18 2t
*RRRRR	UDDDU	D	**Puccini** Turandot Act II: In questa reggia
*RRRRR	UDDRD	DUU	**Sir Henry Bishop** Lo here the gentle lark (song)
*RRRRR	UDDRR	RRUDD	**Mozart** Don Giovanni I: Ballroom scene, menuetto
*RRRRR	UDDUD	URRRR	**Beethoven** piano sonata/14 C♯mi op27/2 'Moonlight'
*RRRRR	UDDUU	RRRRR	**Mozart** Die Zauberflöte: overture [1m
*RRRRR	UDDUU	RRRRR	**Clementi** piano sonata in B♭ op47/2 1m
*RRRRR	UDDUU	UDUDU	**Sullivan** The Gondoliers Act II: Of happiness
*RRRRR	UDRDD	DRRUD	**Verdi** Un ballo in maschera III: eri tu che macchiave
*RRRRR	UDRRR	RRUDR	**Saint-Saëns** Carnaval des animaux: Poules et coqs
*RRRRR	UDRRU	DRRRD	**Vivaldi** concerto in Bmi op3/10 1m
*RRRRR	UDRRU	DRRRD	**Bach** concerto for 4 harpsichords/str Ami 1m BWV1065
*RRRRR	UDRRU	DUUUU	**Schubert** Was bedeutet die Bewegung (song) D720
*RRRRR	UDRUR	DRRDR	**Schumann** Frauenliebe & Leben/3 Ich kann's nicht

```
*RRRRR  UDRUU  UUU     Verdi Falstaff Act II: E sogno? o realtà?
*RRRRR  UDUDR  RRUDU   Bach sonata/1 violin/Clavier in Bmi 4m BWV1014
*RRRRR  UDUUR  RRRR    Mozart Figaro Act III: finale, march
*RRRRR  UDUUU  DDDDD   Bach Cantata/211 Schweigt stille/2 Hat mann nicht
*RRRRR  UDUUU  UDUDU   Handel Fireworks music 1m overture 2t
*RRRRR  URDUD  DRDDR   Wagner Lohengrin Act I: Wenn ich im Kampfe
*RRRRR  URRRR  RDRRR   Scarlatti harpsichord sonata in Dmi Kp141 toccata
*RRRRR  URRRR  RURRR   Handel concerto grosso in F op6/2 3m 2t
*RRRRR  URRRR  UDRD    Beethoven Vom Tode (Gellert Lieder/3)
*RRRRR  URRRR  UDU     Wagner Die Meistersinger Act II: Was duftet doch
*RRRRR  URRUD  DDU     Josef Strauss Sphärenklange waltzes/1 2t
*RRRRR  URURR  RDRUR   Shostakovich Two pieces from str octet/2 scherzo 2t
*RRRRR  URUUU  DD      Verdi Otello Act I: Già nella notte densa
*RRRRR  UUDDD  UURRR   Ravel Rapsodie espagnole 4m 2t(b)
*RRRRR  UUDDU  UDDUU   Mozart violin concerto/4 in D K218 1m 1t
*RRRRR  UUDDU  UDRU    Schumann Volksliedchen op51/2 (song)
*RRRRR  UUDRR  RRRRU   Bruckner Te Deum: Aeterna fac
*RRRRR  UUDRR  RRRUU   Handel sonata for flute/violin/fig bass Cmi op2/1 3m
*RRRRR  UUDRU  UDRUD   R Strauss Freundliche Vision (song) op48/1
*RRRRR  UUUUD  UDDDD   Mozart piano concerto/13 in C K415 1m 2t
*RRRRR  UUUUU  UUUDD   Beethoven piano sonata/13 in E♭ op27 2m 2t
*RRRRU  DDDDD  DDDDD   Berlioz Benvenuto Cellini Act I trio: Demain soir
*RRRRU  DDDDD  DDU     Mozart sinfonia concertante, vln/vla/orch E♭ K364
*RRRRU  DDDRR  RRRRR   Mozart Cosi fan tutte Act I: E la fede      [1m 1t
*RRRRU  DDDRR  UUDUU   Alfvén Midsommarvarka (Swedish rhapsody) 4t
*RRRRU  DDDUD  DUDDD   Vaughan Williams symphony/4 in Fmi 3m 2t
*RRRRU  DDDUD  RRRRR   Haydn symphony/83 in Gmi 'La Poule' 2m
*RRRRU  DDDUD  UUUDD   Jannequin Le chant des oiseaux (song)
*RRRRU  DDDUR  DUDDD   Puccini Madam Butterfly Act I: Bimba dagli occhi
*RRRRU  DDDUR  RRRUD   Haydn symphony/26 in Dmi 1m
*RRRRU  DDDUR  UDD     Schumann Papillons, piano op2/4
*RRRRU  DDDUU  UDD     Sullivan The Gondoliers Act I: Bridegroom and bride
*RRRRU  DDRDD  DRRDD   Weber Konzertstück, piano/orch 3t
*RRRRU  DDRDD  UUR     Schubert symphony/9 in C 'Great' 4m 2t D944
*RRRRU  DDRRR  DDDU    Schumann Dichterliebe/13 Ich hab' im Traum
*RRRRU  DDRRR  RRUDR   Mozart Don Giovanni Act II: Meta di voi vadano
*RRRRU  DDUDD  DDURU   Chopin Ballade/2 op38
*RRRRU  DDUDD  RUD     R Strauss Arabella II: Und du wirst mein Gebieter
*RRRRU  DDUDD  UUDDR   Berlioz Te Deum/6a: Judex crederis
*RRRRU  DDUDU  UUDUD   Liszt Grandes études de Paganini/3 in G♯mi La cam-
*RRRRU  DDURD  UUD     Gluck Paris & Helena: O del mio dolce    [panella 2t
*RRRRU  DDUUD  DUUDD   Mozart Serenade in D K320 1m 2t
*RRRRU  DDUUD  DUURD   Tchaikovsky Don Juan's serenade op38/1 All Granada
*RRRRU  DRDDD  DRUDU   Stravinsky Les Noces: Avec quoi
*RRRRU  DRDDD  UURRD   Massenet Werther III: Va! laisse couler mes larmes
*RRRRU  DRDRD  DDRUU   Berlioz Les Troyens V: Ah! quand viendra l'instant
*RRRRU  DRDRR  RRU     Schumann Dichterliebe/4 Wenn ich deine Augen seh'
*RRRRU  DRDRU  DRUD    Schumann Dichterliebe/2 Aus meinen Thränen
*RRRRU  DRDUR  RDUD    Schubert Schwanengesang/11 Die Stadt D957
*RRRRU  DRRRR  UDUDR   Chopin étude/1 op25 'Harp'
*RRRRU  DRRRU  U       Gluck Alceste Act I: Divinités du Styx
*RRRRU  DRRUR          Mussorgsky Boris Godunov: Pimen's monologue
*RRRRU  DRUDD  RURRD   Wagner Parsifal III: Wie dünkt mich doch die Auge
*RRRRU  DUDDD  DDDUU   Mozart string quintet/3 in C K515 3m
*RRRRU  DUDDU  DDDD    Bach Well-tempered Clavier Bk II: fugue/8 BWV877
*RRRRU  DUDUU  UDDDD   Mozart Serenade in D K239 1m 1t
*RRRRU  DURDD  URUD    Mendelssohn Der Mond (song)
```

94

```
*RRRRU DURRR RUD      Mozart string quartet/23 in F K590 2m
*RRRRU DUURR RDUU     Handel Water music 20m
*RRRRU DUURR RRDUU    Mozart piano concerto/18 in B♭ K456 1m 1t
*RRRRU DUURU DDD      Schubert Der Musensohn (song) D764
*RRRRU DUURU DUUUD    Mozart piano concerto/26 in D K537 2m
*RRRRU DUUUD DDDDD    Haydn symphony/73 in D 'La chasse' 4m
*RRRRU RDDDD UUUUU    Mozart piano concerto/13 in C K415 1m 1t
*RRRRU RDDRD          Hugo Wolf Auf eine Christblume/1 (song)
*RRRRU RDRRR RUU      Mozart Figaro Act II: Susanna or via sortite
*RRRRU RRDDD DRRRR    Mozart piano concerto/19 in F K459 1m 1t
*RRRRU RRDRR RRDR     Verdi La forza del Destino II: La vergine degli angeli
*RRRRU RRRDR RRDRR    Elgar cello concerto in Emi op85 2m 1t
*RRRRU RRRRR RUDDR    Elgar Sea pictures op37/3 Sabbath morning at sea
*RRRRU RRRRU DDUUD    Mozart symphony/36 in C K425 'Linz' 1m 2t
*RRRRU RRRRU RURRD    Mendelssohn octet in E♭ op20 2m 2t
*RRRRU RRRUR RRDD     Mozart Serenade in E♭ K375 1m 2t
*RRRRU RRURD UD       Puccini La Bohème Act III: Donde lieta usci
*RRRRU RUDDD DDDUD    Schumann Dein Angesicht op127/2 (song)
*RRRRU RURDD UUDUD    Donizetti Lucia di Lammermoor Act III: Qui del padre
*RRRRU RURDR RUDDR    Puccini La fanciulla del West Act I: Minnie
*RRRRU RUURD RUU      Sullivan Pirates of Penzance Act II: Now for the
*RRRRU UDDDD DUUUD    Debussy La Mer 1m 2t                [pirates' lair
*RRRRU UDDRR RDUDR    Hindemith Kleine Kammermusik op24/2 2m 2t
*RRRRU UDDRR RDURU    Puccini Turandot Act II: O principi
*RRRRU UDDRR RRRRU    Dvořák symphony/8 in G op88 4m 2t
*RRRRU UDDRR RRRRU    Schumann Im Walde (song) op39/11
*RRRRU UDRDD DRUUU    Carrie Jacobs-Bond A perfect day (song)
*RRRRU UDUDD DRRRR    Caldara Come raggio di sol (song)
*RRRRU UDUDU DURRR    Grieg sonata/3 for violin/piano in Cmi op45 2m 2t
*RRRRU URRRR UURRU    Brahms Academic Festival overture op80 4t
*RRRRU URRUU UDDDD    Dvořák quartet for piano/strings in E♭ op87 3m 2t
*RRRRU UUDDD RRRRR    Mozart symph/32 in G K318 (in one movement) 2t
*RRRRU UUDUD DDDDU    Beethoven string quartet/12 E♭ op127 4m 2t
*RRRRU UURRU UUURD    Schubert piano sonata in A 4m 3t D959
*RRRUD DDDDD DDDDD    Mozart symphony/39 in E♭ K543 1m intro
*RRRUD DDDDU DDDDD    Mozart piano sonata/2 in F K280 1m 1t
*RRRUD DDDRR RRUDD    Verdi I Lombardi Act III: Qual voluttà
*RRRUD DDDRU UDDDU    Berlioz Les Troyens Act IV: Nuit d'ivresse
*RRRUD DDDUD DDDUD    Mozart piano concerto/11 in F K413 1m 1t
*RRRUD DDDUU RRRUD    R Strauss oboe concerto in D 1m theme at fig 19
*RRRUD DDDUU UUUDD    Beethoven Missa solemnis: Credo 1m
*RRRUD DDDUU UUUU     Mozart symphony/40 in Gmi K550 4m 2t
*RRRUD DDRRR RRDUU    Chabrier España 4t
*RRRUD DDRRR RRDUU    Waldteufel España waltz 2t (same tune as Chabrier)
*RRRUD DDRRR UDDD     Mendelssohn violin concerto in Emi op64 3m 3t
*RRRUD DDUDD DUDUU    Arthur Benjamin Jamaican rumba
*RRRUD DDUDD UUDDU    Mozart Die Zauberflöte II: In diesen heiligen Hallen
*RRRUD DDUDR UDRDD    R Strauss Der Rosenkavalier III duet: Ist ein Traum
*RRRUD DDUDR URUDD    Stravinsky Les Noces: Ya deux fleurs
*RRRUD DDUDU DDDUD    R Strauss Du meines Herzens Krönelein op21/2
*RRRUD DDUDU DUUDD    Hindemith Kleine Kammermusik op24/2 3m 2t
*RRRUD DDUDU RRRUD    Janáček Sinfonietta 4m
*RRRUD DDURR RUDDD    Mozart Serenade in D K320 6m minuet
*RRRUD DDURR RUDDD    Tchaikovsky Eugene Onegin Act II: Ye who attend
*RRRUD DDURR RUDDD    Dvořák string quintet in E♭ op97 1m 2t
*RRRUD DDUUD DDU      Mendelssohn octet in E♭ op20 2m 1t
*RRRUD DDUUD DDUUD    Mozart Divertimento vln/vla/cello K563 5m trio/1
```

*RRRUD	DDUUD	DUDDU	**Telemann** concerto for trumpet/strings in D 4m
*RRRUD	DDUUD	UDDUU	**de Falla** Three-cornered hat: Neighbours 1t
*RRRUD	DRUDR	DDDDU	**Ravel** Daphnis & Chloë suite/1 1t
*RRRUD	DRURU	DDU	**Sullivan** Iolanthe Act I: When I went to the bar
*RRRUD	DUDDR	RRR	**Stravinsky** Pulcinella: Sento dire
*RRRUD	DUDDU	DRUDD	**Ravel** piano concerto in G 1m 2t
*RRRUD	DUDRD	RDRDR	**Mozart** piano concerto/22 in E♭ K482 1m 1t
*RRRUD	DUDRR	RUDDU	**de Falla** 4 pièces espagnoles: Andaluza
*RRRUD	DUDUD		**Mozart** piano sonata/10 in C K330 2m 1t
*RRRUD	DUDUD	UDUDU	**Rossini** Semiramide overture 3t
*RRRUD	DUDUU	DDDUD	**Schubert** Military marches/2 piano 4 hands D733
*RRRUD	DUDUU	DDUDU	**Paganini** violin concerto/2 3m 1t(b)
*RRRUD	DUDUU	UDDDD	**Massenet** Le Cid 4m
*RRRUD	DURRR	RUDDD	**Brahms** trio for piano/vln/cello in Cmi op101 1m 2t
*RRRUD	DURRR	RUDDU	**Chopin** étude/11 in Ami op25 'Winter wind'
*RRRUD	DURRR	UDR	**Monteverdi** Lagrime d'amante/4 Ma te recoglie
*RRRUD	DURUD	RDDUR	**Schubert** Wanderers Nachtlied: Uber allen Gipfeln
*RRRUD	DUUDD	UUDDD	**Bach** Mass in B minor: Kyrie [D768
*RRRUD	DUUDU		**Donizetti** La Favorita Act III: A tanto amor
*RRRUD	DUURR	RRRUD	**Rossini** Il barbiere di Siviglia: overture 3t
*RRRUD	DUURR	RUDDD	**Schubert** Fantasia in C 'Wanderer', piano 2t D760
*RRRUD	DUUU		**Liszt** Funeral triumph of Tasso, symph'c poem 2t
*RRRUD	DUUUD	RRRRU	**Mahler** symphony/8/II Alles vergängliche
*RRRUD	DUUUD	RUUUU	**Mahler** symphony/8/II Ewiger Wonnebrand
*RRRUD	DUUUU	DDUUU	**Ravel** Daphnis & Chloë suite/2 5t
*RRRUD	DUUUU	UDDDU	**Wagner** Die Meistersinger Act III: Ehrt eure deutschen
*RRRUD	RDDRR	UUUUD	**Schubert** Heidenröslein (song) Sah ein Knab' D257
*RRRUD	RDDRU	DRD	**Sullivan** Y'men of the Guard II: Oh! a private buffoon
*RRRUD	RDRRR	URRRU	**Chopin** piano sonata B♭mi op35 3m 1t Funeral march
*RRRUD	RRDDU	UR	**Hugo Wolf** Nun lass uns Frieden schliessen (song)
*RRRUD	RRRDU	URR	**D'Indy** sonata for violin/piano in C op59 2m 1t
*RRRUD	RRRRU	DDDUR	**Shostakovich** cello concerto in E♭ op107 1m 2t
*RRRUD	RRRUD		**Beethoven** string quartet/13 in B♭ op130 1m
*RRRUD	RRRUR	RUDRR	**Sullivan** Ruddigore Act II: When the night wind howls
*RRRUD	RRRUU	RRRUU	**Dag Wirén** March from Serenade for strings op11
*RRRUD	RRUDD	DDUDU	**Mozart** Don Giovanni Act I: Ah! chi mi dice mai
*RRRUD	RRUDD	RDUUD	**Schubert** Schwanengesang/6 In der Ferne
*RRRUD	RRUDU		**Elgar** Sea pictures op37/1 Sea slumber song
*RRRUD	RUDDD	R	**Verdi** La forza del Destino III: Solenne in quest'ora
*RRRUD	RUUUD	DRRRU	**Beethoven** sextet in E♭ op71 menuetto
*RRRUD	RUUUU	DDDDD	**John Ireland** A London overture 3t
*RRRUD	UDDDD	UD	**Walton** viola concerto 2m 2t
*RRRUD	UDDDU	UDDUD	**Giles Farnaby** Loth to depart (Fitzw'm Virg'l Bk 230)
*RRRUD	UDDRR	DUDUD	**Verdi** Il trovatore Act III: Di quella pira
*RRRUD	UDRRR	RRUDU	**Brahms** violin concerto in D op77 1m 2t
*RRRUD	UDRRR	UDUDR	**Handel** Water music 4m
*RRRUD	UDRUD		**Mussorgsky** The nursery/5 Evening prayer
*RRRUD	UDUDD	DUD	**Haydn** string quartet/34 in D op20/4 1m
*RRRUD	UDUUD	UDUD	**Mozart** sonata/26 for violin/piano in B♭ K378 3m
*RRRUD	UDUUD	DUDDU	**Nicolai** Merry wives of Windsor: overture 1t
*RRRUD	UDUUD	UDDUD	**Stravinsky** Symphony in 3 movements 3m 1t
*RRRUD	UDUUU	UUUUU	**Mendelssohn** symphony/4 in A op90 'Italian' 3m 2t
*RRRUD	URDRR	RUD	**Bruckner** symphony/9 in Dmi 1m intro
*RRRUD	URDRR	UDURD	**Vivaldi** concerto grosso in D op3/9 1m
*RRRUD	URRDD	DUDUR	**Coleridge-Taylor** Hiawatha: Onaway awake beloved!
*RRRUD	UU		**Rubbra** symphony/3 2m
*RRRUD	UUDRR	RUDD	**Verdi** Rigoletto Act III: Un d , se ben rammentomi

96

*RRRUD	UUUDR	DUUUU	**Britten** Serenade for tenor/horn/str op31/6 Keats
*RRRUR	DRDRU	RDDDD	**Mozart** symphony/36 in C K425 'Linz' 2m 2t [sonnet
*RRRUR	DUUUD	UDD	**Albeniz** suite española, piano: Cadiz 1t
*RRRUR	RDDDR	RRRUR	**Schubert** Schwanengesang/14 Die Taubenpost D957
*RRRUR	RDDRR	URD	**Sullivan** Pirates of Penzance Act II: Sighing softly
*RRRUR	RDUUD	UDDDU	**Bach** organ concerto in G 1m BWV592
*RRRUR	RRDRR	RDRRR	**Schubert** trio for piano/vln/cello in E♭ 4m 2t D929
*RRRUR	RRDRR	RUDRR	**Gershwin** piano concerto in F 2m 2t
*RRRUR	RRDUD	UDUDU	**J Strauss Jr** Der Fledermaus: overture 5t
*RRRUR	RRURD	RDRUD	**Tchaikovsky** symphony/4 in Fmi op36 3m 1t(b)
*RRRUR	RRURR	D	**Mozart** sonata/27 for violin/piano in G K379 1m 2t
*RRRUR	RRURU	UUDDD	**Arditi** Il bacio (The kiss) (song)
*RRRUR	RRUUR	RURRD	**Wagner** Götterdämmerung Act I: Hier sitz ich
*RRRUR	RUDDD	UURR	**Mascagni** Cavalleria Rusticana: A casa, a casa
*RRRUR	RURRD	RRUDU	**Suppé** Poet & Peasant overture intro
*RRRUR	RURUR	RRRR	**Gounod** Faust IV: Death of Valentine: Ecoute-moi bien
*RRRUR	UDDDD	URDRU	**Wagner** Das Rheingold: Uber Stock und Stein zu Thal
*RRRUR	UDDRR	URUDD	**R Strauss** Breit über mein Haupt (song) op19/2
*RRRUR	UDRRU	DRRD	**S S Wesley** Blessed be the God and Father
*RRRUR	UDUDR	RRURU	**Tchaikovsky** Nutcracker suite: March 1t
*RRRUR	UDUUD	URRUD	**Mozart** piano concerto/24 in Cmi K491 2m
*RRRUR	URRRU	R	**Liszt** piano sonata in Bmi 4t
*RRRUR	URRRU	RDRRR	**Debussy** Images: Iberia 3m 1t
*RRRUR	URRRU	RRRDR	**Chopin** prelude/9 op28
*RRRUR	URUDD	RRRUU	**Brahms** Ballade in D, piano op10/2 2t
*RRRUR	UUUUD	DDUUU	**Weber** Invitation to the dance: intro
*RRRUU	DDDDD	DURRR	**Scarlatti** harpsichord sonata in G Kp124
*RRRUU	DDDRU	DDDUR	**Mozart** Don Giovanni Act II: Vedrai carino
*RRRUU	DDDRU	UDUDR	**Schubert** Die Winterreise/4 Erstarrung
*RRRUU	DDDUD	RUUDR	**Mendelssohn** Frühlingslied (song) op19/1
*RRRUU	DDDUR	RRRRR	**Schubert** string quartet/14 in Dmi 2m D810
*RRRUU	DDDUU	RRDUD	**Schubert** Im Abendrot (song) D799
*RRRUU	DDRDU		**Delibes** Sylvia ballet: prelude
*RRRUU	DDRRR	UUDUU	**Rossini** La gazza ladra overture 4t
*RRRUU	DDRUU	DD	**Schumann** quintet for piano/strings in E♭ op44 2m 1t
*RRRUU	DDUDU	UDUUU	**Walton** violin concerto 2m 3t
*RRRUU	DDUUD	UUUUU	**Chopin** Polonaise in A♭ op53 2t
*RRRUU	DRDUD	DUUDD	**Alessandro Scarlatti** O cessate di piagarmi (song)
*RRRUU	DRRRR	UUR	**Purcell** Dido & Aeneas: Destruction's our delight
*RRRUU	DRRRU	UDUUD	**Franck** theme from Le chasseur maudit
*RRRUU	DUDDD	RDRUR	**Haydn** symphony/73 in D 'La chasse' 1m
*RRRUU	DUDDR	DUDD	**Weber** Der Freischütz: overture 1t
*RRRUU	DUDUD	UURUU	**Sibelius** symphony/7 in C op105 8t
*RRRUU	DUUDD	URRDU	**Mozart** Die Zauberflöte II: Seid uns zum zweitenmal
*RRRUU	RDDDD	RRDRR	**Debussy** La Mer 2m 2t
*RRRUU	RDDRD	DUDDU	**Schubert** piano sonata in B 2m D575
*RRRUU	RRDDR	DRRD	**Bizet** Carmen Act I: Et tu lui diras
*RRRUU	RRRDD	RRRUD	**Saint-Saëns** symphony/3 op78 2m 1t
*RRRUU	RRRRU	U	**Mozart** Serenade in D K250 'Haffner' 1m 3t
*RRRUU	RRRUU	RUUDD	**Brahms** symphony/3 in F op90 1m 2t
*RRRUU	RUDDD	UDUUU	**Vaughan Williams** symphony/5 in D 3m romanza
*RRRUU	RUDUR	UU	**Purcell** Dido & Aeneas: Come away, fellow sailors
*RRRUU	UDDDD	DDDDU	**de Falla** Three-cornered hat: Mayor's dance 1t
*RRRUU	UDDDD	UDUDD	**Richard Strauss** Der Bürger als Edelmann: Dinner 5t
*RRRUU	UDDDR	UUUDR	**Stravinsky** Sacre du Printemps: Adolescents 3t
*RRRUU	UDDDU	RUDUD	**de Falla** 7 popular Spanish songs/5 Nana
*RRRUU	UDDDU	UUDDD	**de Falla** same tune in Suite populaire espagnole

```
*RRRUU  UDDUR  UDRD   Donizetti La Favorita Act II: Quando le soglie
*RRRUU  UDUDU  DDRRD  Haydn symphony/96 in D 'Miracle' 1m
*RRRUU  UDUUU  RUDRD  Wagner 5 Wesendonck songs/1 Der Engel
*RRRUU  UDUUU  UDDUU  Mozart symphony/32 in G K318 1t
*RRRUU  URDRU  DDDDU  Schumann Mondnacht (song) op39/5
*RRRUU  URRDR  DUUUD  Sousa Washington Post, march 2t
*RRRUU  URRRD  DRDRR  Mozart Mass/19 in Dmi K626 (Requiem): Hostias
*RRRUU  URRRU  UDUDR  Liszt Tarantella 1t, piano
*RRRUU  URRRU  UDURR  Purcell Minuet in G
*RRRUU  URUDD  RRRUU  Wagner Die Meistersinger: overture 3t
*RRRUU  UUDDD  DUUDD  Vaughan Williams On Wenlock Edge: Clun (song)
*RRRUU  UUDRR  RUUU   Beethoven sonata/8 for violin/piano in G op30/3 3m
*RRRUU  UUDUR  RUURD  Beethoven Wellington's Sieg op91 1t (Rule Britannia)
*RRRUU  UUDUU  UDUUU  Handel concerto grosso in D op6/5
*RRRUU  UUUDD  DUUUU  Mendelssohn (Meeresstille &) Glückliche Fahrt op27 1
*RRRUU  UUUDD  DUUUU  Handel Acis & Galatea: Love sounds the alarm
*RRRUU  UUUUD  UD     Schubert symphony/2 in B♭ 4m 1t D125
*RRRUU  UUUUU  RDDUD  Mozart symphony/31 in D K297 'Paris' 1m 1t
*RRUDD  DDDDU  RRDRR  Schubert Schwanengesang/2 Kriegers Ahnung D957
*RRUDD  DDDDU  UDDUU  Elgar symphony/1 in A♭ op55 2m 2t
*RRUDD  DDDUD  DDRUR  Mozart string quartet/19 in C 'Dissonance' 4m
*RRUDD  DDDUD  DDUUU  Sibelius King Christian II suite: nocturne 1t
*RRUDD  DDDUD  DURRU  Schubert Psalm 23 D706
*RRUDD  DDDUU  RRRUD  Tchaikovsky symphony/1 in Gmi op13 4m 1t
*RRUDD  DDRRR  UDDDD  Karl Zeller Der Vogelhändler: Schenkt man sich
*RRUDD  DDRUD  DUUDU  Hindemith Kleine Kammermusik op24/2 1m 1t [Rosen
*RRUDD  DDURR  DDD    Kodály Háry János: A-bé-cé-dé
*RRUDD  DDURU  RUDDD  Verdi Aida Act I: Su! del Nilo al sacro
*RRUDD  DDURU  RUUD   Schubert Adagio & Rondo concertante in F piano/str
*RRUDD  DDUUD  UUDRU  Mozart concerto 2 pianos E♭ K365 3m      [2m D487
*RRUDD  DDUUU  RU     Schubert sonatina for vln/piano in Gmi 4m 2t
*RRUDD  DDUUU  UURUD  Haydn symphony/77 in B♭ 2m
*RRUDD  DRDDD  DD     Beethoven string trio in Cmi op1/3 1m 2t
*RRUDD  DRDDD  UUURU  Beethoven An die Geliebte (song)
*RRUDD  DRDRR  UDDUD  Verdi La forza del Destino Act III: Oh, tu che in seno
*RRUDD  DRRRU  DDRDU  Mendelssohn piano concerto/2 in Dmi op40 1m 1t
*RRUDD  DRURU  RDDDR  Mendelssohn Wedding march 2t
*RRUDD  DRUUU  RRDDD  Beethoven symphony/7 in A 1m 2t
*RRUDD  DUDDD  DDDDD  Haydn string quartet/49 in D op50 'The frog' 3m 1t
*RRUDD  DUDDD  UUDUD  Verdi Aida: Ballet 2t
*RRUDD  DUDDR  RUUD   Schubert Die schöne Müllerin/8 Morgengruss
*RRUDD  DUDRU  RDDDU  Schubert Schwanengesang/12 Am Meer D957
*RRUDD  DUDUD  UDUDU  Handel harpsichord suite/4 in Emi 1m
*RRUDD  DUUDD  UUDDU  Debussy Images: Iberia 1m 3t
*RRUDD  DUUDU  UURRD  Warlock Capriol suite: Basse dance
*RRUDD  DUUUD  UDR    Puccini Gianni Schicchi: Oh, mio babbino caro (Oh, m
*RRUDD  RDDUU  URD    A H Malotte The Lord's Prayer      [beloved father
*RRUDD  RDRRU  DDRDR  Mendelssohn violin concerto in Emi op64 1m 3t
*RRUDD  RDRUR  U      Mozart piano sonata/12 in F K332 1m 3t
*RRUDD  RRRDU  URRUD  Grieg sonata for cello/piano in Ami op36 2m
*RRUDD  RRRUD  DUDD   Verdi Rigoletto Act III: La donna è mobile
*RRUDD  RUDDD  UUD    Sullivan The Gondoliers Act I: Then one of us will be
*RRUDD  RUDDR         Berlioz Carnaval Romain: overture 3t      [a Queen
*RRUDD  RUDDR  UDD    Schumann piano concerto in Ami op54 3m 2t
*RRUDD  RURRR  UDDD   Schumann symphony/2 in C op61 1m intro
*RRUDD  RUUDU  DD     Stravinsky Les Noces: Le beau lit
*RRUDD  UDDDU  URRRD  Vivaldi bassoon concerto in Ami 2m
```

*RRUDD	UDDRR	UDDDU	**Vaughan Williams** London symphony 4m 2t
*RRUDD	UDDRU	RDDUU	**Schubert** symphony/6 in C 4m 1t D589
*RRUDD	UDDUD	UDDUD	**Monteverdi** Lagrime d'amante/2 Ditelo o fiumi
*RRUDD	UDDUR	RUDDD	**Verdi** La forza del Destino: overture 5t
*RRUDD	UDDUR	RUUUU	**Hindemith** Kleine Kammermusik op24/2 3m 2t
*RRUDD	UDDUU	DDDUD	**Dvořák** symphony/8 in G op88 1m 1t
*RRUDD	UDDUU	UDDUD	**Gounod** Faust Act V: Anges purs, anges radieux
*RRUDD	UDRRR	UDDUD	**Liadov** Russian folk dances op58: Legend of the birds
*RRUDD	UDRUD	DURRU	**Paganini** caprice for violin op1/24
*RRUDD	UDRUD	DURRU	**Liszt** étude/6 Ami piano on Paganini's caprice
*RRUDD	UDRUD	DURRU	**Rachmaninov** (Rhapsody on a) theme of Paganini
*RRUDD	UDRUU	DDDDD	**Puccini** Manon Lescaut Act IV: Sola, perduta
*RRUDD	UDRUU	DRU	**Schumann** Marienwürmchen (song) op79/14
*RRUDD	UDRUU	UDUUU	**Wagner** Der fliegende Holländer I: Wie oft in Meeres
*RRUDD	UDURR	UDDUD	**Tchaikovsky** symphony/5 in Emi op64 4m 1t
*RRUDD	URDDU	RDDUR	**Mozart** symphony/36 in C K425 'Linz' 1m 3t
*RRUDD	UUDDU	DRDDU	**Mozart** concerto flute/harp/orch in C K299 3m
*RRUDD	UUDDU	UDRRU	**Lalo** Namouna suite: Parades de foire 1t
*RRUDD	UUDDU	URDDR	**Mozart** Serenade in G 'Eine kleine Nachtmusik' 2m
*RRUDD	UUDUD	DUDDD	**Mozart** Il re pastore K208 2t [K525
*RRUDD	UUDUU	DUUUD	**Stravinsky** The rake's progress Act III: If boys
*RRUDD	UURDU	UDUD	**Franck** organ chorale/2 1t
*RRUDD	UURUD	UDDR	**Schumann** sonata violin/piano in Dmi op121 3m 1t
*RRUDD	UUUDD	UDDDU	**Erik Satie** 3 Morçeaux en forme de poire/1
*RRUDD	UUURD	RDDDU	**Mozart** violin concerto in E♭ K268 3m
*RRUDD	UUUUD	DUUUD	**Haydn** oboe concerto in C (doubtful) 1m 1t
*RRUDD	UUUUU	UDDD	**Mahler** symphony/4 in G 3m 5t
*RRUDR	DDRRR	URURR	**Kodály** Háry János suite: Hej Két tikom
*RRUDR	DRRUD	RDRUU	**Mozart** Don Giovanni Act I: Finch' han dal vino
*RRUDR	DUDDD	DU	**Praetorius** Es ist ein Ros' entsprungen
*RRUDR	DUDDD	UDDDD	**Wagner** Tannhäuser II: Der Sänger klugen Weisen
*RRUDR	DUDDR	UUUUD	**Richard Strauss** Aus Italien: Roms Ruinen 4t
*RRUDR	DUDUR	RUDRD	**Ravel** Alborado del gracioso, piano 1t
*RRUDR	DUUDR	DUDR	**Vaughan Williams** Sea symphony: Behold the sea
*RRUDR	RDDRD	UURUU	**Grieg** string quartet in Gmi op27 3m 1t
*RRUDR	RDDRU	RUDRR	**Haydn** symphony/104 in D 'London' 1m intro
*RRUDR	RDURU	DDDDD	**Bruckner** symphony/8 in Cmi 3m 1t
*RRUDR	RRDRU	RR	**Verdi** Otello Act III: A terra si nel livido fango
*RRUDR	RRRUD	DDUDU	**Walton** symphony/1 in B♭mi 1m 2t
*RRUDR	RRUDR	RRUDD	**Rossini** Il barbiere di Siviglia: overture 1t
*RRUDR	RRUDR	RUD	**Mozart** Figaro Act IV: L'ho perduta
*RRUDR	RRUDR	RUDRR	**Schubert** Fantasy in Fmi, piano 4 hands 1m D940
*RRUDR	RRUDU	DDUDD	**Schumann** Frauenliebe und Leben op42/5 Helft mir
*RRUDR	RRUUD	DRRRU	**Schubert** Der Zwerg (song) D771
*RRUDR	RRUUD	URD	**Mozart** Figaro Act I: Se a caso Madama
*RRUDR	RUDDU	UDDUU	**Mozart** piano concerto/26 in D K537 3m 1t
*RRUDR	RUDRD	RRUDU	**Wagner** Lohengrin Act III: Kommt er dann heim
*RRUDR	RUDRR	UDDDD	**Shostakovich** symphony/5 2m 4t
*RRUDR	RUDRR	UDDUR	**Brahms** symphony/2 in D op73 3m 2t
*RRUDR	RUDRR	UDRRU	**Ibert** Divertissement, chamber orch 2m Cortège 1t
*RRUDR	RUDRR	UUDDD	**Wagner** Götterdämmerung Act I: Höre mit Sinn
*RRUDR	RUDRR	UUUD	**Sullivan** Pirates of Penzance Act II: Away, away
*RRUDR	RUDUR	RUDUU	**Schubert** piano sonata in D 4m 2t D850
*RRUDR	RUDUU	U	**Hugo Wolf** Ihr jungen Leute (song)
*RRUDR	RURDD	RRUDR	**Schubert** Rastlose Liebe (song)
*RRUDR	RURDD	RUDRD	**Mendelssohn** trio/2 piano/vln/cello Cmi op66 2m 2t
*RRUDR	RURRU	DR	**Mozart** piano concerto/17 in G K453 1m 2t

99

*RRUDR	RURRU	DRRUR	**Haydn** symphony/88 in G 1m	
*RRUDR	RUUDD	DUD	**Berlioz** L'Absence (song) op7/4	
*RRUDR	UDDDU	DUR	**Verdi** Otello Act II: Ora e sempre Addio	
*RRUDR	UDRDD	R	**Bartok** Hungarian sketches/1 2m Bear dance	
*RRUDR	UDRRU	DRUDD	**Vivaldi** concerto for violin/str/organ in F 'Autumn'	
*RRUDR	UDRUD	RDUDU	**Schumann** piano sonata/2 in Gmi op22 2m	
*RRUDR	UDRUU	DUUDD	**Walton** symphony/1 in B♭mi 4m 4t	
*RRUDR	UDUUU	RDUUD	**Gounod** Ce qui je suis sans toi (song)	
*RRUDR	URRRU	UUD	**Beethoven** In questa tomba oscura (song)	
*RRUDR	URRUD	RUUDR	**Mozart** piano concerto/17 in G K453 1m 2t	
*RRUDR	URUDU	RRURU	**Wagner** Siegfried Act III: Stark ruft das Lied	
*RRUDR	UUDDD	UDU	**Schumann** Carnaval, piano op9 'Chopin'	
*RRUDR	UUDRR	UDDDD	**Schumann** Widmung (song) op25/1	
*RRUDR	UUUDU	RDUUD	**Mendelssohn** symphony/3 in Ami op56 'Scotch' 1m 1t	
*RRUDU	DDDDD	UDRRU	**Shostakovich** symphony/5 in Dmi op47 3m 1t	
*RRUDU	DDDDU	UUUDR	**Berlioz** Béatrice et Bénédict Act II: Je vais (trio)	
*RRUDU	DDDRR	DDU	**Sullivan** Iolanthe Act I: My well loved Lord	
*RRUDU	DDDU		**Mendelssohn** sym/5 in D op107 'Reformation' 1m 1t	
*RRUDU	DDRD		**Clara Schumann** Liebst du um Schönheit op37/4	
*RRUDU	DDRUR	UDUD	**Richard Strauss** Die Verschwiegenen (song) op10/6	
*RRUDU	DDRUR	UDUDU	**Ravel** La pintade (song)	
*RRUDU	DDUDD	URUU	**Bruckner** Ave Maria (motet)	
*RRUDU	DDUUD		**Hugo Wolf** Der Gärtner (song)	
*RRUDU	DRRDR	RRUDU	**Bach** Toccata, adagio & fugue in C, organ: adagio	
*RRUDU	DRRUD	DUUDD	**Haydn** string quartet/17 in F op3 1m 1t [BWV564]	
*RRUDU	DRRUD	RRUDU	**Stravinsky** Sacre du Printemps: Ancestors	
*RRUDU	DRRUR	DDDUD	**Donizetti** Don Pasquale Act II: Cercherò lontana terra	
*RRUDU	DRRUR	RDDUD	**Shostakovich** symphony/1 in Fmi op10 3m 2t	
*RRUDU	DUDDD	DDDUD	**Dvořák** trio for piano/vln/cello in Fmi op65 1m 2t	
*RRUDU	DUDDD	UUDRD	**Handel** concerto grosso in Gmi op3/2 4m	
*RRUDU	DUDDD	DUD	**Handel** organ concerto in B♭ op7/1 3m	
*RRUDU	DUDUD	RUDUD	**Hindemith** Kleine Kammermusik op24/2 5m 1t	
*RRUDU	DUDUD	UDUD	**Shostakovich** cello concerto/1 in E♭ op107 4m 1t	
*RRUDU	DUDUU	UDUDD	**Richard Strauss** Am Ufer (song) op41a/3	
*RRUDU	DUDUU	UDUDU	**Mozart** Die Zauberflöte Act II: Soll ich dich, Theurer	
*RRUDU	DURRR	UDUDU	**Bach** Brandenburg concerto/1 in F 3m BWV1046	
*RRUDU	DURUU	RDRRR	**Richard Strauss** Mein Herz ist stumm (song) op19/6	
*RRUDU	DUUUD	DDDUU	**Thomas Morley** Hard by a crystal fountain (song)	
*RRUDU	RDDDR	D	**Kodály** Háry János: Ku-ku-ku-kus-kám	
*RRUDU	RDRDD	UDDUD	**Mozart** Die Zauberflöte Act II: Der Hölle Rache	
*RRUDU	RDURR	DDDDU	**Rossini** William Tell: Pas de trois	
*RRUDU	RRRUD	DUUDD	**Chopin** prelude/13 op28	
*RRUDU	RRRUD	U	**Verdi** La Traviata Act II: Dite alla giovine	
*RRUDU	RRUDU	RRUDD	**Haydn** symphony/39 in Gmi 2m	
*RRUDU	RRUDU	RRUDU	**Malcolm Williamson** The stone wall	
*RRUDU	RURDD	UD	**Richard Strauss** Befreit (song) op39/4	
*RRUDU	RUUUU	DDRD	**Handel** harpsichord suite/4 in Dmi 1m allemande	
*RRUDU	UDDDD	DDUDU	**Schumann** Dem Helden (song) op95/3	
*RRUDU	UDDDD	UDDD	**Bruckner** sytphony/3 in Dmi 2m 3t	
*RRUDU	UDDUR	UDDRU	**Wagner** Tannhäuser: overture 8t	
*RRUDU	UDRRD	UUDUD	**Wagner** Tannhäuser Act I: Geliebter komm!	
*RRUDU	UDRRU	DUDUR	**Berlioz** Benvenuto Cellini Act II: theme on brass	
*RRUDU	UDUDU	RDDDD	**Bach** English suite/2 in Ami: allemande BWV807	
*RRUDU	UDURR	UDUDD	**Richard Strauss** Don Quixote 1t	
*RRUDU	URDDR	UUUUD	**Richard Strauss** Die Georgine (song) op10/4	
*RRUDU	URDUR	DURDU	**Prokofiev** Love of three oranges: March	
*RRUDU	URRUD	UDRRD	**Verdi** I vespri Siciliani Act IV: Giorno di pianto	

```
*RRUDU UUDDD RRUDU  Beethoven piano sonata/20 in G op49/2 1m 2t
*RRUDU UUDDD UD     Handel harpsichord suite/4 in Dmi 2m courante
*RRUDU UUDUD DDDUD  Beethoven symphony/3 in E♭ 'Eroica' 2m 1t
*RRUDU UURDD URDRR  Debussy Images: Iberia 1m 5t
*RRUDU UUUDU DDRUU  Albeniz tango in D, piano
.*RRUDU UUUDU UURRD Chopin mazurka/31 op50/2 2t
*RRUDU UUUUU .UDDDU Max Bruch violin concerto/1 in Gmi 1m 1t
*RRURD DDDUD R      Liszt Hungarian rhapsody/9 in.E♭, piano, 'Carnival
                       in Pesth' 3t
*RRURD DDRUD UUUUD  Mozart Die Entführung II: Wenn der Freude Thränen
*RRURD DRRUD DDRRU  Elgar Pomp & Circumstance march/3 2t
*RRURD DURRR RRRRR  Puccini Madam Butterfly Act I: Spira sul mare
*RRURD DUUUU DUDDR  Beethoven piano concerto/1 in C op15 2m 2t
*RRURD RDRDR DRRDU  Sullivan The Gondoliers Act I: Oh 'tis a glorious thing
*RRURD RRURR URDR   Verdi Simon Boccanegra prologue: Il lacerato spirito
*RRURD RRUUR UUDD   Verdi Macbeth Act IV: Patria oppressa!
*RRURD RUDUU UDURD  Chopin sonata for cello/piano in Gmi op65 2m 1t
*RRURD RUUDU RRUDU  Walton Crown Imperial (Coronation march) 1t
*RRURD UDDDD DDDDD  Kodály Háry János: Kozjátek 2t
*RRURD · UDRDR DUDDD Sibelius Pelléas et Mélisande: Death of Mélisande
*RRURD UDRDR RUUUD  Handel Lascia ch'io pianga (song)
*RRURD UUDRD UUUUU  Handel harpsichord suite in G chaconne/2
*RRURR DDDDD DDDUU  Beethoven string quartet/4 in Cmi op18/4 2m 1t
*RRURR DDDRR URRDD  Ethelbert Nevin The rosary (song)
*RRURR DDDRR UUUDD  Beethoven Gellert Lieder/1 op48/1: Bitten .
*RRURR DDDUR DDDDU  de Falla El amor brujo: Firefly
*RRURR DDDUU        Vaughan Williams Serenade to music 1t
*RRURR DDUDR RUR    Elgar Sea pictures op37/5 The swimmer
*RRURR DDUUU RRRU   Schubert Die schöne Müllerin/18 Trockne Blumen
*RRURR DRRDR UDDUD  Brahms Capriccio in Dmi, piano op116/1
*RRURR DRRUD RD     Schubert Fantasy in C 'Wanderer', piano 4m D760
*RRURR DRRUR RURRR  Schumann symphony/1 in B♭ op38 'Spring' 3m 3t
*RRURR DRUUU UUDDD  Bach Mass in B minor/19 Sanctus
*RRURR DURUD DDDDU  Schubert Der König in Thule (song) D367
*RRURR DUURD RURD   Britten Simple symphony 4m Frolicsome finale 1t
*RRURR DUURR RU     Ravel L'Indifferent (song)
*RRURR RDDDR UDR    Sullivan Pirates of Penzance Act II: Yes, I am brave!
*RRURR RDUDD UD     Mendelssohn Elijah: He, watching over Israel
*RRURR RDURR URRRD  Handel Zadok the Priest, coronation anthem
*RRURR RRDDU DURRR  Bach organ fugue in G BWV541
*RRURR RRRUD        Wagner Tannhäuser Act II: Blick' ich umher
*RRURR RRUUD DRR    Sullivan Pirates of Penzance Act II: All is prepared
*RRURR RUDUD RRDDD  Mozart Idomeneo Act I: Padre! Germani
*RRURR RURRD DDR    Sullivan Yeomen of the Guard I: How say you maiden
*RRURR UDDDU UD     Richard Strauss Der Rosenkavalier II: Herr Cavalier
*RRURR UDDRR RURRU  Verdi Rigoletto Act III: Bella figlia dell'amore
*RRURR UDDUR RRR    Schumann Dichterliebe/9 Das ist ein Flöten & Geigen
*RRURR UDURR URRUD  Vivaldi concerto for flute/strings in Cmi 2m P440
*RRURR URRDD RRURR  Beethoven symphony/3 in E♭ 'Eroica' 1m 5t
*RRURR URRRR RUR    Beethoven Das Geheimnis (song) (Grove 250)
*RRURR URRRR UDRDD  Dvořák symphony/9 in Emi op95 'New World' 3m 3t
*RRURR URRUD DDUDD  Rossini La Cenerentola: overture 1t
*RRURR URRUR R      Mascagni Cavalleria Rusticana, chorus: Gli arancio
*RRURR URUDD DDRD   Schumann Dichterliebe/6 Im Rhein
*RRURR UUUDD DDRRU  Mozart sextet in F 'Ein musikalischer Spass' allegro
*RRURR UUUDD UUDUR  Inghelbrecht Nurseries: Sur le pont d'Avignon [K522
*RRURU DDDDD UDUDD  Beethoven piano sonata/25 in G op79 2m 2t
```

*RRURU	DDDDU	URRUD	**Dvořák** string quartet in G op106 2m
*RRURU	DDDRU	DUDDU	**Stravinsky** The rake's progress III: I have waited
*RRURU	DDURU	URDDU	**Mozart** Serenade in D K320 5m
*RRURU	DRDR		**Mozart** sonata/26 for violin/piano K378 2m
*RRURU	DRDUU	U	**Bach** St Matthew Passion: chorale theme
*RRURU	DRURD	R	**Giordano** Andrea Chenier Act I: Son sessant'anni
*RRURU	DRUUD	DDUDD	**Mozart** Cosi fan tutte Act I: Soave sia il vento
*RRURU	DUDRR	URUDU	**Schubert** Du bist die Ruh (song) D776
*RRURU	DUDUU	UDDDD	**Elgar** symphony/2 in E♭ op63 1m 1t(a)
*RRURU	DURUU	RDUDR	**Wagner** Parsifal I: Vom Bade kehrt der König heim
*RRURU	DUURD	RDRD	**Mozart** Mass/19 in Dmi (Requiem) K626: Domine Jesu
*RRURU	RDUDD	RRRUR	**Wagner** Lohengrin Act III: In fernem Land
*RRURU	RDUDR	RURUR	**Schumann** Frauenliebe und Leben/7 An meinem Her-
*RRURU	RRRRD	UDUUD	**Hugo Wolf** Ganymed (song) [zen
*RRURU	RRUDR	RRRRR	**Haydn** The Creation: Stimmmt an die Saiten
*RRURU	RRUUU	UR	**Massenet** Werther Act II: Lorsque l'enfant
*RRURU	RUDUD	RDRDR	**Delius** Eventyr 3t
*RRURU	RUDUU	DRDRD	**Mozart** piano concerto/25 in C K503 1m 2t
*RRURU	RURRU	DUD	**Sullivan** The Mikado Act II: A more humane Mikado
*RRURU	RURRU	RRUR	**A H Malotte** Song of the open road
*RRURU	UDUDD	UDD	**de Falla** Three-cornered hat: Neighbours 2t
*RRURU	UDURR	RDDD	**Verdi** Macbeth Act IV: Ah! la paterna mano
*RRUUD	DDDDU	RRDUD	**Mozart** Don Giovanni II: Mi tradi quel'alma ingrata
*RRUUD	DDDDU	UUDDD	**Dufay** Vergine bella
*RRUUD	DDDRR	DDUDU	**Schumann** Zwielicht (song) op39/10
*RRUUD	DDDRU	UDUDD	**Mozart** trio for piano/vln/cello in B♭ K502 2m
*RRUUD	DDDUD	DDRU	**Mendelssohn** trio piano/vln/cello Cmi op66 1m 2t
*RRUUD	DDDUU	DUDDD	**Wagner** Tannhäuser Act I: War's Zauber
*RRUUD	DDDUU	UDDDD	**Handel** concerto grosso in Cmi op6/8 2m
*RRUUD	DDRUD	DD	**Ibert** Histoires/3 Le vieux mendicant, piano
*RRUUD	DDUDD	UUUDD	**Donizetti** Lucia di Lammermoor Act II sextet: Chi
*RRUUD	DDURD	DUR	**Mendelssohn** Elijah: Lift thine eyes [mi frena
*RRUUD	DDURR	UDDU	**Walton** Belshazzar's Feast: By the waters of Babylon
*RRUUD	DDURR	UUDDD	**Tchaikovsky** symphony/3 in D op29 5m 1t
*RRUUD	DDUUU	RRUUU	**Honegger** King David: March of the Isrealites
*RRUUD	DRDUD	DDRRU	**Bellini** La Sonnambula Act I: Vi ravviso
*RRUUD	DRRRU	RUD	**Schumann** Stille Thränen (song) op35/10
*RRUUD	DRRUU	DDRUU	**J Strauss Jr** Nacht in Venedig overture 5t
*RRUUD	DUDDD	D	**Honegger** Pastorale d'été, orch 3t
*RRUUD	DUDDU	DUUDU	**Handel** harpsichord suite/8 in G 1m allemande
*RRUUD	DUDRR	UUDDU	**Borodin** symphony/2 in Bmi 1m 1t
*RRUUD	DURDU	RURDU	**Bach** Well-tempered Clavier Bk I: fugue/18 BWV863
*RRUUD	DURRU	UDDDR	**Mozart** sextet in F K522 'Ein musikalischer Spass' 2m
*RRUUD	RDRDU		**Schubert** Moments musicaux/2 in A♭ D780
*RRUUD	RDRUU	R	**Kurt Weill** Die Dreigroschenoper: Seeräuber-Jenny
*RRUUD	RRRDD	U	**Duparc** Phidylé (song)
*RRUUD	RRUUD	RRUUR	**J Strauss Jr** Artist's life/5 2t
*RRUUD	RRUUD	UDUDD	**Adam** Giselle: Galop général
*RRUUD	RRUUU	R	**Puccini** La Bohème Act I duet: O soave fanciulla
*RRUUD	RUDDR	UD	**Massenet** Le Cid Act III: Pleurez, pleurez mes yeux
*RRUUD	RUUDD	DD	**Saint-Saëns** Samson et Dalila: Mon coeur s'ouvre
*RRUUD	RUUDR	RUDD	**Elgar** Light of life: I am the good Shepherd
*RRUUD	RUURU	DRDUD	**Bartok** Hungarian folk songs, violin/piano 1m 1t
*RRUUD	UDDRR	DDUDD	**Verdi** Un ballo in maschera Act III: Morrò ma prima
*RRUUD	UDDUD	U	**Schubert** Impromptu/2 in E♭ piano 2t D899
*RRUUD	URDUR	UUUUD	**Massenet** Manon Act II: Adieu, notre petite table
*RRUUD	URRDD	DRRRD	**Mendelssohn** violin concerto in Emi op64 2m 2t

```
*RRUUD  URRDD  URRUU   Ravel  L'enfant et les sortilèges: Old man's song
*RRUUR  DDRRU  URDDR   Haydn  symphony/89 in F 4m
*RRUUR  RDUDD  DDUUU   Chausson  Chanson perpetuelle (song) op37
*RRUUR  RDUDU  UDDDU   Dvořák  symphony/8 in G op88 3m 2t
*RRUUR  RRUUR  URURR   Mendelssohn  songs without words/3 A op19/3 piano
*RRUUR  RUURR  UUDRR   Beethoven  sonata/9 violin/piano A op47 'Kreutzer'
*RRUUR  UDDDD  DRDD    Fauré  Requiem: Agnus Dei              [3m 1t(b)
*RRUUR  UUDU           Beethoven  Egmont overture op84 1t
*RRUUU  DDDDU  DDUDU   Bach  So oft ich mein Tabakspfeife (A M Bach's
                              notebook) BWV515
*RRUUU  DDDRD  DUUD    Mascagni  Cavalleria Rusticana: Bada, Santuzza
*RRUUU  DDDRU  RDDD    Kodály  Háry János: Mar engem
*RRUUU  DDDUD  UUUD    Mozart  Divertimento in C K188 6m
*RRUUU  DDDUR  RUUUD   Haydn  sinfonia concertante in B♭ 1m t at bar 113
*RRUUU  DDUDD  UDDUD   Grieg  sonata/2 for violin/piano in Gmi 3m 1t
*RRUUU  DDUDD  UUUDD   Mozart  piano/wind quintet in E♭ K452 3m
*RRUUU  DDUUU  UUUDD   Hindemith  Mathis der Maler, symphony 2m 1t
*RRUUU  DRDDU  DDUDD   Handel  Semele Act III: Leave me, loathsome light
*RRUUU  DRDRD  UUDUD   Elgar  Dream of Gerontius pt 2: Lord, thou hast been
*RRUUU  DRRUU  UDRRU   Bach  concerto for harpsichord/str/7 Gmi 2m BWV1058
*RRUUU  DUDDU  DUUUD   Bach  Motet/3 Jesu meine Freude/5b Ihr aber
*RRUUU  DUDRR  UDD     Liszt  Years of travel, piano: Au lac de Wallenstadt
*RRUUU  DUDUR  RDD     Delibes  Coppelia: Czardas 2t
*RRUUU  DUDUU  DUD     Richard Strauss  Ich trage meine Minne (song) op32/1
*RRUUU  DURRU  UDDU    Cilea  Adriana Lecouvreur: Io sono l'umile ancella
*RRUUU  DUUUU  DUUDU   Mozart  symphony/28 in C K200 1m 2t
*RRUUU  RDRRR  URDDD   John Ireland  Sea fever (song)
*RRUUU  RDUDD  UURD    Beethoven  An die ferne Geliebte (song) op98/1
*RRUUU  RRDDU  UUD     Massenet  Thais Act I: Voilà donc
*RRUUU  RRRRR  UUUDD   Beethoven  sonata/2 violin/piano in A op12/2 1m 2t
*RRUUU  RRUDD  DURRU   Schubert  piano sonata in D 3m 1t D850
*RRUUU  RUDUU  DDUD    Richard Strauss  Nachtgang (song) op29/3
*RRUUU  UDDDD  RRUUU   Mozart  concerto/10 2 pianos/orch in E♭ K365 1m
*RRUUU  UDDDR  RU      Tchaikovsky  Eugene Onegin II: All men should once
*RRUUU  UDDDU  DDDDR   Sibelius  En Saga op9 3t
*RRUUU  UDDDU  U       Rachmaninov  Before my window (song)
*RRUUU  UDDRD  RRRUU   Mendelssohn  trio/1 for piano/vln/cello Dmi op49 2m 1t
*RRUUU  UDDRU  UUUD    Bach  In dulci jubilo BWV729
*RRUUU  UDRDR  UU      R L Pearsall  In dulci jubilo
*RRUUU  UDRUU  DDRUU   Grieg  piano sonata in Emi op7 4m
*RRUUU  UDUDD  UDUDU   Mozart  Ch'io mi scordi di te K505 (song)
*RRUUU  URRUD  DDDUU   Mahler  symphony/1 in D 1m 2t
*RRUUU  UUDDD  DURRU   Haydn  The seasons: Licht und Leben
*RRUUU  UUDDD  DUURD   Mozart  Mass/18 in Cmi K427 Kyrie
*RRUUU  UURDD  DUUDD   Mendelssohn  piano concerto/2 in Dmi op40 3m
*RRUUU  UURUD  UDRUU   Reissiger  Fairy waltz
*RRUUU  UUUDU  DRUUU   Wagner  Siegfried Act I: Auf wolkigen Höhn
*RRUUU  UUUUU  D       Verdi  Requiem: Tuba mirum
*RUDDD  DDDDD  UDRRR   Verdi  Aida Act III duet: Pur ti rivego
*RUDDD  DDDDD  UDUU    Handel  sonata for violin/fig bass in A op1/14 3m
*RUDDD  DDDDD  UURUU   Brahms  piano concerto/1 in Dmi op15 2m
*RUDDD  DDDRU  UUU     Shostakovich  United Nations (song)
*RUDDD  DDDU           Beethoven  trio for clarinet/cello/piano in B♭ op11 1m
*RUDDD  DDDUD  UDDDU   Bach  English suite/5 in Emi courante BWV810
*RUDDD  DDDUD  UUDDR   Haydn  symphony/93 in D 4m
*RUDDD  DDDUD  UURRR   Purcell  Chaconne from King Arthur
*RUDDD  DDRRD  DUUUD   Spohr  violin concerto/8 in Ami 2m
```

```
*RUDDD  DDRUR  UUUDD  Schubert  Die schöne Müllerin/10 Tränenregen
*RUDDD  DDUDR         Liszt  piano sonata in Bmi 6t
*RUDDD  DDUDR  UDDDD  Hummel  concerto piano/vln/orch in G op17 3m 1t
*RUDDD  DDURR  RUDDD  Verdi  La Traviata Act II: Cinque tori
*RUDDD  DDUUU  DDDUD  Hubay  Poème hongrois, violin/orch op27/1
*RUDDD  DDUUU  UDDUU  Lecuona  suite Andalucia, piano: Gitanerias 1t
*RUDDD  DRDRR  UUUR   Verdi  Nabucco Act III: Chi mi toglie
*RUDDD  DUDDD  D      Chopin  mazurka/32 op50/3 1t
*RUDDD  DUDDU  DDDDD  Chopin  mazurka/19 op30/2
*RUDDD  DUDRU  DDUDU  Stravinsky  Petrushka: General dance
*RUDDD  DUDUD  DD     Borodin  symphony/2 in Bmi 4m 1t
*RUDDD  DURRU  UDUD   Donizetti  Lucia di Lammermoor Act I: Quando rapito
*RUDDD  DURUD  DDD    Beethoven  string quartet/1 in F op18/1 1m 2t
*RUDDD  DURUD  DDDUR  Max Reger  organ pieces/7 op65
*RUDDD  DURUU  DDDDU  Offenbach  La belle Hélène Act III: Entr'acte
*RUDDD  DUUDD  DDUUD  Beethoven  str quartet/9 C op59/3 'Rasoumovsky'
*RUDDD  DUUDU  DU     Borodin  string quartet/2 in D 1m 3t        [4m
*RUDDD  DUUDU  UDRUD  Mozart  concerto/10 2 pianos E♭ K365 3m
*RUDDD  DUUUD  DDDD   Albeniz  Iberia/4 piano: Málaga
*RUDDD  DUUUD  DDDUU  Bartok  Rumanian folk dances, piano 4m
*RUDDD  DUUUR  DDDDR  Haydn  symphony/84 in E♭ 4m
*RUDDD  DUUUU  DDD    Thomas Dunhill  The cloths of Heaven op30/3
*RUDDD  DUUUU  UUUU   Schubert  symphony/9 in C 'Great' 1m 2t D944
*RUDDD  RDDUD  DRDRD  Verdi  Luisa Miller Act II: Tu puniscimi o Signore
*RUDDD  RDDUU  RRDRD  Mozart  Mass/16 in C K317 'Coronation': Adoremus
*RUDDD  RDRUD  DDRDD  Mozart  violin concerto/1 in B♭ K207 1m 1t
*RUDDD  RDUUD  RDUUD  Elgar  Pomp & Circumstance march/2 3t
*RUDDD  RRRDU  UDD    Mozart  symphony/35 in D K385 'Haffner' 4m 2t
*RUDDD  RRUDD  D      Lehar  Was ich längst erträumte (from Der Göttergate)
*RUDDD  RUDDD  RUUUR  Meyerbeer  L'Africaine: Adamastor
*RUDDD  RUDDU  DUDRU  G Gabrieli  sonata pian' e forte, for brass 2t
*RUDDD  RUDUR  DUDUU  Tchaikovsky  1812 overture 4t
*RUDDD  RURUU  UDDDD  Mendelssohn  string quartet/1 in E♭ op12 4m 1t
*RUDDD  RUURU  RUDDR  R Strauss  Ariadne auf Naxos: Composer's song
*RUDDD  RUUUR  UUUDD  Schubert  string quartet/9 in Gmi 2m D173
*RUDDD  UDDDD  RUDDU  Bartok  Hungarian folk songs, violin/piano 2m 1t
*RUDDD  UDDDU         Dvořák  waltz for piano op54/6
*RUDDD  UDDUD         Verdi  Nabucco Act III: Del futuro
*RUDDD  UDDUU         Schubert  trio/1 piano/vln/cello in E♭ 2m D898
*RUDDD  UDRDD  RDRUD  Stravinsky  Rake's progress I: With air commanding
*RUDDD  UDRRU  DDDUD  Donizetti  Lucia di Lammermoor III: Fra poco a me
*RUDDD  UDUDD  DUUUD  Haydn  string quartet/39 in C op33/1 'The bird' 2m 2t
*RUDDD  UDUDU  UDDDD  Wagner  Götterdämmerung Act II: Helle Wehr!
*RUDDD  UDURU  RUUDU  Schumann  Lied der Suleika op25/9
*RUDDD  UDUUD  DDDU   Bach  sonata/2 for solo vln in Ami, andante BWV1003
*RUDDD  URDDD  DUUUU  Dvořák  string quintet in E♭ op97 2m 2t
*RUDDD  URUDD  DURUD  Verdi  Requiem: Quam olim Abrahae (voices overlap)
*RUDDD  URUDD  UDUUU  Mahler  Des Knaben Wunderhorn: Wo die schönen
*RUDDD  UUDDD  URUDD  Schubert  symphony/4 in Cmi 'Tragic' 2m 1t D417
*RUDDD  UUDDU  URUDD  Holst  The Planets: Mercury 2t
*RUDDD  UUDDU  UDRUR  Schubert  Schwanengesang/9 Ihr Bild D957
*RUDDD  UUDRD  RRRUD  Beethoven  sonata for horn/piano in F op17 1m
*RUDDD  UUDUD  DDDR   Schubert  Die schöne Müllerin/5 Am Feierabend
*RUDDD  UUDUR  UDDUU  Beethoven  string quartet/3 in D op18/3 3m
*RUDDD  UURUD  DDUUU  Brahms  symphony/2 in D op73 4m 2t
*RUDDD  UUUDU  DDDDD  Mozart  piano concerto/8 in C K246 3m
*RUDDD  UUUDU  RDDU   Donizetti  La Favorita Act IV: Splendon più belle
```

104

```
*RUDDD UUUUD UUDDD   Mozart Don Giovanni Act II: Il mio tesoro
*RUDDD UUUUD UUDRD   Mozart trio for piano/vln/cello in C K548 3m
*RUDDD UUUUU UDDDD   Schubert symphony/9 in C 'Great' 4m 1t D944
*RUDDR DDDUR RD      Mozart bassoon concerto in B♭ K191 1m 1t
*RUDDR DDDUR UDRD    Mozart Mass/18 in Cmi K427 'Great Mass': Qui tollis
*RUDDR DDUDU URUUD   Schubert Frühlingsglaube (song) D686
*RUDDR DRUDU RUUDD   Puccini Turandot Act I: Signore ascolta!
*RUDDR DRUUU RUDDR   Mozart Serenade in D K320 4m
*RUDDR DURRU DDD     Weber Invitation to the dance: intro
*RUDDR DUUDD DDUUU   Sullivan The Mikado Act II: Willow, tit-willow
*RUDDR DUURU DDRDU   Delius In a summer garden 1t
*RUDDR DUUUU UDD     Beethoven symphony/2 in D 1m intro
*RUDDR RDDDD RRRRU   Mendelssohn string quartet/4 in Emi op44/2 3m 2t
*RUDDR RDDDU RRUR    Donizetti L'Elisir d'Amore Act II: Venti scudi
*RUDDR RDDUU DURRR   Kodály Háry János suite: Bordal-O melysok hal
*RUDDR RRUUD DDRUU   Schubert piano sonata in Cmi 3m D958
*RUDDR RRUUR UDUDU   Hugo Wolf Mignon/4 Kennst du das Land (song)
*RUDDR RUDDD RUDDR   Gounod Faust Act II: Ballet music 2t
*RUDDR RUDUD UUUDU   Dvořák sonatina violin/piano in G op100 1m 2t
*RUDDR UDDRU DDRUU   Beethoven piano concerto/4 in G op58 3m 1t(a)
*RUDDR UDDRU DDUUD   Elgar Wand of youth suite/2: The wild bears
*RUDDR UDDRU DDUUD   Saint-Saëns Intro & rondo capriccioso op28 2t
*RUDDR UDDRU DRUD    Schubert Deutsche Tänze/2 piano D783
*RUDDR UDDRU UDR     Schubert symphony/2 in B♭ 4m 2t D125
*RUDDR UDDRU UUDUD   Grieg With a primrose (song) op26/4
*RUDDR UDDUD DUDDU   Dvořák Slavonic dances/14 op72 2t
*RUDDR UDDUU UUUDD   Gershwin piano concerto 1m 3t
*RUDDR UDRUD DRUUD   Lehar Gold and silver waltz 2t
*RUDDR UDRUU DRUDD   Chopin prelude/15 'Raindrop' op28 2t
*RUDDR URDRU DDD     Mozart piano/wind quintet in E♭ K452 1m
*RUDDR URURR RUD     Schumann Schöne Wiege meiner Leiden op24/5
*RUDDR UUDD          Sibelius symphony/1 in Emi op39 1m 2t
*RUDDR UUUDD         Liszt Liebestraum/1, piano
*RUDDU DDDDR DUUDR   Mozart trio for piano/vln/cello in B♭ K502 3m
*RUDDU DDDDU DUDDU   Bach St Matthew Passion/58 Aus Liebe
*RUDDU DDDUR UDDUD   Franck organ chorale/1 2t
*RUDDU DDDUR UDUU    Wagner Götterdämmerung: Siegfried's funeral 5t
*RUDDU DDDUU UDDDD   Brahms Variations on an original theme op21/1
*RUDDU DDRDU UDUUU   Stanford The Revenge: So Lord Howard
*RUDDU DDRUD         Schubert Moments musicaux/6 in A♭ 2t D780
*RUDDU DDRUU UUD     Mahler Des Knaben Wunderhorn: Antonius v Padua
*RUDDU DDUDD DUDDU   Schumann string quartet in Ami op41 4m
*RUDDU DDUDD RUDDU   Balfe I dreamt that I dwelt in marble halls (song)
*RUDDU DDUDD RUDUD   Sullivan The Gondoliers I: We're called gondolieri
*RUDDU DDUDD UDDUD   Josef Strauss Mein Lebenslauf ist Lieb' und Lust/2
*RUDDU DDUDU RUUDD   Saint-Saëns piano concerto/4 in Cmi op44 3m
*RUDDU DDUUD DDUDD   Donizetti Lucia di Lammermoor III Mad scene: Alfin
*RUDDU DDUUD RUDDU   Richard Strauss sonata vln/piano E♭ op18 1m 1t(a)
*RUDDU DDUUU UDDUU   Saint-Saëns piano concerto/4 in Cmi op44 1m 2t(a)
*RUDDU DRRDU DUDDD   Wagner Das Rheingold: So weit Leben und Weben
*RUDDU DURUD DUDUU   Rachmaninov Polichinelle, piano 1t
*RUDDU DUUDD UUDUU   Bach harpsichord concerto/5 in Fmi 1m BWV1056
*RUDDU DUUDR UDDUD   Schubert trio vln/vla/cello in B♭ 4m D581
*RUDDU DUUDU DDUDU   Chopin mazurka/45 op67/4
*RUDDU DUURU DDUDD   Haydn sinfonia concertante in B♭ op84 3m
*RUDDU RDDDD DUDDD   Beethoven sonata for horn/piano in F op17 3m
*RUDDU RDRUD UUR     Schubert Moments musicaux/3 in Fmi D780
```

```
*RUDDU  RRUDD  U       J Strauss Jr Der Zigeunerbaron I: Ja das alles auf
*RUDDU  RUDDR  UDU       Britten Simple symphony 3m Sentimental sarabande
*RUDDU  RUDDU  DUDDU    Poulenc Nouvellette/1 for piano 2t              [2t
*RUDDU  RUDDU  RUDUU    Tchaikovsky string quartet in D op11 3m
*RUDDU  RUDU            Fauré sonata for violin/piano in Cmi op101 4m 1t
*RUDDU  RUUDR  UUDDD    Brahms trio for piano/vln/cello in Cmi op101 4m 1t
*RUDDU  UDDDD  UUDRR    Bizet Fair maid of Perth Act II: Quand la flamme
*RUDDU  UDDDU  D         E Kremser Wir treten zum beten
*RUDDU  UDDDU  DDD      Holst The Planets, Jupiter 4t
*RUDDU  UDDDU  DUUDD    Debussy La Mer 1m 4t
*RUDDU  UDDRU  RRD      Verdi Requiem: Domine Jesu
*RUDDU  UDDUR  UUDDD    Holst St Pauls suite, orch 1m 1t(b)
*RUDDU  UDDUU  DDDRU    Handel harpsichord suite/8 in G 2m
*RUDDU  UDDUU  DR        J Strauss Jr Die Fledermaus II: Klänge der Heimat
*RUDDU  UDRUD  UDU      Schubert Rosamunde: ballet/1 2t D797
*RUDDU  UDUDR  URDUU    Beethoven piano sonata/28 in A op101 3m
*RUDDU  UDUUU  UDUUD    Mozart trio for piano/vln/cello in E K542 2m
*RUDDU  URDDU  D        Schubert symphony/6 in C 4m 2t D589
*RUDDU  UUDRD  DUUUU    Berlioz La damnation de Faust Pt 3: Ange adoré
*RUDDU  UUDRU  RUDDU    Delius Young Venevil (song)
*RUDDU  UURDD  UDDUU    Haydn string quartet/17 in F op3 1m 2t
*RUDDU  UURRR  RRUD     Sullivan Pirates of Penzance Act II: When the foeman
*RUDDU  UURUD  DURUD    Liszt Rapsodie espagnole, piano/orch 1t
*RUDDU  UURUD  DUU      Schubert symphony/9 in C 'Great' 4m intro D944
*RUDDU  UURUD  RRUDU    Brahms waltzes op39/11 piano
*RUDDU  UUUDD  UUUU     Brahms sonata for violin/piano in A op100 3m 2t
*RUDDU  UUUDU  UDDUU    Mussorgsky Night on a bare mountain 3t
*RUDDU  UUURD  DRUDD    Haydn string quartet/39 in C op33 'The bird' 2m 1t
*RUDDU  UUURU  DUDDD    Lalo Namouna: Parades de Foire 2t
*RUDDU  UUUUU          Beethoven string quartet/4 in Cmi op18/4 4m 2t
*RUDRD  DDDDD  UUUDD    Haydn symphony/31 in D 2m
*RUDRD  DDDUD  DUDUU    Sibelius Karelia suite, orch 2m
*RUDRD  DDRDD  UUDUD    Haydn symphony/44 in Emi 3m
*RUDRD  DRDUU  URURU    Haydn symphony/103 in E♭ 'Drum roll' 1m
*RUDRD  DRDUU  UUUUU    Beethoven symphony/3 in E♭ 'Eroica' 4m 4t
*RUDRD  DRUDD  UURUU    Brahms Intermezzo in Ami piano op116/2
*RUDRD  DRUDU  UDURU    Beethoven Bagatelle in F op33/3 piano
*RUDRD  DUDRU  DRDRD    Chopin mazurka/27 op41/2
*RUDRD  DUUUU  D        Leoncavallo I Pagliacci: So ben che difforme
*RUDRD  RDRDR  UU       Berlioz Fantastic symphony 1m intro
*RUDRD  RDRRU  DDDU     Schubert Die schöne Müllerin/3 Halt!
*RUDRD  RRRRD  RUDRD    MacDowell suite/2 (Indian) II Love scene 1t
*RUDRD  UDUDU  DUDUD    Mozart piano concerto/12 in A K414 3m 1t
*RUDRD  URUDR  DRRRR    Schumann The knight of the hobby-horse, piano
*RUDRR  RRRUD  UDR      Mussorgsky The nursery/1 With Nanny
*RUDRR  RUDUR  RRRU     Wagner Götterdämmerung Act III: Starke Scheite
*RUDRR  UDDDR  URUDR    Schumann Frauenliebe und Leben op42/1 Seit ich ihn
*RUDRR  UDDRU  DDUD     Schubert Impromptu in Fmi D935
*RUDRR  UDDUU  UD       Verdi Macbeth Act IV: Una macchia
*RUDRR  UDRDD  UDDRD    Donizetti La Favorita Act I: Ah! mio bene mio tesoro
*RUDRR  UDRRU  DDD      Richard Strauss Also sprach Zarathustra 7t(b)
*RUDRR  UDRRU  RDUDD    Smetana The bartered bride Act I: Ah, with you
*RUDRR  UDRRU  URDRD    Max Bruch violin concerto/1 in Gmi 3m 1t
*RUDRR  UDRUD  RUUU     Albeniz Iberia/2 piano: Triana 1t
*RUDRR  UDUUR  RUDDU    Debussy Nocturnes, orch: Fêtes 2t
*RUDRR  UUDDR  RUD      Walton Belshazzar's Feast: Alleluia
*RUDRU  DDDUD  RUDDD    Mendelssohn Wedding march 4t
```

```
*RUDRU  DDRDD  UUDDU   Schubert  Waltz for piano D969/10
*RUDRU  DDUDU  DR      Stravinsky  Petrushka: Chez Petrushka 2t(a)
*RUDRU  DDUUD  D       Verdi  Don Carlos Act II: Dio, che nell'alma infondere
*RUDRU  DRDUR  UDRUU   Brahms  Intermezzo in Emi piano op119/2 1t
*RUDRU  DRDUU  RUDRU   Beethoven  sonata for horn/piano in F op17 2m
*RUDRU  DRRUD  RURDD   Mendelssohn  symphony/4 in A op90 'Italian' 2m 2t
*RUDRU  DRRUR  UDDUD   Schubert  Die Winterreise/10 Rast
*RUDRU  DRUDD  UDDRU   Schubert  Rosamunde: overture 1t D797
*RUDRU  DRUDD  UDDUD   Karl Zeller  Der Vogelhändler: nightingale song 2t
*RUDRU  DRUDD  UDUDU   Handel  harpsichord suite/7 in Gmi 4m sarabande
*RUDRU  DRUDD  URUDD   Brahms  symphony/2 in D op73 3m 1t
*RUDRU  DRUDR  R       Mozart  sonata/17 for violin/piano in C K296 1m
*RUDRU  DRUDR  RUDDR   J Strauss Jr  Wiener-Blut/1 2t
*RUDRU  DRUDR  UD      Brahms  string quartet/3 in B♭ op87 1m 2t
*RUDRU  DRUDU  DDDRU   Brahms  sonata for violin/piano in Dmi op108 3m
*RUDRU  DRUDU  DUU     Ravel  Le tombeau de Couperin: Toccata 1t
*RUDRU  DRURD  RDD     Sullivan  The Mikado Act II: The flowers that bloom
*RUDRU  DRURR  UDDD    Beethoven  sonata/3 for violin/piano E♭ op12/3 3m
*RUDRU  DRURU  RUDR    Brahms  sonata for violin/piano in A op100 1m 3t
*RUDRU  DRUUD  UU      Schubert  piano sonata in Ami 3m D784
*RUDRU  DUDUD  UUDDU   Schubert  Schäfers Klagelied (song)
*RUDRU  DUDUD  UURUU   Walton  Belshazzar's Feast: Sing us one of the songs
*RUDRU  DUDUU  DDDRD   Mozart  sonata/27 for violin/piano in G K379 2m
*RUDRU  DURRR  UDUUR   Mozart  Don Giovanni II: Don Giovanni, a cenar teco
*RUDRU  DUUDD  RDDUU   Brahms  Wiegenlied (Lullaby) op49/4
*RUDRU  RDDDD  UD      Sir Joseph Barnby  Sweet and low (song)
*RUDRU  RDDDU  DRDDD   Bach  St John Passion/36 Ruht wohl
*RUDRU  RDDRD         Richard Strauss  Geduld (song) op10/5
*RUDRU  RUDDR  RUUUU   Stravinsky  Petrushka: Chez Petrushka 2t(b)
*RUDRU  RUDRU  URUD    Handel  harpsichord suite/4 in Dmi 3m sarabande
*RUDRU  UDRUD  DUUDU   Hummel  concerto for piano/vln/orch in G op17 1m 2t
*RUDRU  UDUDU  DDDRU   Wagner  Rienzi: overture 2t
*RUDRU  URDDR  UDD     Schumann  Die Tochter Jephta's op95/1 (song)
*RUDRU  URDUR  DURDU   Bartok  string quartet/1 op7 3m intro
*RUDRU  URUDR  UDRUD   Handel  organ concerto in B♭ op4/6 2m
*RUDRU  URURU  D       Mozart  Mass/19 in Dmi (Requiem) K626 Agnus Dei
*RUDRU  UUDDU  DDDUD   Bach  Mass in B minor/13 Et in unum
*RUDRU  UUDRU  UUDRU   Wagner  Götterdämmerung: Siegfried's Rhine journey
*RUDRU  UURUU  UDUDU   Mahler  Um Mitternacht (Rückert song)            [6t
*RUDUD  DDDUU  DRRU    Schubert  Die schöne Müllerin/12 Pause
*RUDUD  DDRUD  UDDDR   Mozart  Cosi fan tutte Act I: Bella vita militar
*RUDUD  DDUDU  UUDDD   Walton  violin concerto 2m 1t(b)
*RUDUD  DDUUD  DUDDU   Handel  concerto grosso in Emi op6/3 2m 2t
*RUDUD  DDUUU  DDUDD   Machaut  Messe Notre-Dame: Kyrie
*RUDUD  DDUUU  RUDDD   Borodin  Prince Igor: Polovtsian dances 1t
*RUDUD  DRDDU  DDDUD   Richard Strauss  Seit dem dein Aug' (song) op17/1
*RUDUD  DUDDU  DDUUU   Bach  sonata for viola da gamba/harpsichord in Gmi
*RUDUD  DUDUD  RRD     Bach  Mass in B minor/12 Credo/2        [BWV1029 1m
*RUDUD  DUDUD  UDUDD   Scarlatti  harpsichord sonata in B♭ Kp267
*RUDUD  DUDUR  DUUUU   Weber  Oberon: overture 2t
*RUDUD  DUDUU  DUDD    Tippett  A child of our time: Interludium
*RUDUD  RDUDD  RUDUD   Brahms  sonata for violin/piano in A op100 2m 2t
*RUDUD  RUDDD  RDUUU   Mendelssohn  symphony/4 in A op90 'Italian' 4m 2t
*RUDUD  RUDUD  DUUDU   Milhaud  Création du Monde 1m
*RUDUD  RUDUD  RUDUD   Khachaturian  violin concerto in D♭ 1m 1t(a)
*RUDUD  RUDUU  RUDDU   Dvořák  string quartet in Dmi op34 4m
*RUDUD  RUUDD  DDRDU   Britten  Fantasy quartet for oboe/vln/vla/cello 1t
```

*RUDUD	RUUDD	RUD	**Mozart** Figaro Act IV: Deh vieni non tardar
*RUDUD	RUUDU	DRUUD	**Mendelssohn** symphony/3 in Ami op56 'Scotch' 4m 3t
*RUDUD	UDDDU	DDUD	**Schubert** Die schöne Müllerin/1 Das Wandern
*RUDUD	UDDDU	UDDDU	**Beethoven** sextet in E♭ op71 trio
*RUDUD	UDDUD	UDUDR	**Britten** Peter Grimes Act III: Embroidery in childhood
*RUDUD	UDDUU	DUDUD	**Vaughan Williams** symphony/8 2m 2t
*RUDUD	UDRD		**Liszt** Years of travel, piano: Sonnet 47 of Petrarch
*RUDUD	UDRUD	RUDD	**Hugo Wolf** Mausfallen - Sprüchlein (song)
*RUDUD	UDUDD	RDDRU	**Sullivan** The Gondoliers Act II: Dance a cachucha
*RUDUD	UDUDD	UUUUD	**Bach** English suite/3 in Gmi allemande BWV808
*RUDUD	UDUDU	DUDDD	**Sullivan** Pirates of Penzance I: I am the very model
*RUDUD	UDUDU	DUDDR	**Buxtehude** (Prelude) fugue (& chaconne) in C, organ
*RUDUD	UDUDU	DUDUD	**Chopin** étude in C op10/7
*RUDUD	UDUDU	DUUUU	**Beethoven** symphony/3 in E♭ 'Eroica' 3m 1t(a)
*RUDUD	UDUDU	UDUDU	**Bach** cantata/106 Gottes Zeit/1b In ihm leben
*RUDUD	UDURU	RRR	**Leoncavallo** I Pagliacci: Stridono lassù
*RUDUD	UDURU	UUR	**Gershwin** piano concerto in F 2m 1t(b)
*RUDUD	UDUUU	DRU	**Sullivan** The Mikado Act II: There is beauty
*RUDUD	URRDU	DUUUU	**Schubert** symphony/9 in C 'Great' 3m 1t D944
*RUDUD	UUDDD		**Beethoven** symphony/6 in F 'Pastoral' 5m 2t
*RUDUD	UUDRR	DRRUD	**Schubert** Die Winterreise/12 Einsamkeit
*RUDUD	UUDRU	DUDUD	**Schubert** string trio in B♭ 4m D581
*RUDUD	UUDUD	DU	**Shostakovich** symphony/9 4m
*RUDUD	UUDUR	DDUDU	**Brahms** serenade in A, strings op16 2m 1t
*RUDUD	UURUU	RUUDD	**Schumann** Frauenliebe und Leben op42/4 Du Ring
*RUDUD	UUUDD	UDDDU	**Poulenc** piano concerto, brass theme from 1m
*RUDUD	UUUDU	DUUDU	**Mozart** piano concerto/5 in D K175 1m 1t
*RUDUD	UUUUU	UDDUU	**Puccini** Tosca Act I: Mia gelosa
*RUDUR	DDRRU	UDUUD	**Schubert** Die Winterreise/11 Frühlingstraum
*RUDUR	DURUD	URDUR	**J Strauss Jr** Tales of the Vienna Woods/1 2t
*RUDUR	DUUUD	DDRUD	**Bach** choral prelude, organ: O Mensch BWV622
*RUDUR	RRRUU	DUR	**Sullivan** The Mikado I: As some day it may happen
*RUDUR	RUDDU	DDUDD	**Mozart** Figaro Act I: La vendetta
*RUDUR	UDDRU	DUDDD	**Donizetti** La fille du Régiment Act I: Chacun le sait
*RUDUR	UDRDD	RD	**Berlioz** Fantastic symphony 1m 1t or 2m 2t
*RUDUR	UDUDD	DDUUD	**Brahms** Academic Festival Overture op80 1t
*RUDUR	UDUUU	DDUD	**Gavin Gordon** The Rake's Progress, ballet 2m 1t
*RUDUR	URDRD	RD	**Berlioz** Fantastic symphony 5m 1t
*RUDUU	DDDDU	DDUDU	**Tchaikovsky** piano concerto/2 in G op44 3m 2t
*RUDUU	DDDRR	UDDDU	**Vaughan Williams** Serenade to music 2t
*RUDUU	DDDUU	DRDUD	**Verdi** La forza del Destino Act II: Son Pereda
*RUDUU	DDRRU	DUUDD	**Debussy** string quartet in Gmi 1m 1t(b)
*RUDUU	DDRRU	DUUDD	**Mozart** Cosi fan tutte Act I: Alla bella Despinetta
*RUDUU	DDUDU	UU	**Chopin** étude Fmi op25/2
*RUDUU	DDUDU	UUUDU	**Bach** choral prelude, organ: Nun komm' der Heiden
*RUDUU	DDUUD	DUDRU	**Schubert** Litanei (song) D343 [Heiland BWV599
*RUDUU	DUDDD	RUUUD	**Dvořák** string quartet in A♭ op105 1m 1t
*RUDUU	DUDUU	RDRDR	**Mozart** Ridente la calma (song) K152
*RUDUU	DURRR	DRRRU	**Schubert** symphony/4 in Cmi 'Tragic' 1m intro D417
*RUDUU	RDRRU	DRDD	**Mendelssohn** Elijah: O come, everyone that thirsteth
*RUDUU	RDUDR	DUDRD	**Grieg** Symphonic dances/1 op64
*RUDUU	RDUUU	RUDDD	**Dvořák** scherzo capriccioso, orch op66 4t
*RUDUU	RURUR	UDUU	**Sibelius** symphony/6 in Dmi op104 4m 3t
*RUDUU	RUUDD	DUDDD	**Mendelssohn** Midsummer night's dream: nocturne
*RUDUU	UDDDR	DDUUD	**Brahms** symphony/3 in F op90 2m 2t [op61/7
*RUDUU	UDDRU	DUUDU	**Verdi** Rigoletto Act I: Deh non parlare
*RUDUU	UDDRU	RUDDD	**Haydn** string quartet/38 in E♭ op33 'The joke' 4m

```
*RUDUU  UDRUU  UURD   Verdi  Il trovatore Act II: Per me ora fatale
*RUDUU  UDUDU  DDUDU  Mahler  Blicke mir nicht in die Lieder (Rückert song)
*RUDUU  UDUUU  UUDDU  Leopold Mozart  trumpet concerto 1m
*RUDUU  URDUD  DRDUD  Debussy  Préludes BkI/5 Les collines d'Anacapri
*RUDUU  URRUD  UDD    Mozart  sonata for organ/strings in C K336 (one movt)
*RUDUU  URUDD  DDD    Chausson  Poème, violin/orch 1t
*RUDUU  URUDD  DUDDD  Debussy  Hommage à S.Pickwick Esq (parody of
                                 God save the Queen)
*RUDUU  UUDDD  RRUDU  Mascagni  Cavalleria Rusticana: Innegiamo
*RUDUU  UUDDD  UDDUU  Mozart  trio for piano/vln/cello in G K564 2m
*RUDUU  UUDUD  DDDDU  Mozart  piano sonata/6 in D K284 3m
*RUDUU  UUDUR  DDDUU  Ferde Grofé  Mississipi suite 4m Mardi Gras 1t
*RUDUU  UUDUR  UDUUD  Schubert  Die Winterreise/18 Der stürmische Morgen
*RUDUU  UUUD          Hugo Wolf  Gesegnet sei, durch den die Welt (song)
*RURDD  DDDUU         Mendelssohn  symphony/3 in Ami op56 'Scotch' 1m 3t
*RURDD  DRUDD  D      Massenet  Scènes pittoresques/1 1t
*RURDD  DRUDU  RDRUR  Warlock  Capriol suite: Bransles
*RURDD  DURUD  DDDDD  Mozart  Mass/18 in Cmi K427: Et incarnatus est
*RURDD  DUUDD  DRUUU  Bach  St Matthew Passion/38 Mir hat die Welt
*RURDD  DUUUU  DDR    Bach  Cantata/106 Gottes Zeit/3 Glorie, Lob BWV106
*RURDD  RDRRR  URDUD  Beethoven  Abendlied (song) (Grove 352)
*RURDD  RURDRD RDDUD  Schubert  Das Mädchens Klage (song) D6
*RURDD  RUDRR  URDDR  Mozart  Cosi fan tutte Act I: Un'aura amorosa
*RURDD  URUDD  UDUUU  Fauré  Requiem: Pie Jesu
*RURDD  URURD  D      Humperdinck  Hansel & Gretel Act III prelude 1t
*RURDD  UUDUU  UDDUD  Kodály  Háry János: Tiszán innen
*RURDD  UUUDD  UUUDD  Mahler  Liebst du um Schönheit (Rückert song)
*RURDD  UUURR  RURRR  Debussy  Chansons de Bilitis/1 La flute de Pan
*RURDD  UUUUU         Beethoven  string quartet/4 in Cmi op18/4 4m 2t
*RURDR  DDDDU  DUDUD  Mozart  piano sonata in E♭ K282 3m
*RURDR  DDDUD  UDDDU  Massenet  Scènes pittoresques/2 2t
*RURDR  DDRUR  DRD    Beethoven  string quartet/4 in Cmi op18/4 1m 2t
*RURDR  DRDRD  UDRDR  Sullivan  The Mikado Act I: Our great Mikado
*RURDR  DRDRR         Rimsky-Korsakov  Le coq d'or Act II: Hymn to the sun
*RURDR  DRRDD  UD     Berlioz  Beatrice & Benedict overture 1t
*RURDR  DRURU  RD     Dvořák  scherzo capriccioso, orch op66 2t
*RURDR  DRURU  RDRDR  J Strauss Jr  Wine, women and song/1 1t
*RURDR  DRURU  RDRUU  Dvořák  Slavonic dances/3 op46 1t
*RURDR  DUDUD  UDUUU  Haydn  String quartet/17 in F op3 4m
*RURDR  RDUUR  DDRDR  Kodály  Háry János suite: Toborzo 1t
*RURDR  RRDRD  RURRR  Bach  Well tempered Clavier Bk II: prel/3a BWV872
*RURDR  RRDUD  RDDUD  Mozart  piano concerto/17 in G K453 2m
*RURDR  RURDD  DR     Kodály  Háry János: Ajo Iovas
*RURDR  RURDR  RUDDR  Berlioz  L'Enfance du Christ pt3: Ouvrez, ouvrez
*RURDR  UDDDD  UD     Brahms  Ein deutsches Requiem: Die Erlöseten
*RURDR  UDDUD  UD     Wagner  Siegfried Act III: Was ruht dort schlummernd
*RURDR  UDRUR  DRU    Sullivan  Yeomen of the Guard Act I: When our gallant
*RURDR  URDRD  RURDR  Franck  symphonic variations, piano/orch: intro
*RURDR  URDRD  RDRUR  Britten  Peter Grimes: interlude/2 Sunday morning 1t
*RURDR  URDRU  RDRUR  Mozart  violin concerto/2 in D K211 1m 2t
*RURDR  URDRU  RDRUR  Beethoven  piano sonata/18 in E♭ op31/3 4m 1t(b)
*RURDR  URDRU  RDUUD  Handel  organ concerto in B♭ op7/1 1m 1t
*RURDR  URDRU  RR     Liszt  Christus: Christus vincit
*RURDR  URDRU  UUDRD  Verdi  Aida: Dance of the priestesses 1t
*RURDR  URDUD  UDUDU  Bach  organ fugue in G BWV577
*RURDR  URDUR  RRDDD  Richard Strauss  Leise Lieder (song) op41a/5
*RURDR  URDUR  URDDD  Mozart  Sinfonia concertante in E♭ K297b 3m
```

109

```
*RURDR URURR RURDR   Ravel  string quartet in F 4m
*RURDR URUUD UUDDU   Wagner  Lohengrin Act III: prelude 3t
*RURDU DDDRR DRUDR   Hubay  Hejre Kati, violin/orch op32/4 2t
*RURDU DDUDD U       Schumann  Carnaval op9 piano: Lettres dansantes
*RURDU DDUDU DDRRD   Haydn  The Creation Pt 3: Singt dem Herren
*RURDU DRUDD UUU     Vaughan Williams  On Wenlock Edge: Oh, when I was
*RURDU DRUDU DURDR   Leoncavallo  I Pagliacci: Un tal gioco          [in love
*RURDU RDDDD DDDDD   Haydn  symphony/26 in Dmi 3m trio
*RURDU UDDDR D       Mozart  string quartet/1 in G K80 1m
*RURDU UDDUD DRRUR   Haydn  oboe concerto in C (doubtful) 2m
*RURDU UUDUD DRDUU   Liszt  Hungarian rhapsody/2 in C♯mi, piano 2t
*RURDU UUURD RUUD    Massenet  Werther Act III: Werther! Werther!
*RURRD DDDUR DDR     Bartok  Hungarian folk songs, violin/piano 1m 2t
*RURRD DDRUR RDDD    Beethoven  symphony/7 in A 1m 3t
*RURRD DRDUU URDUU   Wagner  Tannhäuser Act II: Noch bleibe denn!
*RURRD DRRDU DUDDU   Mozart  Don Giovanni Act II: Deh vieni
*RURRD RDRRU UDRDD   Hugo Wolf  Anakreon's Grab (song)
*RURRD RDUDU UUDDR   Beethoven  piano sonata/12 in A♭ op26 1m
*RURRD RRDDU UURDD   Beethoven  sonata/7 for violin/piano Cmi op30/2 1m 2t
*RURRD RRRUR RDRUU   Haydn  symphony/103 in E♭ 'Drum roll' 3m
*RURRD RURRD RURUD   Mozart  sinfonia concertante in E♭ K297b 3m
*RURRD RURRD UDDUD   Mozart  horn concerto in D K412 2m 1t
*RURRD UDDDU UDUDD   Ippolitov-Ivanov  Caucasian sketches,orch op10 2m 2t
*RURRD UDRUR RDD     Richard Strauss  Heimkehr (song) op15/5
*RURRD URRUD DDRUD   Schubert  March/2, piano 2t D886
*RURRD UUDRU DRUDD   Verdi  Ernani Act I: Ernani involami
*RURRD UUUDU DRURR   Beethoven  trio for piano/vln/cello E op70 2m
*RURRD UUURU UR      Purcell  Dido and Aeneas: To the hills
*RURRR DDDDU UUDUU   Schubert  Der Einsame (song) D800
*RURRR DDRRU RRRDU   Stravinsky  Petrushka: Dance of the nurses 2t
*RURRR DDUDD RRURR   Verdi  Un ballo in maschera Act II: Ma dall'arido stelo
*RURRR DRRDD RUDUR   Mozart  Idomeneo Act I: Il Padre adorato
*RURRR DUDDD         Donizetti  Linda di Chamounix Act I: Ambo nati
*RURRR DUDUU RDDRD   Mozart  Die Entführung Act I: Wer ein Liebchen
*RURRR DUUDD UUR     Schumann  Die Löwenbraut (song) op31/1
*RURRR RDDDD         Mussorgsky  Boris Godunov: Varlaam's song
*RURRR RDUUD UDRUR   Sullivan  The Gondoliers I finale: Replying, we sing
*RURRR RDUUU RRRRD   Mahler  Starke Einbildungskraft (song)
*RURRR RRDUR DUDUU   Prokofiev  Classical symphony 3m 2t
*RURRR RRRDU UDDUD   Sullivan  Patience I: When I first put this uniform on
*RURRR RRRRR RRRRD   Rimsky-Korsakov  Antar symphony 2m 1t
*RURRR RRRRU DDDD    Sullivan  The Gondoliers II: On the day when I was
*RURRR RRUDR RRRDU   Schubert  piano sonata in D 3m trio D850 [wedded
*RURRR UDDRR URRRU   Delius  Appalachia: theme for variations
*RURRR UDRRR RRRUR   Ravel  La flute enchantèe (song)
*RURRR URRDR DUDDU   Mozart  Die Entführung Act I: Ach ich liebte
*RURRR URRRU RDDD    Brahms  sextet in B♭ op18 1m 3t
*RURRR URRRU RRDDD   Handel  Water music 12m
*RURRR URRUU DDDRD   Schumann  An den Sonnenschein (song) op36/4
*RURRR UUDDR RUDRD   Puccini  La Bohème Act IV: Sono andati
*RURRU DDDDD DDUUD   Bach  Partita/2 solo violin in Dmi, chaconne BWV1004
*RURRU DDDRU RRUDD   Delius  Appalachia 2t
*RURRU DRDUD UDD     Mendeissohn  Zuleika (song)
*RURRU DURDD UDRDD   Wagner  Lohengrin Act I: Nun sei bedanket
*RURRU DUUUD D       Debussy  Images: Iberia 2m intro
*RURRU RDUUD DDURU   Brahms  sonata for violin/piano in A op100 3m 1t
*RURRU RRDRR RURRU   Mascagni  Cavalleria rusticana: Irregiamo
```

110

*RURRU	RRUDR	UDUDU	**Bizet** symphony/1 in C 1m 1t(a)
*RURRU	RRURR	UURDU	**Rachmaninov** piano concerto/3 in Dmi op30 3m 2t
*RURRU	RRUÜD	DUDUD	**Haydn** symphony/102 in B♭ 3m menuet
*RURRU	RRUUR		**Puccini** Madam Butterfly Act II: Che tua madre
*RURRU	RUDDU	UUDDR	**Mozart** concerto/2 for horn/strings in E♭ K417 rondo
*RURRU	RUDRU	DUDRU	**Joaquin Rodrigo** Concierto de Aranjuez, guitar 3m 1t
*RURRU	UDUDU	DURUD	**R Strauss** Der Rosenkavalier Act I: Kann mich auch
*RURRU	URRDR	UDRUU	**Beethoven** piano s'ta/21 C op53 'Waldstein' 2m
*RURRU	URUUU	DDUUR	**Donizetti** La Favorita Act I: Una vergine
*RURUD	DDDDD	RDUUD	**Bach** aria for Goldberg variations, Clavier BWV988
*RURUD	DDDDU	DUDUD	**Bach** St John Passion/19 Sei gegrüsset
*RURUD	DDDRU	RDRD	**Shostakovich** sonata for cello/piano op40 4m
*RURUD	DDDUD	UUUDD	**Purcell** Oedipus: Music for a while
*RURUD	DDDUD	DRURU	**Bellini** Beatrice di Tenda: Deh! se un urna
*RURUD	DRDRR	RUD	**Weber** Peter Schmoll: overture intro
*RURUD	DRURD	D	**Franck** quintet for piano/strings in Fmi 3m 1t
*RURUD	DUDRU	DUUUU	**Richard Strauss** Zueignung (song) op10/1
*RURUD	DUURD	RURUR	**Lalo** symphonie espagnole, violin/orch 1m 1t(a)
*RURUD	DUUUR	RDRUU	**Haydn** symphony/87 in A 4m
*RURUD	RDDUD	DUDRU	**Wagner** Im Treibhaus (song)
*RURUD	RDRDD	RU	**Sousa** Manhattan Beach, march 1t
*RURUD	RDRRU	RURRD	**Ravel** Le Martin-pêcheur (song)
*RURUD	RDUDU	UURDU	**Haydn** symphony/95 in Cmi 3m
*RURUD	RUDRU	UUDRU	**Elgar** Sea pictures op37/2 In haven
*RURUD	RURUD	UUUUU	**Martinu** concertino for cello/piano/wind: andante
*RURUD	UUDRD	UURDU	**Ravel** Les grands vents (song)
*RURUD	UURRD	UURDD	**Walton** symphony/1 in B♭mi 4m 2t
*RURUR	DDRDR	DRD	**Anonymous** nursery tune: Ah vous dirai-je Maman; Twinkle, twinkle little star etc, used for variations by J C F Bach, Dohnányi (piano/orch op25) Mozart (piano K265) and Rinck (organ)
*RURUR	DDUU		**Mozart** piano concerto/9 in E♭ K271 2m
*RURUR	DRDUR	UDUR	**Mozart** Idomeneo Act II: Se il padre
*RURUR	DRUDR	RDU	**Liszt** Mephisto waltz, piano 2t
*RURUR	DRURD	RRURD	**Rossini** Il barbiere di Siviglia Act I: All'idea
*RURUR	DUDRR	RDDRU	**Mendelssohn** Elijah: Then shall the righteous
*RURUR	DURDD	UR	**Mozart** symphony/36 in C K425 'Linz' 1m intro
*RURUR	DURDR	DRDUR	**Haydn** symphony/94 in G 2m
*RURUR	DUUDD	R	**Fauré** Requiem: In paradisum
*RURUR	DUUDR	URURD	**Shostakovich** symphony/9 in E♭ op70 2m 2t
*RURUR	DUUUD	DDDUR	**Haydn** cello concerto in D 1m 1t
*RURUR	RRUDD	RUR	**Rossini** Il barbiere di Siviglia Act I: La calumnia
*RURUR	RUDUU	UDU	**Sullivan** Yeomen of the Guard Act II When a wooer
*RURUR	RUUDD	DURRD	**Handel** Fireworks music 1m overture 1t
*RURUR	UDDDU	UURDD	**Haydn** symphony/83 in Gmi 'La poule' 4m
*RURUR	UDDRR	DURDR	**Mozart** violin concerto in E♭ K268 2m
*RURUR	UDDRU	RURUD	**Schumann** Fantasiestücke op12/2 Aufschwung, piano
*RURUR	UDDUU	DDUUD	**Handel** concerto grosso in F op6/9 1m [2t
*RURUR	UDUDR		**Holst** The planets op32, Uranus 2t
*RURUR	UDURU	DRRDR	**Haydn** symphony/73 in D 'La chasse' 2m
*RURUR	URDDU	D	**Beethoven** symphony/3 in E♭ 'Eroica' 3m 2t
*RURUR	URDRD	RDDU	**Smetana** The bartered bride I: Gladly do I trust
*RURUR	URDRD	RDUDD	**Schubert** Rondo for violin/piano in Bmi 2t D895
*RURUR	URDRD	RRURU	**Purcell** St Cecilia: Wondrous, wondrous
*RURUR	URDRU	RURUR	**Wagner** Die Meistersinger III: Die ich mich auserkoren
*RURUR	URDUD	DDDDD	**Bach** Brandenburg concerto/5 in D 1m BWV1050
*RURUR	URDUD	RUDRU	**Mozart** Cassation/1 in G K63 (Serenade) 7m finale

*RURUR	URDUR	DURDR	**Britten** Peter Grimes: interlude/3 Moonlight
*RURUR	URRDD	RUD	**Smetana** The bartered bride Act II: Come, my boy
*RURUR	URURD	RUDRU	**R C Clarke** The blind ploughman (song)
*RURUR	URURD	RURDR	**Waldteufel** Sirenenzauber waltzes/3 1t
*RURUR	URURR	UDDUD	**Beethoven** piano concerto/5 in E♭ 'Emperor' 3m 1t
*RURUR	URURU	DDDDU	**Haydn** string quartet/1 in B♭ op1/1 1m
*RURUU	DDDRR	UDUDU	**Haydn** symphony/88 in G 1m
*RURUU	DDRRU	UUD	**Purcell** Dido & Aeneas: Oft she visits
*RURUU	DDRUR	UUUUD	**Chausson** symphony in B♭ op20 3m 1t
*RURUU	DDUDR	URUUD	**Hugo Wolf** Elfenlied (song) 2t Was sing das helle
*RURUU	DRUDD	RURD	**Sibelius** symphony/1 in Emi op39 4m 1t
*RURUU	DRURU	RUUDU	**Handel** concerto grosso in Bmi op6/12 5m
*RURUU	DUDDR	URUUD	**Gossec** gavotte in D, violin/piano 2t
*RURUU	RDRRD	UDRUR	**Brahms** trio/1 for piano/vln/cello in B op8 scherzo
*RURUU	RDURR	RDRUD	**Purcell** Blessed Virgin's expostulation (arr Britten)
*RURUU	RUUDD		**Puccini** La fanciulla del West: Io non son che una
*RURUU	UDDDD	DDUDD	**Verdi** Requiem: Dies irae
*RURUU	UUUUU	UDURU	**Schubert** piano sonata in Cmi 1m 1t D958
*RUUDD	DDDDU	UUUUU	**Schubert** Frühlingslied (song) D398
*RUUDD	DDDUD	UD	**Wagner** Der fliegende Holländer Act II: Mögst du
*RUUDD	DDDUU	UUUUD	**Haydn** symphony/91 in E♭ 3m trio
*RUUDD	DDUDR	DDUD	**Halévy** La Juive: Rachel, quand du Seigneur
*RUUDD	DDUDU	UUUU	**Rimsky-Korsakov** Antar symphony 2m 2t
*RUUDD	DDURD	UDURR	**Jehain Alain** Trois pièces/3 Litanies, organ
*RUUDD	DDUUR	UDUDU	**Mozart** Gesellenreise (Masonic song) K468
*RUUDD	DRDDU	UUURD	**Beethoven** piano sonata/1 in Fmi op2/1 2m
*RUUDD	DRDUU	DDUDD	**Bach** Choral prelude, organ: Herr Christ BWV601
*RUUDD	DRRRU	RUURD	**Rossini** Il barbiere di Siviglia Act I: Dunque io son?
*RUUDD	DRUUD	DDUDU	**Sullivan** HMS Pinafore I: I'm called little buttercup
*RUUDD	DUDDD	DUDDD	**Prokofiev** piano concerto/3 in C op26 2m
*RUUDD	DURRU	RUUD	**Liszt** Hungarian rhapsody/6 in D♭ piano 2t
*RUUDD	DURUU	DDDDR	**Beethoven** symphony/7 in A 4m 1t
*RUUDD	DUUDU	DUDDU	**Bach** English suite/2 in Ami Bourrée/2 BWV807
*RUUDD	DUUDU	RRUUD	**Rachmaninov** prelude, piano op23/5 2t
*RUUDD	DUURD	RUDDD	**Prokofiev** Alexander Nevsky/6 The field of the dead
*RUUDD	DUURU	UDDDU	**Fauré** Dolly suite: Le pas espagnol 1t, op56 piano
*RUUDD	RDUDD	RUDRD	**Lalo** Le Roi d'Ys: overture intro [4 hands
*RUUDD	RRRRU	RUUDD	**Mozart** Die Entführung: overture 1t
*RUUDD	RURUU	DDD	**Holbrooke** Bronwen overture 3t
*RUUDD	RUUDD	DDUDD	**Brahms** symphony/3 in F op90 4m 3t
*RUUDD	UDDDD	DU	**MacDowell** To a water lily 1t
*RUUDD	UDDDD	U	**Walton** Belshazzar's Feast: If I forget thee
*RUUDD	UDDRU	UDDDU	**Rachmaninov** symphony/2 in Emi op27 1m 1t
*RUUDD	UDDUD		**Richard Strauss** Ein Heldenleben 5t
*RUUDD	UDDUD	DU	**Beethoven** piano concerto/4 in G op58 1m 3t
*RUUDD	UDDUR	DURDR	**Mozart** Die Zauberflöte Act II: Bald prangt
*RUUDD	UDDUR	UUDDU	**Beethoven** Rondino in E♭ for wind op146 posth. 1t
*RUUDD	UDRD		**Beethoven** piano concerto/2 in B♭ op19 2m
*RUUDD	UDRRU	UDURU	**Mozart** Don Giovanni Act I: La ci darem la mano
*RUUDD	UDRUD	DDURR	**Rimsky-Korsakov** Antar symphony 1m 1t
*RUUDD	UDUDD	UUDDU	**Schubert** Fantasy for piano 4 hands in Fmi 2m D940
*RUUDD	UDUDU	UUD	**Brahms** symphony/4 in Emi op98 2m 2t
*RUUDD	UDURU	UUD	**Brahms** Ein deutsches Requiem/2 Denn alles Fleisch
*RUUDD	UDURU	UUUDD	**Massenet** Manon Act II: Des Grieux's dream
*RUUDD	URRUD	UDRR	**Offenbach** Orpheus in Hades: galop 2t
*RUUDD	UUDDD	DDDD	**Verdi** La forza del Destino II: Deh! non m'abbandonar
*RUUDD	UUDDU	RDDDU	**Charles Ives** symphony/2 3m 1t

```
*RUUDD  UUDDU  UUDUU   Stravinsky symphony in 3 movements 2m 3t
*RUUDD  UUDUU  DDUUD   Bizet symphony/1 in C 2m 1t
*RUUDD  UUUDD  UUUUU   Schumann Album for the young: The strange man
*RUUDD  UUURD          Beethoven Grosse Fuge quartet in B♭ op133 theme
*RUUDD  UUURD  UU    · Bach St Matthew Passion/35 O Mensch, bewein
*RUUDD  UUURU  UD      Schumann symphony/2 in C op61 3m 2t
*RUUDD  UUURU  UDDUU   Beethoven symphony/2 in D 2m 2t
*RUUDR  DDDUD  RUUUR   Berlioz Benvenuto Cellini I: La gloire était ma seule
*RUUDR  DDURD  DURDD   Brahms symphony/4 in Emi op98 2m 1t        [idole
*RUUDR  DDURU  UUDDD   Alan Rawsthorne quartet for clarinet/strings 3m
*RUUDR  DRDDU  UUUDD   Beethoven An die ferne geliebte (song) op98/6
*RUUDR  DRUUD  RD      Beethoven symphony/6 in F 'Pastoral' 2m 1t(a)
*RUUDR  DUDDD  UD      Vaughan Williams On Wenlock Edge: Is my team
*RUUDR  DUDUU  RRUDD   Raff Cavatina, violin/piano              [ploughing
*RUUDR  DURUD  DDUUR   Wagner Der fliegende Holländer II: Versank ich jetzt
*RUUDR  DUUUD  RUDUD   Handel Water music 16m
*RUUDR  RURDU  R       Mozart Un bacio di mano K541 (song) 1t
*RUUDR  URUUD  UDUD    Brahms Feldeinsamkeit op86/2 (song)
*RUUDR  UUDDD  UDDUR   Sibelius str quartet op56 'Voces intimae' 2m 2t
*RUUDR  UURRU  DDURU   Beethoven violin concerto in D op61 2m
*RUUDR  UUURR          Tchaikovsky 1812 overture 1t
*RUUDU  DDDUD  DR      Brahms symphony/4 in Emi op98 1m 3t
*RUUDU  DDUDD  DUUUD   Delibes Coppelia ballet: thème Slave
*RUUDU  DDUDU  RDUDD   Goossens The hurdy-gurdy man op18/3 piano
*RUUDU  DDUDU  UUDD    Beethoven sonata/1 for violin/piano in D op12/1 2m
*RUUDU  DRRDD  DDUDD   Shostakovich cello concerto/1 in E♭ op107 2m 2t
*RUUDU  DURUU  DDDDD   Haydn symphony/102 in B♭ 2m
*RUUDU  DURUU  DUD     Verdi Il trovatore Act IV: Quel son, quelle preci
*RUUDU  RDDRU  UDDDD   Liszt Hungarian rhapsody/13 in Ami piano 2t
*RUUDU  RDUUU  DRDRR   Schubert string quintet in C 1m 1t D956
*RUUDU  RUUUD  DDUDD   Berlioz Les Troyens Act I: Pantomime (clarinet solo)
*RUUDU  UDDDD  DUDDU   Handel Alcina: gavotte from ballet
*RUUDU  UDDDU  DR      Giordano Andrea Chenier I: Un d all'azzuro spazio
*RUUDU  UDRUD  DDUUU   Vivaldi concerto for 2 violins/orch in Ami op3/8 2m
*RUUDU  UDUUR  DUUDD   Richard Strauss All mein Gedanken (song) op21/1
*RUUDU  UDUUU  DDUDD   Borodin symphony/2 in Bmi 3m 1t
*RUUDU  URDRD  DUDDD   Verdi La Traviata Act I: Un d  felice
*RUUDU  UUDUD  DUUDD   Bach Well-tempered Clavier Bk I: prelude/8 BWV853
*RUUDU  UUUDD  DDUUD   Rachmaninov suite/2 for 2 pianos 4 hands 1m intro
*RUUDU  UUURD  UUUUD   Brahms sonata for violin/piano in G op78 1m 2t
*RUUDU  UUUUU  RDDDR   Dvořák string quartet in A♭ op105 2m 2t
*RUURD  DDDDD  DURUU   Mozart piano concerto/12 in A K414 1m 1t
*RUURD  DDDRU  URDR    Beethoven sym/9 Dmi 'Choral' finale: Freude schöner
*RUURD  DDUDD  URRRU   Rimsky-Korsakov Le coq d'or suite 3m 4t
*RUURD  DDURU  UDDD    Beethoven An die Hoffnung (song) op32
*RUURD  DRDDU  RUURD   Grieg sonata for cello/piano in Ami 3m 3t
*RUURD  DRUUR  DDRUD   Grieg sonata for cello/piano in Ami 3m 1t
*RUURD  DUDDD  DDRUU   Chopin étude in Emi op25/5 1t
*RUURD  UDUUD  UDDD    Dvořák Wedding dance from Die Waldtaube op110 2t
*RUURD  URURR  URDDU   Debussy Trois chansons de France/1 Rondel
*RUURD  URUUR  DURUU   Beethoven piano sonata/8 Cmi op13 'Pathétique' 1m
*RUURD  UUUDU  RUUDD   Richard Strauss Aus Italien: Roms Ruinen 5t  [intro
*RUURD  UUUUU  UDDDD   Haydn symphony/91 in E♭ 2m
*RUURR  DUDDU  RUURR   Raff La fileuse, piano
*RUURR  RRUDU  DUDD    Leoncavallo I Pagliacci: Poichè in iscena
*RUURR  UDDD          Debussy Images: Iberia 2m 6t
*RUURR  UDDDD  DDUUD   Berlioz La damnation de Faust pt 3: Autrefois un roi
```

```
*RUURR  UDDDU  DDURU   Offenbach Gaieté Parisienne: Marziale
*RUURR  URDDU  DUURU   John Bull Pavan - St Thomas Wake
*RUURR  UUUDU  DDDD    Lehar Das Land des Lächelns Act I: Von Apfelblüten
*RUURU  DDDUR  URURD   Puccini La fanciulla del West: Ch'ella mi creda
*RUURU  DDRUD  DDRUD   Borodin Prince Igor: Polovtsian dances 2t
*RUURU  DDUDU  DUDD    Brahms Von ewiger Liebe (song) op43/1
*RUURU  DRDUR  DUURD   Beethoven piano sonata/29 in B♭ op106 Hammer-
*RUURU  DRDUR  UDRUR   Massenet Scènes Alsaciennes/2 3t [klavier 3m 2t
*RUURU  DRUDD  DURDR   Weinberger Schwanda the bagpiper: polka
*RUURU  DRUUU  DRUDD   Debussy Valse romantique, piano
*RUURU  RDURU  RDUDD   Richard Strauss Der Bürger als Edelmann: Lully 2t
*RUURU  UDDDU  DUDUU   Richard Strauss Der Bürger als Edlemann: Dinner 2t
*RUURU  UDDUU  DDD     Stravinsky Pulcinella: Pupillette
*RUURU  UDRUD  DUUDU   Hummel concerto for piano/vln/orch G op17 1m 2t
*RUURU  UDUDU  DUUDU   Ferrabosco Dovehouse pavan
*RUURU  UDUUD  DDDDD   Beethoven Serenade for violin/viola/cello op8 4m 1t
*RUURU  UDUUD  UUDUD   Haydn symphony/85 in B♭ 'La Reine' 3m menuetto
*RUURU  URRRD  DD      Berlioz Les Francs-Juges: overture intro(b)
*RUURU  URUUR  DDRDU   Schumann symphony/1 in B♭ op38 'Spring' 4m 2t
*RUURU  URUUU         Bizet Jeux d'enfants: Marche
*RUURU  UUDDU  DDDUD   Anselm Bayly Long, long ago (song)
*RUURU  UUUDU  UDUUD   Fauré Nell (song) op18/1
*RUUUD  DDDDR  DUDUD   Sullivan The Mikado Act I: Behold the Lord High
*RUUUD  DDDDR  UUU     Gibbons The silver swan (madrigal) [Executioner
*RUUUD  DDDDU  DUDDU   Verdi Requiem: Sanctus, sanctus
*RUUUD  DDDRD  RDRRD   Mozart Idomeneo Act II: Se il tuo duol'
*RUUUD  DDDUD  DDURU   Eugen d'Albert Tiefland: Die Sterne gingen zur Ruhe
*RUUUD  DDDUR  UUUUD   Vaughan Williams Concerto accademico 1m 3t
*RUUUD  DDDUU  DDUUD   de Falla El amor brujo: Fire dance 1t
*RUUUD  DDDUU  RUU     Dvořák Scherzo capriccioso, orch 1t
*RUUUD  DDRRD  DUDUU   Haydn string quartet/82 in F op77/2 2m 2t
*RUUUD  DDRUU  UUDDU   Vaughan Williams On Wenlock Edge: In summertime
*RUUUD  DDRUU  UUUDD   Dvořák symphony/7 in Dmi op70 3m 2t    [on Bredon
*RUUUD  DDUDD  DRUUU   Wagner Der fliegende Holländer Act II: Mein Herz
*RUUUD  DDUDD  UUUUR   J Strauss Jr Die Fledermaus Act II: Im Feuerstrom
*RUUUD  DDURD  RDUDD   Granados Goyescas/4 Maiden & the nightingale, pft
*RUUUD  DDUUR  DUU     Sullivan Iolanthe Act I: Loudly let the trumpet bray
*RUUUD  DRUDD  UDD     Heinrich Isaac Innsbruck, ich muss dich lassen
*RUUUD  DRURU  UUDRU   John Ireland The Holy Boy, piano
*RUUUD  DRUUU  DDUUD   Schubert Sei mir gegrüsst! (song) D741
*RUUUD  DRUUU  DRRUU   Mozart string quartet/19 in C K465 'Dissonance' 1m
*RUUUD  DRUUU  DUDDD   Beethoven piano sonata/19 in Gmi op49/1 2m 1t
*RUUUD  DUDDD  DRUUU   Mendelssohn trio/1 piano/vln/cello Dmi op49 1m 1t(b)
*RUUUD  DUDDU  RUDDU   Ivanovici Donau-Wellen/1 (Waves of the Danube)
*RUUUD  DUDDU  UD      Berlioz Fantastic symphony 4m 2t
*RUUUD  DUDUD  DUDUU   Rossini Boutique fantasque 4m Danse Cosaque 1t
*RUUUD  DUDUR  UUDUD   Verdi Un ballo in maschera Act III: Ma se m'è forza
*RUUUD  DURRR  DRUUU   Schubert Die junge Nonne (song) D828
*RUUUD  DUUDR         Tchaikovsky 1812 overture 2t
*RUUUD  RDDD          Schubert piano sonata/8 in B 1m 2t D575
*RUUUD  RDDRU  DUD     Mendelssohn string quartet/1 in E♭ op12 3m
*RUUUD  RRUUU  DRDUD   Gavin Gordon The rake's progress, ballet 4m 1t
*RUUUD  RUUUD  RUUUU   Beethoven symphony/8 in F 1m 3t
*RUUUD  UDDDU  RD      Berlioz Fantastic symphony 3m 1t
*RUUUD  UDDRD  RDUDR   Grieg Norwegian melodies, string orch op63 2m 1t
*RUUUD  UDDUU  DRUDD   Poulenc concert champêtre, piano 1t
*RUUUD  UDUDD  RRUDU   Massenet Manon Act IV: A nous les amours
```

```
*RUUUD  UDURR  DRURR   J Strauss Jr  Der Zigeunerbaron II: Ha seht es winkt
*RUUUD  UDURR  DRURR   J Strauss Jr  Treasure waltzes/2 (same melody)
*RUUUD  UDURU  UUDUD   Mozart  Die Zauberflöte Act I: Du feines Täubchen
*RUUUD  URDRD  RUUUU   John Bull  Galliard, St Thomas Wake
*RUUUD  URUUD          Granados  El mirar de la Maja (tonadilla)
*RUUUD  UUDRU  UUDUU   Handel  Water music 1m overture
*RUUUD  UUDUD  DDDDD   Schubert  Die Winterreise/14 Der greise Kopf
*RUUUD  UUUDU  UUDUU   Chopin  étude op10/1
*RUUUR  DDDRU  UUUD    Liszt  Consolation/2 piano (Grove 172)
*RUUUR  DDDUR  UDDUU   Schubert  symphony/5 in B♭ 4m 1t D485
*RUUUR  DUUDD  DDRD    Bach  Willst du dein Herz mir schenken (aria) BWV518
*RUUUR  DUUDD  UUDDU   Brahms  Hungarian dances/4 in Fmi piano 4 hands 2t
*RUUUR  RRDDD  UDDUD   Haydn  symphony/100 in G 'Military' 4m
*RUUUR  RRRUD  RUUUR   Debussy  La soirée dans Grenade, piano 2t
*RUUUR  RUDDD  DUDUD   Poulenc  concert champêtre, piano 2m
*RUUUR  UDDRD  RURRD   Arrigo Boito  Mefistofele: L'altra notte
*RUUUR  UDDRU  UURRU   Wagner  Die Meistersinger III: Geschmückt mit König
*RUUUR  UDUUD  DDUUU   Khachaturian  piano concerto 1m 2t      [David's Bild
*RUUUR  URUUU  UDRDD   Chausson  symphony in B♭ op20 1m 3t
*RUUUR  UUURU  DDDDR   Fauré  sonata for violin/piano in A op13 3m 1t(a)
*RUUUU  DDDDR  UUDDD   Berlioz  La damnation de Faust/2 Bientôt (Faust's
*RUUUU  DDDDU  DDD     Brahms  sonata cello/piano in F op99 2m 1t [dream]
*RUUUU  DDDRR  UDRUD   Schubert  Allegretto in Cmi, piano D915
*RUUUU  DDDUD  DDUDD   Ivanovici  Donau-Wellen/3 (Waves of the Danube)
*RUUUU  DDDUR  RDD     Moszkowski  Spanish dances op12/1 2t
*RUUUU  DDDUU  RDUUR   J Strauss Jr  Blue Danube/4 1t
*RUUUU  DDDUU  UUDDD   Offenbach  Tales of Hoffmann Act II: entr'acte
*RUUUU  DDUDR  RUU     Richard Strauss  Sehnsucht (song) op32/2
*RUUUU  DDUDU  DDDUD   Richard Strauss  Der Bürger als Edelmann: Cleonte 2t
*RUUUU  DDUDU  UDU     Scarlatti  harpsichord sonata in Fmi Kp69
*RUUUU  DDURU  UUUUD   Schubert  Die Winterreise/8 Rückblick
*RUUUU  DRUUU  UUUDD   Elgar  Pomp & Circumstance march/4 2t
*RUUUU  DUDDR  UDRRD   Thomas Linley  Still the lark finds repose (song) arr
*RUUUU  DUDRD  RRDUR   Richard Strauss  Morgen (song) op27/4 [Ella Ivimey
*RUUUU  DUUDD  DUDUU   Khachaturian  piano concerto 2m
*RUUUU  DUUDU  U       Schumann  symphony/1 in B♭ op38 'Spring' 1m 4t
*RUUUU  RDUDD  RDDD    Sullivan  The Gondoliers Act I: List and learn
*RUUUU  RDUUU  UURDR   Schubert  Die Winterreise/7 Auf dem Flusse
*RUUUU  RRD            Beethoven  Missa solemnis: Gloria in excelsis
*RUUUU  RRDUU  DRUUU   Ibert  Divertissement, chamber orchestra 5m 2t
*RUUUU  RRURR  DUDDD   Poldini  Poupée valsante
*RUUUU  UDDDD  UDUDU   Bach  English suite/2 in Ami courante BWV807
*RUUUU  UDDDD  UDUDU   Mahler  Um schlimme Kinder artig zu machen (song)
*RUUUU  UDDDD  URUUR   Prokofiev  piano concerto/5 in Gmi op55 5m 2t
*RUUUU  UDDDU  RDDRD   Berlioz  La damnation de Faust pt 4: Remonte au ciel
*RUUUU  UDDRR  RURRD   Schubert  Der Wanderer (song) D493
*RUUUU  UDUDD  UDDDU   Bach  Partita/2 in Dmi solo violin: allemande BWV1004
*RUUUU  UDUUD  UUUDD   Mendelssohn  Songs without words/10 in Bmi op30/4
*RUUUU  URDDD  D       Beethoven  sonata/2 for cello/piano in Gmi op5/2 1m
*RUUUU  URDRR  UUUUU   Mendelssohn  Der Blumenstrauss (song)
*RUUUU  URUDD  RRRUD   Bellini  I Puritani Act II: Vien, diletto
*RUUUU  URUUR  DDRDD   Bach  sonata for violin/Clavier in E 3m BWV1016
*RUUUU  URUUU  UURUU   Schumann  symphony/1 in B♭ op38 'Spring' 3m 4t
*RUUUU  UUDDD  DDDUD   Brahms  trio for vln/horn/piano in E♭ op40 4m 2t
*RUUUU  UUDDU  DDDD    Chopin  piano concerto/2 in Fmi op21 3m 1t
*RUUUU  UUDUD  DUDDD   George Butterworth  A Shropshire lad: The lads in
                                          their hundreds (song)
```

*RUUUU	UUDUU	DUDDD	**Mozart** concerto/7 3 pianos/orch in F K242 3m
*RUUUU	UUUUU	UDDUR	**Chopin** mazurka/5 op7/1
*RUUUU	UUUUU	UUUUU	**Schumann** symphony/1 in B♭ op38 'Spring' 1m 3t
*UDDDD	DDDDD	DDDDD	**Chopin** étude/8 in F op10 1t
*UDDDD	DDDDD	UD	**Mozart** piano concerto/19 in F K459 3m contra-
*UDDDD	DDDDD	UUDDD	**Beethoven** Egmont overture 2t [puntal theme
*UDDDD	DDDDU	DDUUD	**Richard Strauss** Tod und Verklärung 2t
*UDDDD	DDDDU	UDDUU	**Richard Strauss** horn concerto/2 in E♭, theme at fig 7
*UDDDD	DDDDU	UDDUU	**Suppé** Poet and Peasant overture 2t(b)
*UDDDD	DDDRU	U	**Scarlatti** harpsichord sonata Kp162
*UDDDD	DDDRU	UU	**Rossini** La Cenerentola: Signor, una parola
*UDDDD	DDDUD	D	**Elgar** symphony/2 op63 1m 2t(b)
*UDDDD	DDDUD	DUDDD	**John Field** piano sonata/1 op1/1 rondo
*UDDDD	DDDUD	DUDDR	**Tartini** The Devil's trill, violin/piano 2m
*UDDDD	DDDUD	UUUDU	**Kreisler** (Praeludium and) allegro (style of Pugnani)
*UDDDD	DDDUU	DDDDU	**Haydn** symphony/34 in Dmi 1m [violin/piano
*UDDDD	DDDUU	UDDUU	**Berlioz** Benvenuto Cellini Act I: Ah! qui pourrait
*UDDDD	DDDUU	UUDDU	**Bliss** A colour symphony 4m 2t
*UDDDD	DDDUU	UUDDU	**Debussy** Suite Bergamasque: Passepied 1t
*UDDDD	DDDUU	UUUDD	**Brahms** Intermezzo in E♭ piano op117/1
*UDDDD	DDRDU	UD	**Wagner** Tannhäuser Act III: O du mein holder
*UDDDD	DDRUD	DDDDD	**Mozart** Die Zauberflöte Act I: Dies Bildnis
*UDDDD	DDRUD	UUUDD	**Brahms** string sextet in G op36 2m 1t
*UDDDD	DDUDD	DDDD	**Mozart** sonata/25 for violin/piano in F K377 1m
*UDDDD	DDUDD	DDDDU	**Erik Satie** Sarabande/3 piano
*UDDDD	DDUDD	DDDUU	**Tchaikovsky** symphony/2 in Cmi op17 1m 3t(b)
*UDDDD	DDUDD	DDUUU	**Bach** English suite/3 in Gmi: gigue BWV808
*UDDDD	DDUDD	DUD	**Puccini** La Rondine: Ore dolci
*UDDDD	DDUDD	UDDUD	**Dvořák** Slavonic dances/11 op72 3t
*UDDDD	DDUDR	UDUUR	**Mozart** string quartet/20 in D K499 2m 2t
*UDDDD	DDUDU	DDDDD	**Beethoven** symphony/1 in C 2m 3t
*UDDDD	DDUDU	UDDDD	**Dvořák** string quartet in F op96 'American' 4m 1t
*UDDDD	DDURU	UDUDD	**Hummel** concerto piano/vln/orch in G op17 3m 2t
*UDDDD	DDUUD	DUDUU	**Bach** harpsichord concerto/7 in Gmi 3m BWV1058
*UDDDD	DDUUD	RDDUD	**Weber** Abu Hassan overture 2t
*UDDDD	DDUUD	UDURU	**Mendelssohn** trio/2 piano/vln/cello Cmi op66 4m 1t
*UDDDD	DDUUD	UR	**Bach** concerto flute/violin/piano/str Ami 3m BWV1044
*UDDDD	DDUUU	DDDDD	**Rachmaninov** piano concerto/1 in F♯mi 3m 1t
*UDDDD	DDUUU	DDUUD	**D'Indy** symphony on French mountain theme op25 1m
*UDDDD	DDUUU	DUD	**Beethoven** violin concerto in D op61 1m 1t [2t
*UDDDD	DDUUU	UDDDD	**Liszt** Les funérailles, piano 1t
*UDDDD	DDUUU	UUDDD	**Beethoven** piano sonata/11 in B♭ op22 4m
*UDDDD	DDUUU	UUDDD	**Beethoven** symphony/6 in F 'Pastoral' 4m 1t(a)
*UDDDD	DRDDU	DDDDD	**Dvořák** Bagatelles, piano/strings op47 2t
*UDDDD	DRDRR	RUDUD	**Mozart** string quartet/22 in B♭ K589 3m
*UDDDD	DRDUU	DDUD	**Donizetti** Lucia di Lammermoor Act III: O sole più
*UDDDD	DRDUU	DDUUD	**Britten** Peter Grimes, interlude/4 storm 3t
*UDDDD	DRDUU	UUUDD	**Mozart** Cosi fan tutte Act II: Volgi a me pietoso
*UDDDD	DRRRU	U	**Richard Strauss** Ariadne auf Naxos Act I: Gross-
*UDDDD	DRUDD	DUDRU	**Meyerbeer** Les patineurs 1t [mächtige Prinzessin
*UDDDD	DRUDU	UD	**Chopin** waltz in Fmi op70
*UDDDD	DRUUR	DDUDD	**Wagner** Lohengrin II: Durch dich musst' ich verlieren
*UDDDD	DRUUR	UUU	**Mozart** Serenade in Cmi K388 wind 3m

116

```
*UDDDD DRUUU UU     Beethoven  string quartet/5 in A op18/5 3m
*UDDDD DUDDD D      Dvořák  string sextet op48 4m
*UDDDD DUDDD DDDUD  Mendelssohn  symphony/3 in Ami 'Scotch' op56 4m 1t
*UDDDD DUDDD DUUDD  Glazunov  violin concerto in Ami 1t
*UDDDD DUDDD UD     Schubert  sonatina/3 violin/piano Gmi 4m 1t D408
*UDDDD DUDDD UDD    Dvořák  Slavonic dances/2 op46 1t
*UDDDD DUDDD UDUDD  Rimsky-Korsakov  Tsar's Bride overture 2t
*UDDDD DUDDD URD    Butterworth  Oh fair enough are sky and plain (sóng)
*UDDDD DUDDU DDDUU  MacDowell  An old garden op62/1 piano
*UDDDD DUDDU DDUDD  Bach  English suite/5 in Emi: gigue BWV810
*UDDDD DUDDU UUUDU  Handel  sonata for flute/fig bass in C op1/7 3m
*UDDDD DUDDU UUUDU  Mahler  symphony/5 in Cmi 5m theme at fig 4
*UDDDD DUDDU UUUUD  Dvořák  Slavonic dances/7 op46 3t
*UDDDD DUDRU UUUUU  Schubert  Seligkeit (song) D433
*UDDDD DUDUD DDDDU  Rimsky-Korsakov  Le coq d'or suite 1m 2t
*UDDDD DUDUD DUDDD  Handel  Semele: Oh sleep, why dost thou leave me?
*UDDDD DUDUD UDDDU  Massenet  Manon Act III: Epouse quelque brave fille
*UDDDD DUDUR RDUDU  Sullivan  The Mikado Act II: If that is so
*UDDDD DUDUU DDDDD  Schubert  symphony/9 in C 'Great' 3m 3t D944
*UDDDD DUDUU DDDDD  Vaughan Williams  London symphony 3m 2t
!UDDDD DUDUU DDRDD  Meyerbeer  Robert le Diable: Robert! toi que j'aime
*UDDDD DUDUU DUDUD  Haydn  symphony/49 in Fmi 3m menuet
*UDDDD DUDUU U      Debussy  Nocturnes, orch, Fêtes 3t
*UDDDD DUDUU UUUDU  Charles Ives  Robert Browning overture: march theme
*UDDDD DUDUU UUUDU  Bizet  Carmen, prelude 2t
*UDDDD DURDU DR     J Strauss Jr  Blue Danube/2 2t
*UDDDD DURDU R      Sousa  The Thunderer, march 1t
*UDDDD DURDU UDDDD  Bach  English suite/1 in A: gigue BWV806
*UDDDD DURRR DDUDD  Mozart  piano concerto/24 in Cmi K491 1m solo entry
*UDDDD DURRR UUDDU  Richard Strauss  Der Bürger als Edelmann: Dinner 4t
*UDDDD DUUDD DDDUD  Humperdinck  Hansel & Gretel: Brüderchen komm
*UDDDD DUUDD DDDUU  Schumann  piano concerto in Ami op54 1m 2t(a)
*UDDDD DUUDD DU     Brahms  Steig auf, geliebter Schatten (song) op94/2
*UDDDD DUUDD RUDDD  Dvořák  Slavonic dances/1 op46 2t
*UDDDD DUUDD UUDDU  Massenet  Les Erinnyes: invocation
*UDDDD DUUDR DDUDD  Berlioz  Les Troyens Act I: Reviens à toi
*UDDDD DUUDU RUUDD  Riccardo Drigo  Valse Bluette
*UDDDD DUUDU UDDDD  Haydn  string quartet/82 in F op77/2 1m 1t
*UDDDD DUUDU UURRD  Thomas Arne  Now Phoebus sinketh in the west
*UDDDD DUUUD DDDUU  Mozart  string quartet/16 in E♭ K428 2m
*UDDDD DUUUD DDRUD  Prokofiev  Lieutenant Kije, Romance for orch 2m 1t
*UDDDD DUUUD DUDDU  Litolff  piano 'concerto symphonique' op102 scherzo
*UDDDD DUUUD UDDDD  Bruckner  symphony/5 in B♭ 1m 1t
*UDDDD DUUUD UDUDU  Ponchielli  Dance of the hours 3t
*UDDDD DUUUD UURUU  Waldteufel  Pomona waltz 5t
*UDDDD DUUUR UDUDU  Scarlatti  harpsichord sonata in Emi Kp198
*UDDDD DUUUU DDD    Granados  El majo timido
*UDDDD DUUUU DDUUU  Albinoni  oboe concerto op7/6 2m
*UDDDD DUUUU DUDDD  Wagner  Rienzi: overture 1t (without ornament)
*UDDDD DUUUU UDDDR  Franck  sonata for violin/piano in A 4m
*UDDDD DUUUU UDRDD  Franz Drdla  Serenade
*UDDDD DUUUU UDUUD  Haydn  string quartet/39 in C op33 'The bird' 3m
*UDDDD DUUUU UUURR  Schubert  sonata for violin/piano in A 4m 3t D574
*UDDDD RDDRR URUUD  Hugo Wolf  In der Frühe (song)
*UDDDD RDRRR DUU    Beethoven  piano concerto/5 in E♭ 'Emperor' 3m 2t
*UDDDD RDUDD UDD    Rachmaninov  prelude op23/7 piano
*UDDDD RDUUU DUDDU  Rossini  Boutique fantasque 2m tarantelle
```

117

*UDDDD	RRRUU	DDDDR	**Mozart** symphony/38 in D K504 'Prague' 1m 3t
*UDDDD	RRRUU	UD	**Chopin** nocturne in F♯ op15/2
*UDDDD	RRUUD	DDDRR	**Vivaldi** concerto for 2 mandolines/strings G 2m P133
*UDDDD	RRUUU	DDDDR	**Dvořák** cello concerto in Bmi op104 2m 2t
*UDDDD	RUDDD	DDUUU	**Beethoven** Bagatelle in Gmi op119/1 piano
*UDDDD	RUDDU	UUDDU	**Schubert** string quartet/15 in G 2m D956
*UDDDD	RURDD	DUU	**Sullivan** Yeomen of the Guard Act I: 'Tis done! I am a
*UDDDD	RUUDD	DRRRR	**Verdi** Il trovatore Act I: Tacea la notte [bride
*UDDDD	RUUDD	URUDD	**Schubert** Rosamunde: overture intro D797
*UDDDD	RUUDD	UUDDU	**Mozart** quartet/1 for piano/strings in Gmi K478 1m 2t
*UDDDD	RUUDU	UD	**Britten** Peter Grimes: interlude/4 storm 4t
*UDDDD	RUUUD	DUUDD	**Haydn** string quartet/77 in C op76/3 'Emperor' 3m 2t
*UDDDD	RUUUD	RUUUU	**Haydn** Nelson Mass: Qui tollis
*UDDDD	RUUUD	UDUD	**Bach** Fantasia in Cmi, organ BWV562
*UDDDD	RUUUU	D	**Ibert** Escales (Ports of call) orch 2m Tunis - Nefta
*UDDDD	RUUUU	UDDDD	**Sibelius** symphony/3 in C op52 1m 2t
*UDDDD	UDDDD	DDDUD	**Chopin** waltz in A♭ op42 3t
*UDDDD	UDDDD	RRRRR	**Mozart** Serenade in D K250 'Haffner' 1m 1t
*UDDDD	UDDDD	UDDDD	**J Strauss Jr** Artist's life/2 2t
*UDDDD	UDDDD	UDDDD	**Massenet** Werther Act I: O nature
*UDDDD	UDDDD	UDDDD	**Schumann** Kinderszenen/1 op15 piano
*UDDDD	UDDDD	UDDDD	**Wagner** Die Walküre: Magic fire music 2t
*UDDDD	UDDDD	UDDDR	**Granados** La maja dolorosa/1
*UDDDD	UDDDD	UUDDU	**Brahms** piano concerto/1 in Dmi op15 1m 2t
*UDDDD	UDDDD	UUDUU	**Erik Satie** Heures séculaires et instantanées/1 piano
*UDDDD	UDDDD	UUDUU	**Schumann** quintet for piano/strings in E♭ op44 4m 2t
*UDDDD	UDDDD	UUUUD	**Haydn** symphony/94 in G 1m
*UDDDD	UDDDU	DDDUD	**Bach** 'Air on the G string' from suite/3 in D BWV1068
*UDDDD	UDDDU	DDUDU	**Haydn** symphony/97 in C 3m menuetto
*UDDDD	UDDDU	UDUUU	**Spontini** La Vestale Act II: Tu che invoco
*UDDDD	UDDDU	UUDDU	**Prokofiev** violin concerto/2 in Gmi op63 3m 3t
*UDDDD	UDDDU	UUUUU	**J Strauss Jr** Der Zigeunerbaron I: Als flotter Geist
*UDDDD	UDDRU	UUUUU	**Saint-Saëns** violin concerto/3 in Bmi op61 2m 1t
*UDDDD	UDDUD		**Vaughan Williams** symphony/9 in Emi 3m 3t
*UDDDD	UDDUD	DDDU	**Wagner** A Faust overture 4t
*UDDDD	UDDUD	DDDU	**Chopin** piano sonata in B♭mi op35 2m
*UDDDD	UDDUD	DDDUD	**Handel** concerto grosso in Cmi op6/8 1m
*UDDDD	UDDUD	DDDUD	**Elgar** Falstaff, symphonic study 7t
*UDDDD	UDDUD	DUDUU	**J Strauss Jr** Nacht in Venedig, overture 4t
*UDDDD	UDDUD	UDDUD	**Brahms** Intermezzo in Bmi op119/1 piano
*UDDDD	UDDUD	UUDUD	**Schubert** string trio in B♭ 1m D581
*UDDDD	UDDUU	DUDDU	**Prokofiev** violin concerto/2 in Gmi op63 2m 2t
*UDDDD	UDDUU	UUUDR	**Chopin** piano sonata in Bmi op58 1m 2t
*UDDDD	UDRUD	DDDDU	**Sullivan** Pirates of Penzance I: How beautifully blue
*UDDDD	UDRUD	DDDUR	**Vivaldi** violin concerto in Fmi 'Winter'
*UDDDD	UDRUU	DDUU	**Brahms** quartet for piano/strings in A op26 3m 2t
*UDDDD	UDRUU	RRUR	**Mahler** Kindertotenlieder/1 Nun will die Sonn'
*UDDDD	UDUDD	DDUDD	**Schumann** Kinderszenen/4 The entreating child
*UDDDD	UDUDU	UDDD	**Dvořák** quintet for piano/strings in A op81 1m 1t
*UDDDD	UDUDU	UDDDU	**Brahms** Tragic overture op81 2t
*UDDDD	UDUDU	UDRDD	**Mozart** quartet for flute/strings in D K285 3m
*UDDDD	UDUDU	UUUUU	**Grieg** Norwegian dances/2 piano or string orch 2t
*UDDDD	UDUUD	DDDU	**Brahms** Intermezzo in Ami op76/7 piano
*UDDDD	UDUUD	RDRDD	**Mendelssohn** string quartet/3 in D op44/1 3m 2t
*UDDDD	UDUUD	RUDD	**Rossini** L'Italiana in Algeri I: Languir per una bella
*UDDDD	UDUUD	RUDDD	**Hubert Parry** England (song)
*UDDDD	UDUUD	UDDDD	**Haydn** symphony/31 in D 3m trio

```
*UDDDD UDUUD UUDUD  Gerald Finzi Dies Natalis/4 Wonder
*UDDDD UDUUU DDDUD  Bach Brandenburg concerto/1 in F 2m BWV1046
*UDDDD UDUUU DDDUD  Haydn symphony/100 in G 'Military' 1m intro
*UDDDD URDDD U      Bach sonata/5 violin/Clavier in Fmi 1m BWV1018
*UDDDD URRRR RDDUD  Beethoven piano sonata/15 in D 'Pastoral' op28 2m 1t
*UDDDD URRRR UDDD   Mozart Figaro: overture 5t
*UDDDD URRUD RUDDD  Handel concerto grosso in Dmi op6/10 4m
*UDDDD URUDD DDU    Dvořák Serenade for strings in E op22 2m 2t
*UDDDD URURD DDUDD  Mahler symphony/4 in G 1m 2t
*UDDDD URURU RUDD   Mozart string quartet/17 in B♭ 'Hunt' K458 4m
*UDDDD UUDDD DDUDD  Schumann Slumber song op124/16 piano
*UDDDD UUDDD DUUDD  Mozart piano sonata/3 in B♭ K281 3m rondo
*UDDDD UUDDD UDDDD  Vivaldi concerto bassoon/str/cembalo in Emi 1m
*UDDDD UUDDD UDDDD  Beethoven Coriolan overture 2t            [P137
*UDDDD UUDDD UDDDU  Chopin mazurka/25 op33/4
*UDDDD UUDDD UDUUU  Berlioz Te Deum/2 Tibi omnes (accompaniment)
*UDDDD UUDDD URDUU  Glinka The lark, piano (arranged by Balakirev)
*UDDDD UUDDD UUDDD  Brahms Intermezzo in A op118/2 piano 2m
*UDDDD UUDDD UUUDD  Elgar Wand of youth suite/2: The tame bear
*UDDDD UUDDU DDDDU  Haydn symphony/47 in G 4m
*UDDDD UUDDU DDDDU  Walton Portsmouth Point overture 1t(b)
*UDDDD UUDDU DDUUD  Beethoven string quartet/3 in D op18/3 1m
*UDDDD UUDDU DUDDD  Malipiero Impressioni dal vero: Il capinero 1t
*UDDDD UUDDU DUDU   Verdi Un ballo in maschera Act I: Di, tu se fedele
*UDDDD UUDDU UDDD   Erik Satie Gymnopédies/1 piano
*UDDDD UUDDU UDUDD  Brahms sonata for cello/piano in F op99 1m 2t
*UDDDD UUDRU UUUUU  MacDowell piano concerto/1 1m 2t
*UDDDD UUDUD DDDUU  Chopin nocturne/1 in Fmi op55
*UDDDD UUDUD UDDUU  Berlioz Romeo & Juliette pt 2 Romeo alone
*UDDDD UUDUU UDDDD  Brahms Serenade in D op11 6m 2t
*UDDDD UURUD DDRUU  Franck sonata for violin/piano in A 1m 1t
*UDDDD UURUU DUUD   Mozart Deutsche Tänze/4 orch K600
*UDDDD UUUDD DDUU   Mozart trio for piano/vln/cello in C K548 2m
*UDDDD UUUDD DDUUD  Berlioz Te Deum/3 Dignare, domine
*UDDDD UUUDD DU     Scarlatti harpsichord sonata in C♯mi Kp247
*UDDDD UUUDD DURDD  Bach cantata/140 Wachet auf/3 Wann kommst du
*UDDDD UUUDD UDDRR  Schubert piano sonata in G 4m D894
*UDDDD UUUDD UDDUU  Bach Brandenburg concerto/1 in F 4m 1t BWV1046
*UDDDD UUUDD UDDUU  Vaughan Williams symphony/8 3m 1t
*UDDDD UUUDD UUUUD  Vaughan Williams Sea symph 1m: But do you reserve
*UDDDD UUUDU DDDDU  Tchaikovsky symphony/1 in Gmi op13 1m 2t
*UDDDD UUUDU UDUUU  MacDowell piano concerto/2 2m 1t
*UDDDD UUURD DUD    Bach St Matthew Passion/21 Erkenne mich, based on
                        melody by H L Hassler ('O sacred head')
*UDDDD UUUUD DDD    Delius violin concerto 6t
*UDDDD UUUUD DDUD   Brahms violin concerto in D op77 1m 1t
*UDDDD UUUUD DDUDD  Mendelssohn trio/1 piano/vln/cello Dmi op49 4m 2t
*UDDDD UUUUD DUD    Mozart Minuet in D K355 piano
*UDDDD UUUUD DURDD  Liszt Two legends: St François de Paule, piano
*UDDDD UUUUD DUUUU  Verdi Aida Act III: Su, dunque
*UDDDD UUUUU DDDUU  Richard Strauss Alpine symphony 10t
*UDDDD UUUUU DDUUU  Mozart string quartet/17 in B♭ K458 3m
*UDDDD UUUUU UUUUU  Beethoven piano sonata/13 in E♭ op27 4m
*UDDDR DDDRU DDUUD  Paganini caprice for violin op1/11
*UDDDR DDDUD DUD    Liszt Grandes études de Paganini/1 piano (based on
*UDDDR DDUDR DUUDD  Schumann Fantasy C op17 piano 1m 2t[caprice op1/6)
*UDDDR DDUUD DUUDU  Paganini violin concerto/2 in Bmi 1m 2t
```

119

*UDDDR	DDUUD	UUUUD	**Schubert**	piano sonata in D 4m 1t D850
*UDDDR	DRUUU	UUDUD	**Berlioz**	Les Troyens Act II: Complices de sa gloire
*UDDDR	DUDDD	RUDDD	**Handel**	Messiah: Behold the Lamb of God
*UDDDR	DUDDD	UUDUD	**Sibelius**	symphony/2 in D op43 4m 3t
*UDDDR	DUDUD	D	**Handel**	concerto grosso in Dmi op6/10 3m 1t
*UDDDR	DUUD		**Beethoven**	string quartet/2 in G op18/2 2m 1t
*UDDDR	DUUUU	UDDDU	**Haydn**	string quartet/68 in D op64/5 'The lark' 2m
*UDDDR	RRDDU	DUUUU	**Boccherini**	cello concerto in B♭ 1m 2t
*UDDDR	RRDUU	RUDD	**Elgar**	symphony/2 in E♭ op63 2m 1t
*UDDDR	RRRRD	UDDD	**Schubert**	piano sonata in A 1m 3t D959
*UDDDR	RRUDD	RRR	**Mozart**	symphony/25 in Gmi K183 1m 2t
*UDDDR	RUDDD	DRRUD	**Mozart**	piano concerto/24 in Cmi k491 1m 2t
*UDDDR	RUDRR	RDRUD	**Schubert**	quintet piano/strings in A 'Trout' 5m D667
*UDDDR	RUUDD	DD	**Mozart**	Divertimento in B♭ K287 1m
*UDDDR	RUUUU	UURRD	**Debussy**	sonata for cello/piano in Dmi: sérénade
*UDDDR	UDDDD	RUUDD	**Saint-Saëns**	Samson & Dalila: Bacchanale
*UDDDR	UDDDU	UUDDD	**Chopin**	prelude/20 op28
*UDDDR	UDDDU	UUUUD	**Mendelssohn**	Elijah: If with all your hearts
*UDDDR	UDDRU	D	**Brahms**	Auf dem Kirchhofe (song) op105/4
*UDDDR	UDDUD	DDUUD	**Bach**	cantata/82 Ich habe genug/3 Schlummert ein
*UDDDR	UDDUU	U	**Mendelssohn**	Elijah: I, I am he
*UDDDR	UDUUD	DDRUD	**Franck**	string quartet in D 4m 1t
*UDDDR	URDUR	DDDRR	**Mozart**	piano concerto/8 in C K246 2m
*UDDDR	URDUR	DRUDU	**Mendelssohn**	Midsummer night's dream: intermezzo 4t♦
*UDDDR	URDUU	D	**Mendelssohn**	octet in E♭ op20 1m 1t
*UDDDR	URDUU	UUU	**Massenet**	Scènes Alsaciennes IV/3
*UDDDR	URURD	RD	**Schubert**	piano sonata in A 3m 2t D959
*UDDDR	UUDDU	R	**Erik Satie**	Gnossiennes/1 piano
*UDDDR	UUDRU	UDRUU	**Beethoven**	sonata/9 violin/piano A op47 'Kreutzer' 1m
*UDDDR	UUDUR		**Bach**	choral prelude, organ, Herzlich tut BWV727
*UDDDR	UUDUU	UUUDU	**Verdi**	Otello Act III: Vieni, l'aula è deserta
*UDDDR	UUUDD	RDR	**Grieg**	waltz op12/2 piano 2t
*UDDDU	DDDDD	DDUR	**Dvořák**	symphony/7 in Dmi op70 4m 3t
*UDDDU	DDDDD	RUUDD	**Mahler**	symphony/3 in Dmi 5m 1t
*UDDDU	DDDDD	UDDDD	**Shostakovich**	symphony/5 in Dmi op47 1m 1t(a)
*UDDDU	DDDDD	UDUUD	**Bach**	St Matthew Passion/70 Sehet
*UDDDU	DDDDD	UUDDU	**Mendelssohn**	Midsummer night's dream: overture 1t
*UDDDU	DDDDD	UUUUD	**Mahler**	symphony/8/II Bei der Liebe
*UDDDU	DDDDU	UDDUD	**Chopin**	piano concerto/2 in Fmi 1m 2t
*UDDDU	DDDDU	UURDD	**Mendelssohn**	string quartet/1 in E♭ op12 1m 3t
*UDDDU	DDDDU	UUUDD	**Haydn**	string quartet/1 in B♭ op1/1 5m
*UDDDU	DDDRR	UDDD	**Schubert**	Die schöne Müllerin/7 Ungeduld
*UDDDU	DDDRU	DDD	**Bloch**	Schelomo (Hebrew rhapsody) cello/orch 4t
*UDDDU	DDDRU	DUUDD	**Grieg**	Peer Gynt suite/2 2m 2t
*UDDDU	DDDRU	UDDRU	**Stravinsky**	Petrushka: Tableau 3t
*UDDDU	DDDRU	UUUDD	**Dvořák**	Gypsy songs op55/1 Mein Lied ertönt
*UDDDU	DDDUD	DDD	**Elgar**	Dream of Gerontius pt 2: orchestral theme
*UDDDU	DDDUD	DDDDU	**Mozart**	Adagio (and fugue) in Cmi for strings K546
*UDDDU	DDDUD	DDDUU	**J Strauss Jr**	Die Fledermaus: Du und du waltzes/2 1t
*UDDDU	DDDUD	DDUDD	**Beeethoven**	symphony/1 in C 1m 3t
*UDDDU	DDDUD	DDUDD	**Delibes**	Le Roi l'a dit: overture 3t
*UDDDU	DDDUD	DDUDU	**Beethoven**	piano sonata/17 in Dmi op31/2 3m 1t
*UDDDU	DDDUD	DDUUU	**Puccini**	La Rondine Act I: Chi il bel sogno
*UDDDU	DDDUD	DUD	**Saint-Saëns**	piano concerto/2 in Gmi op22 3m 2t
*UDDDU	DDDUD	RUDD	**Mozart**	Fantasia in Dmi K397 2t
*UDDDU	DDDUD	UDDUU	**Bach**	fugue in A, organ BWV536
*UDDDU	DDDUD	UDUDD	**Haydn**	symphony/31 in D 4m pt 2 presto

```
*UDDDU DDDUD UDUDU   Bach fugue in Gmi, organ BWV578
*UDDDU DDDUD UU      Chopin nocturne in F♯mi op48/2
*UDDDU DDDUU DDDRR   Berlioz Fantstic symphony 1m intro(b)
*UDDDU DDDUU DDDUD   Mahler symphony/8/II Mater gloriosa theme
*UDDDU DDDUU DDDUU   Dvořák Slavonic dances/2 op46 2t
*UDDDU DDDUU DRUDR   Beethoven piano concerto/1 in C op15 2m 1t
*UDDDU DDDUU DUDDD   Donizetti Lucia di Lammermoor III: Spargi d'amaro
*UDDDU DDDUU UD      Ravel (Introduction &) allegro for harp/str quartet 2t
*UDDDU DDDUU UDUUU   Brahms sonata in Fmi for clar or viola op120/1 3m
*UDDDU DDDUU UUDDD   Beethoven Andante favori in F (Grove 170)
*UDDDU DDRUD UDUDU   Handel Messiah: All we like sheep
*UDDDU DDRUU UDDDU   Verdi Un ballo in maschera: overture 1t
*UDDDU DDUDD DDDDU   Haydn symphony/96 in D 'Miracle' 3m trio
*UDDDU DDUDD DDDUU   Haydn cello concerto in C 3m
*UDDDU DDUDD DDUUU   Bach concerto for 4 harpsichords Ami 3m BWV1065
*UDDDU DDUDD DUDDD   Richard Strauss Don Juan 6t
*UDDDU DDUDD DUUUD   Vivaldi concerto in Bmi op3/10 3m
*UDDDU DDUDD UDDUD   Beethoven piano sonata/7 in D op10/3 3m
*UDDDU DDUDD UDUD    Brahms sonata in Fmi for clar or viola op120/1 1m
*UDDDU DDUDD UUUUU   Walton Crown Imperial, Coronation march 4t
*UDDDU DDUDR URUUD   Handel Messiah: I know that my redeemer liveth
*UDDDU DDUDU DRDUD   Schumann violin concerto in Dmi 3m 2t
*UDDDU DDUDU UDDDU   Mozart trio for piano/vln/cello in E K452 3m
*UDDDU DDUUD DDDUD   Beethoven string quartet/11 in Fmi op95 4m intro
*UDDDU DDUUD DDDUD   Handel organ concerto in Gmi op7/5 2m 1t
*UDDDU DDUUD DDUDD   Borodin string quartet/2 in D 4m 1t
*UDDDU DDUUD DDUDD   de Falla El amor brujo: Terror 1t
*UDDDU DDUUD DDDUD   Schumann quintet for piano/strings in E♭ op44 3m 3t
*UDDDU DDUUU UDUUU   Brahms sonata in E♭ for clar or viola op120/2 3m
*UDDDU DRDDD DUDUU   Chopin piano sonata in Cmi op4 2m minuet
*UDDDU DRDDU DDDUD   Elgar cello concerto in Emi 1m intro
*UDDDU DRDDU DRUDD   Dvořák string quartet in G op77 4m 1t
*UDDDU DRDUD         Mozart Serenade in E♭ K375 4m 2t
*UDDDU DRRRU RRUUD   B Fliess Wiegenlied (cradle song) formerly attrib-
                     uted to Mozart K Anh284f
*UDDDU DRUDD UUUD    Haydn symphony/48 in C 3m trio
*UDDDU DRUDD UURUD   Haydn symphony/86 in D 3m menuet
*UDDDU DRUUD DDUDR   Karl Zeller Der Obersteiger: Wo sie war die Müllerin
*UDDDU DRUUU UDD     Sir Julius Benedict Carnival of Venice
*UDDDU DUDDD RRUDD   Beethoven symphony/8 in F 2m 3t
*UDDDU DUDDD UD      Mozart sonata/21 for violin/piano in Emi K304 2m 1t
*UDDDU DUDDD UDRDU   Bach sonata for violin/Clavier in Gmi 1m BWV1020
*UDDDU DUDDD UDUDD   Josef Strauss Sphärenklange waltzes/1 1t
*UDDDU DUDDD UDUDD   Vivaldi violin concerto in Fmi 'Winter': walking
*UDDDU DUDDD UDUDD   Paganini Le Streghe, violin/piano        [on ice
*UDDDU DUDDD UDUUD   Bach Partita/5 in G, Clavier BWV829
*UDDDU DUDDU DUDUD   Handel organ concerto in B♭ op4/6 3m
*UDDDU DUDDU UDDUU   Beethoven symphony/8 in F 3m 1t
*UDDDU DUDDU UUDDD   Moszkowski Spanish dances op12/5 1t
*UDDDU DUDUD DDUDD   Rachmaninov piano concerto/2 in Cmi 3m 2t
*UDDDU DUDUD DUUUU   Borodin string quartet/2 in D 1m 1t
*UDDDU DUDUD UDDDD   Bach Christmas oratorio/15 Frohe Hirten BWV248
*UDDDU DUDUU DUDUD   Saint-Saëns Le bonheur est chose legère (song)
*UDDDU DUDUU UDDDU   Tchaikovsky symphony/3 in D op29 'Polish' 2m 1t
*UDDDU DURDU UDUDD   Bach Prelude (fantasia) for organ in Gmi BWV542
*UDDDU DURUD DDUDU   Bach St Matthew Passion/61 Können Thränen
*UDDDU DURUD UDUUD   Handel sonata for violin/fig bass in A op1/14 1m
```

121

```
*UDDDU  DURUU  UUUUD  Mozart symphony/36 in C K425 'Linz' 4m 1t
*UDDDU  DUUDD  DUDDU  Liadov Russian folk dances, orch op58: village dance
*UDDDU  DUUDD  RD     Franck Prelude, aria & finale, piano: aria
*UDDDU  DUUDR  UDDDD  Ravel piano concerto in G 2m
*UDDDU  DUUDU  UUDRU  Haydn symphony/49 in Fmi 3m trio
*UDDDU  DUUDU  UUUUD  Schubert Fantaisie in Fmi for piano 4 hands 3m D940
*UDDDU  DUURU  DDUDD  Orlando de Lassus Bon jour, bon jour
*UDDDU  DUUUD  DDDUD  Bach French suite/6 in E gigue BWV817
*UDDDU  DUUUD  DDUDU  Brahms quartet for piano/strings in Gmi op25 4m 2t
*UDDDU  DUUUD  DUUUD  Ambroise Thomas Mignon: Entr'acte-gavotte
*UDDDU  DUUUD  UDDUD  Fauré quartet for piano/strings in Cmi op15 2m 1t
*UDDDU  DUUUR  DUDDD  Bach sonata viola da gamba/Clavier G 1m BWV1027
*UDDDU  RDDDD  UDDUU  Berlioz Romeo & Juliette pt 2: Andante malinconico
*UDDDU  RDDRD  DUDDD  Beethoven Die Ehre Gottes (Gellert song)
*UDDDU  RDRDU  DDU    Bach St Matthew Passion/48 Erbarme dich
*UDDDU  RDUDD  DUURD  Berlioz L'Enfance du Christ pt 3 Allez dormir
                       (choral version)
*UDDDU  RDUUU  UDD    Bach Cantata/55 Ich armer Mensch/3 Erbarme dich
*UDDDU  RRRDD  URDD   Mozart Serenade in D K320 7m
*UDDDU  RRUDD  DUR    Bach sonata/4 violin/Clav Cmi Siciliana BWV1017
*UDDDU  RRUUU  DDDDD  Verdi Il trovatore III: Soldiers' chorus: Or co' dadi
*UDDDU  RUDDD  DDRUU  Berlioz L'Enfance du Christ pt 1: O misère des rois
*UDDDU  RURRD  UDDDU  Mozart Exsultate K165 Tu virginum
*UDDDU  RUUDU  UDDDU  Giordano Fedora Act II: Amor ti vieta
*UDDDU  RUUDU  UDUDU  Handel organ concerto in Gmi op7/5 2m 2t
*UDDDU  UDDDD  DDUUU  Shostakovich symphony/7 op60 2m 1t
*UDDDU  UDDDD  UDDDD  Bach French suite/2 in Cmi minuet BWV813
*UDDDU  UDDDD  UDDDU  Grieg sonata for violin/piano in Gmi op13/2 1m 3t
*UDDDU  UDDDR  UDUDU  Dvořák string quartet/7 in A♭ op105 4m 2t
*UDDDU  UDDDR  UDUDU  Waldteufel Pomona waltz 1t
*UDDDU  UDDDR  UDUUD  Tosti Good-bye for ever (song)
*UDDDU  UDDDU  DDDDD  Brahms string quartet in Ami op51/2 4m 2t
*UDDDU  UDDDU  DDRRD  R Strauss Der Rosenkavalier I Italian serenade
*UDDDU  UDDDU  DDUDD  Bach St Matthew Passion/10 Buss und Reu
*UDDDU  UDDDU  RRDUD  Mozart Divertimento in C K188 3m
*UDDDU  UDDDU  RRRRR  Schubert Fantaisie in C 'Wanderer', piano 3t D760
*UDDDU  UDDDU  UDDDD  Kurt Weill Die Dreigroschenoper: Kanonen-song
*UDDDU  UDDDU  UDDDU  Haydn string quartet/67 in D op64 'The lark' 1m 1t
*UDDDU  UDDDU  UDDDU  Rachmaninov suite/2 op17 2m 2t
*UDDDU  UDDDU  UDDUD  Sullivan Yeomen of the Guard II: Strange adventure
*UDDDU  UDDDU  UDDUD  Wagner Parsifal Act I: Der Glaube lebt
*UDDDU  UDDDU  UDUUU  Schubert sonata for violin/piano in A 1m D574
*UDDDU  UDDDU  UUDD   Dvořák symphonic variations op78 theme
*UDDDU  UDDDU  UUDUU  Henry VIII If love now reigned (arr Keating for TV)
*UDDDU  UDDRU  DDDRU  Tchaikovsky symphony/1 in Gmi op13 1m 1t(a)
*UDDDU  UDDUD  DDDUU  Brahms sonata/3 for violin/piano in Dmi op108 4m 3t
*UDDDU  UDDUD  DDUUU  Brahms quartet for piano/strings in Gmi op25 4m 1t
*UDDDU  UDDUU  DDURD  Dvořák symphony/7 in Dmi op70 4m 1t
*UDDDU  UDDUU  DUDUD  Beethoven piano sonata/5 in Cmi op10/1 2m
*UDDDU  UDDUU  UU     Britten Serenade, tenor/horn/strings op31: nocturne
*UDDDU  UDRDR  D      Tchaikovsky Nutcracker suite: Waltz of flowers 4t
*UDDDU  UDRRD  DUU    Grieg sonata for violin/piano in Cmi op45 1m 2t
*UDDDU  UDRUD  DUUU   Chausson Poème, violin/orch 3t
*UDDDU  UDUDD  DUU    Wagner Parsifal: prelude 3t
*UDDDU  UDUDD  UDDUD  Bach suite/2 flute/strings in Bmi: polonaise BWV1067
*UDDDU  UDUDD  UDUUD  Handel organ concerto in B♭ op4/2 3m
*UDDDU  UDUDU  DDDDD  Mendelssohn (Prelude and) fugue in Emi op35/1
```

122

```
*UDDDU  UDUDU  DRDDD   Scarlatti  harpsichord sonata Kp281
*UDDDU  UDUDU  DUDUD   Thomas Arne  gavotte in B♭
*UDDDU  UDUDU  UDDUU   Field  nocturne/9 piano
*UDDDU  UDUDU  UDUDD   Beethoven  string quartet/11 in Fmi op95 2m 2t
*UDDDU  UDUDU  URDUU   Beethoven  str quartet/7 F op59/1 'Rasoumovsky' 3m
*UDDDU  UDUDU  URRDD   Rachmaninov  piano concerto/3 in Dmi op30 1m 1t
*UDDDU  UDUDU  UURRU   Mahler  symphony/8/II Bei dem hochgeweihten
*UDDDU  UDURU  DDDDU   Bach  suite/4 orch: gavotte BWV1069
*UDDDU  UDUUD  DDUU    Vaughan Williams  London symphony 1m 2t
*UDDDU  UDUUD  DDUUD   Erik Satie  Gymnopédies/2 piano
*UDDDU  UDUUD  DDUUD   Beethoven  piano sonata/23 Fmi op57 'Appassionata'
*UDDDU  UDUUD  DDUUD   Tchaikovsky  symphony/2 Cmi op17 2m 2t      [3m 2t
*UDDDU  UDUUD  DUUUD   Beethoven  symphony/6 in F 'Pastoral' 3m 3t
*UDDDU  UDUUD  UUDDU   Bach  sonata/3 for solo violin in C: fugue BWV1005
*UDDDU  UDUUR  DUUDU   Bach  organ fantasia 'Komm, heiliger Geist' BWV652
*UDDDU  UDUUU  DDDDU   Schumann  Album for the young: Italian sailors' song
*UDDDU  UDUUU  DDUDD   Brahms  Tragic overture op81 3t
*UDDDU  UDUUU  RUDDU   Bach  Motet/2 Der Geist hilft/3 Du heilige Brunst
*UDDDU  URDDD  URDDU   Hugo Wolf  Abschied (song) Der gleichen hab' ich
*UDDDU  URDDR          Liszt  Oh! quand je dors (song)
*UDDDU  URDRR  DUDUD   Mozart  Die Entführung Act I: O wie ängstlich
*UDDDU  URDRU  UDDDU   Ravel  Pavane for a dead Infanta, piano/orch
*UDDDU  URDUD  DDUDR   Beethoven  sonata/10 for violin/piano in G op96 4m
*UDDDU  URRUD  DDUUR   Verdi  Requiem: Oro supplex et acclinis
*UDDDU  URRUD  RRUDR   Haydn  symphony/82 in C 'L'Ours' 3m menuet
*UDDDU  URUDD  DUURU   Schumann  quartet for piano/strings in E♭ op47 4m 2t
*UDDDU  URUDD  DUUUD   Grieg  Peer Gynt suite/2 4m Solveig's song 2t
*UDDDU  URURD  DDUUU   Mahler  symphony/5 Cmi 5m theme at fig 2
*UDDDU  UUDDD  DD      Schumann  symphony/2 in C op61 2m 4t
*UDDDU  UUDDD  RUDDR   Grieg  Holberg suite 5m Rigaudon
*UDDDU  UUDDD  UDUDU   Joaquin Rodrigo  Concierto de Aranjuez, guitar,
                                    theme at bar 18
*UDDDU  UUDDD  URUDD   Schumann  Kinderszenen op15 piano: At the hearth
*UDDDU  UUDDD  UUUDD   de Falla  Three-cornered hat: Mayor 2t
*UDDDU  UUDDD  UUUDD   Chausson  quartet for piano/strings op30 2m 2t
*UDDDU  UUDDD  UUUDD   Schubert  Die Winterreise/2 Die Wetterfahne
*UDDDU  UUDDD  UUUDD   Handel  sonata for flute/fig bass in F op1/11 4m
*UDDDU  UUDDD  UUUDD   Wagner  Tristan & Isolde Act III: prelude 2t
*UDDDU  UUDRU  UUDUD   Debussy  Petite suite for 2 pianos: Cortège 1t
*UDDDU  UUDUD  DDUUD   Beethoven  sonata/4 for violin/piano in A op23 3m
*UDDDU  UUDUD  DDUUU   Beethoven  Missa solemnis: Gloria 5t
*UDDDU  UUDUD  DDUUU   Haydn  symphony/22 in E♭ 2m
*UDDDU  UUDUD  DUUUD   Byrd  Tu es Petrus
*UDDDU  UUDUU  DDDDU   Purcell  Dido & Aeneas: Our next motion
*UDDDU  UUDUU  DUDDD   Purcell  Dido & Aeneas: Fear no danger
*UDDDU  UUDUU  DUUD    Handel  organ concerto in Gmi op7/5 4m
*UDDDU  UUDUU  URRUU   Schumann  Frühlingsfahrt (song) op45/2
*UDDDU  UUDUU  URUDU   Byrd  Lord Willoby's welcome home, virginals
*UDDDU  UURDD  DDDUU   Vaughan Williams  London symphony 1m 3t
*UDDDU  UUUDD  DDD     Schubert  symphony/8 in Bmi 'Unfinished' 2m 1t D759
*UDDDU  UUUDD  DUDUD   Debussy  string quartet in Gmi 3m 2t(a)
*UDDDU  UUUDD  DUU     Bach  Art of fugue: theme BWV1080
*UDDDU  UUUDD  UDUDD   Beethoven  string quartet/6 in B♭ op18/6 4m
*UDDDU  UUUDD  URUUD   Vaughan Williams  Songs of travel/3 The roadside fire
*UDDDU  UUUDU  DDRUD   Lortzing  Zar und Zimmermann: Lebe wohl
*UDDDU  UUUDU  DRUDU   Debussy  Images: Homage à Rameau 1t
*UDDDU  UUUDU  UUDUU   Walton  Façade suite/1 valse 2t
```

123

*UDDDU	UUUDU	UUUUU	**Mozart** piano concerto/19 in F K459 2m
*UDDDU	UUURD	UUUUD	**Kreisler** Caprice Viennois op2 violin/piano
*UDDDU	UUUUD	DDUUU	**Schumann** Fantasy in C op17 piano 2m 2t
*UDDDU	UUUUD	RDUUU	**Mahler** symphony/3 in Dmi 6m 1t
*UDDDU	UUUUD	UD	**Wagner** Tannhäuser: overture 7t
*UDDDU	UUUUD	UDDDU	**Fauré** sonata for violin/piano in A op13 1m 1t
*UDDDU	UUUUU	RDRUR	**Mozart** Idomeneo Act III: Torna la pace
*UDDDU	UUUUU	RRUD	**Max Bruch** violin concerto/1 in Gmi 2m 1t(b)
*UDDDU	UUUUU	UDDDD	**Ilyinsky** berceuse, piano
*UDDDU	UUUUU	URU	**Bruckner** symphony/9 in Dmi 3m 1t
*UDDDU	UUUUU	UUUDD	**Beethoven** piano sonata/16 in G op31/1 2m
*UDDRD	DDRDD	UUDDD	**Beethoven** symphony/5 in Cmi 1m 3t
*UDDRD	DDUDD	RDDDU	**Mendelssohn** string quartet/3 in D op44/1 4m 2t
*UDDRD	DDUUU	U	**Thomas Weelkes** O Care, thou wilt despatch me
*UDDRD	DRDDR	DUUDD	**Mendelssohn** string quartet/3 in D op44/1 4m 1t
*UDDRD	DUDDU	D	**Saint-Saëns** Samson et Dalila: Printemps
*UDDRD	DUUUR	DDUDU	**Haydn** symphony/53 in D 4m (Version A)
*UDDRD	RDUDU	UUDRD	**Richard Strauss** Sinfonia domestica 1m 2t(b)
*UDDRD	RDURD	RDRDU	**Haydn** symphony/22 in E♭ 3m trio
*UDDRD	RRUUU	UURUU	**Mozart** Idomeneo Act II: Idol mio seritroso
*UDDRD	RUDUU	DDUUD	**Gounod** Faust Act III: Il était un Roi de Thulé
*UDDRD	RUURU	RDDDU	**Beethoven** Rondino in E♭ for wind op146 posth 2t
*UDDRD	UDDRD	UDDUU	**Bach** Cantata/82 Ich habe genug BWV82
*UDDRD	UDDUU	DDUDD	**Berlioz** Les Troyens Act II: O digne soeur d'Hector!
*UDDRD	UDUDR	UDDDU	**Schumann** cello concerto in Ami op129 1m 2t
*UDDRD	UDUUD	DRDUD	**Verdi** Aida Act IV: Morir! si pura e bella
*UDDRD	URDRR	RDU	**Bach** Cantata/189 Meine Seele rühmt/2 Denn seh' ich
*UDDRD	URDUU		**Haydn** string quartet/67 in D op64 'The lark' 1m 2t
*UDDRD	URUDD	UDDRD	**John Dowland** I saw my lady weep (song)
*UDDRD	URUUU	DRRR	**Mussorgsky** Boris Godunov Act IV: Pimen's mono-
*UDDRD	UUDDR		**Tchaikovsky** Jeanne d'Arc: Adieu, forêts　　[logue
*UDDRD	UUDRR	DDDUU	**Mozart** Exsultate, jubilate K165
*UDDRD	UUDUD	DRDUU	**Beethoven** Ich liebe dich (song) (Grove 235)
*UDDRR	DDUUD	DD	**Berlioz** Requiem/9a Sanctus
*UDDRR	DRURD	RRUDD	**Sullivan** Ruddigore Act I: Welcome gentry
*UDDRR	DUDUU	UDDUD	**Stravinsky** Pulcinella, ballet: larghetto
*UDDRR	DUUDD	RRD	**Mozart** piano sonata/4 in E♭ K282 2m 1t
*UDDRR	DUUDU	DUDDD	**Bizet** Carmen Act II: Toreador's song 2t
*UDDRR	DUUDU	UUDDU	**Handel** sonata flute/violin/fig bass in Cmi op2/1 1m
*UDDRR	DUUUU	DDUDU	**Bach** Magnificat in D/7 Fecit potentiam
*UDDRR	DUUUU	DDUDU	**Stravinsky** Pulcinella, ballet: Mentre l'erbetta
*UDDRR	RDDDU	UD	**Beethoven** sonata/9 violin/piano A op47 'Kreutzer'
*UDDRR	RRDUD	DRRRR	**Delibes** Sylvia: Marche de Bacchus 1t　　[3m 2t
*UDDRR	RURRU	UDDUU	**Erik Satie** 3 petites pièces: Marche de Cockaigne
*UDDRR	UDDRD	UUDDD	**Mozart** quartet/2 for piano/strings in E♭ K493 3m
*UDDRR	UDDRR	DDD	**Handel** organ concerto in Gmi op7/5 1m 2t
*UDDRR	UDDRR	UDDRR	**Mozart** violin concerto/1 in B♭ K207 3m 1t
*UDDRU	DDDDD	UUURU	**Chopin** waltz in A♭ op42 1t
*UDDRU	DDDUU	DDUUU	**Eugen d'Albert** Tiefland: Und wir werden
*UDDRU	DDDUU	DDURD	**Berlioz** La damnation de Faust pt 2: Jam nox stellata
*UDDRU	DDRUD	DRUDD	**Schubert** impromptu/4 in A♭ piano 1t D899
*UDDRU	DDRUD	DUUUR	**Flotow** Martha: overture 2t
*UDDRU	DDRUD	DUUUU	**Schumann** sonata violin/piano Ami op105 2m 1t(a)
*UDDRU	DDRUU	UDUUU	**Weber** Oberon: overture 1t
*UDDRU	DDURD	RDDUD	**John Bull** The Duchess of Brunswick's toye
*UDDRU	DRDRR	RUDDU	**Beethoven** Minuet in E♭ piano (Kinsky index WoO82)
*UDDRU	DUDDU	UDDUD	**Schumann** Papillons, piano op2/2

```
*UDDRU  DUDRU  RUDDD   William Byrd  The leaves are green
*UDDRU  DURUD  DRUDU   Beethoven  string quartet/14 in C#mi op131 4m
*UDDRU  DUUDD  U       Handel  sonata for flute/fig bass in Bmi op1/9 1m
*UDDRU  DUUUD  UUU     Brahms  sonata for cello/piano in F op99 2m 2t
*UDDRU  RDURD  DUUDD   Verdi  La Traviata Act II: Se consultan le stelle
*UDDRU  RURRD  DDRUD   Bach  Cantata/106 Gottes Zeit/1c Es ist der alte
*UDDRU  RURRU  UUDDU   Berlioz  Benvenuto Cellini Act I: Quand j'aurai
*UDDRU  RURUU  UDUDD   Fauré  string quartet in Emi op121 2m
*UDDRU  UDDDR  U       Handel  concerto grosso in Emi op6/3 1m
*UDDRU  UDDDR  UDDRR   Handel  concerto grosso in Bmi op6/12 4m
*UDDRU  UDDUD  DDDDU   Clementi  sonatina in C, piano 1m 1t
*UDDRU  UDURR  RDU     Sullivan  Pirates of Penzance Act I: Oh! false one
*UDDRU  URUDR  DUUDD   Wagner  Tannhäuser: overture 1t(a)
*UDDRU  URUDR  DUUDD   Wagner  Tannhäuser Act II: Pilgrim's chorus
*UDDRU  UUDDD  DUUDU   Delibes  Coppelia, ballet: prelude 1t
*UDDRU  UUUDD  RUDDD   Schubert  piano sonata in Cmi 4m 4t D958
*UDDRU  UUUDU  UDDUU   Donizetti  Don Pasquale: overture 1t
*UDDRU  UUURU  DDRUU   Mozart  symphony/29 in A K201 4m 1t
*UDDRU  UUUUR  UDD     Beethoven  32 variations in Cmi piano
*UDDUD  DDDDD  DDUUD   Haydn  symphony/91 in E♭ 4m
*UDDUD  DDDDD  RRUDR   Shostakovich  concerto piano/trpt/orch 2m 1t or 4t
*UDDUD  DDDDD  RUUUD   Walton  theme from Orb and Sceptre march
*UDDUD  DDDDD  UUD     Shostakovich  symphony/5 in Dmi op47 1m 2t(b)
*UDDUD  DDDDR  UDDDR   Handel  Samson: Return O God of hosts
*UDDUD  DDDDU  DDDDD   Beethoven  piano sonata/2 in A op2/2 3m 2t
*UDDUD  DDDDU  DDDUU   Mendelssohn  violin concerto in Emi op64 2m 1t
*UDDUD  DDDDU  DR      Reger  clarinet quintet in A op146 3m
*UDDUD  DDDDU  RD      Schumann  symphony/1 in B♭ op38 'Spring' 3m 2t
*UDDUD  DDDRR  UUDDD   Puccini  La Bohème Act I: Talor dal mio forziere
*UDDUD  DDDRU  DDRUU   Mozart  sonata/25 for violin/piano in F K377 3m
*UDDUD  DDDRU  DRDDD   Chopin  sonata for cello/piano in Gmi op65 3m
*UDDUD  DDDRU  DUUDU   Kodály  Háry János: Nagya bonyban
*UDDUD  DDDU           Rachmaninov  études/tableaux op33/1 piano
*UDDUD  DDDUD  DDD     Schumann  symphony/2 in C op61 1m 3t
*UDDUD  DDDUD  DDUDD   Schubert  Grand duo in C piano 4 hands 3m trio D812
*UDDUD  DDDUD  DUDD    Bach  Partita/1 in Bmi solo violin: sarabande BWV
*UDDUD  DDDUD  DUDD    Weber  Peter Schmoll overture 2t          [1002
*UDDUD  DDDUD  UUDUD   Mozart  symphony/34 in C K338 2m 2t
*UDDUD  DDDUR  DRUUD   Bach  Brandenburg concerto/2 in F 2m BWV1047
*UDDUD  DDDUU  DDDDU   Haydn  symphony/94 in G 1m intro
*UDDUD  DDDUU  DDUDD   Gershwin  An American in Paris: blues theme
*UDDUD  DDDUU  DUUDU   Brahms  sonata for cello/piano in F op99 1m 1t
*UDDUD  DDDUU  UUDDU   Brahms  Waltz op39/8 piano
*UDDUD  DDRDU  U       Beethoven  string quartet/12 in E♭ op127 1m 1t
*UDDUD  DDRRR  UDDUU   Mendelssohn  Songs without words/14 op38/2 piano
*UDDUD  DDUDD  D       Haydn  string quartet/78 in B♭ op76 3m 2t
*UDDUD  DDUDD  D       Schumann  cello concerto in Ami op129 3m 2t
*UDDUD  DDUDD  DD      Rachmaninov  Elégie, piano 2t
*UDDUD  DDUDD  DUDDD   Bach  Well-tempered Clavier Bk I: prelude/14 BWV859
*UDDUD  DDUDD  DUDUU   Haydn  symphony/98 in B♭ 3m menuet
*UDDUD  DDUDD  UDDDU   Schumann  symphony/4 in Dmi op120 4m 2t
*UDDUD  DDUDD  UDDRU   Adam  Giselle II/13
*UDDUD  DDUDR  UDU     Weber  Oberon Act II: Arabien mein Heimatland
*UDDUD  DDUDU  UDUDU   Mozart  symphony/29 in A K201 2m 1t
*UDDUD  DDURD          Schumann  symphonic études in C#mi op13, piano
*UDDUD  DDURD  DUU     Schumann  Sonntags am Rhein a op36/1 [finale 2t
*UDDUD  DDURR  RDRR    Grieg  Dance caprice, piano op28/3 1t
```

125

*UDDUD	DDUUD	DDUDD	**Franck** symphony in Dmi 3m 1t
*UDDUD	DDUUD	DUDDD	**Corelli** concerto grosso in B♭ op6/11 4m
*UDDUD	DDUUD	DUUD	**Stravinsky** symphony in C 1m 2t
*UDDUD	DDUUD	DUUDD	**Chopin** piano concerto/2 in Fmi op21 2m
*UDDUD	DDUUD	DUUDD	**Beethoven** symphony/2 in D 2m 4t
*UDDUD	DDUUU	UDDDU	**Tchaikovsky** piano concerto/2 in G op44 1m 2t(b)
*UDDUD	DDUUU	UUDDU	**Haydn** symphony/103 in E♭ 'Drum roll' 3m trio
*UDDUD	DDUUU	UUUDU	**Schubert** symphony/5 in B♭ 3m 2t D485
*UDDUD	DRDUD	DD	**Berlioz** The Corsair overture 2t
*UDDUD	DRDUR	DU	**Haydn** string quartet/81 in G op77/1 1m 1t
*UDDUD	DRDUU	DUDDR	**Bach** Well-tempered Clavier Bk II: fugue/7 BWV876
*UDDUD	DRRRD	UDU	**Mozart** symphony/35 in D K385 'Haffner' 1m 1t
*UDDUD	DRUDD	DUUUR	**Humperdinck** Königskinder: prelude to Act II 1t
*UDDUD	DRUDU	UDD	**Mozart** variations for piano (Theme of Duport) K573
*UDDUD	DUDDD		**Smetana** The bartered bride Act III: Come and we will show you
*UDDUD	DUDDD	DDDU	**Beethoven** sonata/6 violin/piano in A op30/1 1m 2t
*UDDUD	DUDDD	DDRUD	**Rossini** La gazza ladra: overture 2t
*UDDUD	DUDDD	DDUDD	**Leopold Mozart** Toy symphony (not by Haydn) 1m 1t
*UDDUD	DUDDD	DU	**Kodály** Háry János: Fairy tale begins
*UDDUD	DUDDD	DUUDD	**J Strauss Jr** Frühlingsstimmen. 4t
*UDDUD	DUDDD	UD	**Tchaikovsky** Nutcracker suite: overture 1t
*UDDUD	DUDDD	UUUDU	**Bach** suite/2 for flute/str in Bmi: Badinerie
*UDDUD	DUDDD	UURUD	**Delius** Hassan: serenade [BWV1067
*UDDUD	DUDDD	UUURD	**Haydn** symphony/7 in C 3m trio
*UDDUD	DUDDR	DR	**Handel** concerto grosso in D op6/5 4m
*UDDUD	DUDDR	DRUUD	**Beethoven** symphony/8 in F 2m 1t
*UDDUD	DUDDR	RRRRD	**Mozart** Cassation/1 in G K63 2m
*UDDUD	DUDDR	URURU	**Stravinsky** violin concerto in D 1m 2t(a)
*UDDUD	DUDDU		**Schubert** impromptu/4 in A♭ piano 2t D899
*UDDUD	DUDDU	DDDUU	**Dvořák** string quintet in G op77 4m 2t
*UDDUD	DUDDU	DDUDD	**Schumann** symphony/4 in Dmi op120 2m 2t or 3m 2t
*UDDUD	DUDDU	DDUDD	**Brahms** quintet for piano/strings in Fmi op34 2m 1t
*UDDUD	DUDDU	DDUDD	**Bach** sonata/1 solo violin in Gmi: finale BWV1001
*UDDUD	DUDDU	DDUDD	**Ippolitov-Ivanov** Caucasian sketches 4m 2t
*UDDUD	DUDDU	DDUDD	**Brahms** sonata/3 for violin/piano in Dmi op108 1m 1t
*UDDUD	DUDDU	DDUUD	**Rimsky-Korsakov** Russian Easter Festival ov op36 3t
*UDDUD	DUDDU	DDUUD	**Elgar** Pomp & Circumstance march/3 3t(b)
*UDDUD	DUDDU	DUD	**Brahms** symphony/2 in D op73 4m 3t
*UDDUD	DUDDU	DUUDD	**Villa-Lobos** Bachianas Brasileiras/5 1t
*UDDUD	DUDDU	DUUDD	**Herold** Zampa overture 2t
*UDDUD	DUDRD	DURUU	**Saint-Saëns** cello concerto/1 in Ami op33 3m 1t
*UDDUD	DUDRD	DUURU	**Mozart** Cosi fan tutte Act II: Tradito, schernito
*UDDUD	DUDUD	DDDUD	**Richard Strauss** Wiegenlied (song) op41(a)
*UDDUD	DUDUD	DDUDD	**Mendelssohn** Midsummer night's dream: scherzo 1t
*UDDUD	DUDUD	DUDDU	**Debussy** Suite Bergamasque: Clair de lune 1t
*UDDUD	DUDUD	DUDUU	**Elgar** cello concerto in Emi op85 4m
*UDDUD	DUDUD	DUUUU	**Dvořák** quintet for piano/strings in A op81 2m 1t(b)
*UDDUD	DUDUD	RDDUD	**Schumann** string quartet in A op41/3 3m 2t
*UDDUD	DUDUD	UD	**Charles Ives** symphony/2 1m 1t
*UDDUD	DUDUD	UDUDD	**Nielsen** Commotio: theme in 12/8 time, organ
*UDDUD	DUDUD	URDUU	**Mozart** Die Entführung Act II: Ich gehe, doch rathe
*UDDUD	DUDUD	UURDU	**Saint-Saëns** piano concerto/4 in Cmi op44 1m 2t(b)
*UDDUD	DUDUR	DUUDU	**Ravel** La Valse, orch 7t
*UDDUD	DUDUR	DUUUU	**Sibelius** str quartet op56 'Voces intimae' 1m 1t(a)
*UDDUD	DUDUU	D	**Sibelius** symphony/5 in E♭ op82 3m 2t

*UDDUD	DUDUU	RRRUD	**Khachaturian** piano concerto 1m 1t
*UDDUD	DUDUU	UDDD	**Bach** Christmas oratorio/31 Schliesse mein Herze
*UDDUD	DUDUU	UUDRD	**Grieg** piano concerto in Ami op16 3m 2t
*UDDUD	DUDUU	UUUU	**Mozart** symphony/38 in D K504 'Prague' 2m 1t
*UDDUD	DURRD	RDDUU	**Handel** Messiah: overture 1t
*UDDUD	DURRU	URUDR	**Beethoven** sonata/5 violin/piano F op24 'Spring' 2m
*UDDUD	DURUD	DDUDD	**Beethoven** piano sonata/16 in G op31/1 1m 2t
*UDDUD	DUUDD	DUD	**Bach** St Matthew Passion/33b Sind Blitze
*UDDUD	DUUDD	DUU	**Schubert** string quartet/14 in Dmi 3m 2t D810
*UDDUD	DUUDD	UDDDD	**Chopin** waltz in A♭ op34/1
*UDDUD	DUUDD	UDDDU	**Bruckner** symphony/5 in B♭ 4m 2t
*UDDUD	DUUDD	UDDUU	**Chopin** waltz in Bmi op69 1t
*UDDUD	DUUDD	UUDDD	**Liszt** Faust symphony 3m 2t
*UDDUD	DUUDU	DDUDU	**Handel** sonata vln/oboe/fig bass op1/15 4m
*UDDUD	DUUDU	DDUUD	**Bach** suite/2 flute/strings Bmi: overture 2t BWV1067
*UDDUD	DUUDU	DUDRU	**Wallace** Maritana overture 4t
*UDDUD	DUUDU	UDDUD	**Chopin** mazurka/21 op30/4
*UDDUD	DUUDU	UDUDD	**Mozart** Der Zauberer (song) K472
*UDDUD	DUUUD	DURDU	**Wagner** Die Meistersinger Act II: Dem Vogel
*UDDUD	DUUUD	RUUUD	**Mozart** Serenade in B♭, 13 wind instr K361 4m
*UDDUD	DUUUD	UDDUD	**Poulenc** Toccata for piano 1t
*UDDUD	DUUUR	DUUUD	**Sibelius** King Christian II suite: serenade 2t
*UDDUD	DUUUU	RRUDD	**J Strauss Jr** Die Fledermaus: Du und du waltzes/3 2t
*UDDUD	DUUUU	UUDDD	**Beethoven** sonata/10 for violin/piano op96 1m 1t
*UDDUD	DUUUU	UUDUU	**Beethoven** symphony/6 in F 'Pastoral' 4m 1t(b)
*UDDUD	DUUUU	UURD	**Howells** Puck's minuet op20/1 orch 1t
*UDDUD	RRRDU	DURUD	**Thomas** Mignon: overture 2t and Je suis Titania
*UDDUD	RRUDD	D	**Mendelssohn** Hymn of Praise: Die Striche des Todes
*UDDUD	RRUDU	UU	**Delibes** Sylvia, ballet: Les chasseresses
*UDDUD	RUDDR	D	**Elgar** King Olaf: As torrents in summer op30
*UDDUD	RUDDU	DDDDD	**Meyerbeer** L'Etoile du Nord: La, la, la, air chéri
*UDDUD	RUDDU	DRUDD	**Verdi** La forza del Destino Act II: Al suon de tamburo
*UDDUD	RUDRU	DDD	**Schumann** symphony/1 in B♭ op38 'Spring' 3m 1t
*UDDUD	RURDD	D	**Beethoven** septet in E♭ op20 6m
*UDDUD	RUUUU	DUUUD	**Gossec** Tambourin, violin/piano
*UDDUD	UDDDD	DDUDD	**Haydn** symphony/99 in E♭ 1m intro
*UDDUD	UDDDD	UUUUU	**Smetana** The bartered bride: Dance of comedians 2t
*UDDUD	UDDDU	DDDDD	**Bruckner** symphony/5 in B♭ 3m 2t
*UDDUD	UDDUD	DUDDU	**Schumann** string quartet in Ami op41/1 2m 2t
*UDDUD	UDDUD	DUDUD	**de Falla** La vida breve: dance/2 2t
*UDDUD	UDDUD	DURUU	**Prokofiev** piano concerto/3 in C op26 3m 1t
*UDDUD	UDDUD	DUUDD	**Bliss** A colour symphony 4m 1t
*UDDUD	UDDUD	UDDDD	**Stravinsky** Petrushka: Danse Russe 3t
*UDDUD	UDDUD	UDDUD	**Brahms** piano sonata in Fmi op5 1m 1t
*UDDUD	UDDUD	UDDUD	**Haydn** symphony/39 in Gmi 4m
*UDDUD	UDDUD	UDRDD	**Rossini** L'Italiana in Algeri: overture 2t
*UDDUD	UDDUU	DD	**Bach** Motet/5 Komm Jesu komm/2 Drauf schliess' ich
*UDDUD	UDDUU	RDUDD	**Viotti** violin concerto/22 in Ami 3m [BWV229
*UDDUD	UDDUU	UDDDD	**Beethoven** string quartet/12 in E♭ op127 4m 1t
*UDDUD	UDDUU	UUDUR	**Beethoven** symphony/8 in F 2m 2t
*UDDUD	UDDUU	UUDUU	**Bach** Well-tempered Clavier Bk I: fugue/17 BWV862
*UDDUD	UDRDU	UDDUD	**Dvořák** sonatina violin/piano in G op100 2m 2t
*UDDUD	UDRUD	DUDUD	**Schumann** Die Soldatenbraut (song) op64/1
*UDDUD	UDUDD	UDDUD	**J Strauss Jr** Treasure waltzes/3
*UDDUD	UDUDU	DDUDU	**Suppé** Pique Dame overture 3t
*UDDUD	UDUDU	DUDRU	**Holst** The Planets: Mars 1t
*UDDUD	UDUDU	DUDUD	**Josef Strauss** Sphärenklange waltzes/4

127

*UDDUD	UDUDU	DURUD	**Schumann**	sonata for violin/piano in Ami op105 1m 2t
*UDDUD	UDUDU	DUUDD	**Bach**	Cantata/211 Schweigt stille/4 Ei! wie schmeckt
*UDDUD	UDUDU	DUUDU	**Handel**	harpsichord suite/2 in F 2m
*UDDUD	UDUDU	RDDUD	**Chopin**	waltz in C#mi op64/2 1t
*UDDUD	UDUDU	U	**Beethoven**	string quartet/15 in Ami op132 2m 2t
*UDDUD	UDURD	DUUDU	**J Strauss Jr**	Nacht in Venedig overture 3t
*UDDUD	UDUUD	DUDUD	**Beethoven**	King Stephan overture op117 2t
*UDDUD	UDUUD	DUDUD	**Bruckner**	symphony/3 in Dmi 4m 3t
*UDDUD	UDUUR	DDDDD	**Thomas Arne**	Come away, Death (song)
*UDDUD	UDUUU	RDUUD	**Rachmaninov**	suite/1 (Fantasy) 1m barcarolle 1t
*UDDUD	UDUUU	UUUUD	**Schumann**	Fantasy in C op1 piano 2m 1t
*UDDUD	URDU		**Debussy**	Children's corner suite: Golliwog's cake
*UDDUD	URDUD	UUUDU	**Albeniz**	Iberia IV piano: Jerez [walk 3t
*UDDUD	URRUD	DUD	**Mozart**	Figaro Act III sextet: Riconosci in questo
*UDDUD	URURR	RRUDR	**Stravinsky**	The rake's progress I: Dear Father Trulove
*UDDUD	UUDDD		**Chopin**	nocturne in B op32/1
*UDDUD	UUDDU	DUUDD	**Beethoven**	string quartet/1 in F op18/1 1m 1t
*UDDUD	UUDDU	DUUUU	**Adam**	Giselle: Scène d'amour
*UDDUD	UUDDU	UDDDU	**Bach**	Motet/1/1a Singet dem Herrn BWV225
*UDDUD	UUDDU	UDDUU	**Bach**	French suite/2 in C: sarabande BWV813
*UDDUD	UUDUD	DUDRR	**Tosti**	My dreams (song)
*UDDUD	UUDUD	DUUDD	**Bach**	Fugue in Ami, Clavier BWV944
*UDDUD	UUDUD	DUUDD	**Copland**	Rodeo: Hoe-down
*UDDUD	UUDUD	DUUUU	**Gluck**	Orfeo ed Euridice: dance of the Furies
*UDDUD	UUDUU	DDUUU	**William Schuman**	New England triptych 1m Be glad
*UDDUD	UURDD	RDD	**Bizet**	L'Arlésienne suite/1: Carillon 2t
*UDDUD	UUUD		**Mascagni**	Cavalleria rusticana: prelude 2t
*UDDUD	UUUDD	D	**Bach**	Prelude in Dmi, organ BWV539
*UDDUD	UUUDD	UDDUD	**Haydn**	symphony/82 in C 'The bear' 4m
*UDDUD	UUUDD	UU	**Mussorgsky**	Pictures from an exhibition: Bydlo
*UDDUD	UUUDR	D	**Flotow**	Martha: overture 3t
*UDDUD	UUUDR	RUDD	**Tchaikovsky**	symphony/3 in D op29 3m 1t
*UDDUD	UUUDU	DUUDU	**Scriabin**	Poème d'extase 1t
*UDDUD	UUURD	DRRDR	**Haydn**	symphony/95 in Cmi 4m
*UDDUD	UUURU	DDUDU	**Leopold Mozart**	Toy symphony (not by Haydn) 1m 4t
*UDDUD	UUUUU		**Chopin**	nocturne in F op15/1
*UDDUD	UUUUU	DDDUD	**Bach**	Well-tempered Clavier Bk I: fugue/11 BWV856
*UDDUD	UUUUU	DDUD	**Bach**	choral prelude, organ: Schmücke dich BWV654
*UDDUR	DDUDD	URD	**Mozart**	piano concerto/22 in E♭ K482 1m 2t
*UDDUR	DDUDD	URDRD	**Dvořák**	Serenade in Dmi op44 2m
*UDDUR	DDUDD	UUUDU	**Chopin**	mazurka/6 op7/2
*UDDUR	DDUDU	DUDUU	**Lehar**	Gold and silver waltz 3t
*UDDUR	DDUDU	DUDUU	**Ravel**	string quartet in F 2m 2t
*UDDUR	DDUDU	RDUDD	**J Strauss Jr**	Wine, women & song/2 1t
*UDDUR	DUDDU	RDUDD	**Liszt**	piano concerto/1 in E♭ 3t
*UDDUR	DUDUU	RDUUU	**Mozart**	Bastien et Bastienne intro
*UDDUR	DUUDD	UUDUD	**Bach**	Well-tempered Clavier Bk I: prelude/10 BWV855
*UDDUR	DUUDU	UUDDU	**Brahms**	sonata for violin/piano in G op78 2m 1t
*UDDUR	DUUUD	DURDU	**Handel**	harpsichord suite/2 in F 1m
*UDDUR	RRDDU	UDUUD	**Mozart**	Mass/18 in Cmi K427 Et vitam
*UDDUR	RRDUD	DURR	**Verdi**	Aida Act IV: Già i sacerdoti adunansi
*UDDUR	RRRUD	UDRUD	**Mozart**	piano concerto/26 in D K537 1m 1t
*UDDUR	RUDDD	R	**Schubert**	waltz for piano D779/13
*UDDUR	UDDUR	UDDDU	**Dvořák**	Slavonic dances/12 op72 1t
*UDDUR	UDUDD	DRUDD	**Handel**	Messiah: If God be for us
*UDDUR	UDURR	URDDU	**Schubert**	Erlkönig (song) D328

*UDDUR	URRDD	UDDU	**Mozart** piano sonata/4 in E♭ K282 2m 2t
*UDDUR	URUUU	RRUU	**Elgar** Dream of Gerontius pt 2 Demon's chorus 1t
*UDDUR	UUDDD	UUDDD	**Haydn** The seasons: Sei nun gnädig [Low born clods
*UDDUR	UUDDU	RUUDD	**Mozart** Don Giovanni Act I: Or sai, chi l'onore
*UDDUR	UUDRU	DDDD	**Chabrier** Marche joyeuse 3t
*UDDUU	DDDDD	DDDDU	**Weber** Invitation to the dance 3t
*UDDUU	DDDDD	DUUDD	**Haydn** string quartet/8 op2 3m
*UDDUU	DDDDD	RUURU	**Bach** Well-tempered Clavier Bk I: fugue/12 BWV857
*UDDUU	DDDDD	URUDD	**Dvořák** Slavonic dances/10 op72 1t
*UDDUU	DDDDD	UUUUD	**Wagner** Rienzi overture 1t (with ornament)
*UDDUU	DDDDU	DDUUD	**Berlioz** L'Enfance du Christ pt1: nocturnal march 1t
*UDDUU	DDDDU	DDUUD	**Walton** Façade suite/2: Popular song
*UDDUU	DDDDU	DUUDR	**Bach** St Matthew Passion/29 Gerne will ich
*UDDUU	DDDDU	UDUDD	**Delius** violin concerto 4t
*UDDUU	DDDDU	UDUDD	**Rossini** La Cenerentola Act II: Nacqui all'affano
*UDDUU	DDDDU	UDUDU	**Bach** Well-tempered Clavier Bk I: fugue/3 BWV848
*UDDUU	DDDDU	UUUUU	**Schubert** symphony/5 in B♭ 4m 2t D485
*UDDUU	DDDRD	D	**Wagner** Tristan & Isolde Act III: Liebestod 2t
*UDDUU	DDDRD	UDDRU	**Bellini** Norma: Casta diva
*UDDUU	DDDRU	DDUUD	**Dvořák** violin concerto in Ami op53 2m 2t
*UDDUU	DDDRU	DUUUD	**Haydn** symphony/45 in F♯mi 'Farewell' 2m
*UDDUU	DDDRU	U	**Beethoven** septet in E♭ op20 2m
*UDDUU	DDDUD	DDUDD	**Bellini** concerto (concertino) oboe/str in E♭ 2m
*UDDUU	DDDUD	DUDDU	**Liszt** Funeral triumph of Tasso, symph poem 3t
*UDDUU	DDDUD	DUDUU	**Bach** sonata for viola da gamba/Clavier in Gmi 2m
*UDDUU	DDDUD	DUUDD	**Schumann** Carnaval, piano op9: Florestan[BWV1029
*UDDUU	DDDUD	DUUDD	**Schumann** quintet for piano/strings E♭ op44 4m 3t
*UDDUU	DDDUD	UDDUU	**Spohr** clarinet concerto op26 2m 1t
*UDDUU	DDDUD	UDUUD	**Franck** organ chorale/3 2t
*UDDUU	DDDUD	UUDDU	**Gossec** Gavotte
*UDDUU	DDDUR	DRRDU	**Mozart** trio for clarinet/piano/viola K498 1m
*UDDUU	DDDUU	DRDDU	**Holst** The Planets: Venus 2t
*UDDUU	DDDUU	DURUD	**Mozart** piano sonata/17 in D K576 2m
*UDDUU	DDDUU	DUUDD	**Beethoven** piano sonata/19 in Gmi op49/1 1m 1t
*UDDUU	DDDUU	DUUDU	**Mozart** piano concerto/19 in F K459 3m 2t
*UDDUU	DDDUU	DUUUU	**Chopin** étude/10 in Bmi op25 2t
*UDDUU	DDDUU	UDDUU	**Grieg** symphonic dances/2 1t(b)
*UDDUU	DDRDR	DDUDD	**Mozart** Mass/18 in Cmi K427 Laudamus te
*UDDUU	DDRRR	RDDUU	**Lortzing** Zar und Zimmermann: overture 2t
*UDDUU	DDRRR	RU	**Tchaikovsky** Eugene Onegin Act I: Lenski's aria
*UDDUU	DDRUU	DDUUD	**Handel** Water music 18m 2t
*UDDUU	DDRUU	UDDDD	**Chopin** scherzo in Bmi op20 2t
*UDDUU	DDUDD	DUDDU	**Berlioz** Les Troyens Act V: Vallon sonore
*UDDUU	DDUDD	UDDUU	**Schubert** piano sonata in Ami 3m 2t D784
*UDDUU	DDUDD	UUDDD	**Brahms** violin concerto in D op77 1m 3t
*UDDUU	DDUDD	UUUDU	**Verdi** La forza del Destino: overture 2t
*UDDUU	DDUDU	DU	**Schumann** symphony/3 in E♭ op97 'Rhenish' 5m 2t
*UDDUU	DDUDU	UDDUD	**Prokofiev** Lieutenant Kije op60 orch: Troika
*UDDUU	DDUDU	UDDUU	**Bach** overture in D 1t BWV1068
*UDDUU	DDUDU	URR	**Dvořák** quartet for piano/strings in E♭ op87 1m 1t
*UDDUU	DDURD	URDU	**Gruber** Silent night
*UDDUU	DDURR	DURRD	**Schubert** Nachtviolen (song) D752
*UDDUU	DDURR	DUUDD	**Mozart** Mass/19 in Dmi (Requiem) K626 Benedictus
*UDDUU	DDURU	DRDUD	**Beethoven** symphony/7 in A 1m intro(b)
*UDDUU	DDUUD	DDDD	**Brahms** symphony/3 in F op90 3m 3t
*UDDUU	DDUUD	DDDDU	**Mozart** piano sonata/15 in C K545 2m
*UDDUU	DDUUD	DDDRR	**Liadov** Kikimora op63 orch 3t

129

```
*UDDUU  DDUUD  DDDUD   Richard Strauss  Aus Italien op16: Sorrento 2t
*UDDUU  DDUUD  DDUUU   Malipiero  Impressioni dal vero: Il picchio 2t
*UDDUU  DDUUD  DUDDD   Bach  concerto flute/violin/piano/str 2m BWV1044
*UDDUU  DDUUD  DURRR   Brahms  string quintet in G op111 2m
*UDDUU  DDUUD  DUUDD   Corelli  concerto grosso in Gmi 'Christmas' 2m
*UDDUU  DDUUD  DUUDD   Fauré  Requiem: Sanctus
*UDDUU  DDUUD  DUUDD   Debussy  Arabesque/2 in G, piano 1t
*UDDUU  DDUUD  RDDUU   Bizet  L'Arlésienne suite/1: adagietto
*UDDUU  DDUUD  UDDDD   Dvořák  quintet for piano/strings D op23 3m 2t
*UDDUU  DDUUD  UDDDD   Richard Strauss  Salome: Dance of the 7 veils 5t
*UDDUU  DDUUD  UDDDU   Verdi  La Traviata Act III: Parigi o cara
*UDDUU  DDUUD  UDU     Schumann  symphony/3 in E♭ op97 'Rhenish' 5m 4t
*UDDUU  DDUUD  UUDRD   Ravel  string quartet in F 3m 2t
*UDDUU  DDUUR  DUUUU   Liszt  Hungarian rhapsody/1 in E, piano 1t
*UDDUU  DDUUR  RDUDD   Beethoven  symphony/3 in E♭ 'Eroica' 4m 2t
*UDDUU  DDUUR  RRRR    Vivaldi  flute concerto in F 1m
*UDDUU  DDUUR  UDDUU   Chopin  mazurka/1 op6/1
*UDDUU  DDUUR  UUUDD   Mozart  piano sonata/9 in D K311 1m 1t
*UDDUU  DDUUR  UUURU   Shostakovich  symphony/7 op60 3m 3t
*UDDUU  DDUUU          Wagner  Tristan & Isolde Act I: Westwärts schweift
*UDDUU  DDUUU  DRRUD   Chopin  nocturne in Cmi op48/1 1t
*UDDUU  DDUUU  DUUDU   Handel  organ concerto in F op4/4 1m
*UDDUU  DDUUU  RDUDD   Ravel  Daphnis & Chloë suite/2 3t (omitting run-up)
*UDDUU  DDUUU  UUUDD   Bach  concerto vln/oboe or 2 Claviers Cmi BWV1060
*UDDUU  DRDDU  UUDDD   Stravinsky  Rake's progress I: The woods are green
*UDDUU  DRDUU  DRUDR   John Ireland  A London overture 1t
*UDDUU  DRRRU  DDDDD   Mozart  piano sonata/16 in B♭ K570 1m 2t
*UDDUU  DRUD           Shostakovich  symphony/1 in Fmi op10 1m intro
*UDDUU  DRUDU  DUDUD   Stravinsky  Pulcinella, ballet: gavotte
*UDDUU  DRURU  UURRU   Vaughan Williams  The wasps 1m (overture) 3t
*UDDUU  DUDDD  DUD     Schumann  Meine Rose (song) op90/2
*UDDUU  DUDDD  DUUDD   de Falla  El amor brujo: morning bells
*UDDUU  DUDDD  UDUDD   Bach  cantata/78 Jesu, der du/6 Nun, du wirst BWV 78
*UDDUU  DUDDD  UUDUD   Brahms  quintet for clarinet/strings Bmi op115 1m 1t
*UDDUU  DUDDR  UUDDU   Bach  French suite/5 in G: sarabande BWV816
*UDDUU  DUDDU  DDUDU   Dvořák  string quartet in F op96 'American' 3m 1t
*UDDUU  DUDDU  DUUDU   Viotti  violin concerto/22 in Ami 2m 2t
*UDDUU  DUDDU  UD      Chopin  étude/11 in E♭ op10
*UDDUU  DUDDU  UDDDD   Bruckner  symphony/3 in Dmi 3m 1t
*UDDUU  DUDDU  UDDDR   Mozart  concerto 2 pianos/orch E♭ K365 2m (str)
*UDDUU  DUDDU  UURDU   Chopin  mazurka/9 op7/5
*UDDUU  DUDDU  UURDR   Rossini  La gazza ladra overture 3t
*UDDUU  DUDDU  UUUDD   Gluck  Orfeo ed Euridice: overture
*UDDUU  DUDRD  UDDDU   Mozart  piano concerto/27 in B♭ K595 3m 2t
*UDDUU  DUDUD  RUUDD   Verdi  Aida Act III: Rivedrai le foreste
*UDDUU  DUDUU  UDDUU   Janáček  sinfonietta 3m
*UDDUU  DUDUU  UUDDD   Grieg  Melancholy, piano op65/3
*UDDUU  DUDUU  UUDUU   Bach  organ fughetta on 'Allein Gott' BWV677
*UDDUU  DUUDD  DDUDU   Mozart  Don Giovanni Act I: Nella bionda
*UDDUU  DUUDD  DUDRR   John Dunstable  Veni sancte Spiritus (motet)
*UDDUU  DUUDD  UUDDU   Schumann  Carnaval op9 piano: Eusebius
*UDDUU  DUURD  RDUUD   Stravinsky  The rake's progress III: I shall go back
*UDDUU  DUUUD  DDDUD   Mozart  piano concerto/27 in B♭ K595 2m
*UDDUU  DUUUD  DDUUD   Shostakovich  quintet for piano/strings op57 1m 2t
*UDDUU  DUUUD  DUDDU   Ibert  concerto for alto saxophone/small orch 3m 2t
*UDDUU  DUUUU  DDUDD   Bach  Mass in B minor/11 Credo/1
*UDDUU  DUUUU  UUDDU   Handel  concerto grosso in Emi op6/3 3m
```

```
*UDDUU  RDDDU  UDUDD   Bach sonata/1 for violin/Clavier in Bmi 2m BWV1014
*UDDUU  RDDUU  U       Mozart Deutsche Tänze/3 K605 2t
*UDDUU  RDDUU  UDDUU   Sibelius symphony/6 in Dmi op104 2m 2t
*UDDUU  RDUDD  DUDDU   Brahms waltz for piano op39/4
*UDDUU  RDUDD  DUUD    Delibes Coppelia, ballet: Valse des heures 1t
*UDDUU  RDUUD  RDD     Grieg Sigurd Jorsalfar 3m 2t
*UDDUU  RDUUR         Beethoven trio for piano/vln/cello Cmi op1/3 1m 1t(a)
*UDDUU  RRDDU  DDUUR   Verdi Requiem: Lux aeternam: et lux perpetua
*UDDUU  RRRUD  UDUUD   Sullivan The Mikado Act II: Braid the raven hair
*UDDUU  RRUDD  RDUD    Thomas Weelkes Hosanna to the son of David
*UDDUU  RRUDD  UURRU   Mozart string quartet/14 in G K387 3m
*UDDUU  RRURR  D       Menotti The medium: Where, oh where
*UDDUU  RUDDU  DUDUU   Mozart Figaro Act III: Dove sono
*UDDUU  RUDRD  DDURD   Handel Messiah: Their sound is gone out
*UDDUU  RUDUU  URUUD   Brahms waltzes for piano op39/7
*UDDUU  RURUR  URUUD   Bruckner symphony/7 in E 2m 2t(b)
*UDDUU  UDDD          Beethoven symphony/3 in E♭ 'Eroica' 1m 1t
*UDDUU  UDDDD  DUUUD   Ferde Grofé Grand Canyon suite: on the trail 2t
*UDDUU  UDDDD  RD      Haydn The mermaid's song
*UDDUU  UDDDD  UDDUU   Berlioz L'Enfance du Christ pt3 trio 2 flutes/harp
*UDDUU  UDDDD  UDUDD   Mozart piano sonata/9 in D K311 2m
*UDDUU  UDDDR  U       Beethoven piano concerto/5 in E♭ 'Emperor' 1m 1t
*UDDUU  UDDDU  DDDDD   Bach suite for cello solo in G 4m BWV1007
*UDDUU  UDDDU  UDDDR   Mahler Serenade aus Don Juan (song)
*UDDUU  UDDDU  UDDDU   Verdi Un ballo in maschera Act II: Oh qual soave
*UDDUU  UDDDU  URRRD   Grieg Wedding day at Troldhaugen, piano op85/6
*UDDUU  UDDRD  UDDUU   Wagner Götterdämmerung: Siegfried's Rhine journey
*UDDUU  UDDRU  DDUUR   Bizet Carmen Act II: Carmen's dance           [3t
*UDDUU  UDDUD  DUDDR   Wagner Götterdämmerung: Siegfried's funeral 6t
*UDDUU  UDDUD  DUUU    Chopin fantaisie-impromptu op66 1t
*UDDUU  UDDUD  DUUUD   Chopin waltz in Bmi op69 2t
*UDDUU  UDDUD  DUUUD   Schumann quintet for piano/strings in E♭ op44 2m 3t
*UDDUU  UDDUU  DDDUD   Bach Well-tempered Clavier Bk I: fugue/15 BWV860
*UDDUU  UDDUU  DUDDD   Debussy mazurka, piano
*UDDUU  UDDUU  DUUDD   Scarlatti harpsichord sonata Kp460
*UDDUU  UDDUU  RUUUR   Mozart Mass/16 in C 'Coronation' K317: Agnus Dei
*UDDUU  UDDUU  UDDUU   Sousa Manhattan Beach, march 3t
*UDDUU  UDDUU  UDUUD   Franck (Prélude) fugue (& variation) op18 organ
*UDDUU  UDDUU  UUUD    Beethoven trio piano/vln/cello in Cmi op1/3 4m 2t
*UDDUU  UDRDU  UUUUR   Bach chor prel, organ: Komm, Gott Schöpfer BWV667
*UDDUU  UDRUU  UUUDU   Sullivan Pirates of Penzance Act I: Oh! is there not
*UDDUU  UDUDD  DDUUD   Brahms trio clar or viola/cello/piano Ami op114 4m
*UDDUU  UDUDD  DDUUD   Scarlatti Good humoured ladies, ballet 4m Kp430 [3t
*UDDUU  UDUDD  DDUUU   Paganini Moto perpetuo, violin op11
*UDDUU  UDUDD  DUD     Tchaikovsky trio for piano/vln/cello in Ami op50 2m
*UDDUU  UDUDD  RD      Leoncavallo I Pagliacci: Sperai tanto
*UDDUU  UDUDD  UDRRU   Richard Strauss Der Rosenkavalier Act III trio: Hab'
*UDDUU  UDUDD  UUURU   Haydn symphony/44 in Emi 4m          [mir's gelobt
*UDDUU  UDUDD  UUUUU   Beethoven string quartet/13 in B♭ op130 3m
*UDDUU  UDUDU         Sibelius Pohjola's daughter op49 5t
*UDDUU  UDUDU  DUUDU   Adolphe Adam Giselle II Andante
*UDDUU  UDUDU  DUURD   Joaquin Rodrigo Fandango, guitar
*UDDUU  UDUDU  UDUUR   Prokofiev symphony/5 in B♭ 2m 3t
*UDDUU  UDUUU  D       J Strauss Jr Roses from the South/2
*UDDUU  UDUUU  UDDDU   Alessandro Scarlatti: Son tutta duolo (song)
*UDDUU  UDUUU  UUUDD   Waldteufel España waltzes/2 1t
*UDDUU  URDDD  DDUUU   Mendelssohn Ruy Blas overture 3t
```

131

*UDDUU	URDDD	DUDUD	**Mozart**	Die Entführung Act II: Durch Zärtlichkeit
*UDDUU	URDDU	DDUDD	**Schubert**	sonatina/3 violin/piano in Gmi 3m 2t D408
*UDDUU	URRUD	DUUUR	**Mozart**	piano sonata/17 in D K576 3m
*UDDUU	URUDD	UDUDD	**Thomas**	Hamlet Act II: O vin dissipe
*UDDUU	URUDD	UUURU	**Schumann**	Carnaval, piano op9: Arlequin
*UDDUU	URUDU	DUD	**Viotti**	violin concerto/22 in Ami 1m 1t
*UDDUU	UUDDD	DD	**Mendelssohn**	Hymn of Praise: I waited for the Lord
*UDDUU	UUDDD	UDUUR	**Prokofiev**	piano concerto/5 in G op55 2m t at fig 36
*UDDUU	UUDDD	UUDDD	**Smetana**	The bartered bride Act II: Drinking chorus
*UDDUU	UUDDD	UUDDU	**Chopin**	mazurka/30 op50/1
*UDDUU	UUDDD	UURU	**Schubert**	Die schöne Müllerin/17 Die böse Farbe
*UDDUU	UUDDD	UUUUR	**Beethoven**	symphony/1 in C 1m intro(b)
*UDDUU	UUDDD	UUUUR	**Beethoven**	symphony/6 in F 'Pastoral' 3m 4t
*UDDUU	UUDDR	DDDRD	**Schubert**	string trio in B♭ (one movement) D471
*UDDUU	UUDDU	DDDDU	**Bach**	Cantata/211 Schweigt stille/10 Die Katze
*UDDUU	UUDDU	DDDDU	**Schumann**	Papillons op2/10 piano
*UDDUU	UUDDU	DDUDD	**Bliss**	A colour symphony 2m 1t
*UDDUU	UUDDU	DUDDU	**Bach**	Well-tempered Clavier Bk I: fugue/16 BWV861
*UDDUU	UUDDU	U	**Brahms**	Serenade in A, strings op16 4m
*UDDUU	UUDDU	UDDDR	**Liszt**	Faust symphony 2m 1t
*UDDUU	UUDDU	UUDUU	**Elgar**	symphony/1 in A♭ 3m 2t(a)
*UDDUU	UUDDU	UUUDD	**Brahms**	sonata for violin/piano in Dmi op 108 1m 2t
*UDDUU	UUDRD	UDDRD	**Haydn**	The Creation pt 2: Vollendet ist
*UDDUU	UUDRU	UDD	**Tchaikovsky**	Eugene Onegin Act I: Did'st thou not
*UDDUU	UUDRU	UDUUU	**Mozart**	La clemenza di Tito Act II: Non più di fiori
*UDDUU	UUDUD	DDDDR	**Schubert**	symphony/9 in C 3m 2t D944
*UDDUU	UUDUD	DDDDU	**Brahms**	Wir wandelten (song) op96/2
*UDDUU	UUDUD	DDDUD	**Sibelius**	symphony/5 in E♭ op82 2m 2t
*UDDUU	UUDUD	DDUDU	**Bruckner**	symphony/4 in E♭ 4m 2t
*UDDUU	UUDUD	DDUUD	**Copland**	Appalachian Spring, ballet 4t(a)
*UDDUU	UUDUD	DUUUU	**Schumann**	cello concerto in Ami op129 3m 1t
*UDDUU	UURDD	UUDDD	**Haydn**	cello concerto in C 1m
*UDDUU	UURDU	URUUD	**Grieg**	Two melodies/1 Norwegian, string orch
*UDDUU	UURRR	UDUDD	**Haydn**	symphony/104 in D 'London' 1m 1t
*UDDUU	UUUDU	RDUDU	**Reissiger**	Die Felsenmühle: overture 3t
*UDDUU	UUURD	DDUD	**Mendelssohn**	Die Nachtigall (song) op59/4
*UDDUU	UUURD	DUDUR	**Verdi**	I vespri Siciliani Act V: Merce, dilette
*UDDUU	UUUUD	RDUUR	**Clementi**	piano sonata in B♭ op47/2 2m [amiche
*UDDUU	UUUUD	UD	**Berlioz**	Harold in Italy 1m 2t
*UDDUU	UUUUD	UUU	**Richard Strauss**	sonata violin/piano in E♭ 3m 1t
*UDDUU	UUUUU	DDUDD	**Richard Strauss**	Sinfonia Domestica 1m 1t(a)
*UDDUU	UUUUU	UUUDU	**Shostakovich**	symphony/9 in E♭ op70 5m 1t
*UDRDD	DDDDU	UUUDU	**Prokofiev**	Classical symphony 4m 2t
*UDRDD	DDDUU	UUD	**Wagner**	Die Walküre Act III: Leb' wohl
*UDRDD	DUDRD	R	**Schumann**	symphony/1 in B♭ op38 'Spring' 1m 5t
*UDRDD	DUDUD	D	**Mendelssohn**	piano concerto/1 in Gmi op25 2m
*UDRDD	DUUUD	DUU	**Brahms**	Serenade in A, strings op16 3m
*UDRDD	DUUUR	UDDDD	**Schumann**	string quartet in Ami op41/1 1m intro
*UDRDD	RDDDU	D	**Rachmaninov**	études-tableaux/2 piano
*UDRDD	RDDDU	UDUUU	**Suppé**	Morning, noon & night in Vienna, overture 1t
*UDRDD	RDDDU	UUUDU	**Chopin**	Andante spianato & Polonaise 2t
*UDRDD	RDDRD	RRDUR	**Donizetti**	Lucia di Lammermoor Act I: Regnava
*UDRDD	RR		**Debussy**	La Mer 1m 1t
*UDRDD	RUDRD	DDUUD	**Dvořák**	string quartet in Dmi op34 2m alla polka
*UDRDD	UDDRU	RRRRU	**Beethoven**	piano concerto/3 in Cmi op37 2m
*UDRDD	UDRDD	UDRDD	**J Strauss Jr**	Artist's life/3
*UDRDD	UDRDD	UUU	**Mozart**	Mass/19 in Dmi (Requiem): Lacrimosa

```
*UDRDD  UDRUD  DUD      Puccini  Tosca Act II: A te quest'inno
*UDRDD  UDUDU  DRUUD    Sullivan  HMS Pinafore: Refrain, audacious tar
*UDRDD  UDUUU  DRDDU    Bach  Sinfonia from Easter oratorio BWV249
*UDRDD  URRRD  DDDUU    Elgar  Dream of Gerontius pt 2: O loving wisdom
*UDRDD  UUDDD  UUUUD    Sibelius  symphony/1 in Emi op39 4m 2t
*UDRDD  UUDRD  DUUDR    J Strauss Jr  Blue Danube/3 2t
*UDRDD  UURUD  RDDUU    Liszt  Les Funérailles, piano 2t
*UDRDR  DDRDR  DUDDD    Dvořák  Humoresque, piano op101/7 2t
*UDRDR  DRDUD  DDD      Mozart  string quintet in D K593 2m
*UDRDR  DRDUR  UDRDR    Rimsky-Korsakov  Sadko: Song of India
*UDRDR  DRRDD  UÚUUU    Humperdinck  Hansel & Gretel Act III: gingerbread
*UDRDR  DRUDU  DRDRD    Delibes  Naila vàlse, pas des fleurs 1t      [waltz
*UDRDR  DRUUD  RDRDR    Delibes  alternative encoding of above theme
*UDRDR  DUDUD           Stravinsky  Capriccio, piano/orch 3m 2t
*UDRDR  DUUDD  UDRDR    Sullivan  The Mikado: We do not heed
*UDRDR  DUUDU  UDRDR    Offenbach  Apache dance
*UDRDR  RRDUU  UUDDU    Mozart  piano concerto/26 in D K537 3m 2t
*UDRDR  RRUDD  DDUUD    Mozart  symphony/25 in Gmi K183 3m 2t
*UDRDR  RRURR  DRRDR    Schubert  waltz for piano D969/9
*UDRDR  RUUDD  RRRUU    Wagner  Siegfried Act II: Du holdes Vöglein
*UDRDR  RUUUR  UDDDR    Monteverdi  Lamento d'Ariana
*UDRDR  RUUUU  DU       Mozart  Idomeneo Act III: Zeffiretti
*UDRDR  UDDDU  UDRU     Schumann  sonata violin/piano in Dmi op121 1m 2t
*UDRDR  UDRUD  DDDRR    Mozart  Die Zauberflöte II: O Isis und Osiris(chorus)
*UDRDR  UUDRD  RDDUR    Brahms  string quartet in Cmi op51 2m
*UDRDR  UUURD  DUD      Schumann  Abendlied (song) op85/12
*UDRDR  UUUUD           Donizetti  Don Pasquale Act III: Comè gentil
*UDRDU  DDRRR  DDUDR    John Goss  The wilderness
*UDRDU  DRDDD  DUDUD    Franck  Les Eolides, symphonic poem 3t
*UDRDU  DRDRR  RUDDD    Schumann  sonata violin/piano in Ami op105 1m 1t
*UDRDU  DRDUD  D        Gounod  Faust Act IV: Si le bonheur
*UDRDU  DRUUD  R        Schumann  sonata violin/piano in Ami op105 3m 3t
*UDRDU  DUDRU  DDUD     Tchaikovsky  piano concerto/1 in B♭mi 3m 2t
*UDRDU  DUDUU  DRDUD    Offenbach  Gaité Parisienne: theme in 6/8 time
*UDRDU  DUUDU  DUUUU    Mozart  Die Entführung Act II: Traurigkeit
*UDRDU  RDDUR  RDUUD    Telemann  concerto for trumpet/strings in D 1m
*UDRDU  RUDRD  URDDD    Franck  symphony in Dmi 1m 3t
*UDRDU  RUDRD  URUDR    Schumann  Dichterliebe op48/3 Die Rose, die Lilie
*UDRDU  UDUD           Beethoven  string quartet/10 in E♭ op74 'Harp' 2m
*UDRDU  UDURU  DURDD    Beethoven  symphony/2 in D 4m 1t
*UDRDU  URDUU  DR       Mendelssohn  string quartet/1 in E♭ op12 1m intro
*UDRDU  UUDUD  DRDU     Beethoven  string quartet/14 in C♯mi 2m
*UDRDU  UURD            Schumann  Abendlied, piano 4 hands op85/12
*UDRDU  UUUDD  UDDUR    Schubert  Schwanengesang/7 Abschied D957
*UDRRD  DRDUD  DDDUU    Schubert  Lachen und weinen (song) D777
*UDRRD  UDUDR  RDUDU    Albeniz  Suite española, piano: Seguidillas 1t
*UDRRD  UUDRR  RURDD    Wagner  Tannhäuser Act II: O Himmel
*UDRRR  DRUDR  DDDUU    Mozart  horn concerto in E♭ K495 2m 2t
*UDRRR  RUD             Mendelssohn  symphony/4 in A op90 'Italian' 2m
*UDRRR  UUDUD  UUUDU    Handel  concerto grosso in F op6/9 3m      [intro
*UDRRR  UUUUU  UDDDU    Bach  Cantata/67 Hält' im Gedächtnis/2 Mein Jesus
*UDRRU  DDDDD  UDDUU    Wagner  Tristan & Isolde Act I: Herr Morold zog
*UDRRU  DDDUU  DUUDD    Stravinsky  The rake's progress I: The sun is bright
*UDRRU  DDRRD  UUDRD    Stephen Adams  The Holy City: Jerusalem, Jerusalem
*UDRRU  DDRRU  DUUUU    Mozart  string quintet/3 in C K515 4m
*UDRRU  DDUUD  RRUDD    Beethoven  concerto in C vln/cello/piano/orch 3m
*UDRRU  DRDRR  RUDRU    Schubert  Ständchen (Hark, hark, the lark) [bar 203
```

133

```
*UDRRU  DRDUR  DDDD    Bach  Cantata/212 'Peasant'/18 Gieb, schöne
*UDRRU  DRRUD  DDRRD   Vivaldi  concerto vln/str/organ 'Autumn' The hunt
*UDRRU  DRRUU  UUUUR   Sullivan  Pirates of Penzance Act II: A paradox
*UDRRU  DRUDR  RUDRU   Handel  sonata for flute/fig bass in F op1/11 2m
*UDRRU  DRURR  RURUD   Schubert  Der Tod und das Mädchen (song) D531
*UDRRU  DUUDR  UUUDU   Vivaldi  concerto flute/str op 10/3 'Goldfinch' 2m
*UDRRU  RDRUR  DDURD   Orff  Carmina Burana 22m: Oh, oh, oh, totus floreo
*UDRRU  RRUDU  DURUD   Gerald Finzi  Dies Natalis/3 The rapture
*UDRRU  UDDUU  RURD    Beethoven  piano concerto/3 in Cmi op37 3m
*UDRUD  DDUUU  DDDUU   Massenet  Scènes pittoresques IV 2t
*UDRUD  DDUUU  DUDUD   Haydn  St Antoni chorale quoted by Brahms op56a
*UDRUD  DRUDD  RUDDU   Dvořák  Serenade for strings in E op22 5m
*UDRUD  DRUDD  U       Britten  Serenade for tenor/horn/str op31/4 Dirge
*UDRUD  DRUDR  UDDDD   Bach  sonata/2 flute/harps'd in E♭: Siciliana BWV1031
*UDRUD  DRUUD  DUDRR   Berlioz  Benvenuto Cellini Act II: Sainte Vierge
*UDRUD  DUDRU  DDUDD   Dvořák  Slavonic dances/7 op46 2t
*UDRUD  DUUDD  DRUDU   Schubert  octet in F 2m 2t D803
*UDRUD  DUUDD  DRUDU   Wolf-Ferrari  Jewels of the Madonna Act II inter-
*UDRUD  DUUDU  DDUUD   Schubert  Rondo in A for vln/str 2t D438 [mezzo
*UDRUD  RDUDD  DUDDU   Pergolesi  Se tu m'ami (song)
*UDRUD  RDUUD  UDRU    Bartok  string quartet/2 op17 3m 2t
*UDRUD  RRRUD  RUDUU   Bruckner  Te Deum: te ergo quaesumus
*UDRUD  RUDDD  DDDDU   Bach  Cantata/5 Wo soll ich/5 Verstumme BWV5
*UDRUD  RUDDD  DDDUU   Mendelssohn  symphony/4 in A op90 'Italian' 1m 1t
*UDRUD  RUDDD  DDUUR   Beethoven  symphony/1 in C 4m 2t
*UDRUD  RUDDD  RDUDU   Debussy  string quartet in Gmi 3m 1t
*UDRUD  RUDDR  UD      Schumann  Fantasy in C op17 piano 3m 3t
*UDRUD  RUDDU  UDRUD   Schumann  symphony/2 in C op61 4m 1t
*UDRUD  RUDRU  DRUUU   Mendelssohn  Songs without words/45 in C
*UDRUD  RUDRU  DRUUU   Prokofiev  Love of three oranges: scherzo
*UDRUD  RUDRU  UUDRU   J Strauss Jr  Annen polka
*UDRUD  RUDUD  UDRUD   Rachmaninov  suite/1 (Fantasy) op5 4m 1t
*UDRUD  RUDUR  DD      Wagner  Lohengrin Act II: Gesegnet soll sie
*UDRUD  RURDR  DRDRU   Schubert  Auf dem Wasser zu singen (song) D774
*UDRUD  RUUDD  D       Mozart  piano concerto/9 in E♭ K271 1m 2t
*UDRUD  RUUDR  RDRRU   Beethoven  symphony/7 in A 1m 4t
*UDRUD  RUUDR  UDRD    Ravel  Chanson Madécasse/1 Nahandove
*UDRUD  RUUUD  DDDUU   Nielsen  sinfonia espansiva 3m 1t
*UDRUD  RUUUU  UDUUD   Beethoven  piano sonata/11 in B♭ op22 1m 1t
*UDRUD  UDDRR  UUU     Sullivan  The Mikado Act II: Alone, and yet alive
*UDRUD  UDDUR  UDUUU   Handel  concerto grosso in Gmi op6/6 1m
*UDRUD  UDDUU  DDDUU   Sibelius  violin concerto in Dmi op47 1m 1t
*UDRUD  UDRDD  UDUUU   Erik Satie  3 Morçeaux en forme de poire: Redite
*UDRUD  UDRUD  URRUD   Wagner  Siegfried Act I: Da hast du die Stücken
*UDRUD  UDUDD  UDD     Dvořák  violin concerto in Ami op53 1m 2t
·*UDRUD  UDURD  UUDD    Wagner  Die Walküre Act I: Ein Schwert verhiess
*UDRUD  UDUUD  DU      Mahler  symphony/1 in D 1m 3t
*UDRUD  UUDUU  DUUDU   Rossini  William Tell, Soldiers' ballet 2t
*UDRUD  UUUDD  DD      Bach  3-part inventions/9 in Fmi, Clavier BWV795
*UDRUD  UUUDD  DUDRU   Dvořák  string sextet op48 1m 2t
*UDRUD  UUUDD  DURUD   Wieniawski  Legend for violin/orch op17 2t
*UDRUD  UUUUD  DUDDD   Richard Strauss  horn concerto/2 in E♭, t at fig 13
*UDRUR  DDDDD  DUUDD   Mozart  piano sonata/2 in F K280 2m
*UDRUR  RDDDR  UDRUD   Mozart  piano sonata/4 in E♭ K282 1m
*UDRUR  UDDUD  RURUD   Vivaldi  concerto in E vln/str/org 'Spring' Danza
*UDRUR  UUUUD  RDDRU   Wagner  Parsifal Act III: Nur eine Waffe [pastorale
*UDRUU  DDDDR  RUUU    Beethoven  Fidelio Act II: Heil! Heil!
```

134

```
*UDRUU  DDRUD  RUUDD   Handel  Fireworks music 3m
*UDRUU  DRDRU  DUDRD   Wagner  Tannhäuser Act II: Auch ich darf mich
*UDRUU  DRDUD  DRU     Mozart  Minuet in F, piano K2
*UDRUU  DRUDU  DUDDU   Schubert  sonatina/3 violin/piano in Gmi 2m D408
*UDRUU  DRUUD  RRR     Haydn  string quartet/38 in E♭ op33 'The joke' 2m
*UDRUU  DRUUD  UDDDU   Brahms  quintet piano/strings in Fmi op34 2m 2t
*UDRUU  DRUUU  UDDU    Sullivan  Iolanthe Act II: When Britain really ruled
*UDRUU  DUDRU  UUDDR   Haydn  symphony/86 in D 1m
*UDRUU  DUUDR  RDRDR   Mozart  Don Giovanni Act I: Ho capito
*UDRUU  DUUDU  U       Ravel  3 poèmes de Mallarmé/2 Placet futile (song)
*UDRUU  RDUDD  UDUDD   Mozart  piano concerto/23 in A K488 2m 1t
*UDRUU  UDDDD  UDDDD   Mahler  symphony/8/I Accende lumen sensibus
*UDRUU  UDDDD  UDDDU   Bach  Cantata/208/9 Schafe können sicher weiden
                             (Sheep may safely graze)
*UDRUU  UDDRU  UUUDD   Mozart  horn concerto in E♭ K447 2m
*UDRUU  UDRDD  UUUDD   Bach  Cantata/212 'Peasant'/10 Das ist galant
*UDRUU  URDUR  U       Kreutzer  Das Nachtlager in Granada: Schon die
*UDRUU  URUUR  UUD     Mozsrt  symphony/34 in.C K338 3m 2t    [Abend
*UDRUU  URUUU  DDDDU   Haydn  symphony/77 in B♭ 3m trio
*UDRUU  UUDDD  DUUDU   Mozart  Die Zauberflöte Act II: March of priests
*UDRUU  UUDUU  DDDRU   Richard Strauss  Der Bürger als Edelmann: Dinner 1t
*UDRUU  UURUD  DDD     Delius  Paris: Nocturne 3t
*UDUDD  DDDDD  DDDDD   Spohr  violin concerto/8 in Ami 3m 1t
*UDUDD  DDDDD  DDDDD   Paganini  violin caprice op1/13
*UDUDD  DDDDD  UDUDU   J Strauss Jr  Tritsch-tratsch polka 1t op214
*UDUDD  DDDDD  UUDDR   Wagner  Die Meistersinger Act II: Als Eva
*UDUDD  DDDDD  UUUUD   Telemann  concerto for viola/strings in G 4m
*UDUDD  DDDDR  RRRDU   Mozart  symphony/36 in C K425 'Linz' 2m 1t
*UDUDD  DDDDR  UUDDU   Schubert  piano sonata in Ami 1m D784
*UDUDD  DDDDU  DUDDD   Weber  Der Freischütz: Overture, intro
*UDUDD  DDDDU  UDUDD   Wagner  Siegfried Act III: O Heil der Mutter
*UDUDD  DDDUR  UDUDD   Verdi  Requiem: Libera animas
*UDUDD  DDDUU  DDDDD   Beethoven  piano sonata/25 in G op79 1m
*UDUDD  DDDUU  UDDDD   Schubert  Geheimes (song) Uber meines Liebchens
*UDUDD  DDDUU  UUDDD   Mozart  string quartet/1 in G K80 3m 1t
*UDUDD  DDDUU  UUDUU   Berlioz  L'Enfance du Christ pt2: Il s'en va
*UDUDD  DDDUU  UUUUD   Bizet  Jeux d'enfants, 2 pianos
*UDUDD  DDRRD  DUDUD   Chopin  mazurka/15 op24/2
*UDUDD  DDRUU  DDUDD   Borodin  Prince Igor: Polovtsian dances 4t
*UDUDD  DDUDD  DUDDD   Berlioz  Benvenuto Cellini Act I: Ah! Ah! maître
*UDUDD  DDUDD  UDDUD   Mozart  symphony/38 in D K504 'Prague' 3m 1t [drôle
*UDUDD  DDUDR  R       Liszt  Les Préludes, symphonic poem 1t
*UDUDD  DDUDR  UUUUU   Beethoven  string quartet/2 in G op18/2 1m 2t
*UDUDD  DDUDU  UUUDD   Bach  French suite/1 in Dmi: gigue BWV812
*UDUDD  DDURD  UDDRD   Mozart  Serenade/6 (Serenata notturna) in D K239
*UDUDD  DDURR  DRUDD   Liadov  Baba yaga, orch op56           [3m 1t
*UDUDD  DDURU  UDRUU   Schumann  piano sonata in F♯mi op11 1m
*UDUDD  DDUUD  DDDUD   Bach  Well-tempered Clavier Bk I: fugue/13 BWV858
*UDUDD  DDUUD  DRDDU   Haydn  symphony/8 in G 2m
*UDUDD  DDUUD  DUDUD   Ravel  Rapsodie espagnole 2m intro
*UDUDD  DDUUD  UD      Bach  Well-tempered Clavier Bk II: fugue/3 BWV872
*UDUDD  DDUUD  UDDDD   Franck  string quartet in D 4m 2t
*UDUDD  DDUUD  UU      Beethoven  string quartet/5 in A op18/5 2m
*UDUDD  DDUUD  UUUDU   Nielsen  wind quintet op43 3m theme of variations
*UDUDD  DDUUU  D       Bizet  L'Arlésienne suite/2 intermezzo 2t
*UDUDD  DDUUU  DDRDU   Franck  symphonic variations, piano/orch 2t
*UDUDD  DRDRU  RUUDD   Mozart  Figaro Act III: Mi sento dal contento
```

135

```
*UDUDD DRDUU DUDDD   Ravel Jeux d'eau, piano 2t
*UDUDD DRRRR UDD     Mozart quartet/1 piano/strings in Gmi K478 3m 2t
*UDUDD DRUDD UDDDR   Richard Strauss sonata for violin/piano in E♭ 2m
*UDUDD DRUDD UUDDD   Dvořák Serenade in Dmi op44 3m
*UDUDD DRUDD UUDDD   Wagner Albumblatt, piano
*UDUDD DRUUU DUUD    Bach Cantata/182 Himmelskönig/5 Jesu, lass
*UDUDD DRUUU RRRUD   Verdi Aida Act I: Possente, possente
*UDUDD DRUUU UDDDD   Weber bassoon concerto in F 2m (Jahns index 127)
*UDUDD DUDDD DDDUU   Hindemith organ sonata/1 2m 1t
*UDUDD DUDDD DDDUU   Schumann string quartet in F op41 3m 2t
*UDUDD DUDDD DDUUR   Prokofiev violin concerto/1 op19 1m
*UDUDD DUDDD RDUUU   Mendelssohn string quartet/1 in E♭ op12 1m 1t
*UDUDD DUDDD UDDDU   Schumann string quartet in A op41/3 2m 2t
*UDUDD DUDDD UDDUU   Haydn symphony/6 in D 3m menuet
*UDUDD DUDDR         Haydn str quartet/38 in E♭ op33 'The joke' 3m
*UDUDD DUDDR UUDUU   Beethoven Romance/2 in F, violin/orch op50
*UDUDD DUDDU DR      Elgar Serenade, strings 1m 2t
*UDUDD DUDDU DRUUU   Bach flute sonata/1 in Bmi 3m BWV1030
*UDUDD DUDDU UDDDD   Bach French suite/4 in E♭ : gigue BWV815
*UDUDD DUDDU UDDUD   Berlioz Harold in Italy 2m
*UDUDD DUDDU UUUUD   Donizetti Lucia di Lammermoor Act I: Verranno a te
*UDUDD DUDRD UDDDU   Chopin mazurka/44 op67/3
*UDUDD DUDRU UUDDU   Mozart horn concerto/3 in E♭ K447 1m 1t
*UDUDD DUDUD DDDRR   Mozart horn concerto/2 in E♭ K417 andante
*UDUDD DUDUD UDDDU   Chopin nocturne/2 in E♭ op69
*UDUDD DUDUD UDDDU   Liadov Kikimora op63 orch 1t(a)
*UDUDD DUDUD UDRUU   Bach sonata for violin/Clavier in Gmi 3m BWV1020
*UDUDD DUDUU UDUDD   Rachmaninov piano concerto/2 in Cmi 1m 1t
*UDUDD DURUD DRUDD   Haydn sinfonia concertante in B♭ op84 1m
*UDUDD DURUD UDDDD   Schumann symphony/1 in B♭ op38 'Spring' 1m 2t
*UDUDD DURUU RUUR    Brahms trio for piano/vln/cello C op87 1m 1t
*UDUDD DUUDD DDUDD   Handel harpsichord suite/4 in Emi 5m gigue
*UDUDD DUUDD DDUUD   Beethoven piano sonata/22 in F op54 1m 2t
*UDUDD DUUDD DDUUD   Haydn symphony/46 in B 2m
*UDUDD DUUDD DRUDU   Beethoven Fidelio Act II: Es schlägt der Rache
*UDUDD DUUDD DUDUU   Nicolai Merry wives of Windsor ov. intro
*UDUDD DUUDD DUUUD   Borodin string quartet/2 in D 1m 2t
*UDUDD DUUDD UUUUU   Bach Brandenburg concerto/5 in D 3m BWV1050
*UDUDD DUUDR RUDD    Schumann Faschingsschwank aus Wien op26 piano
*UDUDD DUUDU DDD     Corelli concerto grosso in B♭ 1m 1t          [4m
*UDUDD DUUDU DDUDD   Handel Harps'd suite/5 4m 'Harmonious blacksmith'
*UDUDD DUUDU DUDDD   Brahms piano concerto/2 in B♭ op83 2m 2t
*UDUDD DUURD DUUUR   Stravinsky Le baiser de la fée, ballet 1m 1t
*UDUDD DUUUD DU      Saint-Saëns violin concerto in Bmi op61 3m 3t
*UDUDD DUUUD UDDDU   Brahms waltz op39/16 piano
*UDUDD DUUUR UDUDU   Ravel Rapsodie espagnole 2m 2t
*UDUDD DUUUU DDURR   Verdi I vespri Siciliani Act V: La brezza leggia
*UDUDD DUUUU DRRUR   Tchaikovsky Capriccio Italien 2t op45
*UDUDD DUUUU DUDUU   Schumann Carnaval op9 piano: Reconnaisance
*UDUDD DUUUU UUU     Schubert octet in F 6m D803
*UDUDD DUUUU UUUU    Chopin piano concerto/1 in Emi op11 3m 1t
*UDUDD RDDDR UDUUD   Richard Strauss Muttertandelei (song) op43/2
*UDUDD RDDDU DDUDU   Schumann Papillons, piano op2/5
*UDUDD RDDUU UDUDD   Lehar Frederika: O Mädchen, mein Mädchen
*UDUDD RDDUU UDUUD   Mozart Mass/18 in Cmi K427 Cum sancto
*UDUDD RDUDD DRU     Vaughan Williams Orpheus with his lute (song)
*UDUDD RRRDD DD      Bach Motet/3 Jesu, meine Freude/2 Es ist nun
```

```
*UDUDD  RRUDU  DDRRU   Britten  Peter Grimes Act I: Old Joe has gone
*UDUDD  RUDDD  DUU     Sullivan  The Mikado Act I: A wandering minstrel I
*UDUDD  RUDDR  DRDRU   Mozart  Ave verum corpus K618
*UDUDD  RUDDU  DDRUU   Brahms  sonata for cello/piano in F op99 4m
*UDUDD  RUDUD  DDUDD   Richard Strauss  Alpine symphony 6t
*UDUDD  RUDUD  DUDDD   Massenet  Werther Act III: Pourquoi me reveiller
*UDUDD  RUDUD  UDUDU   Bloch  Schelomo, Hebrew rhapsody, cello/orch 1t
*UDUDD  RURRD  UDURD   J Strauss Jr  Die Fledermaus Act I: Mein Herr
*UDUDD  RUUDU  DDRUU   Grieg  Little bird, piano op43/4
*UDUDD  RUUDU  DUUDD   Bach  Cantata/182 Himmelskönig/3 Starkes Lieben
*UDUDD  UDDDD  DUDRU   Schumann  symphony/2 in C op61 3m 1t
*UDUDD  UDDDD  UDDDD   Chopin  prelude/10 op28
*UDUDD  UDDDD  UDUUD   Brahms  string quartet/3 in B♭ op87 3m 1t
*UDUDD  UDDDD  UUDDU   Walton  viola concerto 1m 1t
*UDUDD  UDDDD  UUUUD   Fauré  sonata for violin/piano in A op13 4m 1t
*UDUDD  UDDDU  DDDD    Brahms  quartet for piano/strings in Gmi op25 1m 1t
*UDUDD  UDDDU  DDDUD   Richard Strauss  Salome: Dance of the 7 veils 2t
*UDUDD  UDDDU  DUDDU   Handel  concerto grosso in Dmi op6/10 3m 2t
*UDUDD  UDDUD  DDUDD   Bach  English suite/3 in Gmi: gavotte BWV808
*UDUDD  UDDUD  DUDUU   Nielsen  symph 'Det uudslukkelige' (inextinguishable)
*UDUDD  UDDUD  DUUUD   Debussy  Ballade, piano 1t        [3m solo vln theme
*UDUDD  UDDUD  RDUUU   Shostakovich  symphony/6 in Bmi op54 1m 1t
*UDUDD  UDDUD  UDDUU   Paganini  violin caprice op1/20
*UDUDD  UDDUD  UDUDU   Warlock  Serenade for string orch 2t
*UDUDD  UDDUD  UUDUU   Lalo  symphony espagnole 5m intro
*UDUDD  UDDUD  UUDUD   J Strauss Jr  Der Zigeunerbaron Act I: Flieh'
*UDUDD  UDDUU  D       Ravel  Intro (& allegro) harp/str quartet 1t(a)
*UDUDD  UDDUU  DUDDU   Mozart  piano sonata/6 in D K284 2m
*UDUDD  UDRUD  UDDUD   Mendelssohn  Zugvögel (duet)
*UDUDD  UDUDD  DDUDD   Beethoven  symphony/5 in Cmi 4m 5t(b)
*UDUDD  UDUDD  DDUU    Chausson  quartet for piano/strings A op30 3m 2t
*UDUDD  UDUDD  DUDDD   Elgar  symphony/1 in A♭ 4m 2t
*UDUDD  UDUDD  DUDDU   Bach  Well-tempered Clavier Bk I: fugue/21 BWV866
*UDUDD  UDUDD  RDDRD   Schumann  string quartet in A op41/3 2m 1t
*UDUDD  UDUDD  UDDD    Beethoven  septet in E♭ op20 7m
*UDUDD  UDUDD  UDDUD   Franck  string quartet in D 2m 1t
*UDUDD  UDUDD  UDUDU   Chopin  waltz in Ami op34 2t
*UDUDD  UDUDD  UDUDU   Debussy  Le petit nègre
*UDUDD  UDUDD  UDUR    Rachmaninov  Prelude for piano op32/10
*UDUDD  UDUDD  URRRD   Mozart  sonata for violin/piano in E♭ K380 2m
*UDUDD  UDUDR  DUDDU   Sibelius  Lemminkäinen's return op22/4 orch 1t
*UDUDD  UDUDU  DDURU   Beethoven  symphony/5 in Cmi 4m 5t(a)
*UDUDD  UDUDU  DRDDU   Schubert  Schwanengesang/4 Ständchen D957
*UDUDD  UDUDU  DUDDU   Liadov  Russian folk dances op58 orch: cradle song
*UDUDD  UDUDU  DURUU   Offenbach  Orpheus in Hades: overture 1t
*UDUDD  UDUDU  UUUUU   Verdi  La Traviata Act II: No, non udrai
*UDUDD  UDURR  UDDDD   Beethoven  piano concerto/4 in G 2m
*UDUDD  UDURU  RUDDU   Bach  English suite/4 in F sarabande BWV809
*UDUDD  UDUUD  UDDUD   Brahms  quartet for piano/strings in Gmi op25 2m 2t
*UDUDD  UDUUD  UDDUD   J Strauss Jr  Emperor waltzes/1 1t
*UDUDD  UDUUU  R       Leoncavallo  I Pagliacci: Un grande spettacolo
*UDUDD  UDUUU  UDDUD   Chopin  nocturne/3 in B op9
*UDUDD  UDUUU  UDUUD   Haydn  symphony/82 in C 'The bear' 3m trio
*UDUDD  URRRR  DUUDR   Schubert  piano sonata in G 2m 2t D894
*UDUDD  UUDDD  DUD     Bach  Brandenburg concerto/4 in G 2m BWV1049
*UDUDD  UUDDD  DUUDD   Handel  sonata for oboe/fig bass in Gmi op1/6 1m
*UDUDD  UUDDR  RDUDU   Holst  Two songs without words/1 Country song 2t
```

*UDUDD	UUDDU	UDUDD	**Grieg** Norwegian dances/4 1t
*UDUDD	UUDDU	UDUDU	**Schumann** quintet piano/strings in E♭ op44 1m 1t
*UDUDD	UUDDU	UUUUU	**Beethoven** trio for piano/vln/cello Cmi op1/3 2m
*UDUDD	UUDUD	DDUUU	**Gershwin** An American in Paris, orch 2t
*UDUDD	UUDUD	DUDDU	**Chopin** étude/3 in F op25
*UDUDD	UUDUD	DUUDU	**Brahms** string quartet in Cmi op51/1 3m 2t
*UDUDD	UUDUD	DUUDU	**Kurt Weill** Die Dreigroschenoper: Barbarasong
*UDUDD	UUDUD	DUUDU	**Bach** Cantata/82 Ich habe genug/5 Ich freue mich
*UDUDD	UUDUD	URRRR	**Handel** Water music 5m
*UDUDD	UUDUR		**Leoncavallo** I Pagliacci: Vanno laggiù
*UDUDD	UUDUU	DUDUD	**Brahms** Intermezzo in Emi, piano op119/2 2t
*UDUDD	UUDUU	UUDUD	**Franck** symphony in Dmi 2m 3t
*UDUDD	UUUDD	UDD	**Dvořák** quintet piano/strings op81 2m 1t(a)
*UDUDD	UUUDR	DDUUU	**Saint-Saëns** piano concerto/2 in Gmi op22 1m 2t
*UDUDD	UUUDU	DDUDU	**Meyerbeer** L'Africaine: Fille des Rois
*UDUDD	UUUDU	DDUUD	**Ravel** trio for piano/vln/cello 4m
*UDUDD	UUUDU	DUDD	**Mussorgsky** Pictures from an exhibition: S Golden-
*UDUDD	UUUDU	DUR	**Brahms** symphony/1 in Cmi 4m 1t [berg etc 1t
*UDUDD	UUURD	RUDUD	**Delibes** La source: scherzo-polka
*UDUDD	UUURD	UUDDU	**Wagner** Lohengrin Act II: Entweihte Götter
*UDUDD	UUUUD	UDUUD	**Richard Strauss** Der Rosenkavalier Act II: Hat einen starken Geruch (from silver rose scene)
*UDUDD	UUUUU	DDUD	**Beethoven** trio piano/vln/cello op97 'Archduke' 1m 1t
*UDUDD	UUUUU	UDUDD	**Schumann** string quartet in F op41/2 2m
*UDUDD	UUUUU	UUDUD	**Weber** Euryanthe overture 1t(b)
*UDUDR	DDRRU	DD	**Berlioz** Les Francs-Juges overture 2t
*UDUDR	DDURR	DURDD	**Mozart** Cassation/1 in G K63 5m
*UDUDR	DRDRU	UDDDR	**R Strauss** Der Bürger als Edelmann: Courante 1t(a)
*UDUDR	DURDU	DRUUD	**Shostakovich** quintet piano/strings op57 5m 3t
*UDUDR	DUUDU	DRDUD	**Handel** sonata for flute/fig bass in F op1/11 3m
*UDUDR	DUUUD	UUDUD	**Beethoven** piano sonata/1 in Fmi op2/1 3m 1t
*UDUDR	RUDDD	DR	**Mozart** piano concerto/20 in Dmi K466 1m 3t
*UDUDR	RUDUU	DDU	**Sullivan** The Gondoliers Act I: There was a time
*UDUDR	RURRR	RDUDU	**Beethoven** piano sonata/23 Fmi op57 'Appassionata'
*UDUDR	RUUU		**Richard Strauss** Als mir dein Lied (song) op68/4 [2m
*UDUDR	UDDDD	DU	**Handel** sonata for violin/fig bass in A op1/4 4m
*UDUDR	UDDDD	DUDDD	**Schumann** Davidsbündler, op6/9 piano
*UDUDR	UDDUD	UUUDD	**Grieg** Ein Schwann (song)
*UDUDR	UDUDD	URD	**Sullivan** Pirates of Penzance Act I: What ought
*UDUDR	UDUDR	UDUDR	**Vivaldi** concerto for piccolo/strings in C 3m P79
*UDUDR	UDUDR	UDUDU	**Mozart** piano concerto/6 in B♭ K238 3m
*UDUDR	UDUDR	URDDU	**Vivaldi** concerto grosso in D op3/9 2m
*UDUDR	UDUDU	DUDUD	**Buxtehude** Prelude (fugue & chaconne) in C, organ
*UDUDR	UDUDU	DUDUD	**Walton** Façade suite/1: tango-pasodoble 2t
*UDUDR	UDUDU	UUUDU	**Prokofiev** piano concerto/5 in G 5m 1t
*UDUDR	UDURU	DDDUR	**Orff** Carmina Burana 21m In trutina mentis
*UDUDR	UDUUU	DUDUD	**Handel** concerto grosso in Ami op6/4 4m 2t
*UDUDR	UUUDU	UDR	**Dvořák** Gypsy songs op55/2 Ei, wie mein Triangel
*UDUDR	UUUUU	UUUDU	**Richard Strauss** Burleske, piano/orch 2t
*UDUDU	DDDDD	DUDU	**Scriabin** Poème d'extase 3t
*UDUDU	DDDDD	RDDUU	**Berlioz** Les Troyens Act IV: De quel revers
*UDUDU	DDDDR	UDUDU	**Mozart** Serenade in D K250 'Haffner' 2m
*UDUDU	DDDDU	DDUDD	**Puccini** Madam Butterfly Act I: Dovunque al mondo
*UDUDU	DDDDU	DDUUD	**Beethoven** piano sonata/18 in E♭ op31/3 3m 2t
*UDUDU	DDDDU	DDUUD	**Saint-Saëns** variations on above for piano duo op35
*UDUDU	DDDDU	UDUDU	**Schumann** Three romances, oboe/piano op94/2
*UDUDU	DDDDU	UUDRU	**Manuel Infante** Pochades Andalouses/2 danse gitane

138

```
*UDUDU  DDDDU  UUUDD   Bloch  Schelomo (Hebrew rhapsody) cello/orch 3t
*UDUDU  DDDDU  UUUDU   Beethoven  string quartet/5 in A op18/5 4m 2t
*UDUDU  DDDDU  UUURD   R Strauss  Der Rosenkavalier Act I: Die Zeit
*UDUDU  DDDDU  UUUUU   Beethoven  trio for piano/vln/cello in E op70/2 1m 2t
*UDUDU  DDDRU  RUDUU   Haydn  symphony/82 in C 'The bear' 2m
*UDUDU  DDDUD  D       Mozart  Divertimento in F K247 3m
*UDUDU  DDDUD  DDUDD   Bach  Two-part inventions/8 in F, Clavier BWV779
*UDUDU  DDDUD  DUD     Brahms  string quartet in B♭ op87 2m 2t
*UDUDU  DDDUD  DUUUU   Bach  English suite/1 in A: bourrée 1t BWV806
*UDUDU  DDDUD  DUUUU   Chopin  scherzo in E op54 1t
*UDUDU  DDDUD  UD      Respighi  Notturno, piano
*UDUDU  DDDUD  UDDDU   Grieg  sonata for violin/piano in G op13/2 2m
*UDUDU  DDDUD  UDUDD   Bruckner  symphony/5 in B♭ 3m 3t
*UDUDU  DDDUD  UDUDD   Tchaikovsky  Romeo & Juliet overture 4t
*UDUDU  DDDUD  UDUUD   Mascagni  Cavalleria rusticana: intermezzo 2t
*UDUDU  DDDUR  DR      Wagner  Götterdämmerung: Prol'g: Zu neuen Thaten
*UDUDU  DDDUU  DUDUD   Beethoven  piano sonata/31 in A♭ op110 3m fugue
*UDUDU  DDDUU  DUDUD   Sullivan  Yeomen of the Guard Act II: Rapture!
*UDUDU  DDDUU  RUDUD   Bruckner  symphony/8 in Cmi 1m 1t
*UDUDU  DDDUU  UDRDR   Wagner  Die Meistersinger Act III: Steh' auf Gesell
*UDUDU  DDDUU  UUDUD   Brahms  string sextet in B♭ op18 4m
*UDUDU  DDRUD  UDUDD   Brahms  Hungarian dances/4 in Fmi piano 4 hands 1t
*UDUDU  DDRUD  UDUDD   Sullivan  Princess Ida: The world is but a broken
*UDUDU  DDRUD  UDUDD   Leopold Mozart  Toy symphony (not by Haydn) 1m 3t
*UDUDU  DDUD          Elgar  symphony/2 op63 4m 2t
*UDUDU  DDUDD  DDDU    Mozart  sinfonia concertante in E♭ K364 1m 2t
*UDUDU  DDUDD  DUDD    Mozart  piano concerto/14 in E♭ K449 3m
*UDUDU  DDUDD  DUDDR   Bach  Clavier concerto in Gmi 1m BWV1058
*UDUDU  DDUDD  DUUUU   Mahler  symphony/9 in D 1m 2t
*UDUDU  DDUDD  RDDU    Schumann  sonata violin/piano in Dmi op121 4m 2t
*UDUDU  DDUDD  UDDUD   Liszt  Mephisto waltz, piano 3t
*UDUDU  DDUDD  UDUDU   Vivaldi  concerto flute/strings in Cmi 3m P440
*UDUDU  DDUDD  UUUDD   Handel  Fireworks music 2m
*UDUDU  DDUDD  UUUUD   Stravinsky  capriccio for piano/orch 3m 1t
*UDUDU  DDUDU          Schumann  symphony/3 in E♭ op97 'Rhenish' 4m
*UDUDU  DDUDU  DDRD    Verdi  Otello Act II The dream: Era la notte
*UDUDU  DDUDU  DUDDU   Franck  organ chorale/3 1t
*UDUDU  DDUDU  DUDUD   Sibelius  The Oceanides, orch op73 1t
*UDUDU  DDUDU  DUDUR   Mozart  Serenade (Serenata notturna) D K239 2m 1t
*UDUDU  DDUDU  UUDUU   Brahms  Serenade in A, strings op16 1m
*UDUDU  DDUDU  UUR     Puccini  Turandot Act III: Tanto amore
*UDUDU  DDURR  UUD     Offenbach  Tales of Hoffmann Act V: Elle a fui
*UDUDU  DDUUD  DDUDD   Ibert  Concerto for alto saxophone/small orch 2m
*UDUDU  DDUUD  DUDDU   Tchaikovsky  symphony/1 in Gmi op13 3m 1t
*UDUDU  DDUUD  DURUD   Stravinsky  The rake's progress III: Prepare
*UDUDU  DDUUD  RUDU    Schubert  Moments musicaux/2 in A♭ 1t D780
*UDUDU  DDUUD  UDDDU   Bach  Brandenburg concerto/1 in F 4m trio 2t
*UDUDU  DDUUD  UDUDD   Bach  Prelude in Fmi, organ BWV534
*UDUDU  DDUUD  UDUDD   Bach  Prelude (fantasia) in Cmi, organ BWV537
*UDUDU  DDUUD  UDUUD   Sibelius  str quartet op56 'Voces intimae' 2m 1t
*UDUDU  DDUUD  UUDUU   Shostakovich  symphony/7 op60 4m 1t
*UDUDU  DDUUU  DDD     Mendelssohn  octet in E♭ op20 4m 2t
*UDUDU  DDUUU  DUDUD   Hindemith  Kleine Kammermusik op24/2 2m waltz 1t
*UDUDU  DRDUD  UDUD    Verdi  Aida Act II: A tutti barbara
*UDUDU  DRDUU  UD      Mendelssohn  symphony/3 in Ami op56 'Scotch' 3m 1t
*UDUDU  DRRDD  UUUD    Beethoven  string quartet/15 in Ami op132 3m
```

```
*UDUDU  DRRUR  UUDUD   Leoncavallo I Pagliacci: Guardo, amor mio
*UDUDU  DRUDU  DUD     Sullivan HMS Pinafore Act I: Things are seldom
*UDUDU  DRUDU  DUDDD   Wagner Gòtterdämmerung Act III: Wie Sonne lauter
*UDUDU  DRUUD  DUDDD   Vaughan Williams London symphony 2m 2t
*UDUDU  DRUUD  UU      Brahms Serenade in D op11 orch 3m 1t
*UDUDU  DUDDD  DDDDU   Handel concerto grosso in Emi op6/3 5m
*UDUDU  DUDDD  DRDRR   Mozart Divertimento vln/vla/cello K563 5m trio/2
*UDUDU  DUDDD  DRU     Mozart Divertimento in B♭ K186 4m
*UDUDU  DUDDD  DUUUU   Beethoven symphony/4 in B♭ 3m 1t
*UDUDU  DUDDD  RUDUD   Dvořák trio piano/vln/cello Emi op90 'Dumky' 5m
*UDUDU  DUDDD  RURUD   Brahms symphony/3 in F op90 2m 1t
*UDUDU  DUDDD  UDRRR   Moszkowski Spanish dances op12/5 2t
*UDUDU  DUDDD  UDUDD   Schubert symphony/8 in Bmi 'Unfinished' 2m 2t
*UDUDU  DUDDD  UDUDU   Elgar Intro & allegro for str quartet/orch: intro
*UDUDU  DUDDD  UUD     J Strauss Jr Die Fledermaus Act I: Mein schönes
*UDUDU  DUDDD  UUDDD   Berlioz L'Enfance du Christ pt1: nocturnal march 2t
*UDUDU  DUDDD  UUUDU   Handel harpsichord suite/8 in Fmi 4m courante
*UDUDU  DUDDU  DRUDD   Beethoven symphony/9 in Dmi 'Choral' 1m 3t
*UDUDU  DUDDU  DUDDU   Bartok piano concerto/2 3m 1t
*UDUDU  DUDDU  DUDDU   Mussorgsky Pictures from an exhibition: The gnome
*UDUDU  DUDDU  DUDUD   Britten Peter Grimes: 4th interlude, Storm 1t        [3t
*UDUDU  DUDDU  DUUD    Handel concerto grosso in Gmi op6/6 4m
*UDUDU  DUDRD  DUUDU   Dvořák Slavonic rhapsody op45/3 orch 1t
*UDUDU  DUDRD  DUUUR   Brahms Ein deutsches Requiem op45/6 Denn wir
*UDUDU  DUDRD  U       Milhaud Création du monde 2m              [haben
*UDUDU  DUDRR  UDDDR   Mendelssohn Songs without words/28 in G op62/4
*UDUDU  DUDRU  UDDDR   Sullivan The Gondoliers Act II: There lived a king
*UDUDU  DUDUD  DDDDU   Handel sonata violin/fig bass in D op1/13 3m
*UDUDU  DUDUD  DDDDU   Weber Peter Schmoll overture 1t
*UDUDU  DUDUD  DDDUU   Bach Partita/6 in Emi, Clavier: gigue BWV830
*UDUDU  DUDUD  DDUDD   Schubert symphony/6 in C 1m 2t D859
*UDUDU  DUDUD  DDUUU   Grieg Peer Gynt suite/2 1m 1t
*UDUDU  DUDUD  DDUUU   Sullivan The Gondoliers Act I: Kind sir, you
*UDUDU  DUDUD  DRDUU   Stravinsky Fire bird: berceuse
*UDUDU  DUDUD  DRUDD   Stravinsky The rake's progress Act II Wretched me
*UDUDU  DUDUD  DRUDU   Borodin string quartet/2 in D 2m 2t
*UDUDU  DUDUD  DUDD    Schumann symphony/2 in C op61 1m 1t
*UDUDU  DUDUD  DUDDU   Brahms symphony/2 in D op73 2m 2t
*UDUDU  DUDUD  DUUDU   Mozart violin concerto in A K219 'Turkish' 3m 2t
*UDUDU  DUDUD  DUUUD   Fauré Ballade, piano/orch op19 4t
*UDUDU  DUDUD  R       Fauré Ballade, piano/orch op19 3t
*UDUDU  DUDUD  U       Delius Appalachia intro
*UDUDU  DUDUD  U       J Strauss Jr Treasure waltzes/4 1t
*UDUDU  DUDUD  UDDDD   Beethoven concerto in C vln/piano/cello/orch op56
*UDUDU  DUDUD  UDDDD   Berlioz Benvenuto Cellini overture 1t        [1m 3t
*UDUDU  DUDUD  UDDDD   Brahms symphony/1 in Cmi op68 1m intro(b)
*UDUDU  DUDUD  UDDDD   Rimsky-Korsakov Capriccio espagnol: intro &
*UDUDU  DUDUD  UDDDR   Sibelius symphony/6 in Dmi 1m 4t [Alborada
*UDUDU  DUDUD  UDDDU   Bach suite/3 in D orch: gavotte 1t
*UDUDU  DUDUD  UDDDU   Debussy Arabesque/1 in E, piano 1t(b)
*UDUDU  DUDUD  UDDDU   de Falla concerto harps'd/chamber orch D 3m 2t
*UDUDU  DUDUD  UDDRU   Handel organ concerto in F op4/4 3m
*UDUDU  DUDUD  UDDUU   Wagner Tannhäuser: Venusberg music 1t (ov 3t)
*UDUDU  DUDUD  UDDUU   Glazunov violin concerto in Ami 5t
*UDUDU  DUDUD  UDRRR   Beethoven piano sonata/12 in A♭ op26 2m 2t
*UDUDU  DUDUD  UDU     Schumann piano concerto in Ami op54 1m 3t
*UDUDU  DUDUD  UDUD    Mozart violin concerto in A K219 'Turkish' 3m 3t
```

140

```
*UDUDU  DUDUD  UDUDD   Bach organ sonata in E♭ 3m BWV525
*UDUDU  DUDUD  UDUDD   Meyerbeer Les patineurs 3t
*UDUDU  DUDUD  UDUDU   Bach Prelude (& fugue) in Ami BWV543
*UDUDU  DUDUD  UDUDU   Brahms piano concerto/2 in B♭ op83 4m 4t
*UDUDU  DUDUD  UDUDU   Bach Well-tempered Clavier Bk II: prelude/15 BWV884
*UDUDU  DUDUD  UDUDU   Chopin étude in G♭ 'Black key' op10/5
*UDUDU  DUDUD  UDUDU   Beethoven string quartet/6 in B♭ op18/6 1m 1t
*UDUDU  DUDUD  UDUDU   Chopin prelude/14 op28
*UDUDU  DUDUD  UDUDU   Handel concerto grosso in F op6/2 3m 1t
*UDUDU  DUDUD  UDUDU   Beethoven piano sonata/10 in G op14/2 1m
*UDUDU  DUDUD  UDUDU   Liszt Hungarian rhapsody/2 in C♯mi piano 4t
*UDUDU  DUDUD  UDUDU   Daquin Le coucou, harpsichord 1t
*UDUDU  DUDUD  UDUDU   Mussorgsky Boris Godunov: coronation scene 1t
*UDUDU  DUDUD  UDUDU   Mendelssohn scherzo for piano op16/2 2t
*UDUDU  DUDUD  UDUDU   Mozart piano concerto/6 in B♭ K238 1m 2t
*UDUDU  DUDUD  UDUDU   Erik Satie Gnossiennes/2, piano
*UDUDU  DUDUD  UDUDU   Scarlatti Good-humoured ladies 5m (sonata Kp445)
*UDUDU  DUDUD  UDUDU   Scarlatti harpsichord sonata in A Kp533
*UDUDU  DUDUD  UDUDU   Shostakovich symphony/5 Dmi op47 2m 2t
*UDUDU  DUDUD  UDUDU   Sullivan The Mikado Act II: My object all sub-
*UDUDU  DUDUD  UDUDU   Chopin étude/6 in G♯mi op25          [lime
*UDUDU  DUDUD  UDUDU   Delibes Coppelia, ballet: Valse de la poupée
*UDUDU  DUDUD  UDUDU   Delibes Coppelia, ballet: musique des Automates
*UDUDU  DUDUD  UDUDU   de Falla Noches en los jardines de España,
                              piano/orch: En el Generalife
*UDUDU  DUDUD  UDUDU   Mendelssohn octet in E♭ op20 3m 1t
*UDUDU  DUDUD  UDUDU   Vivaldi concerto for flute/str 'Goldfinch' op10/3
*UDUDU  DUDUD  UDUDU   Waldteufel Skaters waltz/1 2t   [1m flute entry
*UDUDU  DUDUD  UDUUD   Beethoven Andenken (song) (Grove 240)
*UDUDU  DUDUD  UDUUD   Beethoven sonata/2 violin/piano in A op12/2 1m 1t
*UDUDU  DUDUD  UDUUD   Handel minuet from Samson
*UDUDU  DUDUD  UDUUU   Kodály Háry János: Viennese musical clock (mis-
*UDUDU  DUDUD  UU      Ravel piano sonatine 3m 1t          [quoted)
*UDUDU  DUDUD  UUDDD   Prokofiev violin concerto/1 in D op19 2m 2t
*UDUDU  DUDUD  UUDDU   Beethoven string quartet/16 in F op135 1m 2t
*UDUDU  DUDUD  UUDDU   Handel concerto grosso in B♭ op6/7 1m
*UDUDU  DUDUD  UUDDU   Elgar symphony/1 in A♭ 2m 3t
*UDUDU  DUDUD  UUDUR   Mozart symphony/31 in D K297 'Paris' 3m 2t
*UDUDU  DUDUD  UUUDU   Bach sonata/3 in C for solo violin: adagio BWV1005
*UDUDU  DUDUD  UUUUD   Beethoven symphony/4 in B♭ 1m intro
*UDUDU  DUDUD  UUUUD   Handel Giulio Cesare: V'adoro, pupille
*UDUDU  DUDUR  DDDDD   Bach Well-tempered Clavier Bk II: prelude/8 BWV877
*UDUDU  DUDUR  DDDUD   Bach Cantata/189 Meine Seele rühmt/5 Deine Güte
*UDUDU  DUDUR  DRURU   Mozart symphony/36 in C K425 'Linz' 4m 2t
*UDUDU  DUDUR  RUUUU   J Strauss Jr Artist's life/4 2t
*UDUDU  DUDUU  DDD     Schumann symphony/2 in C op61 4m 2t
*UDUDU  DUDUU  DDUDD   D'Indy sonata for violin/piano in C op59 1m 3t
*UDUDU  DUDUU  DDUDU   Mahler symphony/2 in Cmi 1m 1t(b)
*UDUDU  DUDUU  DDUUD   Schumann sonata violin/piano in Ami op105 3m 1t
*UDUDU  DUDUU  DUDD    Donizetti Don Pasquale: overture 2t
*UDUDU  DUDUU  RDDUD   Bach Partita/3 in E solo violin: Loure BWV1006
*UDUDU  DUDUU  UDDRD   Ravel Rapsodie espagnole 3m 2t
*UDUDU  DUDUU  UDU     Vaughan Williams sym/7 'Sinfonia Antartica' 2m
*UDUDU  DUDUU  UDUDU   de Falla harpsichord concerto 3m 1t(a)
*UDUDU  DUDUU  UDUDU   Hindemith Mathis der Maler, symphony 1m 4t
*UDUDU  DUDUU  UDUDU   Verdi Un ballo in maschera Act I: E scherzo
*UDUDU  DUDUU  UUDDD   Hummel piano concerto in Ami op85 1m 1t
```

*UDUDU	DUDUU	UUDUD	**Debussy** Images: Iberia 3m 3t
*UDUDU	DUDUU	UUUUU	**Schumann** violin sonata in Dmi op121 4m 1t
*UDUDU	DUDUU	UUUUU	**Nicolai** Merry wives of Windsor: overture 3t
*UDUDU	DURDU	DUDUD	**Bach** fugue from toccata in C, organ BWV564
*UDUDU	DURUD	UDUDR	**Franck** sonata for violin/piano 3m 2t(b)
*UDUDU	DURUD	UDUDR	**Verdi** Il trovatore Act IV: Vivra! Contende!
*UDUDU	DURUD	UUDDD	**Moszkowski** valse op34/1 piano 2t
*UDUDU	DURUR	URURU	**Schumann** Arabeske op18 piano 1t
*UDUDU	DURUU	D	**Mozart** Serenade in D K250 'Haffner' 5m
*UDUDU	DUUDD	DDDDU	**Rossini** Semiramide Act I: Bel raggio
*UDUDU	DUUDD	DUUUD	**Haydn** symphony/46 in B 3m trio
*UDUDU	DUUDD	URUUD	**Elgar** Pomp & Circumstance march/2 2t
*UDUDU	DUUDR	RDD	**Sullivan** The Gondoliers Act II: With ducal pomp
*UDUDU	DUUDU	DUDUD	**Ferde Grofé** Grand Canyon suite: On the trail 1t
*UDUDU	DUUDU	DUDUD	**Haydn** symphony/34 in Dmi 2m
*UDUDU	DUUDU	DUUDU	**Bach** (Prelude &) fugue in Ami BWV543
*UDUDU	DUURD	UDUU	**Haydn** trumpet concerto in E♭ 3m
*UDUDU	DUURR	UURUD	**Gershwin** An American in Paris, orch 4t
*UDUDU	DUURU	UDD	**Mozart** Figaro Act IV: Aprite un po'
*UDUDU	DUUUD	D	**Chopin** étude/8 in D♭ op25
*UDUDU	DUUUD	DDD	**Stravinsky** Petrushka: Tableau 1t
*UDUDU	DUUUD	DDDUR	**Mendelssohn** violin concerto in Emi op64 1m 2t
*UDUDU	DUUUD	RDDUD	**Wagner** Der fliegende Holländer Act II: Wie aus der
*UDUDU	DUUUD	UDDDU	**Ferde Grofé** Grand Canyon suite: Sunrise [Ferne
*UDUDU	DUUUD	UDUDU	**Haydn** symphony/8 in G 4m
*UDUDU	DUUUD	UDUDU	**Wagner** Siegfried: Forest murmurs 1t
*UDUDU	DUUUD	UUUDU	**Schumann** Carnaval op9 piano: Préambule
*UDUDU	DUUUR	UDDD	**Ravel** piano concerto for left hand 1t(a)
*UDUDU	DUUUU	DRUUD	**Handel** Messiah: Rejoice greatly
*UDUDU	DUUUU	RDDUD	**Haydn** symphony/104 in D 'London' 2m
*UDUDU	DUUUU	UDDDR	**Mozart** sinfonia concertante in E♭ K364 3m 2t
*UDUDU	RDDDD	DUDU	**Mozart** Serenade in B♭ K361 13 wind instr 5m 2t
*UDUDU	RDDDU	UUDDD	**Schubert** piano sonata/16 in Ami 2m D845
*UDUDU	RDDUD	DDDUD	**Bach** Partita/1 in Bmi solo violin: bourrée BWV
*UDUDU	RDDUD	URD	**Sullivan** Iolanthe Act I: When darkly [1002
*UDUDU	RDDUD	URRUU	**Bartok** Rumanian folk dances, piano 6m 3t
*UDUDU	RDUDU	DURUD	**Karl Zeller** Der Vogelhändler: Jekus, Jekus
*UDUDU	RDUUD	UDDDU	**Ravel** Ma Mère l'Oye: The enchanted garden
*UDUDU	RRDUU	RRDUR	**Debussy** Petite suite, 2 pianos: ballet 1t
*UDUDU	RRRDU	DDDDU	**Sullivan** The Gondoliers Act II: I am a courtier
*UDUDU	RRRDU	DUDUR	**J Strauss Jr** Kiss waltz 4t
*UDUDU	RRRRU	DUDUR	**Verdi** Un ballo in maschera Act I: Re dell'abisso
*UDUDU	RRUDU	DURRU	**Handel** Acis & Galatea: O ruddier than the cherry
*UDUDU	RRURD	DRRUR	**Liszt** Hungarian rhapsody/12 in C♯mi piano 5t
*UDUDU	RUDDD	UUUDD	**Wagner** Götterdämmerung Act III: Oh ihr, der Eide
*UDUDU	RUDUD	UDUDU	**Prokofiev** Peter and the wolf: the wolf
*UDUDU	RUDUD	URUDU	**Brahms** Serenade in D op11 orch 4m minuet/1
*UDUDU	RUDUD	URUUR	**Fauré** Impromptu for harp op86 1t
*UDUDU	RUDUD	UUDUU	**Mozart** violin concerto/2 in D K211 2m
*UDUDU	RUDUD	UUUDU	**Schubert** symphony/4 in Cmi 'Tragic' 4m 1t D417
*UDUDU	RUDUR	DRRR	**John Dunstable** Quam pulchra es
*UDUDU	RUURU	RRURU	**Massenet** Scènes Alsaciennes II 2t
*UDUDU	RUUUD	DUDUD	**Beethoven** piano sonata/9 in E op14/1 1m 1t
*UDUDU	UDDDU	DUUUD	**Wagner** Die Meistersinger Act I: Das schöne Fest
*UDUDU	UDDDU	UDDDU	**Walton** symphony/1 in B♭mi 3m 3t
*UDUDU	UDDDU	UDDUD	**Mozart** Die Zauberflöte Act II: O Isis und Osiris (aria)
*UDUDU	UDDRU	UUURD	**Beethoven** string quartet/5 in A op18/5 1m 2t

142

```
*UDUDU  UDDUD  DUDUU   Liszt Sposalizio, piano 1t
*UDUDU  UDDUD  DUUUU   Handel Messiah: He was despised
*UDUDU  UDDUD  UDUUD   Weber Euryanthe overture 2t
*UDUDU  UDDUD  UUDDD   Sullivan HMS Pinafore Act I: A maiden fair
*UDUDU  UDDUD  UUDDU   Cornelius Weihnachtslieder op8/1 Christbaum
*UDUDU  UDDUR  DURRU   Walton Belshazzar's Feast: Bring ye the cornet
*UDUDU  UDDUR  UUUUD   Wagner Parsifal Act II: Komm! Komm! Holder Knabe
*UDUDU  UDDUU  DDU     Dvořák symphony/6 in D op60 3m 1t(a)
*UDUDU  UDDUU  DDUDR   Waldteufel Sirenenzauber waltzes/3 2t
*UDUDU  UDDUU  DDUUU   Ravel piano sonatine 1m 2t
*UDUDU  UDDUU  UDUDR   Donizetti Linda di Chamonix Act I: O luce
*UDUDU  UDRDD  UDUDU   Chopin prelude/18 op28
*UDUDU  UDRRD  DUU     Mozart Figaro Act IV: Il capro e la capretta
*UDUDU  UDRUU  D       Puccini Turandot Act I trio: Fermo! che fai
*UDUDU  UDUDD  RRRUU   Wagner Parsifal Act I: Durch Mitleid wissend
*UDUDU  UDUDU  DDDDD   Handel organ concerto in Dmi op7/4 3m
*UDUDU  UDUDU  DDUDR   Dvořák string quartet in G op106 1m 1t
*UDUDU  UDUDU  DDUUD   Handel Water music 7m
*UDUDU  UDUDU  RRURD   Bach Cantata/51 Jauchzet Gott/2 Wir beten
*UDUDU  UDUDU  UDUD    Liadov The enchanted lake op62 orch 2t
*UDUDU  UDUDU  UDUDU   Fauré sonata for violin/piano op13 2m 1t(a)
*UDUDU  UDUDU  UUDD    Scarlatti Good-humoured ladies 3m (Sonata Kp87)
*UDUDU  UDURD  UDUDU   Haydn string quartet/78 in B♭ op76/4 3m 1t
*UDUDU  UDURU  UDDU    Wagner Tristan & Isolde Act II: Wohin nun Tristan
*UDUDU  UDUUD  UDDUU   Holst The Planets: Jupiter 1t
*UDUDU  UDUUD  UDUDU   Haydn symphony/87 in A 2m
*UDUDU  UDUUU  UUUDU   Erik Satie Sarabande/2, piano
*UDUDU  URDRD  RDUDR   J Strauss Jr Tales of the Vienna Woods/1 1t
*UDUDU  URDUD  UDUUR   Delibes Sylvia, ballet: valse lente
*UDUDU  URDUD  UUUDU   Bach Brandenburg concerto/6 in B♭ 3m BWV1051
*UDUDU  URDUU  RDUUR   Elgar Dream of Gerontius: prelude 2t
*UDUDU  URUUD  RDDUU   Schubert Grand Duo in C, piano 4 hands 2m D812
*UDUDU  UUDDD  DDDUU   Haydn string quartet/77 in C op76/3 'Emperor' 4m
*UDUDU  UUDDD  UDDDD   Mozart piano concerto/13 in C K415 2m
*UDUDU  UUDDD  URDD    Purcell King Arthur: How blest are shepherds
*UDUDU  UUDDD  URRDD   Mozart piano concerto/22 in E♭ K482 3m 2t
*UDUDU  UUDDR  UUUDD   Sullivan Yeomen of the Guard Act I: Is life a boon?
*UDUDU  UUDDU  DDDUD   Handel Water music 19m
*UDUDU  UUDDU  DUUUU   Vaughan Williams London symphony 3m 1t
*UDUDU  UUDDU  UDUDU   Handel Semele: Hence, Iris, hence away
*UDUDU  UUDRD  D       Chausson symphony in B♭ op20 2m 2t
*UDUDU  UUDRD  UUUUU   Arensky suite/1 for 2 pianos op15 valse 1t
*UDUDU  UUDRU  DRR     Schubert sonata cello/piano in Ami 3m 2t(b) D821
*UDUDU  UUDRU  UDR     Beethoven sonata/8 violin/piano in C op30/3 2m
*UDUDU  UUDUD  DDUDD   Kreisler La précieuse, vln/piano (Style of Cou-
*UDUDU  UUDUD  DDUDU   Handel Messiah: The people that walked [perin) 2t
*UDUDU  UUDUD  DR      Wagner Tannhäuser Act II: Dich, teure Halle
*UDUDU  UUDUD  UDDUD   Schubert March for piano 1t D886/2
*UDUDU  UUDUD  UDURR   Beethoven piano sonatina in F: rondo 1t
*UDUDU  UUDUD  URR     Leoncavallo I Pagliacci: Hai tempo
*UDUDU  UUDUD  UUUDU   Beethoven piano sonata/1 in Fmi op2/1 3m 2t
*UDUDU  UUDUD  UUUDU   Mendelssohn string quartet/3 in D op44/1 4m 1t
*UDUDU  UUDUR  UDRD    Ivanovici Donauwellen/4 (Waves of the Danube)
*UDUDU  UUDUU  DDUDU   Poulenc piano concerto 2m
*UDUDU  UURRR  UDDUD   Rossini Tancredi overture 2t
*UDUDU  UURRU  UUDRR   Schubert trio piano/vln/cello in B♭ 4m 2t D898
*UDUDU  UUUDD  DDD     Bizet Carmen Act I: Ma mère je la vois
```

143

```
*UDUDU  UUUDD  DDUDD   Shostakovich  symphony/7 op60 2m 2t
*UDUDU  UUUDD  DDURU   Haydn  Nelson Mass: Osanna
*UDUDU  UUUDD  DUDUU   Vaughan Williams  concerto accademico in Dmi 1m 1t
*UDUDU  UUUDU  UDUDU   Delibes  Sylvia, ballet: pizzicato
*UDUDU  UUUDU  UUUUD   Brahms  Academic Festival overture op80 2t(b)
*UDUDU  UUUUD  DDDDD   Haydn  symphony/104 in D 'London' 3m trio
*UDUDU  UUUUD  UDDDU   Haydn  symphony/73 in D 'La chasse' 3m trio
*UDUDU  UUUUD  UDUDU   Beethoven  trio piano/vln/cello in E op70/2 finale
*UDUDU  UUUUD  UDUUU   Scarlatti  harpsichord sonata in Gmi 'Sarabande'
*UDUDU  UUUUR  UDDD    Mahler  symphony/5 theme from 5m  [Kp8
*UDUDU  UUUUU  DUDDD   Wagner  Der fliegende Holländer Act II spinning
*UDUDU  UUUUU  UUD     Dvořák  Slavonic dances/9 op72/1 2t     [chorus
*UDURD  DDRRU  DDRRD   Haydn  symphony/88 in G 3m menuetto
*UDURD  DDUDU  DURDD   Handel  concerto grosso in B♭ op6/7 3m
*UDURD  DDUDU  RDDDU   Gabriel Pierné  Serenade (song)
*UDURD  DDURR  DUDDU   Mozart  Divertimento/14 in B♭ K270 2m
*UDURD  DDUUU  DUDUD   Berlioz  Fantastic symphony 1m 2t
*UDURD  DUDDD  UDUDD   Prokofiev  violin concerto/1 3m 2t
*UDURD  DUDUU  RDDUD   Mendelssohn  string quartet/3 in D op44/1 1m 3t
*UDURD  DURDD  DRUDU   Stravinsky  Apollon Musagète: birth of Apollo 1t(b)
*UDURD  DURDD  UUUUU   Haydn  symphony/87 in A 3m trio
*UDURD  DUUUR  RDRDU   Gesualdo  In Monte Oliveti
*UDURD  RDDRU  UDURU   Brahms  quartet piano/strings in Gmi op25 4m 3t
*UDURD  RDRDR  DRDRD   Rossini  La scala di seta: overture 2t
*UDURD  RDUDU  UDDDR   Bach  Mass in B minor/2 Christe eleison
*UDURD  UDDRU  UDURU   Shostakovich  symphony/7 op60 1m 3t
*UDURD  UDDUD  URDUD   Chopin  prelude/8 op28
*UDURD  UDUDU  DUDDD   Purcell  Lilliburlero: Ho! broder Teague
*UDURD  UDURD  RURUU   Mozart  piano sonata/11 in A K331 1m
*UDURD  URDUU  DD      Verdi  La Traviata Act I: Libiamo, libiamo
*UDURD  URRRU  UUDDD   Dvořák  symphony/6 in D op60 1m 1t
*UDURD  URUDD  DUUUU   Bach  suite for cello solo in G: gigue BWV1007
*UDURD  UUDUD  RUDUR   Handel  sonata violin/fig bass in F op1/12 4m
*UDURD  UUDUU  UUDUD   Bach  Brandenburg concerto/2 in F 1m 2t BWV1047
*UDURD  UUUDD  DUDU    Massenet  Le Cid: Andalouse
*UDURD  UUUDU  DU      Beethoven  symphony/3 in E♭ 'Eroica' 4m 1t
*UDURR  DDDUD  UUUDU   Mahler  symphony/4 in G 4m 1t
*UDURR  DDRDU  UDRUR   Richard Strauss  Aus Italien: Campagna 1t
*UDURR  DDRUD  DRRRU   Berlioz  Te Deum/5 Te ergo quaesumus
*UDURR  DDUUD  DDURD   Mahler  Des Knaben Wunderhorn: Rheinlegendchen
*UDURR  DUDDD  DDDDD   Mozart  Serenade in Cmi K388 2m
*UDURR  DUDUR  R       Bach  Magnificat in D/7 Fecit potentiam
*UDURR  DUDUR  RDUDU   Brahms  rhapsody in Gmi, piano op79/2 2t
*UDURR  DUURD  U       Rachmaninov  Oh stay my love (song) op4/1
*UDURR  RDDDU  DURUD   Prokofiev  piano concerto/5 in G 4m 1t
*UDURR  RDDUU  RRD     Sullivan  Iolanthe Act II: My lord, a suppliant
*UDURR  RDRRR  UDUDR   Rachmaninov  suite/1 (Fantasy) 4m 2t
*UDURR  RRDRU  RUR     Puccini  Madam Butterfly Act II: Tutti fior
*UDURR  RUUDR  RRUDD   Rimsky-Korsakov  Russian Easter Festival overture
*UDURR  UDURR  RRUUD   Dvořák  string quartet in G op106 3m 3t     [5t
*UDURR  URUUD  DUDDU   Stravinsky  Capriccio, piano/orch 2m 1t(a)
*UDURU  DDRUD  DD      Dvořák  cello concerto in Bmi op104 2m 1t
*UDURU  DDUUD  DDUUD   Hindemith  organ sonata/2 2m
*UDURU  DRDDD  DU      Wagner  Lohengrin Act III: Mein lieber Schwann!
*UDURU  DRDDR  DURDU   Brahms  trio for piano/vln/cello in E♭ op40 1m 1t
*UDURU  DUDDU  DU      Massenet  Le Cid Act III: O souverain
*UDURU  DUDDU  DU      Vaughan Williams  symphony/8 1m 1t
```

144

```
*UDURU DUDUU  D       Puccini La fanciulla del West Act II: Oh, se sapete
*UDURU DUUUD  UUDUD   Beethoven trio piano/vln/cello E♭ op97 'Archduke'
*UDURU DUUUU  DDDU    R Strauss Ständchen (song) op17/2        [2m 2t
*UDURU RUDUU  UUDU    Debussy string quartet in Gmi 4m
*UDURU UDUDD  DUUDD   Scriabin Poème op32/1 piano
*UDURU UDURD  DUUDU   Bach Brandenburg concerto/6 in B♭ 2m BWV1051
*UDURU UDURU  UDUUD   Vivaldi flute concerto in F 3m
*UDURU URDDU  UDDDD   Wagner Lohengrin Act I: Mein Herr und Gott
*UDURU URRRR  RUUD    Richard Strauss Ruhe, meine Seele (song) op27/1
*UDURU UUDDD  RRRUU   Brahms Ein deutsches Requiem: Denn es wird
*UDURU UUUU           Schubert string quartet in Dmi 4m 2t D810
*UDUUD DDDDU  UDDDD   Haydn symphony/6 in D 3m trio
*UDUUD DDDDU  UUDDD   Liszt piano sonata in Bmi 2t
*UDUUD DDDDU  UUDUD   Berlioz Les Troyens Act III: Sur cette horde
*UDUUD DDDUD  DDUDU   Elgar cello concerto in Emi 1m 1t
*UDUUD DDDUD  DUUUD   Bach French suite/2 in Cmi courante BWV813
*UDUUD DDDUD  UUDDD   Schumann Arabesque op18 piano 2t
*UDUUD DDDUD  UUDDD   Tchaikovsky symphony/5 in Emi op64 3m 2t
*UDUUD DDDUD  UUDDD   Mozart Sinfonia concertante in E♭ K364 2m
*UDUUD DDDUD  UUDDD   Stanford Songs of the sea: The Old Superb (verse)
*UDUUD DDDUD  UUDDU   Beethoven piano concerto/1 in C 3m 2t
*UDUUD DDDUU  RURUD   Haydn symphony/7 in C 3m menuetto
*UDUUD DDDUU  UDUUD   Ravel string quartet in F 1m 2t
*UDUUD DDDUU  UUUDD   Beethoven piano sonata/24 in F♯ op78 2m
*UDUUD DDRDD  DRUUU   Schumann Carnaval op9: March of the Davidsbündler
*UDUUD DDRRD  UDD     Beethoven septet in E♭ op20 1m 2t  ·
*UDUUD DDRRU  DUUDD   Beethoven string quartet/4 in Cmi op18/4 2m 2t
*UDUUD DDUDD  DUD     Brahms symphony/4 in Emi op98 3m 2t
*UDUUD DDUDD  DUDDD   Brahms trio clar or vla/cello/piano Ami op114 4m 1t
*UDUUD DDUDD  UDDDD   Stanford The Revenge: And the night went down
*UDUUD DDUDD  URUDU   Lortzing Der Waffenschmied: Auch ich war ein
*UDUUD DDUDR  DRDDD   Mozart Das Veilchen (song) K476     [Jüngling
*UDUUD DDUDR  RUUDU   Joseph Strauss Sphärenklange waltzes/5.
*UDUUD DDUDR  UD      Stravinsky Sacre du Printemps: Adolescents 2t
*UDUUD DDUDR  UDUUD   Schubert string quartet/15 in G 3m 2t D887
*UDUUD DDUDU  DUDUD   Bach choral prel, organ: Jesus Christus BWV666
*UDUUD DDUDU  DUUDR   Sullivan The Gondoliers Act II: Here is a case
*UDUUD DDUDU  UDDDU   Ibert Entre-acte for flute/harp (guitar) 2t
*UDUUD DDUDU  UDDDU   Schubert string quartet/8 in B♭ 1m D112
*UDUUD DDUDU  UU      Sibelius The swan of Tuonela 2t
*UDUUD DDUUD  DDUUD   Haydn string quartet/67 in D op64 'The lark' 1m 3t
*UDUUD DDUUD  DUUDD   Shostakovich symphony/1 in Fmi op10 1m 2t
*UDUUD DDUUD  DUUDD   Shostakovich concerto piano/trpt/orch op35 2m 5t
*UDUUD DDUUD  URRRR   Mozart string quartet/15 in Dmi K421 4m
*UDUUD DDUUD  UUDUU   Mahler symphony/8/II orchestral theme at fig 21
*UDUUD DDUUU  DDRDU   Bizet 'Roma' symphony: theme from 4m
*UDUUD DDUUU  UDUUD   Mozart Die Zauberflöte Act I: Zum Ziele führt
*UDUUD DRDDU  DUDUU   Verdi I vespri Siciliani Act II: O tu Palermo
*UDUUD DRDDU  UUDDR   Beethoven string quartet/5 in A op18/5 4m 1t
*UDUUD DRUDU  DUDD    Mozart quartet for flute/strings in D K285 2m
*UDUUD DUDDD  DRUDU   Richard Strauss Burleske, piano/orch 3t
*UDUUD DUDDD  UUDUD   Beethoven piano sonata/18 in E♭ op31/3 1m 2t
*UDUUD DUDDU  DDRUD   Beethoven wind octet in E♭ op103 finale
*UDUUD DUDDU  URUDU   Brahms sonata violin/piano in A op100 2m 1t
*UDUUD DUDDU  URUDU   Lehar Der Zarewitsch Act III: Warum hat jeder
*UDUUD DUDRD  DUD     Mozart piano concerto/14 in E♭ K449 2m
*UDUUD DUDRR  UUUU    Schubert Jägers Abendlied: Im Felde
```

*UDUUD	DUDUD	DUDUD	**Chopin** ballade/4 op52
*UDUUD	DUDUD	UDUDU	**Bach** Brandenburg concerto/4 in G 3m BWV1049
*UDUUD	DUDUD	UDUUD	**Beethoven** piano sonata/25 in G op79 3m
*UDUUD	DUDUD	UDUUD	**Tchaikovsky** Romeo and Juliet overture 3t
*UDUUD	DUDUD	UUDUD	**Telemann** suite for flute and strings 6m
*UDUUD	DUDUU	DDDDD	**Beethoven** Serenade in D op25 allegro vivace
*UDUUD	DUDUU	DDDDU	**Mendelssohn** symphony/4 in A op90 'Italian' 4m 3t
*UDUUD	DUDUU	DDRD	**Thomas Morley** O mistress mine (song)
*UDUUD	DUDUU	DDUUD	**Bloch** Schelomo (Hebrew rhapsody) cello/orch 2t
*UDUUD	DUDUU	DUU	**Hindemith** Mathis der Maler, symphony 3m 2t
*UDUUD	DUDUU	DUUDD	**Haydn** symphony/7 in C 1m
*UDUUD	DUDUU	UUUDU	**Delius** violin concerto 2t
*UDUUD	DURUD	DU	**Chopin** mazurka/41 op63/3
*UDUUD	DUUDD		**Schubert** octet in F 3m 2t D803
*UDUUD	DUUDD	UDDDD	**Ibert** Escales (Ports of call) 3m Valencia 2t
*UDUUD	DUUDD	UDDUU	**Bach** suite/1 in C orch: minuet BWV1066
*UDUUD	DUUDD	UDUUU	**Handel** sonata oboe/fig bass in Gmi op1/6 2m
*UDUUD	DUUDD	UUDDU	**Schubert** sonata cello/piano in Ami 2t(a) D821
*UDUUD	DUUDD	UUDU	**Dvořák** Slavonic dances/11 op72 1t
*UDUUD	DUUDD	UUUUR	**Brahms** sonata cello/piano in Emi op38 1m 2t
*UDUUD	DUUDU	DUDDR	**Shostakovich** symphony/7 op60 3m 1t
*UDUUD	DUUDU	UDDDU	**Ravel** string quartet in F 2m intro
*UDUUD	DUUDU	UDUDD	**Smetana** The bartered bride: Dance of comedians 3t
*UDUUD	DUUR		**Ravel** La valse, orch 1t
*UDUUD	DUURR	DUDRD	**Haydn** symphony/48 in C 2m
*UDUUD	DUUUD	DDUUD	**Handel** harpsichord suite/1 in B♭: air and vars
*UDUUD	DUUUD	DDUUD	**Brahms** Variations on a theme by Handel op24 theme
*UDUUD	DUUUD	DUDDU	**Mahler** symphony/8/I Imple superna gratia
*UDUUD	DUUUD	UDUDU	**Lalo** symphonie espagnole 2m 1t
*UDUUD	DUUUD	UUDDU	**Tchaikovsky** Francesca da Rimini 2t
*UDUUD	DUUUU	D	**Respighi** Pines of Rome: Pines of Appian Way 2t
*UDUUD	DUUUU	DDDRR	**Mendelssohn** string quartet/4 in Emi op44/2 3m 1t
*UDUUD	DUUUU	DUDDU	**John Blow** The self banished
*UDUUD	DUUUU	UDDD	**Bruckner** symphony/3 in Dmi 2m 1t
*UDUUD	DUUUU	UDDDD	**Schubert** sonata violin/piano in A 4m 2t D574
*UDUUD	RDDDU	UDUUD	**Schubert** Wiegenlied (cradle song) D498
*UDUUD	RDDUD	DURUU	**Mozart** piano concerto/6 in B♭ K238 1m 1t
*UDUUD	RDRUD	UU	**Beethoven** symphony/5 in Cmi 1m 2t
*UDUUD	RDUDD	DUDUR	**Schumann** symphony/2 in C op61 1m intro(b)
*UDUUD	RDUDU	UDRDU	**Delibes** Naila valse: Pas des fleurs 3t
*UDUUD	RRDDR	RR	**Delius** A Mass of Life: Herauf! nun
*UDUUD	RRDUU		**Mendelssohn** trio/1 piano/vln/cello Dmi op49 1m 1t(a)
*UDUUD	RUDDD		**Saint-Saëns** symphony/3 in Cmi op78 1m 2t
*UDUUD	RUDDD	UUDDU	**Franck** sonata for violin/piano 3m 1t
*UDUUD	RUDDU	DR	**Brahms** Hungarian dances/3 in F, piano 4 hands
*UDUUD	RUDRR	RUDRU	**Donizetti** L'Elisir d'amore Act I: Udite! Udite!
*UDUUD	RUDUD	DRDUR	**Ravel** Chansons Madécasse/2 2t Du temps
*UDUUD	RUDUD	UUDRU	**Adolphe Adam** Giselle: valse
*UDUUD	RUDUU	DDUDU	**Dvořák** symphony/6 in D op60 3m 1t(b)
*UDUUD	RUDUU	DRUUD	**Sullivan** Patience Act II: You hold yourself
*UDUUD	RUUDD	U	**Spohr** violin concerto/8 in Ami 3m 2t
*UDUUD	RUUDD	UDUUD	**Beethoven** symphony/4 in B♭ 3m 2t
*UDUUD	RUUDR		**Puccini** La fanciulla del West: Laggiù nel soledad
*UDUUD	RUURD	DDRDU	**Byrd** Sing joyfully
*UDUUD	RUUUD	UDD	**Schumann** symphony/3 in E♭ op97 'Rhenish' 2m 2t
*UDUUD	UDDDD	DDD	**Meyerbeer** Les Huguenots Act I: Piff, paff
*UDUUD	UDDDD	URUDU	**Schubert** piano sonata in Cmi 2m 2t D958

```
*UDUUD  UDDDD  UUUDU  Bach   Partita/3 in Ami Clavier: fantasia BWV827
*UDUUD  UDDDU  DDDDU  Schumann   Kinderszenen op15 piano: Curiose Ge-
*UDUUD  UDDDU  DDDUD  Kuhlau   menuett for flute/piano          [schichte
*UDUUD  UDDDU  DUD    Mozart   piano concerto/27 in B♭ K595 3m 2t
*UDUUD  UDDDU  UDUD   Borodin   In the Steppes of Central Asia 2t
*UDUUD  UDDDU  UUDDD  Scarlatti   harpsichord sonata Kp245
*UDUUD  UDDDU  UUDDU  Bach   Motet/2/1 Der Geist hilft
*UDUUD  UDDRD  UDRDU  Mozart   symphony/36 in C K425 'Linz' 4m 3t
*UDUUD  UDDRU  DUUDU  Mozart   symphony/36 in C K425 'Linz' 3m 2t
*UDUUD  UDDUD  DUDDU  Richard Strauss   Don Quixote 3t
*UDUUD  UDDUD  UD     Richard Strauss   Der Bürger als Edelmann: Lully 1t
*UDUUD  UDDUD  UDDUU  Tchaikovsky   Hamlet fantasy overture 3t
*UDUUD  UDDUU  DUDDU  Bach   Well-tempered Clavier Bk II: prelude/19
*UDUUD  UDDUU  DUDUD  Kreisler   Schön Rosmarin, vln/piano 2t [BWV888
*UDUUD  UDRDR  DUDRD  Liszt   Rakoczy march 2t (Hung rhaps/15 Ami piano)
*UDUUD  UDRUD  DDDUU  Arne   When icicles hang by the wall (song)
*UDUUD  UDRUU  UDUUU  Widor   organ symphony/6 1m allegro
*UDUUD  UDUDD  RUDUU  Saint-Saëns   Danse macabre op40 1t
*UDUUD  UDUDU  DUUDU  Waldteufel   Sirenenzauber waltzes/1 2t
*UDUUD  UDUDU  RUDDU  Haydn   symphony/52 in Cmi 1m
*UDUUD  UDUDU  UUUDU  Haydn   symphony/6 in D 1m intro
*UDUUD  UDUUD  DUDDU  Brahms   Der Schmied (song) op19/4
*UDUUD  UDUUD  R      Chopin   scherzo in C♯mi op39 1t
*UDUUD  UDUUD  UDUUD  Delibes   Coppelia: Marche de la cloche 1t
*UDUUD  UDUUD  UDUUD  Wagner   Die Walküre: Ride of the Valkyries 1t
*UDUUD  UDUUD  UDUUR  Saint-Saëns   Carnaval des animaux: Fossiles
*UDUUD  UDUUD  UDUUU  Brahms   string quintet in G op111 4m 1t
*UDUUD  UDUUD  URDRU  Dvořák   Slavonic dances/11 op72 2t
*UDUUD  UDUUD  UUUD   Stravinsky   symphony in C 3m
*UDUUD  UDUUU  UDDDU  Mozart   Divertimento in B♭ K186 2m
*UDUUD  UDUUU  UDUDU  Debussy   Children's corner suite: Doll serenade
*UDUUD  UDUUU  UDUUR  Beethoven   trio/6 piano/vln/cello B♭ 'Archduke' op97
*UDUUD  URDUD  DUD    Handel   concerto grosso in Cmi op6/6 5m          [4m
*UDUUD  URUDD  DDUDD  Hummel   piano concerto in Ami op85 3m 1t
*UDUUD  URUDD  DRUR   Schubert   Die schöne Müllerin/6 Der Neugierige
*UDUUD  URUDD  UUDUR  Haydn   symphony/100 in G 'Military' 2m
*UDUUD  UUDDD  DD     Debussy   Images: Reflets dans l'eau 1t
*UDUUD  UUDDD  RUUDU  Purcell   King Arthur: Fairest isle
*UDUUD  UUDDD  UD     Brahms   quartet piano/strings in Gmi op25 3m 1t
*UDUUD  UUDDD  UUDUU  J Strauss Jr   O schöner Mai/1
*UDUUD  UUDDU         Franck   Grande pièce symph op17 organ 5t
*UDUUD  UUDDU  DDDUU  Bach   French suite/1 in Dmi: sarabande BWV812
*UDUUD  UUDDU  UDDUU  Brahms   quartet piano/strings in A op26 3m 1t
*UDUUD  UUDRU  UDDDU  Bach   Cantata/212 'Peasant'/16 Es nehme
*UDUUD  UUDUD  DDUDD  Bach   English suite/4 in F: gigue BWV809
*UDUUD  UUDUD  DDUDU  Schumann   Album for young: The wild horseman
*UDUUD  UUDUD  RUDRR  Smetana   The bartered bride Act II: Furiant
*UDUUD  UUDUD  UDDDU  Mozart   Die Zauberflöte Act II: Alles fühlt
*UDUUD  UUDUD  UUDUD  C S Lang   Tuba tune in D for organ
*UDUUD  UUDUD  UUUDU  Bach   Well-tempered Clavier Bk I: prel/23
*UDUUD  UUDUR  R      Stravinsky   Symphony of psalms: laudate
*UDUUD  UUDUU  DDR    Mozart   Deutsche tänze/2 orch K509
*UDUUD  UUDUU  DDUDD  Rossini   Il barbiere di Siviglia Act I: Largo al factotum
*UDUUD  UUDUU  DDUDD  Verdi   Il trovatore Act II: E deggio
*UDUUD  UUDUU  DDUU   Brahms   Serenade in D op11 2m 1t
*UDUUD  UUDUU  DDUUD  Stravinsky   Firebird: Dance of Kastchei
*UDUUD  UUDUU  DUDDU  Hindemith   Mathis der Maler, symphony 3m 3t
```

147

```
*UDUUD UUDUU DUDUD   Bach Pastorale in F, organ BWV590
*UDUUD UUDUU DUDUD   Ravel Valses nobles et sentimentales/5
*UDUUD UUDUU DUDUU   Verdi Il trovatore Act IV: D'amor sull'ali
*UDUUD UUDUU DUUDD   Chopin polonaise/1 in C♯mi op26
*UDUUD UUDUU DUUUD   Rossini William Tell overture 1t
*UDUUD UUDUU DUUUD   Tchaikovsky symphony/2 in Cmi op17 3m 1t(a)
*UDUUD UUDUU DUUUU   Mozart piano concerto/9 in E♭ K271 3m 1t
*UDUUD UURDD RDDRD   Beethoven symphony/7 in A 3m 1t
*UDUUD UURRU DDDUR   Verdi La Traviata Act II: O mio rimorso!
*UDUUD UURRU DDUUD   Mozart piano sonata/17 in D K576 1m
*UDUUD UURUD UDDUD   Mozart concerto for 2 pianos in E♭ K365 3m
*UDUUD UUUDD DDDDD   Haydn symphony/91 in E♭ 3m menuet
*UDUUD UUUDD DDUD    Mozart piano concerto/27 in B♭ K595 2m
*UDUUD UUUDD UDDRD   Bach Mass in B minor/3 Kyrie
*UDUUD UUUUR RRRDU   Stanford The Revenge: At Flores in the Azores
*UDUUD UUUUU D       Berg Wozzeck: Soldaten, Soldaten
*UDUUD UUUUU RDUUR   Schubert quintet piano/strings A 'Trout' 2m D667
*UDUUD UUUUU UDRRD   Beethoven Missa solemnis: Sanctus 3t
*UDUUD UUUUU UUUR    Beethoven trio/4 piano/vln/cello d op70/1 3m
*UDUUR DDDDD UUDUU   Vaughan Williams symphony/3 'Pastoral' 3m 2t
*UDUUR DDDUD DUD     Elgar cello concerto in Emi 1m 2t
*UDUUR DDRRD DUUUU   Humperdinck Hansel & Gretel: gingerbread
                       waltz, vocal version
*UDUUR DDU           Schumann quartet piano/strings E♭ op47 1m intro
*UDUUR DRRUD UURDR   Schubert piano sonata in B 4m 2t D575
*UDUUR DUDUD UDRDU   Handel harpsichord suite/7 in Gmi 6m
*UDUUR DUURD UURDU   Bach Mass in B minor/5 Laudamus te
*UDUUR RRRRR RDUDR   Beethoven Missa solemnis: Sanctus 1t
*UDUUR RUUUD DDDUD   Beethoven symphony/1 in C 1m intro(a)
*UDUUR UDDDR UDDD    Brahms symphony/4 in Emi op98 4m 5t
*UDUUR UDRDD DUDUU   Mozart piano sonata/5 in G K283 3m 1t
*UDUUU DDDDU RUDUU   Handel concerto grosso in Emi op6/3 4m
*UDUUU DDDDU UD      D'Indy Istar, symphonic variations 2t or 6t
*UDUUU DDDUD DDDDD   Haydn symphony/98 in B♭ 2m
*UDUUU DDDUU DDUDR   Jeremiah Clarke Prince of Denmark's march
                       trumpet voluntary, once attrib'd to Purcell
*UDUUU DDDUU DUDUU   Handel Alcina: ballet, gavotte/2
*UDUUU DDDUU DUUUD   de Falla Noches en los jardines de España:
                       Danza lejana, piano/orch
*UDUUU DDDUU UDDDU   Scarlatti harpsichord sonata in A Kp327
*UDUUU DDDUU UUUDD   Brahms symphony/2 in D op73 1m 1t
*UDUUU DDDUU UUUDD   Bach sonata violin/Clavier in G 4m BWV1019
*UDUUU DDRDD RUDDD   Mendelssohn trio/2 piano/vln/cello in Cmi op66 4m 2t
*UDUUU DDRUD DDDDU   Haydn The Seasons: Seht auf die Breiten
*UDUUU DDRUR DUDUU   Boieldieu Le Calife de Bagdad: overture 1t
*UDUUU DDUDD DU      Bach concerto/1 3 harps'ds in Dmi 3m BWV1063
*UDUUU DDUDD UDDUD   Mozart sonata violin/piano G K301 1m 2t
*UDUUU DDUDD UDUDD   Haydn symphony/47 in G 3m trio
*UDUUU DDUDD UDUDU   Mozart Die Entführung Act I: Hier soll ich
*UDUUU DDUDD UDUUD   Schubert sonatina/3 violin/piano in Gmi 3m 1t D408
*UDUUU DDUDU DU      Tchaikovsky symphony/3 in D op29 4m 2t
*UDUUU DDUDU DUUDD   Saint-Saëns violin concerto/3 in Bmi op61 1m 1t
*UDUUU DDUDU UDUDD   Mendelssohn trio/1 piano/vln/cello Dmi op49 3m
*UDUUU DDUDU UUDDD   Debussy Tarantelle Styrienne, piano 1t
*UDUUU DDUDU UUDUU   Max Reger organ pieces op59/2 pastorale
*UDUUU DDUUD DUURD   Glinka Capriccio brilliant on Jota Aragonesa 2t
*UDUUU DDUUD UDDDD   Elgar symphony/1 in A♭ 4m 1t
```

148

```
*UDUUU  DDUUU  DUDDU   Bach  Cantata/95 Christus, der ist/4 Ach, schlage
*UDUUU  DDUUU  UDDUD   Mahler  symphony/9 in D 3m 1t
*UDUUU  DDUUU  UDDUU   Rachmaninov  To the children (song)
*UDUUU  DRDRD  RDDUR   Tartini  The devil's trill, violin/piano 1m
*UDUUU  DRRRR  UUUDD   Bach  Mass in B minor/10 Cum sancto Spiritu
*UDUUU  DRRUD  UDUDR   Dvořák  Slavonic dances/5 op46 1t
*UDUUU  DRRUR  UDDD    Monteverdi  Amor (Lamento della Ninfa)
*UDUUU  DRURD  UUUDU   Grieg  sonata cello/piano in Ami op36 1m 1t
*UDUUU  DRUUD  DUD     J Strauss Jr  Die Fledermaus Act I: Trinke
*UDUUU  DUDDD  D       Rimsky-Korsakov  Tsar's Bride overture 3t
*UDUUU  DUDDD  DDRRD   John Dowland  In darkness let me dwell (song)
*UDUUU  DUDDD  UUUDU   Sibelius  Vilse (song)
*UDUUU  DUDDR  UUDD    Tchaikovsky  E Onegin Act I: Come, ye maidens
*UDUUU  DUDDU  DUD     Mozart  Die Entführung: overture 2t
*UDUUU  DUDDU  DUDUD   Grieg  Norwegian dances/2 1t op35
*UDUUU  DUDRR  UDD     Mozart  Figaro Act III: Crudel! perchè
*UDUUU  DUDUD  RUDUD   Bach  French suite/3 in Bmi: Allemande BWV814
*UDUUU  DUDUD  UDUD    Bach  Passacaglia in Cmi, organ BWV582
*UDUUU  DUDUD  UUDUD   Ravel  piano sonatine 2m
*UDUUU  DUDUU  DDUUD   Bach  Well-tempered Clavier II: prelude/24 BWV893
*UDUUU  DUDUU  DUDUD   Haydn  symphony/49 in Fmi 1m
*UDUUU  DUDUU  URRUD   Wagner  Die Meistersinger Act III: Die Zeugen
*UDUUU  DUDUU  UUU     Chopin  impromptu op29 3t
*UDUUU  DURDD  DDDDU   Bach  French suite/3 in Bmi: Anglaise BWV814
*UDUUU  DURDU  DDUUU   Brahms  Variations (& fugue) on theme of Handel
*UDUUU  DUUDD  DDUDU   Grieg  Peer Gynt suite/2 2m 1t
*UDUUU  DUUDD  DDUDU   Schumann  Ich wand're nicht (song) op51/3
*UDUUU  DUUDD  DRDUD   Bach  St Matthew Passion/12 Blute nur
*UDUUU  DUUDD  UDDUD   Mozart  string quartet/16 in E♭ K428 1m
*UDUUU  DUUDU  DUURU   Chopin  mazurka/42 op67/1
*UDUUU  DUUDU  UDDDU   Ibert  Divertissement, chamber orch 3m nocturne
*UDUUU  DUUDU  UDURD   Mozart  string quartet/14 in G K387 2m 2t
*UDUUU  DUUDU  UDUUD   Haydn  trumpet concerto in E♭ 1m 2t
*UDUUU  DUUDU  UUDDR   Kodály  Háry János suite: Piros Alma
*UDUUU  DUUDU  UUDUU   Handel  sonata in E♭ 2 vlns or 2 oboes 4m
*UDUUU  DUUUD  DDDD    Sibelius  symphony/4 in Ami 4m 4t
*UDUUU  DUUUD  DRUDU   Bach  sonata/4 violin/Clavier Cmi 3m BWV1017
*UDUUU  DUUUD  DUR     Schumann  symphony/1 in B♭ op38 'Spring' 2m 1t
*UDUUU  DUUUD  DUUDU   D'Indy  Le Camp de Wallenstein op12 orch 4t
*UDUUU  DUUUD  UDUDU   Elgar  symphony/2 in E♭ op63 3m 2t
*UDUUU  DUUUD  UDUUU   Ibert  Escales (Ports of call) 3m Valencia 1t
*UDUUU  DUUUD  UUDDU   Dvořák  symphony/6 in D op60 3m 2t
*UDUUU  DUUUD  UUDR    Sullivan  The Gondoliers I: I stole the Prince
*UDUUU  DUUUU  UDDDD   Berlioz  Benvenuto Cellini overture 4t
*UDUUU  DUUUU  UDDDU   Bach  Well-tempered Clavier I: fugue/9 BWV854
*UDUUU  DUUUU  UDUD    Schubert  Die schöne Müllerin/15 Eifersucht und
*UDUUU  DUUUU  UUUDU   Elgar  Falstaff, symphonic study 6t        [Stolz
*UDUUU  RDRD          Waldteufel  Sirenenzauber waltzes/2 2t
*UDUUU  RDUDD  DDUDU   Bach  St John Passion/21 Wir haben ein Gesetz
*UDUUU  RDUDU  DUDDD   Auber  Fra Diavolo Act I: Voyez sur cette roche
*UDUUU  RDUUR  DUDDD   Chopin  étude/3 in E op10
*UDUUU  RRDDU  R       Verdi  Otello Act III: Prega per chi adorando
*UDUUU  RRUDU  UDRD    Chopin  piano concerto/1 in Emi op11 1m 1t
*UDUUU  UDDDD  DD      Stravinsky  Apollon Musagète: Terpsichore
*UDUUU  UDDDD  RDRUU   Mendelssohn  Songs without words/22 piano op53/4
*UDUUU  UDDDD  UDDDU   Elgar  Cockaigne overture 2t
*UDUUU  UDDDU  DDDDD   Mendelssohn  piano concerto/2 in Dmi op40 2m
```

149

*UDUUU	UDDDU	DDUDD	**Richard Strauss** Ein Heldenleben 2t(a)
*UDUUU	UDDDU	DDUDD	**Verdi** Aida Act II: Ma tu Re tu signore
*UDUUU	UDDDU	DDUUD	**Chopin** Fantasie-impromptu op66 2t
*UDUUU	UDDDU	DUDDD	**Beethoven** Serenade in D fl/vln/vla op25 menuetto
*UDUUU	UDDDU	DUDUD	**Richard Strauss** Capriccio op85: Kein Andres
*UDUUU	UDDDU	UUDDU	**Nielsen** Sinfonia espansiva 4m 1t
*UDUUU	UDDDU	UUUUU	**Brahms** waltzes, piano op39/10
*UDUUU	UDDRU	UDU	**Mozart** string quintet/5 in D K593 1m 1t
*UDUUU	UDDUD	DUDD	**Mozart** clarinet concerto in A K622 3m 2t
*UDUUU	UDDUD	DUUUU	**Stravinsky** Pulcinella, ballet: finale
*UDUUU	UDDUD	UUDDU	**Shostakovich** quintet piano/strings op57 2m fugue
*UDUUU	UDDUD	UUDUU	**Bach** English suite/3 in Gmi: musette BWV808
*UDUUU	UDRRD	D	**Franck** Les Eolides 1t
*UDUUU	UDRRD	DDUDU	**Franck** Cantabile for organ
*UDUUU	UDRRU	DUUDD	**Beethoven** string quartet/11 in Fmi op95 2m 1t
*UDUUU	UDRU		**Richard Strauss** Tod und Verklärung 4t
*UDUUU	UDRUU	U	**Leoncavallo** I Pagliacci: Non mi tentar!
*UDUUU	UDUDD	DDRUD	**Mendelssohn** Songs without words/18 op38/6 piano
*UDUUU	UDUDD	DDUUU	**Bruckner** symphony/9 in Dmi 3m 2t
*UDUUU	UDUDD	DUUDU	**Dukas** L'Apprenti sorcier 1t
*UDUUU	UDUDD	UUDUU	**Sullivan** Yeomen of the Guard Act II: Free from
*UDUUU	UDUDR	DUUUU	**Weber** Oberon I: Von Jugend auf in dem Kampfgefild
*UDUUU	UDUDU	DDUDD	**Dvořák** Humoresque, piano 1t op101
*UDUUU	UDUDU	UUUDU	**Wagner** Siegfried idyll 1t(b)
*UDUUU	UDUDU	UUUUU	**Wagner** Tristan & Isolde: prelude 1t
*UDUUU	UDURR	UURDD	**Beethoven** piano sonata/10 in G op14/2 2m
*UDUUU	UDUUD	UDUD	**Tchaikovsky** Serenade in C op48 4m 2t
*UDUUU	UDUUR	DUDUU	**Bach** Partita/3 E, solo violin: Bourrée BWV1006
*UDUUU	UDUUU	DDDDD	**Haydn** symphony/102 in B♭ 3m trio
*UDUUU	UDUUU	DDDUD	**Haydn** horn concerto in D (1762) 3m
*UDUUU	UDUUU	DDUDD	**Wagner** Die Meistersinger Act III: Wach auf!
*UDUUU	UDUUU	UDDDD	**Beethoven** string quartet/14 in C♯mi op131 3m
*UDUUU	URDDD	DDRUD	**Schubert** piano sonata in D 2m 1t D850
*UDUUU	URDDD	UDUUU	**Schumann** Kinderszenen op15 piano: Träumerei
*UDUUU	URDUU	UUDUD	**Mahler** symphony/9 in D 1m 3t
*UDUUU	URRUD	DDDUD	**Suppé** Pique Dame overture 2t
*UDUUU	URUUD	UUDRR	**Wagner** Götterdämmerung Act III: In Leid
*UDUUU	UUDDD	DDUDD	**Brahms** string quintet in F op88 1m
*UDUUU	UUDDD	DDUDD	**Byrd** Haec dies
*UDUUU	UUDDD	DDUDD	**Mahler** symphony/6 in Ami 4m intro
*UDUUU	UUDDD	DUDUD	**Schumann** Arabesque op18 piano 3t
*UDUUU	UUDDD	DUUUU	**Haydn** The Creation: Nun beut die Flur
*UDUUU	UUDDD	UDD	**Schumann** Fantasiestücke op12/4 piano: Grillen
*UDUUU	UUDDU	DDDUU	**Brahms** piano concerto/2 in B♭ op83 2m 1t
*UDUUU	UUDRD	D	**Mozart** piano concerto/23 in A K488 3m 2t
*UDUUU	UUDRU	DRRUU	**Weber** Der Freischütz Act III: Einst träumte
*UDUUU	UUDUD	DDUDD	**Walton** Crown Imperial, Coronation march 3t
*UDUUU	UUDUD	DUDUU	**Sibelius** Pohjola's daughter 2t
*UDUUU	UUDUD	RRDDR	**Haydn** symphony/93 in D 1m
*UDUUU	UUDUD	UUUUU	**Sibelius** Nightride and sunrise 1t
*UDUUU	UUDUU	UDUDD	**Bizet** Jeux d'enfants op22: galop
*UDUUU	UURUD	DRUDD	**Waldteufel** Dolores waltzes/4 1t
*UDUUU	UUUDD	DDDDU	**Scarlatti** harpsichord sonata in Cmi Kp11
*UDUUU	UUUDD	DDDU	**Glazunov** The Seasons, ballet: Bacchanal
*UDUUU	UUUDD	DUDDD	**Grieg** Peer Gynt suite/1: Anitra's dance 1t
*UDUUU	UUUDD	DUDUU	**Fauré** Pelleas et Mélisande: Fileuse
*UDUUU	UUUDD	UDUUD	**Handel** Acis & Galatea: Galatea, dry thy tears

150

```
*UDUUU  UUUDD  UDUUU   Smetana  The bartered bride III: Think it over
*UDUUU  UUURD  DUDD    Elgar  Falstaff, symphonic study 4t
*UDUUU  UUURD  RUDU    Delibes  Coppelia: Valse des heures 2t
*UDUUU  UUUUD  DDU     Wagner  Die Meistersinger Act I: Ein Meistersinger
*UDUUU  UUUUD  RUDU    Schumann  3 romances, oboe/piano op94/3 2t
*UDUUU  UUUUR  DUURD   Liszt  Hungarian rhapsody/1 in E piano 3t
*UDUUU  UUUUU  DDRDR   Wagner  Der fliegende Holländer Act II: Wohl hub
*UDUUU  UUUUU  UDDD    Schumann  Carnaval op9 piano: valse noble
*UDUUU  UUUUU  UUUDU   Beethoven  piano sonata/3 in C op2/3 4m
*UDUUU  UUUUU  UUUUU   Richard Strauss  Don Juan 1t
*URDDD  DDDDD  DDRUU   Richard Strauss  Also sprach Zarathustra 3t(b)
*URDDD  DDDDD  UDUU    Debussy  'La plus que lente' waltz 2t
*URDDD  DDU            Chopin  waltz in C♯mi op64 3t
*URDDD  DRDUU  UDU     Sullivan  Pirates of Penzance Act II: Oh dry
*URDDD  DRUUU  UUDUR   Wagner  Parsifal Act I: Zum letzten Liebes
*URDDD  DUDUU  UUUUD   Vaughan Williams  The wasps 1m (overture) 2t
*URDDD  DURUR  DDDDU   Kodály  Galanta dances 5m 1t
*URDDD  DUURU  RD      Vaughan Williams  Sea symphony: O vast rondure
*URDDD  DUURU  UDUUU   Wagner  Die Meistersinger Act II: Am Jordan
*URDDD  RDRDU  UDDUU   Verdi  Don Carlos Act IV: Per me giunto
*URDDD  RRRUR  UURDD   Mozart  Exsultate K165: Alleluja
*URDDD  UDDDU  DURDR   Tchaikovsky  Marche slave 4t
*URDDD  UDUDD  DUDRD   Lalo  symphonie espagnole, violin/orch 4m intro
*URDDD  UDUDD  DUUUU   Richard Strauss  Aus Italien: Campagna 3t
*URDDD  UUDDR  D       Waldteufel  Frühlingskinder waltz 4t
*URDDD  UUDRD          Waldteufel  Mein Traum waltzes/1
*URDDD  UUDUD  D       Schubert  piano sonata in A 3m 2t trio D959
*URDDD  UUDUD  UUUUU   Puccini  Tosca Act II: Sale ascende
*URDDD  UUDUU  RDDDU   Prokofiev  Alexander Nevsky/4 Arise Russian people
*URDDD  UURDD  DDDD    Tchaikovsky  Marche slave 2t
*URDDD  UUUDD  UURDD   Dvořák  symphony/9 Emi 'New World' 2m 1t
*URDDD  UUURD  DDRUR   Butterworth  (trad) When I was one-and-twenty
*URDDD  UUUUD  DUDDD   Grieg  Lyric pieces, piano op43/6 To spring
*URDDR  DDDDR  RR      Beethoven  piano/wind quintet in E♭ op16 1m
*URDDR  DDDUU  D       Liszt  Grandes études de Paganini/3 1t
*URDDR  DDDUU  DRUDD   Paganini  violin concerto/2 3m 1t(a)
*URDDR  DDDUU  DUURD   Shostakovich  concerto piano/trpt/orch op35 1m 4t
*URDDR  DDRDD  RDURD   J Strauss Jr  Tales of the Vienna Woods/4 2t
*URDDR  DDRDD  RUDRU   Brahms  concerto vln/cello/orch in Ami op102
*URDDR  DDRUU  U       Froberger  Toccata/XI                    [3m 1t
*URDDR  DRRDD  DU      Mozart  bassoon concerto in B♭ K191 2m
*URDDR  DUDUR  DDRDU   Bach  suite for lute in Emi 2m BWV996
*URDDR  DURDD  RDURD   Wagner  Tannhäuser: overture 1t(b)
*URDDR  DURUU  RUURD   Lecuona  suite Andalucia, piano: Gitanerias 2t
*URDDR  RUURD  DRRUU   J Strauss Jr  Roses from the South/3 2t
*URDDR  URDDD  DD      Chopin  étude/5 in Emi op25 2t
*URDDR  URDDR  URRDD   Rimsky-Korsakov  Kitezh: Battle of Kershenetz 1t
*URDDR  UUDUR  DDRUU   Mussorgsky  Sorochintsi Fair: gopak
*URDDR  UURDD  RDDRU   Mozart  piano concerto/21 in C K467 3m 2t
*URDDU  DDUUR  DUURD   Schubert  octet in F 5m 1t D803
*URDDU  DDUUU  DDDUD   Mahler  symphony/2 in Dmi 5m 4t
*URDDU  DUDUU  DUD     Bach  Mass in B minor/18 Confiteor
*URDDU  DUUDD  DDUDU   Walton  viola concerto 1m 1t
*URDDU  DUUDU  UUDUD   Purcell  The Fairy Queen: Hark! Hark!
*URDDU  DUUUD  DRD     Mascagni  Cavalleria rusticana: No, no, Turiddu
*URDDU  RDDDD  DUDDD   Milhaud  Création du Monde: prelude
*URDDU  RDDUD  DDR     Brahms  symphony/3 in F op90 4m 4t
```

151

*URDDU	RDDUD	UDDUU	**Chopin** étude/4 in Ami op25
*URDDU	RDDUR	DRURU	**Beethoven** piano s'ta/29 B♭ op106 Hammerklavier 2m
*URDDU	RDDUR	DUURD	**Beethoven** piano sonata/30 in E op109 1m
*URDDU	RDDUR	UURU	**Schumann** Davidsbündler op6/1 piano
*URDDU	RDUDD	DDUDD	**Sullivan** Y of the Guard Act I: This the autumn
*URDDU	RDUDU	DUDUD	**Stravinsky** Apollon Musagète: Var of Polymnie
*URDDU	RDUDU	UDDDD	**Handel** concerto grosso in Dmi op6/10 6m
*URDDU	RDURD	UURDD	**Josef Strauss** Mein Lebenslauf ist Lieb und Lust/5
*URDDU	RDUUD	DDDUU	**Leoncavallo** I Pagliacci: Un nido di memorie
*URDDU	RUDDD	DDURD	**Bach** Well-tempered Clavier II: prelude/9 BWV878
*URDDU	UDDDD	DUDU	**Mendelssohn** Minnelied (song) op47
*URDDU	UDDDR	UUUDD	**Lully** gavotte
*URDDU	UDDUR	DUUDD	**Sibelius** Tapiola 2t
*URDDU	UDRRD	UUDDU	**Ravel** 2 Mélodies Hébraiques/1 Kaddisch
*URDDU	UDRUU	UDDDU	**George Butterworth** With rue my heart is laden
*URDDU	UDRUU	UDDUU	**Mendelssohn** symphony/4 in A op90 'Italian' 2m 1t
*URDDU	UDUUR	DDRDR	**Mozart** serenade in B♭ 13 wind instr K361 1m
*URDDU	UDUUR	DDUUD	**Wagner** Tristan & Isolde Act III: Mild und leise
*URDDU	URDUD	DRUUD	**Dvořák** symphony/9 Emi 'New World' 1m 2t
*URDDU	URUDR	DDU	**Mozart** Figaro Act II: Porgi amor
*URDDU	URUDU	DDUUU	**Bach** Partita/3 in E solo vln: gavotte en rondeau
*URDRD	DDRU		**Mendelssohn** piano concerto/1 in Gmi op25 1m 2t
*URDRD	DRURU		**Ravel** Le cygne (song)
*URDRD	RDDDU	DUUDR	**Berlioz** Requiem/5 Quaerens me
*URDRD	RDRDR	DRURD	**Suppé** Morning, noon & night in Vienna overture 2t
*URDRD	RDRDR	URDRD	**Dvořák** Slavonic dances/12 op72/4 2t
*URDRD	RDRDR	URDUD	**Suppé** Light Cavalry overture 4t
*URDRD	RDRDR	URURU	**Sibelius** symphony/6 in Dmi op104 3m 1t
*URDRD	RDRDU	UDDDU	**Saint-Saëns** Danse macabre 2t
*URDRD	RDRRR	UDUDD	**Schubert** string quartet/13 in Ami 4m 2t D804
*URDRD	RDRUU	UDDDU	**Haydn** string quartet in B♭ op1/1 'La chasse' 2m
*URDRD	RDUDD	UDRDR	**Liszt** Hungarian rhapsody/12 in C♯mi, piano 3t
*URDRD	RRDRD	RRDRD	**Beethoven** Fidelio: overture 3t
*URDRD	RRUDD	DDD	**Brahms** piano sonata in Fmi op5 2m 2t
*URDRD	RRURD	RDR	**Verdi** La Traviata Act II: Di Provenza il mar
*URDRD	RURDR	DR	**Bach** sonata/1 violin/Clavier in Bmi 1m BWV1014
*URDRD	RURDR	DRURD	**Schubert** piano sonata in Cmi 4m 1t D958
*URDRD	RUUDU	DDUDD	**Liszt** Hungarian rhapsody/14 in Fmi, piano 4t
*URDRD	UDDUR	DDDUD	**Elgar** Pomp & Circumstance march/4 1t
*URDRD	UDRDR	UDUUD	**Smetana** The bartered bride: overture 2t
*URDRD	URDRD	URDRR	**Offenbach** Tales of Hoffmann: Barcarolle
*URDRD	UUDUU	DUUDD	**Liszt** Missa choralis: Kyrie
*URDRD	UURDR	DUURD	**Kurt Weill** Die Dreigroschenoper: Der Mensch
*URDRD	UURDR	DUUU	**Mozart** rondo in F K494 piano
*URDRD	UURDR	DUUUU	**Tchaikovsky** string quartet in D op11 1m
*URDRR	DRDRU	DUUUU	**Wagner** Siegfried Act I: Zu Spreunen schuf ich
*URDRR	RDRRR	DRRUU	**Mozart** symphony/38 in D K504 'Prague' 3m 2t
*URDRR	UDURU	DUD	**Cornelius** Weihnachtslieder op8/3 Drei Könige
*URDRU	DDDDU	DDDUD	**Bach** Cantata/161 Komm, du süsse/3 Mein Verlangen
*URDRU	DUDUD	DDDU	**Schubert** Die schöne Müllerin/16 Die liebe Farbe
*URDRU	RDDDD	DDD	**Brahms** Dein blaues Auge (song) op59/8
*URDRU	RDDRU	RDRUR	**D'Indy** Le Camp de Wallenstein op12 orch 2t
*URDRU	RDDUU	UUDRD	**Waldteufel** Dolores waltzes/2
*URDRU	RDRRU	DUDDD	**Tchaikovsky** Serenade in C op48 1m 2t
*URDRU	RDRUR	DRURD	**Schubert** octet in F 1m 2t D803
*URDRU	RDRUR	DUDD	**Stravinsky** Symphony of Psalms: Exaudi
*URDRU	RDRUU	UDDDD	**Franck** string quartet in D 2m 2t

152

*URDRU	RDURD	RURDU	**Beethoven**	Coriolanus overture 1t
*URDRU	RDUUD	UDDUR	**Wagner**	Die Meistersinger Act II: Johannistag!
*URDRU	RDUUR	DUURD	**Smetana**	The bartered bride: Polka 2t
*URDRU	RRDUU	RDRUR	**J Strauss Jr**	Emperor waltz/1 2t
*URDRU	RRRDR	RDRDU	**Wagner**	Die Meistersinger Act III: Sankt Krispin
*URDRU	RUDDD	DDUUR	**Gounod**	Faust Act V: ballet 4t
*URDRU	RURUD	DR	**Fauré**	Prison (Verlaine song)
*URDRU	RUUDR	DDU	**Sibelius**	Pohjola's daughter 1t(a)
*URDRU	RUUUU	DRDDU	**Berlioz**	L'Enfance du Christ epilogue: O mon âme
*URDRU	UUDDU	UUUUD	**Thomas Weelkes**	As Vesta was descending
*URDUD	DDDDD	DRUD	**Handel**	concerto grosso in Cmi op6/8 4m
*URDUD	DDDUD	DRDUD	**Tchaikovsky**	string quartet in D op11 2m 1t
*URDUD	DDDUR	DUDUR	**Haydn**	symphony/101 in D 'Clock' 3m menuet
*URDUD	DDUDD	DDDUD	**Mahler**	symphony/6 in Ami 1m 1t
*URDUD	DUDDD	URDUD	**J Strauss Jr**	Nacht in Venedig overture 2t
*URDUD	DUDUD	UDDDD	**Tchaikovsky**	symphony/6 in Bmi 'Pathétique' 3m 2t
*URDUD	DURDD	UDURD	**Franck**	Les Djinns 3t
*URDUD	DURDU	DRDUU	**Beethoven**	piano sonata/6 in F op10/2 1m
*URDUD	DURDU	RDUDD	**Purcell**	Dido & Aeneas: Cupid only throws
*URDUD	DURDU	RRDRD	**Chopin**	Ballade/1 op23 2t
*URDUD	RDUDR	DUDRD	**Bliss**	Checkmate, ballet: Red Knight's mazurka 1t
*URDUD	RRDUD	RRDUD	**Donizetti**	Lucrezia Borgia prologue: Com'è bello
*URDUD	RUDDR	UDURD	**Delius**	In a summer garden 1t(b)
*URDUD	RUDDU	UDUUR	**Schubert**	An die Musik (song) D547
*URDUD	UDDDD	DUUUD	**Handel**	concerto grosso in Cmi op6/8 6m
*URDUD	UDDUU	UUDUU	**Inghelbrecht**	Four fanfares/4 Dèdicatoire, brass
*URDUD	URDUD	DDD	**Ravel**	Mélodies grecques: Là bas vers l'église
*URDUD	URDUD	URDUD	**Mozart**	symphony/33 in B♭ K319 1m 2t(b)
*URDUD	URDUD	UUDUU	**Mozart**	Serenade in D K250 'Haffner' 3m 2t
*URDUD	URUDD	RURDU	**de Falla**	Three cornered hat: Jota 1t
*URDUD	UURDD	UDUUU	**Bach**	organ fugue 'Jesus Christus unser Heiland'
*URDUD	UUUUU	UUDRD	**Gesualdo**	Dolcissima mia vita (madrigal) [BWV689
*URDUD	UUUUU	UUUDU	**Mozart**	oboe concerto in C K314 1m oboe entry
*URDUR	DDDUD	DD	**Handel**	Giulio Cesare: Piangerò
*URDUR	DDRDU	DDRUD	**Berlioz**	Les Troyens Act I: Quitte-nous
*URDUR	DDUUU	DUUUD	**de Falla**	Noches en los jardines de España: Danza
*URDUR	DRRDU	UDD	**Fauré**	Requiem: Libera me [Lejana 1t
*URDUR	DRUDD	UUDUU	**Schubert**	An die Musik (song) D547
*URDUR	DRURD	DUDDR	**Wagner**	Lohengrin: prelude 1t
*URDUR	DUDUD	DURDU	**Bizet**	Carmen: intermezzo/1 1t
*URDUR	DUDUD	R	**Ravel**	Soupir (Mallarmé song)
*URDUR	DURDU	DUDUD	**Bach**	sonata/6 violin/Clavier in G 5m BWV1019
*URDUR	DURDU	RDURD	**Richard Strauss**	waltz from Der Rosenkavalier
*URDUR	DURDU	RDURD	**Haydn**	str quartet/74 Gmi op74/3 'Horseman' 1m 1t
*URDUR	DURDU	RDURU	**Haydn**	string quartet/75 in G op76 3m 1t
*URDUR	DURDU	RUUUU	**Shostakovich**	symphony/6 in Bmi op54 3m 3t
*URDUR	DURUD	D	**Mozart**	Serenade in E♭ for wind K375 4m 1t
*URDUR	DUUUD	DDUR	**MacDowell**	To a wild rose
*URDUR	DUUUU	DDRUD	**Nielsen**	clarinet concerto 1t
*URDUR	RRDUD	RRRRR	**S Wesley**	In exitu Israel
*URDUR	RRUUU	DUURD	**Leoncavallo**	I Pagliacci: E voi piuttosto
*URDUR	UDDUD	UDDD	**Schumann**	sonata violin/piano in Dmi op121 2m 3t
*URDUR	UDRDD	R	**Brahms**	symphony/3 in F op90 3m 2t
*URDUR	UDRRU	R	**Wagner**	Der fliegende Holländer: overture 1t
*URDUR	UDUUD	DUU	**Wagner**	Der fliegende Holländer: Senta's ballad
*URDUR	URDUD	UUUDU	**J Strauss Jr**	Der Zigeunerbaron: overture 3t
*URDUR	URDUD	UUUDU	**J Strauss Jr**	Treasure waltzes/1

153

*URDUR	UUDDU	UDUUD	**Schubert** piano sonata in B 1m 3t D575
*URDUR	UURDU	RURUD	**Humperdinck** Hansel & Gretel II: witch's ride
*URDUR	UUUUR	RDDUU	**J Strauss Sr** Radetsky march 2t
*URDUU	DDDDD	DUDUD	**Bach** suite/4 orch: Menuet/1 BWV1069
*URDUU	DDDDR	DUUDD	**Beethoven** Serenade for vln/vla/cello op8 5m
*URDUU	DDDDU	UDUDU	**Mozart** Divertimento in D K334 1m
*URDUU	DDDRU	DUDRD	**Bruckner** Te Deum: In te, Domine, speravi
*URDUU	DDUDD	DURDU	**Wieniawski** Legende, violin/piano
*URDUU	DDUDD	UDUUU	**Mahler** symphony/5 in Cmi 1m funeral march
*URDUU	DDUDU	DDUDD	**Vaughan Williams** symphony/4 in Fmi 1m 4t
*URDUU	DDURD	RDUUU	**Bach** suite/2 flute/str Bmi: overture 1t BWV1067
*URDUU	DDUUD	DUUDU	**Bach** Brandenburg concerto/2 in F 3m
*URDUU	DRDUD	DDDUU	**Eugen d'Albert** Tiefland: Hüll in die Mantilla
*URDUU	DRDUR	DUUDR	**Dvořák** quartet piano/strings in D op23 1m 1t
*URDUU	DRDUU	DDDDD	**Bach** sonata/1 flute/harpsichord Emi 1m BWV1030
*URDUU	DRDUU	DUUDU	**Dvořák** trio/4 piano/vln/cello Emi op90 Dumky 1m 3t
*URDUU	DUDUU	URDUU	**Bach** Partita/3 in Ami, Clavier: Burlesca BWV827
*URDUU	DURDU	UDURD	**Verdi** La Traviata Act III: Addio del passato
*URDUU	DURDU	UUURD	**Dvořák** string quartet in A♭ op105 2m 1t
*URDUU	DUURD	UUD	**Handel** sonata for flute/fig bass in C op1/7 5m
*URDUU	RDDUD	UURDD	**Brahms** string sextet in B♭ op18 1m 2t
*URDUU	RDDUU	UDDUD	**Bizet** Carmen: intermezzo/1 2t
*URDUU	RDRUD	DRDDU	**Josquin des Prés** Coeurs desolez
*URDUU	RDUDU	DDUDU	**Bach** concerto/2 in C, 2 harpsichords 1m BWV1061
*URDUU	RDUUD	DUUD	**Debussy** Trois chansons de France/3 Rondel
*URDUU	RDUUU	DDD	**Franck** quintet piano/strings in Fmi 1m 3t
*URDUU	RURDU	UUURD	**Rimsky-Korsakov** Scheherezade op35 1m 2t
*URDUU	UDDDD	DDDUU	**Haydn** oboe concerto in C (doubtful) theme from 1m
*URDUU	UDDDD	URUUD	**de Falla** 7 Spanish popular songs/1: El paño moruno
*URDUU	UDDDU	DDD	**Granados** El trálálá y el Punteado
*URDUU	UDDUU	UDDUU	**Chopin** piano sonata/3 in Bmi op58 3m
*URDUU	UDRUR	RUDD	**Weber** Der Freischütz Act III: Was gleicht wohl
*URDUU	UDURD	URURR	**Beethoven** symphony/2 in D 2m 1t(b) [auf
*URDUU	URUDD	DUUUD	**Copland** El salon Mexico 3t
*URDUU	UUDUR	RRRUU	**Prokofiev** Peter and the wolf: the grandfather
*URDUU	UUUDU	UUD	**Bach** English suite/4 in F: minuet/1 BWV809
*URDUU	UUUUU		**Handel** harpsichord suite/3 in Dmi 3m
*URDUU	UUUUU	DDD	**Handel** harpsichord suite/4 in Emi 4m
*URRDD	DDRDU	UD	**Granados** La Maja dolorosa/2 Ay majo de mi vida
*URRDD	DRDRU	RRD	**Wagner** Tannhäuser Act III: Allmächt'ge Jungfrau
*URRDD	DRRDD	URRDD	**J Strauss Jr** Wiener-Blut/3 2t
*URRDD	DRURR	DDUDD	**de Falla** Three-cornered hat: The miller
*URRDD	DRUUU	UDDDU	**Verdi** Ernani Act I: Come rugiada al cospite
*URRDD	DUUD		**Mahler** Kindertotenlieder/4 Oft denk ich (song)
*URRDD	UDDDD	RRDD	**Haydn** string quartet/17 in F op3 3m 2t
*URRDD	UDDDD	RRR	**Sullivan** Pirates of Penzance II: With cat-like
*URRDD	UDDRU	UUUDR	**Schubert** Schwanengesang/10 Das Fischermädchen
*URRDD	UDDUR	DDUUR	**Rimsky-Korsakov** Le coq d'or suite 1m 3t
*URRDD	UDRDD	UDURR	**Berlioz** L'Enfance du Christ ptI: Herod's dream (accompaniment)
*URRDD	UDRDU	DDDUU	**Wagner** Die Meistersinger Act I: Schumacherei
*URRDD	UDUDU	UUDUD	**Bach** Motet/2 Der Geist hilft/2 Der aber
*URRDD	URDDR	RDDUR	**Vivaldi** concerto vln/str/organ op8 1m 1t 'Spring'
*URRDD	URDDU	DUDUU	**Mozart** Cosi fan tutte Act I: In uomini
*URRDD	URRDD	DDURR	**Wagner** Tannhäuser: Venusberg music 4t
*URRDD	URRDU	RRDDU	**Sullivan** Patience Act II: A magnet hung
*URRDD	URRUD	UURRD	**Fauré** Dolly suite: Le pas espagnol 2t

*URRDD	UUDUD	UDDUD	**Richard Strauss** Till Eulenspiegel 5t
*URRDD	UUDUU	DDUDD	**Debussy** Petite suite for 2 pianos: menuet 1t
*URRDD	UURUD	UUU	**Sullivan** Iolanthe Act II: When all night long
*URRDR	DDUUU		**Sibelius** symphony/1 in Emi op39 3m 2t
*URRDR	DURRD	R	**Beethoven** trio clar/cello/piano in B♭ op11 2m
*URRDR	RDDUR	DRRUR	**Gounod** Faust Act V: ballet 6t
*URRDR	RDRRD	DUDUD	**Schubert** Der Jüngling und der Tod (song) D545
*URRDR	RRDRD	RURRR	**Wagner** Tannhäuser Act III: Nach Rom gelangt'
*URRDR	RRDUU	DR	**Mozart** Un bacio di mano (song) K541 2t [ich
*URRDR	RRRUD	DDURR	**Haydn** The Seasons: Dann bricht der grosse
*URRDR	RURRD		**Brahms** Kein Haus, keine Heimat (song) op94/5
*URRDU	DDDDU	UUUUU	**Lalo** symphonie espagnole, violin/orch 4m
*URRDU	DDDRD	URURR	**Dvořák** Serenade in Dmi op44 4m
*URRDU	DDDRU	RRDUD	**de Falla** El amor brujo: Love 2t
*URRDU	DDRRU	DDDDD	**Saint-Saëns** Samson et Dalila: Arrêtez ô mes
*URRDU	DDUDD	URRDU	**Liszt** Hungarian rhapsody/14 in Fmi 2t [frères
*URRDU	DDUUD	DUURR	**Rimsky-Korsakov** Le coq d'or suite 3m 3t
*URRDU	DUDDU	URRDU	**de Falla** Montanesa 1t
*URRDU	DUDUR	DUUR	**Sibelius** En saga op9 2t
*URRDU	DUDUU	RDDD	**Wagner** Lohengrin Act III bridal chorus: Treulich
*URRDU	RRDUR	DDDUR	**J Strauss Jr** Artist's life/4 1t [geführt
*URRDU	RRDUR	RDD	**Haydn** str quartet/74 Gmi op74/3 'Horseman' 1m 2t
*URRDU	RRDUR	RDRDR	**Beethoven** Grosse Fuge B♭ op133 countersubject
*URRDU	RRDUR	RDURR	**Vivaldi** mandoline concerto G 1m P134
*URRDU	RRDUR	RUDDD	**Beethoven** piano sonsta/6 in F op10/2 3m
*URRDU	RRDUU	DURRD	**Leopold Mozart** Toy symphony 2m 2t (not by Haydn)
*URRDU	RRUDU	DU	**Massenet** Scènes Alsaciennes IV 2t
*URRDU	RRUUR	RRUDD	**Mozart** symphony/35 in D K385 'Haffner' 1m 2t
*URRDU	UDDDR	RDDDD	**Haydn** symphony/31 in D 3m menuet
*URRDU	UDDDU	DURRD	**Bartok** Hungarian sketches/1 1m 2t
*URRDU	UDDUD	UUDDD	**Thomas Arne** harpsichord sonata/1 in F andante
*URRDU	UDDUD	DUDD	**Tchaikovsky** Romeo & Juliet overture 2t
*URRDU	UDRUR	RDUU	**Lalo** symphonie espagnole, vln/orch 2m 2t
*URRDU	UDUDU	DRUUD	**J Strauss Jr** Roses from the South waltzes/1 2t
*URRDU	URUDR	DU	**J Strauss Jr** Der Zigeunerbaron Act III: Hurrah
*URRDU	UUUUD	UUDDD	**Mozart** sonata/28 in E♭ K380 3m
*URRDU	UUUUU	UUUUD	**Beethoven** piano concerto/1 in C op15 1m 1t
*URRRD	DDDDU	RRRDD	**Waldteufel** Estudiantina waltzes/4 2t
*URRRD	DDDUU	DUDUU	**Liszt** Hungarian rhapsody/14 in Fmi 3t, piano
*URRRD	DDRRU	URRDD	**Dvořák** Serenade in Dmi op44 1m
*URRRD	DDUDD	DUUDR	**Grieg** Symphonic dances/4 1t
*URRRD	DRURR	RDD	**Mozart** Figaro Act II: Aprite, presto, aprite
*URRRD	DUDDD	DUDDU	**Shostakovich** symphony/5 in Dmi op47 2m 3t
*URRRD	DUDUR	UUR	**Schubert** symphony/2 in B♭ 3m 2t D125
*URRRD	RRDRU	DDRRR	**Stephen Adams** The Holy City (verse)
*URRRD	RRRDU	UDDRR	**Mozart** symphony/41 in C K551 'Jupiter' 1m 3t
*URRRD	RRRRR	URUDU	**Beethoven** Serenade, string trio op8 4m 2t
*URRRD	RRUDR	UU	**Berlioz** Harold in Italy 1m intro
*URRRD	RURRD	UDR	**Puccini** Tosca Act I: Recondita armonia
*URRRD	RUUDD	UDRRD	**Haydn** string quartet/1 B♭ op1/1 'La chasse' 4m
*URRRD	UDDDU	DUUDD	**Handel** concerto grosso in F op6/9 2m
*URRRD	UDUDU	RRRDU	**Khachaturian** Gayaneh ballet: Ayshe's dance
*URRRD	UDURR	RDU	**Mussorgsky** Pictures from an exhibition: Hut of
*URRRD	UDURU	RD	**Verdi** Don Carlos Act II: Non pianger [Baba Yaga
*URRRD	UDUUD	UUDDD	**Haydn** symphony/77 in B♭ 4m
*URRRD	URRRU		**Beethoven** Egmont: Clärchen's song

```
*URRRD  URUDD  DDDUU    Haydn The wanderer (song)
*URRRD  UUDDR  UDDUD    Mozart Divertimento in F K247 1m 2t
*URRRD  UUDRR  DUDDU    Khachaturian Gayaneh ballet: Rose Maidens' dance
*URRRD  UUDRU  RRRDU    Sullivan The Sorcerer: My name is John W Wells
*URRRD  UURRR  RRUD     Bruckner Te Deum 1t
*URRRD  UUURD  UUUDU    Haydn oboe concerto in C (doubtful) 1m intro
*URRRR  DDUUR          Mascagni Cavalleria rusticana: O Lola
*URRRR  DDUUU  DDURR    Hugo Wolf Epiphanias (song)
*URRRR  DRRRD  RRD      Sullivan HMS Pinafore Act I: When I was a lad
*URRRR  DRRUR  RRRD     Schubert piano sonata in G 3m 1t D894
*URRRR  DUDUR  RRRDU    Vivaldi concerto Gmi vln/str/org 'Summer' The
*URRRR  DUDUR  RRRUD    Verdi Falstaff Act III: Sul fil          [cuckoo
*URRRR  DURRR  RDUDU    Shostakovich The golden age, ballet 3t
*URRRR  DURRR  RDURR    Mozart symphony/40 in Gmi K550 2m 1t
*URRRR  DURRU  UDDUR    Ibert Divertissement, chamber orch 5m Parade 1t
*URRRR  DUUDR  DUUUU    Bizet L'Arlésienne suite/1 minuetto 1t
*URRRR  DUUUU          Chopin waltz in Ab 3t
*URRRR  DUUUU  RRRRD    Mozart symphony/28 in C K200 2m 1t
*URRRR  DUUUU  UDUDD    Mendelssohn symphony/3 in Ami op56 'Scotch' 4m 2t
*URRRR  RDDRR  URR      Sullivan Yeomen of the Guard I: The screw may
*URRRR  RRDUD  DUD      Bizet Les pêcheurs de perles: De mon amie
*URRRR  RRDUR  RRRRR    Brahms Hung. dances/2 in Dmi piano 4 hands 2t
*URRRR  RRDUU  UDD      Massenet Le Cid 6m Madrilène 1t
*URRRR  RRRRD  DUUUU    Beethoven symphony/1 in C 3m 2t
*URRRR  RRRRD  UUDUU    Richard Strauss Till Eulenspiegel 4t
*URRRR  RRRUD  DRRRR    Mahler Zu Strassburg auf der Schwanz (song)
*URRRR  RRUUD  URRRR    Mozart horn concerto in Eb K447 3m
*URRRR  RUDDU  DDUDD    Moszkowski Spanish dances op12/2 2t
*URRRR  RUDRD          Liszt Liebestraum/3 piano
*URRRR  RUDUU  RRRRR    Leopold Mozart trumpet concerto 2m
*URRRR  RUUDD  UDUDD    Haydn str quartet/74 Gmi op74/3 'Horseman' 3m 2t
*URRRR  UDDDD  DUDDD    Saint-Saëns Intro & rondo capriccioso op28 3t
*URRRR  UDDDU  UUUUD    Scarlatti Qual farfaletta amante (song)
*URRRR  UDDRR  UUURR    Vivaldi flute concerto in F 2m
*URRRR  UDDUD  DDUUD    Mozart Serenade in Eb for wind K375 5m
*URRRR  UDDUD  DUDDD    Vivaldi conc'to grosso Ami (l'Estro armonico) 1m
*URRRR  UDDUU  DURRR    Mozart piano concerto/22 in Eb K482 3m 1t
*URRRR  UDRRU  DDDDU    Shostakovich quintet piano/strings op57 3m 2t
*URRRR  UDUDD          Beethoven string quartet/6 in Bb op18/6 1m 2t
*URRRR  UDURR  RRUDU    Mozart piano concerto/22 in Eb K482 3m 1t
*URRRR  URDDU  DURRD    Beethoven Die Liebe des Nächsten (song) op 48/2
*URRRR  UUDDR  UURRR    Handel Fireworks music 4m
*URRRR  UUDUU  DRRRR    Chopin piano sonata in Bbmi op35 2m 1t
*URRRU  DDUDD  DUDDD    Wolf-Ferrari Susanna's secret: overture 3t
*URRRU  DDUDU  DDDDU    Bach organ fugue in Cmi BWV537
*URRRU  DDUUD  D        Beethoven piano/wind quintet in Eb op16 3m
*URRRU  DDUUD  UUDDU    Mascagni Cavalleria rusticana: In mezzo
*URRRU  DDUUD  UUUUU    Schumann Nachtstück op23/4 piano
*URRRU  DRDDD  UUDD     Dvořák string sextet op48 1m 1t
*URRRU  DUDUD  DRUDU    Mahler symphony/4 in G 1m 3t
*URRRU  DUUDR  UDUUD    Haydn The Seasons: Ein Mädchen
*URRRU  RDRRR  UDU      Thomas Weelkes Say dear, when will our frowning
*URRRU  RDUUR  URRRU    Beethoven piano sonata/8 Cmi 'Pathétique' op13
*URRRU  RRRDR  DRDRD    Beethoven str quartet/6 in Bb op18/6 2m    [3m 3t
*URRRU  RRRUR  RRDDU    Waldteufel España waltzes/3 2t
*URRRU  RRRUR  RRURR    Handel sonata in G 2 fl or 2 vlns op2/2 1m
*URRRU  RRRUR  RRURR    Vivaldi concerto grosso in Dmi op3/11 3m
```

*URRRU RRUUU DU   **Warlock** Captain Stratton's fancy (song)
*URRRU RUDUU   **Schubert** Liebhaber in allen Gestalten (song)
*URRRU RURRR RUDDU   **Vaughan Williams** Fantasia on Tallis theme [D558
*URRRU UDDDR RUUDU   **Walton** Belshazzar's Feast: In Babylon
*URRRU URDDU DUDDR   **Haydn** symphony/48 in C 3m menuet
*URRRU URDRR   **Schumann** Papillons op2/12 piano: finale
*URRRU URRRU UDRDR   **Boccherini** cello concerto in G 3m
*URRRU UUDRR DURRR   **Haydn** oboe concerto in C (doubtful) 3m rondo
*URRUD DDDUD DDRRR   **Bizet** symphony in C 4m 2t
*URRUD DDDUU RDDRR   **Chopin** nocturne/1 in C♯mi op27
*URRUD DDRRR DDUUD   **Berlioz** Te Deum/1 Te deum laudamus
*URRUD DDRRR UDUU   **Schumann** Dichterliebe/12 Am leuchtenden
*URRUD DUDDD UUUD   **Saint-Saëns** Carnaval des animaux: Lion
*URRUD DUDUR RUDUU   **Saint-Saëns** Carnaval des animaux: l'éléphant
*URRUD DUUDD RURRD   **Handel** Water music 11m
*URRUD DUUDU DDDUR   **Schubert** symphony/3 in D 2m 2t D200
*URRUD DUUDU DDDUU   **Catalani** La Wally: Ne mai dunque
*URRUD DUUUU DDRRU   **Haydn** symphony/99 in E♭ 4m
*URRUD RDURR UDRRD   **Mozart** Serenade in E♭ for wind K375 3m
*URRUD RDURR UDRRU   **Mozart** Idomeneo Act III: D'Oreste, d'Ajace
*URRUD RDUUD DDRDR   **Schubert** Schwanengesang/8 Der Atlas D957
*URRUD RUUUD DRD   **Puccini** Madam Butterfly Act II: Lo so che
*URRUD UDUDU DDRUR   **Waldteufel** España waltzes/4 1t
*URRUD UDUDU DUDUU   **Bach** Mass in B minor/20 Osanna
*URRUD UUDDU DDURR   **Inghelbrecht** Nurseries/3/5 Où est la Marguerite?
*URRUR DDDDR RUDDD   **Berlioz** La Damnation de Faust: Easter·hymn
*URRUR DRUDU DRDRU   **Brahms** sonata clar or viola/piano E♭ op120 1m 2t
*URRUR RDRRU R   **Schumann** string quartet in A op41/3 2m 3t
*URRUR RRRDD U   **Schumann** Fantasy in C op17 1m 3t
*URRUR RUDDU DDDUU   **Haydn** The Creation: Die Himmel erzählen
*URRUR RURDD DDRRU   **Beethoven** symphony/1 in C 2m 1t
*URRUR RURRD DRDUR   **Mozart** Die Zauberflöte Act I: Es lebe Sarastro
*URRUR RURRU RUUDU   **Waldteufel** España waltzes/3 1t
*URRUR RUUUU DURRD   **Josef Strauss** Sphärenklange waltzes/2
*URRUR URDDR DDUUR   **S S Wesley** Ascribe unto the Lord
*URRUU DDDDD DRRUU   **Beethoven** piano sonata/15 in D 'Pastoral' op28
*URRUU DDRRU DDURU   **Dvořák** Slavonic dances/13 op72/5 1t   [2m 2t
*URRUU DDRUD DRURR   **Dvořák** string trio in Fmi op65 2m
*URRUU DDRUU DRDDU   **Brahms** string quartet in B♭ op67 4m
*URRUU DDRUU DUUDU   **Bach** suite/1 in C: forlane BWV1066
*URRUU DDUDU DDUUD   **Bach** English suite/2 in Ami: gigue BWV807
*URRUU DRRUU DRUDU   **Haydn** symphony/43 in E♭ 3m menuetto
*URRUU RDDDR DDU   **Rachmaninov** Moment musical, piano op16/2
*URRUU RDDUR RUUDU   **Mendelssohn** Auf Flügeln des Gesanges op34/2
                                 (On wings of song)
*URRUU RDRRR URRUU   **Mozart** piano concerto/15 in B♭ K450 3m
*URRUU RRDUR RDUDU   **Mozart** violin concerto/3 in G K216 3m 3t
*URRUU RRUUR UDRRU   **Schubert** string quartet/14 in Dmi 4m 1t D810
*URRUU RUDRD   **Mendelssohn** Die Liebende schreibt (song) op86/3
*URRUU UDDDD URRDR   **Tchaikovsky** symphony/5 in Emi op64 1m 1t
*URRUU UDUDD DDDDD   **Sibelius** In memoriam, (funeral march) orch op59
*URRUU UDUDR RUUUD   **Brahms** Serenade in D op11 6m 1t
*URRUU UUD   **Beethoven** symphony/4 in B♭ 2m 3t
*URRUU UURRU DDDRR   **Glazunov** violin concerto in Ami 4t
*URUDD DDDRU RUDDD   **John Dowland** My Lady Hunsdon's puffe
*URUDD DDUUD UUDRU   **Mozart** concerto 2 pianos/orch E♭ K365 3m
*URUDD DRDRD DDUDD   **Haydn** symphony/31 in D 4m pt 1

```
*URUDD DRRRU RUDDD  J Strauss Jr  The Blue Danube/3 1t
*URUDD DRUDU RUDDD  Chausson  quartet piano/strings op30 3m 1t
*URUDD DUDDU UUDUU  Ravel  Daphnis & Chloë suite/2 1t(b)
*URUDD DUDRD DDRRR  Poulenc  piano concerto 1m 2t
*URUDD DUDUU DDDUD  Bizet  The fair maid of Perth: A la voix
*URUDD DURUD DDDRD  Schumann  Andante & variations for 2 pianos op46
*URUDD DURUD DDURU  Boieldieu  Le Calife de Bagdad overture 2t
*URUDD DUUDD UDDDU  Saint-Saëns  piano concerto/2 in Gmi op22 2m 2t
*URUDD DUUDU UUDDU  Ravel  piano concerto in G 1m 1t
*URUDD DUUUD RUUDD  Haydn  string quartet/38 in E♭ op33 'The joke' 1m
*URUDD DUUUR UDDDU  Dvořák  symphony/9 in Emi 'New World' 3m 2t
*URUDD DUUUU DDUD   Richard Strauss  Don Juan 3t
*URUDD DUUUU UDDDU  Debussy  Trois chansons de France/2 La grotte
*URUDD RDDUU UUUDR  Richard Strauss  Also sprach Zarathustra 1t
*URUDD RDUUD D      Alexander Hume  Flow gently sweet Afton (song)
*URUDD RUDDU        Mozart  Divertimento in C K188 4m
*URUDD RUDDU UDDD   Holbrooke  Bronwen overture 1t
*URUDD RUURU URDDR  Anton Rubinstein  Berceuse
*URUDD RUUUU DRDRU  Offenbach  Gaieté Parisienne: allegro 1t
                      also galop from Orpheus in Hades 1t
*URUDD UDDDU DRDRD  Berlioz  Carnaval Romain overture 2t, or
                      Benvenuto Cellini Act I: Venez, venez
*URUDD UDRUR UDDDU  Haydn  The Creation: Mit Würd' und Hoheit
*URUDD URDUU        Schubert  impromptu/2 in A♭ piano D935
*URUDD URUDD DDDUU  Haydn  string quartet/8 op2 4m
*URUDD UUDDD        Mahler  symphony/9 in D 4m intro
*URUDD UUDDR UDDUU  Puccini  Manon Lescaut Act III: Guardate
*URUDD UUDDU UUDDU  Haydn  symphony/95 in Cmi 2m
*URUDD UUDRU DDDU   Chopin  piano concerto/1 in Emi op11 2m 2t
*URUDD UURDD UDDUD  Hubert Parry  Dear Lord and Father of Mankind
*URUDD UUURD DUUUD  Adam  Giselle II: Grand pas de deux  [(hymn)
*URUDD UUUUR DDU    Puccini  Madam Butterfly Act II: Addio, fiorito
*URUDD UUUUR DUDDU  Bach  Magnificat in D/11 Sicut locutus est BWV243
*URUDR DDDDU DDURR  Berlioz  Requiem/1b Te decet hymnus
*URUDR DDDUR UD     Berlioz  King Lear overture 2t
*URUDR DDUUD DDUUD  Erik Satie  Sarabande/1, piano
*URUDR DRRRU DURDR  Schubert  Die Winterreise/21 Das Wirtshaus
*URUDR DRU          Beethoven  string quartet/4 in Cmi op18/4 1m 1t
*URUDR DURRU RUDRD  Stravinsky  Symphony in 3 movements 3m 3t
*URUDR DUUUU UDDRU  Beethoven  piano sonata/18 in E♭ op31/3 3m 1t
*URUDR RURUD DUD    Charles E Horn  Cherry ripe (song)
*URUDR UDRDD URUDR  Schubert  Scwanengesang/1 Liebesbotschaft
*URUDR UDRUD        Mozart  Serenade in D K250 'Haffner' 3m 1t
*URUDR UDRUD RDURD  Beethoven  Ecossaises in E♭ (1823) piano
*URUDR UDUDR UDDUD  Orff  Carmina Burana 9m 1t
*URUDR UDUDU RUDDD  Sullivan  The Mikado Act II: The criminal cried
*URUDR URRDU        Thomas Tomkins  When David heard (madrigal)
*URUDR UUDDD DDUDR  Mahler  symphony/3 in Dmi 2m 1t
*URUDU DDRUD DUUD   Spohr  As pants the hart
*URUDU DDRUD UDDUD  Beethoven  piano/wind quintet in E♭ op16 1m intro
*URUDU DRDUD DRU    Sullivan  Yeomen of the Guard I: Were I thy bride
*URUDU DRRUR UDUDU  Mozart  Don Giovanni II: O statua gentilissima
*URUDU DUDDD UDDDD  D'Indy  Suite en parties op91 2m Air désuet
*URUDU DUDDD UDUDU  Chopin  prelude/4 op28
*URUDU DUURU D      Schumann  symphonic études in C♯mi op13/2 piano
*URUDU RRRDD DUDUD  Schubert  Rondo in Bmi vln/piano 1t D895
*URUDU RU           Stainer  Crucifixion: Fling wide the gates
```

*URUDU	RUDDU	UDURU	**Brahms** violin concerto in D op77 3m 1t
*URUDU	RUDUD	UDR	**Bartok** Rhapsody/1 violin/orch 2m 2t
*URUDU	RUDUR	URURU	**Grieg** string quartet in Gmi op27 1m 1t
*URUDU	RURDD	UUUDD	**Purcell** Ode on St Cecilia's day: 'Tis Nature's
*URUDU	RURUD	U	**Bizet** Les pêcheurs de perles I: Au fond [voice
*URUDU	UDDDU	DD	**Mozart** sonata/33 violin/piano in E♭ K481 3m
*URUDU	UDDUU	DDUUD	**Saint-Saëns** violin concerto/3 in Bmi op61 3m 1t
*URUDU	UDDUU	DUUDD	**Schubert** Grand Duo in C piano 4 hands 4m D812
*URUDU	UDDUU	DUUUD	**Richard Strauss** Meinem Kinde (song) op37/3
*URUDU	UDUDD	UUUUD	**Schubert** string quartet/10 in E♭ 3m D87
*URUDU	UDUUR	DUDRU	**Schumann** string quartet in A op41/3 4m 3t
*URUDU	UDUUU	UDUDU	**Bach/Gounod** Ave Maria
*URUDU	UUUDD	DDUUU	**Handel** march from Scipio: Toll for the brave
*URUDU	UUUDR	UDUUU	**Haydn** string quartet/76 in D op76 4m 1t
*URUDU	UUUUD	D	**Mendelssohn** symph/3 in Ami op56 'Scotch' 4m 4t
*URUDU	UUUUU	DDDUD	**Milhaud** Création du Monde 4m 1t
*URURD	DDDRR	RUUDD	**Mozart** Die Zauberflöte: overture intro
*URURD	DDDUR	UDDUR	**Brahms** string quartet/1 in Cmi op51/1 4m 1t
*URURD	DRRRU	DDDD	**Schubert** Die Forelle (song) D550
*URURD	DRRUD	DDD	**Schubert** quintet piano/strings A 'Trout' 4m D667
*URURD	DUUDU	DDUUD	**Beethoven** Serenade, vln/viola/cello op8 3m
*URURD	DUUDU	UDDUU	**Schubert** Lied der Mignon: Nur wer die Sehnsucht
*URURD	RDRUR	RDDUU	**Delibes** Le Roi s'amuse: Passepied [D481
*URURD	RRDUU	RRUDD	**Hugo Wolf** Der Rattenfänger (song)
*URURD	RUDDR	UDDRR	**Karl Zeller** Der Vogelhändler: Als geblüht
*URURD	RUDRU	DDUUU	**Brahms** string quartet/1 in Cmi op51/1 4m 4t
*URURD	RURDR	URDRU	**Saint-Saëns** piano concerto/2 Gmi op22 3m 1t
*URURD	RURDU	DUUUU	**Schubert** symphony/3 in D 4m 1t D200
*URURD	UDDDD	DRURU	**Respighi** Pines of Rome: Pines of Villa Borghese
*URURD	UDDDU	DD	**Mozart** Serenade in D K250 'Haffner' 6m [1t
*URURD	UDUDU	URDUD	**Grieg** piano concerto op16 3m 1t
*URURD	UDURR	DRRRR	**Handel** Acis & Galatea: I rage, I melt
*URURD	UUURD	DDUUD	**Brahms** piano sonata/3 in Fmi op5 finale 1t
*URURD	UUURD	DUDD	**Mozart** sonata/24 violin/piano in F K376 3m
*URURR	DURUD	URURR	**Debussy** Images: Iberia 3m 2t
*URURR	RUDUD		**Ravel** Le paon (song)
*URURU	DDURU	URRUD	**Bizet** 'Roma' symphony 1m 1t
*URURU	DRRRR	URRRR	**Ravel** Asie (song from Shéhérazade)
*URURU	DRUUD	DRRDU	**Cyril Scott** Prelude, piano
*URURU	DUDDU	UDUDU	**Purcell** Ode on St Cecilia's Day/11: The fife
*URURU	DUDUD	UUUUD	**Wagner** Tristan & Isolde Act II: O sink'
*URURU	RDDDU	DDUUD	**Grieg** Holberg suite 3m 1t gavotte
*URURU	RDDDU	UUURD	**Dvořák** Serenade for strings in E op22 1m 2t
*URURU	RDDUR	URURD	**Ponchielli** Dance of the hours 1t
*URURU	RDDUR	URUUD	**Vaughan Williams** A piper in the streets (song)
*URURU	RDDUU	DUUDD	**Georges Enesco** Rumanian rhapsody
*URURU	RDRDR	URDRD	**Ippolitov-Ivanov** Caucasian sketches 2m In the
*URURU	RDRUD	URURU	**Sullivan** Ruddigore I: The battle's [village
*URURU	RDRUR	URDUD	**Grieg** Peer Gynt suite/2 3m
*URURU	RURDD	RUUUD	**Verdi** Il trovatore Act IV: Mira, di acerbe
*URURU	RURDR	DRDRD	**Khachaturian** Gayaneh ballet: Dance of Kurds
*URURU	RURDR	DRDUU	**Schumann** symphony/4 in Dmi op120 3m 1t
*URURU	RURUD	DUUUD	**Tchaikovsky** Hamlet, fantasy overture 2t [1t
*URURU	RURUR	DRDDD	**Gershwin** piano concerto in F 1m 1t
*URURU	RURUR	URD	**Mozart** string quartet/15 in Dmi K421 3m 2t
*URURU	RURUR	URURU	**Dvořák** Bagatelles, piano/strings op47 2m
*URURU	RURUR	URURU	**Chopin** prelude/12 op28

159

*URURU	RURUU	RDUD	**Sullivan**	Princess Ida Act II: Mighty maiden
*URURU	RUUUR	DDUDD	**Lalo**	symphonie espagnole 5m 1t
*URURU	RUUUR	DRDRD	**Borodin**	Prince Igor: Polovtsian dances 3t
*URURU	UDDDR	URDDU	**Mozart**	Die Zauberflöte Act II: Ein Màdchen
*URURU	UDDDU	RURUU	**Schubert**	symphony/1 in D 1m intro D82
*URURU	UDRDR	URDUD	**Franck**	Les Djinns 1t
*URURU	UDUDD	UDUDD	**Beethoven**	rondo in G op129 'Rage over the lost penny'
*URURU	UDUDD	UDUU	**Haydn**	The Seasons: Ihr Schönen aus der Stadt
*URURU	UDUDU	RDU	**Beethoven**	Leonore/1 overture 2t
*URURU	URDDD	DU	**Berlioz**	Harold in Italy 4m 1t
*URURU	URDUD	UUDDU	**Bach**	French suite/6 in E gavotte BWV817
*URURU	URUDU	DURUR	**Delibes**	Sylvia ballet: Marche de Bacchus 2t
*URURU	UUDDD	DUDDD	**Josef Suk**	Serenade for strings E♭ op6 2m 2t
*URURU	UUUDD	UURUU	**Boito**	Mefistofele, prologue: Ave Signor
*URUUD	DDDRD	UUUUU	**Shostakovich**	symphony/9 in E♭ op70 3m 2t
*URUUD	DDUDD	UDD	**Bach**	Partita/5 in G, Clavier: Passepied BWV829
*URUUD	DDUDU	RDRUD	**Handel**	Messiah: O Death! Where is thy sting?
*URUUD	DDURU	DDRDD	**Mozart**	quartet for flute/strings in A K298 1m
*URUUD	DDUUR	URUDU	**Daquin**	Noel/6, organ
*URUUD	DDUUU	UDDUD	**Bach**	Christmas Oratorio/47 Erleucht' auch
*URUUD	DRDRU	UDDDU	**Beethoven**	string quartet/13 in B♭ op130 4m
*URUUD	DRUUD	DRRRD	**Beethoven**	symphony/1 in C 2m 2t
*URUUD	DUDUD	DD	**Schubert**	Rosamunde, ballet/1 1t D797
*URUUD	RDRUU	UURRU	**Handel**	Messiah: The trumpet shall sound
*URUUD	RUDRD	RDDU	**Humperdinck**	Hansel & Gretel: Evening prayer
*URUUD	RUDUD	DUU	**Offenbach**	Tales of Hoffmann Act III Scintille
*URUUD	UDDDU	UDUD	**Sibelius**	King Christian II suite: ballade 1t
*URUUD	URDDD	DDUUU	**Haydn**	symphony/97 in C 1m intro
*URUUD	UDRUU	UDDUD	**Lalo**	cello concerto in Dmi 1m 2t
*URUUD	URUUD	URUUR	**R Strauss**	Bürger als Edelmann: Fencing master
*URUUD	UUURD	DDDUR	**Copland**	Appalachian Spring 5t Shaker [2t
*URUUR	RDDRD	DRRUR	**Schubert**	piano sonata in D 2m 2t D850
*URUUR	RDRDU	DDRDD	**Schumann**	Die beiden Grenadiere (song) op49/1
*URUUR	UDRDD	RDDRU	**Brahms**	trio piano/vln/cello in E♭ op40 4m 1t
*URUUR	UUDDU	UDUUU	**Wagner**	Parsifal Act I: Nehmet hin meinen Leib
*URUUR	UURDD	RUDRD	**Sibelius**	symphony/4 in Ami 2m 4t
*URUUU	DDDUU	UURRR	**Gavin Gordon**	The Rake's Progress, ballet 1m 1t
*URUUU	DDRDU	UDDDD	**Grieg**	Holberg suite 2m sarabande
*URUUU	DR		**Mozart**	Serenade (Serenata notturna) D K239 2m 2t
*URUUU	DRDDR	DUUDR	**Richard Strauss**	Don Juan op20 5t
*URUUU	DRURD	RURDD	**Berlioz**	Les Troyens Act IV: O blonde Cérès
*URUUU	DUUDD	UURUD	**Mendelssohn**	Songs without words/27 piano op62/3
*URUUU	RUDDR	DU	**Bach**	St John Passion/28 In meinem Herzens
*URUUU	UUUDU	DDDRD	**Beethoven**	piano sonata/8 Cmi op13 'Pathétique'
*URUUU	UUUUU	DDU	**Schumann**	Novelette op21/1 piano 1t [3m 2t
*UUDDD	DDDDD	DDUUU	**Liszt**	Grandes études de Paganini/2 in E♭ piano
*UUDDD	DDDDD	DUUUD	**Brahms**	symphony/1 in Cmi op68 1m 1t
*UUDDD	DDDDD	U	**Liszt**	Hungarian rhapsody/2 in C♯mi piano 6t
*UUDDD	DDDDU	DRD	**Verdi**	La Traviata Act I: Sempre libera
*UUDDD	DDDDU	UUUUU	**Handel**	sonata for flute/fig bass in Bmi op1/9 3m
*UUDDD	DDDRR	RUUUD	**Mozart**	Deutsche Tänze/4, orch K571
*UUDDD	DDDRU	UDDDU	**Beethoven**	piano sonata/26 in E♭ op81a 1m 1t(b)
*UUDDD	DDDUD	UDDD	**Bach**	Partita/2 in Cmi, Clavier: capriccio BWV826
*UUDDD	DDDUD	UUDDD	**Haydn**	symphony/94 in G 3m trio
*UUDDD	DDDUR	DUDDD	**Glinka**	Kamarinskaya, orch 1t
*UUDDD	DDDUR	UUDDD	**Dvořák**	trio piano/vln/cello Emi op90 'Dumky' 1m 1t(b)
*UUDDD	DDDUU	DDDDD	**Franck**	Grande pièce symphonique 1t

```
*UUDDD  DDDUU  DDRRR   Walton  Façade suite/1: tango-pasodoble 1t
*UUDDD  DDDUU  DDUUU   Debussy  Préludes Bk I/11: La danse de Puck
*UUDDD  DDDUU  DUUUR   Haydn  symphony/89 in F 1m
*UUDDD  DDDUU  RDRDR   Bach  St Matthew Passion/78 Wir setzen uns
*UUDDD  DDDUU  UUUDD   Rossini  Stabat mater: Pro peccatis
*UUDDD  DDDUU  UUUUD   Boccherini  cello concerto in B♭ 2m
*UUDDD  DDDUU  UUUUD   Mozart  violin concerto in D K218 3m 2t
*UUDDD  DDRD           Beethoven  symphony/3 in E♭ 'Eroica' 2m 3t
*UUDDD  DDRRR  RRRR    Dvořák  string quartet/6 in F op96 4m intro
*UUDDD  DDRUD  UDDR    Mendelssohn  trio piano/vln/cello Cmi op66 1m 3t
*UUDDD  DDRUU          Ravel  Gaspard de la nuit/3 Scarbo, piano
*UUDDD  DDUDD  UDDDU   Bach  organ prelude in Emi BWV533
*UUDDD  DDUDR  RRUR    Brahms  Ein deutsches Requiem: Ich will euch
*UUDDD  DDUDR  UDRDR   Mozart  violin concerto in A K219 1m intro
*UUDDD  DDUDU  DUD     Dvořák  Serenade for strings in E op22 2m 1t
*UUDDD  DDUDU  DUDDU   Gershwin  piano concerto in F 3m 2t
*UUDDD  DDUDU  DUDUD   Tchaikovsky  symphony/5 in Emi op64 2m 3t
*UUDDD  DDUDU  UDURR   Bruckner  symphony/3 in Dmi 3m 2t(b)
*UUDDD  DDUDU  UUUDD   Beethoven  piano concerto/3 in Cmi 1m 1t
*UUDDD  DDUDU  UUUUD   Bach  Well-tempered Clavier Bk II: fugue/9 BWV878
*UUDDD  DDUDU  UUUUU   Hindemith  Mathis der Maler, symphony 2m 2t
*UUDDD  DDURD  UDDUD   Brahms  trio in Ami clar or vla/cello/piano op114 3m
*UUDDD  DDUUD  DDDUD   Beethoven  symphony/1 in C 1m 2t
*UUDDD  DDUUD  DU      Stravinsky  Apollon Musagète, ballet: Apollo
*UUDDD  DDUUD  UDDDD   Bach  Magnificat in D/3 Quia respexit
*UUDDD  DDUUD  UUDRU   J Strauss Jr  Thousand and one nights/1 3t
*UUDDD  DDUUU          Beethoven  string quartet/11 in Fmi op95 1m
*UUDDD  DDUUU  DUUDD   Mozart  piano concerto/5 in D K175 1m 2t
*UUDDD  DDUUU  UDD     Beethoven  symphony/6 in F 'Pastoral' 1m 1t
*UUDDD  DRDRR  UUDDD   Meyerbeer  Les patineurs 2m
*UUDDD  DRRRU  UDDDD   J Strauss Jr  Die Fledermaus Act III: Spiel' ich
*UUDDD  DRRUD  RDUUU   Brahms  symphony/1 in Cmi op68 2m 1t
*UUDDD  DRUUU  DDURD   Clementi  piano sonata in B♭ op47/2 3m 2t
*UUDDD  DUDDD  RUUDD   Brahms  sonata for violin/piano in G op78 3m 2t
*UUDDD  DUDDD  UDDRD   Bach  Well-tempered Clavier Bk II: prel/11 BWV880
*UUDDD  DUDDU  DDUDU   Prokofiev  gavotte op32/3 piano
*UUDDD  DUDDU  DUUUU   Stravinsky  Firebird: Ronde des Princesses 1t
*UUDDD  DUDDU  UDDDD   Reger  quintet clarinet/strings in A op146 2m 2t
*UUDDD  DUDDU  UDUUU   Bach  concerto for 2 Claviers in C 2m BWV1061
*UUDDD  DUDDU  URUDU   Rimsky-Korsakov  Antar symphony 1m intro 2t
*UUDDD  DUDRD  URUUD   Richard Stevens  Sigh no more, ladies (song)
*UUDDD  DUDRR  URRUD   Beethoven  symphony/5 in Cmi 4m 1t
*UUDDD  DUDRU  DUUDD   Bach  English suite/1 in A: sarabande BWV806
*UUDDD  DUDUD  UDUD    Brahms  Ballade in Gmi op118/3 1t
*UUDDD  DUDUD  UUDDD   Richard Strauss  Aus Italien: Roms Ruinen 2t
*UUDDD  DUDUR  DRDRD   Bach  French suite/6 in E: polonaise BWV817
*UUDDD  DUDUU  DDDDU   Bach  Well-tempered Clavier Bk I: prel/7 BWV852
*UUDDD  DUDUU  UDDDD   Mozart  symphony/39 in E♭ K543 4m
*UUDDD  DUDUU  UDDDU   Beethoven  str qtet/7 in F op59/1 'Rasoumovsky' 2m
*UUDDD  DUDUU  UDUDD   Granados  El Majo discreto
*UUDDD  DURDD  DDUUD   Dvořák  symphony/6 in D op60 1m 2t
*UUDDD  DURDD  RD      Bach  sonata/1 solo vln Gmi: siciliana BWV1001
*UUDDD  DURDR  DRDRD   Berlioz  King Lear overture 3t
*UUDDD  DURUD  UUDRD   Holst  Two songs without words/2 op22/2 3t
*UUDDD  DURUU  UDDUU   John Ireland  Concertino pastorale 1m 1t
*UUDDD  DURUU  UUUUD   Elgar  violin concerto in Bmi 1m 1t(a)
*UUDDD  DUUDD  DDUUD   Bach  Two-part inventions/12 A Clavier BWV783
```

*UUDDD DUUDD DDUUD   **Brahms** trio piano/vln/cello in C op87 1m 2t
*UUDDD DUUDD DDUUD   **Chopin** waltz in C#mi op64/2 2t
*UUDDD DUUDD DDUUD   **Liszt** Gnomenreigen étude, piano 2t
*UUDDD DUUDD DDUUU   **Hindemith** Kleine Kammermusik op24/2 5m 2t
*UUDDD DUUDD DR   **Britten** Simple symph 3m sentimental sarabande 1t
*UUDDD DUUDD DR   **Offenbach** Tales of Hoffmann Act III: O Dieu
*UUDDD DUUDD DUDDR   **Bach** Brandenburg concerto/4 in G 1m BWV1049
*UUDDD DUUDD DUDDU   **Massenet** The last dream of the Virgin
*UUDDD DUUDD DUUUD   **Mozart** Deutsche Tänze/1 orch K605
*UUDDD DUUDD UDUUD   **Fauré** impromptu/2 1t op34 piano
*UUDDD DUUDD UUUUD   **Wagner** Die Meistersinger I: Das Blumenkränzlein
*UUDDD DUUDU DRDUD   **Ravel** Intro & Allegro, harp/str quartet: intro 2t
*UUDDD DUUDU UDUDD   **Schubert** Der Hirt auf dem Felsen (song) D965
*UUDDD DUUDU UUDUD   **Herold** overture to Zampa 1t
*UUDDD DUURD RUUDD   **Hugo Wolf** Ich hab' in Penna einen Liebsten (song)
*UUDDD DUURD UUUDU   **Saint-Saëns** violin concerto/3 in Bmi op61 1m 2t
*UUDDD DUUUD DDDRR   **Richard Strauss** waltz from Der Rosenkavalier
*UUDDD DUUUD DDUDD   **Beethoven** str qtet/8 Emi op59/2 'Rasoumovsky' 4m
*UUDDD DUUUD DUUUD   **Mozart** horn concerto in E♭ K495 1m
*UUDDD DUUUD UD   **Vaughan Williams** symphony/3 'Pastoral' 2m 1t
*UUDDD DUUUU DD   **Debussy** Images: Reflets dans l'eau 2t
*UUDDD DUUUU DDDDU   **Mozart** symphony/35 in D K385 'Haffner' 3m 2t
*UUDDD DUUUU DDDDU   **Vaughan Williams** The wasps 1m (overture) 1t
*UUDDD DUUUU DDUUU   **Haydn** symphony/101 in D 'Clock' 4m
*UUDDD DUUUU URDDU   **Mendelssohn** string quartet/4 in Emi op42/2 1m 2t
*UUDDD DUUUU UU   **Holst** The planets: Uranus 1t
*UUDDD RDDUD D   **Handel** sonata for flute/fig bass in G op1/5 1m
*UUDDD RDRUU DDDRD   **Wagner** Wesendonck songs/5 Träume
*UUDDD RDUUD DR   **Debussy** La cathédrale engloutie 2t, piano
*UUDDD RRDDD DDUUD   **Haydn** symphony/102 in B♭ 1m intro
*UUDDD RRRUD D   **Handel** concerto grosso in A op6/11 4m
*UUDDD RRUUR UDDD   **Mascagni** Cavalleria rusticana: Fior di giaggiolo
*UUDDD RUDUR UUUDD   **Mozart** (Adagio &) Rondo for glass harmonica/
                      flute/oboe/viola/cello in Cmi K617
*UUDDD RUDUU   **Waldteufel** Ganz allerliebst waltz 1t
*UUDDD RURUU UUDU   **Mahler** symphony/2 in Cmi 3m 2t
*UUDDD RUUDD DUUU   **Mozart** quintet clarinet/strings in A K581 2m 1t
*UUDDD RUUDD R   **Kodály** Háry János: Sej! verd meg Isten
*UUDDD RUUUU DDD   **Brahms** Vier ernste gesänge/1 Denn es gehet
*UUDDD RUUUU DRR   **Schubert** Die schöne Müllerin/4 Denksagung an den
*UUDDD RUUUU DU   **Bizet** symphony in C 4m 3t   [Bach
*UUDDD UDDDD DU   **Vaughan Williams** London symphony 2m 4t
*UUDDD UDDDD UDDDD   **Tchaikovsky** piano concerto/1 in B♭mi 3m 1t
*UUDDD UDDDD UURDR   **Wagner** A Faust overture 3t
*UUDDD UDDDR DRRRR   **Haydn** symphony/102 in B♭ 1m
*UUDDD UDDDU DDDDR   **Mozart** Divertimento, string trio in E♭ K563 3m
*UUDDD UDDDU DDUD   **Verdi** La forza del Destino: overture 4t
*UUDDD UDDDU DDURR   **Mozart** symphony/39 in E♭ K543 1m 2t
*UUDDD UDDDU DUDUD   **Mendelssohn** Neue Liebe (song)
*UUDDD UDDDU U   **Beethoven** string quartet/14 in C#mi op131 1m
*UUDDD UDDDU UDDDU   **Bach** French suite/1 in Dmi: minuet/1 BWV812
*UUDDD UDDDU UDDUU   **Schumann** Adagio (& allegro) piano/horn op70
*UUDDD UDDRD UDDDD   **Handel** Messiah: But thou didst not leave
*UUDDD UDDRU UDDDR   **Franck** organ chorale/2 2t
*UUDDD UDDU   **Schubert** symphony/8 in Bmi 'Unfinished' 1m intro
*UUDDD UDDUD D   **Beethoven** str qtet/8 Emi op59/2 'Rasoumovsky' 2m
*UUDDD UDDUD DUDUD   **de Falla** concerto harps'd/chamber orch D 2m 2t [2t

162

*UUDDD	UDDUD	DUUDD	**MacDowell** suite/2 II 2t
*UUDDD	UDDUU	D	**Bartok** string quartet/2 op17 1m
*UUDDD	UDDUU	DDDUD	**Brahms** sonata violin/piano in G op78 2m 2t
*UUDDD	UDDUU	DDUU	**Prokofiev** Lieutenant Kije, orch 1t
*UUDDD	UDDUU	U	**Brahms** string sextet in G op36 1m 2t
*UUDDD	UDDUU	UDDDU	**Mozart** symphony/40 in Gmi K550 3m 1t
*UUDDD	UDDUU	UUDDU	**Gounod** Faust: ballet music from Act V 3t
*UUDDD	UDDUU	UUDDU	**Grieg** sonata/2 violin/piano Gmi op13 1m 1t
*UUDDD	UDRDD	DDUUU	**Liszt** Hungarian rhapsody/5 in Emi piano 2t
*UUDDD	UDRDR	DRRUD	**Mozart** string quartet in D K575 2m
*UUDDD	UDRDU	DRUUU	**Brahms** quartet piano/strings in A op26 2m
*UUDDD	UDUD		**Chausson** quartet piano/strings op30 1m 2t
*UUDDD	UDUDD	DUDDU	**Bach** sonata/5 violin/Clavier Fmi 2m BWV1018
*UUDDD	UDUDD	DUDDU	**Berlioz** L'Enfance du Christ pt2 overture
*UUDDD	UDUDD	RDUUD	**Beethoven** piano sonata Cmi op13 'Pathétique' 2m
*UUDDD	UDUDD	UUDDD	**Stravinsky** Les Noces: J'étais loin [2t
*UUDDD	UDUDU	DDDUD	**Mascagni** Cavalleria rusticana: intermezzo 1t
*UUDDD	UDUDU	UUDDD	**Brahms** trio for horn/vln/piano in E♭ op40 2m 2t
*UUDDD	UDUUD	DDRD	**Handel** Tolomes: Non lo dirò (Silent worship)
*UUDDD	UDUUD	DDU	**Brahms** sonata clar or vla/piano E♭ op120 2m 1t
*UUDDD	UDUUD	DDUDU	**Brahms** trio/3 piano/vln/cello Cmi op101 presto
*UUDDD	UDUUD	DDUUD	**Stravinsky** Petrushka: Dance of the maskers
*UUDDD	UDUUD	DUUDD	**Moszkowski** Spanish dances op12/2 1t
*UUDDD	UDUUD	RUUUU	**Schubert** symphony/1 in D 2m 1t D82
*UUDDD	UDUUD	UDDUD	**Handel** sonata for flute/fig bass in Emi op1/9 7m
*UUDDD	UDUUU		**Debussy** Nocturnes, orch: Nuages 3t
*UUDDD	UDUUU	UUUUD	**Schubert** piano sonata in A 1m 1t D959
*UUDDD	URDUD	DUDDU	**Mussorgsky** Pictures from an exhibition: The old
*UUDDD	URDUU	UDDDU	**Debussy** Pour le piano: sarabande [castle
*UUDDD	URRUD	UUDDU	**Dvořák** string quintet in E♭ op97 1m 1t
*UUDDD	URUUD	DDDUU	**Mendelssohn** string quartet/3 in D op44 1m 2t
*UUDDD	URUUD	DDURU	**Saint-Saëns** Carnaval des animaux: Coucou
*UUDDD	UUDDD	DDUUD	**Handel** organ concerto in Gmi op4/1 1m 2t
*UUDDD	UUDDD	RDDUU	**Berlioz** Les Troyens Act III: Gloire à Didon
*UUDDD	UUDDD	RUUDD	**Tosti** Dawn, in your mystic beauty (L'alba separá)
*UUDDD	UUDDD	UUDDD	**Walton** viola concerto 3m 1t
*UUDDD	UUDDD	UURUD	**Mozart** Divertimento in F K247 2m
*UUDDD	UUDDD	UUUDD	**Rimsky-Korsakov** Antar symphony 3m 2t
*UUDDD	UUDDD	UUUUU	**J Strauss Jr** Emperor waltzes/4 2t
*UUDDD	UUDDR	RUDDD	**Puccini** Madam Butterfly Act II: Scuoti quella
*UUDDD	UUDDR	UUDDD	**Mozart** horn concerto in D K412 1m 1t
*UUDDD	UUDDU	DDDUD	**Vaughan Williams** symphony/9 in Emi 2m 1t
*UUDDD	UUDDU	DUDUD	**Bach** sonata vla da gamba/harps'd in D 2m BWV1028
*UUDDD	UUDDU	UDDDD	**Sibelius** Pelléas et Mélisande: Mélisande
*UUDDD	UUDRD	DDDUU	**Mozart** Serenade in Cmi for wind K388 4m
*UUDDD	UUDUD	DDUUU	**Bach** Well-tempered Clavier Bk I: fugue/8 BWV853
*UUDDD	UUDUD	DUDDU	**Mozart** trio piano/vln/cello in G K564 3m
*UUDDD	UUDUD	RUUUD	**Bizet** Carmen: intermezzo/2
*UUDDD	UUDUD	UUDD	**Copland** Appalachian Spring, ballet 3t
*UUDDD	UUDUU	DDDUU	**de Falla** La vida breve 2t
*UUDDD	UUDUU	DURDU	**Liszt** Ballade/2 in Bmi piano 2t
*UUDDD	UUDUU	DUUDD	**Holst** Perfect Fool, ballet: Spirits of Earth
*UUDDD	UUDUU	UDDDD	**Bach** suite for lute in Emi: bourrée BWV996
*UUDDD	UUDUU	UUDDD	**Tchaikovsky** symphony/1 in Gmi op13 2m 2t(b)
*UUDDD	UURRU	DDDUU	**Haydn** Nelson Mass: Benedictus
*UUDDD	UURUD	DDUD	**Franck** Prélude aria & finale: prel 1t piano
*UUDDD	UUUDD	DDUDD	**Delibes** Naila valse: Pas des fleurs 4t

163

```
*UUDDD  UUUDD  DUDDD   Haydn symphony/84 in E♭ 1m intro
*UUDDD  UUUDD  DUDUU   Daquin L'Hirondelle, harpsichord
*UUDDD  UUUDD  DUUUD   Prokofiev Contes de la vielle grandmère op31/3
*UUDDD  UUUDD  DUUUD   R Strauss Also sprach Zarathustra 4t      [piano
*UUDDD  UUUDD  DUUUD   Stravinsky Sacre du Printemps: Games of rival
*UUDDD  UUUDD  DUUUU   Stravinsky Petrushka: Ballerina         [cities 2t
*UUDDD  UUUDD  RUDUU   Lalo symphonie espagnole, vln/orch 1m 2t
*UUDDD  UUUDD  UUUDU   Weber Jubel overture: intro 2t (Jahns 245)
*UUDDD  UUUDD  UUURD   Torelli concerto/1 for trumpet/strings: allegro
*UUDDD  UUUDU  DDDDU   Bruckner symphony/4 3m 3t
*UUDDD  UUUDU  DDUUD   Bach cantata/78 Jesu, der du/4 Mein Blut
*UUDDD  UUUDU  DUUDD   Handel oboe concerto/1 in B♭ 3m
*UUDDD  UUUDU  UDDDU   Sibelius violin concerto in Dmi op47 2m intro
*UUDDD  UUUDU  UUDDD   Schubert sonatina/1 violin/piano in D 1m D384
*UUDDD  UUUUD  D       Dvořák scherzo capriccioso, orch op66 3t
*UUDDD  UUUUD  DDU     Bruckner symphony/7 in E 4m 2t
*UUDDD  UUUUD  DDUUD   Prokofiev Peter and the wolf: the cat
*UUDDD  UUUUU  DDDU    Chopin mazurka/24 op33/3
*UUDDD  UUUUU  DDDUU   Shostakovich cello concerto/1 in E♭ op107 4m 3t
*UUDDD  UUUUU  DDUUU   Sibelius str q'tet Dmi op56 'Voces intimae' 1m 1t(b)
*UUDDD  UUUUU  DUDUD   Bach cantata/212 'Peasant'/20 Dein Wachstum
*UUDDD  UUUUU  UDDDD   Bach suite/1 in C orch: passepied BWV1066
*UUDDD  UUUUU  UDDU    Glazunov violin concerto in Ami 3t
*UUDDD  UUUUU  UUDDD   Beethoven string quartet/2 in G op18/2 4m 1t
*UUDDD  UUUUU  UUUUD   Smetana The bartered bride: Comedians' dance 1t
*UUDDR  DRDRU  RDDUD   Beethoven Missa solemnis: Benedictus
*UUDDR  DRDRU  URDDR   Kodály Háry János: K zjátek 3t
*UUDDR  DUDDR  DUDDD   Beethoven symphony/2 in D 2m 3t
*UUDDR  DUDUR  DDR     Elgar violin concerto in Bmi 2m 2t
*UUDDR  DURUD  DDDU    Ravel Mélodies grecques: Quel gallant
*UUDDR  DUUDD  UUUDR   Mozart Die Zauberflöte Act I: Du, du, du
*UUDDR  DUUUU          Chausson symphony in B♭ op20 1m 1t
*UUDDR  RDDUU          Dvořák symphony/9 in Emi 'New World' 4m 1t
*UUDDR  RDUDD  URR     Mozart violin concerto/3 in G K216 3m 2t
*UUDDR  RRDUD  DUUDD   Wagner Siegfried Act II: Lustig im Leid
*UUDDR  UDDDD          Mozart sonata/17 for violin/piano K296 3m
*UUDDR  UDDDD  UDDUD   Handel Messiah: Behold and see!
*UUDDR  UDDDD  URUD    Dvořák str qtet in F op96 'American' 4m 2t
*UUDDR  UDRD           Schumann Aufschwung op12/2 piano 1t
*UUDDR  URDUD  RUURD   Haydn symphony/97 in C 3m trio
*UUDDR  URDUU  UDDDD   Debussy Danse profane, harp
*UUDDR  URUDU  UUDDR   Grieg piano concerto op16 1m 1t(a)
*UUDDR  URUUD          Mendelssohn Elijah: O rest in the Lord
*UUDDR  UUDDD  DDDD    Bach sonata vla da gamba/Clavier D 3m BWV1028
*UUDDR  UUDDD  RDUUD   Mozart symphony/40 Gmi K550 3m 2t
*UUDDR  UUDDR  RUURD   Franck Prélude, chorale & fugue, piano: prel 2t
*UUDDR  UUDDR  UUDDU   J Strauss Jr Thousand and one nights/3
*UUDDR  UUDDR  UUUDU   Franck symphony in Dmi 3m 2t
*UUDDR  UUDDR  UUUU    Verdi La Traviata Act II: Non sapete quale
*UUDDR  UUDDU  UUDUU   Mahler symphony/1 in D 3m 1t
*UUDDR  UUDUU  UUDRU   Haydn symphony/87 in A 3m menuet
*UUDDR  UUUD           Vaughan Williams sym/7 'Sinfonia Antartica' 3m 1t
*UUDDR  UUUDD  DUDUR   Mozart piano concerto/16 in D K451 1m 2t
*UUDDR  UUUDD  DUDUU   Vaughan Williams symphony/3 'Pastoral' 2m 2t
*UUDDR  UUUUD  DDDUD   Mozart Ch'io mi scordi di te (song) K505
*UUDDR  UUUUD  DDUDD   Walton Façade suite/2: Scotch rhapsody 2t
*UUDDU  DDDDD  DUDDD   Dvořák trio piano/vln/cello Emi op90 'Dumky' 1m intr
```

164

```
*UUDDU  DDDDD  DUUDU   Bach sonata/6 violin/Clavier in G 1m BWV1019
*UUDDU  DDDDD  DUUUU   Handel Water music 18m 1t
*UUDDU  DDDDR  UUUDD   Puccini Manon Lescaut Act II: L'ora, o Tirsi
*UUDDU  DDDDU  DDDUD   Reger quintet clarinet/strings in A op146 1m 1t
*UUDDU  DDDDU  UDUD    Albeniz suite española, piano: seguidillas 2t
*UUDDU  DDDUD  DDDDU   Debussy suite Bergamasque: prélude
*UUDDU  DDDUD  DDUDU   Massenet Les Erinnyes: entr'acte
*UUDDU  DDDUD  DDUUD   Liszt Mephisto waltz, piano 1t
*UUDDU  DDDUU  DDDUU   Sullivan The Gondoliers: Gay and gallant
*UUDDU  DDDUU  DDUDD   Sullivan HMS Pinafore Act I: Never mind the why
*UUDDU  DDDUU  DDUUD   Schumann Fantasy in C op17 piano 3m 1t
*UUDDU  DDDUU  UDDDD   de Falla 4 piezas españolas: Andaluza 2t
*UUDDU  DDDUU  URRUD   Weber Der Freischütz Act II: Leise, leise
*UUDDU  DDDUU  UUDDU   Brahms piano concerto/2 in B♭ op83 1m 2t
*UUDDU  DDRRD  UUUUD   Brahms string quartet in Ami op51/2 1m 1t
*UUDDU  DDRUU  DDUDD   Sullivan Iolanthe Act I: Tripping hither
*UUDDU  DDUDD  DDDUD   Mozart Serenade (Serenata notturna) D K239 1m 2t
*UUDDU  DDUDD  DUDUU   Haydn string quartet/78 in B♭ op76/4 4m 2t
*UUDDU  DDUDD  DUUUU   D'Indy Le Camp de Wallenstein op12 orch 3t
*UUDDU  DDUDD  UDDDU   Mozart quartet for oboe/strings in F K370 3m
*UUDDU  DDUDD  UDDUD   Richard Strauss Alpine symphony 3t
*UUDDU  DDUDD  UDDUD   Bach 2 part inventions/2 in G, Clavier BWV781
*UUDDU  DDUDD  UDDUD   Mendelssohn Songs without words/23 piano
*UUDDU  DDUDD  UDDUD   Mozart piano sonata/3 in B♭ K281 1m
*UUDDU  DDUDD  UDDUU   Richard Strauss Schlagende Herzen (song) op29/2
*UUDDU  DDUDD  UDUDD   Berlioz Romeo & Juliette: Queen Mab scherzo
*UUDDU  DDUDD  UDUUD   Mozart symphony/33 in B♭ K319 3m 2t
*UUDDU  DDUDD  UUD     J Strauss Jr Kiss waltz 1t
*UUDDU  DDUDD  UUDRD   Haydn symphony/44 in Emi 1m
*UUDDU  DDUDD  UUUUD   Brahms trio for vln/horn/piano in E♭ op40 2m 1t
*UUDDU  DDUDR  DDDUD   Handel oboe concerto/1 in B♭ 2m fugue
*UUDDU  DDUDU  DDDDD   Mozart symphony/41 in C K551 'Jupiter' 3m 2t
*UUDDU  DDUDU  DRRUD   Tchaikovsky symph/6 in Bmi 'Pathétique' 1m 1t
*UUDDU  DDUDU  DUDDU   Mozart Don Giovanni Act I: Ah! Fuggi il traditor
*UUDDU  DDUDU  DUDUD   Bach organ fugue in Cmi BWV546
*UUDDU  DDUDU  DUUDU   Vivaldi conc grosso Ami op3/6 (l'Estro armonico)
*UUDDU  DDUDU  RRDDR   Tchaikovsky Iolanthe op69: Warum kannte   [2m
*UUDDU  DDUDU  UDDUD   Thomas Mignon: overture 4t
*UUDDU  DDUDU  UDDUD   Orff Carmina Burana 2m Fortune plango
*UUDDU  DDUDU  UUUDD   Handel organ concerto in Dmi op7/4 1m
*UUDDU  DDURU  UUUDR   Holst The Planets op32: Neptune 2t
*UUDDU  DDUUD  DDUD    Schumann string quartet in F op41/2 4m 2t(b)
*UUDDU  DDUUD  DUDDU   Chopin sonata for cello/piano in Gmi op65 2m 2t
*UUDDU  DDUUD  DUDU    Liszt polonaise/1 in Cmi, piano 1t
*UUDDU  DDUUD  DUUUD   Sibelius symphony/2 in D 2m intro
*UUDDU  DDUUD  U       Brahms symphony/4 in Emi op98 1m 4t
*UUDDU  DDUUD  UDDUU   Schumann Kinderszenen/13 The poet speaks, piano
*UUDDU  DDUUU  DU      Puccini Madam Butterfly Act II: Humming chorus
*UUDDU  DRUUD  DUD     Sibelius Tapiola 3t
*UUDDU  DRUUD  DUUDR   Bach organ prelude in Emi 'The-wedge' BWV548
*UUDDU  DRUUU  DDUDU   Sibelius symphony/6 in Dmi 4m 2t
*UUDDU  DUDDD  DD      Mozart string quartet/21 in D K575 4m
*UUDDU  DUDDD  UD      Handel Water music 17m
*UUDDU  DUDDD  UDUDD   Mozart piano concerto/24 in Cmi K491 1m 1t
*UUDDU  DUDDU  DDUUD   Bach Two-part inventions/14 B♭, Clavier BWV785
*UUDDU  DUDDU  DDUUU   Mozart Mass/18 Cmi K427 Et in Spiritum
*UUDDU  DUDDU  URDDD   (Haydn) str quartet/17 in F op3/5 2m,
```

*UUDDU	DUDDU	UUDDU	**Grieg**	string quartet in Gmi 3m 2t
*UUDDU	DUDRD	UUD	**Rachmaninov**	How fair this spot (song) op21/7
*UUDDU	DUDUD	DUDUD	**Stravinsky**	Pulcinella: Con queste
*UUDDU	DUDUD	RUDDU	**Bach**	Well-tempered Clavier Bk II: fugue/19 BWV888
*UUDDU	DUDUD	UDDDU	**Mussorgsky**	Boris Godunov: prelude
*UUDDU	DUDUD	UDDRU	**Verdi**	Un ballo in maschera I: Volta la terre
*UUDDU	DUDUD	UDUDU	**Richard Strauss**	Ein Heldenleben 3t
*UUDDU	DUDUD	UDUDU	**Sullivan**	The Mikado Act I: Comes a train
*UUDDU	DUDUD	UDUUD	**Bach**	French suite/3 in Bmi minuetto BWV814
*UUDDU	DUDUD	UDUUU	**Sibelius**	str quartet op56 'Voces intimae' 4m 1t
*UUDDU	DUDUD	UUUDU	**Erik Satie**	3 morceaux en forme de poire: En plus
*UUDDU	DUDUU	DDDDD	**Wagner**	Tristan & Isolde Act III: prelude 3t
*UUDDU	DUDUU	UDDDU	**Walton**	Belshazzar's Feast: Then sing, sing aloud
*UUDDU	DUDUU	UUDUD	**Ravel**	Sur l'herbe (song)
*UUDDU	DUDUU	UURDD	**Haydn**	symphony/44 in Emi 2m menuetto
*UUDDU	DUUDD	DDUUR	**Ravel**	Ma Mère l'Oye: Petit Poucet
*UUDDU	DUUDD	DUUDD	**Pachelbel**	Vom Himmel hoch (choral prelude)
*UUDDU	DUUDD	R	**Liszt**	Hungarian rhapsody/12 in C♯mi piano 4t
*UUDDU	DUUDD	UDRDD	**Bartok**	Rumanian folk dances, piano 5m
*UUDDU	DUUDD	UDUUD	**Walton**	Façade suite/2: Fanfare
*UUDDU	DUUDD	UDUUD	**Brahms**	Serenade in A op16, strings, 5m 1t
*UUDDU	DUUDD	UDUUD	**Milhaud**	Scaramouche 1m
*UUDDU	DUUDD	UDUUD	**Rossini**	La boutique fantasque 1m 2t
*UUDDU	DUUDD	UDUUD	**Spohr**	violin concerto/8 in Ami 1m
*UUDDU	DUUDD	UDUUD	**Schumann**	sonata violin/piano in Ami op105 2m 1t(b)
*UUDDU	DUUDD	UDUUD	**Bach**	Brandenberg concerto/1 in F 5m BWV1046
*UUDDU	DUUDD	URUUD	**Waldteufel**	Immer oder nimmer waltzes/1
*UUDDU	DUUDD	UUDDU	**Smetana**	The bartered bride: overture intro
*UUDDU	DUUDR	DUDUU	**Mozart**	Il re pastore K208 overture 1t
*UUDDU	DUUDU	DDUDU	**Mozart**	piano/wind quintet in E♭ K452 1m intro
*UUDDU	DUUDU	DUUUU	**Vaughan Williams**	symphony/8 1m 2t
*UUDDU	DUUUU	DDU	**Chopin**	mazurka/43 op67/2
*UUDDU	RDDDD	UUUUU	**Rameau**	Tambourin
*UUDDU	RDRDR	DRDRD	**Meyerbeer**	Les patineurs 4m
*UUDDU	RDRUU	RUDD	**Lortzing**	Undine act III: Vater, Mutter
*UUDDU	RDUDU	RRRR	**Hugo Wolf**	Auf eine Wanderung (song)
*UUDDU	RDUUD	UDUDU	**Bach**	Well-tempered Clavier Bk I: prel/13 BWV858
*UUDDU	RRUDU	DRRUD	**Offenbach**	Orpheus in Hades: galop 2t
*UUDDU	RRUDU	DRRUD	**Saint-Saëns**	Carnaval des animaux: Tortues
*UUDDU	RRUUD	DU	**Sibelius**	symphony/7 in C 3t(b)
*UUDDU	RUDRU	UUD	**Sullivan**	Yeomen of the Guard II: Comes the pretty
*UUDDU	UDDDD	DDD	**Verdi**	La forza del Destino: overture 3t
*UUDDU	UDDDD	DDDUD	**Bach**	Well-tempered Clavier Bk II: fugue/23 BWV892
*UUDDU	UDDDD	DRUUD	**Richard Strauss**	Ein Heldenleben 7t
*UUDDU	UDDDD	RDDDU	**Mozart**	symphony/29 in A K201 4m 2t
*UUDDU	UDDDD	RUDDD	**Richard Strauss**	Sinfonia domestica 1m 3t
*UUDDU	UDDDD	UDUUD	**Bruckner**	symphony/7 in E 3m 1t
*UUDDU	UDDDD	UDUUD	**Prokofiev**	Alexander Nevsky/7 A's entry into Pskov 2t
*UUDDU	UDDDD	UURD	**Rubbra**	symphony/1 1m
*UUDDU	UDDDD	UUUUD	**J Strauss Jr**	Morgenblätter 1t
*UUDDU	UDDDR	UDDDR	**Dvořák**	string quartet in F 'American' 1m 2t
*UUDDU	UDDDR	UUDDU	**Kodály**	Háry János suite: Szegény vagrok
*UUDDU	UDDDU	DDDUU	**Vaughan Williams**	Flos campi 2m 2t
*UUDDU	UDDDU	RDDU	**Saint-Saëns**	Samson et Dalila: Amour! Viens aider
*UUDDU	UDDDU	RRUUD	**Verdi**	Aida Act IV: O terra addio
*UUDDU	UDDDU	UDDDU	**Grieg**	violin sonata/2 in G op13 1m 2t

166

```
*UUDDU  UDDDU  UR          MacDowell Witches' dance op17/2 piano
*UUDDU  UDDDU  UUDUD       Mozart Die Zauberflöte Act I: Tamino's flute
*UUDDU  UDDRD  DUUDU       Shostakovich symphony/5 1m 2t(a)
*UUDDU  UDDRR  UDUUD       Delibes Coppelia, ballet: mazurka
*UUDDU  UDDUD  DDUUU       MacDowell A deserted farm op51/8 piano
*UUDDU  UDDUD  DRDUU       Liszt étude/2 in Fmi piano
*UUDDU  UDDUD  DUUDD       Bach suite/3 in C cello solo: bourrée BWV1009
*UUDDU  UDDUU  DDDDU       Bach sonata/6 violin/Clavier in G 3m BWV1019
*UUDDU  UDDUU  DDDDU       Bach Christmas oratorio/62 Nun mögt ihr
*UUDDU  UDDUU  DDDRD       Brahms Hungarian dances/5 F♯mi piano 4 hands 1t
*UUDDU  UDDUU  DDDU        Weber Oberon: overture 3t
*UUDDU  UDDUU  DDUUD       Ferrabosco four note pavan
*UUDDU  UDDUU  DDUUD       Bach Well-tempered Clavier Bk I: prel/21 BWV866
*UUDDU  UDDUU  DDUUD       Bach Cantata/73 Herr, wie du/4 Herr, so du
*UUDDU  UDDUU  DDUUD       Bach organ fugue in D BWV532
*UUDDU  UDDUU  DDUUD       Chopin écossaise/1 op72
*UUDDU  UDDUU  DDUUD       J Strauss Jr Frühlingsstimmen 1t
*UUDDU  UDDUU  DDUUU       Brahms Intermezzo in C op119/3 piano
*UUDDU  UDDUU  DRDDD       Beethoven string quartet/3 in D op18/3 2m
*UUDDU  UDDUU  DRUDD       Grieg Puck op71/3 piano
*UUDDU  UDDUU  DUDUD       Rossini Il Signor Bruschino: overture 2t
*UUDDU  UDDUU  DUDUD       Rimsky-Korsakov Scheherezade 4m
*UUDDU  UDDUU  DUDUR       Stravinsky The rake's progress I: Since it is not
*UUDDU  UDDUU  DUDUU       Humperdinck Königskinder: prel to Act II 2t
*UUDDU  UDDUU  DUU         de Falla Suite populaire espagnole: Polo
*UUDDU  UDDUU  RD          Bartok Rumanian folk dances, piano 3m
*UUDDU  UDDUU  RUU         Sullivan The Gondoliers Act II: Rising early
*UUDDU  UDDUU  UDDDD       Haydn string quartet/8 op2 5m
*UUDDU  UDDUU  UDDUD       Brahms string quintet in F op88 3m 2t
*UUDDU  UDDUU  UDDUD       Ravel piano concerto in G 3m 2t
*UUDDU  UDDUU  UDUDU       Berlioz Benvenuto Cellini Act II: Sur les monts
*UUDDU  UDDUU  UUDDD       Mozart sonata/23 violin/piano in D K306 1m 1t
*UUDDU  UDRDU  UUDDD       Schubert Moments musicaux/4 in C♯mi 2t D780
*UUDDU  UDRDU  UUUDU       Mozart sonata violin/piano in C K404 1m
*UUDDU  UDRRU  RDUDR       Puccini La Bohème Act II: Questa è Mimi
*UUDDU  UDRUU  DDDDU       Verdi Requiem: Ingemisco
*UUDDU  UDUDD  DDDDU       Brahms Ballade in D op100/2 piano 1t
*UUDDU  UDUDD  UDDUD       Bach harpsichord concerto/1 in Dmi 2m BWV1052
*UUDDU  UDUDD  UDDUD       Beethoven sonata/1 violin/piano in D op12/1 3m
*UUDDU  UDUDD  UUDDU       Stravinsky symphony in 3 movements 3m 2t
*UUDDU  UDUDR  DDUUD       Schumann symphony/1 B♭ op38 'Spring' 4m 1t
*UUDDU  UDUDU  DDUUD       Bach Two-part inventions/13 Ami, Clavier BWV784
*UUDDU  UDUDU  DDUUD       Schumann Novelette op99/9 piano 1t
*UUDDU  UDUDU  DDUUD       D'Indy Suite en parties op91 3m 3t
*UUDDU  UDUDU  DUUDD       Debussy Images: Iberia 2m 5t
*UUDDU  UDUDU  UUDDU       Haydn symphony/98 in B♭ 4m
*UUDDU  UDURR  RDDD        Mozart string quartet/18 in A K464 2m
*UUDDU  UDUU              Stravinsky symphony in 3 movements 1m 2t
*UUDDU  UDUUD  DDUUD       Richard Strauss Reverie (song) op9/4
*UUDDU  UDUUD  DUDUU       Saint-Saëns symphony/3 in Cmi op78 1m 3t
*UUDDU  UDUUD  DUU         Handel Alcina: ballet, sarabande
*UUDDU  UDUUD  DUUDU       Haydn The Creation: Von deiner Güt'
*UUDDU  UDUUD  DUUDU       Rimsky-Korsakov Snow Maiden: Buffoons' dance 3t
*UUDDU  UDUUD  UDDDD       Beethoven piano sonata/24 in F♯ op78 1m 1t
*UUDDU  UDUUD  UUUUU       Josef Strauss Sphärenklange waltzes/3
*UUDDU  UDUUU  DDDDU       Corelli concerto grosso in Gmi 'Christmas' 1m 2t
*UUDDU  UDUUU  DDUUD       Handel harpsichord suite/7 in Gmi 2m
```

*UUDDU	UDUUU	DDUUD	**Handel** concerto grosso in Cmi op6/8 3m
*UUDDU	UDUUU	DDUUD	**Erik Satie** Descriptions automatiques/1 Sur un vaisseau, piano
*UUDDU	UDUUU	DUDDU	**Beethoven** piano sonata/14 C#mi 'Moonlight' 2m 2t
*UUDDU	URRDU	URDRD	**Palmgren** Finnish romance, violin/piano op78/5
*UUDDU	URUDD	DUDDD	**Brahms** concerto for vln/cello/orch in Ami op102
*UUDDU	URUDD	UU	**Vaughan Williams** sym/3 'Pastoral' 1m 1t [2m 2t
*UUDDU	UUDDD	DUUDD	**Borodin** symphony/2 in Bmi 2m 3t
*UUDDU	UUDDR	UDRRU	**Schubert** Die Vögel (song) D691
*UUDDU	UUDDU	DDDUD	**Brahms** trio piano/vln/cello in B op8 3m adagio
*UUDDU	UUDDU	DDDUU	**Mozart** Cosi fan tutte: overture 3t
*UUDDU	UUDDU	DURRR	**Handel** Acis & Galatea: Happy we
*UUDDU	UUDDU	DUUDD	**Fauré** nocturne/3 op33/3 piano
*UUDDU	UUDDU	RUUDU	**Ravel** Ma Mère l'Oye: Pavane of Sleeping Beauty
*UUDDU	UUDDU	UDUDU	**Brahms** trio for piano/vln/cello in C op87 2m
*UUDDU	UUDDU	UUDDU	**Bach** Cantata/78 Jesu, der du/2 Wir eilen BWV78
*UUDDU	UUDDU	UUDDU	**Bach** 3-part inventions/3 in D Clavier BWV789
*UUDDU	UUDDU	UUDRU	**Bizet** symphony in C 3m
*UUDDU	UUDDU	UUDUU	**Rachmaninov** prelude op23/5 piano
*UUDDU	UUDDU	UURRD	**Beethoven** piano sonata/17 in Dmi op31/2 2m 1t
*UUDDU	UUDDU	UUUDD	**Holst** The planets op32: Uranus 2t
*UUDDU	UUDDU	UUUUU	**Rachmaninov** symphony/2 in Emi 1m 2t
*UUDDU	UUDRD	UDDUD	**Flotow** Martha Act III: Ach, so fromm
*UUDDU	UUDUD	DDDUU	**Ravel** L'enfant et les sortilèges: cup song
*UUDDU	UUDUD	DUUUU	**Bach** concerto/1 2 Claviers or vln/oboe Cmi 1m
*UUDDU	UUDUD	RDRDR	**Paganini** violin conc/1 E♭(D) 1m 1t(b) [BWV1060
*UUDDU	UUDUD	UDDD	**Ravel** Mélodies grecques: O joie de mon âme
*UUDDU	UUDUD	UUDDU	**Millöcker** Der Bettelstudent: Entschuld'gen Sie
*UUDDU	UUDUU	DDUUU	**Brahms** quintet piano/strings in Fmi op34 4m 1t
*UUDDU	UUDUU	DUDDD	**Shostakovich** concerto piano/trpt/orch op35 1m 2t
*UUDDU	UUDUU	DUUR	**Sullivan** The Mikado Act II: The sun, whose rays
*UUDDU	UUDUU	UDDUU	**Brahms** trio/2 piano/vln/cello in C op87 2m
*UUDDU	UUDUU	UDUDU	**Bach** Italian concerto, Clavier 3m 2t BWV971
*UUDDU	UURDU	RRUUD	**Purcell** Nymphs and shepherds (from The Libertine)
*UUDDU	UURRD	DURDU	**Beethoven** piano sonata/10 in G op14/2 3m 2t
*UUDDU	UURUU	UDUUD	**Mozart** Andante for flute/orch in C K315
*UUDDU	UUUDD	DD	**Fauré** impromptu/3 op34 piano
*UUDDU	UUUDD	DUDUD	**Bach** Cantata/212 'Peasant'/24 Und dass ihr's
*UUDDU	UUUDD	UDUDU	**Verdi** I vespri Siciliani Act III: In braccio
*UUDDU	UUUDD	UDUUD	**Bach** Cantata/212 'Peasant'/8 Unser trefflicher
*UUDDU	UUUDD	UUDDD	**Bruckner** symphony/7 in E 1m 1t(b)
*UUDDU	UUUDD	UUUUD	**Mozart** quartet oboe/strings in F K370 1m
*UUDDU	UUUDD	UUUUU	**Mozart** Deutsche Tänze/3 orch K602 2t
*UUDDU	UUUDD	UUUUU	**Dvořák** symphony/9 in Emi 'New World' 4m 2t
*UUDDU	UUUDU	DDUDD	**Haydn** The Seasons: Der munt're Hirt
*UUDDU	UUUDU	UDUUD	**Bach** harpsichord concerto/1 in Dmi 2m BWV1052
*UUDDU	UUUDU	UUURU	**Mozart** piano sonata/12 in F K332 2m
*UUDDU	UUUUD	DDDUU	**Elgar** Falstaff, symphonic study, 3t
*UUDDU	UUUUD	DDUUD	**Haydn** symphony/53 in D 1m
*UUDDU	UUUUD	DRUDU	**Rameau** Rigaudon
*UUDDU	UUUUD	R	**Stravinsky** Apollon Musagète: prologue 1t(a)
*UUDDU	UUUUD	UDDDR	**Wagner** Götterdämmerung III Rhinemaidens song:
*UUDDU	UUUUU	DR	**Schubert** octet in F 2m 1t D803 [Frau Sonne
*UUDRD	DDUUU	DRDDD	**J Strauss Jr** Die Fledermaus: overture 1t
*UUDRD	DRUDD	DUDD	**Verdi** Nabucco Act IV: Dio di Giuda
*UUDRD	DUDDU	UUUDD	**D'Indy** Suite en parties op91 1m

```
*UUDRD  DUDRU  UDDUD   Richard Strauss  Alpine symphony 8t
*UUDRD  DUDUD  UDRDD   Chopin  polonaise in Cmi op40/2
*UUDRD  DURUU  DDDDD   Dvořák  cello concerto in Bmi op104 1m 1t
*UUDRD  DURUU  DDRUU   Delius  Brigg Fair 1t
*UUDRD  RDDRU  UDRDR   Rossini  Boutique Fantasque: Danse Cosaque 2t
*UUDRD  RDDUU  DRD     Waldteufel  Frühlingskinder waltz 3t
*UUDRD  RDRDR  DDUUD   Reissiger  Die Felsenmühle: overture 1t
*UUDRD  RUDDD  RDDDR   Wagner  Lohengrin: prelude 2t
*UUDRD  RUDUD  UDRUU   Bach  French suite/4 in E♭ minuet BWV815a
*UUDRD  UDDD           Waldteufel  España waltzes/4 2t
*UUDRD  UDDDD  DUDDU   Mozart  sextet in F 'Ein musikalischer Spass' 3m
*UUDRD  UDRDD  UUDDD   Liadov  The Music Box op32 piano 3t         [K522
*UUDRD  UUDR           Puccini  Manon Lescaut Act II: O tentatrice!
*UUDRD  UUUDR  RRDR    Tchaikovsky  Eugene Onegin Act II: Lenski's aria
*UUDRD  UUUDR  URRDR   Puccini  Tosca Act III: O dolci mani
*UUDRD  UUUDU          Bizet  symphony in C 1m 2t
*UUDRR  RRRUD  DDDDD   Mozart  piano concerto/23 in A K488 1m 2t
*UUDRR  UDDDD  DDU     Purcell  Dido & Aeneas: Harm's our delight
*UUDRR  UDRRU  DRRUU   Handel  organ concerto in B♭ op4/2 2m
*UUDRR  UDUUR          Chopin  prelude/7 op28
*UUDRR  URRDU  DUDRD   Sibelius  The diamond in the snow (song) op36/6
*UUDRR  UUUDR  RUUUD   Schubert  string quartet/8 in B♭ 3m 1t D112
*UUDRR  UUURU  UUUDD   Rachmaninov  Mélodie, piano op3/3
*UUDRR  UUUUD  DDDUD   John Ireland  April, piano
*UUDRR  UUUUD  RR      Schubert  waltz, piano D365/1
*UUDRU  DDDDU  DDDDU   Dvořák  quintet piano/strings in E♭ op87 4m 2t
*UUDRU  DDDDU  DUUDU   Telemann  viola concerto in G 3m
*UUDRU  DDDUU  DRRUD   Erik Satie  Trois mélodies: Le Chapelier (song)
*UUDRU  DDDUU  DUUUD   Lalo  symphonie espagnole, vln/orch 3m 2t
*UUDRU  DDUUD          Stravinsky  Les Noces: Daigne, daigne
*UUDRU  DRDDD  DUUDR   Britten  Peter Grimes II: We planned that their
*UUDRU  DRUUU  DRUDR   Stravinsky  Petrushka: Ballerina & Maure [lives
*UUDRU  DUUDU  UUDRR   Beethoven  piano sonatina in G 2m 1t
*UUDRU  RDUUD  DDUUU   Tchaikovsky  waltz from Eugene Onegin
*UUDRU  UDDDD  DRRUU   Mozart  Die Entführung Act II: Frisch zur Kampfe
*UUDRU  UDRDD  RUDDR   Franck  Pièce héroique 1t, organ
*UUDRU  UDRUU  DU      Tchaikovsky  sym/6 in Bmi 'Pathétique' 1m intro
*UUDRU  UDRUU  DUUD    Beethoven  string quartet/12 in E♭ op127 3m
*UUDRU  UDRUU  UDDUD   Beethoven  piano sonata/29 B♭ 'Hammerklavier' 1m
*UUDRU  UDUDD  DDUDU   Wagner  Siegfried Act I: Aus dem Wald         [1t(b)
*UUDRU  UDUDU  DUDUD   Rossini  Semiramide Act I: Ah! quel giorno
*UUDRU  UDUUU  RDDDD   Mozart  symphony/31 in D K297 'Paris' 1m 2t
*UUDRU  UDUUU  UDUUU   Elgar  Dream of Gerontius pt 2: Demons' chorus:
                               Give him his price
*UUDRU  UUDRU  RDURR   Offenbach  La belle Hélène II: Oui! c'est un
*UUDRU  UUDUD  UDDUD   Wagner  Die Meistersinger II: Der Tag [rêve
*UUDRU  UUDUU  RUUDR   Vaughan Williams  symphony/5 in D 2m scherzo 1t
*UUDRU  UUUUD  UUDUU   Richard Strauss  Ein Heldenleben 9t
*UUDUD  DDDDD  D       Brahms  symphony/2 in D op73 2m 3t
*UUDUD  DDDRU  UDUDD   Bach  organ fugue in Fmi BWV534
*UUDUD  DDDRU  DDUUD   Beethoven  piano sonata/7 in D op10/3 1m 2t
*UUDUD  DDDUD  DUUDD   Chopin  prelude/3 op28
*UUDUD  DDDUU  DDUUD   Donizetti  Lucia di Lammermoor Act I: Huntsmen's
                               chorus: Come vinti
*UUDUD  DDDUU  DUDDD   Grieg  piano concerto in Ami op16 2m 2t
*UUDUD  DDDUU  DUDDD   Verdi  Il trovatore Act IV: Tu vedrai
*UUDUD  DDDUU  DUUDD   Haydn  str quartet/74 Gmi op74/3 'Horseman' 4m 2t
```

169

*UUDUD	DDDUU	DUUDR	**Haydn** symphony/100 in G 'Military' 1m
*UUDUD	DDDUU	UD	**Fauré** quartet piano/strings op15 2m 2t
*UUDUD	DDDUU	UUUDU	**Dvořák** Humoresque, piano op101/7 3t
*UUDUD	DDRDD	DUDUD	**John Dowland** Earl of Essex galliard, lute/str
*UUDUD	DDUDD	DDDUD	**Shostakovitch** symphony/1 in Fmi op10 2m 1t
*UUDUD	DDUDD	DDUDD	**Handel** Water music 3m
*UUDUD	DDUDD	DUDD	**Brahms** Vergebliches Ständchen (song) op84/4
*UUDUD	DDUDD	DUDUU	**Bach** Two-part inventions/3 in D Clavier BWV774
*UUDUD	DDUDD	RUD	**Erik Satie** 3 mélodies: La statue de bronze (song)
*UUDUD	DDUDD	URUDD	**Albinoni** oboe concerto op7/3 3m
*UUDUD	DDUDD	UUUUU	**Schubert** piano sonata in A 1m 2t D959
*UUDUD	DDUDU	DDUDD	**Mozart** Don Giovanni Act II: Ah, taci
*UUDUD	DDUDU	DU	**Schumann** toccata op7 piano: intro
*UUDUD	DDUDU	UUUUU	**Orlando Gibbons** fantazia for str quartet/1
*UUDUD	DDURU	UDUDD	**Tchaikovsky** suite/3 orch op55 1m élégie
*UUDUD	DDUUD	DDDUD	**Haydn** str quartet/77 in C 'Emperor' 2m, used for German national anthem and variations by Czerny
*UUDUD	DDUUD	DDRUU	**D'Indy** Suite en parties op91 4m farandole
*UUDUD	DDUUD	DUDUD	**Mozart** Figaro Act III: Letter duet
*UUDUD	DDUUD	UDDDU	**Brahms** string quartet/2 in Ami op51/2 2m
*UUDUD	DDUUR	DUDDD	**Dvořák** Gypsy songs op55/6 Freer is the gypsy
*UUDUD	DDUUR	UUDUD	**Haydn** symphony/22 in E♭ 1m
*UUDUD	DDUUU	DDDDU	**William Byrd** The Queene's Alman FVB172
*UUDUD	DDUUU	DUDDD	**Meyerbeer** Le prophète: Coronation march 2t
*UUDUD	DDUUU	DUUDU	**Richard Strauss** Alpine symphony 7t
*UUDUD	DDUUU	UUUUD	**Sibelius** Rakastva suite op14 3m
*UUDUD	DRDUU	DUDRR	**Dvořák** string sextet op48 2m 2t
*UUDUD	DRRRU	DDDUD	**Chopin** nocturne/1 in B♭mi op9 1t
*UUDUD	DRRUU	UUURU	**Donizetti** Lucia di Lammermoor Act II: Soffriva
*UUDUD	DRUUU	DUUDU	**Bartok** Rumanian folk dances, piano 6m 2t
*UUDUD	DUDDD	DUDDU	**Beethoven** sonata/3 cello/piano in A op69 1m
*UUDUD	DUDDD	UDDDD	**Brahms** Hungarian dances/12 in Dmi, piano 4 hands
*UUDUD	DUDDD	UDDUD	**Haydn** symphony/97 in C 4m
*UUDUD	DUDDD	UDUDD	**Mussorgsky** Khovantschina: prelude 1t
*UUDUD	DUDDD	UDUUD	**Haydn** symphony/94 in G 3m menuet
*UUDUD	DUDDU	DDUUD	**Liszt** piano concerto/2 in A 5t
*UUDUD	DUDDU	DUDDU	**Paisiello** harpsichord concerto in C 3m 1t
*UUDUD	DUDDU	DUUDU	**Moszkowski** Spanish dances op12/4 1t
*UUDUD	DUDDU	UDDDD	**Rossini** Il barbiere di Siviglia I: Se il mio nome
*UUDUD	DUDRR	UUUUD	**Mahler** symphony/9 in D 3m 4t
*UUDUD	DUDUD	UUUDU	**Liszt** piano concerto/2 in A 4t
*UUDUD	DUDUR	DUDUR	**Elgar** Cockaigne overture 3t
*UUDUD	DUDUU	DUDDU	**Beeethoven** symphony/7 in A 4m 3t(b)
*UUDUD	DUDUU	DUDDU	**Kreisler** Liebeslied violin/piano (old Viennese
*UUDUD	DUDUU	DUDUU	**Bartok** violin concerto 3m 1t [song) 2t
*UUDUD	DUDUU	UDDUD	**Brahms** trio/3 piano/vln/cello in Cmi op101 3m
*UUDUD	DUDUU	UDUUU	**Haydn** The Creation, Auf starken Fittige
*UUDUD	DURDD	UDUDD	**Grieg** Lyric suite op54/2: Norwegian rustic march
*UUDUD	DUUDD	DD	**Mussorgsky** Pictures from an exhibition: Kiev
*UUDUD	DUUDD	DUDDU	**Chopin** piano concerto/1 in Emi op11 3m 2t
*UUDUD	DUUDD	DUUDU	**Liszt** Hungarian rhapsody/8 in F♯mi piano
*UUDUD	DUUDD	DUUUU	**Schumann** quintet piano/strings in E♭ op44 4m 1t
*UUDUD	DUUDD	UDUUU	**Brahms** intermezzo in C♯mi op117/3 piano
*UUDUD	DUUDR	UUUDU	**Grieg** Norwegian dances/3 op35
*UUDUD	DUUDU	D	**Chopin** posthumous étude/1 in Fmi
*UUDUD	DUUDU	D	**Schumann** Faschingsschwank aus Wien op26 piano
*UUDUD	DUUDU	DUUUD	**Brahms** symphony/4 in Emi op98 4m 3t [3m

170

*UUDUD	DUUDU	DUUUD	**Meyerbeer** L'Africaine: Sur mes genoux
*UUDUD	DUUDU	DUUUD	**Shostakovich** cello concerto/1 E♭ op107 4m 2t
*UUDUD	DUUDU	URDDU	**Brahms** symphony/2 in D op73 1m 4t
*UUDUD	DUUUD	DDDDU	**Mozart** violin concerto in A K219 3m 1t
*UUDUD	DUUUU	UDU	**Schumann** symphony/3 in E♭ op97 'Rhenish' 3m 1t
*UUDUD	RDDDD	UD	**Schubert** string quartet/9 in Gmi 3m D173
*UUDUD	RDDDR	DUUDD	**Bellini** I Puritani Act II: Qui la voce
*UUDUD	RRDUU	DDUDU	**(Bach)** Bist du bei mir (now attributed to Stölzel)
*UUDUD	RRRUU	DUD	**Mozart** Figaro Act II: Venite inginocchiatevi
*UUDUD	RRUUU	UDDRD	**Berlioz** Requiem/7 Offertorium
*UUDUD	RUDRD	DRURR	**Mozart** Figaro Act III: Amanti constanti
*UUDUD	RUDUD	UDRDU	**Sullivan** Princess Ida Act II: This helmet
*UUDUD	UDDDD	DDDDU	**Paganini** violin concerto/1 E♭(D) 1m 1t(a)
*UUDUD	UDDDD	UDDUD	**Bach** Partita/6 in Emi Clavier: Gavotta BWV830
*UUDUD	UDDDD	UDDUD	**Bach** Christmas oratorio/4 Bereite dich
*UUDUD	UDDDD	UUDUU	**Walton** Façade suite/2: Scotch rhapsody 1t
*UUDUD	UDDDU	DUDUU	**Sullivan** Iolanthe Act I: chorus of fairies
*UUDUD	UDDDU	UUDUD	**Dvořák** Slavonic dances/6 op46 1t
*UUDUD	UDDRU	UUU	**Verdi** Ernani Act II: Lo vedremo
*UUDUD	UDDUD	UDDUD	**Rachmaninov** symphony/2 in Emi 3m 2t
*UUDUD	UDDUD	UDUUD	**Corelli** concerto grosso Gmi 'Christmas' 5m
*UUDUD	UDDUU	DUDUD	**Mendelssohn** octet in E♭ op20 4m 1t
*UUDUD	UDDUU	DUDUD	**Bach** suite for cello solo in G 1m BWV1007
*UUDUD	UDDUU	UDUDD	**Bach** concerto/2 in C 2 Claviers 3m BWV1061
*UUDUD	UDRUD	UDDUD	**R Strauss** Rosenkavalier Act I: Breakfast theme
*UUDUD	UDRUU	D	**Handel** organ concerto in Gmi op4/1 2m 2t
*UUDUD	UDUDD	DDDDD	**Bach** organ fugue in Dmi 'Dorian' BWV538
*UUDUD	UDUDD	DDUUD	**Bach** fugue in Ami, Clavier BWV904
*UUDUD	UDUDD	DUDUD	**Bach** Well-tempered Clavier Bk II: prel/1 BWV870
*UUDUD	UDUDD	DUDUD	**Walton** Façade suite/1: polka 2t
*UUDUD	UDUDD	DUDUU	**Stravinsky** The rake's progress III: Gently, little
*UUDUD	UDUDD	UDDUD	**Wagner** Meistersinger: Dance of apprentices [boat
*UUDUD	UDUDD	UUUUR	**Puccini** Manon Lescaut Act I: Tra voi, belle
*UUDUD	UDUDU	DUDUD	**Sibelius** symphony/4 in Ami 1m 1t
*UUDUD	UDUDU	DUDUD	**Chopin** étude/10 in A♭ op10
*UUDUD	UDUDU	DUDUD	**Warlock** Piggesnie (song)
*UUDUD	UDUDU	DUDUD	**Weber** Abu Hassan overture
*UUDUD	UDUDU	DUDUD	**Debussy** Arabesque/2 in G piano 2t
*UUDUD	UDUDU	DUUUU	**Beethoven** string quartet/4 in Cmi op18/4 4m 1t
*UUDUD	UDUDU	RRUDD	**Dvořák** symphony/8 in G op88 1m 2t
*UUDUD	UDUDU	UDDDU	**Bach** sonata/4 violin/Clavier in Cmi 2m BWV1017
*UUDUD	UDURD	DRU	**Sullivan** HMS Pinafore I: Then give three cheers
*UUDUD	UDURU	DUDUD	**Liszt** Years of travel: At the spring
*UUDUD	UDUUD	DUUDD	**Elgar** Wand of Youth suite/1 op1a: Minuet
*UUDUD	UDUUD	UDDDU	**Haydn** symphony/98 in B♭ 3m trio
*UUDUD	UDUUD	UDUDU	**Prokofiev** violin concerto/1 3m 1t
*UUDUD	UDUUD	UUDUD	**Beethoven** Minuet in G piano 1t
*UUDUD	UDUUR	URDU	**de Falla** 4 piezas españolas: Cubana
*UUDUD	UDUUU	DUDUD	**Grieg** piano sonata in Emi op7
*UUDUD	URDDD	UDDUD	**Rossini** Il barbiere di Siviglia I: Una voce poco fa
*UUDUD	URDUD	URDUD	**Leopold Mozart** Toy symphony 3m (not by Haydn)
*UUDUD	URUDR	RUDUD	**Mozart** Die Entführung Act II: Vivat Bacchus!
*UUDUD	URUUU	UUDRU	**Mahler** symphony/1 in D 2m 1t
*UUDUD	UUDDD	DUUUD	**Honegger** piano concertino 1m 3t
*UUDUD	UUDDD	DUUUD	**Bach** Motet/1 Singet dem Herrn/3 Alles, was Odem
*UUDUD	UUDDU	DDDDU	**Mozart** Laut verkünde (song) K623

171

*UUDUD	UUDDU	DUDUU	**Dvořák** symphony/7 in Dmi op70 1m 1t
*UUDUD	UUDDU	UDUDU	**Delibes** Lakmé : Bell song 4t
*UUDUD	UUDDU	UUDDD	**Hindemith** Mathis der Maler, symphony 3m 1t
*UUDUD	UUDUD	DDDDD	**Bach** Toccata (and fugue) in C organ BWV564
*UUDUD	UUDUD	DDDUU	**Bach** sonata/3 violin/Clavier in E 1m BWV1016
*UUDUD	UUDUD	DUUUD	**Bach** Well-tempered Clavier Bk II fugue/18 BWV887
*UUDUD	UUDUD	RUUUD	**J Strauss Jr** Die Fledermaus II: Mein Herr Marquis
*UUDUD	UUDUD	URURU	**Dvořák** string quartet in A♭ op105 1m 2t
*UUDUD	UUDUD	UUDDD	**Hummel** Rondo brillant on Russian folk themes
*UUDUD	UUDUD	UUDDU	**R Strauss** Aus Italien : Roms Ruinen 1t[orch op98
*UUDUD	UUDUD	UUUD	**Bartok** string quartet/1 3m 2t
*UUDUD	UUDUD	UUUDD	**J Strauss Jr** Die Fledermaus : Du und du/2 2t
*UUDUD	UUDUU	DD	**Bartok** string quartet/1 2m intro
*UUDUD	UUDUU	DUDUU	**Lortzing** Zar und Zimmermann : overture 3t
*UUDUD	UUDUU	DUDUU	**Sullivan** The Gondoliers I : When a merry maiden
*UUDUD	UUDUU	UDDDD	**Prokofiev** symphony/5 in B♭ 1m 1t
*UUDUD	UUU		**Sibelius** The bard op64 orch 1t
*UUDUD	UUUDD	DDUU	**Walton** violin concerto 1m 2t
*UUDUD	UUUDU	DD	**Mozart** sonata in D for 2 pianos K448 3m 2t
*UUDUD	UUUDU	DUUDU	**Handel** sonata E♭ 2 vlns or 2 oboes/fig bass 3m
*UUDUD	UUUDU	UDDR	**Debussy** Suite Bergamasque : Clair de lune 2t
*UUDUD	UUURD	DDDDU	**Haydn** trumpet concerto in E♭ 2m
*UUDUD	UUURR		**Tippett** theme from concerto for double str orch
*UUDUD	UUUUD	UDUUU	**Richard Strauss** Alpine symphony 4t
*UUDUD	UUUUU		**Copland** Appalachian Spring, ballet 1t
*UUDUD	UUUUU	D	**Delius** sonata/2 for violin/piano 4t
*UUDUD	UUUUU	DDUDD	**Ibert** Divertissement for chamber orch 2m 2t
*UUDUD	UUUUU	DU	**Chopin** mazurka/13 op17/4
*UUDUR	DDDDD	DUUDU	**Haydn** symphony/45 F♯mi 'Farewell' 4m presto
*UUDUR	DDDDR	UUURD	**Mozart** string quartet/22 in B♭ K589 2m
*UUDUR	DDDDU	DDUDU	**Mozart** string quartet/14 in G K387 4m
*UUDUR	DDDUU	DUUUU	**Beethoven** sonata/6 violin/piano in A op30/1 3m
*UUDUR	DRDUD	UUURD	**Beethoven** piano sonata/4 in E♭ op7 2m
*UUDUR	DUDUU	DUUDU	**J Strauss Jr** Wiener-Blut/1 1t
*UUDUR	RDDDD	DURDR	**Mozart** symphony/41 in C K551 'Jupiter' 4m 1t
*UUDUR	RDUDD	DDDRR	**Berlioz** Benvenuto Cellini I : O Teresa,
			and Carnival Romain overture 1t
*UUDUR	RDURU	UUDDU	**Bach** Well-tempered Clavier I : prel/19 BWV864
*UUDUR	RDUUD	URR	**Humperdinck** Hansel & Gretel I : Mit dem Füsschen
*UUDUR	RRDRU	RRRDU	**Bach** (prelude &) fugue Gmi 'Little fugue' BWV535
*UUDUR	RRRDR		**Beethoven** symphony/9 in Dmi 'Choral' 4m 3t
*UUDUR	UDDUU	UDUUD	**Mozart** piano sonata/10 in C K330 3m
*UUDUR	UUDUR	UUDU	**Cilea** L'Arlesiana : E la solita storia
*UUDUU	D		**Stravinsky** Symphony in 3 movements 1m 3t
*UUDUU	DDDDD		**Janáček** Sinfonietta 2m 2t
*UUDUU	DDDDU	DRUUU	**Bach** Mass in B minor/9 Quoniam tu solus
*UUDUU	DDDDU	DUUUD	**Bach** suite for cello solo G minuet/1 BWV1007
*UUDUU	DDDDU	UDUUD	**de Falla** 7 Spanish popular songs/3 Asturiana
*UUDUU	DDDDU	UDUUU	**J C Bach** piano concerto in E♭ op7/5 1m 1t
*UUDUU	DDDDU	UUDDD	**Widor** Sérénade
*UUDUU	DDDDU	UUDDU	**Mozart** piano sonata/11 in A K331 3m 2t
*UUDUU	DDDRD	UUDDD	**Mozart** piano concerto/27 in B♭ K595 1m
*UUDUU	DDDUD	DU	**J Strauss Jr** Die Fledermaus Act I : Glücklich ist
*UUDUU	DDDUD	UUDDD	**Tchaikovsky** symphony/1 in Gmi op13 3m 2t
*UUDUU	DDDUD	UUDUR	**Mozart** sonata/17 for violin/piano in C K296 2m
*UUDUU	DDDUD	UUDUU	**Rimsky-Korsakov** Scheherazade 3m 2t
*UUDUU	DDDUR	UDUDU	**Rachmaninov** sonata cello/piano in Gmi 4m 2t

172

```
*UUDUU  DDDUU  DDDDD   Bartok  Contrasts, trio violin/clarinet/piano
                                1m 1t Recruiting dance
*UUDUU  DDDUU  DDUDU   Suppé  Die schöne Galathé overture 3t
*UUDUU  DDDUU  DU      Handel  concerto grosso in Ami op6/4 3m
*UUDUU  DDDUU  DUUDD   Schubert  string quintet in C 3m 1t D956
*UUDUU  DDDUU  DUUDD   Moszkowski  Spanish dances op12/3 2t
*UUDUU  DDDUU  DUUU    Schumann  Album for the young: Little romance op68
*UUDUU  DDDUU  UDDUU   Rimsky-Korsakov  Capriccio espagnol: Fandango
*UUDUU  DDDUU  UDUUD   Holst  Perfect fool: Spirits of fire      [Asturiano
*UUDUU  DDDUU  UDUUD   Meyerbeer  Le Prophète: Roi du Ciel
*UUDUU  DDRDD  UDDUU   Schubert  symphony/6 in C 1m intro D589
*UUDUU  DDRUD  UDUDD   Mozart  piano sonata/12 in F K332 1m 1t
*UUDUU  DDUDD  DDU     Sibelius  symphony/2 in D 4m 1t
*UUDUU  DDUDU          Mozart  sonata/25 violin/piano in F K377 2m
*UUDUU  DDUDU  UDDUD   Handel  concerto grosso in Gmi 3m 2t
*UUDUU  DDUUD  DUDDD   Dvořák  symphony/8 in G op88 4m 1t
*UUDUU  DDUUD  DUDU    Mozart  piano sonata/11 in A K331 2m
*UUDUU  DDUUD  UUDUD   Bartok  Contrasts, trio vln/clar/piano 3m 2t
*UUDUU  DDUUU  DDUDD   Bach  Well-tempered Clavier I: fugue/14 BWV859
*UUDUU  DDUUU  DUUDD   Mascagni  Cavalleria rusticana: Viva il vino
*UUDUU  DDUUU  DUUDD   Schumann  piano concerto in Ami op54 1m 2t(b)
*UUDUU  DRDDU  RDDDU   Grieg  Norwegian melodies op63 str orch 1m
*UUDUU  DRUUD  UUDUD   Britten  Fantasy (oboe) quartet 2t
*UUDUU  DUDDD  UDDUU   Kabalevsky  Colas Breugnon overture op24 1t
*UUDUU  DUDDD  URUDD   Brahms  Ein deutsches Requiem/1 Selig sind
*UUDUU  DUDDU  DDDUU   Haydn  string quartet/8 op2 1m
*UUDUU  DUDDU  DUUUD   Handel  harpsichord suite/4 in Dmi set/2 4m gigue
*UUDUU  DUDDU  UUUUU   Vivaldi  concerto for piccolo/str in C 2m P79
*UUDUU  DUDRD  DUDUU   Berlioz  Romeo & Juliette pt4 Queen Mab 2t
*UUDUU  DUDRD  UDRDD   Verdi  Aida Act II: S'intrecci il loto
*UUDUU  DUDUD  DDD     Brahms  Rhapsody for alto, male chorus/orch op53
*UUDUU  DUDUD  DDUD    Mozart  piano s'ta/15 C K545 1m 1t [Ach, wer heilet
*UUDUU  DUDUD  UDUD    Debussy  Préludes Bk I: Danseuses de Delphes, pft
*UUDUU  DUDUD  UDUUD   Bach  French suite/6 in E: Bourrée BWV817
*UUDUU  DUDUD  UUUDU   Verdi  Il trovatore Act IV: Si, la stanchezza
*UUDUU  DUDUU  DDDDU   Franchetti  Germania: No, non chiuder gli occhi
*UUDUU  DUDUU  DUURD   Schubert  Der Jüngling an der Quelle (song) D545
*UUDUU  DUDUU  U       Mozart  symphony/38 in D K504 'Prague' 1m 1t
*UUDUU  DUDUU  UDDDU   Ibert  concerto for alto saxophone 1m 1t
*UUDUU  DURDU  UUDUD   Erik Satie  3 morçeaux en forme de poire/3 1t
*UUDUU  DURUU  DUUDU   Mendelssohn  Midsummer night's dream: intermezzo
*UUDUU  DUUDD  DD      Richard Strauss  Sinfonia domestica 1m 5t       [1t
*UUDUU  DUUDD  DDUDU   Schubert  piano sonata in B 4m 1t D575
*UUDUU  DUUDD  RDDDU   Mozart  piano concerto/13 in C K415 1m 1t
*UUDUU  DUUDD  UUDUU   Berlioz  Benvenuto Cellini Act II: Tra la la la
*UUDUU  DUUDU  DDDDD   Verdi  Luisa Miller Act I: Il mio sangue
*UUDUU  DUUDU  DDDDU   Donizetti  Lucia di Lammermoor Act I: Le pietade
*UUDUU  DUUDU  DDDUD   Bach  Choral prelude: Wo soll ich fliehen hin BWV
*UUDUU  DUUDU  DDUDD   Brahms  symphony/4 in Emi op98 1m 7t [646 organ
*UUDUU  DUUDU  DDUUU   Bach  Well-tempered Clavier II: prel/17 BWV886
*UUDUU  DUUDU  DUDDU   Schubert  string trio in B♭ 3m D581
*UUDUU  DUUDU  UDDDD   Haydn  symphony/102 in B♭ 4m
*UUDUU  DUUDU  UDDUD   Schumann  Davidsbündler op6/13 piano
*UUDUU  DUUDU  UDDUR   Walton  violin concerto 3m 1t
*UUDUU  DUUDU  UDUDD   Bach  French suite/5 in G: gigue BWV816
*UUDUU  DUUDU  UDUDD   Bach  Cantata/26 Ach wie flüchtig/4 An irdische
*UUDUU  DUUDU  UDUUD   Beethoven  piano sonata/14 C♯mi 'Moonlight' 1m
                                                              [intro
```

173

```
*UUDUU DUUDU UDUUD    Elgar  violin concerto in Bmi 3m 1t
*UUDUU DUUDU UUDDU    Ravel  valses nobles et sentimentales/6
*UUDUU DUUDU UUUUD    Mozart  Don Giovanni Act I: Giovinette
*UUDUU DUURD RDUUD    Delius  Walk to the Paradise Garden 1t
*UUDUU DUURR DDDDD    Mahler  symphony/4 in G 2m 2t
*UUDUU DUURU DRUDD    Suppé  Morning, noon and night in Vienna 5t
*UUDUU DUUUD DDRUD    Hindemith  organ sonata/3 3m
*UUDUU DUUUD DUUDU    Elgar  symphony/2 in E♭ op63 1m 1t(b)
*UUDUU DUUUD RDDDD    Bach  harpsichord concerto/3 in D 1m BWV1054, or
                             violin concerto in E 1m BWV1042
*UUDUU DUUUD RUUUU    Richard Strauss  Tod und Verklärung 3t
*UUDUU DUUUD UDDRU    Khachaturian  Spartacus theme (BBC TV Onedin Line)
*UUDUU DUUUD UDDUU    de Falla  El amor brujo: Dance of play of love 1t
*UUDUU DUUUD UDUD     Brahms  trio piano/vln/cello in E♭ op40 1m 2t
*UUDUU DUUUD UDUDU    Schubert  sonata violin/piano in A 4m 1t D574
*UUDUU DUUUD UUDUU    Charles Ives  symphony/2 5m 1t
*UUDUU DUUUD UURDU    Saint-Saëns  symphony/3 in Cmi op78 1m 4t
*UUDUU DUUUU DUDD     Brahms  Rhapsody in Bmi op79/1 piano 2t
*UUDUU DUUUU DUDDU    Kreisler  La Précieuse (style of Couperin) vln/
*UUDUU DUUUU UDDDR    Bruckner  symphony/7 in E 2m 2t(a)  [piano 1t
*UUDUU DUUUU UUUUR    Haydn  string quartet/67 D op64 'The lark' 3m 1t
*UUDUU RDDDD UDUUR    Mozart  bassoon concerto in B♭ K191 1m 2t
*UUDUU RDUDD UDUUR    Bellini  Norma Act II: Mira o Norma
*UUDUU RDUDU DDDUU    Schubert  sonata cello/piano in Ami 3m 1t D821
*UUDUU RDUDU DUDUD    Beethoven  piano sonata/7 in D op10/3 4m
*UUDUU RDURR UUDDD    Handel  Messiah: Thou shalt break them
*UUDUU RDUUR UDRDD    Richard Strauss  Also sprach Zarathustra 5t(b)
*UUDUU RDUUU DUUR     Franck  string quartet in D 1m 3t
*UUDUU RRRUD UDDUU    Verdi  Aida Act II: march
*UUDUU RRUDD DUUDU    Salvator Rosa  Star vicino (song)
*UUDUU RRUUD DDRUU    Walton  Façade suite/2: Noche española 2t
*UUDUU RUDDD RUUD     Schubert  Die schöne Müllerin/20 Des Baches Wiegen-
*UUDUU RUDDD UUDDD    Charles Ives  New England holidays:        [lied
                             Washington's birthday (barn dance) 1t
*UUDUU RUDUU D        Mendelssohn  symphony/3 Ami op56 'Scotch' 1m 4t
*UUDUU RURUD UURDD    Mozart  Die Zauberflöte Act II: Wie? wie? wie?
*UUDUU UDDDD DDUUD    Bach  organ sonata in E♭ 1m BWV525
*UUDUU UDDDD UDUUU    Elgar  Cockaigne overture 4t
*UUDUU UDDDD URRDU    John Dunstable  Ave Maris Stella
*UUDUU UDDDR UDDD     Mendelssohn  Frühlingslied (song) op47/3
*UUDUU UDDDU DDDUD    Bach  suite/3 in D orch: gigue BWV1068
*UUDUU UDDDU DDUDU    Walton  viola concerto 2m 1t
*UUDUU UDDDU DUUUD    Bach  Well-tempered Clavier I: prel/18 BWV863
*UUDUU UDDRD DD       Beethoven  string quartet/14 in Ami op132 1m 1t
*UUDUU UDDUD          MacDowell  piano concerto/1 3m 2t
*UUDUU UDDUD DDD      Prokofiev  symphony/5 in B♭ 1m 2t
*UUDUU UDDUD UDDDU    Stravinsky  Pulcinella, ballet: overture
*UUDUU UDDUR UD       Mozart  piano concerto/22 in E♭ K482 2m
*UUDUU UDDUU DUDUU    Grieg  piano concerto in Ami op16 1m 1t(b)
*UUDUU UDDUU DUUDD    Beethoven  string quartet/14 in Ami op132 4m
*UUDUU UDDUU UDD      Grieg  Peer Gynt suite/1 2m Death of Ase
*UUDUU UDDUU UUDR     Puccini  La Bohème Act III: Addio dolce svegliare
*UUDUU UDRDU DUDUD    Franck  sonata for violin/piano in A 3m 2t(a)
*UUDUU UDRRR DUUUU    Telemann  concerto in G viola/strings 1m
*UUDUU UDRRR RDDDU    Wagner  Lohengrin Act I: Du kundest nun
*UUDUU UDUDD DDUUU    Dvořák  string quintet in E♭ op97 4m
*UUDUU UDUDD DUDDU    Walton  symphony/1 in B♭mi 2m 1t
```

174

*UUDUU	UDUDD	UUDUU	**de Falla** El amor brujo: Dance of play of love 3t
*UUDUU	UDUDU	DUDUD	**Tchaikovsky** piano concerto/1 in B♭mi 1m 3t
*UUDUU	UDUDU	DUUD	**Rimsky-Korsakov** May night overture 1t
*UUDUU	UDURD	UUDRD	**Haydn** symphony/86 in D 3m trio
*UUDUU	UDUUD	UDDDD	**Torelli** concerto/2 for trumpet/strings 1t
*UUDUU	UDUUD	UDUUU	**Schubert** symphony/9 in C 1m intro D944
*UUDUU	UDUUD	UUUDU	**Schubert** piano sonata/14 in Ami 3m 1t D784
*UUDUU	UDUUU	DDUDD	**Sibelius** symphony/7 in C op105 3t(a)
*UUDUU	UDUUU	DDUDU	**Fauré** string quartet in Emi op121 3m
*UUDUU	UDUUU	DU	**Tchaikovsky** Nutcracker suite: Waltz of flowers 3t
*UUDUU	UDUUU	DUDDD	**Elgar** Wand of Youth suite/2: Fountain dance
*UUDUU	UDUUU	DUUUD	**Brahms** intermezzo op116/5 piano
*UUDUU	UDUUU	UDDDD	**Rachmaninov** Prelude op23/6 piano
*UUDUU	UDUUU	UUD	**Richard Strauss** Barkarole (song) op17/6
*UUDUU	UDUUU	UUURD	**Beethoven** 'Little trio in B♭' piano/vln/cello 2t
*UUDUU	UDUUU	UUUUD	**Beethoven** symphony/4 in B♭ 1m 3t
*UUDUU	URDDU	UDDUU	**Grieg** Lyric pieces op43/3 In the homeland, piano
*UUDUU	URDUU	UDDDU	**Richard Strauss** Waltz from Der Rosenkavalier
*UUDUU	UUDDD	DDDUU	**Handel** Alcina: Tamburine
*UUDUU	UUDDD	UDDRD	**Liszt** piano concerto/1 in E♭ 2t
*UUDUU	UUDDU	DDDUR	**Granados** La Maja de Goya
*UUDUU	UUDUD	U	**Schubert** sonata cello/piano in Ami 1m D821
*UUDUU	UUDUD	UDUDU	**Debussy** La Mer 1m 5t
*UUDUU	UUDUD	UUDUU	**Tchaikovsky** symphony/6 in Bmi 'Pathétique' 2m 1t
*UUDUU	UUDUR	DDDDD	**Mahler** symphony/8/II Jene Rosen
*UUDUU	UUDUU	DUDDD	**Chopin** impromptu op36
*UUDUU	UUDUU	DUUUD	**Handel** concerto grosso C 'Alexander's Feast' 3m
*UUDUU	UUDUU	DUUUU	**Beethoven** piano sonata/6 in F op10/2 2m 1t
*UUDUU	UUDUU	U	**Schubert** string quartet/14 in Dmi 1m 1t D810
*UUDUU	UUDUU	UDDUD	**Handel** concerto grosso in F op6/9 5m
*UUDUU	UUDUU	UU	**Stravinsky** symphony in 3 movements 1m 4t
*UUDUU	UUDUU	UUD	**Holbrooke** quintet clarinet/strings op27/1 2m
*UUDUU	UUDUU	UUUDD	**Moszkowski** Valse mignonne 1t
*UUDUU	UUUDD	UUDDD	**Haydn** string quartet/67 in D op64 'The lark' 4m
*UUDUU	UUUDU	DDUUU	**Richard Strauss** Capriccio op85 Du Spiegelbild
*UUDUU	UUUDU	RRDUU	**Berlioz** Romeo et Juliette pt 4: Jurez donc
*UUDUU	UUUDU	UDDUD	**Shostakovich** symphony/7 op60 1m 2t
*UUDUU	UUUDU	UUUUD	**Bizet** L'Arlésienne suite/2: Pastorale 1t
*UUDUU	UUUUD	UUDUU	**Franck** Grande pièce symphonique op17 organ 4t
*UUDUU	UUUUD	UUUDD	**Brahms** symphony/2 in D op73 1m 6t
*UUDUU	UUUUR	DDUUD	**Walton** symphony/1 in B♭mi 4m 1t
*UUDUU	UUUUU	UDD	**Haydn** trumpet concerto in E♭ 1m 1t
*UUDUU	UUUUU	UDDUD	**Haydn** symphony/96 in D 'Miracle' 3m menuetto
*UUDUU	UUUUU	UDUUD	**Sibelius** violin concerto in Dmi op47 1m 2t(b)
*UURDD	DDDUU	UDUDU	**Mozart** string quartet/21 in D K575 1m
*UURDD	DDDUU	UUUDU	**Mozart** Serenade in D K250 'Haffner' 8m
*UURDD	DDRRU	DDUDU	**Beethoven** sonata/2 cello/piano in Gmi op5/2 2m
*UURDD	DDRRU	RUU	**Mozart** symphony/35 in D K385 'Haffner' 2m 1t
*UURDD	DDRUD	RD	**Mendelssohn** sym/5 in D op107 'Reformation' 1m 2t
*UURDD	DDUUR	DDDUU	**Beethoven** wind octet in E♭ op103 Andante
*UURDD	DDUUR	DR	**Beethoven** symphony/9 in Dmi 'Choral' 4m 1t
*UURDD	DRDDD	UUUUU	**Mozart** violin concerto/4 in D K218 3m 2t
*UURDD	DRUUU	DDDDR	**Bach** St Matthew Passion/49 Bin ich gleich
*UURDD	DRUUU	DDUUD	**Bach** Cantata/147 Herz und Mund/10 Jesu, joy
*UURDD	DUDDU	RRR	**Mascagni** Cavalleria rusticana: Regina coeli
*UURDD	DUDUD		**Mascagni** Cavalleria rusticana: Intermezzo, Ave
*UURDD	DUUDU	DDD	**Schubert** symphony/2 in B♭ 1m 2t D125 [Maria

175

```
*UURDD DUUDU DRUUD   Mozart string quartet/14 in G K387 1m
*UURDD DUURD DDUUU   Sullivan HMS Pinafore Act I: I am the captain
*UURDD DUURU UDUDD   Beethoven sonata/2 violin/piano in A op12/2 3m
*UURDD DUUUD DUDDD   Haydn symphony/84 in E♭ 2m andante
*UURDD DUUUR DDDUD   Mozart clarinet concerto in A K622 2m
*UURDD DUUUU RDDD    Schubert string quartet/12 in Cmi 2t
                         (Quartetsatz - in one movement) D703
*UURDD RDDUU URDDR   Beethoven symphony/9 in Dmi 'Choral' 1m 2t
*UURDD RDRDR RUUUR   Beethoven 'Little trio in B♭' piano/vln/cello 1t
*UURDD RDUDU DDR     Puccini Madam Butterfly Act II: Tu? tu?
*UURDD RDURU URDDR   Lehar Giuditta: Meine Lippen
*UURDD RUURD DUDUD   Mendelssohn Midsummer night's dream overture 4t
*UURDD RUUUD DDUUU   Humperdinck Hansel & Gretel Act I: prelude 2t
*UURDD UDDDU UUURD   Brahms quartet piano/strings in A op26 4m
*UURDD UDDUD RUUDD   Mozart Adagio (& rondo) glass harmonica/qtet K617
*UURDD UDDUU DDURD   Weber clarinet concerto Fmi 2m (Jahns 114)
*UURDD UDDUU RDDUD   Beethoven symphony/5 in Cmi 2m coda
*UURDD UDRUD UDDUD   Adam Giselle II: andantino
*UURDD UDUUU UDDUD   Beethoven symphony/5 in Cmi 2m 1t
*UURDD URDDU RDUDU   Liszt Faust symphony 3m 2t
*UURDD URUUU DDDR    Holst St Paul's suite 1m jig 1t(a)
*UURDD UUDDR RRRRR   Mozart Cassation/1 in G K63 1m marcia
*UURDD UUDDU UDUUR   de Falla 7 Spanish popular songs: Polo
*UURDD UUDUU RDDUU   J Strauss Jr Kiss waltz 3t
*UURDD UURDD UUUUU   Beethoven piano sonata/5 in Cmi op10/1 1m 2t
*UURDD UURDR UURDD   Mendelssohn symph/4 in A op90 'Italian' 1m 2t
*UURDD UURDU DDUUD   D'Indy sonata for violin/piano in C op59 1m 1t
*UURDD UUUDD         Grieg I love thee (song) op5/3
*UURDD UUURD DURDD   Beethoven An die ferne Geliebte (song) op98/2
*UURDR DDUUU RURDD   Haydn symphony/53 in D 2m
*UURDR DRDRD RUUD    Schumann symphony/2 in C op61 2m 2t
*UURDR DRDRD RUURD   Hummel concerto piano/vln/orch in G op17 1m 1t
*UURDR DRDRU RDRUR   Verdi string quartet in Emi 4m
*UURDR RRDUD         Wagner Tannhäuser Act II: Gar viel und schön
*UURDR RUDDD DURDU   Beethoven Rondino in E♭ for wind op146 posth 3t
*UURDR RUDUU URDRR   Chopin étude/12 op10 'Revolutionary'
*UURDR RUURD RRU     Sullivan The Gondoliers Act II: To help unhappy
*UURDR UDDUD RUURD   Brahms Verzagen (song) op72/4 Ich sitz am Strande
*UURDR UUDUD UDUDU   Vivaldi concerto grosso in Dmi op3/11 1m
*UURDR UURRU DDDUD   Bellini La sonnambula: Ah! non giunge
*UURDR UUUD           Beethoven symphony/8 in F 4m 2t
*UURDR UUURR RRRRR   Rossini Il barbiere di Siviglia: overture 2t
*UURDU DDDRU URRRR   Mahler Das Knaben Wunderhorn: Der Tambours-
*UURDU DDDUD DUUUR   Grieg symphonic dances/2 1t(a)          [g'sell
*UURDU DDRUR UURDU   Beethoven piano sonata/31 in A♭ op110 1m 1t(b)
*UURDU DDURU UDDDU   Pachelbel chaconne in Fmi, organ
*UURDU DDUUD UDUU    Khachaturian violin concerto 3m 1t
*UURDU DUDDD DUDDU   Ippolitov-Ivanov Caucasian sketches 2m 1t
*UURDU DURDD UUDD    Puccini Madam Butterfly Act I: Io seguo il mio
*UURDU DURDR URUR    Schumann Waldesgespräch (song) op39/3
*UURDU DUUUD DDRUU   Richard Strauss Aus Italien: Sorrento 3t
*UURDU UDDDD UDUUD   Purcell Dido & Aeneas: When I am laid in earth
*UURDU UDDUD UURDD   Holst The planets op32 Saturn
*UURDU UDRDU DD      Hindemith Trauermusik (for George V of England) 2m
*UURDU UDRDU UDDD    Moszkowski Spanish dances op12/1 3t
*UURDU UDRDU UDUUU   R Strauss Der Bürger als Edelmann: Dinner 6t
*UURDU UDRDU URUD    C Ives Gen Wm Booth enters into heaven (song)
```

```
*UURDU  UDUUU  DDDUU  Mahler  Des Knaben Wunderhorn: Wer hat dies
                               Liedlein erdacht?
*UURDU  URDDD  DUUDR  Mozart  sonata/24 violin/piano F K376 1m 2t
*UURDU  URDDD  URDDU  Bach  choral prelude: O Lamm Gottes, organ BWV656
*UURDU  URDDR  DU     Franck  Grande pièce symphonique 2t, organ
*UURDU  URDUU  DDDDD  Tchaikovsky  Capriccio Italien op45 4t
*UURDU  URDUU  DUURD  Franck  sonata for violin/piano in A 2m 1t
*UURDU  URDUU  RDUU   Kurt Weill  Die Dreigroschenoper: Mack the knife
*UURDU  URUDD  UDDRD  Waldteufel  skaters waltz/1 1t
*UURDU  URUDR  DDDDD  Schubert  piano sonata in A 4m 1t D959
*UURDU  URUDR  DRDRD  Haydn  symphony/84 in E♭ 3m menuet
*UURDU  UUDDD  UUUUU  Massenet  Manon Act III: Obéissons quand leur
*UURDU  UUDDU  URDUU  Britten  Peter Grimes 4th interlude: storm 2t
*UURDU  UUDRU  DDDDU  Mendelssohn  Elijah: For the mountains
*UURDU  UURDD         Liszt  Missa choralis: Benedictus
*UURDU  UURDU  UUDDD  Mahler  symphony/5 in Cmi theme from 5m
*UURDU  UURDU  UUDUD  Wagner  Tristan & Isolde: prelude 2t
*UURDU  UUUDD  DD     Beethoven  sonata/3 cello/piano in A op69 2m 1t
*UURDU  UUURD  DUUUR  Beethoven  trio piano/vln/cello in D op70/1 1m 2t
*UURRD  DDDUU  RRDDD  Beethoven  König Stephan overture op117 3t
*UURRD  DRRDD  RRDDR  Humperdinck  Hansel & Gretel: Witch's ride (vocal
*UURRD  DUDDR  UDUUU  Warlock  Capriol suite: Pieds en-l'air       (IIne)
*UURRD  DUDUU  DRRDR  Offenbach  Tales of Hoffmann Act I: Il était une
*UURRD  DUDRU  DDRDD  Charles Ives  New England Holidays: Washington's
*UURRD  RRDUD  UUUDD  Elgar  Cockaigne overture 1t         [birthday 2t
*UURRD  UDDDU  UD     Dvořák  violin concerto in Ami op53 3m 3t
*UURRD  UDDRU  DDUDR  Perotin  Sederunt principes (chorus)
*UURRD  UDDUU  RRDUD  Khachaturian  Gayaneh ballet: Lullaby
*UURRD  UUDDR  RDUUD  Beethoven  Wellington's Sieg op91 2t
*UURRD  UUDDU  DDDUU  Schubert  impromptu/1 Cmi piano D899
*UURRD  UUDRU  DD     Hindemith  Trauermusik (for George V of England) 3m
*UURRD  UURRD  DDUUR  Hindemith  Mathis der Maler, symphony 3m 5t
*UURRD  UURRD  UU     Beethoven  string quartet/2 in G op18/2 3m 2t
*UURRD  UURRD  UURDD  Mozart  symphony/35 in D K385 'Haffner' 2m 2t
*UURRD  UURRD  UURRD  Bach  Well-tempered Clavier I: prelude/22 BWV867
*UURRD  UURRD  UURDD  Schubert  symphony/5 in B♭ 1m 1t D485
*UURRD  UURRR  UUDDD  Mahler  symphony/4 in G 1m 4t
*UURRR  DDUDD  URRRD  Haydn  symphony/43 in E♭ 2m
*UURRR  DRDDR  UUUDD  Kienzl  Der Evangeliman: Selig sind
*UURRR  DRDUU  RRRDU  Haydn  symphony/39 in Gmi 1m
*UURRR  DRRDR  DUURD  Haydn  symphony/89 in F 3m menuet
*UURRR  DUDUU  UUUDD  Haydn  symphony/83 in Gmi 'La Poule' 3m trio
*UURRR  DURDR  RRDUR  Bach  Cantata/10 Meine Seel'/2 Herr, Herr
*UURRR  DUUDD  UUURR  Poulenc  piano concerto 1m 1t
*UURRR  DUUDU  RRRDU  Kreisler  Liebeslied vln/piano (old Viennese
*UURRR  DUURR  RDUUR  Suppé  Light Cavalry overture 3t(a) [song] 1t
*UURRR  DUURR  RDUUR  Sullivan  Iolanthe II: When you're lying awake
*UURRR  DUUUR  RRDUD  Donizetti  Don Pasquale Act I: Quel guardo
*UURRR  RDDDR  RRUUU  Dvořák  sonatina violin/piano 2m 1t
*UURRR  RDDUD  DRR    Schubert  Die schöne Müllerin/2 Wohin?
*UURRR  RDUDR  DUUD   Bizet  L'Arlésienne suite/1 minuetto 2t
*UURRR  RDUUR  DUU    Mahler  Lieder eines fahrenden Gesellen/4
                               Die zwei blauen Augen
*UURRR  RDUUU  DDDUR  Schubert  Die Winterreise/20 Der Wegweiser
*UURRR  RRDUU  RRRRR  Sullivan  Mikado I: If you want
*UURRR  RRRDU  UDDUU  Dvořák  Slavonic dances/15 op72 3t
*UURRR  RRRRR  RRUUD  Sullivan  The Gondoliers Act I: In enterprise
```

```
*UURRR  RRUDD  UD      Gounod Faust Act IV: Souviens-toi du passé
*UURRR  RRUDD  URRRR   Haydn str quartet/74 Gmi op74/3 'Horseman' 4m 1t
*UURRR  RRURR  RRD     Sullivan The Gondoliers Act I: From the sunny
*UURRR  RRUUU  DDD     Bizet Carmen Act II quintet: Nous avons en tête
*UURRR  RRUUU  DRDDU   Sullivan The Mikado II: Brightly dawns
*UURRR  RUDDD  DDD     Mendelssohn Songs without words/12 F♯mi op30/6
*UURRR  RUDDD  URUUD   Haydn symphony/45 in F♯mi 'Farewell' 3m trio
*UURRR  RUDUD  UUURR   Haydn symphony/22 in E♭ 3m menuetto
*UURRR  RURUD  DDD     Schumann Der arme Peter (song) op53/3
*UURRR  RUUDR  RUUR    Britten Peter Grimes interlude/2: Sunday morning
*UURRR  UDDUD  DUUUU   Schubert sonatina/1 violin/piano in D 2m D384
*UURRR  UDRDD  DDUUD   Bellini Norma: overture 3t
*UURRR  UDRRU  UD      Haydn string quartet/49 in D op50 'The frog' 2m
*UURRR  UDRUD  UUDDD   Bach Cantata/140/1 Wachet auf, ruft uns BWV140
*UURRR  UDUUR  RD      Beethoven string quartet/13 in B♭ op130 4m 2t
*UURRR  URDRR  RDUUR   Walton Façade/1: Swiss yodelling song 3t
*UURRR  UUDDD  UURUD   Rimsky-Korsakov Capriccio espagnole: variations
*UURRR  UUDRR  RDUUR   Thomas Raymond overure 2t
*UURRR  UUDUU  DUURU   Sullivan Ruddigore Act I: Bridesmaids' chorus
*UURRR  UUUDU  DDUDD   Mozart piano concerto/11 in F K413 3m
*UURRR  UUUUU  DDDU    Schubert trio piano/vln/cello in E♭ 3m D929
*UURRU  DDDDD         Beethoven sonata/5 violin/piano op24 'Spring' 3m
*UURRU  DDDDU  UURRU   Mozart concerto 3 pianos in F K242 1m 2t
*UURRU  DDRDD  UURRU   Grieg Sigurd Jorsalfar 3m 1t
*UURRU  DDRDR  DUUDR   J Strauss Jr Morgenblätter 5t
*UURRU  DDRRU  UDDUD   Bach Cantata/212 'Peasant'/2 Mer habn en neue
*UURRU  DDRUU  RUDUD   Lalo Namouna suite: thème varié
*UURRU  DDUDD  DD      Janáček sinfonietta 5m
*UURRU  DDUUD  DDUDD   Mozart clarinet concerto in A K622 3m 1t
*UURRU  DRDDU  UD      Vaughan Williams The vagabond (song)
*UURRU  DRRUR  DU      Ravel Le grillon (song)
*UURRU  DRRUU  UDDDD   Schubert Military marches/3 1t piano 4 hands
*UURRU  DRURU  RRUUD   Mozart piano concerto/17 in G K453 3m  [D733
*UURRU  DUDDD  UURRR   Khachaturian violin concerto 2m
*UURRU  DUDUD  UDUDU   Mozart string quartet/23 in F K590 3m
*UURRU  DUDUU  UDDDD   Purcell Dido & Aeneas: Banish sorrow
*UURRU  DUDUU  URRUD   Mozart piano concerto/11 in F K413 2m
*UURRU  DUURR  UDUDR   Haydn symphony/53 in D 3m menuetto
*UURRU  RDDDD  UDRDR   Beethoven Adelaide (song)
*UURRU  RDDDU  DDDUD   Mozart symphony/24 in B♭ K182 2m
*UURRU  RDRUD  UDDDU   Boieldieu Le Calife de Baghdad overture 3t
*UURRU  RDRUD  URDDD   Gluck Orfeo ed Euridice III: Che farò
*UURRU  RRDRD  UURRU   Respighi Pines of Rome: Villa Borghese 3t
*UURRU  RUDUU  DDUUU   Holst 2 songs without wds op22 orch: Marching
*UURRU  UDDDR  DU      Liszt Hungarian rhapsody/1 E piano 2t [song 2t
*UURRU  UDRRU  DUDRD   Reissiger Die Felsenmühle: overture intro
*UURRU  UDURU  DURUD   Schumann Aufträge (song) op77/5
*UURRU  URRUD  DDUUR   Massenet Le Cid: Castillane
*UURRU  URUUU         Beethoven trio piano/vln/cello B♭ op97 'Archduke'
*UURRU  UURRR  RRRRD   Beethoven piano sonata/9 in E op14/1 3m  [2m 1t
*UURRU  UUUUD  DDUDU   Offenbach Tales of Hoffmann: Les oiseaux
*UURUD  DDDUD  UURUU   Hindemith organ sonata/1 2m 3t
*UURUD  DDDUU  UUDUU   Walton Façade suite/1: Tarantella Sevillana 1t
*UURUD  DDRUU  UURUD   Haydn string quartet/76 in D op76 3m
*UURUD  DDUUR  UUUDD   Vaughan Williams The lark ascending 3t
*UURUD  DDUUR  UUUUD   Vaughan Williams sym/6 Emi 1m tranquillo theme
*UURUD  DDUUU  RUDDU   D'Indy symph on a French mountain theme 1m 1t
```

178

*UURUD	DDUUU	UUUUU	**Humperdinck** Königskinder: prelude 1t(a)
*UURUD	DRDRD		**Sibelius** symphony/3 in C 2m
*UURUD	DRDUR	DDRD	**John Dowland** Come again! Sweet love
*UURUD	DRUUU	RUDD	**Sullivan** The Gondoliers II: In a contemplative
*UURUD	DUDDD	U	**Wagner** A Faust overture 2t
*UURUD	DUDDU	UDDUU	**Haydn** symphony/89 in F 2m
*UURUD	DUDRR	UDD	**Bizet** Les pêcheurs de perles: O Dieu Brahma
*UURUD	DUDUR	RDUUD	**de Falla** concerto harps'd/chamber orch in D 2m 1t
*UURUD	DUDUU	UDUDU	**Franck** Les Djinns 2t
*UURUD	DURUD	DRURU	**Haydn** horn concerto in D (1762) 2m 2t
*UURUD	DUURU	D	**Mahler** symphony/4 in G 2m 1t
*UURUD	DUUUU	UURUD	**Schubert** piano sonata in Cmi 3m menuetto D958
*UURUD	RDDUU	RUDRD	**Beethoven** piano sonata/29 in B♭ 'Hammerklavier'
*UURUD	RDRRU	DRDDU	**Mendelssohn** Ruy Blas overture 2t(b) [op106 1m 1t
*UURUD	RDURU	DDRDU	**Haydn** symphony/104 in D 'London' 3m menuet
*UURUD	RUDDD	RUUUU	**Kreisler** Rondino on a Beethoven theme vln/piano
*UURUD	RUDRD	RDDUU	**Ravel** Surgi de la croupe (Mallarmé song)
*UURUD	UDDDD	RUDUD	**Donizetti** Lucia di Lammermoor III: Tu che a Dio
*UURUD	UDDRU	URUUD	**Mendelssohn** Schilflied (song) op71/4
*UURUD	UDRDD	DUURU	**Dvořák** Slavonic dances/1 op46 1t
*UURUD	UDRUU	UDDDD	**Grieg** Two melodies, str orch: first meeting
*UURUD	UDUUU	D	**Massenet** Scènes Alsaciennes I 2t
*UURUD	UDUUU	DUDUD	**Mozart** Divertimento in F K138 1m
*UURUD	UUDDD	DDDUU	**Dvořák** sonatina violin/piano in G op100 1m 1t
*UURUD	UUDUD	D	**Holst** St Paul's suite 3m 2t
*UURUR	DDDDU	UDUDD	**Berlioz** Benvenuto Cellini Act I: Entre l'amour
*UURUR	DDUUR	DD	**Ravel** Mélodies grecques: Tout gai!
*UURUR	DRDDD	DDU	**Joseph Szulc** Clair de lune (song) op83/1
*UURUR	DRDRU	URURD	**J Strauss Jr** Blue Danube/1 1t
*UURUR	DRUDU	DUDRU	**Sir Henry Bishop** Home, sweet home (song)
*UURUR	DUURU	RRUDR	**Sibelius** symphony/4 in Ami 1m 2t
*UURUR	RDDUD	URRDU	**Warlock** Capriol suite: Mattachins
*UURUR	RUDRD	RRUDR	**Dvořák** Slavonic dances/16 op72 1t
*UURUR	UDDDD	DURUR	**Wagner** Tannhäuser Act II: Gepriesen sei
*UURUR	UDRDR	UUURU	**Mahler** symphony/5 in Cmi adagietto
*UURUR	UDUU		**Brahms** symphony/4 in Emi op98 4m 6t
*UURUU	DUDDD	RUDDU	**Rimsky-Korsakov** Scheherazade 2m 1t(b)
*UURUU	DUDUU	DUDUU	**Handel** harpsichord suite/8 in Fmi 2m
*UURUU	DUUDU	U	**Rachmaninov** piano concerto/2 in Cmi 2m 1t(a)
*UURUU	DUURU	UDDDD	**Beethoven** string quartet/15 in Ami op132 2m 1t
*UURUU	DUURU	URDUU	**Bach** suite/3 in D, orch 2t BWV1068
*UURUU	DUURU	URUUD	**Beethoven** symphony/5 in Cmi 2m 2t
*UURUU	RRRUD	DRRRU	**Mozart** symphony/33 in B♭ K319 4m 3t
*UURUU	RUDDD	DDDDU	**Bach** concerto 3 harpsichords/1 Dmi 1m BWV1063
*UURUU	RUDDD	UDD	**Josef Suk** Serenade for strings in E♭ op6 1m 2t
*UURUU	RURU		**Handel** concerto grosso in A op6/11
*UURUU	RUUDD	RDDRD	**Chopin** étude/12 in Cmi op25
*UURUU	RUUDR	UDR	**Schumann** Lieb' Liebchen (song) op24/4
*UURUU	RUUDU		**Donizetti** La fille du Régiment I: Il est là
*UURUU	RUURU		**Liszt** Gnomenreigen étude, piano 1t
*UURUU	RUUUD	UDUDU	**Bach** organ prelude in C BWV547
*UURUU	RUUUU	DDDRD	**Debussy** L'Isle joyeuse, piano 2t
*UURUU	UDDDD	DD	**Berlioz** Fantastic symphony 5m 3t
*UURUU	UDDDR	DDUD	**Mahler** symphony/2 in Cmi 4m 1t
*UURUU	UDUDR	RUDDD	**Mozart** piano concerto/13 in C K415 1m 2t
*UURUU	UDUUD	D	**Mozart** Divertimento in F K247 6m
*UURUU	URUDD	DDDUD	**Offenbach** Gaité Parisienne: valse lente

```
*UURUU  URUDD  DDDUU   Offenbach  Orpheus in Hades Act I Duo
*UURUU  URUUU  UUDDU   Prokofiev  Music for children: waltz
*UURUU  UURUU  UUR     Wagner  Parsifal: prelude 2t
*UURUU  UUUDD  DDDDD   Bach  sonata/2 violin/Clavier in A 2m BWV1015
*UURUU  UUUDU  DUDD    Handel  sonata for flute/fig bass in F op1/11 1m
*UUUDD  DDDDD  DDDUU   Smetana  The bartered bride: Dance of comedians 4t
*UUUDD  DDDDD  DDDUU   Mozart  string quartet/23 in F K590 1m
*UUUDD  DDDDD  DDUDD   Scarlatti  harpsichord sonata in G Kp14
*UUUDD  DDDDD  DDUUU   Beethoven  str qtet/9 C 'Rasoumovsky' op59/3 2m
*UUUDD  DDDDD  DDUUU   Handel  organ concerto in Bb op7/1 2m 1t
*UUUDD  DDDDD  DDUUU   Ravel  Daphnis & Chloë suite/1 5t
*UUUDD  DDDDD  DUUUD   Handel  capriccio/3 in G, keyboard
*UUUDD  DDDDD  UDUDD   Grieg  sonata violin/piano in Gmi op13 3m 2t
*UUUDD  DDDDD  UUUDD   Dvořák  quartet piano/strings in Eb op87 4m 1t
*UUUDD  DDDDR  UUUDR   Puccini  Madam Butterfly Act I: Amore grillo
*UUUDD  DDDDU  UDDUD   Schumann  symphony/2 in C op61 2m 1t
*UUUDD  DDDDU  UDUDU   Bach  organ prelude in G BWV541
*UUUDD  DDDDU  UDUDU   Chopin  mazurka/31 1t op50/2
*UUUDD  DDDRD  UDUDR   Dvořák  trio piano/vln/cello in Fmi op65 1m 1t
*UUUDD  DDDRD  UUDDU   Mahler  symphony/6 in Ami 1m 2t
*UUUDD  DDDRU  UUUD    Beethoven  Fidelio: Leonora overtures 2 & 3 2t
*UUUDD  DDDUD  DDDUU   Mahler  symphony/2 in Cmi 3m 3t
*UUUDD  DDDUU  D       Bruckner  symphony/3 in Dmi 1m 2t
*UUUDD  DDDUU  DUDUD   Bach  Well-tempered Clavier Bk I: prel/24 BWV869
*UUUDD  DDDUU  UDDDD   Bach  sonata/2 solo violin in Ami: allegro BWV1003
*UUUDD  DDDUU  UDDDD   Haydn  symphony/48 in C 4m
*UUUDD  DDDUU  UUDDD   Sullivan  Pirates of Penzance I: Pour, oh pour
*UUUDD  DDDUU  UUDDD   Mozart  piano concerto/13 in C K415 3m
*UUUDD  DDDUU  UUDDU   Mozart  sonata/24 violin/piano in F K376 1m 1t
*UUUDD  DDDUU  UUDUD   Schumann  Album for the young: soldiers' march
*UUUDD  DDRDR  DUUUD   Beethoven  Ah! Perfido (aria) op65
*UUUDD  DDRUD  URDDD   Paganini  violin concerto/1 in Eb(D) op6 3m 2t
*UUUDD  DDRUR  UUUDD   Stravinsky  Petrushka: Danse Russe 1t
*UUUDD  DDRUU  UUDDD   Debussy  Nocturnes, orch: Nuages 2t
*UUUDD  DDUD           Bartok  Contrasts vln/clar/piano 2m Relaxation
*UUUDD  DDUDD  DDRUD   Brahms  trio piano/vln/cello in Ami op114 1m 1t
*UUUDD  DDUDD  DDUDR   Fauré  barcarolle/6 in Eb op70
*UUUDD  DDUDD  DDUUU   Dvořák  Bagatelles for piano/str op47 4m
*UUUDD  DDUDD  DUUU    Weber  Euryanthe overture 3t
*UUUDD  DDUDD  URDD    Vaughan Williams  London symphony 2m 1t
*UUUDD  DDUDD  UUUDD   Walton  Façade suite/1: Swiss yodelling song 1t
*UUUDD  DDUDD  UUUUD   Delius  Eventyr 1t
*UUUDD  DDUDU  DDUDD   Brahms  symphony/4 in Emi op98 2m 3t
*UUUDD  DDUDU  DDUDU   Mozart  piano concerto/27 in Bb K595 3m 1t
*UUUDD  DDUDU  DUD     Mozart  string quintet/5 in D K593 1m 2t
*UUUDD  DDUDU  UDUDU   Schubert  Die Winterreise/6 Wasserflut
*UUUDD  DDUDU  UDUDU   Vaughan Williams  symphony/4 in Fmi 2m
*UUUDD  DDUDU  UDUDU   Bruckner  symphony/5 in Bb 1m 2t
*UUUDD  DDUDU  UUUDD   Borodin  symphony/2 in Bmi 2m 2t
*UUUDD  DDURD  UUDUU   Handel  organ concerto in Bb op4/2 4m
*UUUDD  DDURU  UUDUD   Rimsky-Korsakov  Scheherazade 3m 1t
*UUUDD  DDURU  UUUDD   Roger Quilter  Love's philosophy (song)
*UUUDD  DDUUD  DUDDD   Shostakovich  2 pieces for string octet/1 1t
*UUUDD  DDUUD  DUDUD   Moszkowski  Spanish dances/4 op12 2t
*UUUDD  DDUUD  UUDUU   Stravinsky  violin concerto in D 2m aria A
*UUUDD  DDUUD  UUUDU   Alan Rawsthorne  quintet for clarinet/strings 1m
*UUUDD  DDUUR  RUD     Ravel  Chanson à boire (Don Quichotte)
```

*UUUDD	DDUUU	DDDDD	**Ravel** Tzigane, violin/orch 2t
*UUUDD	DDUUU	DDDDU	**D'Indy** Suite en parties op91 3m sarabande 1t
*UUUDD	DDUUU	DDDU	**Sullivan** HMS Pinafore Act I: We sail the ocean
*UUUDD	DDUUU	DRDD	**Verdi** string quartet in Emi 3m 2t
*UUUDD	DDUUU	RRUDD	**Mahler** symphony/5 in Cmi 1m funeral march 2t
*UUUDD	DDUUU	UDDDD	**Respighi** Fountains of Rome: Villa Medici 2t
*UUUDD	DDUUU	UDDDD	**Verdi** Otello Act III: Dio ti giocondi
*UUUDD	DDUUU	UDDDD	**Stravinsky** Petrushka: Tour de Passe-passe
*UUUDD	DDUUU	UDUDD	**Kreisler** Liebesfreud (Viennese song) vln/piano 1t
*UUUDD	DDUUU	UDUUD	**de Falla** concerto harps'd/chamber orch D 1m 2t
*UUUDD	DDUUU	UUDDU	**Beethoven** sonata/4 violin/piano in A op23 2m
*UUUDD	DRDDU	UUDDD	**Flotow** Martha: The last rose of summer
*UUUDD	DRDRR	DURDU	**Haydn** My mother bids me bind my hair (song)
*UUUDD	DRDUU	DDD	**Meyerbeer** Les Huguenots: Nobles Seigneurs
*UUUDD	DRRDR	UUUDD	**Schumann** Kinderszenen/5 op15 piano
*UUUDD	DRRRR	UUUUD	**Schubert** symphony/5 in B♭ 3m 1t D485
*UUUDD	DRUDD	UUD	**Mozart** symphony/39 in E♭ K543 1m 1t
*UUUDD	DRUDD	UUUUR	**Schubert** piano sonata in G 2m 1t D894
*UUUDD	DRUDR	DU	**Beethoven** str qtet/8 Emi op59/2 'Rasoumovsky' 3m
*UUUDD	DRUDU	DURU	**Offenbach** Tales of Hoffmann IV: C'est une [1t
*UUUDD	DRURU	UD	**Pilkington** Rest, sweet nymphs
*UUUDD	DRUUD	DD	**Mendelssohn** string quartet/1 in E♭ op12 4m 2t
*UUUDD	DRUUD	DDDRR	**Glazunov** Valse de concert op47 1t
*UUUDD	DRUUU	DDUUU	**Beethoven** piano sonata/27 in Emi op90 2m
*UUUDD	DRUUU	UDUDD	**Dvořák** wedding dance from Die Waldtaube 1t
*UUUDD	DUDDD	DDDUU	**Handel** sonata for oboe/fig bass in Gmi op1/6 4m
*UUUDD	DUDDD	DUUDR	**Sullivan** Pirates of Penzance II: When a felon's
*UUUDD	DUDDD	DUUDU	**Bach** Christmas oratorio/57 Nur ein Wink
*UUUDD	DUDDD	RUUDU	**Pelham Humphrey** I pass all my hours (song)
*UUUDD	DUDDD	UDDDD	**Schumann** symphony/4 in Dmi op120 1m 1t
*UUUDD	DUDDD	UDDUU	**Malcolm Arnold** brass quintet 3m
*UUUDD	DUDDD	UDUUU	**Bach** suite/3 in D orch: Bourrée BWV1068
*UUUDD	DUDDD	UUUUD	**Wagner** Siegfried Act III: Siegfried, Herrlicher!
*UUUDD	DUDDD	UUUUU	**Mendelssohn** string quartet/4 in Emi op44/2 4m 1t
*UUUDD	DUDDR	UUUUD	**Dufay** Adieu m'amour
*UUUDD	DUDDU	DDDD	**Shostakovich** symphony/9 in E♭ op70 2m 1t
*UUUDD	DUDDU	DDUDD	**Schumann** string quartet in Ami op41/1 1m 2t(b)
*UUUDD	DUDDU	UDUD	**Massenet** Phèdre overture 3t
*UUUDD	DUDDU	UUDDD	**Brahms** concerto vln/cello/orch Ami op102 2m 1t
*UUUDD	DUDDU	UUDDR	**Brahms** Serenade in D op11 2m 2t
*UUUDD	DUDDU	UUUUD	**Sibelius** str quartet op56 'Voces intimae' 3m 1t(b)
*UUUDD	DUDRD	RDUUD	**Schumann** cello concerto in Ami op129 1m 1t
*UUUDD	DUDUD	DDURU	**Sibelius** valse triste op44 4t
*UUUDD	DUDUD	DDUUR	**Bach** Magnificat in D/1 Magnificat
*UUUDD	DUDUD	DUDDU	**Schubert** piano sonata in Ami 2m D784
*UUUDD	DUDUD	RUUUD	**Tchaikovsky** Theme and variations op19 piano
*UUUDD	DUDUU	DDDU	**Mahler** Das Lied von der Erde/5 Der Trunkene
*UUUDD	DUDUU	DUDDD	**Mozart** symphony/29 in A K201 2m 2t
*UUUDD	DUDUU	DURU	**Mahler** symphony/4 in G 4m 3t
*UUUDD	DUDUU	UDUDD	**Vaughan Williams** Flos campi 2m 3t
*UUUDD	DUDUU	UUDDD	**Beethoven** symphony/9 in Dmi 'Choral' 2m 2t
*UUUDD	DUDUU	UUUUD	**Verdi** Aida Act IV: Vedi? di morte l'angelo
*UUUDD	DURDD	DUDDD	**Bach** St John Passion/34 Zerfliesse mein Herze
*UUUDD	DUUDD	DRRUU	**Mozart** sonata/26 violin/piano in B♭ K378 1m
*UUUDD	DUUDD	DUUDD	**Schumann** string quartet in F op41 1m 1t
*UUUDD	DUUDD	DUUDD	**Weber** Euryanthe overture 1t(a)
*UUUDD	DUUDD	RRDDU	**Mahler** Kindertotenlieder/2 Nun seh' ich wohl

*UUUDD	DUUDD	UDDDD	**Rimsky-Korsakov** Kitezh: Battle of Kershenetz 2t
*UUUDD	DUUDD	UDRRU	**Jeremiah Clarke** trumpet voluntary
*UUUDD	DUUDD	UUUUD	**Beethoven** piano sonata/29 B♭ 'Hammerklavier' 1m
*UUUDD	DUUDU	DDUDU	**Dvořák** quartet piano/strings in E♭ op87 2m 2t
*UUUDD	DUUDU	UUUUD	**Paganini** caprice for violin op1/15
*UUUDD	DUUDU	UUUUU	**Richard Strauss** Also sprach Zarathustra 7t(a)
*UUUDD	DUURD	UUUDD	**Copland** El salòn Mexico 4t
*UUUDD	DUUUD	DDDDD	**Sibelius** symphony/6 in Dmi op104 2m 1t
*UUUDD	DUUUD	DDRUD	**Saint-Saëns** piano concerto/4 op44 1m 1t
*UUUDD	DUUUD	DDUDD	**Handel** sonata violin/fig bass in F op1/12 2m
*UUUDD	DUUUD	DDUDU	**Tchaikovsky** piano concerto/2 in G 2m 1t(b)
*UUUDD	DUUUD	DDUUR	**J B Senaillé** (Intro &) Allegro spiritoso for
*UUUDD	DUUUD	DDUUU	**Ravel** Rapsodie espagnole 4m 1t [bassoon/piano
*UUUDD	DUUUD	DDUUU	**Schubert** symphony/1 in D 1m 2t D82
*UUUDD	DUUUD	DDUUU	**Schumann** quartet piano/strings in E♭ op47 2m 1t
*UUUDD	DUUUD	DDUUU	**Beethoven** symphony/6 in F 'Pastoral' 1m 3t(a)
*UUUDD	DUUUD	DDUUU	**Rossini** Boutique fantasque 1m 1t
*UUUDD	DUUUD	DDUUU	**Moszkowski** Spanish dances op13/3 1t
*UUUDD	DUUUD	DDUUU	**Sibelius** Romance, piano 2t op24/9
*UUUDD	DUUUD	DRUDU	**Adam** Si j'étais Roi, overture 4t
*UUUDD	DUUUD	DRUUU	**Brahms** symphony/3 in F op90 3m 1t
*UUUDD	DUUUD	DRUUU	**Mendelssohn** piano concerto/1 in 3t
*UUUDD	DUUUD	DUDUU	**Bach** Partita/4 in D, Clavier: gigue BWV828
*UUUDD	DUUUD	UDUDD	**Elgar** symphony/1 in A♭ op55 1m 1t
*UUUDD	DUUUD	UUDD	**Shostakovich** concerto piano/trpt/orch op35 1m 3t
*UUUDD	DUUUD	UUUDD	**Bach** Well-tempered Clavier I: prel/20 BWV865
*UUUDD	DUUUD	UUUDD	**Ravel** Jeux d'eau, piano 1t
*UUUDD	DUUUD	UUUDU	**Mozart** Divertimento/14 in B♭ K270 3m
*UUUDD	DUUUU	DDDDD	**Telemann** concerto in G for viola/strings 2m
*UUUDD	DUUUU	DDDU	**Brahms** Sandmännchen (song, Little sandman)
*UUUDD	DUUUU	DUUDU	**Wagner** Parsifal Act I: Des Haines Tiere
*UUUDD	DUUUU	UDDDR	**Bach** sonata/1 for flute/Clavier Bmi 2m BWV1030
*UUUDD	DUUUU	UDDUU	**Bach** Cantata/45 Es ist dir gesagt/II/2 Wer Gott
*UUUDD	DUUUU	UDUDU	**Brahms** quartet piano/strings in Emi op25 1m 2t
*UUUDD	DUUUU	UDURD	**Massenet** Thais: Dis-moi que je suis belle
*UUUDD	DUUUU	UUDD	**Tchaikovsky** Eugene Onegin Act I: Letter scene
*UUUDD	DUUUU	UUDUU	**Bach** 3-part inventions/13 in Ami Clavier BWV799
*UUUDD	DUUUU	UUUUU	**Bach** Suite/1 in C orch: Bourrée BWV1066
*UUUDD	RDDDD	DDDUU	**Vivaldi** concerto in Ami op3/6 3m
*UUUDD	RDDUD	DRDDU	**Dvořák** symphony/8 in G op88 3m 1t
*UUUDD	RDDUD	URDUU	**Vaughan Williams** Fantasia on Tallis theme 2t
*UUUDD	RDDUD	UUUDD	**Brahms** string sextet in G op36 3m
*UUUDD	RDDUU	UDDDU	**Grieg** sonata violin/piano in Gmi op45 2m 1t
*UUUDD	RDDUU	UDDRD	**Mozart** violin concerto/1 in B♭ K207 2m
*UUUDD	RDRUU	UD	**Rossini** William Tell Act I Bridal chorus: Ciel
*UUUDD	RDUUD	DUUUU	**Mahler** Phantasie (song)
*UUUDD	RDUUD	RRUDD	**Dvořák** string quartet in Dmi op34 3m
*UUUDD	RRRDD	DDDDU	**Mascagni** Cavalleria rusticana: Turiddu, mi tolse
*UUUDD	RRUDU	DURDD	**Haydn** symphony/94 in G 4m
*UUUDD	RUDDD	RUDRU	**Mozart** symphony/41 in C K551 'Jupiter' 1m 2t
*UUUDD	RUDDD	UUDDU	**Beethoven** string quartet/15 in Ami op132 1m 2t
*UUUDD	RUDDR	UUUUU	**Smetana** The bartered bride Act I: Now's the time
*UUUDD	RUDDU	DRUDD	**Mozart** piano concerto/16 in D K451 3m
*UUUDD	RUDDU	UDDD	**Beethoven** string quartet/1 in F op18/1 2m
*UUUDD	RURDD		**Sibelius** symphony/7 in C op105 10t
*UUUDD	RUUUD	DDDDU	**Beethoven** Missa solemnis: Agnus Dei 3t
*UUUDD	RUUUD	DDRUD	**Berlioz** La damnation de Faust: Voici des roses

*UUUDD	RUUUD	UDUUU	**Thomas** Mignon: ov 1t and Connais-tu le pays
*UUUDD	UDDDD	DDUU	**Albeniz** Cordoba (nocturne) piano 2t
*UUUDD	UDDDD	URUUU	**Dvořák** cello concerto in Bmi 3m 1t
*UUUDD	UDDDD	URUUU	**Delibes** Coppelia: waltz
*UUUDD	UDDDU	DDDDU	**Brahms** string quartet in B♭ op87 2m 1t
*UUUDD	UDDDU	DDDUD	**Bach** organ prelude in A BWV536
*UUUDD	UDDDU	DDUUD	**Mahler** Selbstgefühl (song)
*UUUDD	UDDDU	DU	**Mendelssohn** string quartet/3 in D op44 2m 1t
*UUUDD	UDDDU	DUDUD	**Buxtehude** chaconne in Emi organ
*UUUDD	UDDDU	RDU	**Weber** Der Freischütz Act III: Und ob die Wolke
*UUUDD	UDDDU	UUUDD	**Wagner** Siegfried Idyll 3t
*UUUDD	UDDDU	UUUUU	**Debussy** sonata for violin/piano in Cmi 3m
*UUUDD	UDDRD	DUDR	**Debussy** string quartet in Gmi 2m 1t(b)
*UUUDD	UDDRD	UDUDD	**Fauré** Après un rêve (song) op7/1
*UUUDD	UDDRR	UDDDD	**Haydn** The Creation pt 2: In holder Anmut
*UUUDD	UDDRU	UUUUU	**Mahler** symphony/4 in G 3m 3t
*UUUDD	UDDUD	DUDDU	**Britten** Simple symphony 2m playful pizzicato 1t
*UUUDD	UDDUD	DUUUU	**Bach** Well-tempered Clavier Bk I: prel/15 BWV860
*UUUDD	UDDUD	UDDDD	**Bach** organ fugue in C BWV545
*UUUDD	UDDUD	UUDDU	**Mendelssohn** string quartet/3 in D op44/1 2m 2t
*UUUDD	UDDUD	UUUUU	**John Field** nocturne/3 piano
*UUUDD	UDDUR	UDDUD	**Ivanovici** Donauwellen/1 (Waves of the Danube)
*UUUDD	UDDUR	URDDU	**Berlioz** Requiem/3 Quid sum miser [(misquoted)
*UUUDD	UDDUU	DDUD	**Bach** English suite/1 in A bourrée 2t BWV806
*UUUDD	UDDUU	DDUDU	**Brahms** sonata for cello/piano in Emi op38 1m 1t
*UUUDD	UDDUU	DUDDU	**Bach** Motet/5/1 Komm, Jesu, komm BWV229
*UUUDD	UDDUU	DUUDU	**Rimsky-Korsakov** Snow maiden: Dance of buffoons 1t
*UUUDD	UDDUU	RUUUD	**Brahms** string sextet in G op36 4m 1t
*UUUDD	UDDUU	UDDDU	**Chopin** ballade/1 op23 1t
*UUUDD	UDDUU	UDDDU	**Brahms** piano sonata in Fmi op5 2m 3t
*UUUDD	UDDUU	UUDDD	**Handel** Judas Maccabeus: Oh lovely peace
·*UUUDD	UDDUU	UUDDU	**Beethoven** symphony/3 in E♭ 'Eroica' 2m 4t
*UUUDD	UDDUU	UUDUU	**Grieg** French serenade op62/3 piano
*UUUDD	UDDUU	UUUDD	**Saint-Saëns** Havanaise, violin/orch op83 3t
*UUUDD	UDRDR	DRU	**Debussy** Estampes, piano: Jardins sous la pluie 1t
*UUUDD	UDRDR	RRDRR	**Mozart** Don Giovanni overture 1t
*UUUDD	UDRDR	UUUDD	**Grieg** cradle song op68/5 piano
*UUUDD	UDRUU	DDUDU	**Mozart** Die Entführung Act I: Singt dem grossen
*UUUDD	UDUDD	D	**Bach** Mass in B minor/23 Dona nobis pacem
*UUUDD	UDUDD	DDDD	**Schubert** string quartet/13 in Ami 1m 2t D804
*UUUDD	UDUDD	DDDUD	**Brahms** Tragic overture op81 1t
*UUUDD	UDUDD	DDUDU	**Delibes** Le Roi s'amuse: gaillarde
*UUUDD	UDUDD	DR	**Rimsky-Korsakov** Sadko Scene IV: Song of Viking
*UUUDD	UDUDD	DUUDD	**Beethoven** sonata/7 violin/piano in Cmi op30/2 4m
*UUUDD	UDUDD	DUUUD	**de Falla** El amor brujo: Amor dolido
*UUUDD	UDUDD	UDDDD	**Handel** sonata for flute/vln/fig bass Cmi op2/1 2m
*UUUDD	UDUDD	UDDUD	**Rossini** Stabat Mater: Cujus animam
*UUUDD	UDUDD	UUUDD	**Dvořák** string sextet op48 3m
*UUUDD	UDUDR	DD	**Bach** Mass in B minor/6 Gratias agimus tibi
*UUUDD	UDUDU	DUDDU	**Beethoven** symphony/4 in B♭ 1m 1t
*UUUDD	UDUDU	DUDUD	**Tchaikovsky** symphony/5 in Emi op64 4m 3t
*UUUDD	UDUDU	DUDUR	**Mozart** symphony/39 in E♭ K543 2m 1t
*UUUDD	UDUDU	DUUDD	**Beethoven** piano sonata/23 Fmi op57 'Appassionata'
*UUUDD	UDUDU	DUUUD	**J Strauss Jr** Artist's life/5 1t [1m 2t
*UUUDD	UDUDU	UUDDU	**Schumann** symphony/4 in Dmi op120 2m 1t
*UUUDD	UDUDU	UUUDD	**Beethoven** symphony/4 in B♭ 1m 4t
*UUUDD	UDUDU	UUUDD	**Grieg** Lyric suite op54 piano: March of dwarfs 2t

```
*UUUDD UDURD DDUDD  Bach  Well-tempered Clavier Bk I: fugue/5 BWV850
*UUUDD UDURR RDDUD  Haydn  symphony/92 in G 3m menuet
*UUUDD UDURU UUU    Tchaikovsky  Eugene Onegin Act I: Letter scene
*UUUDD UDUUD DDDUD  Schubert  Die Winterreise/22 Mut!
*UUUDD UDUUD DUDUD  Fauré  Pavane op50
*UUUDD UDUUD DUUDD  Brahms  quintet for piano/strings Fmi op34 1m 1t
*UUUDD UDUUR UDUDU  Bach  Partita/5 in G, Clavier: courante
*UUUDD UDUUR DDDUD  Bach  St Matthew Passion/1 Kommt ihr Töchter
*UUUDD UDUUU DDDU   Balakirev  Islamey, oriental fantasy, piano 2t(b)
*UUUDD UDUUU DDUDU  Dvořák  symphony/8 in G op88 2m
*UUUDD UDUUU DDUDU  Henri Rabaud  La procession nocturne 1t or 2t
*UUUDD UDUUU DRDDU  Mendelssohn  octet in E♭ op20 1m 2t
*UUUDD UDUUU UDUDU  Brahms  string quartet in B♭ op87 3m 2t
*UUUDD UDUUU UUDDD  Bach  concerto flute/vln/harps'd/str Ami 1m BWV
*UUUDD UDUUU UUDDU  Sibelius  symphony/4 in Ami op63 2m 2t      [1044
*UUUDD URDRD UUDDD  Dvořák  Slavonic dances/4 op46 1t
*UUUDD URDUU DUURD  Brahms  sonata cello/piano in Emi op38 2m 1t
*UUUDD URDUU URUUR  Mendelssohn  Wie kann ich froh (folk song)
*UUUDD UUDDD DDUUU  Dvořák  str quartet in F 'American' 3m 2t(a)
*UUUDD· UUDDD UDDUD  Brahms  trio/2 piano/vln/cello in C op87 4m 1t
*UUUDD UUDDD UUUD   Mozart  Die Zauberflöte Act I: Wie stark ist
*UUUDD UUDDU DDRD   Roger Quilter  Now sleeps the crimson petal
*UUUDD UUDDU DDUUU  Schumann  symphonic études/3 in C♯mi op13 piano
*UUUDD UUDDU DUUDD  Brahms  symphony/2 in D op73 2m 4t
*UUUDD UUDDU DUUUD  Dvořák  trio piano/vln/cello Emi op90 'Dumky' 4m 1t
*UUUDD UUDDU RDDDU  MacDowell  With sweet lavender (Reverie) piano
*UUUDD UUDDU UDUUD  Bach  Well-tempered Clavier Bk II: prel/20 BWV889
*UUUDD UUDDU URDUD  Bach  St Matthew Passion/36 Ach nun ist mein
*UUUDD UUDDU UUDDU  Brahms  Capriccio in Bmi op76/2 piano
*UUUDD UUDUD DUUDU  Handel  Messiah: His yoke is easy
*UUUDD UUDUD UUDDD  Mahler  symphony/9 in D 4m 3t
*UUUDD UUDUU RRDDD  Vaughan Williams  The lark ascending, vln/orch 2t
*UUUDD UUDUU UDDUU  Brahms  quartet piano/strings in Cmi op60 2m 2t
*UUUDD UUDUU UDDUU  Beethoven  symphony/5 in Cmi 1m 4t
*UUUDD UURDD UD     Beethoven  Prometheus overture 1t
*UUUDD UURDD UUUUD  Haydn  symphony/26 in Dmi 2m
*UUUDD UURDU RDUUD  Beethoven  Missa solemnis: Agnus Dei 1t
*UUUDD UUUDD DDDDU  Brahms  piano concerto/1 in Dmi op15 1m 4t
*UUUDD UUUDD DDDUU  Brahms  piano concerto/2 in B♭ op83 1m 1t
*UUUDD UUUDD RDUUD  Beethoven  string quartet/11 in Fmi op95 4m
*UUUDD UUUDD UDUUD  Respighi  The birds: intro
*UUUDD UUUDD UUDDU  Bach  Well-tempered Clavier II: fugue/10 BWV879
*UUUDD UUUDD UUDUR  Mozart  string quartet/1 in G K80 3m 2t
*UUUDD UUUDD UUUDD  Chopin  piano concerto/2 in Fmi op21 3m 2t
*UUUDD UUUDD UUUDR  Ravel  Rapsodie espagnole 3m 3t
*UUUDD UUUDD UUUU   Brahms  string sextet in B♭ op18 2m
*UUUDD UUUDR UUDRR  Tchaikovsky  suite/1: Marche miniature 2t
*UUUDD UUUDR UUDUU  Copland  El salòn Mexico 7t
*UUUDD UUUDU DDDD   Verdi  Aïda Act II duet: Amore amore! gaudio
*UUUDD UUUDU DRDDU  MacDowell  piano concerto/2 1m 2t
*UUUDD UUUDU DUDD   Verdi  Nabucco Act II: Il maledetto (& ov 1t)
*UUUDD UUUDU RDDRD  Mahler  Kindertotenlieder/3 Wenn dein Mutterlein
*UUUDD UUUDU RRRDD  Bach  Cantata/212 'Peasant'/14 Kleinzschocher
*UUUDD UUUDU UUDUU  Liszt  Hungarian rhapsody/2 in C♯mi piano 2t
*UUUDD UUURR DUUUR  Debussy  Préludes Bk I/12 Minstrels, piano
*UUUDD UUUUD DDDUU  Brahms  quartet piano/strings in Cmi op60 4m 3t
*UUUDD UUUUD DDDUU  Purcell  Ode on St Cecilia's day/9 The airy
```

184

```
*UUUDD UUUUD DDUUU   Brahms symphony/1 in Cmi op68 4m 3t
*UUUDD UUUUD DUUDD   Bach Well-tempered Clavier II: fugue/6 BWV875
*UUUDD UUUUD UUDUD   Franck string quartet in D 4m 3t
*UUUDD UUUUD UUU     Sibelius symphony/4 in Ami op63 3m 1t
*UUUDD UUUUD UUUDD   Grieg sonata violin/piano in Cmi op45/3 1m 1t
*UUUDD UUUUD UUUUR   Richard Strauss Also sprach Zarathustra: intro
*UUUDD UUUUD UUUUU   Wagner Parsifal Act II: Ich sah das Kind
*UUUDD UUUUU DDDDD   Waldteufel Pomona waltz 3t
*UUUDD UUUUU DDUUD   Tchaikovsky piano concerto/2 in G 2m 1t(a)
*UUUDD UUUUU DRUUU   Sibelius Spring is flying (song)
*UUUDD UUUUU UDDDU   Haydn The Creation: Nun scheint in vollem
*UUUDD UUUUU UDUUD   Bruckner symphony/7 in E 1m 2t
*UUUDR DDDDU UD      Donizetti Lucrezia Borgia Act II: Il segreto
*UUUDR DDDUD UUDUU   Arne Water parted from the sea (song)
*UUUDR DDDUU DDDDU   Massenet Les Erinnyes: Grecque 2t
*UUUDR DDDUU DDDRD   MacDowell suite/2 (Indian)/3 In war time
*UUUDR DDRD          Mahler Das Lied von der Erde/1 Das Trinklied
*UUUDR DDUUU UDUD    Elgar Dream of Gerontius: Softly and gently
*UUUDR DRDRD RUU     Mozart symphony/39 in E♭ K543 1m 3t
*UUUDR DRDUU UDRDR   Meyerbeer Les patineurs 1m 3t
*UUUDR DRUDR DRUDD   Schumann symphony/4 in Dmi op120 4m 3t
*UUUDR DRUUU DDRDD   Liszt Missa choralis: Gloria
*UUUDR DUDUD UDDDD   Mozart bassoon concerto in B♭ K191 3m
*UUUDR DUUDU UUURU   Debussy Suite Bergamasque: menuet 1t
*UUUDR DUUUD DUD     Tchaikovsky Nutcracker suite: Waltz of flowers
*UUUDR DUUUU DDDDD   Mozart Rondo in C violin/orch K373        [1t
*UUUDR DUUUU DRDUU   John Dowland Melancholy galliard
*UUUDR RDDUD DDUDD   Schumann symphony/3 in E♭ op97 'Rhenish' 5m 1t
*UUUDR RRDDU DRRUD   Schubert Deutsche Tänze/6 piano D783
*UUUDR RRDDU RRRRR   Mussorgsky Boris Godunov II: Boris's monologue
*UUUDR RRRRR UDUDD   Handel organ concerto in F op4/4 4m 1t
*UUUDR RRUUU UDRRR   Handel organ concerto in B♭ op4/6 1m
*UUUDR RUDDD UDDDD   Hummel trumpet concerto in E 1m
*UUUDR RUDRR UDUDU   Schubert Gretchen am Spinnrade (song) D118
*UUUDR RUUUD R       Schumann string quartet/3 in A op41/3 1m 2t
*UUUDR UDDUU UUUUD   Mahler symphony/4 in G 1m 1t
*UUUDR UDRUD RUDRD   Schubert piano sonata in B 1m 1t D575
*UUUDR UDRUD UDDDU   Bach Cantata/147/10 Jesu Joy (accomp't) BWV147
*UUUDR UDUUU DUDUU   Mozart piano concerto/8 in C K246 1m 1t
*UUUDR URDDU DURUD   Beethoven Missa solemnis: Credo
*UUUDR URDUU DUDDU   Handel sonata for flute/fig bass in C op1/7 2m
*UUUDR UUDDD DUDDU   Bach Cantata/93 Wer nur/3 Man halte nur ein
*UUUDR UUUDD UUUUD   Beethoven symphony/6 in F 'Pastoral' 3m 1t(b)
*UUUDR UUUDR UUUU    Richard Strauss Cäcilie (song) op27/2
*UUUDU DDD           Tchaikovsky Capriccio italien op45 1t
*UUUDU DDDD          Tchaikovsky symphony/2 in Cmi op17 4m 1t
*UUUDU DDDDD DDDDD   Bach Musikalische Opfer BWV1079
*UUUDU DDDDD DDDUD   Shostakovich concerto for piano/trpt/orch 2m 2t
*UUUDU DDDDD DUU     Bach French suite/3 in Bmi: sarabande BWV814
*UUUDU DDDDD DUUUU   Bach 3-part inventions/7 in Emi Clavier BWV793
*UUUDU DDDDD DUUUU   Saint-Saëns symphony/3 in Cmi op78 3m 2t
*UUUDU DDDDD UUDDU   Handel Semele Act II: Where'er you walk
*UUUDU DDDDD UUUDD   Haydn cello concerto in C 2m
*UUUDU DDDDD UUUDU   Bach Brandenburg concerto/1 in F 1m BWV1046
*UUUDU DDDDD UUUUD   Respighi Fountains of Rome: Valle Giulia 1t
*UUUDU DDDDR UUUDU   Brahms Sonntag (song) op46/3
*UUUDU DDDDU         Hindemith Mathis der Maler, symphony 1m 3t
```

185

```
*UUUDU DDDDU DDDDU    Verdi Il trovatore Act III: Giorni poveri
*UUUDU DDDDU DDDUD    Bach Well-tempered Clavier Bk II: prel/10 BWV879
*UUUDU DDDDU DR       Beethoven string quartet/13 in B♭ op130 5m
*UUUDU DDDDU RUR      Sullivan Yeomen of the Guard I: Alas! I waver
*UUUDU DDDDU UDDRD    Bellini Norma: Oh! rimembranza
*UUUDU DDDDU UUDRU    Mozart horn concerto in E♭ K495 3m 2t
*UUUDU DDDDU UUDUD    Schubert trio vln/vla/cello in B♭ 3m D581
*UUUDU DDDDU UUUDU    John Field nocturne/4 piano 2t
*UUUDU DDDRD UDDUD    Dvořák symphony/9 in Emi 'New World' 2m 3t
*UUUDU DDDUD DDDDU    Elgar symphony/2 in E♭ op63 3m 1t
*UUUDU DDDUD DDDUU    Bach Gieb dich zufrieden (song) BWV510
*UUUDU DDDUD DDUDD    Wagner Tannhäuser Act II: March 3t
*UUUDU DDDUD DRUUU    Wagner Lohengrin Act III: prelude 2t
*UUUDU DDDUD RDRDR    Beethoven piano sonata/8 Cmi op13 Pathétique 1m 2t
*UUUDU DDDUD UDDDU    Handel sonata for 2 fl or 2 vlns in Gmi op2/2 3m
*UUUDU DDDUD UDUDD    Ravel Le tombeau de Couperin: Forlane 1t
*UUUDU DDDUD UUUDU    Elgar Falstaff, symphonic study 9t
*UUUDU DDDUD UUURR    Mahler symphony/6 in Ami 2m 1t
*UUUDU DDDUD UUUUD    Leoncavallo Mattinata (song)
*UUUDU DDDUU DDUUU    Gounod Sérénade: Quand tu chantes
*UUUDU DDDUU UDDDD    Massenet Les Erinnyes: prélude
*UUUDU DDDUU UDUDD    Scarlatti harpsichord sonata Kp201
*UUUDU DDDUU UUUDD    Puccini La Bohème Act IV: O Mimi tu più
*UUUDU DDDUU UUUUD    Bach Magnificat in D/9 Esurientes
*UUUDU DDDUU UUUUD    Mendelssohn trio/2 piano/vln/cello in Cmi op66 1m 1t
*UUUDU DDRDD DD       Schumann Papillons op2/3 piano
*UUUDU DDRDD DUDDU    MacDowell piano concerto/1 3m 3t
*UUUDU DDRDU UUUDD    Verdi Aida Act II: Chi mai chi mai
*UUUDU DDRUU UDDDD    Debussy Images: Iberia 1m 1t
*UUUDU DDRUU UUUDU    Vivaldi concerto vla d'amore/lute/str Dmi 2m
*UUUDU DDUDD DDUDU    Wagner Tannhäuser II: Dir, hohe Liebe [P266
*UUUDU DDUDD DDUUU    Brahms Waltz op39/1 piano
*UUUDU DDUDD DUD      Beethoven str quartet 7 op59/1 Rasoumovsky 1m
*UUUDU DDUDD URDUU    Liszt Rakoczy march 1t (Hung'n rhaps/15 Ami piano)
*UUUDU DDUDD UUUDU    Rimsky-Korsakov Antar symphony 3m 1t
*UUUDU DDUDD UUUDU    Gershwin piano concerto in F 2m 3t
*UUUDU DDUDU DUDU     Schubert sonatina violin/piano in Gmi 1m D408
*UUUDU DDUDU UDUDD    Bach Well-tempered Clavier Bk I: prel/5 BWV850
*UUUDU DDUDU UDUUU    Shostakovich symphony/7 op60 4m 2t
*UUUDU DDUDU UURDD    Haydn string quartet/34 in D op20 2m
*UUUDU DDUDU UUUUU    Beethoven piano sonata/18 in E♭ op31/3 2m
*UUUDU DDUUD DUDDU    Schubert symphony/4 Cmi 'Tragic' 1m 2t D417
*UUUDU DDUUD DUDDU    Sibelius Pohjola's daughter 1t(b)
*UUUDU DDUUD DUDDU    Bach Well-tempered Clavier Bk I: prel/9 BWV854
*UUUDU DDUUD RUUUU    Adam Giselle II/16
*UUUDU DDUUD UDDDU    Bach Well-tempered Clavier Bk I: fugue/6 BWV851
*UUUDU DDUUD UUUDD    Bach Partita/2 in Cmi: sarabande
*UUUDU DDUUU DDDDU    Debussy Images: Iberia 2m 4t
*UUUDU DDUUU DUDDU    Faurè impromptu/3 op34 piano 1t
*UUUDU DDUUU DUDDU    Schumann cello concerto in Ami op129 1m 3t
*UUUDU DDUUU DUUUU    Hubert Parry Blest pair of Sirens: opening chorus
*UUUDU DDUUU UDD      Stravinsky Capriccio, piano/orch 2m 2t
*UUUDU DDUUU UUDUD    Mozart piano concerto/14 in E♭ K449 1m 2t
*UUUDU DDUUU UUUDD    Bach English suite/5 Emi: Passepied/1 BWV810
*UUUDU DRDDU UUDUU    Liszt ballade/2 in Bmi piano 1t
*UUUDU DRDDU UUUD     Schumann Der Hidalgo (song) op30/3
*UUUDU DRDRU RDR      Schumann Dichterliebe/15 Aus alten Märchen
```

```
*UUUDU  DRDUD  RDDDD  Prokofiev  Lieutenant Kije 3m 1t
*UUUDU  DRRRU  DRRUD  Mendelssohn  St Paul: Jerusalem
*UUUDU  DRRUU  UDUDR  Brahms  symphony/1 in Cmi op68 2m 2t
*UUUDU  DRUDU  DUDU   Sullivan  Yeomen of the Guard II: Here-upon we're
*UUUDU  DRUUD  UDDUD  Thomas Arne  Where the bee sucks (song)
*UUUDU  DRUUD  UUDRD  Poulenc  Concert champêtre, piano 1m 1t
*UUUDU  DUDDD  D      Schumann  piano concerto in Ami op54 3m 3t
*UUUDU  DUDDD  UUDDD  Bach  St Matthew Passion/26 Ich will bei meinem
*UUUDU  DUDDU  DDDDD  Brahms  quartet piano/strings in Gmi op25 2m 3t
 UUUDU  DUDDU  DUDUD  Mozart  piano concerto/18 in B♭ K456 3m 2t
*UUUDU  DUDDU  RDDUD  Stravinsky  Apollon Musagète: Pas d'action 1t
*UUUDU  DUDDU  RDURD  Wagner  Der fliegende Holländer I: Dich frage ich
*UUUDU  DUDDU  UUDUD  Bach  suite/1 in C: gavotte BWV1066
*UUUDU  DUDDU  UUUDU  Handel  concerto grosso in F op6/9 6m
*UUUDU  DUDDU  UUUUU  Chopin  piano sonata in Bmi op58 2m
*UUUDU  DUDRU  DUDD   Walton  violin concerto 2m 2t
*UUUDU  DUDUD  DUUDR  Handel  sonata oboe or vln/fig bass E op1/15 1m
*UUUDU  DUDUD  RDUUU  Debussy  La plus que lente (waltz) piano 1t
*UUUDU  DUDUD  UDDDD  Scarlatti  harpsichord sonata in Dmi Kp9
*UUUDU  DUDUD  UDU    Chopin  Ecossaise/2 op72
*UUUDU  DUDUD  UDUDU  Beethoven  piano sonata/22 in F op54 2m
*UUUDU  DUDUD  UDUDU  Sibelius  King Christian II suite: serenade 1t
*UUUDU  DUDUD  UDUDU  Bach  Well-tempered Clavier Bk I: fugue/10 BWV855
*UUUDU  DUDUD  UUDDD  Haydn  symphony/98 in B♭ 1m
*UUUDU  DUDUD  UUUDU  Brahms  trio piano/vln/cello in Cmi op101 1m 3t
*UUUDU  DUDUD  UUUUU  Schubert  nocturne in E♭ 2t, piano trio D897
*UUUDU  DUDUR  DUUUD  Haydn  symphony/98 in B♭ 1m intro
*UUUDU  DUDUU  DDDUU  Adam  Si j'étais Roi: overture 1t
*UUUDU  DUDUU  DRDUU  Pergolesi  concertino in Fmi, str orch 3m
*UUUDU  DUDUU  DUDDD  Bach  Well-tempered Clavier I: prel/12 BWV857
*UUUDU  DUDUU  RDDUD  Mendelssohn  sym/3 in Ami op56 'Scotch' 1m intro
*UUUDU  DUDUU  UDDDU  Mahler  symphony/1 in D 3m 2t
*UUUDU  DUDUU  UDUDU  Bach  harpsichord concerto/4 in A 1m BWV1055
*UUUDU  DUDUU  UUDUU  Verdi  Otello Act I: Inaffia l'ugola
*UUUDU  DUUDD  DUUUD  Liza Lehmann  In a Persian garden (song)
                                  Myself when young...
*UUUDU  DUUDD  DUUUU  Brahms  str quartet in Ami op51/2 4m 1t
*UUUDU  DUUDD  UUUDU  Ravel  Valses nobles et sentimentales/2
*UUUDU  DUUDU  DUDUD  Ibert  Trois pieces brèves/2, wind quintet
*UUUDU  DUUDU  UDUUU  Bach  2-part inventions/1 in C, Clavier BWV772
*UUUDU  DUUUD  DD     Schumann  sonata vln/piano Dmi op121 2m 1t, 3m 2t
*UUUDU  DUUUD  DUD    Mascagni  Cavalleria rusticana: Tempo è si mormori
*UUUDU  DUUUD  UDUUU  de Falla  La vida breve: dance/1 1t
*UUUDU  DUUUD  UUUUU  Weber  clarinet concerto in Fmi 3m (Jahns 114)
*UUUDU  DUUUD  UUUDD  Prokofiev  violin concerto/2 1m 1t
*UUUDU  DUUUD  UUUDU  Chopin  scherzo in Bmi op20 1t
*UUUDU  DUUUD  UUUDU  Max Reger  organ pieces op59/5 toccata
*UUUDU  DUUUD  UUUUD  Rimsky-Korsakov  Tsar's bride overture 1t
*UUUDU  DUUUR  DDU    Waldteufel  Dolores waltzes/4 2t
*UUUDU  DUUUU  DDUUU  Mozart  Mass/18 in Cmi K427 Domine Deus
*UUUDU  DUUUU  DURRD  Kodály  Háry János: Battle & defeat of Napoleon
*UUUDU  DUUUU  UUDUU  Debussy  Pour le piano: prélude 2t        [1t, 3t
*UUUDU  DUUUU  UUUDD  Sibelius  symphony/4 in Ami op63 4m 2t
*UUUDU  RDDRR  RURD   Grieg  Landkjending (song) Og det var Olav Tryg-
*UUUDU  RDDUU  RDUU   Weber  Oberon overture: intro          [vason
*UUUDU  RDURD  DUDDR  Bach  St Matthew Passion/31 Was mein Gott
*UUUDU  RDURD  URDU   Grieg  Album leaf op12/7 piano
```

187

```
*UUUDU  RUDRU  UUD      Mendelssohn  Elijah: Is not his word
*UUUDU  RUURD  UDD      Bach  Motet/1 Singet den Herrn/2 Lobet den Herrn
*UUUDU  RUUUD  UDDUU    Tchaikovsky  Serenade in C op48 3m 2t    [BWV225
*UUUDU  RUUUR  DD       Mascagni  Cavalleria rusticana: E stamattina
*UUUDU  UDDD            Schubert  string quartet/8 in B♭ 4m D112
*UUUDU  UDDDD  DRUUU    Verdi  Il trovatore Act II: Mal reggendo
*UUUDU  UDDDD  DUURU    Handel  concerto grosso in A op6/11 5m
*UUUDU  UDDDD  DUUUU    Rimsky-Korsakov  Antar symphony 1m 3t
*UUUDU  UDDDD  UUUUU    Berlioz  Vilanelle (song) op7/1
*UUUDU  UDDDR  RDUUD    William Schuman  New England Triptych 3m Chester,
                             based on a hymn by Billings
*UUUDU  UDDDU  DUUUD    Wieniawski  violin concerto/2 op22 2m 3t
*UUUDU  UDDDU  UDDDU    J Strauss Jr  Frühlingsstimmen 5t
*UUUDU  UDDDU  UUDDD    Hindemith  Kleine Kammermusik op24 1m 2t
*UUUDU  UDDDU  UUUDU    Berlioz  Requiem: Dies Irae
*UUUDU  UDDUD  DDDUD    Britten  Young person's guide to the orchestra:
                             (Variations &) fugue on a theme of Purcell
*UUUDU  UDDUU  DDUUD    Berlioz  Romeo et Juliette pt I: opening fugato
*UUUDU  UDDUU  DUDDU    Handel  sonata for flute/fig bass in Bmi op1/9 2m
*UUUDU  UDDUU  DUUDD    Brahms  Hungarian dances/7 in A, piano 4 hands
*UUUDU  UDDUU  UDUUD    Chopin  étude in G♭ op25/9 'Butterfly'
*UUUDU  UDDUU  UDUUD    Debussy  Children's Corner suite: Doctor Gradus
*UUUDU  UDRRU  DDU      Warlock  Pretty ring time (song)
*UUUDU  UDUDD  UUDDU    D'Indy  sonata for violin/piano in C op59 3m 2t
*UUUDU  UDUDD  UUDUD    Brahms  string sextet in B♭ op18 3m 1t
*UUUDU  UDUDD  UUDUD    Handel  concerto grosso in D op6/5 3m
*UUUDU  UDUDU  DUDUD    Ravel  La valse, orch 6t
*UUUDU  UDUUD  DDD      Verdi  Un ballo in maschera II: Non sai tu che
*UUUDU  UDUUD  DUDDD    Leoncavallo  I Pagliacci: Tutto scordiam
*UUUDU  UDUUD  DUDUU    J Strauss Jr  Blue Danube/5 1t
*UUUDU  UDUUD  UDDUU    Handel  Water music 13m 1t
*UUUDU  UDUUD  UDUDU    Rachmaninov  symphony/2 in Emi 2m 1t
*UUUDU  UDUUD  UUD      Mahler  symphony/6 in Ami 4m 1t
*UUUDU  UDUUD  UUDUU    Telemann  concerto 3 oboes/3 vlns in B♭ allegro
*UUUDU  UDUUU  DDDU     Chopin  prelude/17 op28
*UUUDU  UDUUU  UUU      Lehar  Frasquita: serenade 'Hab' ein blaues'
*UUUDU  URRDU  RUURR    J Strauss Jr  Wiener Blut/3 1t
*UUUDU  URUDU  UUDUR    Järnefelt  Praeludium, piano or orch
*UUUDU  URUUD  DDDDD    Haydn  string quartet/78 in B♭ op76/4 1m 2t
*UUUDU  URUUR  DDUUU    Brahms  piano concerto/1 in Dmi op15 3m 2t
*UUUDU  UUDD            Respighi  Fountains of Rome: Trevi at mid-day
*UUUDU  UUDDD  DDDDD    Handel  sonata violin/fig bass in D op1/13 1m
*UUUDU  UUDDD  DDDU     Bach  Magnificat in D/2 Et exultavit
*UUUDU  UUDDD  DUDDU    Berlioz  Les Troyens Act I: Malheureux roi!
*UUUDU  UUDDD  RUDUD    Wagner  Tristan & Isolde Act III: Wie sie selig
*UUUDU  UUDDD  UDDDD    Hubert Parry  Blest pair of Sirens: To live with him
*UUUDU  UUDDD  UDDDU    Schumann  piano concerto in Ami op54 2m 1t
*UUUDU  UUDDD  UDDUD    Handel  concerto grosso in Gmi op6/6 3m 1t
*UUUDU  UUDDD  UDDUD    Schumann  Album for young: The happy farmer op68
*UUUDU  UUDDD  UDDUU    Grieg  symphonic dances/4 op64 2t        [piano
*UUUDU  UUDDR  DUUDU    Rimsky-Korsakov  Le coq d'or suite 3m 2t
*UUUDU  UUDDU  DDUDU    Prokofiev  Lieutenant Kije 3m 2t
*UUUDU  UUDDU  DR       Mahler  symphony/1 in D 4m 1t(a)
*UUUDU  UUDDU  DUDDD    Bach  choral prelude, organ 'Komm, heiliger Geist'
*UUUDU  UUDDU  RDDUD    R Strauss  Also sprach Zarathustra 5t(a)    [BWV651
*UUUDU  UUDDU  UDDUU    Bach  sonata viola da gamba/harps'd G 3m BWV1039
*UUUDU  UUDRU  UUDDR    Ravel  Rapsodie espagnole 3m 1t
```

188

```
*UUUDU  UUDUD  DDUDU   J Strauss Jr  Frühlingsstimmen 3t
ʳUUUDU  UUDUD  DUDDU   Bach  harpsichord concerto/5 in Fmi 2m BWV1056
*UUUDU  UUDUD  UUUDU   Beethoven  piano sonata/11 in B♭ op22 3m
*UUUDU  UUDUU  DDDD    Suppé  Die schöne Galathé : overture 4t
*UUUDU  UUDUU  DDRDU   Hummel  piano concerto in Ami op85 1m 2t
*UUUDU  UUDUU  DDUDD   Donizetti  Don Pasquale Act I: Vado coro
*UUUDU  UUDUU  UDUUU   Beethoven  piano sonata/14 C♯mi 'Moonlight' 3m 1t
*UUUDU  UUDUU  UDUUU   Chopin  étude in C op10/1                    [op27/2
*UUUDU  UUDUU  UDUUU   Bach  Well-tempered Clavier II: fugue/22 BWV891
*UUUDU  UUDUU  UDUUU   Chopin  prelude/1 op28
*UUUDU  UUDUU  UR      Mozart  piano concerto/15 in B♭ K450 1m 1t
*UUUDU  UUDUU  URDDU   Inghelbrecht  Four fanfares/2 Pour le Prèsident,
*UUUDU  UUDUU  URDRD   J Strauss Jr  Wiener Blut/4                  [brass
*UUUDU  UUDUU  URRU    Schubert  quintet piano/str in A 'Trout' 3m 1t D667
*UUUDU  UUDUU  UU      Chopin  waltz in E♭ op18 1t
*UUUDU  UUDUU  UU      Schubert  symphony/1 in D 2m 2t D82
*UUUDU  UUDUU  UUDDD   Mozart  violin concerto in D K218 3m 3t
*UUUDU  UUDUU  UURDD   Kodály  Háry János: K zjátek 1t
*UUUDU  UUDUU  UURDD   Verdi  La forza del Destino: overture 1t
*UUUDU  UUDUU  UUU     Schubert  symphony/3 in D 4m 2t D200
*UUUDU  UUDUU  UUUDD   Beethoven  symphony/2 in D 3m 1t
*UUUDU  UUDUU  UUUDD   Haydn  string quartet/78 in B♭ op76/4 1m 1t
*UUUDU  UUDUU  UUUDU   Prokofiev  Peter & the wolf: March of hunters
*UUUDU  UUDUU  UUUUU   Schumann  symphony/2 in C op61 1m 2t
*UUUDU  UUDUU  UUUUU   Wagner  Tristan & Isolde Act III: prelude
*UUUDU  UURUD  URUUD   Donizetti  Don Pasquale Act I: Ah, un foco
*UUUDU  UURUD  UUDD    Richard Strauss  O süsser Mai (song) op32/4
*UUUDU  UURUU  DRDDD   Beethoven  symphony/5 in Cmi 4m 3t
*UUUDU  UUUDD  DDDUU   Bach  Motet/6 Lobet den Herrn BWV230
*UUUDU  UUUDD  DDUUU   Brahms  Serenade in D op11 5m 1t
*UUUDU  UUUDD  DUUUD   Brahms  Rhapsody in Gmi op79/2 piano 1t
*UUUDU  UUUDD  DUUUD   Lehar  Merry Widow: 'Lippen schweigen' waltz
*UUUDU  UUUDD  DUUUD   Richard Strauss  Also sprach Zarathustra 2t
*UUUDU  UUUDD  UDUDU   Handel  organ concerto in Dmi op7/4 2m
*UUUDU  UUUDD  UUD     Thomas Weelkes  Sing we at pleasure
*UUUDU  UUUDD  UUDDU   Rachmaninov  symph/3 1m theme 5 bars before fig 7
*UUUDU  UUUDD  UUUUR   Franck  Les Eolides 2t
*UUUDU  UUUDR  UDUR    R Strauss  Capriccio: Ihre Liebe schlägt
*UUUDU  UUUDR  UUUDD   Brahms  Serenade in D op11 1m 2t
*UUUDU  UUUDU  DDDDD   Delius  Eventyr 2t
*UUUDU  UUUDU  DDDDU   Rossini  William Tell III: A nos chants (Toi que
*UUUDU  UUUDU  DUDDD   Rossini  La Cenerentola: overture 3t [l'oiseau)
*UUUDU  UUUDU  DUDUD   Bach  Cantata/212 'Peasant'/12 Fünfzig Thaler
*UUUDU  UUUDU  DUDUU   Rossini  William Tell Act I: Pas de six, used
                                  by Britten in Matinées musicales op24 march
*UUUDU  UUUDU  UUUDU   Bruckner  symphony/8 in Cmi 2m 1t
*UUUDU  UUUDU  UUUUU   Waldteufel  Immer oder Nimmer waltzes/2 2t
*UUUDU  UUURD  UDUDD   Shostakovich  symphony/5 in Dmi op47 4m
*UUUDU  UUURD  UUUUR   Vaughan Williams  London symphony 1m intro
*UUUDU  UUUUD  DDUDD   Mahler  Ich ging mit Lust (song)
*UUUDU  UUUUD  DDUUU   Bizet  Carmen Act I: chorus of cigarette girls
*UUUDU  UUUUD  DUDDD   Bach  Brandenburg concerto/5 in D 2m BWV1050
*UUUDU  UUUUD  DUUDD   Debussy  La Mer 2m 1t
*UUUDU  UUUUD  UUDDD   Meyerbeer  Dinorah: Ombre legere
*UUUDU  UUUUD  UUUDD   Schubert  Rondo in A violin/str orch 1t D438
*UUUDU  UUUUU  DUU     Gounod  Faust: Avant de quitter ces lieux
*UUUDU  UUUUU  URDRD   Lalo  Le Roi d'Ys overture 1t
```

*UUUDU	UUUUU	UUDUD	**Berlioz** Benvenuto Cellini I: chorus of maskers
*UUURD	DDDDU	DUDDR	**Scarlatti** harpsichord sonata in Dmi Kp213
*UUURD	DDDUD	DUDDD	**Haydn** symphony/96 in D 'Miracle' 2m
*UUURD	DDDUR	RRUDD	**John Farmer** Fair Phyllis I saw
*UUURD	DDDUU	DUU	**Brahms** string sextet op36 1m 1t
*UUURD	DDDUU	RDDDU	**Mozart** horn concerto in E♭ K495 2m 1t
*UUURD	DDDUU	URDDU	**Massenet** Roi de Lahore 1t
*UUURD	DDRDD	UUDDU	**Mozart** concerto flute/harp in C K299 1m 2t
*UUURD	DDRDU	UURDD	**Beethoven** sextet in E♭ op71 adagio
*UUURD	DDRDU	UUUUR	**Ippolitov-Ivanov** Caucasian sketches op10 1m 3t
*UUURD	DDRRR	UUUUU	**Mozart** symphony/33 in B♭ K319 2m 2t
*UUURD	DDRRU	UUUDD	**Mozart** trio for clar/piano/viola K498 rondo 1t
*UUURD	DDRUD	DURDD	**Bellini** I Puritani: O rendetemi la speme
*UUURD	DDRUR	UUDRU	**Michael Head** The singer (song)
*UUURD	DDRUU	RUU	**Morley** It was a lover and his lass
*UUURD	DDUDU	UUUUD	**Schumann** symphony/3 in E♭ op97 'Rhenish' 3m 2t
*UUURD	DDUDU	UUUUR	**Dvořák** quintet piano/strings op81 2m 1t(c)
*UUURD	DDUUU	DDDUD	**Mendelssohn** Athalia: Priests' march
*UUURD	DDUUU	DU	**Brahms** symphony/4 in Emi op98 1m 6t
*UUURD	DDUUU	RDDD	**Debussy** Images: Iberia 1m 2t
*UUURD	DUDDD	UDDUD	**Mendelssohn** Fingal's cave overture (Hebrides) 2t
*UUURD	DUDDU	UU	**Beethoven** Prometheus overture 3t
*UUURD	DUUDD	RUUUD	**Verdi** Requiem: Lacrymosa
*UUURD	DUUDU	RRDDU	**Mozart** Die Zauberflöte I: Bewahret euch
*UUURD	DUURD	DUUDU	**Khachaturian** violin concerto 1m 2t
*UUURD	DUUUR	RUDDU	**Mahler** Scheiden und Meiden (song)
*UUURD	DUUUU	DDDUU	**Richard Strauss** Alpine symphony 9t
*UUURD	RDRDR	DUDRD	**Beethoven** piano sonata/17 in Dmi op31/2 1m 1t
*UUURD	RDURD	UDDDR	**Mozart** quartet flute/strings in A K298 2m 1t
*UUURD	RDUUU	URDR	**Bach** sonata for viola da gamba in G 2m BWV1027
*UUURD	RRDDU	DDUUU	**Delius** Brigg Fair 2t
*UUURD	RRRDU	RRDRR	**Puccini** La Bohème Act I: Nei cieli bigi
*UUURD	RRUDR	RUUDD	**Schubert** piano sonata in D 4m 3t D850
*UUURD	RRUUU	DDUDU	**Mozart** Cosi fan tutte Act I: Non siate ritrosi
*UUURD	UDDDU	DUDDU	**Bach** choral prel, organ, Wachet auf BWV645
*UUURD	UDDUU	DDUDR	**Rossini** Il barbiere di Siviglia I: Ecco ridente
*UUURD	UDUDD	UDDUU	**Wagner** Götterdämmerung II chorus: Gross Glück
*UUURD	UDUUU	RDUUU	**Bach** chromatic fantasie & fugue: fugue BWV903
*UUURD	UUDDD	DDUUD	**de Falla** El amor brujo: Pantomime
*UUURD	UUDDD	UDRDR	**Wagner** Lohengrin Act III: prelude 1t
*UUURD	UUDDU	UDRDU	**Schubert** piano sonata in D 2m 3t D850
*UUURD	UUDRD	RRDRR	**Beethoven** piano sonata/1 in Fmi op2/1 4m 2t
*UUURD	UUDUD	DDUDD	**Bach** French suite/5 in G: bourrée BWV816
*UUURD	UUDUU	DDDD	**Bizet** Les pêcheurs de perles I: Comme autrefois
*UUURD	UUDUU	RUUUR	**Elgar** violin concerto in Bmi 1m 2t
*UUURD	UURDU	DRDUU	**Chopin** mazurka/47 op68/2 1t
*UUURD	UURUD	DUUUD	**Handel** Judas Maccabeus: Arm, arm ye brave
*UUURD	UUUDD	DRDUU	**Schubert** piano sonata in G 3m 2t D894
*UUURD	UUUDU	UUURD	**Beethoven** Consecration of the House, overture
*UUURD	UUURD	DDDDD	**Handel** Messiah: Ev'ry valley [op124
*UUURD	UUURD	DDDUD	**Bach** St John Passion/18 Erwäge, erwäge
*UUURD	UUURD	UUDDD	**Mozart** Deutsche Tänze/1 orch K600
*UUURD	UUURD	UUUR	**Schumann** Abegg variations, piano op1
*UUURD	UUUUD	DUUDU	**Paganini** violin concerto/2 in Bmi 1m 1t
*UUURD	UUUUR	DRUUD	**Franck** symphony in Dmi 1m 2t
*UUURR	DDDRU	DRDUU	**Elgar** The Light of Life: Thou only hast op29
*UUURR	DDDUR		**Lehar** Der Zarewitsch Act I: Einer wird kommen

```
*UUURR  DDDUR  RDDD    Liszt Rapsodie espagnole, piano/orch 3t (Grove254)
*UUURR  DDDUR  RDUDD   Beethoven symphony/2 in D 4m 2t
*UUURR  DDDUU  UUR     Verdi I vespri Siciliani Act III: Quando al mio
*UUURR  DDUDD  UUURR   Beethoven piano sonata/25 in G op79 2m 1t
*UUURR  DDUUU  DDDUU   Richard Strauss Arabella Act I: Aber der Richtige
*UUURR  DRDUU  UDUDR   Donizetti Lucia di Lammermoor III: Dalle stanze
*UUURR  DRUUD  DDDDD   Beethoven Missa solemnis: Sanctus 2t
*UUURR  DRUUU  DUDDR   Delibes Coppelia: czardas 1t
*UUURR  DUDDD  URUDD   Dvořák trio piano/vln/cello Emi op90 'Dumky' 2m
*UUURR  DURRD  UUUDD   Debussy La puerta del vino, piano
*UUURR  DUUDU         Mozart Serenade in Cmi for wind K388 1m
*UUURR  DUUU          Schubert trio piano/vln/cello in B♭ 4m 1t D898
*UUURR  RDDUD  DDDDD   Tchaikovsky symphony/4 in Fmi op36 2m 1t(b)
*UUURR  RDRRD  RRDUU   Haydn symphony/83 in Gmi 'La poule' 1m
*UUURR  RDRUR  URDRD   Mozart Serenade G K525 Eine kleine Nachtmusik 4m
*UUURR  RRDDD  RRUDU   Mozart Die Entführung Act III: In Mohrenland
*UUURR  RRDDU  DD      Liszt piano sonata in Bmi 3t
*UUURR  RRDUU  URRRR   Sullivan HMS Pinafore Act I: I am the monarch
*UUURR  RRRUD  DDURR   Copland El salòn Mexico 1t
*UUURR  RRUDD  UUDDD   Mozart flute concerto in G K313 2m
*UUURR  RUDDD  RUDDR   Mendelssohn songs without words/4 op19/4, piano
*UUURR  RUDRR         Verdi Falstaff Act III: Dal labbro il canto
*UUURR  RUDUD  UDDUD   Vaughan Williams symphony/9 3m 1t
*UUURR  RUUDD  DUUUR   de Falla 7 Spanish popular songs: Jota
*UUURR  UDDDD  RUDRU   Poulenc mouvement perpetuel/3 1t
*UUURR  UDDUU  RUUDD   Josef Strauss Mein Lebenslauf ist Lieb' und Lust/4
*UUURR  UDDUU  UDUDD   Liszt Years of travel, piano: sonnet 123 Petrarch
*UUURR  UDUDU  UUUDU   Ippolitov-Ivanov Caucasian sketches: Sardar's
*UUURR  UDUDU  UURRU   Tchaikovsky Capriccio italien 3t   [procession
*UUURR  URDDR  DDRDR   Mozart string quintet/4 in Gmi K516 1m
*UUURR  UURDR  UDDD    Ravel Chanson épique (Don Quichotte)
*UUURR  UUUDD  UDDR    Albeniz Suite española, piano: Cuba
*UUURU  DDDDD  DDDRR   Handel Messiah: Why do the nations
*UUURU  DDDDD  DDU     Verdi Rigoletto Act I: Questa o quella
*UUURU  DDDDU  DRUUU   Dvořák violin concerto in Ami op53 2m 1t
*UUURU  DDDUD  DDRUD   Donizetti Lucia di Lammermoor Act II: Per te
*UUURU  DDDUD  DDUDU   Beethoven symphony/2 in D 2m 1t(a)
*UUURU  DDDUD  DRUUU   de Falla El amor brujo: Terra 2t
*UUURU  DDDUU  UUURU   Sibelius symphony/6 in Dmi op104 3m 2t
*UUURU  DDDUU  URUDD   Elgar The Light of Life op29 Be not extreme
*UUURU  DDRDR  UURUR   Grieg waltz op12/2 piano 1t
*UUURU  DDRUU  URRUD   Holst St Paul's suite 3m intermezzo 1t
*UUURU  DDUDD  DDUDD   Donizetti L'Elisir d'amore Act I: Quanto è bella
*UUURU  DDUUU  DUDUU   Vaughan Williams symphony/3 'Pastoral' 1m 2t
*UUURU  DRDDR  DU      Schubert octet in F 3m 1t D803
*UUURU  DRDRD  UDDDD   Wagner Lohengrin Act III: Athmest du nicht
*UUURU  DUDDD  UUUDU   Tippett A child of our time: Nobody knows
*UUURU  DUDUR  DUUUU   Richard Strauss sonata for violin/piano E♭ 3m 3t
*UUURU  DURDD  DRDUU   Beethoven Der Kuss (song) op128
*UUURU  DURDD  UDDDR   Rachmaninov Isle of the Dead op29 orch 1t
*UUURU  DURUD  UDDDU   Bach choral prelude, organ: Lob sei dem BWV602
*UUURU  DUUUU  UDDDU   Lalo Namouna suite: prelude 1t
*UUURU  RDDUD  DUUUU   Giovanni Martini Plaisir d'amour (song)
*UUURU  RRDUR  RDURR   Vaughan Williams symphony/4 in Fmi 4m 2t
*UUURU  RUDUD  UUUUU   Prokofiev violin concerto/2 Gmi op63 3m 1t
*UUURU  UDDDU  RUUDD   Telemann trumpet concerto in D 2m
*UUURU  UDDUU  DUUUD   Wagner Parsifal: prelude 1t
```

*UUURU	UDRUU	DRDDU	**Offenbach** La belle Hélène I: Au mont Ida (Le jugement de Paris) also overture 2t
*UUURU	UDUUD	DDD	**Bizet** symphony/1 in C 2m 2t
*UUURU	UDUUU	U	**Schubert** string quartet/10 in E♭ 1m 1t D87
*UUURU	URDDD	DDDDU	**Bach** French suite/4 in E♭ : sarabande BWV815
*UUURU	URRUD	D	**Beethoven** symphony/2 in D 1m 2t
*UUURU	UUDUU	DUDDD	**Handel** harpsichord suite/5 in E 2m
*UUURU	UUUDD	DUDDD	**Schumann** string quartet/2 in F op41/2 4m 1t
*UUURU	UUURU	URDRD	**Berlioz** Les Troyens Act I: Châtiment effroyable
*UUURU	UUUUD	DDD	**Tchaikovsky** symphony/6 in Bmi 'Pathétique' 1m 3t
*UUUUD	DDDDD	DUDDD	**Walton** Façade suite/1: polka 1t
*UUUUD	DDDDD	DURRR	**Mendelssohn** string quartet/3 in D op44/1 1m 1t
*UUUUD	DDDDD	DUUDD	**Brahms** Rhapsody in E♭ op119/4 piano 2t
*UUUUD	DDDDD	UDDUU	**Mahler** symphony/9 in D 3m 3t
*UǓUUD	DDDDD	UUDD	**Franck** sonata for violin/piano in A 2m 2t
*UUUUD	DDDDR	UDDUU	**Waldteufel** Immer oder Nimmer waltzes/4
*UUUUD	DDDDU	DDDUR	**Clementi** Rondo from piano sonatina in G op36/5
*UUUUD	DDDDU	DDUDD	**Bach** St Matthew Passion/17 Trinket alle daraus
*UUUUD	DDDDU	DUDDU	**Bach** suite/2 flute/strings Bmi: minuet BWV1067
*UUUUD	DDDDU	RDDUD	**Haydn** string quartet/34 D op20 'Rose of Venice'
*UUUUD	DDDDU	RURUD	**Mozart** violin concerto/2 in D K211 3m [3m
*UUUUD	DDDDU	UDUUU	**Chaminade** Automne
*UUǓUD	DDDDU	UUDDD	**Dvořák** string quartet in G op106 3m 2t
*UUUUD	DDDDU	UUUUD	**Respighi** Pines of Rome: Pines of the Gianicolo 2t
*UUUUD	DDDDU	UUUUD	**Verdi** Aida: ballet 3t
*UUUUD	DDDDU	UUUUU	**Glinka** Russlan & Ludmilla: overture 1t
*UUUUD	DDDRD	DDUUD	**D'Indy** symph on a French mountain theme op25 2m
*UUUUD	DDDRD	RUDDU	**Mendelssohn** songs without words/48 op102/6
*UUUUD	DDDRD	RURDR	**Bach** Cantata/56/1 Ich will den Kreuzstab BWV56
*UUUUD	DDDRD	URRUU	**Mozart** piano concerto/21 in C K467 3m 1t
*UUUUD	DDDRR	URRD	**Mozart** str quartet/19 C K465 'Dissonance' 3m 1t
*UUUUD	DDDRU	RRRDU	**Stravinsky** Petrushka: Peasant and bear
*UUUUD	DDDUD	DDDDU	**Mahler** symphony/9 in D 2m 2t
*UUUUD	DDDUD	DRRUD	**Waldteufel** Mein Traum waltzes/3 2t
*UUUUD	DDDUD	R	**Debussy** Préludes Bk I/2 Voiles 2t, piano
*UUUUD	DDDUD	RUUUU	**Brahms** trio/I piano/vln/cello in B op8 1m 1t
*UUUUD	DDDUD	RUUUU	**Jean Françaix** concertino for piano/orch: menuet
*UUUUD	DDDUD	UDDDU	**Dvořák** trio piano/vln/cello Emi op90 'Dumky' 3m 2t
*UUUUD	DDDUR	RRUUR	**Puccini** Tosca Act I: Non la sospiri
*UUUUD	DDDUR	RUUDR	**Puccini** Tosca Act III: Oh! dolci baci from the aria: E lucevan le stelle
*UUUUD	DDDUR	URDUU	**Dvořák** symphony/9 in Emi 'New World' op95 1m 1t
*UUUUD	DDDUU		**Tchaikovsky** Nutcracker suite: overture 2t
*UUUUD	DDDUU	DDDUU	**Mendelssohn** Songs without wds/30 'Spring song'
*UUUUD	DDDUU	DUDDD	**Waldteufel** Mein Traum waltzes/3 1t [op62/6
*UUUUD	DDDUU	DUDDU	**Liszt** Les préludes, symphonic poem/3 5t
*UUUUD	DDDUU	RUU	**Rachmaninov** prelude op23/8 piano
*UUUUD	DDDUU	UDDDU	**Saint-Saëns** cello concerto/1 in Ami op33 3m coda
*UUUUD	DDDUU	UDUUD	**Dvořák** string qtet in F 'American' 1m 1t op96
*UUUUD	DDDUU	UUDDD	**Bruckner** symphony/5 in B♭ 3m 4t
*UUUUD	DDDUU	UUDDD	**Mussorgsky** Night on a bare mountain 1t
*UUUUD	DDDUU	UUDDU	**Beethoven** string quartet/16 in F op135 2m
*UUUUD	DDDUU	UUDUU	**Roussel** Sinfonietta 3m 2t
*UUUUD	DDDUU	UUDUU	**Walton** Façade suite/1: Tarantella Sevillana 1t
*UUUUD	DDDUU	UUUDD	**Schumann** Kreisleriana op16/2 piano
*UUUUD	DDDUU	UUUUU	**Debussy** Préludes/6 General Lavine - Eccentric
*UUUUD	DDRDU	UUDDD	**Puccini** Turandot II Death of Liu: Tu che di

192

```
*UUUUD DDRDU UUUUD   Brahms piano sonata in Fmi op5 3m 2t ·
*UUUUD DDRRU DDDDD   Bach Well-tempered Clavier Bk II: prel/18 BWV887
*UUUUD DDRUD RDUDD   John Dunstable Sancta Maria
*UUUUD DDRUD UDDDU   Elgar Dream of Gerontius I chorus: Holy Mary
*UUUUD DDUDD DRUUU   Shostakovich Three fantastic dances/1 piano
*UUUUD DDUDD DUDDD   Beethoven piano sonata/28 in A op101 1m
*UUUUD DDUDD DUDUU   Inghelbrecht Nurseries/3/1 Nous n'irons plus
*UUUUD DDUDD DUUDU   Beethoven piano sonata/23 in Fmi 'Appassionata'
*UUUUD DDUDD RUUUU   Mozart string quintet in C K515 2m    [op57 3m 1t
*UUUUD DDUDD UDUDD   Bach choral prelude, organ: Allein Gott BWV675
*UUUUD DDUDD UDUUR   R Strauss Der Bürger als Edelmann: Courante 2t
*UUUUD DDUDD UUDDD   Stravinsky Apollon Musagète: coda
*UUUUD DDUDU DRDD    Rachmaninov piano concerto/1 in F♯mi 3m 2t
*UUUUD DDUDU DRUUU   Brahms string quintet in F op88 3m 1t
*UUUUD DDUDU DRUUU   Rimsky-Korsakov Le coq d'or suite 3m 1t
*UUUUD DDUDU DUDDD   Richard Strauss Aus Italien: Campagna 2t
*UUUUD DDUDU DUDUD   Rachmaninov piano concerto/3 Dmi op30 3m 3t
*UUUUD DDUDU UDD     Mozart Divertimento in B♭ K287 4m
*UUUUD DDUDU UDDDU   Brahms concerto vln/cello/orch in Ami op102 3m 2t
*UUUUD DDURD DUUUU   Berlioz Damnation de Faust: soldiers' chorus
*UUUUD DDUUD DUUUU   Sibelius symphony/2 in D op43 2m 1t
*UUUUD DDUUD UDDUU   Mozart sonata/21 violin/piano Emi K304 1m
*UUUUD DDUUD UDURD   Mendelssohn Midsummer night's dream: intermezzo
*UUUUD DDUUD UUUUD   Dvořák Slavonic dances/9 op72/1 3t              [3t
*UUUUD DDUUR DUDRD   John Dowland Away with these self-loving lads
*UUUUD DDUUU DDDUU   Bach Mass in B minor/17 Et in spiritum sanctum
*UUUUD DDUUU DDRDU   Bizet 'Roma' symphony in C 3m 2t
*UUUUD DDUUU DDURU   Mozart piano sonata/16 in B♭ K570 3m
*UUUUD DDUUU DUDD    Beethoven symphony/2 in D 3m 2t
*UUUUD DDUUU UDDUU   Sibelius Nightride and sunrise op55 orch 3t
*UUUUD DDUUU UDURU   Mendelssohn symph/3 in Ami op56 'Scotch' 2m 1t
*UUUUD DDUUU UUDDD   Berlioz L'Enfance du Christ pt1: Cabalistic dance
*UUUUD DDUUU UUDUD   Haydn symphony/103 in E♭ 'Drum roll' 2m
*UUUUD DRDDU RUDD    Mozart piano sonata/8 in Ami K310 2m
*UUUUD DRDDU UR      Verdi Otello IV willow song: Piangea cantando
*UUUUD DRDUU UDUDU   Mahler Ich bin der Welt abhanden (Rückert song)
*UUUUD DRDUU UUDDU   Ravel Marot épigramme/1 Lorsque je voy (song)
*UUUUD DRRRR UDDDD   Scarlatti harpsichord sonata Kp6
*UUUUD DRUDD UUUUU   Beethoven sonata/3 violin/piano in E♭ op12/3 1m 2t
*UUUUD DRURD RURDR   Chopin Tarantelle in A♭ piano
*UUUUD DRUUU UDUDD   Poulenc Mouvement perpetuel/2
*UUUUD DUDDD         Bartok violin concerto/1 3m 2t
*UUUUD DUDDD D       Vaughan Williams sym/7 'Sinfonia Antartica' 5m 1t
*UUUUD DUDDD DUUUD   Brahms Ein deutsches Requiem op45/5 Ihr habt nun
*UUUUD DUDDD RUUUU   Brahms trio piano/vln/cello in Cmi op101 4m 2t
*UUUUD DUDDD UDUDD   Anton Rubinstein Gelb rollt mir (song 'For ever')
*UUUUD DUDDR UD      Berlioz Harold in Italy 3m 2t
*UUUUD DUDDU DD      Rachmaninov Polichinelle, piano 2t
*UUUUD DUDDU DDUDD   Alfvén Midsommarvarka (Swedish rhapsody) 1t
*UUUUD DUDDU DUDDD   Malcolm Arnold Brass quintet 1m
*UUUUD DUDDU DUUUU   Chopin mazurka/7 op7/3
*UUUUD DUDDU DUUUU   Vaughan Williams symphony/4 in Fmi 3m 3t
*UUUUD DUDDU RRDDD   Mendelssohn Prelude (& fugue) Emi op35/1 organ
*UUUUD DUDDU UDDUD   Wallace Maritana: overture 2t
*UUUUD DUDDU UUUDD   Brahms symphony/3 in F op90 1m 3t
*UUUUD DUDRU UU      Schubert sonata cello/piano in Ami 2m D821
*UUUUD DUDUR UU      Haydn string quartet/81 in G op77/1 3m 1t
```

193

*UUUUD	DUDUU	DDDUD	**Bach**	Well-tempered Clavier Bk I: fugue/1 BWV846
*UUUUD	DUDUU	DDUDU	**Ibert**	Escales (Ports of call) orch 1m 2t
*UUUUD	DUDUU	DUUUD	**Brahms**	trio piano/vln/cello in B op8 4m 2t
*UUUUD	DUDUU	DUUUU	**Mozart**	Fantaisie in Cmi K475 piano
*UUUUD	DUDUU	UUDDU	**Liszt**	3 concert studies/3 D♭ piano (Grove 144)
*UUUUD	DUDUU	UUDUU	**Handel**	sonata violin/fig bass in A op1/3 3m
*UUUUD	DUDUU	UUUUD	**Honegger**	Pastorale d'été, orch 1t
*UUUUD	DURDD	URDDU	**Beethoven**	str qtet/9 in C op59/3 'Rasoumovsky' 1m
*UUUUD	DUUDD	DD	**Bach**	Mass in B minor/16 Et resurrexit
*UUUUD	DUUDD	UUDRD	**Dvořák**	violin concerto in Ami op53 3m 1t
*UUUUD	DUUDD	UURDU	**Walton**	Façade suite/1: polka 3t
*UUUUD	DUUDU	DUDDU	**Debussy**	Petite suite, 2 pianos: menuet 2t
*UUUUD	DUUDU	DUU	**Gounod**	Faust Act IV: Mephistopheles's serenade
*UUUUD	DUURR	URURD	**Liszt**	Hungarian rhapsody/6 D♭ piano 4t
*UUUUD	DUURU	DDD	**Tchaikovsky**	Romeo & Juliet overture 1t
*UUUUD	DUURU	DDUUD	**Bartok**	Rumanian folk dances/2 piano
*UUUUD	DUUUD	DDD	**Massenet**	Scènes Alsaciennes III
*UUUUD	DUUUD	DUUUU	**Richard Strauss**	Don Quixote 4t
*UUUUD	DUUUD	UDDUU	**Walton**	Façade suite/1: valse 1t
*UUUUD	DUUUU	DDDUU	**Prokofiev**	Peter and the wolf: Peter
*UUUUD	DUUUU	DDRRD	**Haydn**	symphony/86 in D 2m
*UUUUD	DUUUU	DDUUD	**Nielsen**	symph/3 'Sinfonia espansiva' 1m 2t
*UUUUD	DUUUU	DDUUU	**Mendelssohn**	octet in E♭ op20 1m 1t
*UUUUD	DUUUU	DDUUU	**Mozart**	symphony/12 in G K110 1m 1t
*UUUUD	DUUUU	DDUUU	**Rachmaninov**	symphony/2 in Emi 3m intro
*UUUUD	DUUUU	DUDDU	**Chopin**	nocturne in G op37/2 1t
*UUUUD	DUUUU	DUDUD	**Handel**	concerto grosso in F op3/4 4m
*UUUUD	DUUUU	UDDDU	**Max Bruch**	violin concerto Gmi 1m opening cadenza
*UUUUD	DUUUU	UUD	**Mahler**	symphony/9 in D 4m 2t
*UUUUD	DUUUU	UUU	**Beethoven**	Fidelio: Leonora/1 overture 1t
*UUUUD	RDDRD	DRDDU	**Haydn**	symphony/43 in E♭ 4m
*UUUUD	RDDRD	URDDR	**Beethoven**	trio 2 oboes/cor anglais op87 minuet 1t
*UUUUD	RDDRD	UUDRD	**Richard Strauss**	Don Juan op20 5t
*UUUUD	RDDUU	UURUR	**Lalo**	cello concerto in Dmi 1m 1t
*UUUUD	RDRDD		**Beethoven**	symphony/9 in Dmi 'Choral' 2m 3t(a)
*UUUUD	RDUDD		**Constant Lambert**	The Rio Grande: By the Rio G
*UUUUD	RRUDD	UDDDU	**Mozart**	quartet/1 piano/strings in Gmi K478 3m 1t
*UUUUD	RRUUU	URRRR	**Waldteufel**	Immer oder Nimmer waltzes/3 1t
*UUUUD	RUDDD	URDUD	**Mozart**	Die Entführung Act I: Marsch, marsch
*UUUUD	RURUD	DUDD	**Mahler**	symphony/2 in Cmi 1m 2t
*UUUUD	RUUUU	UUDDU	**Elgar**	Pomp & Circumstance march/4 2t
*UUUUD	UDDD		**Liszt**	Tarantella, piano 2t
*UUUUD	UDDDD	DDDUU	**Delius**	sonata/2 violin/piano 1t
*UUUUD	UDDDD	DU	**Schumann**	Album for the young: folk song, piano
*UUUUD	UDDDD	DUD	**Massenet**	Werther Act III: Des cris joyeux
*UUUUD	UDDDD	DUDUD	**Kreisler**	Schön Rosmarin, violin/piano 1t [op68
*UUUUD	UDDDD	DUUUU	**Chopin**	prelude/6 op28
*UUUUD	UDDDD	DUUUU	**Delibes**	La source: Danse Circassienne 2t
*UUUUD	UDDDD	RUDD	**Grieg**	Norwegian dances/4 op35 2t
*UUUUD	UDDDD	UDDUU	**Giovanni Gabrieli**	Jubilate Deo
*UUUUD	UDDDD	UUDDD	**Beethoven**	piano sonata/32 in Cmi op111 1m
*UUUUD	UDDDD	UURUD	**Vaughan Williams**	London symphony 3m 3t
*UUUUD	UDDDD	UUUUD	**Brahms**	piano concerto/1 in Dmi op15 3m 3t
*UUUUD	UDDDD	UUUUU	**Bach**	sonata/3 solo violin in C allegro BWV1005
*UUUUD	UDDDR	U	**Debussy**	Jardins sous la pluie 2t
*UUUUD	UDDDU	DDDDU	**Bartok**	violin concerto 1m 1t
*UUUUD	UDDDU	DDUUU	**Delius**	Paris, nocturne 2t

```
*UUUUD  UDDDU  DDUUU   Schumann  symph/3 E♭ op97 'Rhenish' 2m 1t
*UUUUD  UDDDU  DUDDU   Rimsky-Korsakov  Mlada ballet 2t
*UUUUD  UDDDU  RU      Massenet  Scènes pittoresques III 1t
*UUUUD  UDDUD  DDDDD   Weber  Der Freischütz I: Durch die Wälder
*UUUUD  UDDUD  DDUDD   Tchaikovsky  Queen of Spades Act III: Lisa's aria
*UUUUD  UDDUD  DUDUU   Grieg  Peer Gynt suite/1: Hall of Mountain King
*UUUUD  UDDUD  DURUR   Brahms  Der Gang zum Liebchen (song) op48/1
*UUUUD  UDDUD  UDUDU   Elgar  Wand of youth suite/2 3m Moths & butterflies
*UUUUD  UDDUD  UUDUD   Ivanovici  Donauwellen/2 (Waves of the Danube) 2t
*UUUUD  UDDUU  UDDDD   Handel  concerto grosso in Dmi op6/10 2m
*UUUUD  UDDUU  UDUDD   Rachmaninov  piano concerto/1 in F♯mi op1 1m 1t
*UUUUD  UDDUU  UUDDD   Thomas  Raymond overture 1t
*UUUUD  UDDUU  UUUDU   Rachmaninov  suite/1 (Fantasy) 1m Barcarolle 2t
*UUUUD  UDRDD  DDUDR   Chopin  Fantaisie in Fmi op49 3t
*UUUUD  UDRDD  UDDUD   Mozart  symphony/41 in C K551 'Jupiter' 2m 2t
*UUUUD  UDRDD  UDDUD   Verdi  Aida Act III: Si fuggiam da questa mura
*UUUUD  UDRDR  DRDRD   Rimsky-Korsakov  Capriccio espagnole: Gypsy 2t
*UUUUD  UDRDU  UUDUU   Beethoven  piano sonata/8 in Cmi 'Pathétique' 3m 1t
*UUUUD  UDRUD  DUU     Richard Strauss  Tod und Verklärung 5t        [op13
*UUUUD  UDUDD  DDUUU   Mozart  Serenade G Eine kleine Nachtmusik 3m 1t
*UUUUD  UDUDD  DUUDU   Mendelssohn  violin concerto Emi op64 3m 1t
*UUUUD  UDUDD  RDUUR   J Strauss Jr  Der Zigeunerbaron: overture 2t
*UUUUD  UDUDD  UDUD    Handel  concerto grosso C Alexander's Feast 1m
*UUUUD  UDUDD  UDURU   Handel  Messiah: Amen
*UUUUD  UDUDD  UUDUD   D'Indy  suite en parties op91 3m 2t
*UUUUD  UDUDU  DDDDD   Bach  sonata/3 solo violin in C: largo BWV1005
*UUUUD  UDUDU  DDUDU   Mozart  Deutsche Tänze/5 orch K600 1t
*UUUUD  UDUDU  DUD     Chopin  scherzo in C♯mi op39 3t
*UUUUD  UDUDU  DUDUU   Debussy  La Mer 1m 5t
*UUUUD  UDUDU  DURDU   Ravel  piano concerto for left hand 2t
*UUUUD  UDUDU  DUU     Handel  sonata for flute/fig bass in C op1/7 1m
*UUUUD  UDUDU  UUDUD   Haydn  symphony/82 in C 'The bear' 1m
*UUUUD  UDUDU  UUUUD   Debussy  Images: Iberia 1m 4t
*UUUUD  UDUDU  UUUUU   Debussy  Estampes: Pagodes, piano
*UUUUD  UDURU  DDDUD   Dvořák  Slavonic dances/9 op72/1 1t
*UUUUD  UDUUD  D       Schubert  symphony/4 in Cmi 'Tragic' 3m 2t
*UUUUD  UDUUU  UDUDU   Vaughan Williams  symphony/8 2m 3t
*UUUUD  UDUUU  UUDUD   Waldteufel  Skaters waltz/2 1t
*UUUUD  UDUUU  UURUD   Richard Strauss  Ein Heldenleben 2t(b)
*UUUUD  UDUUU  UUUUD   Handel  Fantasia/4 in C, keyboard
*UUUUD  URDDD  DUDDU   Liszt  Faust symphony 3m 1t
*UUUUD  UUDDD  UDUDU   de Falla  3-cornered hat: Jota 2t
*UUUUD  UUDDD  URUDD   Gerald Finzi  Dies Natalis/5 The salutation
*UUUUD  UUDDD  UUUU    Liszt  Valse mélancolique, piano 1t
*UUUUD  UUDDU  DURUD   Donizetti  Lucia di Lammermoor Act III: Oh qual
*UUUUD  UUDDU  UUUDD   Wagner  Das Rheingold: Entry of Gods to Valhalla
*UUUUD  UUDUU  DDDUU   Jeremaiah Clarke  suite trumpets/str in D: Serenade
*UUUUD  UUDUU  DUUDD   Handel  concerto grosso in B♭ op6/7 4m
*UUUUD  UUDUU  DUUDU   Liszt  Hungarian rhapsody/4 in E♭ piano 1t
*UUUUD  UUDUU  DUURR   Bach  Well-tempered Clavier Bk II: prel/5 BWV874
*UUUUD  UUDUU  UDUDU   Chopin  impromptu op29 2t
*UUUUD  UUDUU  UUDUU   Bach  Well-tempered Clavier Bk I: prel/1 BWV846
*UUUUD  UURDD  DUUUD   Liszt  Hungarian rhapsody/10 in E piano 2t
*UUUUD  UURRU  DUUUD   Tchaikovsky  symphony/3 in D 1m 1t
*UUUUD  UUUDD  DDUUU   Bach  harpsichord concerto/5 in Fmi 3m BWV1056
*UUUUD  UUUDD  DUDDR   Handel  Acis & Galatea: Love in her eyes sits
*UUUUD  UUUDD  UUUDD   J Strauss Jr  Die Fledermaus: overture 2t
```

195

```
*UUUUD  UUUDU  UUDUD   Shostakovich  sonata cello/piano op40 3m 1t
*UUUUD  UUUDU  UUDUD   Delius  Koanga: La Calinda
*UUUUD  UUUDU  UUDUD   J Strauss Jr  Kiss waltz 2t
*UUUUD  UUUDU  UUUDU   Rachmaninov  piano concerto/1 in F#mi 1m 2t
*UUUUD  UUUUD  DDUUD   Borodin  symphony/2 in Bmi 3m 3t
*UUUUD  UUUUD  UDU     Liadov  Kikimora op63 orch 1t(b)
*UUUUD  UUUUD  UDUDR   Suppé  Morning, noon & night in Vienna ov 3t
*UUUUD  UUUUD  UUUUD   Mozart  Divertimento in B♭ K287 3m
*UUUUD  UUUUD  UUUUU   Tchaikovsky  violin concerto in D op35 1m 2t
*UUUUD  UUUUD  UUUUU   Fauré  quartet piano/strings in Cmi op15 3m
*UUUUD  UUUUD  UUUUU   Richard Strauss  Till Eulenspiegel 2t
*UUUUD  UUUUU  DDDDU   Richard Strauss  Sinfonia domestica 1m 1t(b)
*UUUUD  UUUUU  DUDDD   Bach  Motet/3 Jesu, meine Freude/8 Gute Nacht
*UUUUD  UUUUU  DUUUU   Fauré  sonata/1 violin/piano in A op13 3m 1t(b)
*UUUUD  UUUUU  UDU     Mascagni  Cavalleria rusticana: Il cavallo
*UUUUD  UUUUU  UUDDD   Vaughan Williams  symphony/9 in Emi 4m 1t
*UUUUR  DDDDU  DUD     Debussy  Ballade, piano 2t
*UUUUR  DDDUD  UUUUR   Sullivan  The Mikado Act I: I mean to rule
*UUUUR  DDRDD  UUUUR   Schubert  symphony/4 in Cmi 'Tragic' 1m 1t D417
*UUUUR  DDUD           Waldteufel  Ganz Allerliebst waltz 2t
*UUUUR  DDUUU  UUUUD   Berlioz  La damnation de Faust pt3 Mephistof-
*UUUUR  DRDRU  DUDDR   Handel  March from Joseph   [eles's serenade
*UUUUR  DUDDD  DUUUU   Bach  harpsichord concerto/3 in D 3m BWV1054
                        also concerto in E for 2 violins 3m BWV1042
*UUUUR  DUDDD  UDDRD   Walton  viola concerto 1m 2t
*UUUUR  DUDDU  DUD     Paganini  violin concerto/1 in E♭(D) 1m 2t
*UUUUR  DUDDD  DDDDD   Fauré  Dolly suite op56 piano 4 hands: Tendresse
*UUUUR  DUUUU  RDRUD   Wagner  Der fliegende Holländer III: Willst je-
*UUUUR  DUUUU  RURDR   Mahler  symphony/9 in D 2m 1t    [nes Tag's
*UUUUR  DUUUU  UUURD   Schubert  symphony/9 in C 'Great' 2m 2t D944
*UUUUR  RDDDU  UUR     Mahler  symphony/2 in Cmi 2m 3t
*UUUUR  RDDUR  RDDUR   Alfvén  Midsommarvarka (Swedish rhapsody) 2t
*UUUUR  RDURD  RRDRU   Cimarosa  Il matrimonio segreto: overture 1t
*UUUUR  RDUUD  RRUDR   Mozart  piano sonata/14 in Cmi K457 1m
*UUUUR  RRRRR  RRRRU   Shostakovich  concerto for piano/trpt op35 4m 1t
*UUUUR  RRRRU  DRDDU   Gerald Finzi  Dies Natalis/2 Rhapsody
*UUUUR  RRRUD  UDUDU   Walton  Portsmouth Point overture 2t
*UUUUR  RRUDD  DUDDD   Verdi  Ernani Act II: Vieni meco
*UUUUR  RUDDD  DDUUU   Dvořák  Slavonic dances/15 op72/7 2t
*UUUUR  RUDDU  DDD     Vaughan Williams  Flos campi 6m 1t
*UUUUR  RUDUD  UUDDU   Bach  partita/3 solo violin in E: gavotte 2t
*UUUUR  RURRD  RRRUD   Suppé  Die schöne Galathé: overture 2t [BWV1006
*UUUUR  RURRD  UDDD    Poldini  Poupée valsante
*UUUUR  RUUUD  DDUDD   Albinoni  oboe concerto op7/3 1m
*UUUUR  UDDUD  DUDUD   Vaughan Williams  Sea symphony 1m: Token of all
*UUUUR  URUUD  DUDDD   Richard Strauss  horn concerto/2 in E♭ rondo
                        theme at fig 41
*UUUUR  UUUUD  DUDDD   Viotti  violin concerto/22 Ami 1m 3t
*UUUUU  DDDDD  DDDDD   Beethoven  sonata/4 cello/piano in C op102/1 1m
*UUUUU  DDDDD  DDDDD   Shostakovich  quintet piano/strings op57 5m 1t(b)
*UUUUU  DDDDD  DDDDU   Vaughan Williams  symphony/9 in Emi 1m 1t
*UUUUU  DDDDD  DDUUD   Handel  sonata for flute/fig bass in C op1/7 4m
*UUUUU  DDDDD  DRU     Schumann  Davidsbündler op6/5 piano
*UUUUU  DDDDD  DUDDD   Schumann  string quartet in F op41/2 3m 1t
*UUUUU  DDDDD  DURUD   Chopin  mazurka/23 op33/2
*UUUUU  DDDDD  DURUD   Vaughan Williams  Linden Lea (song)
*UUUUU  DDDDD  DUUUU   Chopin  waltz in A♭ op34/1 2t
```

196

```
*UUUUU DDDDD UD       Dvořák  trio piano/vln/cello Emi op90 'Dumky' 3m 1t
*UUUUU DDDDD UDD      Elgar  serenade for strings 1m 1t
*UUUUU DDDDD UDDDU    Beethoven  trio for clar/cello/piano B♭ op11 3m
*UUUUU DDDDD UDUDU    Haydn  horn concerto in D (1762) 1m
*UUUUU DDDDD UUUUD    Mozart  serenade G K525 Eine kleine Nachtmusik
*UUUUU DDDDR DDDDU    Weber· Invitation to the dance 1t           [3m 2t
*UUUUU DDDDR DR       Liszt  Hungarian rhapsody/14 in Fmi piano 1t
                         (same theme used in the Hungarian fantasia)
*UUUUU DDDDR UUDDD    Puccini  Tosca Act I: Qua l'occhio al mondo
*UUUUU DDDDU DUDUD    Rachmaninov  piano concerto/2 in Cmi op18 1m 2t
*UUUUU DDDDU DUDUD    Rachmaninov  waltz op10/2 piano
*UUUUU DDDDU DUDUU    Beethoven  violin concerto in D op61 1m 2t
*UUUUU DDDDU DUDUU    Cornelius  Weinachtslieder op8/2 Die Hirten
*UUUUU DDDDU DUUUD    Vaughan Williams  London symphony 1m 5t
*UUUUU DDDDU RDUUU    Sibelius  str quartet Dmi op56 'Voces intimae' 3m 1t(a)
*UUUUU DDDDU UDDUU    Wagner  Das Rheingold: Entry of Gods to Valhalla
*UUUUU DDDDU UUUDD    Lehar  Gold and silver waltz 1t                [1t
*UUUUU DDDRD RDDUU    Berlioz  Romeo et Juliette pt4: Invocation
*UUUUU DDDRU RDDUU    Mendelssohn  string quartet/4 Emi op44/2 1m 1t
*UUUUU DDDRU UUUU     Verdi  Il trovatore Act II: Perigliarti
*UUUUU DDDUD DDDUD    Saint-Saëns  piano concerto/2 in Gmi op22 2m 1t
*UUUUU DDDUD DDUDD    Sibelius  symphony/1 in Emi op39 1m 3t
*UUUUU DDDUD DUDDU    Bach  concerto 2 violins in Dmi 1m BWV1043
*UUUUU DDDUD DUDDU    Sibelius  En saga op9 4t
*UUUUU DDDUD UDDUD    Mozart  str quartet/19 K465 'Dissonance' 3m 2t
*UUUUU DDDUD UDUDD    Tchaikovsky  symphony/4 in Fmi 1m 2t
*UUUUU DDDUD UUUDD    Handel  Messiah, Pastoral symphony
*UUUUU DDDUD UUUDR    Stravinsky  Apollon Musagète: Pas de deux
*UUUUU DDDUD UUUUD    Bach  Cantata/212 'Peasant'/6 Ach Herr Schösser
*UUUUU DDDUD UUUUD    Beethoven  piano sonata/1 in Fmi op2/1 1m 1t
*UUUUU DDDUD UUUUU    Chopin  nocturne/2 in E op62
*UUUUU DDDUD UUUUU    Haydn  string quartet/82 in F op77/2 1m 2t
*UUUUU DDDUR DRDRD    Beethoven  concerto violin/cello/piano/orch op56
*UUUUU DDDUU UDDDD    Bach  St John Passion/7 Ich folge dir         [3m
*UUUUU DDDUU UUDUD    Nielsen  symph/3 'Sinfonia espansiva' 1m 1t
*UUUUU DDDUU UUUD     Schumann  symphony/2 in C op61 4m 3t
*UUUUU DDDUU UUUDD    Sullivan  The Gondoliers I: Thank you gallant
*UⱰUUU DDDUU UUUDD    Delius  Irmelin: prelude
*UUUUU DDRDD DUUUU    Delius  Walk to the Paradise Garden 2t
*UUUUU DDRDD RDDD     Fauré  string quartet in Emi op121 1m 2t
*UUUUU DDRDU UUUUD    Scriabin  étude in C♯mi op2/1 piano
*UUUUU DDRDU UUUUU    Holst  The planets: Jupiter 2t
*UUUUU DDRRD RURDR    Sullivan  The Mikado I: Young man despair
*UUUUU DDRUU UUUDD    Britten  Simple symphony 1m Boisterous bourrée 2t
*UUUUU DDRUU UUUDD    Tchaikovsky  symphony/5 in Emi op64 1m 2t
*UUUUU DDUDD DDU      Sibelius  symphony/7 in C op105 6t
*UUUUU DDUDD DRDD     Pachelbel  Was Gott tut (cantata)
*UUUUU DDUDD DUDDD    Grieg  Norwegian melody op12/7 piano 2t
*UUUUU DDUDD RUDDD    Wagner  Tannhäuser Act I: Als du im kühnen
*UUUUU DDUDD UDDUD    Fauré  Sicilienne for cello/piano op78
*UUUUU DDUDD URDDU    J Strauss Jr  Artist's life/1 2t
*UUUUU DDUDD UUUUU    Dvořák  sonatina violin/piano in C 4m 3t
*UUUUU DDUDD UUUUU    Mendelssohn  string quartet/4 Emi op44/2 4m 2t
*UUUUU DDUDR DUDUD    Puccini  Tosca Act III: Amaro sol
*UUUUU DDUDU DDUUD    Mozart  symphony/40 in Gmi K550 4m 1t
*UUUUU DDUDU DUDD ·   Respighi  Fountains of Rome: Medici at sunset 1t
*UUUUU DDUDU DUDDU    Grieg  Norwegian dances/1 op35 1t
```

197

```
*UUUUU  DDUDU  UD      Saint-Saëns  cello concerto/1 Ami op33 3m 2t
*UUUUU  DDUDU  UUUUD   Beethoven  piano sonata/5 in Cmi op10/1 3m 2t
*UUUUU  DDUDU  UUUUD   Verdi  Don Carlos Act V: S'ancor si piange
*UUUUU  DDUDU  UUUUD   Shostakovich  quintet piano/strings op57 5m 2t
*UUUUU  DDURU  DDRUU   Lalo  cello concerto in Dmi 2m 2t
*UUUUU  DDUUD  DRDDD   Mozart  piano concerto/20 in Dmi K466 3m 1t
*UUUUU  DDUUD  DUDDD   Bizet  L'Arlésienne suite/1: overture 2t
*UUUUU  DDUUD  DUUDD   J Strauss Jr  Treasure waltzes/4 2t
*UUUUU  DDUUU  UU      Bruckner  symphony/4 in E♭ 1m 2t
*UUUUU  DDUUU  UUD     Mozart  Figaro: overture 4t
*UUUUU  DDUUU  UUDUR   Jean Françaix  piano concertino: finale
*UUUUU  DDUUU  UUUDD   Beethoven  symphony/5 in Cmi 3m 1t
*UUUUU  DDUUU  UUUUD   Vaughan Williams  sym/7 Sinfonia Antartica 1m
*UUUUU  DRDDD  DDDDU   Massenet  Scènes pittoresques/1 4t
*UUUUU  DRDDD  UDU     Beethoven  string quartet/14 C♯mi op131 7m 1t
*UUUUU  DRDDU  RRUDR   Bellini  La Sonnambula: Ah! non crede
*UUUUU  DRDRR  RDUUD   Beethoven  piano sonata/3 in C op2/3 1m 2t
*UUUUU  DRRDU  DDD     Wagner  Die Meistersinger Act III: Verachtet nur
*UUUUU  DRRDU  DURRD   Josquin des Prés  La déploration de Jehan Ockegehm
*UUUUU  DRRRR  RRRRR   Verdi  Aida Act I: Ritorna vincitor!
*UUUUU  DRRRU  RRRUR   Haydn  symphony/6 in D 2m intro
*UUUUU  DRRUD  DDUD    Richard Strauss  Die Nacht (song) op10/3
*UUUUU  DRUDD  UUUUD   Mozart  piano concerto/26 in D K537 1m 2t
*UUUUU  DRUUU          Handel  sonata for flute/fig bass in Bmi op1/9 4m
*UUUUU  DU             Brahms  symphony/4 in Emi op98 4m 1t
*UUUUU  DUDDD  DUDDD   Bach  2-part inventions/11 in Gmi Clavier BWV782
*UUUUU  DUDDD  DUDDD   Vaughan Williams  symph/5 D 4m passacaglia 2t
*UUUUU  DUDDD  DUUUD   Bach  2-part inventions/4 in Dmi Clavier BWV775
*UUUUU  DUDDD  UDDDD   Chopin  étude/9 in Fmi op10
*UUUUU  DUDDD  UDDDD   Chopin  piano concerto/1 in Emi op11 2m 1t
*UUUUU  DUDDD  UDDDU   Wagner  Götterdämmerung, Siegfried's Rhine journey
*UUUUU  DUDDD  UDDUU   Shostakovich  concerto piano/trpt/orch 4m 4t      [1t
*UUUUU  DUDDD  URUUD   Vaughan Williams  Fantasia on Greensleeves:
                                           allegretto theme
*UUUUU  DUDDD  UUDDD   Norman Cocker  Tuba tune for organ
*UUUUU  DUDDU  DDDDU   Berlioz  Harold in Italy 1m 3t
*UUUUU  DUDDU  DDDUD   Waldteufel  Ganz Allerliebst waltz 3t
*UUUUU  DUDDU  DDUDU   Mozart  symphony/36 in C K425 'Linz' 1m 1t
*UUUUU  DUDDU  UUUD    MacDowell  piano concerto/2 2m 3t
*UUUUU  DUDDU  UUUUD   Josquin des Prés  La Bernadina
*UUUUU  DUDRU  UDUDD   Jean Françaix  piano concertino 1m 1t
*UUUUU  DUDRU  UUUDD   Schubert  symphony/5 in B♭ 2m 2t D485
*UUUUU  DUDUD  DUDRD   Mozart  Vesperae solennes K339/5 Laudate dominum
*UUUUU  DUDUD  UDDUD   Handel  concerto grosso in D op6/5 6m
*UUUUU  DUDUD  UDRRU   J Strauss Jr  Tales of the Vienna Woods/2 2t
*UUUUU  DUDUD  UDRUD   Elgar  Wand of youth suite/1 op1a: Sun dance
*UUUUU  DUDUD  UDUDR   Grieg  string quartet in Gmi op27 4m 1t
*UUUUU  DUDUU  UUU     Schubert  Sonata (Duo) violin/piano 2m D574
*UUUUU  DUDUU  UUUDU   Beethoven  piano sonata/12 in A♭ op26 2m 1t
*UUUUU  DUDRD  DUDUD   Purcell  Dido & Aeneas: Haste, haste to town
*UUUUU  DURDU  RRD     Puccini  La Bohème Act I: Si, mi chiamano Mimi
*UUUUU  DURRD  RRUUD   Lortzing  Undine: overture 2t
*UUUUU  DURUD  DRUUD   Wagner  Parsifal Act II: Im Lenz pflückt uns
*UUUUU  DURUU  URUDD   Mahler  symphony/9 in D 3m 2t
*UUUUU  DURUU  URUUR   Handel  sonata for violin/fig bass in F op1/12 3m
*UUUUU  DUUDD  DUDDU   Vaughan Williams  London symphony 1m 4t(b)
*UUUUU  DUUDD  DUDUD   Bach  English suite/4 in F prelude BWV809
```

198

*UUUUU	DUUDD	UDDDU	**Schumann** Papillons op7/2 piano
*UUUUU	DUUDU	DUUDD	**Bach** suite/2 flute/strings Bmi: bourrée BWV1067
*UUUUU	DUUDU	UR	**Beethoven** sonata/10 violin/piano in G op96 1m 2t
*UUUUU	DUUDU	UUDR	**Tchaikovsky** symphony/2 in Cmi op17 1m 3t(a)
*UUUUU	DUUDU	UUUUD	**Bruckner** symphony/3 in Dmi 3m 2t(a)
*UUUUU	DUURD	DDDDU	**Richard Strauss** Ein Heldenleben 1t
*UUUUU	DUURU	RRDRR	**Torelli** concerto/2 trumpet/str: allegro fig 31
*UUUUU	DUUUD	DUUUD	**MacDowell** Woodland sketches op51/4 In autumn, pft
*UUUUU	DUUUD	UDUDD	**Mahler** symphony/8/II Er überwächst uns schon
*UUUUU	DUUUD	UUUDD	**Elgar** cello concerto in Emi op85 3m
*UUUUU	DUUUU	DDUUU	**Handel** harpsichord suite/8 in G 5m minuet
*UUUUU	DUUUU	UDDDU	**Rachmaninov** suite/2 2 pianos 3m
*UUUUU	DUUUU	UDUDD	**Prokofiev** piano concerto/5 in G op55 3m 1t
*UUUUU	DUUUU	UDUUU	**Bach** Fantasia in G, organ 3m BWV572
*UUUUU	DUUUU	UDUUU	**Verdi** Aida Act I: Celeste Aida
*UUUUU	DUUUU	UDUUU	**Bruckner** symphony/9 in Dmi 2m 2t
*UUUUU	RDDDR	UDU	**Sullivan** The Gondoliers II: Take a pair of sparkling eyes
*UUUUU	RDDDU	DUUUD	**Chausson** quartet piano/strings in A op30 2m 1t
*UUUUU	RDDDU	RD	**Richard Strauss** Ein Heldenleben 2t(c)
*UUUUU	RDDRD	DDDUD	**Haydn** cello concerto in D 1m 2t
*UUUUU	RDDRU	URDD	**Beethoven** symphony/8 in F 3m 2t
*UUUUU	RDDUD	R	**Schumann** Ständchen (song) op36/2
*UUUUU	RDDUR	DDDD	**Saint-Saëns** Le rouet d'Omphale 2t
*UUUUU	RDRDR	DRDRD	**Grieg** Lyric suite op54/3 March of the dwarfs 1t
*UUUUU	RDUDD	UUDUD	**Verdi** La Traviata Act II: Matadors' chorus
*UUUUU	RDURD	UD	**Schumann** Davidsbündler op6/2 piano
*UUUUU	RDUUD	DDUDD	**Delibes** Naila valse: Pas des fleurs 2t
*UUUUU	RDUUD	DDUDU	**Suppé** Light Cavalry overture 2t
*UUUUU	RDUUU	DUDUU	**Brahms** piano concerto/1 in Dmi op15 3m 1t
*UUUUU	RDUUU	RDUUU	**Brahms** string quartet in Cmi op51/1 1m 1t
*UUUUU	RRDUU	UUURR	**Verdi** Aida Act II: Vieni sul crin ti piovano
*UUUUU	RRRDD	DDDDD	**Bach** Magnificat in D/10 Suscepit Israel
*UUUUU	RRRDU	UDDDR	**Liszt** Transcendental étude/7 Eroica, piano
*UUUUU	RRRRD	U	**Mozart** symphony/34 in C K338 2m 1t
*UUUUU	RRRRR	RRRUD	**Bizet** L'Arlésienne suite/2: pastorale 2t
*UUUUU	RRRRR	UDDDR	**Rossini** Tancredi: overture 1t
*UUUUU	RRRRU	DDUUD	**Tchaikovsky** violin concerto in D op35 2m 1t
*UUUUU	RRRUD	DDDUU	**Sibelius** Karelia suite, orch 3m 2t
*UUUUU	RRRUD	RRDRR	**Waldteufel** Mein Traum waltz/2 2t
*UUUUU	RRURD	RDRRD	**Smetana** Ma Vlast (my country) 1t
*UUUUU	RUDD		**de Falla** 4 piezas españolas: Aragonesa
*UUUUU	RUDRU	DRDDU	**Fauré** Dolly suite op56 piano 4 hds: Miaou 2t
*UUUUU	RUDUD	RUDUD	**Rachmaninov** symphony/2 in Emi 4m 1t
*UUUUU	RUDUD	URUDU	**Britten** Fantasy (oboe) quartet op2 4t
*UUUUU	RUDUD	UURRD	**Walton** Façade suite/2: Old Sir Faulk
*UUUUU	RUDUU	UUDDD	**Holst** The planets op32: Uranus 3t
*UUUUU	RUUDD	DRDUU	**Richard Strauss** sonata violin/piano Eb 1m 3t
*UUUUU	RUURD	DDDDD	**Mahler** Lieder eines f Gesellen/3 Ich hab' ein
*UUUUU	RUUUR	R	**Beethoven** sym/3 in Eb 'Eroica' 1m 3t [glühend
*UUUUU	U		**Wagner** Das Rheingold: prelude
*UUUUU	UDDDD	DDDUD	**Ibert** Trois pièces brèves/3, wind quintet
*UUUUU	UDDDD	DDDUD	**Erik Satie** 3 morçeaux en forme de poire, piano: Manière de commencement
*UUUUU	UDDDD	DDU	**Saint-Saëns** Carnaval des animaux: Kangarous
*UUUUU	UDDDD	DDUUU	**Schumann** Papillons, op2/1 piano
*UUUUU	UDDDD	DDUUU	**Debussy** Arabesque/1 in E piano 1t(a)

```
*UUUUU  UDDDD  DUDUD   Honegger  piano concertino 3m 1t
*UUUUU  UDDDD  DUUD    Stravinsky  Apollon Musagète: Pas d'action 2t
*UUUUU  UDDDD  DUUDD   Scarlatti  harpsichord sonata Gmi 'Cat fugue' Kp30
*UUUUU  UDDDD  DUUUU   Delibes  Maids of Cadiz
*UUUUU  UDDDD  DUUUU   Humperdinck  Hansel & Gretel II: Ein Männlein steht
*UUUUU  UDDDD  RDUUD   Chopin  Ballade/3 op47 1t
*UUUUU  UDDDD  UDDUD   Lehar  The merry widow: Vilia waltz
*UUUUU  UDDDD  UDDUU   Wagner  Siegfried: Forest murmurs 3t
*UUUUU  UDDDD  UDUDU   Mahler  Das Lied von der Erde/3 Von der Jugend
*UUUUU  UDDDD  UDUUD   Britten  Young person's guide to the orchestra,
                                 variations (& fugue) on a theme of H Purcell
*UUUUU  UDDDD  UDUUU   Dvořák  Slavonic dances/10 op72/2 3t
*UUUUU  UDDDD  UU      Brahms  Ein deutsches Requiem: Der gerechten
*UUUUU  UDDDD  UUUUU   R Strauss  Der Bürger als Edelmann: Tailors 1t
*UUUUU  UDDDR  DDUDU   Offenbach  La belle Hélène Act II: entr'acte
*UUUUU  UDDDU  DDDDD   Schumann  Kreisleriana op16/8 piano
*UUUUU  UDDDU  DDUDD   Chabrier  España 5t
*UUUUU  UDDDU  DUDUD   Mendelssohn  string quartet/1 in E♭ op12 2m
*UUUUU  UDDDU  UDUUU   Richard Strauss  Don Quixote 2t
*UUUUU  UDDRD  DRUDD   Mendelssohn  Songs without words/23 2t piano
*UUUUU  UDDRD  UDDDD   Verdi  I Vespri Siciliani: overture 1t
*UUUUU  UDDUD  DDD     MacDowell  piano concerto/2 3m 1t
*UUUUU  UDDUD  DDDDU   Beethoven  piano sonata/13 in E♭ op27/1 2m 1t
*UUUUU  UDDUD  DDDDU   Mozart  Serenade in D K250 'Haffner' 4m 2t
*UUUUU  UDDUD  DDUDD   Bartok  theme from concerto for orchestra
*UUUUU  UDDUD  DDUUU   Mendelssohn  symphony/4 in A op90 'Italian' 4m 4t
*UUUUU  UDDUD  DUUD    Liszt  Hung'n rhapsody/9 E♭ 'Carnival in Pesth' 1t
*UUUUU  UDDUD  RDDDD   Schumann  string quartet in A op41/3 3m 1t
*UUUUU  UDDUD  UDDU    Chopin  scherzo in E op54 2t
*UUUUU  UDDUD  UDDUD   Chopin  mazurka/38 op59/3
*UUUUU  UDDUD  UDUDD   Bach  Cantata/29 Wir danken dir/3 Hallelujah
*UUUUU  UDDUR  RDDDD   Dvořák  trio piano/vln/cello Emi op90 'Dumky' 4m 2t
*UUUUU  UDDUU  DDDUD   Brahms  Ein deutsches Requiem/4 Wie lieblich sind
*UUUUU  UDDUU  DDUUD   Mendelssohn  Midsummer night's dream: ov 4t(b)
*UUUUU  UDDUU  DUUDD   Brahms  quintet piano/strings in Fmi op34 3m 1t
*UUUUU  UDDUU  DUUDU   Brahms  Ständchen (song) op106/1
*UUUUU  UDDUU  UDD     Schumann  symphony/1 in B♭ op38 'Spring' 4m 3t
*UUUUU  UDDUU  UUUUD   Schumann  string quartet in A op41/3 4m 2t
*UUUUU  UDRDD  DDUDD   Bach  St Matthew Passion/19 Ich will dir mein
*UUUUU  UDRDD  DUUD    Josef Suk  Serenade for strings in E♭ op6 4m
*UUUUU  UDRDR  DDDUU   Hugo Wolf  Westöstliches Divan (song)
*UUUUU  UDRRD  D       Beethoven  Fidelio: Leonora overtures 2 & 3 3t
*UUUUU  UDRRR  RRDUD   Rossini  Il Signor Bruschino: overture 1t
*UUUUU  UDRUD  RR      Bizet  Carmen Act II: Chanson Bohème
*UUUUU  UDRUU  UDUDD   Wagner  A Faust overture 5t
*UUUUU  UDRUU  URRD    Bach  Well-tempered Clavier Bk II: prel/11 BWV873
*UUUUU  UDUDD  DDDDD   Handel  harpsichord suite/8 in G 6m gavotte
*UUUUU  UDUDD  DRRUU   Debussy  symphonic suite, Printemps 1m 2t
*UUUUU  UDUDD  DUDUD   Honegger  King David, symphonic psalm: 1m intro
*UUUUU  UDUDD  UDDUD   Debussy  Nocturnes, orch: Fêtes 1t
*UUUUU  UDUDD  UDDUU   Saint-Saëns  violin concerto/3 in Bmi op61 3m 1t(b)
*UUUUU  UDUDD  UDUDU   Wagner  Tannhäuser: Venusberg music 3t, overture 2t
*UUUUU  UDUDD  UUUUD   Saint-Saëns  Le rouet d'Omphale 1t
*UUUUU  UDUDR  DDR     Mahler  Des Knaben Wunderhorn: Lob des hohen
*UUUUU  UDUDR  DUDRD   Mussorgsky  Night on a bare mountain 4t
*UUUUU  UDUDU  DDDRR   Giles Farnaby  Fantasia (Fitzwilliam V B 208)
*UUUUU  UDUDU  DUDDU   Handel  concerto grosso in Gmi op3/2 3m
```

*UUUUU	UDUDU	DUDUD	**Haydn** string quartet/67 D op64 'The lark' 3m 2t
*UUUUU	UDUDU	DUDUU	**Richard Strauss** Ein Heldenleben 6t
*UUUUU	UDUDU	UDDUD	**Handel** sonata oboe or vln/fig bass in E op1/15 2m
*UUUUU	UDUDU	UDUDD	**Brahms** Capriccio in C♯mi op76/5 piano
*UUUUU	UDURR	RUDUU	**Handel** concerto grosso in F op3/4 2m
*UUUUU	UDUU		**Beethoven** string quartet/14 C♯mi op131 5m 2t
*UUUUU	UDUUD	DDDDD	**Bach** Partita/6 in Emi, Clavier: air BWV830
*UUUUU	UDUUD	UDDD	**Mozart** concerto 3 pianos/orch in F K242 3m
*UUUUU	UDUUU	UDUUU	**Malcolm Arnold** brass quintet 2m
*UUUUU	UDUUU	UUU	**Fauré** sonata for violin/piano in A op13 2m 1t(b)
*UUUUU	UDUUU	UUU	**Wagner** Götterdämmerung: Siegfried's Rhine journ-
*UUUUU	UDUUU	UUUDU	**Haydn** symphony/7 in C 2m [ney 4t
*UUUUU	UDUUU	UUUU	**Schubert** string quartet/10 in E♭ 4m D87
*UUUUU	UDUUU	UUUU	**Tchaikovsky** symphony/2 in Cmi op17 1t(b)
*UUUUU	UDUUU	UUUU	**Shostakovich** Three fantastic dances/2 op1 piano
*UUUUU	URDDU	UUDD	**Humperdinck** Hansel & Gretel: prelude to Act III
*UUUUU	URDRD	DRURD	**Grieg** Peer Gynt suite/2 4m Solveig's song 1t
*UUUUU	URDUD	RD	**Donizetti** La fille du Régiment I: Il faut partir
*UUUUU	URDUU		**Bach** sonata/5 violin/Clavier in Fmi 4m BWV1018
*UUUUU	URDUU	UUUUR	**Schubert** symphony/1 in D 1t(b) D82
*UUUUU	URRUU	DUDUD	**Shostakovich** quintet piano/str op57 1m (prel) 1t
*UUUUU	URUUD	DDU	**Tchaikovsky** 1812 overture 3t
*UUUUU	URUUU	UUUDD	**Beethoven** piano sonata/8 in Cmi op13 'Pathétique'
*UUUUU	UUDDD	DDD	**Mendelssohn** Songs without words/20 E♭ [1m 1t
*UUUUU	UUDDD	DDRRR	**Beethoven** Busslied (Gellert song) op48/6
*UUUUU	UUDDD	DDU	**Bizet** Carmen Act I Seguidilla: Près des remparts
*UUUUU	UUDDD	DUDUU	**Stravinsky** Petrushka: The merchant
*UUUUU	UUDDD	DUUUD	**Sibelius** En saga 6t
*UUUUU	UUDDD	RDRDU	**Liszt** Hungarian rhapsody/10 in E piano 1t
*UUUUU	UUDDD	RUUDD	**Sibelius** symphony/4 in Ami op63 4m 1t
*UUUUU	UUDDD	UDDDD	**Tchaikovsky** Nutcracker suite: Chinese dance
*UUUUU	UUDDD	UDUU	**Haydn** symphony/6 in D 4m
*UUUUU	UUDDD	URRDU	**Kodály** Galanta dances 1m
*UUUUU	UUDDD	UUUUU	**Grieg** string quartet in Gmi op27 2m 2t
*UUUUU	UUDDR	DDDU	**Mendelssohn** symph/5 D 'Reformation' op107 3m 3t
*UUUUU	UUDDR	UD	**Mozart** Deutsche Tänze/5 2t (Kanarienvogel) K600
*UUUUU	UUDDU	DDDD	**Walton** Façade suite/1: Tarantella - Sevillana 2t
*UUUUU	UUDDU	UDDDD	**Beethoven** piano sonata/15 D 'Pastoral' op28 1m 2t
*UUUUU	UUDDU	UUDDD	**Tchaikovsky** piano concerto/2 in G op44 3m 1t
*UUUUU	UUDDU	UUUUD	**Beethoven** string quartet/4 in Cmi op18/4 3m
*UUUUU	UUDRR	UDURU	**Haydn** string quartet/75 in G op76 3m 2t
*UUUUU	UUDUD	DDUUU	**Beethoven** piano sonata Cmi op13 'Pathétique' 1m 2t
*UUUUU	UUDUD	DUDDD	**Haydn** symphony/101 in D 'Clock' 1m
*UUUUU	UUDUD	RUDUU	**Wagner** Der fliegende Holländer I: Sailors' song
*UUUUU	UUDUD	UDDD	**Puccini** La Bohème II: Una cuffietta [Mit Gewitter
*UUUUU	UUDUD	UDUDU	**Shostakovich** symphony/6 in Bmi op54 3m 2t
*UUUUU	UUDUU	DD	**Wagner** Siegfried: Forest murmurs 4t
*UUUUU	UUDUU	UDDUR	**Tchaikovsky** symphony/3 in D op29 5m 2t
*UUUUU	UUDUU	UDUUD	**Tchaikovsky** Serenade in C strings op48 2m 1t
*UUUUU	UUDUU	UUUUU	**Tchaikovsky** Queen of Spades II: Prince Yeletsky's
*UUUUU	UUDUU	UUUUU	**Fauré** quartet/1 piano/str Cmi op15 4m 1t [aria
*UUUUU	UURDD	DRDDD	**Schumann** quartet piano/strings in E♭ op47 1m 2t
*UUUUU	UURDR	URUDD	**Beethoven** symphony/1 in C 4m 1t
*UUUUU	UURRD	UUUUU	**Beethoven** Serenade in D flute/vln/vla op25:
*UUUUU	UURRR	RRRUD	**Sibelius** Karelia suite 3m 1t [allegro scherzando
*UUUUU	UURRR	RUUDD	**Schubert** symphony/3 in D 1m 2t D200
*UUUUU	UURUU	UDUUU	**Gounod** Faust Act V: ballet music 5t

201

*UUUUU	UUUDD	DDU	**Chopin** piano concerto/1 in Emi op11 1m 3t
*UUUUU	UUUDD	DUUD	**Brahms** symphony/1 in Cmi op68 1m intro(a2)
*UUUUU	UUUDD	DUUUU	**Beethoven** piano sonata/2 in A op2/2 4m 2t
*UUUUU	UUUDD	UUDDU	**Liszt** Hungarian rhapsody/4 in E♭ piano 2t
*UUUUU	UUUDD	UUDDU	**Mahler** symphony/2 1m 3t
*UUUUU	UUUDU	D	**Shostakovich** symphony/5 in Dmi op47 1m 1t(d)
*UUUUU	UUUDU	DRDUD	**Tchaikovsky** The seasons op37 piano/6 Barcarolle
*UUUUU	UUUDU	DUDRU	**Haydn** symphony/92 in G 4m [(June) 1t
*UUUUU	UUUDU	DUDUD	**Vaughan Williams** symphony/4 in Fmi 3m 1t
*UUUUU	UUUDU	DUDUD	**Shostakovich** symphony/7 2m 3t
*UUUUU	UUUDU	DUDUU	**Beethoven** piano sonata/22 in F op54 1m 1t
*UUUUU	UUUDU	DURDD	**Stravinsky** symphony in 3 movements 1m 1t
*UUUUU	UUUDU	DUUDU	**Poulenc** piano concerto 2m 2t
*UUUUU	UUUDU	UUDDD	**Sibelius** symphony/6 in Dmi op104 2m 3t
*UUUUU	UUURD	DDDUD	**Beethoven** string quartet/12 in E♭ op127 2m
*UUUUU	UUURD	UUDUU	**Bach** Well-tempered Clavier Bk II: prel/23 BWV892
*UUUUU	UUURR	RDDDD	**Haydn** symphony/101 in D 'Clock' 3m trio
*UUUUU	UUURU	DDDUU	**Bartok** Rhapsody/1 vln/orch 1m 1t (folk dances)
*UUUUU	UUURU	UDDUD	**Brahms** violin concerto in D op77 3m 2t
*UUUUU	UUUUD	DDRDD	**Dvořák** Slavonic dances/16 op72/8 2t
*UUUUU	UUUUD	DDUUD	**Verdi** Aida Act I: L'insana parola
*UUUUU	UUUUD	DUDUU	**Schumann** Vogel als Prophet op82/7 piano˙1t
*UUUUU	UUUUD	DUUUU	**Prokofiev** violin concerto/1 2m 1t
*UUUUU	UUUUD	RRRDD	**Lalo** cello concerto in Dmi 3m
*UUUUU	UUUUD	UDDDU	**Tchaikovsky** Serenade in C for strings op48 3m 1t
*UUUUU	UUUUD	UDUDD	**Shostakovich** symphony/6 in Bmi op54 2m 2t
*UUUUU	UUUUR	DDUUU	**Mozart** string quintet/3 in C K515 1m
*UUUUU	UUUUU	DUUDU	**Bach** St John Passion/26 Eilt, eilt
*UUUUU	UUUUU	DUUDU	**Mendelssohn** piano concerto/1 in Gmi op25 1m intro
*UUUUU	UUUUU	DUUUU	**Schumann** quintet piano/strings in E♭ op44 3m 1t
*UUUUU	UUUUU	R	**Humperdinck** Königskinder: prelude 1t(b)
*UUUUU	UUUUU	U	**Borodin** symphony/2 in Bmi 2m 1t(a)
*UUUUU	UUUUU	U	**Sibelius** symphony/7 in C op105 1t
*UUUUU	UUUUU	UDRDU	**Schumann** symphony/2 in C op61 4m intro
*UUUUU	UUUUU	UDUDU	**Beethoven** piano sonata/10 in G op14/2 3m 1t
*UUUUU	UUUUU	UDUU	**Sibelius** symphony/4 in Ami op63 3m 2t
*UUUUU	UUUUU	URD	**Mendelssohn** symph/5 in D op107 'Reformation' 1m
*UUUUU	UUUUU	URRDD	**Ravel** Valses nobles et sentimentales/1 [intro
*UUUUU	UUUUU	URRRD	**Beethoven** piano sonata/2 in A op2/2 4m 1t
*UUUUU	UUUUU	UU	**Sibelius** Swan of Tuonela 1t(c)
*UUUUU	UUUUU	UUDDD	**Schubert** string quartet/9 in Gmi 1m D173
*UUUUU	UUUUU	UUUDD	**Haydn** symphony/91 in E♭ 1m
*UUUUU	UUUUU	UUUUR	**Liszt** Grand galop chromatique, piano 1t
*UUUUU	UUUUU	UUUUU	**Chopin** étude/2 in Ami op10
*UUUUU	UUUUU	UUUUU	**Rimsky-Korsakov** Antar symphony 1m intro 1t

DIRECTORY OF POPULAR TUNES

```
*DDDDD  DDDDU  RDU   Shadow waltz  (Shadows on the wall) Harry Warren
*DDDDD  DDDUD  UUU   The Thunderer  Sousa march 3t          [1933
*DDDDD  DDDUR  DUD   Woodman, woodman, spare that tree  Irving Berlin
*DDDDD  DDRDD  UUD   My heart at thy sweet voice  Saint-Saëns     [1911
*DDDDD  DDRDU  UDU   Dreamy melody  Koehler/Magine/Naset 1922
*DDDDD  DDUUD  DDD   Nicola  Steve Race 1962
*DDDDD  DDUUD  RUD   Garry Owen  Irish folk dance
*DDDDD  DDUUU  UDU   Twentieth century blues  Noel Coward 1931
*DDDDD  DUDDR  UDU   Hydropaten waltz/1  Gung'l 1846
*DDDDD  DUDDU  DDD   Tears  Billy Uhr 1935 (revived 1965 by Ken Dodd)
*DDDDD  DUDDU  UDU   The sunshine of your smile  Lilian Ray 1915
*DDDDD  DUDDU  UDU   Homing  Teresa del Riego 1917
*DDDDD  DURDD  DDU   You happen once in a lifetime  M Sherwin 1943
*DDDDD  DUUDD  DUU   Moonlight on the Ganges  Sherman Myers 1926
*DDDDD  RDDDD  DUD   Pagan love song  Nacio Herb Brown 1929
*DDDDD  RDURR  RUR   It's nice to get up in the morning  Harry Lauder
*DDDDD  RUDUD  DDD   My September love  Tolchard Evans 1955 [1914
*DDDDD  RUUUD  UDD   Autumn crocus  Billy Mayerl 1932
*DDDDD  UDDDD  DRR   Broadway rhythm  Nacio Herb Brown 1935
*DDDDD  UDDDD  DUD   Don't get around much anymore  Duke Ellington 1942
*DDDDD  UDDDD  DUD   Drum Majorette  Arnold Steck
*DDDDD  UDDDD  UUD   Somebody stole my gal  Leo Wood 1922
*DDDDD  UDDDD  UUD   Fall in and follow me  Scott/Mills 1910
*DDDDD  UDDDU  DDU   Poetry in motion  Kaufman/Anthony 1960
*DDDDD  UDDDU  URD   Di! Di! Di!  F C Carr 1908 music hall
*DDDDD  UDDUD  DRU   Puppet on a string  Bill Martin/Phil Coulter 1967
*DDDDD  UDDUU  RRU   The girl I left behind me  (Brighton Camp) ca 1765
*DDDDD  UDUDD  DDD   Love is a song that never ends  (Bambi) F Churchill
*DDDDD  UDUDD  DDD   Please  Leo Robin/Ralph Rainger 1932
*DDDDD  UDUUD  UDD   The Gaby Glide  Louis A Hirsch 1911
*DDDDD  URRUD  DDU   Killarney  Balfe (Parody: Oh me 'taters)
*DDDDD  URUUD  DUD   Love is blue  (L'amour est bleu) André Popp 1966
*DDDDD  URUUU  DDD   Blue skies are round the corner  R Parker/H Charles
*DDDDD  URUUU  UDU   La douce pensée  Charles d'Albert          [1938
*DDDDD  UUDDD  DDU   Stop yer tickling, Jock  Harry Lauder 1904
*DDDDD  UURDU  UDD   With my eyes wide open I'm dreaming  Gordon/Revel
*DDDDD  UURDU  UDR   Oklahoma  Richard Rodgers 1943              [1934
*DDDDD  UUUUU  DUU   I'll bid my heart be still  old Border melody
*DDDDD  UUUUU  UUD   Time alone will tell  Eve Lynd 1948
*DDDDD  UUUUU  UUU   Bal masqué  Percy E Fletcher 1913
*DDDDR  DDRUU  RUU   The meeting of the waters of Hudson and Erie  Wood-
*DDDDR  DDUUU  UUD   Bridge over troubled water  P Simon      [worth 1825
*DDDDR  DUDDD  UDR   Chant d'amour  J Albeniz
*DDDDR  DURRD  RRR   Personality  Harold Logan/Lloyd Price 1959
*DDDDR  DURRD  UUR   Thanks for the memory  Leo Robin/Ralph Rainger 1937
*DDDDR  RRRDR  RDU   The banana boat song  (Day-O) Darling/Carey/Arkin
*DDDDR  RUDUR  RUD   I love a parade  Harold Arlen 1931           [1956
*DDDDR  UDUUR  UDR   Jock o' Hazeldean  poem by Sir W Scott, old Irish
*DDDDR  UDUUU  DUD   New Year's Eve  Apricha                    [tune
*DDDDR  URDDD  D     Painted Desert  (Grand Canyon suite) F Grofé 1932
*DDDDR  UUDDD  UUD   O sole mio (Beneath thy window)  Eduardo di Capua
*DDDDR  UUUDD  RDR   To Sir, with love  Marc London 1967          [1901
*DDDDU  DDDDD  UDD   La vie en rose  (Take me to y'r heart again) Louiguy
*DDDDU  DDDDU  DDD   Welcome to my world  Winkler/Hathcock 1962 [1946
*DDDDU  DDDDU  DDD   I'm making believe  James V Monaco 1944
*DDDDU  DDDDU  UDR   Oh! Breathe not his name  folk song
*DDDDU  DDDRU  DDD   Ordinary people  G Posford 1951
```

```
*DDDDU  DDRUU  DDU   The whistler and his dog  Arthur Pryor 1905
*DDDDU  DDUDU  DUU   The bailiff's daughter of Islington  traditional
*DDDDU  DRDDD  UUU   That certain party  Walter Donaldson 1925
*DDDDU  DRDUU  UUD   Blow, blow, thou winter wind  Thomas Arne
*DDDDU  DUDDD  DUD   Let's put out the lights  Herman Hupfeld 1932
*DDDDU  DUDDU  DUD   An apple for the teacher  James v Monaco 1939
*DDDDU  DUDUU  RDD   Whose baby are you?  Jerome Kern 1920
*DDDDU  DUUDU  UDU   Johnny one note  Richard Rodgers 1937
*DDDDU  DUUUD  DDD   Prelude to a kiss  Duke Ellington 1938
*DDDDU  DUUUU  DDD   We three  Robertson/Cogne/Mysels 1940
*DDDDU  DUUUU  RDU   Sleepy time gal  Ange Lorenzo/Richard A Whiting 1925
*DDDDU  RDDDD  UUU   Sonny Boy  Jolson/DeSylva/Brown/Henderson 1928
*DDDDU  RDDDU  UUD   Santa Lucia  2t, Teodoro Cottrau 1849
*DDDDU  RRURR  DRR   Shine through my dreams  (Glamorous Night) Novello
*DDDDU  RUUDU  DDD   Make it with you  David Gates 1970          [1935
*DDDDU  RUURD  DRD   Rose garden  Joe South 1970
*DDDDU  UDDDD  UUD   Maxim's  (Merry Widow) Lehar 1907
*DDDDU  UDDDD  UUU   Felix kept on walking  Hubert David 1923
*DDDDU  UDDDU  UUU   White wings  Banks Winter 1884, 1949
*DDDDU  UDDUD  RDU   Memories  Egbert van Alstyne 1915
*DDDDU  UDDUD  UUU   Luxemburg valse  Lehar 1911
*DDDDU  UDRDD  DDU   I'm shy, Mary Ellen, I'm shy  Stevens/Ridgwell 1910
*DDDDU  UDUDD  DDU   Love forever I adore you  G de Micheli 1929, 1934
*DDDDU  UDUDU  DDD   The hippopotamus song  Donald Swann 1952
*DDDDU  UDUDU  DUU   Chicken Reel  Joseph M Daly 1910
*DDDDU  UDUUU  DUD   Deck the hall with boughs of holly  traditional
*DDDDU  UDUUU  UUD   Alley cat  Frank Bjorn 1962
*DDDDU  URRDU  URR   Song of the Western men  old Cornish song
*DDDDU  UUDDD  DDU   Fly me to the moon  Bart Howard 1954
*DDDDU  UUDDD  DUU   Two cigarettes in the dark  Lew Pollack 1934
*DDDDU  UUDDR  DRD   It's a hap-hap-happy day  Timberg/Sharples
*DDDDU  UUDDU  DDD   Close the door!  Paul Klein/Fred Ebb 1955
*DDDDU  UUDUR  DDD   There's a bright golden haze  (verse of Oh what a
                        beautiful morning) Richard Rodgers 1943
*DDDDU  UUDUR  DDD   The things I love  Barlow/Harris 1941
*DDDDU  UUDUU  UUU   Sam, the old accordion man  Walter Donaldson 1927
*DDDDU  UURUD  DDD   Li'l darlin'  (Don't dream of anybody but me)
*DDDDU  UUUDD  DDD   My darling  Heyman/Myers 1932 [N Hefti 1959
*DDDDU  UUUDD  DDU   Music in May  from Careless Rapture, Novello 1936
*DDDDU  UUUDD  DUU   Amoretten Tänze/5  2t, Gung'l 1846
*DDDDU  UUUDU  DUD   Mairzy doats  Drake/Hoffman/Livingston 1943
*DDDDU  UUUDU  UDU   I'm looking over a four leaf clover  H Woods 1927
*DDDDU  UUURR  RRR   Please do it again  Gershwin 1922
*DDDDU  UUUUU  UUD   Transatlantic lullaby  Geoffrey Wright 1939
*DDDRD  DDUUD  DUU   I ain't got nobody  Williams/Peyton 1916
*DDDRD  DUUUD  DDR   All my loving  Lennon/McCartney 1963
*DDDRD  DUUUD  DRR   There's a good time coming  Butler/Wallace 1930
*DDDRD  UDDUD  DUD   Who's afraid of the big bad wolf?  Churchill/Ronell
*DDDRD  URUDU  UDD   The Irish washerwoman  folk dance ca 1792  [1933
*DDDRR  DDDRU  DDD   The Continental  Con Conrad 1934
*DDDRR  DDDUU  DDU   The lobster quadrille  J Horowitz 1953
*DDDRR  RRRDU  UDD   Why do you treat me like you do  Donovan 1965
*DDDRR  RRUUD  UUR   Didn't we?  Jim Webb 1966
*DDDRR  RUDDD  RRU   On the road to Mandalay  Oley Speaks 1907
*DDDRR  UDDDD  RRU   Day tripper  Lennon/McCartney 1965
*DDDRR  UDDUR  UUU   If you're Irish come into the parlour  Glenville/
*DDDRU  RDRUR  DRU   My Mammy  Walter Donaldson 1920 [Miller 1919
```

206

```
*DDDUD  DDDDD  RDU    Cinderella-Rockefella  Ames/Williams 1966
*DDDUD  DDDUD  UDD    Food, glorious food  (Oliver) Lionel Bart 1960
*DDDUD  DDDUD  UDU    Red roses for a blue lady  Tepper/Brodsky 1948
*DDDUD  DDDUU  DDD    Demoiselle chic  Percy E Fletcher
*DDDUD  DDDUU  DDU    Ciribiribin  A Pestalozza 1898
*DDDUD  DDUDD  DRD    Song of India  themes by Rimsky-Korsakov
*DDDUD  DDUDD  DUD    Theme from Midnight Cowboy  John Barry 1969
*DDDUD  DDUDD  DUU    Thumbelina  Frank Loesser, 1952
*DDDUD  DDUDD  UDD    Beautiful Ohio  Mary Earl (pseud of R A King) 1918
*DDDUD  DDUDD  UDU    My ideal  Richard A Whiting/Newell Chase 1930
*DDDUD  DDUDD  URR    I'm an airman  McGhee/Russell 1926
*DDDUD  DDUDU  UDD    Make love to me!  Leon Roppolo and others 1953
*DDDUD  DRUDD  URU    Release me  Miller/Williams/Yount/Harris 1954
*DDDUD  DUDDD  UDD    Bring me sunshine  Arthur Kent 1966
*DDDUD  DUDDU  DDU    The birth of the blues  DeSylva/Brown/Henderson
*DDDUD  DUDDU  DDU    The Circassian circle  Scottish dance        [1926
*DDDUD  DUDUD  RDU    My sweet Lord  George Harrison 1970
*DDDUD  DURUU  URU    The leafy cool-kellure  (The white-breasted boy) trad
*DDDUD  DURUU  UUU    The lark in the clear air  Irish folk sg arr R Farnon
*DDDUD  DUUDD  DUD    Twelfth street rag  piano solo, Euday L Bowman 1916
*DDDUD  DUUDD  DUD    Say 'au revoir' but not goodbye  Harry Kennedy 1893
*DDDUD  DUUDD  UDD    Please please me  Lennon/McCartney 1962
*DDDUD  DUURR  RUD    Sidewalks of New York  (East side, West side) Chas
*DDDUD  DUUUD  DUU    All over the place  Noel Gay 1940        [Lawlor 1894
*DDDUD  DUUUU  UDU    The rising of the lark  (Codiad yr hedydd) Welsh folk
*DDDUD  RURRR  UDD    Home on the range  Daniel E Kelley 1905(?)  [song
*DDDUD  UDDDD  UUU    I hear music  Burton Lane 1940
*DDDUD  UDDDU  DUD    Classical gas  Mason Williams 1968
*DDDUD  UDDDU  DUU    The Arethusa  pre-1730 country dance, arr Shield
*DDDUD  UDDUD  DDD    Aye waukin' O!  folk song
*DDDUD  UDDUD  DUD    Old soldiers never die
*DDDUD  UDUDU  DDD    Why worry  Ralph Edwards 1951
*DDDUD  UDUUD  UUD    Marche Lorraine  Louis Ganne
*DDDUD  URDDD  UUD    Three coins in the fountain  Jule Styne 1954
*DDDUD  URRUD  DRR    I'm on a see-saw  Vivian Ellis 1934
*DDDUD  UUDDD  UDU    Skirt dance  Meyer Lutz
*DDDUD  UUDDD  UDU    In my merry Oldsmobile  Gus Edwards 1905
*DDDUD  UUDDU  URD    Auf wiedersehn  Sigmund Romberg 1915
*DDDUD  UUUDU  DDD    Shepherd of the hills  H Nicholls 1927
*DDDUR  DDUDD  DUD    Monday Monday  John Phillips 1966
*DDDUR  DUDDU  DUD    Cielito lindo  (Ay! Ay! Ay!) origin uncertain
*DDDUR  DUDUR  DUD    Can't we talk it over  Victor Young 1931
*DDDUR  DURUD  DDD    Long-haired lover from Liverpool  C Dowden 1969
*DDDUR  RRRDU  DDU    You, me and us  John Jerome 1956
*DDDUU  DDDDD  UUR    You're the cream in my coffee  DeSylva/Brown/Hender-
*DDDUU  DDDUD  DUD    Someday I'll find you  Noel Coward 1931      [son 1928
*DDDUU  DDDUU  DDD    Genevieve love theme  Larry Adler
*DDDUU  DDDUU  DUD    Mooonlight in Vermont  Karl Suessdorf 1944
*DDDUU  DDRRU  DRR    Pedro the fisherman  H Parr Davies 1943
*DDDUU  DDUDD  DUU    We three Kings of Orient  John H Hopkins 1863
*DDDUU  DDUDD  DUU    77 Sunset Strip  Mark David/Jerry Livingston 1959
*DDDUU  DRUUU  UUU    Secret love  Sammy Fain 1953
*DDDUU  DUDDD  DUU    Sweethearts waltz  Victor Herbert 1913
*DDDUU  DUDDD  UUD    The spring song  (A King in New York) Charles Chaplin
*DDDUU  DUDUD  UUD    When it's night time in Italy  Kendis/Brown 1923  [1957
*DDDUU  DURDU  UDU    Wedding of the rose  2t, Leon Jessel 1911
*DDDUU  DUUDD  DUU    Scottish samba  Johnny Reine 1949
```

207

*DDDUU	DUUDR	DUR	**Shipmates of mine** Wilfrid Sanderson 1913
*DDDUU	DUUUR	UDD	**Careless love** American folk song
*DDDUU	DUUUU	UDU	**Mother Machree** Chauncey Olcott/Ernest R Ball 1910
*DDDUU	RDRUR	UDD	**Love, your spell is everywhere** E Goulding 1929
*DDDUU	RUDDD	RUR	**The toy drum major** Horatio Nicholls 1925
*DDDUU	UDDDD	UUU	**Whatever will be, will be** (Que sera, sera) Livingstone/Evans 1956
*DDDUU	UDDDU	D	**Souvenir** violin/piano 2t, Franz Drdla
*DDDUU	UDDDU	UUD	**Zing! went the strings** James F Hanley 1935
*DDDUU	UDDDU	UUR	**Let's all go down the Strand** Castling/Mills 1910
*DDDUU	UDDDU	UUR	**Them there eyes** Harry Ruby 1930
*DDDUU	UDDRD	UUU	**It's over** 1964
*DDDUU	UDUDD	DDU	**A rose in a garden of weeds** R B Saxe/H W David 1926
*DDDUU	UDUDD	UUD	**My friend the sea** Ron Goodwin 1960
*DDDUU	UDUDU	RUD	**King of the road** Roger Miller 1964
*DDDUU	UDUDU	UDD	**Daisy Bell** (A bicycle built for two) H Dacre 1892
*DDDUU	UDUUD	UDD	**Dick's maggot** l7th century dance, arr Ernest Tomlin- son 1951, sig tune for Steve Race BBC series
*DDDUU	UDUUU	DDU	**A whiter shade of pale** (intro) Reid/Brooker 1967
*DDDUU	UDUUU	DUU	**Hindustan** G Wallace/H Weeks 1918
*DDDUU	URRRD	DDD	**Misty** Erroll Garner 1954
*DDDUU	UUDDD	UDD	**Cornish Rhapsody** Hubert Bath 1944
*DDDUU	UUDDD	UDR	**Oh! what a pal was Mary** Pete Wendling
*DDDUU	UUDDD	UUU	**Rain** Eugene Ford 1927
*DDDUU	UUDDD	UUU	**Oh Charley** take it away, Hedges/Malcolm/leClerq 1925
*DDDUU	UUDUU	DUU	**Strange music** (Song of Norway) 1944 Grieg themes
*DDDUU	UUDUU	UDD	**Wot cher!** (Old Kent Road) music hall song C Ingle
*DDDUU	UUUDD	DDU	**Love sends a little gift of roses** J Openshaw 1919
*DDRDD	DRRRR	RRR	**Holiday spirit** Clive Richardson
*DDRDD	RDDR		**All through the night** Cole Porter 1934
*DDRDD	RUURD	DDU	**Roamin' in the gloamin'** Harry Lauder 1911
*DDRDD	UDUDD	UUD	**The band of gold** 1970
*DDRDD	UUDUD	DRD	**Waltz song from Merrie England** Edward German 1902
*DDRDD	UUURU	UDD	**Kisses sweeter than wine** Joel Newman 1951
*DDRDR	DRDRU	RUR	**Twankydillo** Sussex folk song
*DDRDR	DRUUD	DUU	**I can't stop loving you** Don Gibson 1962
*DDRDR	UURUD	DUU	**Only the lonely** Roy Orbison/Joe Melson 1960
*DDRDU	RRUDD	RUD	**Ooh baby** Raymond (Gilbert O'Sullivan 1973
*DDRDU	RUDRR	DUU	**The massacre of Macpherson** traditional
*DDRDU	RUDUU	DDU	**The Irish washerwoman** folk dance ca 1792
*DDRDU	UUDDD	DDR	**Poinciana** 1936
*DDRDU	UUUDD	RDU	**You can't stop me from dreaming** Friend/Franklin
*DDRRD	DUUDU		**You're a grand old flag** G M Cohan 1906 [1937
*DDRRD	DUURR	RDD	**Champagne Charlie is my name** Alfred Lee 1867
*DDRRD	RRDRU	DDR	**The weeping willer** music hall, Harry Clifton ca 1865
*DDRRD	UDUUU	RRR	**Hawaiian war chant** 1936
*DDRRD	URUUU	DDU	**The death of Nelson** John Braham 1811
*DDRRD	UUDRU	UUU	**I'm ninety-five** March of the Rifle Brigade
*DDRRD	UURRU	URR	**Turkey in the straw** (Zip coon) origin uncertain
*DDRRR	DDUUD	RUU	**Ye mariners of England** Dr Callcott [ca 1843
*DDRRR	DUUDR	URR	**With these hands** Abner Silver 1950
*DDRRR	RRDDD	UUR	**Pistol-packin' mama** Al Dexter 1943
*DDRRR	RRRDR	URR	**Oh! It ain't gonna rain no mo'** W Hall 1923
*DDRRR	RRRDU	URR	**Does the chewing gum lose its flavour....** E Brever
*DDRRR	UUURR	RUU	**The Island** (verse) traditional [1924
*DDRRU	RDDDU	UUR	**Phil the fluter's ball** W percy French 1937
*DDRRU	UDDUD	URU	**The tarpaulin jacket** Charles Coote, mid-Victorian

*DDRRU	URRDD	UUD	**Son of a gun** (Dunderbeck) 1873
*DDRRU	UUDDD	DRR	**If you love me (I won't care)** M Monnot 1959
*DDRRU	UURRU	RUR	**The Big Rock Candy Mountains**
*DDRRU	UUURR	D	**Dixie** D D Emmett 1859(?)
*DDRUD	DDURU	RDD	**Hop-scotch polka** Whitlock/Sigman/Rayburn 1949
*DDRUD	DDUUU	DDU	**Turkey in the straw** (Zip coon) origin uncertain
*DDRUD	DRUDD	RUU	**There you are then** L Silberman 1921 [ca 1843
*DDRUD	DRURR	RDD	**Remember me** J Bradley 1945
*DDRUD	RDRUR	UDD	**Rolling down to Rio** Edward German
*DDRUD	RUDDR	UDD	**Rory O'Moore** Irish folk dance
*DDRUD	UDUUD	UDD	**Rotten Row** Walter Stott (Zoo radio programme sig tune)
*DDRUD	UUUDD	RUD	**When I take my sugar to tea** Fain/Kahal/Norman 1931
*DDRUD	UUUUU	DDU	**Moon lullaby** (instrumental) Mark Lubbock
*DDRUR	DDDRR	UUU	**Lily the Pink** (first verse) Gorman/McGear/McGough
*DDRUR	DDDRU	RDU	**Bird songs at eventide** Eric Coates [1968
*DDRUU	DDUDD	RUU	**Lady of Spain** Tolchard Evans 1931
*DDRUU	DDUUU	DDU	**It won't be long** (Ev'ry night...) Lennon/McCartney
*DDRUU	DUDDU	DDR	**Lady of Spain** Tolchard Evans 1931 [1963
*DDRUU	RUUDU	UDD	**Flowers of Edinburg(h)** 'English' country dance
*DDRUU	UDDDD	UUD	**Gypsy love song** Victor Herbert 1908
*DDRUU	UDDDU	DUU	**My love is like a red, red rose** trad arr Alfred Moffat
*DDRUU	UDUUR	DDD	**Bonnie George Campbell** Scottish folk sg
*DDRUU	URUDD	RDD	**The praise of Islay** Highland tune
*DDUDD	DDDDU	DDD	**Sleepy head** Benny Davis/Jesse Greer 1926
*DDUDD	DDDUU	DDU	**The gladiators' entry** Julius Fučik
*DDUDD	DDUDD	DUU	**Evensong** Easthope Martin 1911
*DDUDD	DDUDD	UUD	**Why should I wake up?** (from Cabaret) J Kander 1966
*DDUDD	DDUDD	UUU	**Stars and stripes** 2t, Sousa march
*DDUDD	DDUDU	DUD	**Tangerine** (The fleet's in) Victor Schertzinger 1942
*DDUDD	DDURD	UUD	**The night has a thousand eyes** Wiseman/Wayne/Garrett
*DDUDD	DDURR	UDR	**It's a grand night for singing** R Rodgers 1945 [1962
*DDUDD	DDUUD	UDD	**Farewell, Manchester** (Felton's gavotte)
*DDUDD	DRRUD	UUU	**I live in Trafalgar Square** music hall, C W Murphy ca
*DDUDD	DUDDD	UDD	**For Deborah** (instrumental) Roger Webb [1898
*DDUDD	DUDDD	UUD	**Meadowlands** Russian song, Lev Knipper 1939
*DDUDD	DUDDU	DDD	**Chicago** Fred Fisher 1922
*DDUDD	DUDUR	DUD	**What are the wild waves saying** Stephen Glover 1850
*DDUDD	DUDUU	RUU	**Jeannie with the light brown hair** Stephen Foster
*DDUDD	DUUDD	UDD	**Love's last word is spoken** C A Bixio 1934 [1854
*DDUDD	DUURR	RDU	**This love of mine** Sol Parker/Henry Sanicola
*DDUDD	DUUUD	DDU	**I give my heart** C Millöcker 1931
*DDUDD	RUUUU	DDD	**Harrigan** Geo M Cohan 1907
*DDUDD	UDDDD	RRD	**Kathleen Mavourneen** F N Crouch 1840
*DDUDD	UDDDU	URD	**Sing brothers** Jack Waller/Joe Tunbridge 1932
*DDUDD	UDDUD	DDD	**That's amoré** Harry Warren 1953
*DDUDD	UDDUD	DUD	**My heart stood still** Richard Rogers 1927
*DDUDD	UDDUD	DUD	**Good morning good morning** Lennon/McCartney 1967
*DDUDD	UDDUD	DUD	**Till we meet again** Richard A Whiting 1918
*DDUDD	UDDUD	DUD	**Kitten on the keys** Zez Confrey 1921
*DDUDD	UDDUD	DUD	**Boom bang-a-bang** (verse) Warne/Moorhouse 1969
*DDUDD	UDDUR	DUU	**Waking or sleeping** Ivor Novello 1943
*DDUDD	UDDUU	UDU	**I believe** Drake/Graham/Shirl/Stillman 1953
*DDUDD	UDRDU	DRD	**Three blind mice** traditional
*DDUDD	UDUDD	DUD	**(Jesus Christ) Superstar** A L Webber 1970
*DDUDD	UDUDD	DUU	**Old folks at home** Stephen Foster 1851
*DDUDD	UDUDU	DDU	**Oh, Johnny, Oh, Johnny, Oh!** 1917
*DDUDD	UDURU	UDD	**I can't give you anything but love** Jimmy McHugh 1928

```
*DDUDD UDUUD UDD    An old violin  Helen Taylor/Howard Fisher 1929
*DDUDD UDUUD UUD    God bless America  Irving Berlin 1939
*DDUDD UDUUU UUD    Let's do it, let's fall in love  Cole Porter 1928
*DDUDD URDDU UDD    The WRNS march  Richard Addinsell 1942
*DDUDD URDUU DRD    Wives and lovers  Burt Bacharach 1963
*DDUDD UUDDU UDU    Strollin'  Ralph Reader 1959
*DDUDD UUDDU DUD    Maybe  Allan Flynn/Frank Madden 1935
*DDUDD UUDRR RUU    My cup runneth over  Harvey Schmidt 1966
*DDUDD UUUDR UUU    Moon love  (based on Tchaikovsky symphony/5) arr 1939
*DDUDD UUUDU UUU    Le cygne  (The swan) Saint-Saëns 1887
*DDUDD UUUUR DRU    Try to forget  (The cat and the fiddle) J Kern 1931
*DDUDD UUUUU DDR    Room five-hundred-and-four  George Posford 1941
*DDUDD UUUUU UUD    The Dicky Bird hop  Gourley/Sarony 1926
*DDUDR DDDUD RDD    Walk hand in hand  Johnny Cowell 1956
*DDUDR DDRUU DRD    Volare  Domenico Modugno 1958
*DDUDR DDUDD DDR    Poor little rich girl  (On with the dance) N Coward
*DDUDR DDUDU DDU    This is my life  Barry White 1958           [1925
*DDUDR DRDUU DRU    Something tells me  Cook/Greenaway 1971
*DDUDR DUURU DUU    Bonnie Strathyre  Scottish folk song
*DDUDR RDDUD DUU    El Capitan  Sousa march 4t
*DDUDR RDUDU RRD    If love were all  (Bitter Sweet) Noel Coward 1929
*DDUDR RRDDU RRR    You're a sweetheart  Jimmy McHugh 1937
*DDUDR UDDDU DDU    Give peace a chance  Lennon/McCartney 1969
*DDUDR URUDD DDD    Dear old Southland  Turner Layton 1921
*DDUDR UUDUU RDD    Believe me, if all those endearing young charms  1808
*DDUDU DDDUD UDU    Fisher's hornpipe  traditional
*DDUDU DDUDU UDU    Gypsy lament
*DDUDU DDUDU DDD    One night of love  Victor Schertzinger 1934
*DDUDU DDUDU DUD    Two lovely black eyes  music hall, Chas Coborn 1886
*DDUDU DDUDU UUD    Jolly good company  Wallace 1931
*DDUDU DDUUU DUD    Heartaches  Klenner/Hoffman 1931
*DDUDU DUDDD URD    (Dance with the) Guitar man  Eddy/Hazelwood 1962
*DDUDU DUDDD UUD    March of the little lead soldiers  G Pierné
*DDUDU DUDDD UUD    Say it while dancing  Abner Silver 1922
*DDUDU DUDDU DDU    I love my baby - my baby loves me  Harry Warren 1925
*DDUDU DUDDU DUD    Softly as in a morning sunrise  Sigmund Romberg 1928
*DDUDU DUDDU DUD    Wedding of the rose  Leon Jessel 1911
*DDUDU DUUDD UDU    Monymusk  Scottish foursome reel
*DDUDU DUUUR RRR    I've never seen a straight banana  T Waite 1926
*DDUDU RDRDU DUR    Ain't she sweet  Milton Ager 1927
*DDUDU RDUUD DUD    Little red rooster  Willie Dixon 1961
*DDUDU RRDDU DUR    You're blasé  Ord Hamilton 1931
*DDUDU RRUDD DRD    Deep river  spiritual
*DDUDU UDDDD UDU    I've heard that song before  Jule Styne 1942
*DDUDU UDDDD UUD    I pitch my lonely caravan at night  Eric Coates 1921
*DDUDU UDDDU DDD    Let's fall in love  Harold Arlen 1933
*DDUDU UDDRU DUU    It's the natural thing to do  Burke/Johnston
*DDUDU UDDUD UUU    Coronation Street  Eric Spear 1961
*DDUDU UDDUU UDD    The wedding  (La novia) Joaquin Prieto 1961
*DDUDU URURD RDR    Lament for Maclean of Ardgour  Scottish folk tune
*DDUDU UUDDU DUU    Love is  Leslie Bricusse 1958        .
*DDUDU UUDUU DUD    A little on the lonely side  Robertson/Cavanagh/
*DDUDU UUUDD UDU    Small fry  Hoagy Carmichael 1938 [Weldon 1944
*DDURD DDUDU DDU    Sugar blues  Clarence Williams 1923
*DDURD DUURD UDR    Sweet Adeline  Harry Armstrong 1903
*DDURD RDRDD URD    How do you do do Mister Brown  1932
*DDURD RURDU DUU    Julie, do ya love me?  1970
```

*DDURD	RUURD	RDD	**Eight days a week** Lennon/McCartney 1964
*DDURR	DDDUR	DDD	**Oh, lady be good** Gershwin 1924
*DDURR	DDUDU	DDU	**Neapolitan nights** J S Zamecnik
*DDURR	DUDUD	UDU	**Boccacio march** Suppé
*DDURR	DURRD	URD	**Respect** Otis Redding Jr 1967
*DDURR	RRRDD	URR	**Love for sale** Cole Porter 1930
*DDURR	UDDDU	UUU	**The yellow rose of Texas** Don George 1955
*DDURR	UDRRR	UUD	**Mick McGilligan's ball** Michael Casey 1948
*DDURU	DDURU	DDU	**This is the Missus** Brown/Henderson 1931
*DDURU	DUDUD	UDD	**What's new, Pussycat?** David/Bacharach 1965
*DDURU	RRDDU	UDD	**Nights in white satin** Justin Hayward 1967
*DDUUD	DDDDR	RDD	**Sister Susie's sewing shirts for soldiers** H Darewski
*DDUUD	DDDDU	UDD	**East side of Heaven** Burke/Monaco [1914
*DDUUD	DDDUD	DDU	**All of me** S Simons/G Marks 1931
*DDUUD	DDDUD	RUU	**Liberty Bell** Sousa march 2t
*DDUUD	DDDUU	DDD	**Sahara** H Nicholls 1924
*DDUUD	DDDUU	DDD	**Derby Day** (instrumental) Robert Farnon
*DDUUD	DDDUU	DDU	**Praise the Lord and pass the amunition** Loesser 1942
*DDUUD	DDUUD	DUU	**Serenade from Harlequin's millions** Riccardo Drigo 2t
*DDUUD	DDUUR	URD	**All through the night** (Ar hyd y nos) Welsh folk song
*DDUUD	DDUUR	UUD	**Shepherd's dance** Edward German
*DDUUD	DDUUU	DDD	**Did your mother come from Ireland?** Kennedy/Carr 1936
*DDUUD	DDUUU	RDU	**There goes my everything** Dallas Frazier 1965
*DDUUD	DUDDU	UDD	**You oughta be in pictures** Dana Suesse 1934
*DDUUD	DUDUD	URU	**The 59th Bridge Street song** (Feelin' groovy) Paul
*DDUUD	DURDU	DDU	**Tony's wife** Burton Lane 1933 [Simon 1966
*DDUUD	DUUDD	DDU	**Canadian capers** Chandler/White/Cohen 1915
*DDUUD	DUUDD	UUD	**Intermezzo** Heinz Provost 1936
*DDUUD	DUUDU	UUD	**Indiscreet** (theme from the film) 1958
*DDUUD	DUUDU	DUD	**Cheek to cheek** (Top Hat) Irving Berlin 1935
*DDUUD	DUUUD	DDD	**In a Chinese temple garden** Ketelbey 1t
*DDUUD	RDDDD	UUD	**Romantica** Verde/Rascal 1960
*DDUUD	RDDUD	DUU	**Two little boys** (verse) T F Morse 1969
*DDUUD	RDDUR	RDD	**Barbara Ann** Fred Fassert 1961
*DDUUD	RRDDD	UUD	**The sweetest story ever told** R M Stults 1892
*DDUUD	RRUUU	UDD	**Marching through Georgia** Henry C Work 1865
*DDUUD	RUDUU	DRU	**I went to your wedding** Jessie Mae Robinson 1952
*DDUUD	UDDUD	DUU	**Marta** Moises Simon 1931
*DDUUD	UDDUR	DUU	**Drakes's drum** (Sea songs) C V Stanford
*DDUUD	UDDUU	DDU	**When love comes along** 1962
*DDUUD	UDDUU	DUD	**Negra consentida** (Love me!) Joaquin Pardave 1939
*DDUUD	UDDUU	DUD	**My mother's eyes** Abel Baer 1928
*DDUUD	UDUDD	UDD	**Alfie** Burt Bacharach 1966
*DDUUD	UDUUU	UDU	**Fashionette** Glogau/King 1928
*DDUUD	URUDU	RRD	**Good-night ladies** Egbert van Alstyne 1911
*DDUUD	UU		**Shave and a haircut** bay rum, or Bum diddle-de-um-
*DDUUD	UUDDD		**St Bernard waltz** Ward/Swallow [bum, that's it
*DDUUD	UUDDR	RUD	**The exile of Cambria** (Yr alltud o Gymru)
*DDUUD	UUUDU	DDU	**Ev'ry little while** James W Tate 1916
*DDUUD	UUUUU	DDU	**Ebb tide** Robert Maxwell 1953
*DDUUR	DDDDR	UDU	**Sumer is icumen in** John of Fornsete, 13th century
*DDUUR	DDUUD	DRU	**Sugar sugar** Jeff Barry/Andy Kim 1969
*DDUUR	DDUUU	DDU	**Why do I love you** (Show Boat) Jerome Kern 1927
*DDUUR	DDUUU	UDD	**Georgia's gotta moon** Max & Harry Nesbitt 1938
*DDUUR	DRDUU	DDU	**I've got sixpence** Box/Cox/Hall 1941
*DDUUR	RDRRU	URD	**Merrily we roll along** (2t of Good-night ladies)
*DDUUR	RDRRU	URD	**Mary had a little lamb** same tune as item above

*DDUUR	RDUUU	DRD	**The dashing white Sergeant** Sir Henry Bishop 1826
*DDUUR	RRRRR	RDD	**Son of my father** Giorgio Moroder 1971
*DDUUR	RURDD	DDU	**I cover the waterfront** John W Green 1933
*DDUUR	UDDUD	DUU	**O, can ye sew cushions** (chorus: Heigh O! Heugh O!)
*DDUUR	UDUDD	DRD	**The Darktown Strutters ball** Shelton Brooks 1917
*DDUUR	UDURD	UUD	**Play, orchestra, play** Noel Coward 1935
*DDUUU	DDDDD	UUR	**Every little movement** (The love dance) K Hoschna
*DDUUU	DDDDU	DDU	**Who cares?** 1956 [1910
*DDUUU	DDDDU	UUD	**Always** (instrumental) Kenneth Leslie-Smith
*DDUUU	DDDUU	UDD	**April in Portugal** Raul Ferrão/Jimmy Kennedy 1957
*DDUUU	DDDUU	UDD	**C'est si bon** Hornez/Betti 1950
*DDUUU	DDUDU	RRR	**This is your life theme** James O Turner 1960
*DDUUU	DDURR	RUU	**The red balloon** Raymond Froggatt 1968
*DDUUU	DDUUU	DDD	**You were meant for me** Nacio Herb Brown 1929
*DDUUU	DDUUU	DDU	**Honeysuckle Rose** Thomas (Fats) Waller 1929
*DDUUU	DDUUU	UDD	**Lovely lady** McHugh/Koehler
*DDUUU	DDUUU	UDD	**Right as the rain** Harold Arlen 1944
*DDUUU	DRDDU	UUD	**Luck be a lady** Frank Loesser 1950
*DDUUU	DRRRD	DUU	**Not a second time** Lennon/McCartney 1963
*DDUUU	DUDDU	UDD	**In the twi-twi-light** Herman Darewski 1908
*DDUUU	DUDDU	UUU	**Where do flies go in the winter time?** Frank Leo 1919
*DDUUU	RRDDD	DUU	**It's a pity to say goodnight** Billy Reid 1946
*DDUUU	RRRRR	RUD	**Once I loved** A C Jobim 1965
*DDUUU	RRRUD	UDD	**Dindi** A C Jobim 1965
*DDUUU	UDDDD	UUU	**Oh, what a beautiful mornin'** (Oklahoma) R Rodgers
*DDUUU	UDDDR	URU	**Butterflies in the rain** Sherman Myers 1932 [1943
*DDUUU	UDDDU	DDD	**Blackberry Way** Roy Wood 1968
*DDUUU	UDDUD	DDU	**Three o'clock in the morning** Julian Robledo 1922
*DDUUU	UDDUD	DUD	**Leezie Lindsay** Scottish folk song
*DDUUU	UDDUU	DUU	**Theme from Lawrence of Arabia** Maurice Jarre 1962
*DDUUU	UDDUU	DUD	**Battle hymn of the Republic** (John Brown's body)
*DDUUU	UDUDD	DDD	**Men of Harlech** (Rhyfelgyrch gwyr Harlech) Welsh song
*DDUUU	UDUDD	DDD	**Overhead the moon is beaming** Romberg 1932
*DDUUU	UDUDR	DRR	**A little bit of heaven and they called it Ireland** Ball 1914
*DDUUU	UDUUU	UDD	**Lazybones** J Mercer/Hoagy Carmichael 1933
*DDUUU	URDDD	DDD	**On the sunny side of the street** Jimmy McHugh 1930
*DDUUU	URDDD	UUU	**Wedding Bells**
*DDUUU	URRDD	UUD	**Day by day** 1945 (not Godspell 1971)
*DDUUU	UUDDD	DDR	**The ballad of Bethnal Green** 1959
*DDUUU	UUDDD	DUD	**O, good ale** (Chorus: For 'tis, O, good ale)
*DDUUU	UUDDD	UUU	**Do you want to know a secret** Lennon/McCartney 1963
*DDUUU	UUDRU	UDR	**There's a place** Lennon/McCartney 1963
*DDUUU	UUDUD	DDD	**Mon homme** (My man) Maurice Yvain 1920
*DDUUU	UURDD	DRU	**Love letters in the sand** J Fred Coots 1931
*DDUUU	UUURD	DDU	**All my loving** (verse) Lennon/McCartney 1963
*DDUUU	UUUUD	DUU	**Try to learn to love** Noel Coward 1928
*DDUUU	UUUUD	UDR	**Mama** C A Bixio 1941, 1955
*DRDDD	UUUDD	DUD	**You're my everything** Harry Warren 1931
*DRDDR	RURRD	RDR	**Happiness** Bill Anderson 1963
*DRDDU	DDUDR	DDU	**Yip-i-addy-i-ay** John H Flynn 1908
*DRDDU	DDUUU	DDU	**That old-fashioned mother of mine** H Nicholls 1919
*DRDDU	DURDU	DUR	**The 'Free and Easy'** Fred E Ahlert 1930
*DRDDU	RRRUD	DDD	**Hound dog** traditional arranged Burl Ives 1957
*DRDDU	UDDUU	UDD	**When Irish eyes are smiling** E R Ball 1912
*DRDDU	UDRDR	DRU	**I'll be seeing you** Sammy Fain 1938
*DRDDU	UDURU	DDD	**The Yankee doodle boy** Geo M Cohan 1904
*DRDDU	UUUDR	DDU	**Good vibrations** Wilson/Love 1966

*DRDRD	DDURD	RDD	**May I have the next dream with you** Charles/Tobias
*DRDRD	DRUDR	DRD	**Sound the pibroch** Scottish song [1967
*DRDRD	DUURR	RRD	**American pie** 1971
*DRDRD	DUUUU	UUD	**Tobermory** Harry Lauder 1901
*DRDRD	RDDUR	UDR	**I'll be there** Trent/Hatch 1969
*DRDRD	RDRDU	RUD	**Ah! Sweet mystery of life** Victor Herbert 1910
*DRDRD	RUDRD	RDR	**Trust in me** Wever/Schwartz/Ager 1934
*DRDRD	RURDR	UUU	**Hydropaten waltz/2** Gung'l 1846
*DRDRD	UUDRD	RDU	**Valse Septembre** Felix Godin 1909
*DRDRR	UDUDU	DRD	**I need you** George Harrison 1965
*DRDRU	DDDUD	RDU	**Mean Mr Mustard** Lennon/McCartney 1969
*DRDRU	DRDRU	DDU	**In a shady nook** 1927
*DRDRU	DRDRU	DRD	**I apologise** Hoffman/Goodhart/Nelson 1931
*DRDRU	RRUDR	DRU	**Skip to my Lou** adapted by Martin/Blane 1944
*DRDRU	RUUUD	DDD	**Funny, familiar, forgotten feelings** M Newbury 1966
*DRDRU	UUDDR	DUD	**Chloë** Neil Moret 1927
*DRDUD	DDRUU	URU	**Misty islands of the Highlands** Kennedy/Carr 1936
*DRDUD	RRDUD	RDU	**The girl from Ipanema** A C Jobim 1963
*DRDUD	UDUUD	DRD	**Sinner man** spiritual arranged 1959
*DRDUR	DDDDU	DRD	**Jeepers Creepers** Harry Warren 1938
*DRDUR	DRDU		**Bell bottom trousers** American Navy song 1907(?)
*DRDUR	DURDR	UDU	**Amoretten Tänze/1** Gung'l 1846
*DRDUR	RDRRR	RDR	**Gone with the wind** Allie Wrubel 1937
*DRDUR	RUUDD	UDR	**Shoofly pie and apple pan dowdy** Guy Woods 1945
*DRDUR	UUUUD	DRD	**The glow-worm** Paul Lincke 1902 (instrumental)
*DRDUU	DUDDU	DDD	**The keel row** folk song
*DRDUU	UDUUD	RDU	**The glow-worm** Paul Lincke 1902 (vocal version)
*DRRDD	DDURU	DDU	**For sentimental reasons** William Best 1945
*DRRDU	RDURR	DUR	**The fishermen of England** Montague Phillips 1921
*DRRDU	UDRDU	RRU	**Liberty Bell** Sousa march 1t (misquoted)
*DRRDU	UUDDD	UDR	**Shrimp boats** P M Howard/Paul Weston 1951
*DRRRD	UDRDU	DDD	**Johnny come down to Hilo** capstan shanty
*DRRRD	UDUUD	RDU	**Flash, bang, wallop** David Heneker 1963
*DRRRD	UUDUD	RUR	**Wig wam bam** Nicky Chinn/Mike Chapman 1972
*DRRRR	DUUDR	RRR	**I've gone out for the day** ballad
*DRRRR	RRDDR	RRD	**Too fat polka** Maclean/Richardson 1947
*DRRRR	RRRRR	RRR	**The beat o' my heart** Harold Spina 1934
*DRRRR	RUDDD	RRR	**Lily the Pink** Gorman/McGear/McGough 1968
*DRRRR	UDRRR	UUD	**Portrait of my love** Cyril Ornadel 1960
*DRRRR	UUDRU	RUD	**The lightning tree** Stephen Francis 1971
*DRRRR	UURRR	RUD	**Old devil moon** Burton Lane 1946
*DRRRU	DDDRR	RUD	**I was in the mood** Eddie Pola/M Carr 1933
*DRRRU	DRRRU	DDR	**I'm old fashioned** Jerome Kern 1942
*DRRRU	RRRUR	RDD	**It's d'lovely** Cole Porter 1936
*DRRRU	UDUDD	DUD	**Mad about the boy** (Words & Music) Noel Coward 1932
*DRRUD	DRDDU	URD	**Belle, Belle, (my Liberty Belle)** Bob Merrill 1951
*DRRUD	DRRRR	UUD	**Maggie May** Stewart/Quittenton 1971
*DRRUD	RRUDU		**The Siamese cat song** Peggy Lee/Sunny Burke 1953
*DRRUR	UDDRR	URR	**All I have to do is dream** B Bryant 1958
*DRRUU	DRRUU	URR	**Only the heartaches** Wayne P Walker 1960
*DRRUU	RRRUU	UDD	**The thing** Charles R Grean 1950
*DRRUU	UDRUD	DUD	**Hideaway** H Blaikley 1966
*DRRUU	UUDRR	UUU	**Misery** Lennon/McCartney 1963
*DRUDD	DDUUD	DUD	**Born free** Don Black 1966
*DRUDD	DRRUD	RDR	**Why oh why oh why?** Gilbert O'Sullivan 1973
*DRUDD	DRUDD	RRU	**Never smile at a crocodile** Frank Churchill 1952
*DRUDD	DRURD	RRR	**Ruby Tuesday** (chorus) Mick Jagger/Keith Richard 1967

*DRUDD	URDDU	UUU	**And the angels sing** Ziggie Elman 1939
*DRUDD	UUDUU	DDD	**The trail of the lonesome pine** Harry Carroll 1913
*DRUDR	DDRRD	RUU	**(Here am I) Broken-hearted** DeSylva/Brown/Henderson
*DRUDR	RUUUD	UUD	**Gaudeamus igitur** German student song [1927
*DRUDR	UDDUD	DUD	**Beautiful spring** Paul Lincke
*DRUDR	URDUR	DRU	**The dipsy doodle** Larry Clinton 1937
*DRUDR	UUDDR	UUU	**Battle of Britain theme** Ron Goodwin 1969
*DRUDR	UUUUR	UDD	**None but the lonely heart** Tchaikovsky 1869
*DRUDU	UDURU	DUU	**Wrap your troubles in dreams** Koehler/Moll/Barris
*DRUDU	UUUUD	RDD	**Sing joyous bird** Montague Phillips 1914
*DRURD	RURDR	URD	**Windmills of your mind** Michel Legrand 1968
*DRURD	RURDU	DDR	**Where do I begin** (Love Story) Francis Lai 1970
*DRURU	DUDDD	RUD	**The sea tangle** Hebridean song
*DRURU	RUDRU	DRU	**Today I feel so happy** Paul Abraham 1931
*DRUUD	DRRUR	UDU	**Strawberry fair** 15th century folk tune
*DRUUD	DRUDD	RDR	**La serenata** Tosti
*DRUUD	RUDRU	UDR	**Just a-wearyin' for you** Carrie Jacobs-Bond 1901
*DRUUD	RUUUR	DDU	**Hey Jude** Lennon/McCartney 1968
*DRUUR	DDUDD	URR	**I wish I could shimmy like my sister Kate** A J Piron
*DRUUR	URURU	DRU	**Young and foolish** Albert Hague 1954 [1922
*DRUUU	DUDDR	DDU	**Without that certain thing** Max & Harry Nesbitt 1933
*DRUUU	DUDDR	UUU	**Star eyes** Don Raye/Gene DePaul 1943
*DRUUU	DUDRD	UDR	**Turn around** Les Reed/Barry Mason 1967
*DRUUU	RDDD		**Wait for the wagon** George P Knauff 1851
*DRUUU	RDDDR	UDU	**Colonel Bogey march** Kenneth Alford 1914
*DRUUU	UDDRR	DDR	**The day after tomorrow** Lionel Bart 1962
*DRUUU	UUUDD	RRR	**Yesterday** Lennon/McCartney 1965
*DUDDD	DDDUR	RDD	**She was one of the early birds** T W Connor, music hall
*DUDDD	DDRDU	DDD	**Wednesday's child** Mack David 1966
*DUDDD	DDUDD	DUD	**Blaze-away!** march, Holzmann 1901
*DUDDD	DDUUD	DDU	**On Ilkley Moor baht'at** Yorkshire traditional
*DUDDD	DUDDU	UUD	**Love, here is my heart** Lao Silésu 1915, 1945
*DUDDD	DUDUD	DDR	**Barwick Green** (The Archers) Arthur Wood 1925
*DUDDD	DUDUD	UUR	**Jealousy** (Jalousie) Jacob Gade 1925
*DUDDD	DUDUR	URU	**One** Harry Nilsson 1967
*DUDDD	DURDU	DDD	**Near you** Francis Craig 1947
*DUDDD	DUUDD	UDD	**Song sing blue** Neil Diamond 1972
*DUDDD	DUUDU	DRD	**Beautiful dreamer** Stephen Foster 1864
*DUDDD	DUUUD	UDD	**I used to sigh for the silvery moon** H Darewski Jr
*DUDDD	DUUUU	DDD	**How soon?** (will I be seeing you?) Carroll Lucas 1944
*DUDDD	UDDDU	DDD	**Holiday for strings** 1t, David Rose 1943 [1909
*DUDDD	UDDDU	DUD	**Save your sorrow (for tomorrow)** Al Sherman 1925
*DUDDD	UDDDU	UDD	**Cavalry of the Steppes** Lev Knipper 1939
*DUDDD	UDDDU	UUU	**Blaze-away!** trio of march by Holzmann 1901
*DUDDD	UDDUD	DDU	**I'm a dreamer** (are'nt we all?) DeSylva/Brown/Hender-
*DUDDD	UDRDU	UUD	**God only knows** Wilson/Asher 1966 [son 1929
*DUDDD	UDRUD	UDD	**God be with you (till we meet again)** Tomer 1950
*DUDDD	UDUDD	DUR	**Who?** (from Sunny) Jerome Kern 1925
*DUDDD	UDUDD	DUR	**Real live girl** Cy Coleman 1962
*DUDDD	UDURD	UDU	**Emergency Ward 10 theme** Peter Yorke 1959
*DUDDD	UDUUU	DDU	**You are my heart's delight** Lehar 1931
*DUDDD	UDUUU	URU	**Gladiator march** 1t, Sousa
*DUDDD	URDDR	RUU	**Brazil** Ary Barroso 1939
*DUDDD	URDUR	DUD	**There goes that song again** Jule Styne 1944
*DUDDD	URRUU	DDU	**Wagon wheels** Peter DeRose 1934
*DUDDD	URUUD	DDU	**Yes! We have no bananas** Frank Silver/Irving Cohn
*DUDDD	UUDDD	DUR	**Goody-Goody** Matt MacNeill 1936

214

```
*DUDDD  UUDDU  RDU    Daddy's on the engine  anon. American 19th century
*DUDDD  UUDDU  RRU    Sweet Rosie O'Grady  Maude Nugent 1869
*DUDDD  UUDDU  UDD    A pair of silver wings  Michael Carr 1941
*DUDDD  UUDUR  RDU    Meditation  A C Jobim 1962
*DUDDD  UURDU  DDD    Smarty  (from Double or nothing) 1937
*DUDDD  UUUDR  UDU    Friends and neighbours  Scott/Lockyer 1954
*DUDDD  UUUDU  DDD    There's a boy coming home on leave  Jimmy Kennedy
*DUDDD  UUUDU  DDU    Narcissus  piano piece 2t, Ethelbert Nevin          [1940
*DUDDD  UUUDU  DDU    If I were a rich man  (Fiddler on the roof) 1964
*DUDDD  UUUDU  RDD    The shade of the palm  'Leslie Stuart' 1900
*DUDDR  DRDRU  RDD    Barcelona  Tolchard Evans 1926
*DUDDR  DUURU  UDU    Somewhere a voice is calling  Arthur F Tate 1911
*DUDDR  RDUDD  RDU    Rosalie  Cole Porter 1937
*DUDDR  RURRR  DDU    Games people play  Joe South 1968
*DUDDR  UDDDU  UDU    Ma, look at Charlie  Elven Hedges 1927
*DUDDR  UDDUD  UDD    So long, Frank Lloyd Wright  Paul Simon 1969
*DUDDR  UUURR  DDU    My beautiful lady  (The kiss waltz) Ivan Caryll 1911
*DUDDU  DDDDD  UDD    If you go  (Si tu partais) Michel Elmer 1951
*DUDDU  DDDDU  R      National Emblem march  (And the monkey...) E E Bagley
*DUDDU  DDDUD  DUD    Easter Parade  Irving Berlin 1933                    [1906
*DUDDU  DDDUD  DUU    Soft lights and sweet music  Irving Berlin 1931
*DUDDU  DDDUD  UUR    Copenhagen  Charlie Davis 1924
*DUDDU  DDR           Heaven will protect the working girl  A B Sloane 1909
*DUDDU  DDUDD  UDD    Tarantelle  from Petite Suite, Coleridge Taylor
*DUDDU  DDUDD  UUR    Amoretten Tänze/2  1t, Gung'l 1846
*DUDDU  DDUDD  UUU    Rancho serenade  Ricardo Lamarr 1946
*DUDDU  DDUDD  UUU    Mexican hat dance  (Jarabe tapatio) traditional
*DUDDU  DDUUD  UDD    F D R Jones  Harold J Rome 1938
*DUDDU  DRDUD  DUU    Ever so goosey  Wright/Butler/Wallace 1929
*DUDDU  DRRDU  DDU    Make believe  (Show Boat) Jerome Kern 1927
*DUDDU  DRUDD  UDU    Grandad  (chorus) Flowers/Pickett 1970
*DUDDU  DUDDU  DDU    Rise 'n' shine  Vincent Youmans 1932
*DUDDU  DUDDU  DDU    Stars shine in your eyes  Nino Rota 1954
*DUDDU  DUDDU  UDD    Smoke gets in your eyes  Jerome Kern 1933
*DUDDU  DUDUD  DUD    Popcorn  Gershon Kingsley 1969
*DUDDU  DUDUD  DUU    Dream a little dream of me  Schwandt/Andree 1931
*DUDDU  DUURD  DUD    Maria Elena  Lorenzo Barcelata 1933
*DUDDU  DUUUD  UDD    Thou swell  Richard Rodgers 1927
*DUDDU  RDUDD  UDD    With a song in my heart  Richard Rodgers 1929
*DUDDU  RDUDD  URU    Water boy  negro convict song
*DUDDU  RDUDU  DDU    Let yourself go  Irving Berlin 1936
*DUDDU  RDUUU  UDU    Here's to the next time  Henry Hall 1932
*DUDDU  RRRRD  RUU    Without you  Ham/Evans (There are five tunes of this
*DUDDU  UDDDU  DDD    Cinderella (stay in my arms)  Kennedy/Carr    [title)
*DUDDU  UDDDU  DUU    Summertime  (Porgy and Bess) Gershwin 1935
*DUDDU  UDDDU  RRR    Da-da, Da-da  W Dore 1928
*DUDDU  UDUDD  UDD    You're the top  (Anything goes) Cole Porter 1934
*DUDDU  UDUDD  UDR    My kid's a crooner  Hyde/Montgomery 1934
*DUDDU  UDUDD  UUD    Stout hearted men  Sigmund Romberg 1927
*DUDDU  UDUDU  DDD    She's a lady  Cy Coben 1950
*DUDDU  UDUDU  DDU    Mistakes  Everett Lynton 1928
*DUDDU  URDDD  DUD    Question and answer  (from Petite suite de concert)
                              S Coleridge-Taylor arr 1942
*DUDDU  URRRU  RRR    Say it again  Abner Silver 1926
*DUDDU  UUDUD  DDD    Sunny side up  DeSylva/Brown/Henderson 1929
*DUDDU  UUUDD  DDD    Darling Lili  Henry Mancini 1969
*DUDDU  UUUDU  DDU    Don't laugh at me ('cause I'm a fool)  Norman Wisdom
                                                                    [1954
```

215

```
*DUDDU UUUDU DUD    Time may change  Hugh Wade 1948
*DUDDU UUUUD UDU    Dear little café  Noel Coward 1929
*DUDDU UUUUR R      Learn to croon  Arthur Johnston
*DUDDU UUUUU UUD    Try a little tenderness  Woods/Campbell/Connelly 1932
*DUDRD DURRR UUR    Swing low, sweet chariot  spiritual
*DUDRD DUUDU DDD    In a monastery garden  Ketelbey 1915
*DUDRD RDDUD DDD    Button up your overcoat  DeSylva/Brown/Henderson 1928
*DUDRD UDDDD DUD    Mona Lisa (men have named you)  Livingston/Evans 1949
*DUDRD UDDDR DUU    Dear old pals  G W Hunt, music hall
*DUDRD UDDRU DUR    See Emily play  Syd Barrett 1967
*DUDRD UDUDR UDD    Some enchanted evening  (South Pacific) R Rodgers
*DUDRD UUURU DRD    The desert song  Sigmund Romberg 1926        [1949
*DUDRR DDUUU DUD    The lady is a tramp  Richard Rodgers 1937
*DUDRR DUDRD UDR    It's impossible  (Somos novios) A Manzanero 1968
*DUDRR RUDUD RRR    It's a lovely day today  Irving Berlin 1950
*DUDRU DDDUU UDR    My girl  William Robinson/Ronald White 1964
*DUDRU DDUUU DDU    College (Sailor's) hornpipe  traditional
*DUDRU DUDRU DUU    The clapping song  (My mother told me) Lincoln Chase
*DUDRU UDUDU UDU    We'll be together again  Laine/Fisher           [1965
*DUDRU UUDRR UDR    Smile, darnya, smile  Max Reese 1931
*DUDRU UUDUD UUU    Good morning starshine  Rado/Ragni 1968
*DUDRU UUUUU URD    Captain Ginjah  Fred W Leigh, Edwardian music hall
*DUDUD DDDDU DUD    Wheels  Cha cha, Norman Petty 1960
*DUDUD DDDDU RRU    Walter, lead me to the altar  Harper/Forrester/Haines
*DUDUD DDDUD UDU    Who will buy?  (Oliver) Lionel Bart 1960          [1937
*DUDUD DDDUU DUD    Rhythm on rails  Charles Williams
 DUDUD DDDUU DUU    Elvira Madigan Music  Mozart 1785 [film 1967]
*DUDUD DDUDU DDD    Telstar  Joe Meek 1962
*DUDUD DDUDU DDU    London by night  Carroll Coates 1950
*DUDUD DDUDU DDU    Toot, toot, tootsie!  Keyes/Erdman/Russo 1922
*DUDUD DDUDU DUD    The old pi-anna rag  Don Phillips 1955
*DUDUD DDUUD UDD    Swinging on a star  Jimmy van Heusen 1944
*DUDUD DDUUD UUU    Everybody's doing it  Irving Berlin 1911
*DUDUD DDUUU UDU    Cuddle up a little closer  Karl Hoschna 1908
*DUDUD DRDRD DUD    That's a plenty  Lew Pollack 1924
*DUDUD DRDUD RDU    Sarawaki  Val Gordon (Harry Roy) 1935
*DUDUD DUDRD UDU    Funiculi, funicula  Lesti...(listen) L Denza
*DUDUD DUDUD DUD    On the Alamo  Isham Jones 1922
*DUDUD DUDUD RDU    Little Annie Rooney  Michael Nolan 1890
*DUDUD DUDUD UDD    Too beautiful to last  Richard Rodney Bennett 1971
*DUDUD DUDUD UDD    Ma, he's making eyes at me  Con Conrad 1921
*DUDUD DUDUD UDU    Coquette  Joan Green/Carmen Lombardo 1927
*DUDUD DURRU RD     Who's taking you home tonight  Manning Sherwin 1940
*DUDUD DUUDU DDU    Great day  Rose/Eliscu/Youmans 1929
*DUDUD DUUDU DUD    Poor Pierrot  (The cat and the fiddle) J Kern 1931
*DUDUD DUUUR RUD    I call your name  Lennon/McCartney 1963
*DUDUD RDUUD DUU    Wishing (will make it so)  B G de Sylva 1939
*DUDUD RRDUU RUR    Minnie the moocher  Cab Calloway/Irving Mills 1931
*DUDUD RUDUD UDU    The Japanese sandman  Richard A Whiting 1920
*DUDUD RUUDD UUU    Serenata  Toselli 1923
*DUDUD UDDDD UDU    My buddy  Walter Donaldson 1922
*DUDUD UDDDD UDU    Manhattan serenade  piano solo, Louis Alter 1928
*DUDUD UDDDU DUD    Spring will be a little late this year  Loesser 1944
*DUDUD UDDDU DUD    Lover of my dreams  (Cavalcade) Noel Coward 1931
*DUDUD UDDRD UDD    Oh by Jingo! Oh by Gee!  A von Tilzer 1919
*DUDUD UDDUD UDU    Sunny  Jerome Kern 1925
*DUDUD UDDUD UDU    Come back and shake me  K Young 1969
*DUDUD UDDUD UDU    Be my little baby bumble bee  H I Marshall 1912
```

216

```
*DUDUD  UDDUU  DDD   Vienna beauties  waltz 2t, Ziehrer
*DUDUD  UDDUU  DUD   Oh, babe, what would you say  E S Smith 1972
*DUDUD  UDDUU  UUD   Washington Post  march 2t, Sousa
*DUDUD  UDDUU  UUR   Soon  Richard Rodgers 1935 (not Gershwin 1929)
*DUDUD  UDRRR  URR   Life is just a bowl of cherries  Brown/Henderson 1931
*DUDUD  UDRUD  UDD   Here comes the sun  George Harrison 1969
*DUDUD  UDUDD  DDU   Good day sunshine  Lennon/McCartney 1966
*DUDUD  UDUDD  DUD   New world in the morning  Roger Whittaker 1969
*DUDUD  UDUDD  DUU   Legend of the bells  (Des cloches de Corneville)
*DUDUD  UDUDD  DUU   Milord  Marguerite Monnot 1959      [Planquette
*DUDUD  UDUDU  DDU   See you later, alligator  Robert Guidry 1956
*DUDUD  UDUDU  DDU   A fine romance  Jerome Kern
*DUDUD  UDUDU  DRU   You are my lucky star  Nacio Herb Brown 1935
*DUDUD  UDUDU  DUD   Chérie, I love you  Lillian R Goodman 1926
*DUDUD  UDUDU  DUD   Tea for two  Vincent Youmans 1924
*DUDUD  UDUDU  DUD   Alpine pastures  (instrumental) Vivien Ellis
*DUDUD  UDUDU  DUD   Down the Mall  piano solo, John Belton 1937
*DUDUD  UDUDU  DUD   Everybody loves a lover  Robert Allen 1958
*DUDUD  UDUDU  DUD   Carolina in the morning  Walter Donaldson 1922
*DUDUD  UDUDU  DUD   Just in time  Jule Styne 1956
*DUDUD  UDUDU  DUU   Sentimental journey  Green/Brown/Homer 1944
*DUDUD  UDUDU  DUU   My heart belongs to Daddy  Cole Porter 1938
*DUDUD  UDUDU  RRR   Wouldn't it be nice  Jimmy McHugh 1944
*DUDUD  UDUDU  UDU   Soldiers in the park  (Oh listen to...) Monckton 1898
*DUDUD  UDUDU  UDU   If I had a talking picture of you  DeSylva/Brown/Hen-
*DUDUD  UDUDU  UUU   Trains and boats and planes  Burt Bacharach[derson
*DUDUD  UDUDU  UUU   The swing song  (omitting intro) Messager
*DUDUD  UDURR  DRU   Back in the USSR  Lennon/McCartney 1968
*DUDUD  UDURR  RDD   Shake down the stars  1940
*DUDUD  UDUUD  UDD   Song of the Volga boatmen
*DUDUD  UDUUD  UDR   This can't be love  Richard Rodgers 1938
*DUDUD  UDUUR  DUD   Cecilia  Dave Dreyer 1925 (not Simon & Garfunkel)
*DUDUD  UDUUU  DRR   Folies Bergères march  Lincke
*DUDUD  URDUD  UDR   Baby, won't you please come home?  Warfield/Williams
*DUDUD  URDUD  UDU   Quiet nights of quiet stars  1962              [1919
*DUDUD  URDUD  UDU   Once in love with Amy  F Loesser 1948
*DUDUD  UUDDR  UDU   School days  Gus Edwards 1907
*DUDUD  UUDDU  DUD   Hernando's hideaway  R Adler/J Ross 1954
*DUDUD  UUDDU  RRD   I'll be your sweetheart  Harry Dacre, music hall
*DUDUD  UUDUD  UDU   Grandad  (verse) Flowers/Pickett 1970
*DUDUD  UUDUU  DUD   Brighter than the sun  Ray Noble 1932
*DUDUD  UURDU  DUD   Your eyes  (White Horse Inn) Robert Stolz 1931
*DUDUD  UURDU  DUD   Love is my reason  (Perchance to dream) I Novello
*DUDUD  UUUDU  DDU   The Missouri waltz  F Knight Logan 1914      [1945
*DUDUD  UUUDU  UDU   Charlie Girl  David Heneker 1965
*DUDUD  UUUUD  URR   On your toes  Richard Rodgers 1936
*DUDUR  DDDUD  UDU   Some of these days  Shelton Brooks 1910
*DUDUR  DDUDD  DRR   Moon over Miami  Joe Burke 1935
*DUDUR  DUDRU  DUU   Your song  Elton John/Bernie Taupin 1969
*DUDUR  DUDUD  URU   One fine day  (Madam Butterfly) Puccini
*DUDUR  DUDUR  RRD   Round the Marble Arch  Noel Gay 1932
*DUDUR  DUDUU  RDD   Little by little  O'Keefe/Dolan 1929
*DUDUR  DUUDU  DUR   Satin Doll  Strayhorn/Ellington 1958
*DUDUR  UDUDU  DDU   Exactly like you  Jimmy McHugh 1930
*DUDUR  UUUDD  DRD   Cumberland gap  traditional arr L Donegan 1957
*DUDUU  DDDDD        Toyland  Victor Herbert 1903
*DUDUU  DDDDU  UUD   Maybe it's because I'm a Londoner  Hubert Gregg 1947
```

*DUDUU	DDDRD	UDU	**I'll find you** Tolchard Evans 1957
*DUDUU	DDDRD	UUD	**Love thy neighbour** Harry Revel 1934
*DUDUU	DDDUD	DDU	**Cruising down the river** E Beadell/N Tollerton 1945
*DUDUU	DDDUR	DRR	**The yellow ribbon**
*DUDUU	DDDUU	DDU	**Have you ever been lonely?** Peter de Rose 1933
*DUDUU	DDRUD	UDU	**She sells sea-shells** Harry Gifford 1908
*DUDUU	DDUDR	UUD	**All I want for Christmas is my two front teeth** Don
*DUDUU	DDUDU	DUD	**Coz I love you** Holder/Lea 1971 [Gardner 1948
*DUDUU	DDUDU	UDD	**Peanut polka** (instrumental) Robert Farnon
*DUDUU	DRDDU	DUD	**The sweetest sounds** Richard Rodgers 1962
*DUDUU	DRDUD	UUD	**How'd you like to spoon with me?** Jerome Kern 1915
*DUDUU	DRDUD	UUD	**Nice 'n' easy** Lew Spence 1960
*DUDUU	DRDUU	DRU	**And he'd say Oo-la-la! Wee-wee** Ruby/Jessel 1919
*DUDUU	DRDUU	DUD	**The gang that sang Heart of my Heart**
*DUDUU	DUDDU	UUU	**Dancing honeymoon** Philip Braham 1922
*DUDUU	DUDUD	UDU	**On the good ship Lollipop** Clare/Whiting 1934
*DUDUU	DUDUD	UUD	**Temptation Rag** Henry Lodge 1909
*DUDUU	DUDUU	DRR	**The lamplighter's serenade** Hoagy Carmichael 1942
*DUDUU	DUDUU	DUU	**Oh, Mister Porter** George Le Brunn
*DUDUU	DUDUU	RDD	**Lucky day** Ray Henderson 1926
*DUDUU	DUDUU	UDD	**Blue bird of happiness**
*DUDUU	DUDUU	UUR	**Thank you very much** (Scrooge) L Bricusse 1970
*DUDUU	DURDD	DUD	**Three little words** Harry Ruby 1930
*DUDUU	DUUDU	UUD	**Spellbound** Miklos Rozsa 1945
*DUDUU	DUUUU	DUU	**Hey neighbour** Ross Parker 1950
*DUDUU	RDDUD	UDU	**Cuckoo waltz**
*DUDUU	RDUDU	DUD	**Stars fell on Alabama** Frank Perkins 1934
*DUDUU	RDUUD	DRD	**Sail along, silvery moon** Percy Wenrich 1937, 1958
*DUDUU	RRRDU	DUU	**Vienna beauties** waltz 1t, Ziehrer
*DUDUU	RRUDU	DUD	**Two hearts in three-quarter time** (Zwei Herzen in Dreivierteltakt) R Stolz 1930
*DUDUU	UDDDD	DDD	**A precious little thing called love** Davis/Coates
*DUDUU	UDDDU	DDU	**Shadow waltz** Paul Dubois 1954 [1928
*DUDUU	UDDDU	UUD	**Time after time** Jule Styne
*DUDUU	UDDUD	UDR	**The Golden tango** Victor Sylvester/Ernest Wilson 1953
*DUDUU	UDDUD	UUU	**Pieces of dreams** Michel Legrand 1970
*DUDUU	UDUDD	DUR	**Let me be the one** (verse) Roger Nichols 1970
*DUDUU	UDUDU	DDU	**Rambling rose** Joe Burke 1948
*DUDUU	UDUDU	DUD	**How 'ya gonna keep 'em down on the farm?** Donaldson
*DUDUU	UDUDU	DUU	**Ain't it ni-ice** R P Weston/B Lee 1908 [1919
*DUDUU	UDUDU	UUD	**Waltz** op101, C Gurlitt
*DUDUU	UDUDU	UUD	**Rolling 'round the world** Scott Sanders 1927
*DUDUU	UDUDU	UUU	**On the Mississipi** Carroll/Fields 1912
*DUDUU	UDURD	UU	**I've been working on the railroad** 1894
*DUDUU	UUDDD	DDD	**An Eriskay lullaby**
*DUDUU	UUDDD	UUD	**Hydropaten waltz/4** Gung'l 1846
*DUDUU	UUDDU	UUD	**The old clockmaker** (instrumental) Charles Williams
*DUDUU	UURRD	DUD	**Arm in arm** Harry Leon/Leo Towers 1932
*DUDUU	UUUDU	DUD	**One kiss** Sigmund Romberg 1928
*DUDUU	UUUUD		**You're in love** (Gay Divorce) Cole Porter
*DUDUU	UUUUD	DUD	**The gladiators' entry** 2t, Fučik
*DUDUU	UUUUD	UDD	**Qui vive!** march 2t, W Ganz
*DURDD	DDUUU	DUR	**Cavalcade of youth** 2nd pt, Jack Beaver
*DURDR	DRRRR	RUD	**Polk salad Annie** Tony Joe White 1968
*DURDR	DRUDU	RDR	**Bam bam bamy shore** Ray Henderson 1925
*DURDR	UDUUD	DUD	**Anchored** M Watson 1956
*DURDU	DDDUU	DDU	**Down went the Captain** Kate Royle, music hall song

218

```
*DURDU  DUDUD  UDU   Ode to Billy Joe  Bobbie Gentry 1967
*DURDU  DURDU  RDU   If this isn't love  Burton Lane 1946
*DURDU  DUUUU  DRR   Thanks a million  Arthur Johnston 1935
*DURDU  RDDUR  DUD   Fine and dandy  Kay Swift 1930
*DURDU  RDUDD  DDU   Lonesome and sorry  Davis/Conrad 1926
*DURDU  RDUDU  D     Shall we dance?  (The King and I) R Rodgers 1951
*DURDU  RDUDU  DDD   Gimme dat ding  H Hazelwood 1968
*DURDU  RDUDU  UDU   When Buddha smiles  Nacio Herb Brown 1921
*DURDU  RDUDU  DUD   The caissons go rolling along  Gruber 1918
*DURDU  RDUUD  DUU   In love for the very first time  Jack Woodman 1955
*DURDU  RRRDU  RRD   Just one of those things  Cole Porter 1935
*DURDU  RRUUD  DDU   Old black Joe  (Poor old Joe) Stephen Foster 1860
*DURDU  RUUUD  UDD   Josh-u-ah  Arthurs/Lee 1912, music hall song
*DURDU  UDDDD  UUD   This old man  (Nick nack paddy wack) trad, arr 1959
*DURDU  UDDRU  DUR   A natural woman  Goffin/King/Wexler 1967
*DURDU  UDDUR  DUR   The last round-up  (Git along...) Billy Hill 1933
*DURDU  UDDUR  RDU   A spoonful of sugar  (Mary Poppins) Sherman 1963
*DURDU  UDUUD  DDU   Melody in F  A Rubinstein
*DURDU  UURDD  URD   Let's call the whole thing off  Gershwin 1937
*DURRD  DDRRD  DUD   Who's been polishing the sun  Noel Gay 1934
*DURRD  RUDDD  DRD   Black night  1970
*DURRD  UDDDU  DUR   Dusk  Armstrong Gibbs
*DURRD  URRRU  RRD   The little brown jug  J E Winner 1869
*DURRR  DDDDR  UDU   Happy talk  (South Pacific) Richard Rodgers 1949
*DURRR  DURDR  URD   I've told ev'ry little star  Jerome Kern 1932
*DURRR  RRUDU  DDU   What a little moonlight can do
*DURRU  DDDUD  URR   The green door  Bob Davie 1956
*DURRU  UDUDD  DUU   The animals went in two by two  traditional
*DURUD  DDUUU  UDD   The stripper  David Rose 1961
*DURUD  DURDU  URU   When my little girl is smiling  Goffin/King 1961
*DURUD  DUURD  DUR   The Mogul theme  Tom Springfield 1965
*DURUD  UDURU  DUU   You're an old smoothie  DeSylva/Brown/Whiting 1932
*DURUD  URDUR  DRD   Mood indigo  (verse) Duke Ellington/Mills/Bigard 1931
*DURUD  UUDUD  UUU   Willie's gane to Melville Castle
*DURUU  RUDDD  DDU   John Anderson, my Jo  arr J Kenyon Lees
*DUUDD  DDDDD  UDD   High School Cadets march  1t, Sousa
*DUUDD  DDDDU  UDD   A melody from the sky  Louis Alter 1936
*DUUDD  DDDDU  UUU   Concerto romantique  Benjamin Godard
*DUUDD  DDDUU  DDD   Hitchy-koo  Lewis F Muir/Maurice Abrahams 1912
*DUUDD  DDDUU  DDD   The Carousel waltz  Richard Rodgers
*DUUDD  DDURR  DUD   Jolly holiday  (Mary Poppins) 1963
*DUUDD  DDUUD  DDD   Green hills of Somerset  Eric Coates
*DUUDD  DRDDU  UDU   I was a good little girl till I met you  J W Tate 1914
*DUUDD  DUDUR  DUU   You've got your troubles  Greenaway/Cook 1965
*DUUDD  DUDUU  DDD   Sooty  Harry Corbett 1955
*DUUDD  DURDU  UDU   You were only fooling  Larry Fotine 1948
*DUUDD  DUUDD  RUD   Serenade  1t, Jonny Heykens
*DUUDD  DUUDU  DUD   There's a small hotel  Richard Rodgers 1936
*DUUDD  DUUDU  DUU   Canzonetta from violin concerto  Benjamin Godard
*DUUDD  DUUDU  RRD   Manhattan  (Garrick Gaieties) Richard Rodgers
*DUUDD  DUUUD  DUD   Home  P Van Steedan/Harry & Jeff Clarkson 1931
*DUUDD  RDUUD  DUD   Ta-ra-ra-Boom-de-ay  Henry J Sayers 1891
*DUUDD  RUDUU  UUR   You do something to me  Cole Porter 1929
*DUUDD  UDDDD  UUD   Sweet violets  1908
*DUUDD  UDDDD  UUD   Whispering  John Schonberger 1920
*DUUDD  UDDRU  UUD   Legend  Robert Docker
*DUUDD  UDDUD  UUD   Love me forever  Noel/Pelosi 1950
```

219

```
*DUUDD  UDRRD  RDR   If you could read my mind  Gordon Lightfoot 1969
*DUUDD  UDUDD  DRR   Itchycoo Park  Steve Marriott/Ronnie Lane 1967
*DUUDD  UDUUD  DDU   Pasadena  Harry Warren 1923
*DUUDD  UDUUD  DUD   Ecstasy tango  José Belmonte 1952
*DUUDD  UDUUD  DUR   In a little Spanish town  Mabel Wayne 1926
*DUUDD  UDUUD  DUR   Juliet  Wilsh/Fryer/Morton 1964
*DUUDD  UDUUD  DUU   Should I  Nacio Herb Brown 1929
*DUUDD  UDUUD  RDR   It looks like rain in Cherry Blossom Lane  1937
*DUUDD  UDUUR  RDU   One less bell to answer  Burt Bacharach 1967
*DUUDD  UDUUU  RDU   Between the devil and the deep blue sea  Harold Arlen
*DUUDD  URDUU  DDU   Ferry 'cross the Mersey  Gerry Marsden 1964      [1931
*DUUDD  URUDD  UDD   Cecilia  (Celia, you're breaking my heart) Paul Simon
*DUUDD  UUDDD  DRD   Please don't talk about me when I'm gone  S Stept 1930
*DUUDD  UUDDD  UUU   Metropolitan March  Roger Barsotti
*DUUDD  UUDDU  DUD   It's been a long, long time  Jule Styne 1945
*DUUDD  UUDDU  DUD   This is my song  Charles Chaplin 1966
*DUUDD  UUDUU  DDD   I'll dance at your wedding  Hoagy Carmichael 1947
*DUUDD  UURUU  DUD   I'd like to teach the world to sing  1971
*DUUDD  UUUDD  DUU   You forgot your gloves  Ned Lehak 1931
*DUUDD  UUURR  RDD   Peter Gunn theme  Henry Mancini 1958
*DUUDD  UUUUR  DDU   One, two, button your shoe  Arthur Johnston 1936
*DUUDD  UUUUU  DUU   Even the bad times are good  1967
*DUUDR  DDURD  UUD   City of laughter, City of tears  H Nicholls 1920
*DUUDR  DRRDU  UDD   Waves of the Danube/2  waltz 1t, I Ivanovici 1880
*DUUDR  DUDDD  UDR   Mad dogs and Englishmen  (Words and Music) N Coward
*DUUDR  DUDDU  UDR   Animal crackers in my soup  Ray Henderson 1935
*DUUDR  RDUDU  DUR   Viennese popular song  Brandl-Kreisler
*DUUDR  RDURD  URD   I want some money  L Silbermann 1922
*DUUDR  UDDDD  DDU   Sing a song of sunbeams
*DUUDR  UURUU  RUU   Sixteen going on seventeen  (Sound of Music) R Rodgers
*DUUDU  DDDUU  DRU   I hear a rhapsody  Fragos/Baker 1940           [1959
*DUUDU  DDDUU  DUD   Candy  Davis/Whitney/Kramer 1944
*DUUDU  DDDUU  UDD   Distant dreams  Cindy Walker 1966
*DUUDU  DDUDU  UDD   Spring, spring, spring  Gene de Paul 1954
*DUUDU  DDUUD  RUU   Here we are, here we are again  Knight/Lyle 1915
*DUUDU  DDUUD  UDD   Tico-tico  Zequinha Abreu 1943
*DUUDU  DDUUU  RRR   Love is a many-splendoured thing  Sammy Fain 1955
*DUUDU  DUDUD  UDU   That's my weakness now  Bud Green/Sam Stept 1928
*DUUDU  DUUDD  DDD   Why are we waiting?  (tune: Adeste fideles)
*DUUDU  DUUDU  DUU   Willow, weep for me  Ann Ronell 1932
*DUUDU  DUUDU  UUU   Ballet Egyptien  1m 1t. Luigini 1912
*DUUDU  DUURD  UDU   Right said Fred  Myles Rudge/Ted Dicks 1962
*DUUDU  DUUUD  UDD   Sweep  Vivian Ellis 1933
*DUUDU  DUUUU  UUU   Yesterday  Jerome Kern 1933
*DUUDU  RUDDD  DUU   Babette  1925
*DUUDU  RUDDU  DUR   Day by day  (Godspell) 1971
*DUUDU  UDDDU  DDU   I used to love you but it's all over now  Von Tilzer
*DUUDU  UDDDU  UDD   Easy to love  Cole Porter 1936           [1920
*DUUDU  UDDUU  RDU   Muskrat ramble  Edward 'Kid' Ory 1926,1950
*DUUDU  UDDUU  UDD   My inspiration is you  H Nicholls 1928
*DUUDU  UDRDD  DUU   You can't be true dear  Ken Griffin 1948
*DUUDU  UDUDD  UUD   Little girl  Reg Presley 1968
*DUUDU  UDUDD  UUD   When you're away  Victor Herbert 1914
*DUUDU  UDUDD  UUU   You're getting to be a habit with me  Harry Warren
*DUUDU  UDUDU  DDD   Bye bye blues  Hamm/Bennett/Gray 1930      [1932
*DUUDU  UDURU  DDU   When I'm sixty-four  Lennon/McCartney 1967
*DUUDU  UDUUD  DUU   The touch of your hand  Jerome Kern 1933
```

*DUUDU	UDUUD	UDD	**We'll meet again** Ross Parker/Hughie Charles 1939
*DUUDU	UDUUD	UDU	**You make me feel so young** Gordon/Myrow 1946
*DUUDU	UDUUD	UUD	**Over there** George M Cohan 1917
*DUUDU	UDUUD	UUU	**My heart's to let** Jack Waller/Joe Tunbridge 1933
*DUUDU	UDUUD	UUU	**Misirloo** Roubanis
*DUUDU	UDUUU	DDU	**Narcissus** Ethelbert Nevin 1891
*DUUDU	URDUR	URD	**Love is strange** Micky Baker/Ethel Smith 1957
*DUUDU	UUDDD	UUD	**Smile when you say 'good-bye'** H Parr Davies 1937
*DUUDU	UUDDU	RUD	**Mattinata** Tosti 1906
*DUUDU	UUDDU	UUR	**A brown bird singing** Haydn Wood 1922
.*DUUDU	UUDRD	DUU	**Our day will come** Mort Garson 1963
*DUUDU	UUDRU	DDD	**Maine Stein song** 1901
*DUUDU	UUDUD	URD	**I love you** (Je t'aime) Harry Archer 1923
*DUUDU	UUDUU	RDU	**He's a tramp** Peggy Lee/Sonny Burke 1952
*DUUDU	UUDUU	RRU	**How many hearts have you broken?** Al Kaufman 1926
*DUUDU	UUDUU	UDU	**Bewitched** (Pal Joey) Richard Rodgers 1941
*DUUDU	UURDU	UDD	**When my baby smiles at me** Bill Munro 1920
*DUUDU	UUUUU	DUU	**Thunderbirds theme** Barry Gray 1965
*DUUDU	UUUUU	DUU	**Count your blessings** Reginald Morgan 1946
*DUURD	DDURU	DDD	**Poor little Angeline** 1936
*DUURD	DDUUD	DDU	**You've got me dangling on a string** Dunbar/Wayne 1970
*DUURD	DDUUR	RDD	**Back to those happy days** Horatio Nicholls 1935
*DUURD	DRDRR	RRU	**Varmer Giles** (Vilikins and his Dinah) origin uncertain
*DUURD	DUUDD	UUR	**April showers** Louis Silvers 1921
*DUURD	DUUDD	UUU	**Give me the moonlight, give me the girl** A Von Tilzer
*DUURD	DUUDD	UUU	**I'm nobody's baby** Davis/Ager/Santly 1921 [1917
*DUURD	DUURD	DUU	**Strike up the band** Gershwin 1927
*DUURD	RDDRU	UDD	**Bluebird** (Vola colomba) C Concina 1952
*DUURD	RDDUU	DDD	**I was never kissed before** Vivian Ellis 1947
*DUURD	RDRDD	DUU	**Baby face** Benny Davis/Harry Akst 1926
*DUURD	RDUDU	DUD	**Live, laugh and love** Werner Heymann 1931
*DUURD	UURUU	UDD	**Die Wacht am Rhein** Carl Wilhelm 1840
*DUURD	UUUDD	UUR	**Faith** Tolchard Evans 1934, 1952
*DUURR	DDDDU	URR	**Clair** Raymond O'Sullivan 1972
*DUURR	DDDRD	URR	**Never ending song of love** D Bramlett 1971
*DUURR	DDDRR	RRD	**I've got a lovely bunch of coconuts** Heatherton 1944
*DUURR	DUDUR	UUU	**Now is the hour** Kaihan/Scott/Stewart 1913, 1946
*DUURR	DUURD	DRU	**Pictures in the sky** John Fiddler 1971
*DUURR	RDDUU	RRR	**There'll be some changes made** W B Overstreet 1951
*DUURR	RDDUU	RUR	**Drink, puppy, drink** (verse)
*DUURR	RRDUU	RRR	**I whistle a happy tune** (The King and I) Rodgers 1951
*DUURR	UDUDU	URD	**I didn't know what time it was** R Rodgers 1939
*DUURU	DDDDD	UDU	**Don't rain on my parade** Jule Styne 1963
*DUURU	DDDDD	UDU	**Bicycle Belles** (instrumental) Sidney Torch
*DUURU	DDUUR	UDD	**I've got five dollars** Richard Rodgers 1931
*DUURU	UDUDU	DUD	**Who do you think you're kidding, Mr Hitler** Perry/
			Taverner 1969 (BBC TV Dad's Army sig tune)
*DUURU	UURUU	DDD	**The Old Superb** C V Stanford, (So Wetward Ho!...)
*DUUUD	DDDDU	DUD	**Flirtation waltz** R Heywood 1952
*DUUUD	DDDDU	UDD	**Blue Hawaii** Leo Robin/Ralph Rainger 1937
*DUUUD	DDDDU	UUD	**Golden slumbers** trad English (not Beatles version)
*DUUUD	DDDUD	DUD	**Poor John** H E Pether, music hall
*DUUUD	DDDUU	DUU	**I don't want to walk without you** Jule Styne 1941
*DUUUD	DDDUU	UDD	**Garden in Italy**
*DUUUD	DDRUD	DUD	**Once in every lifetime** Guy Magenta 1960
*DUUUD	DDUDD	DUU	**Soft shoe shuffle** M Burman/Spencer Williams 1942
*DUUUD	DDUDR	UUD	**The people tree** Bricusse/Newley 1971

221

*DUUUD	DDUDU	UUD	**La Cumparsita** tango 3t, G H Matos Rodriguez 1926
*DUUUD	DDUUD	DDU	**Picture Parade TV series signature tune** Jack Beaver
*DUUUD	DDUUD	DUU	**You were never lovelier** Jerome Kern 1942
*DUUUD	DDUUD	UUU	**The Avengers theme** Laurie Johnson 1966
*DUUUD	DDUUR	UUD	**She is the belle of New York** Gustave Kerker 1898
*DUUUD	DDUUU	DDD	**The sun has got his hat on** R Butler/Noel Gay 1932
*DUUUD	DDUUU	DDD	**Till** Charles Danvers 1956
*DUUUD	DDUUU	DDU	**Devil's Gallop** (Dick Barton theme) Charles Williams
*DUUUD	DDUUU	DUU	**It always starts to rain** Keyes/Leslie/Wallace [1948
*DUUUD	DRDUU	UDD	**Hoch, Caroline!** Jack Waller/Joe Tunbridge 1932
*DUUUD	DUDRR	RRD	**The waltzing cat** Leroy Anderson 1950
*DUUUD	DUDUD	DUU	**My reverie** (based on Debussy's 'Reverie') L Clinton
*DUUUD	DUDUU	UDD	**A kiss to build a dream on** Kalman et al 1935 · [1938
*DUUUD	DUUUD	DUU	**The way you look tonight** Jerome Kern 1936
*DUUUD	RDDUD	DDU	**Daddy wouldn't buy me a bow-bow** Tabrar 1892 original
*DUUUD	RDDUD	DUU	**Some Sunday morning** Richard Whiting 1917 [version
*DUUUD	RDRRD	RDU	**At sundown** Walter Donaldson 1927
*DUUUD	RDURD	UUD	**Do you know the way to San José** Burt Bacharach 1967
*DUUUD	RRDUU	DDU	**Love walked in** Gershwin 1938
*DUUUD	UDDDD	UUD	**The best things in life are free** DeSylva/Brown/Hender-
*DUUUD	UDDDU	UUU	**Inka dinka doo** Durante/Ryan/Donnelly 1933 [son 1927
*DUUUD	UDDUD	UUU	**Soon** Gershwin 1929 (same title Rodgers 1935)
*DUUUD	UDRUD	UDD	**Roses of Picardy** Haydn Wood 1916
*DUUUD	UDUDU	DDU	**M-O-T-H-E-R, a word that means the world to me** Morse 1915
*DUUUD	UDURD	RDR	**Take me back to dear old Blighty** Mills/Godfrey/Scott
*DUUUD	UDUUD	DUD	**Moonlight becomes you** Burke/Van Heusen 1942 [1916
*DUUUD	UDUUD	UDU	**Up in a balloon** G W Hunt 1869
*DUUUD	URUDD	DUU	**Gloire immortelle** Soldiers chorus from Faust, Gounod
*DUUUD	UUDDD	UUU	**Another day, another sunset** (Big Country) Moross 1958
*DUUUD	UUDDU	DUU	**Loveliest night of the year** (Over the waves) J Rosas
*DUUUD	UUDUD	DDD	**Clarinet marmalade** 1918 [1888
*DUUUD	UUDUD	DDD	**Bad to me** Lennon/McCartney 1963 (The birds...)
*DUUUD	UUUDR	DDD	**The haunted ballroom** Geoffrey Toye
*DUUUD	UUUDR	UDR	**Pie-in-the-face polka** Henry Mancini 1965
*DUUUD	UUUDU	DDU	**Put your arms around me, honey** Albert Von Tilzer 1910
*DUUUD	UUUDU	UDD	**Sam's song** Lew Quadling 1950
*DUUUD	UUURD	DDD	**Girls in grey** march, Charles Williams
*DUUUD	UUUUD	RDU	**I'll see you in my dreams** Isham Jones 1924
*DUUUD	UUUUD	UDD	**I want a girl - just like the girl that married dear old Dad** H Von Tilzer 1911
*DUUUR	DDDDU	DUD	**Sometime** Ted Fiorito 1925
*DUUUR	DDDRR	RRR	**A swinging affair** 1963
*DUUUR	DUUUR	RDU	**How am I to know**
*DUUUR	RDDUD	DDU	**Standing on the corner** F Loesser 1956
*DUUUR	UDDDU	DUU	**Why did I choose you?** Michael Leonard 1965
*DUUUR	URDDR	URD	**'Neath the spreading chestnut tree** 1938
*DUUUR	UUDUR	RUD	**When father papered the parlour** Weston/Barnes 1910
*DUUUU	DDDDD	UDU	**Hi-diddle-dee-dee, an actor's life for me** 1940
*DUUUU	DDDDU	DDD	**I've got a pocketful of dreams** Burke/Monaco
*DUUUU	DDDDU	RUD	**All of my life** Michael Randall 1973
*DUUUU	DDDRD	URD	**Say, has anybody seen my sweet gypsy rose?** Levine/
*DUUUU	DDDUD	DDU	**Daddy wouldn't buy me a bow-wow** Tabrar [Brown 1973 1892 (version accepted today)
*DUUUU	DDDUU	URU	**Consider yourself** (Oliver) L Bart 1960
*DUUUU	DDDUU	UUD	**Montmartre march** Haydn Wood
*DUUUU	DDRDU	DUU	**Rock-a-bye your baby with a Dixie melody** Lewis/Young [1918

```
*DUUUU DDUDU DUU    Dearly beloved  Jerome Kern 1942
*DUUUU DDUDU UUU    My old Dutch  Ingle
*DUUUU DRDDD UDD    The broken melody  August van Biene 1901
*DUUUU DRDUU UUD    Romance  (Desert Song) Sigmund Romberg 1926
*DUUUU DUDDD UDU    Down in the glen  Connor/Gordon 1947
*DUUUU DUDUD DDU    Jumping bean  Robert Farnon 1948
*DUUUU DUDUR DDD    That old gang of mine  Ray Henderson 1923
*DUUUU DUDUR DUD    Daydream  John Sebastian 1966
*DUUUU DURDD DDU    Little white lies  (The moon was...) Walter Donaldson
*DUUUU DUUUD DUD    All my love  (Boléro) Paul Durand 1950         [1930
*DUUUU DUUUU DUD    Donna Donna
*DUUUU RDUUU URD    Hey girl  don't bother me, 1964
*DUUUU RRDUD DUU    Liberty Bell march  3t, Sousa
*DUUUU RRDUU UUU    Love is sweeping the country  Gershwin 1931
*DUUUU RRRRD UUR    Nobody knows de trouble I've seen
*DUUUU UDDDD DDD    Play, fiddle, play  Emery Deutsch/Arthur Altman 1932
*DUUUU UDDDD DUU    I'll always be in love with you  Ruby/Green/Stept
*DUUUU UDDDU DDU    I'm a little bit fonder of you  1925         [1929
*DUUUU UDUDU DDU    The dream of Olwen  Charles Williams 1948
*DUUUU UDUUD DDU    Come, Josephine, in my flying machine  1910, 1950
*DUUUU UDUUD DUD    Charlie is my darling  Scottish traditional
*DUUUU UUDDD DUD    Here in my arms  Richard Rodgers 1925
*DUUUU UUDDD UUU    The sweetest music this side of heaven  Carmen Lom-
*DUUUU UUDDU UUU    Midnight in Mayfair  Chase              [bardo 1934
*DUUUU UUDUD DUD    So beats my heart for you  Ballard/Henderson/Waring
*DUUUU UUDUU RDD    Don't have any more, Missus Moore 1926        [1930
*DUUUU UURUU DUD    Can't we be friends  Kay Swift 1929


*RDDDD DUDDU DDU    Lullaby of birdland  George Shearing 1952
*RDDDD DUUUD RDU    Greensleeves  2t, traditional
*RDDDD RUDDD RUU    These are my mountains  James Copeland 1966
*RDDDD RUDRU UUR    Wait till you see her  Richard Rodgers 1942
*RDDDD UDRUR DDD    More today than yesterday  Pat Upton 1968
*RDDDD UURRD UUR    Go, tell it to the mountain  John Turner 1963
*RDDDR DRUDD DRU    Mr Tambourine man  Bob Dylan 1964
*RDDDR RRUDU DUR    Rupert  Roker/Weston 1970
*RDDDR UDRUU DUU    Oft in the stilly night  1818
*RDDDR UDURD DDR    Elizabethan serenade  Ronald Binge 1952
*RDDDU DDDDD URD    She's leaving home  Lennon/McCartney 1967
*RDDDU DDDUR DDD    You're a heavenly thing  Young/Little 1935
*RDDDU DDDUR UDU    The honeysuckle and the bee  W H Penn, music hall
*RDDDU DDURD DDU    Softly Softly theme  (BBC TV series) Bridget Fry 1966
*RDDDU DRDDD URD    On Green Dolphin Street  Bronislau Kaper 1947
*RDDDU DRDUD DUU    When you and I were young, Maggie  J A Butterfield
*RDDDU RDDDR RDD    The windmill's turning  J van Laar Sr 1938      [1866
*RDDDU RDDDU DDD    Let's work together  Wilbert Harrison 1969
*RDDDU RDDDU RDD    Just once for all time  Werner Heyman 1931
*RDDDU RDDDU RDU    Ro-ro-rollin' along  Mencher/Moll/Richman 1930
*RDDDU RDDUR DDD    Lay down your arms  Land/Gerhard 1956
*RDDDU UDDUR RRR    Tell me tonight  M Spoliansky 1932
*RDDDU URDDD UDU    Come along home, papa  James W Tate, music hall
*RDDDU URDDD URD    We kiss in a shadow  (The King and I) R Rodgers 1951
*RDDDU UUDDD DUD    Melodie d'amour  Henri Salvador 1949
*RDDDU UUDUR DDU    Someday sweetheart
```

223

*RDDDU	UUUUD	DDU	**Sing something simple** Herman Hupfeld 1930
*RDDRD	RDDRU	UDU	**Country gardens** English country dance arr Grainger
*RDDRD	URDUR	DUU	**Stars and stripes** march 3t, Sousa [and Geehl
*RDDRD	URUUR	DDR	**Papa's got a brand new bag** James Brown 1965
*RDDRD	UUDDD	UUR	**Quin the Eskimo** (Mighty Quin) Bob Dylan 1968
*RDDRD	UURDD	RDU	**Get down** Raymond (Gilbert) O'Sullivan 1973
*RDDRR	RUUDD	DDD	**Canzonetta** violin and piano, A d'Ambrosio
*RDDRR	RUUDD	DRR	**Oh, Miss Hannah** Jessie L Deppen 1924
*RDDRU	RDDUR	DDR	**There's no tomorrow** Hoffman/Corday/Carr 1949, based
*RDDRU	RDDUR	DDR	**O sole mio!** E di Capua 1899(?) [on 'O sole mio'
*RDDRU	RDDUR	DRD	**Short'nin' bread** (first part) Jacques Wolf 1928
*RDDRU	URRUR	URR	**Volgalied** (Der Zarewitsch) Lehar
*RDDUD	DRDUD	DUR	**Winchester Cathedral** Geoff Stephens 1966
*RDDUD	DUDDU	DDU	**Slaughter on tenth avenue** Andante doloroso, R Rodgers
*RDDUD	DURDR	RRU	**Just because** [1936, instrumental
*RDDUD	DURRD	UDD	**Say wonderful things** Phil Green 1963
*RDDUD	RUUUU	RRD	**It's an open secret** Captain (Salvation Army) Joy Webb
*RDDUD	UDUDD	DUR	**Under the double eagle** J F Wagner [1964
*RDDUD	UDUUR	DRD	**Morning** Oley Speaks 1910
*RDDUD	URRRR,	DDU	**We'll sing in the sunshine** Gale Garnett 1963
*RDDUD	UUDDU	DDD	**How could we be wrong** Cole Porter 1933
*RDDUR	DDDUU	RDR	**Ruby, don't take your love to town** Mel Tillis 1966
*RDDUR	DDURD	DUU	**Everybody loves my baby** Palmer/Williams 1924
*RDDUR	DDURD	RUD	**Crazy people** James V Monaco 1932
*RDDUR	DDURR	DDR	**Oh pretty woman 1964** Roy Orbison/Bill Dees 1964
*RDDUR	RUDDU	RDD	**I'm an old cowhand** Johnny Mercer 1936
*RDDUR	URDDU	RUU	**I (who have nothing)** C Donida 1961
*RDDUU	DDDUR	RRR	**Beale Street blues** W C Handy 1916
*RDDUU	DDDUR	RDU	**Half caste woman** Noel Coward 1931
*RDDUU	DDURD	DUU	**Don't sleep in the subway** Hatch/Trent 1967
*RDDUU	DUDUR	DUR	**Hey, good lookin'** Hank Williams 1951
*RDDUU	DURDU	DUD	**Memories are made of this** Gilkyson/Dehr/Miller 1955
*RDDUU	DUUUR	URU	**From both sides, now** Joni Mitchell 1967
*RDDUU	RDDDR	DUD	**Boiled beef and carrots** Collins/Murray 1909
*RDDUU	RDDUR	DRU	**Canadian sunset** Eddie Heywood 1956
*RDDUU	RRDUU	DUR	**Power to the people** John Lennon 1971
*RDDUU	RUDDD	UUR	**Whistle while you work** Frank Churchill 1937
*RDDUU	UDDUR	UDD	**The Queen's Marys** traditional
*RDDUU	URDDU	DUU	**The pied piper** A Kernfeld/Steve Duboff 1965
*RDDUU	UURDU	DDR	**Without a word of warning** Mack Gordon/H Revel 1935
*RDRDD	DURUR	URD	**My generation** Peter Townshend 1965
*RDRDD	RUUDU	DRU	**Hail! Hail! The gang's all here** American words to
*RDRDD	RUUDU	DRU	**Come, friends who plough the sea** (Pirates of Penzance)
*RDRDD	URDDU	RDR	**Oh! Oh! Antonio** Murphy/Lipton 1908 [Sullivan
*RDRDR	DRDUU	RDR	**Snowbird** Gene MacLellan 1970
*RDRDR	DRURD	RDR	**It's magic** Jule Styne 1948
*RDRDR	DUDUR	RRU	**Hubble bubble** 1964
*RDRDR	DURUR	DRD	**Prisoner of love** Russ Columbo/Clarence Gaskill 1931
*RDRDR	DUURD	DRD	**Waltz dream** 2t, Oscar Straus 1908
*RDRDR	DUURD	RDR	**Ain't gonna kiss you** James Smith 1953
*RDRDR	DUURD	RDR	**Trees** Oscar Rasbach 1922
*RDRDR	DUUUD	UUU	**Amor** Gabriel Ruiz 1941
*RDRDR	RRDRD	RDU	**Those were the days** 1962
*RDRDR	UDDUU	URD	**Nicola** Steve Race 1962
*RDRDR	UDUUD	DDU	**Parlez-moi d'amour** (Speak to me of love) Jean Lenoir
*RDRDR	URDUR	DRD	**In a Chinese temple garden** 3t, Ketelbey [1930
*RDRDR	URURD	RDR	**Crazy rhythm** Meyer/Kahn 1928

224

```
*RDRDR  UURDR  DRU   Autumn concerto  C Bargoni 1956
*RDRDR  UURDR  DUD   In a Persian market  6t, Ketelbey
*RDRDR  UUUDU  UDR   Don't stop the carnival 1968
*RDRDU  RRDRU  U     Jim crack corn I don't care  ca 1846
*RDRDU  UDDUD  DRU   Ballin' the Jack  Chris Smith 1913
*RDRDU  UUDUR  DRD   Hey Paula  Ray Hildebrand 1962
*RDRDU  UURDR  DRR   High Germany  West country folk song
*RDRRD  RDURD  RDR   All I really want to do  Bob Dylan 1964
*RDRRR  DURRD  RDU   Baby driver  Paul Simon 1969
*RDRRR  RUDUD  URD   Italian street song  Victor Herbert 1910
*RDRRU  RDDDU  RDD   We will make love  Ron Hulme 1957
*RDRRU  RRDDU  UDR   The Whiffenpoof song  (We're poor little lambs) 1893
*RDRRU  UDDUR  RUU   Red rubber ball  Paul Simon/Bruce Woodley 1965
*RDRRU  UUDDU  URD   Abdul Abulbul Ameer  1969 (original 1877)
*RDRUD  DDURP  DUD   Mr Dumpling  Joe Heathcote 1955
*RDRUD  DRRDD  UUD   Land of heart's desire  hebridean song
*RDRUD  DRUDD  UUU   O gin I were where Gowdie rins  Scottish folk song
*RDRUD  DUDDU  DDD   Leaving on a jet plane  1967
*RDRUD  DUURD  UDD   My gal is a high born lady  Barney Fagan 1896
*RDRUD  RRDRD  UUR   What is this thing called love?  Cole Porter 1930
*RDRUD  RURRR  DRU   House of bamboo  Norman Murrells 1959
*RDRUD  UURRD  RUD   That's why darkies were born  Brown/Henderson 1931
*RDRUR  DRURD  RRU   Diga diga doo  Jimmy McHugh 1928
*RDRUR  DRURD  RUD   Auf wiedersehn sweetheart  E Storch 1952
*RDRUR  DRUUU  UUD   America the beautiful  (Tune: S A Ward's 'Materna')
*RDRUR  UDRUR  DUD   A media luz  tango, E Donato                      [1895
*RDRUU  URRDR  RDR   Come sta  Harry Gordon 1961
*RDUDD  DDDRR  DUD   Skylark  Hoagy Carmichael 1942
*RDUDD  DDDUD  DUD   The fine old English gentleman  (chorus) anonymous
*RDUDD  DDRUD  UDU   I love the little things  Tony Hatch 1964
*RDUDD  DRDUD  URU   Who were you with last night?  Godfrey/Sheridan
*RDUDD  RDUDU  DRD   Steptoe & Son theme  (misquoted) Ron Grainer 1962
*RDUDD  UDDRU  DDD   Till the real thing comes along  Alberta Nichols 1931
*RDUDD  UDURD  UDD   I'm gonna live till I die  Hoffman/Curtis/Kent
*RDUDD  UDUUU  DDD   Goodbye, Dolly Gray  Barnes/Cobb 1900
*RDUDD  UDUUU  RDR   How come you do me like you do  Austin/Bergere
*RDUDD  URRRD  UDD   'I love you' hums the April breeze
*RDUDD  UUDRR  DUD   Somebody else is taking my place  Howard et al 1937
*RDUDD  UUDRR  DUR   He's got the whole world on his hands  spiritual arr
*RDUDD  UURDU  DDR   A-tisket, a-tasket  Fitzgerald/Feldman 1938    [1957
*RDUDD  UURDU  UDU   Laura  David Raskin 1945
*RDUDD  UURRD  UDD   New Orleans  F J Guida/J F Royster 1960
*RDUDD  UUUUR  DUD   Ruby Tuesday  (verse) Mick Jagger/Keith Richard 1967
*RDUDR  DDURD  DDU   Agincourt  song on the victory of, ca 1415
*RDUDR  DDUUU  DRD   Go now  Banks/Bennett 1963
*RDUDR  DUDRD  UDD   Lover (when I'm near you)  Richard Rodgers 1932
*RDUDR  DUDRD  UDU   Possibly  Carrol Gibbons/James Dyrenforth 1927
*RDUDR  DUDRD  URD   Old Father Thames  Betsy O'Hogan 1933
*RDUDR  RRURU  RDR   With her head tucked underneath her arm  Harris Wes-
*RDUDR  UDURU  DDD   All on the road to Brighton                      [ton 1934
*RDUDU  DDDUU  UDU   Stranger on the shore  Acker Bilk 1961
*RDUDU  DRDRR  UUU   The Bens of Jura  Scottish song
*RDUDU  DUDDU  DUD   Tie a yellow ribbon  Lavine/Russell/Brown 1973
*RDUDU  DUDUR  DDU   Bad moon rising  John Fogerty 1969
*RDUDU  DURDU  DUD   Something is happening  R Del Turco/G Bigazzi 1968
*RDUDU  DUUDD  DUD   Little children  Shuman/McFarland 1964
*RDUDU  DUUDU  RDU   Goodnight sweetheart  Ray Noble 1931
```

*RDUDU	DUURD	UDU	**Show me the way to go home** Irving King 1925
*RDUDU	RRDUD	URR	**African waltz** G Macdermot 1961
*RDUDU	UDDRD	UDU	**The two of us** Phillips/Campbell/Connelly 1926
*RDUDU	UDURD	UDU	**Shoe shine boy** Saul Chaplin 1936
*RDUDU	URDUD	UUD	**Pocketful of miracles** J van Heusen 1961
*RDUDU	UUDUU	DRD	**If I had my way** James Kendis 1913
*RDURD	DDURD	DDD	**Bye bye, love** F and B Bryant 1957
*RDURD	DDURD	UUU	**If not for you** Bob Dylan 1970
*RDURD	DRDUD	DUR	**Father, dear Father** H C Work, Victorian ballad
*RDURD	DURDD	UUU	**River boat** Bill Anderson 1959
*RDURD	RRDDD	URD	**Glad-rag doll** 1929
*RDURD	URDRU	RRD	**'s wonderful** Gershwin 1927
*RDURD	URDUD	DRD	**Lovely to look at** Jerome Kern 1935
*RDURR	RDURR	RDU	**Parade of the tin (wooden) soldiers** 1t, Leon Jessel
*RDURU	DDDUU	DDD	**Come haste to the wedding** Irish dance [1911
*RDURU	DRDDU	RRD	**Act naturally**
*RDURU	RDURU	DDR	**This nearly was mine** Richard Rodgers 1949
*RDUUD	DDRDU	UDU	**Land of hope and glory** tune: Elgar's Pomp and Circum-
*RDUUD	DURDU	UDR	**Maggie, Maggie May** Lionel Bart 1964 [stance march/1
*RDUUD	DUUDD	UUD	**Stay sweet as you are** Harry Revel 1934
*RDUUD	RDDUU	UDD	**Walking back to happiness** Mike Hawker 1961
*RDUUD	RDRRD	RDU	**A Gordon for me** Robert Wilson 1950
*RDUUD	RDUDU	UDR	**Blue moon** Richard Rodgers 1934
*RDUUD	RDUUR	DRD	**How little we know** Philip Springer 1956
*RDUUD	RRDUD	DUR	**This year's kisses** Irving Berlin 1937
*RDUUD	RRDUD	DUU	**Riding down to Bangor** R A Kennett
*RDUUD	RRRUD	UUU	**I cain't say no** (Oklahoma) Richard Rodgers 1943
*RDUUD	RUDDU	DUR	**Slaughter on tenth avenue** 1t, R Rodgers 1936 (instr)
*RDUUD	RURDU	UDU	**The stars will remember** Towers/Pelosi 1947
*RDUUD	UDDRU	UUR	**I'm sitting on top of the world** Ray Henderson 1925
*RDUUD	UDUDD	DUR	**Beer barrel polka** Brown/Timm/Vejvoda 1934, 1939
*RDUUD	URDUD	RUR	**Who can I turn to?** Bricusse/Newley 1964
*RDUUD	UURRD	DUR	**The Bowery** Percy Gaunt 1892, 1942
*RDUUD	DDUUD	RUR	**Russian sailors' dance**
*RDUUR	DRDUU	URD	**How deep is the ocean** Irving Berlin 1932
*RDUUR	DUDUR	DUR	**The girl friend** Richard Rodgers 1926
*RDUUR	DUURD	UDU	**When will I be loved** Phil Everly 1960
*RDUUR	DUURU	RDR	**The thrill is gone** Brown/Henderson 1931
*RDUUR	RRDDU	URR	**Drink, puppy, drink** (chorus) C J Whyte Melville 1874
*RDUUR	RURRD	UDD	**Down by the river-side** Dazz Jordan 1953
*RDUUR	UDDRD	UUD	**Miss Annabelle Lee** Clare/Pollack/Richman 1927
*RDUUR	URUDR	RDD	**Washington Post march** 1t, Sousa
*RDUUR	UUUDD	UUD	**A man without love** Livraghi/Pace/Panzeri 1966
*RDUUU	DDURU	RDU	**The hot canary** Paul Nero 1949
*RDUUU	DUDDU	DUD	**Ten cents a dance** Richard Rodgers
*RDUUU	RRDDR	DUU	**Carry me back to green pastures** Harry S Pepper 1934
*RDUUU	UDDDD	RDU	**When you were sweet sixteen** James Thornton 1898
*RDUUU	UDDDU	UDU	**It's my mother's birthday today** Lisbona/Connor 1935
*RDUUU	UDDDU	UUD	**Petite fleur** Sidney Bechet 1952
*RDUUU	UDDUU	RDR	**On the Aitchison, Topeka and the Sante Fe** H Warren
*RDUUU	URRDD	DRU	**John Brown's body** (Battle hymn of the Republic [1945
*RDUUU	UUDUD	DUU	**La paloma** Yradier 1877
*RRDDD	DDRRU	UUU	**Mountain greenery** (Garrick Gaieties) R Rodgers 1926
*RRDDD	DRURD	DUU	**Voice in the wilderness** (Expresso Bongo) N Paramor
*RRDDD	DUURU	DDU	**Tramp! Tramp! Tramp!** George F Root 1864 [1959
*RRDDD	DUUUR	RDD	**Milenberg Joys** Leon Rappolo 1925
*RRDDD	UDRUR	RDD	**The island** (chorus)

226

*RRDDD	UDURR	DDD	**Garden in the rain** Dyrenforth/Gibbons 1929
*RRDDD	URRRD	DDU	**Tumbling tumbleweeds** Bob Nolan 1934
*RRDDD	URRRU	DDD	**Make the world go away** Hank Cochran 1963
*RRDDD	URRUD	UDD	**Woodman, spare that tree** Henry Russell
*RRDDD	UURRR	RDD	**Young girl** Jerry Fuller 1968
*RRDDD	UURRR	RRR	**Night and day** Cole Porter 1932
*RRDDD	UUURD	DDR	**Down by the Sally Gardens** Martin Shaw
*RRDDR	DRDDD	URR	**Half as much** Curley Williams 1951
*RRDDR	URDDU	UDD	**Don't bring Lulu** Ray Henderson 1925
*RRDDU	DRRDD	UDU	**My song of the Nile** George W Meyer 1929
*RRDDU	DRRUR	DUD	**Goodbye yellow brick road** Elton John/Bernie Taupin
*RRDDU	DRRUR	RDD	**White Horse Inn** Robert Stolz 1931
*RRDDU	DRURR	DDU	**Yellow river** Jeff Christie 1970
*RRDDU	DUDUD	DDU	**March of the little lead soldiers** Pierné
*RRDDU	DUDUU	UDD	**Tell me why** Lennon/McCartney 1964
*RRDDU	DURRD	DDU	**Bad moon rising** 1969
*RRDDU	DUUUU	UDD	**Maxwell's silver hammer** Lennon/McCartney 1969
*RRDDU	RRDUU	URD	**Friend o' mine** Wilfrid Sanderson 1913
*RRDDU	RRRRD	DUR	**Beer, glorious beer**
*RRDDU	RRRRR	UDD	**My one and only** Gershwin 1927
*RRDDU	URRDD	URR	**What d'yer think of that?** J P Long 1922
*RRDDU	URRDU	UUU	**When it's sleepy time down south** L & O René/C Muse
*RRDDU	URRRD	DUU	**The trolley song** Martin/Blane 1944 [1931
*RRDDU	UUDRR	RDD	**Something to do with spring** Noel Coward
*RRDRD	RDRDR	RRU	**Tulips from Amsterdam** Ralf Arnie 1956
*RRDRD	RRDRD	URU	**19th Nervous breakdown** Mick Jagger/K Richard 1966
*RRDRD	RURRR	UDU	**Baby we can't go wrong** J Dunning 1973
*RRDRD	UDRDU	DDD	**Swanee** Gershwin 1919
*RRDRD	UUDDD	RDU	**When a man loves a woman** C Lewis/A Wright 1966
*RRDRD	UUURR	DDD	**Where do you work-a, John?** Weinberg/Warren 1926
*RRDRR	DRRDU	URR	**She shall have music** Sigler/Goodhart/Hoffman 1935
*RRDRR	DRRUR	RDR	**Cuanto le gusta** Gabriel Ruiz 1940
*RRDRR	DUDRU	UUD	**Every night** Paul McCartney 1970
*RRDRR	DUUDR	DRR	**Taking a chance on love** Vernon Duke 1940
*RRDRR	RDRRD	DDR	**Baby's in black** Lennon/McCartney 1964
*RRDRR	RRDRU	RRD	**Can't stop loving you** Bickerton/Waddington 1970
*RRDRR	RUUUR	RRR	**Without her** Nilsson 1968
*RRDRR	UDDRR	RRR	**Stella by starlight** Victor Young 1946
*RRDRR	UDUDD	URD	**Why shouldn't I?** Arthur Freed 1931
*RRDRR	UDUDR	UDD	**Lustspiel overture** Bela
*RRDRR	URDUU	DDU	**Le disque usé** M Emer
*RRDRR	URRDD	DD	**A musical joke** Mozart K522 arr Waldo de los Rios
*RRDRR	URRDU	RRR	**No particular place to go** Chuck Berry 1964
*RRDRR	URRUR	URR	**Love me or leave me** Walter Donaldson 1928
*RRDRU	DDRUD	DRU	**South America, take it away** Harold Rome 1946
*RRDRU	DRRDR	DUR	**My heart cries for you** Sigman/Faith 1950
*RRDRU	DUDUD	RRR	**It won't be long** Lennon/McCartney 1963
*RRDRU	UDDDD	DUD	**L'amour de moi** 15th century
*RRDUD	DDURR	DUU	**Oh dear, what can the matter be?**
*RRDUD	DUURR	RDD	**Passing by** E Purcell Cockrane
*RRDUD	DUUUR	DUD	**The biggest aspidistra in the world** Connor et al 1938
*RRDUD	RRDDU	DUD	**'Way down yonder in New Orleans** Creamer/Layton 1922
*RRDUD	UDDRR	RDU	**Time was** Miguel Prado 1936
*RRDUD	UDDUR	RDU	**A little love, a little kiss** Lao Silesu 1912
*RRDUD	URRDU	URR	**Me and Jane in a plane** J G Gilbert 1927
*RRDUD	UUDUD	RUU	**It's a big, wonderful world** John Rox 1940
*RRDUR	DDDUR	RDU	**I love you and don't you forget it** H Mancini 1963

*RRDUR	DDRRR	DUR	**Pennies from Heaven** Arthur Johnston 1936
*RRDUR	DURDR	D	**Old Macdonald had a farm**
*RRDUR	RDRRR	RDR	**Deirdre's farewell to Scotland** Hebridean song
*RRDUR	RDRUU	RDD	**Clementine** Percy Montrose
*RRDUR	RDUDU	RRD	**More and more** Jerome Kern 1944
*RRDUR	RDURD	DDD	**Delicado** Waldy Azevedo 1951
*RRDUR	RDURR	DDU	**Chinese laundry blues** Jack Cottrell 1932
*RRDUR	RDUUU	DUD	**Puffin' Billy** Edward White (instrumental)
*RRDUR	RRDUR	DUR	**The hippy hippy shake** C Romera 1959
*RRDUR	RRRDU	RRR	**Parade of the wooden soldiers** Jessel 1911
*RRDUR	RURDD	DRR	**Don't you rock me Daddy-o** 1956
*RRDUR	RURRR	DRD	**Maybe I'm amazed** Paul McCartney 1970
*RRDUU	DDDRD	RRR	**Knock three times** 1970
*RRDUU	DDDRR	DDU	**Monsieur Dupont** Pruhn/Callander 1967
*RRDUU	DDDUU	UUU	**Let's all sing like the birdies sing** Hargreaves/Dame-
*RRDUU	DDRDD	DUD	**Tom Bowling** Charles Dibdin 1790 [rell 1932
*RRDUU	DDRDU	DUR	**Camptown races** Stephen Foster
*RRDUU	DDRRU	DD	**Du, du liegst mir im Herzen** ca 1820
*RRDUU	DDUDU	DUU	**Let's all go to the music hall** H Nicholls 1934
*RRDUU	DDUDU	RRD	**A hot time in the old town** Metz 1896
*RRDUU	DDUDU	UDD	**Watch what happens** Michel Legrand 1964
*RRDUU	DDURD	URR	**My hero** (The chocolate soldier) Oscar Straus 1909
*RRDUU	DRDRR	DUU	**Shall we dance?** Gershwin 1935
*RRDUU	DRDUR	RUU	**Liberty Bell** march 1t. Sousa
*RRDUU	RDRDU	UUU	**The Land o' the Leal** Scottish ca 1798
*RRDUU	RRDDU	RRD	**Shoo-shoo-baby** Phil Moore 1943
*RRDUU	RRDUD	RRD	**April in Paris** Vernon Duke (Vladimir Dukelsky) 1932
*RRDUU	RRDUU	DDU	**Part of theme from 'Shaft'** Isaac Hayes 1971
*RRDUU	UDDUU	RDD	**Bachelor boy** Welch/Richard 1962
*RRDUU	UDRDU	UUU	**Scots, whae hae wi' Wallace bled** trad Scottish
*RRDUU	UDURR	DUU	**A quiet girl** John Hanson 1966
*RRDUU	UDUUD	DDD	**My old Kentucky home** Stephen Foster
*RRDUU	UURDU	UDD	**Rock'd in the cradle of the deep** Joseph P Knight 1840
*RRDUU	UURRD	UUU	**Fings ain't wot they used t' be** Lionel Bart 1960
*RRRDD	DRDUR	DUR	**That was the week that was** Ron Grainer 1963
*RRRDD	DRRRU	UDD	**Try to remember** Harvey Schmidt 1960
*RRRDD	DUDDD	URR	**Something to remember you by** Arthur Schwartz 1930
*RRRDD	DUDUD	UDU	**Little Sir Echo** Smith/Fearis 1917 arr Girard/Marsala
*RRRDD	DUDUD	UDU	**Across the Universe** Lennon/McCartney 1968 [1939
*RRRDD	DUURR	DRR	**Eileen Oge** Irish tune
*RRRDD	DUURR	RDR	**Old Dan Tucker** 1843, 1946
*RRRDD	DUURR	RRD	**Shall I have it bobbed or shingled** Weston/Lee 1924
*RRRDD	RDRRR	RDU	**Vaya con dios** (May God be with you) Russell/James/
*RRRDD	RRRRD	URR	**That certain feeling** Gershwin 1925 [Pepper 1953
*RRRDD	UDDUD	DUD	**Lucy in the sky with diamonds** Lennon/McCartney 1967
*RRRDD	URRRR	UUR	**Paperback writer** Lennon/McCartney 1966
*RRRDD	UUDDU	URD	**Give me a little cosy corner** James W Tate 1918
*RRRDD	UUDRR	RDD	**Monsieur Saint-Pierre** H Contet
*RRRDD	UURRR	DDU	**Come together** Lennon/McCartney 1969
*RRRDD	UURUR	RRD	**Maybe you'll be there** Rube Bloom 1947
*RRRDD	UURUR	RRR	**The wonder of you** Baker Knight 1970
*RRRDD	UUUUR	RDD	**Battle hymn of the Republic** (John Brown)
*RRRDR	DRRRR	UDU	**The happy wanderer** F W Möller 1954
*RRRDR	DURRR	DRD	**Trudie** Joe Henderson 1958
*RRRDR	DUURR	RDR	**Someone's in the kitchen with Dinah** Arny Freeman 1944
*RRRDR	RDURR	RRR	**Polythene Pam** Lennon/McCartney 1969
*RRRDR	RRDRR	RDU	**Ballad of a crystal man** Donovan 1965

228

```
*RRRDR  RRDRU  UDD   Hot diggity  adapted from España 1956
*RRRDR  RRRRD  RRR   Forty years on  Harrow School song, J Farmer
*RRRDR  RRUDR  RRD   Why was I born?  Jerome Kern 1929
*RRRDR  RRURR  RDR   Susannah's squeaking shoes  1923
*RRRDR  URRRD  RUD   Love must be free  Alan Paul 1943
*RRRDR  URRRR  DUU   Good Golly Miss Molly  Blackwell/Marascalco 1957
*RRRDR  UUDPR  RUD   Mother of mine  Bill Parkinson 1971
*PRRDR  UUDRU  UDD   Another time, another place  Richard Adler 1961
*RRRDU  DDURU  RUR   Keep the customer satisfied  Paul Simon 1970
*RRRDU  DUDUD  DDU   It's you or no one  Cahn/Styne
*RRRDU  DURRD  UDD   Rum and Coca-cola  origin has been subject of court
*RRRDU  DURRR  DUU   I will drink the wine  Paul Ryan 1970            [action
*RPRDU  DUUDD  DDD   Margie  Con Conrad/J Russel Robinson 1920
*RRRDU  RDDDR  RRU   Waltzing Matilda  James Barr 1941
*RRRDU  RDDUR  UDD   St James infirmary 1930  Joe Primrose 1930
*RRRDU  RDURR  RDU   Ti-pi-tin  Maria Grever 1938
*RRRDU  RRRDU  DU    Hoch soll er leben  1877
*RRRDU  RRRDU  RRR   It's the talk of the town  Jerry Livingston 1933
*RRRDU  RRRDU  RRR   It's easy to remember  Hart/Rodgers 1934
*RRRDU  UDDDU  UDD   Back in your own back yard  Jolson/Rose/Dreyer 1927
*RRRDU  UDRRD  RRD   For he's a jolly good fellow  origin uncertain
*RRRDU  UDRRR  RUR   There is nothing like a dame  R Rodgers 1949
*RPRDU  UDUDU  DUD   Jolly good luck to the girl who loves a sailor  1907
*RRRDU  UDUUD  UDD   If those lips could only speak  Ridgwell/Godwin 1907
*RRRDU  URRRD  UDU   Be like the kettle and sing  Connor/O'Connor/Ridley 1943
*RRRDU  URRRD  UUR   Imperial echoes  Arnold Safroni 1948 (BBC Radio news)
*RRRDU  UUDUD  DDU   Caller herrin'  Nathaniel Gow
*RRRRD  DDUDU  DDR   Sugartime  C Phillips/Odis Echols 1956
*RRRRD  DRURD  DUR   Tommy lad  E J Margetson 1907
*RRRRD  DUDRU  RRD   Early mornin' rain  Gordon Lightfoot 1964
*RRRRD  DURDD  RUD   I can't explain  Peter D Townshend 1965
*RRRRD  DUUDU  DUD   Walk on by  Burt Bacharach/Hal David 1964
*RRRRD  DUURR  RRR   Wake up, little Susie  Boudleaux & Felice Bryant 1957
*RRRRD  RDRUR  RRR   Dancing shoes  Marvin/Welch 1963
*RRRRD  RRRRD  RRR   Say it isn't so  Irving Berlin 1932
*RRRRD  RRRRR  RDR   Listen to the mocking bird  Septimus Winner 1855
*RRRRD  RUDUD  RRR   Piccolissima serenata  (Little serenade) 1957
*RRRRD  RURRR  RRD   Let me be the one  Roger Nicholls 1970
*RRRRD  RUUDD  DRR   Thank U very much  (for the Aintree Iron) M McGear
*RRRRD  UDDDR  RRR   Birmingham rag  Mort Garson 1960            [1967
*RRRRD  UDDDU  RRD   Hometown  Michael Carr 1937
*RRRRD  UDRUR  RRD   May I have the next romance with you  Harry Revel 1936
*RRRRD  URDUD  URD   Guantanamera  Angulo/Seeger 1963
*RRRRD  URRRR  RDU   Winter Wonderland  Felix Bernard 1934
*RRRRD  URRUR  DRU   Have I the right  Alan & Howard Blaikley 1964
*RRRRD  UUDDU  RRR   Dancing in the dark  Arthur Schwartz 1931
*RRRRD  UUURU  RRR   I wanna be loved  Rose/Heyman/Green 1932
*RRRRR  DDRRR  RRU   The last round-up  Billy Hill 1933
*RRRRR  DDRRR  UUD   Something  George Harrison 1969
*RRRRR  DDURD  DRD   Jambalaya  Hank Williams 1952
*RRRRR  DDUUR  DDD   Has anybody here seen Kelly?  Murphy/Letters 1909
*RRRRR  DRRUR  RUD   Roll over Beethoven  Chuck Berry 1956
*RRRRR  DRURR  DRD   I shall be released  Bob Dylan 1967
*RRRRR  DUDRR  RRR   Lullaby of Broadway  Harry Warren 1935
*RRRRR  DUDUD  URR   Johnny B Goode  Chuck Berry 1958
*RRRRR  DUUDR  RRR   Surrey with the fringe on top  (Oklahoma) Rodgers 1943
*RRRRR  DUUUD  URR   Mame  Jerry Herman 1966
```

*RRRRR	RDDDD	RUR	**Song of the Islands** Charles E King 1915
*RRRRR	RDRDR	DRU	**Morning dew** Bonnie Dobson 1964
*RRRRR	RDRRR	RRR	**You never give me your money** Lennon/McCartney 1969
*RRRRR	RDRUR	RRR	**Teach me tonight** S Cahn/G de Paul 1953
*RRRRR	RDURR	RRR	**Season of the witch** Donovan Leitch 1967
*RRRRR	RDURR	RUD	**Chitty Chitty Bang Bang** R M & R B Sherman 1968
*RRRRR	RDUUD	RRR	**Drunken sailor** capstan shanty (version known in UK)
*RRRRR	RRDDD	UUR	**Home lovin' man** Macaulay/Greenaway/Cook 1970
*RRRRR	RRDDU	URR	**Love me tender** Elvis Presley/Vera Matson 1956
*RRRRR	RRDUU	RRR	**Hinky dinky parlay voo** (Mlle from Armentières) 1918
*RRRRR	RRRDR	DRR	**I may be wrong**
*RRRRR	RRRDR	URU	**Girl talk** Neal Hefti 1965
*RRRRR	RRRDU	DRU	**The Israelites** 1969
*RRRRR	RRRRD	DDD	**Delilah** Les Reed/Barry Mason 1968
*RRRRR	RRRRD	DRR	**Mañana pasado mañana** Norrie Paramor 1962
*RRRRR	RRRRD	URR	**Long tall Sally** Enotris Johnson 1956
*RRRRR	RRRRR	DDD	**I got you babe** Sonny Bono 1965
*RRRRR	RRRRR	DDU	**Catch the wind** Donovan 1965
*RRRRR	RRRRR	RRD	**Come rain or come shine** Harold Arlen 1946
*RRRRR	RRRRR	RRR	**Gentle on my mind** John Hartford 1967
*RRRRR	RRRRR	RRR	**One note samba** Antonio C Jobim 1961
*RRRRR	RRRRR	RRR	**Vieni, vieni** Vincent Scotti 1934
*RRRRR	RRRRR	RRR	**Pigalle** Georges Ulmer 1946
*RRRRR	RRRRR	RRR	**Monday, Tuesday, Wednesday** Ross Parker 1949
*RRRRR	RRRRR	RRR	**Shake, rattle and roll** Charles Calhoun 1954
*RRRRR	RRRRR	RRU	**The lost chord** Arthur Sullivan 1877
*RRRRR	RRRRR	RUD	**Anyone who had a heart** 1963
*RRRRR	RRRRR	RUR	**Chop waltz** (Chopsticks) traditional
*RRRRR	RRRRR	RUR	**All you need is love** Lennon/McCartney 1967
*RRRRR	RRRRR	URR	**What a mouth** R P Weston 1923
*RRRRR	RRRRU	DDU	**Help** Lennon/McCartney 1965
*RRRRR	RRRRU	DUD	**When I'm cleaning windows** Cliffe/Gifford/Formby 1937
*RRRRR	RRRRU	RRU	**Darkness on the Delta**
*RRRRR	RRRUD	DRR	**My old man's a dustman** Donegan/Buchanan/Thorn 1960
*RRRRR	RRRUD	UDU	**Post horn galop** H Koenig
*RRRRR	RRRUU	UDD	**I've got a gal in Kalamazoo** Harry Warren 1942
*RRRRR	RRUDU	RDD	**Basin Street blues** Spencer Williams 1929
*RRRRR	RRURD	RRR	**Rag mop** Johnnie L Wills/Deacon Anderson 1950
*RRRRR	RRURR	RDD	**Any old iron** Collins/Sheppard/Terry 1911
*RRRRR	RRURR	RRU	**The bonnie Earl o' Morray** Scottish folk song
*RRRRR	RRURR	URR	**Get out of town** Cole Porter 1938
*RRRRR	RRUUD	RUD	**I believe** Drake/Graham/Shirl/Stillman 1952
*RRRRR	RUDRD	RRR	**One man went to mow** traditional
*RRRRR	RUDRR	RRU	**Sunshine Superman** Donovan Leitch 1966
*RRRRR	RUDUU	URR	**Jingle Bells** J S Pierpoint 1857
*RRRRR	RURDD	URR	**Blackbird** Lennon/McCartney 1968
*RRRRR	RURRR	RDR	**Singing the blues** Melvin Endsley 1956
*RRRRR	RURRR	UDD	**Diana** Paul Anka 1957
*RRRRR	RUUDD	UUD	**Downtown** Tony Hatch 1964
*RRRRR	UDDDR	RRR	**Don't tell a soul** Harry S Pepper 1931
*RRRRR	UDDDU	RRR	**A wonderful guy** (South Pacific) Richard Rodgers
*RRRRR	UDDUD	DUU	**Les bicyclettes de Belsize** Reed/Mason 1968
*RRRRR	UDRDU	RDU	**Upidee** student song (Longfellow parody)
*RRRRR	UDRRR	RRU	**Nagasaki** Harry Warren 1928
*RRRRR	UDURR	RRR	**Your heart and my heart** Ross Parker 1950
*RRRRR	UDUUD	DDU	**Macushla** D MacMurrough 1910
*RRRRR	UDUUR	RRR	**Amarillo (Is this the way to)**

```
*RRRRR  URRRR  DRR    Runnin' wild  Harrington Gibbs 1922
*RRRRR  URRRU  RRR    The little shoemaker  Rudi Revil 1953
*RRRRR  URUUU  DDU    Love letters  Victor Young 1945
*RRRRR  UUDDU  RRR    Drunken sailor  capstan shanty (version known in USA)
*RRRRR  UUDDU  RRR    Golden slumbers  Lennon/McCartney 1969
*RRRRU  DDDDR  URD    Her Majesty  Lennon/McCartney 1969
*RRRRU  DDDDU  URR    Carry me back to the lone prairie  Robison 1934
*RRRRU  DDDRR  RRU    Reuben and Rachel  William Gooch 1871
*RRRRU  DDRDD  RDD    The last thing on my mind  Tom Paxton 1964
*RRRRU  DRRRR  DUR    They can't take that away from me  Gershwin 1937
*RRRRU  DRRRR  RRU    Forget Domani  Riz Ortolani 1965
*RRRRU  DRRRR  URR    Son of a preacher-man  Hurley/Wilkins 1968
*RRRRU  DUDDR  RRU    Tomorrow never knows  Lennon/McCartney 1966
*RRRRU  DUDDU  UDR    Oh my Papa  (O mein Papa) Paul Burkhard 1948
*RRRRU  DUDRU  UDU    Who killed Cock Robin?  traditional
*RRRRU  DURRR  RRU    While strolling through the park one day  1884
*RRRRU  DUURU  RRR    This guy's in love with you  Burt Bacharach 1968
*RRRRU  DUUUD  UDD    I get along without you very well  Hoagy Carmichael
*RRRRU  RDDRD  RUR    Le fiacre  L Xanrof                              [1939
*RRRRU  RDDRU  RRU    Let's dance  Jim Lee 1962
*RRRRU  RRDRR  URR    Fire Brigade  Roy Wood 1968
*RRRRU  RRRDD  DRR    Don't think twice, it's all right  Bob Dylan 1963
*RRRRU  RRRRU  RRR    I don't know why
*RRRRU  RRRUR  RRR    You stepped out of a dream  Nacio Herb Brown 1940
*RRRRU  RRRUR  RUR    That lucky old sun  Beasley Smith 1949
*RRRRU  UDDDR  UUD    The Chesapeake and the Shannon  (chorus)
*RRRRU  UDDRR  RRU    Diamonds are forever  Don Black/John Barry 1971
*RRRRU  UDRDD  DRU    A perfect day  Carrie Jacobs-Bond 1910
*RRRRU  UDRDR  DDR    Run for your life  Lennon/McCartney 1965
*RRRRU  UDRRR  RUD    Head over heels in love  Gordon/Revel
*RRRRU  UDRRR  RUU    A string of pearls  Jerry Gray 1942
*RRRRU  URRRD  DDR    Get back  Lennon/McCartney 1960
*RRRRU  URRRR  UDR    Catch a falling star  Vance/Pockriss 1957
*RRRRU  UUDDD  UUR    The twelfth of never  Jerry Livingston 1956
*RRRRU  UURDU  UUU    The fool on the hill  Lennon/McCartney 1967
*RRRUD  DDRRR  UDD    California here I come  Jolson/DeSylva/Meyer 1924
*RRRUD  DDRRU  DUU    The Garden of Eden  Dennise Norwood 1956
*RRRUD  DDURU  DDD    Patches  R Dunbar/N Johnson 1970
*RRRUD  DDUUD  DDD    Sleigh ride  Leroy Anderson 1950
*RRRUD  DRRRU  DDR    Everything's alright  (Jesus Christ Superstar)
                           A L Webber 1970
*RRRUD  DRRUD  UUD    The Garden of Eden  (misquoted) Dennise Norwood 1956
*RRRUD  DRURR  RUD    Everybody's talkin'  (Midnight Cowboy) Fred Neil 1967
*RRRUD  DRUUU  RRR    We can work it out  Lennon/McCartney 1965
*RRRUD  DUDDD  UUD    Pianissimo  Alex Alstone 1961
*RRRUD  DURDU  RRR    Twist and shout  Bert Russell/Phil Medley 1961
*RRRUD  DUURR  RUD    This is the army, Mister Jones  Irving Berlin 1942
*RRRUD  RRDRR  DRR    Bye bye blackbird  Roy Henderson 1926
*RRRUD  RRRRR  RRR    Yellow submarine  Lennon/McCartney 1966
*RRRUD  RRRRR  RUD    Bang Bang (my baby shot me down)  Sonny Bono 1966
*RRRUD  RRUUD  UDD    Young and healthy  Harry Warren 1932
*RRRUD  RURRU  RRR    The Dock of the Bay  Cropper/Redding 1967
*RRRUD  UDRUU  URU    Down in the forest  Landon Ronald 1906
*RRRUD  UDUDU  DUD    Give yourself a pat on the back  Wallace/Butler 1929
*RRRUD  UDURR  RRR    Glad all over  Dave Clark/Mike Smith 1963
*RRRUD  URRDD  DUD    Onaway, awake beloved  (Hiawatha) S Coleridge-Taylor
*RRRUD  URRDD  UDU    My guy  William Robinson 1964
```

231

*RRRUD	URUUU	RRD	**Let it be** Lennon/McCartney 1970
*RRRUR	DDDRU	RRD	**Streets of London** Ralph McTell 1968
*RRRUR	DDUUU	RRR	**Travelin' light** Tepper/Bennett 1958
*RRRUR	DRDRR	URD	**I'm glad there is you** Paul Madeira/Jimmy Dorsey 1942
*RRRUR	RDDDR	UUR	**All I ever need is you** 1970
*RRRUR	RDURR	DUD	**Kentucky babe** Adam Geibel 1896
*RRRUR	RRRUR	RRR	**Sing a song of freedom** Guy Fletcher/Doug Flett 1971
*RRRUR	RRUDU	DDR	**Little white bull** Pratt/Bennett/Lionel Bart 1959
*RRRUR	RRUDU	DUD	**Dolores** Louis Alter 1941
*RRRUR	RRURR	RUR	**Juliet** (There was a love) Wilsh/Fryer/Morton 1964
*RRRUR	RRURU	UUD	**Il bacio** Arditi 1859
*RRRUR	UDRRR	RRU	**Do-re-mi** (Sound of music)(verse) R Rodgers 1959
*RRRUU	DDDDR	RRR	**Hello, young lovers** (The King and I) R Rodgers 1951
*RRRUU	DDDUU	RRR	**Mademoiselle from Armentières** army song, anon. 1917
*RRRUU	DDUDU	RRR	**Song of the rose** Cherkose/Rosoff 1932
*RRRUU	DRRRR	UUU	**Highway patrol** Ray Llewellyn 1956
*RRRUU	DURRU	DUR	**Tap turns on the water** 1971
*RRRUU	RDDRU	RRR	**The mulberry bush** nursery rhyme
*RRRUU	RRRDD	RRR	**Tom Tom Turnaround** 1971
*RRRUU	RUDDD	DUD	**Early one morning** folk song
*RRRUU	UDDDR	UUU	**Voice of the guns** march 4t, Kenneth Alford
*RRRUU	UDRRR	URP	**Besame mucho** Consuelo Velazquez 1943
*RRRUU	URDDU	DRR	**Here's that rainy day** Johnny Burke 1953
*RRRUU	UUDDU	DRD	**Mucking about the garden** Leslie Sarony 1929
*RRRUU	UUDUD	DRR	**The wide Missouri** (Oh, Shenandoah) traditional
*RRUDD	DDDDU	UUU	**Kishmul's galley** Hebridean folk song
*RRUDD	DDUDR	RRR	**Blue bonnets over the Border** old Scottish tune
*RRUDD	DDURR	DUD	**Boomps-a-daisy** Annette Mills 1939
*RRUDD	DDURU	DDD	**Sir Roger de Coverley**
*RRUDD	DRUUR	RRU	**The picture of you** J Beverage/P Oakman 1970
*RRUDD	DUDDD	RDD	**Don't let the stars get in your eyes** Willet 1952
*RRUDD	DUDDR	RRU	**We'll gater lilacs** (Perchance to dream) Novello 1945
*RRUDD	DUDUR	RUD	**Raindrops keep fallin' on my head** Burt Bacharach 1969
*RRUDD	DUDUU	DDD	**No, no, a thousand times no** Sherman/Lewis/Silver 1934
*RRUDD	DURRD	DUU	**It's all over now** B & S Womack 1964
*RRUDD	DUUUD	UDD	**Oh! my beloved father** (Gianni Schicchi), Puccini
*RRUDD	RDDRR	UDD	**The money song**
*RRUDD	RDDUU	URD	**The Lord's Prayer** A H Malotte 1935
*RRUDD	RRUDD	RRU	**Blue tango** Leroy Anderson 1951
*RRUDD	RRUDR	RUR	**East of the sun** Brooks Bowman 1935
*RRUDD	RRUUU	UDU	**The song of songs** 'Moya' (Harold Vicars) 1914
*RRUDD	RUURU	DDR	**The boxer** Paul Simon 1969
*RRUDD	UDDDU	URU	**Blowin' in the wind** Bob Dylan 1962
*RRUDD	UDRR		**I love Paris** Cole Porter 1953
*RRUDD	UDURR	RRR	**There is a tavern in the town** traditional
*RRUDD	URRUD	DUD	**Wenn ich ein Vöglein war** German folk song
*RRUDD	URRUD	DUD	**Long ago and far away** Jerome Kern 1944
*RRUDD	URRUD	RDU	**P.S. I love you** Lennon /McCartney 1964
*RRUDD	URUDR	DDU	**It ain't me, Babe** Bob Dylan 1964
*RRUDD	UUDRR	RUD	**Can't take my eyes off you** Crewe/Gaudio 1967
*RRUDD	UUDRU	DUD	**Comin' through the rye** folk song
*RRUDD	UUUDR	RUU	**You'll never walk alone** (Carousel) R Rodgers 1945
*RRUDR	DDDUR	RUD	**Juke box baby** Joe Sherman 1956
*RRUDR	DRDDD	RRU	**Colours** Donovan Leitch 1965
*RRUDR	DRDDR	DDU	**Annie Laurie** Lady J D Scott 1838
*RRUDR	RRRRR	RUD	**In the midnight hour** Steve Cropper 1965
*RRUDR	RUDRR	UDR	**Tiger rag** Original Dixieland Jazz Band 1917

232

```
*RRUDR  RUDRR  UDU   Adio muchachos  tango
*RRUDR  RUDRR  UUR   I surrender dear  Harry Barris 1932
*RRUDR  UUUDR  RRR   Sweet Leilani  Harry Owens 1937
*RRUDU  DDDRR  UDU   Bobby Shaftoe  North country ballad
*RRUDU  DRUDR  UDU   Green grow the rashes, O!  traditional
*RRUDU  DUDDU  UUD   Amoretten Tänze/3  Gung'l 1846
*RRUDU  RRRRU  DUR   All or nothing at all  1940
*RRUDU  RRRUD  RRU   Her name is Mary  Harold Ramsay 1931
*RRUDU  RRRUD  UDR   One hand, one heart  Leonard Bernstein 1957
*RRUDU  UDRUR  RRR   Hello Mary Lou  (Goodbye Heart) Gene Pitney 1961
*RRUDU  UDUDU  UDU   Hors d'oeuvre  1915
*RRUDU  URRUD  DDD   Forty Second Street  Harry Warren 1932
*RRUDU  URRUD  UUR   I won't dance  Jerome Kern
*RRUDU  UUDRR  UUD   Oh, for the swords
*RRUDU  UUURR  RRR   Deep in my heart, dear  S Romberg 1924
*RRUDU  UUUUR  RDD   Once in a while  Michael Edwards 1939
*RRURD  DDUUR  RUR   You are the sunshine of my life  Stevie Wonder 1972
*RRURD  DRDDR  DDU   Annie Laurie  Scottish folk tune
*RRURD  DUDUD  DDU   Ring-a-ding girl  Stan Butcher/Syd Cordell 1962
*RRURD  RDRDU  RRR   Now  Henry Mayer 1967
*RRURD  RDRRU  RDR   Come, Landlord, fill the flowing bowl  (chorus) trad
*RRURD  RUDRU  RDR   A foggy day  Gershwin 1937
*RRURR  DDDRR  URR   The Rosary  Ethelbert Nevin 1898
*RRURR  DRRDR  RUR   Can't help lovin' dat man  Jerome Kern 1927
*RRURR  DRRUU  DR    Wunderbar  (Kiss me Kate) Cole Porter
*RRURR  DRURD  RRU   I'll never fall in love again  Burt Bacharach 1968
*RRURR  DRURR  DRD   Sixteen tons  Merle Travis 1955
*RRURR  DUUDU  RRU   Promises, promises  Burt Bacharach 1968
*RRURR  DUUUU  DUU   The twelve days of Christmas  English folk song
*RRURR  RRRRR  RDU   The Cokey Cokey  Jimmy Kennedy
*RRURR  RUDUD  URR   Where or when  Richard Rodgers 1937
*RRURR  RURRR  URD   Three little fishies  Saxie Dowell 1939
*RRURR  URRDU  UUD   Change partners  Irving Berlin 1938
*RRURR  URRDU  UUU   The little brown jug  (chorus) J E Winner 1869
*RRURR  URRRU  RUR   The moon got in my eyes  Arthur Johnston 1937
*RRURR  UUUDD  UUD   Sur le pont d'Avignon
*RRURU  DDDUR  RUD   The London I love  H Parr Davies 1941
*RRURU  DDDUU  UDU   Drink to me only  anonymous ca 1770
*RRURU  DRUDD  URR   Integer vitae
*RRURU  RDUDU  UUR   Now is the month of maying  Thomas Morley 1598
*RRURU  RUDDR  UDD   La Marseillaise  de l'Isle 1792
*RRURU  RURRU  RRU   Song of the open road  A H Malotte 1935
*RRURU  RUURD  RDR   It must be him  (2nd theme) 1966
*RRURU  UUUDD  UUD   When the King enjoys his own again  anonymous
*RRUUD  DDDRU  RRU   The night before  Lennon/McCartney 1965
*RRUUD  DDDUU  DDD   Fools rush in  Rube Bloom 1940
*RRUUD  DDURR  UUD   Ma'moiselle de Paree  Paul Durand 1951
*RRUUD  DDUUU  UDU   Wae's me for Prince Charlie
*RRUUD  DUDRD  RRR   Au clair de la lune  traditional French
*RRUUD  DUDRD  UUU   Dance, little lady  Noel Coward 1928
*RRUUD  RRUUD  RDR   La Cucaracha  Mexican folk song arr 1916, 1934
*RRUUD  URRUD  DRR   Lili Marlene  Leip/Schultze 1941 (encoded for English
*RRUUD  UUDRU  UDR   Hey there  Richard Adler/Jerry Ross 1954     [words)
*RRUUR  DUUUU  URR   Row, row, row your boat
*RRUUR  RUDRR  UUR   The Varsity drag  DeSylva/Brown/Henderson 1927
*RRUUR  UDURD  DUU   I'm a believer  Neil Diamond 1966
*RRUUR  UURDD  UDD   When you wore a tulip and I wore a big red rose  Percy
                                                          [Wenrich 1914
```

233

*RRUUU	DDDDD	UUU	**Gigi** F Loewe 1958
*RRUUU	DDRUU	UUD	**Voice of the guns** march 1t Kenneth Alford 1917
*RRUUU	DDUDR	RUU	**I wanna be your man** Lennon/McCartney 1963
*RRUUU	DDUDU	DDR	**Crinoline gown** Melville Gideon 1924
*RRUUU	DRDRR	UUU	**Hold me** Hickman/Black 1920
*RRUUU	RDDUD	DUD	**Walk away** (Warum nur warum?) Udo Jurgens 1964
*RRUUU	RDRRU	UUD	**Tom Dooley** folk song arranged 1947, 1958
*RRUUU	UDDRR	RRR	**Dance with your Uncle Joseph** Liston/Hargreaves 1915
*RRUUU	UDDRR	UUU	**Fold your wings** (Glamorous Night) I Novello 1935
*RRUUU	UDRDR	UUU	**In dulci jubilo** German 14th century carol
*RRUUU	UDRRR	UUU	**My gal Sal** Paul Dresser 1905
*RRUUU	URDRD	DUR	**The old gray mare** J Warner 1858 adapted Panella 1915
*RRUUU	URRDD	DRD	**River, stay 'way from my door** Harry Woods 1931
*RUDDD	DDUDU	UUR	**Carry me back to old Virginny** James A Bland 1878
*RUDDD	DDURU	DRR	**RAF March past** 2t, H Walford Davies
*RUDDD	DDUUU	DDD	**Gipsy moon** Igor Borganoff 1927
*RUDDD	DDUUU	UDD	**Nancy Lee** (verse) Stephen Adams 1876
*RUDDD	DRUDD	DDU	**One, two, three O'Leary** Mason/Carr
*RUDDD	DRUDU	DDU	**The more we are together** Irving King 1926
*RUDDD	DRURD	DDD	**Nowhere man** Lennon/McCartney 1965
*RUDDD	DRUUU	RUD	**I'll walk beside you** Alan Murray 1938
*RUDDD	DUDDD	UDD	**Norwegian wood** Lennon/McCartney 1965
*RUDDD	DURUD	DDD	**Lambeth Walk** Noel Gay/Douglas Furber 1937
*RUDDD	DUUDR	RUD	**My ain folk** 1904
*RUDDD	RUDDD	UUU	**Qui vive!** march 1t, W Ganz
*RUDDD	UDDDD	RRU	**To sing for you** Donovan Leitch 1965
*RUDDD	UDDDU	DDD	**Knightsbridge march** 1t, Eric Coates (In town tonight)
*RUDDD	UDDUD	DDU	**(It's the) Soldiers of the Queen** Leslie Stuart
*RUDDD	UDDUD	URR	**Now I have to call him father** Fred Godfrey, music hall
*RUDDD	UDRRU	UUU	**Polish mazurka** folk dance
*RUDDD	UDRUD	DDD	**Little old lady** S Adams/H Carmichael 1936
*RUDDD	URRRU	DDD	**Love is the sweetest thing** Ray Noble 1933
*RUDDD	URUDD	DUD	**Words** B,R & M Gibb 1967
*RUDDD	URUDD	DUR	**Eadie was a lady** R Whiting/Nacio Herb Brown 1932
*RUDDD	URUDD	RUD	**Pick yourself up** Jerome Kern 1936
*RUDDD	UUDDR	DUU	**You've lost that lovin' feelin'** Spector/Mann/Weil 1964
*RUDDD	UUDDR	UUD	**Strawberry Fields forever** Lennon/McCartney 1967
*RUDDD	UUDUD	RRU	**My heart cries for you** (verse) Sigman/Faith 1950
*RUDDD	UUUDD	UUD	**Blow the man down** sea shanty ca 1879
*RUDDD	UUURD	DDD	**Pack up your troubles in your old kit bag** F Powell
*RUDDR	DUDUD	UDD	**Vienna, City of my dreams** Sieczynski 1931
*RUDDR	DUURU	UDD	**The East is red** (Tung fang hung) Red China anthem
*RUDDR	UDDDU	UDR	**Down South** Wallace/Myddleton 1902, 1927 [1953
*RUDDR	UDDRU	DDU	**Tip-toe thro' the tulips** Joe Burke 1929
*RUDDR	UDRDD	RRU	**Octopus's garden** Richard Starkey (Ringo) 1969
*RUDDR	UDUUD	DRU	**Spinning wheel** D C Thomas 1969
*RUDDU	DDDDD	UUD	**A fairy's love song** Old Celtic air
*RUDDU	DDRUD	URU	**Cathy's clown** 1960
*RUDDU	DRDUU	DDD	**Michelle** Lennon/McCartney 1965
*RUDDU	UDDUD	DUU	**You call everybody darling** Martin/Trace/Watts 1948
*RUDDU	UDDUR	UDD	**Rose of England** (Crest of the wave) I Novello 1937
*RUDDU	UDDUR	URR	**Jailhouse rock** Jerry Leiber/Mike Stoller 1957
*RUDDU	UDRUD	URU	**Invitation waltz** (instrumental) Richard Addinsell
*RUDDU	UUUUD	UDD	**At a Georgia camp meeting** Kerry Mills 1897
*RUDDU	UUUUU	RUD	**One morning in May** Hoagy Carmichael
*RUDRD	DDDUU	URD	**Golden earrings** Victor Young 1946
*RUDRD	DUDDR	DUU	**Island of dreams** Tom Springfield 1962

```
*RUDRD  RDUUU  DDD   Two for the road  H Mancini 1967
*RUDRD  RRUDD  RUD   She does the fandango
*RUDRR  RUDRR  RUD   If you go away  Jacques Brel 1959
*RUDRR  UDDUD  RUD   I'll think of you  Gerry Mason 1941
*RUDRR  UDRRU  DDR   Love of the loved  Lennon/McCartney 1963
*RUDRR  UDRUD  DRR   It might as well be spring  (State Fair) R Rodgers
*RUDRR  UDURR  RRR   Bits and pieces  1964                         [1945
*RUDRU  DDURU  DUD   The prisoner's song  Guy Massey 1924
*RUDRU  DRDUD  URU   Grandfather's clock  Henry C Work 1876
*RUDRU  DRUDR  UDR   The grasshoppers dance  Bucalossi 1907
*RUDRU  RDDDD  UD    Sweet and low
*RUDRU  RRRDR  RUD   Jumpin' Jack Flash  Mick Jagger/Keith Richard 1968
*RUDRU  RRRRR  DUD   You're so vain  Carly Simon 1972
*RUDRU  URUDR  RDU   Gilbert, the filbert  Herman Finck 1914, music hall
*RUDUD  DDDRD  RDD   Die Lorelei  (words by Heine) Friedrich Silcher 1823
*RUDUD  DDDUU  RUU   Louisiana hayride  Arthur Schwartz 1932
*RUDUD  DDUDD  DUU   Living doll  Lionel Bart 1959
*RUDUD  DDUUU  UDD   Stranger in Paradise  Borodin theme arranged 1953
*RUDUD  DRDDU  UDD   Take your girl  (King's Rhapsody) I Novello 1949
*RUDUD  DRDUR  DRR   The rose of Tralee  Charles W Glover 1930
*RUDUD  DRUDU  DDR   Happy birthday to you  Mildred J Hill 1893
*RUDUD  DUDDD  URD   Catch us if you can  Clark/Davidson 1965
*RUDUD  RRRUD  UUU   I can give you the starlight  (Dancing Years) Novello
*RUDUD  RUUUU  RUD   Look for the silver lining  J Kern 1920          [1939
*RUDUD  UDDUU  DUD   I'm so lonesome I could cry  Hank Williams 1949
*RUDUR  DRUDU  DRU   Red sails in the sunset  Hugh Williams 1935
*RUDUR  UDDDD  RRU   Come lasses and lads  17th century
*RUDUR  UDDRU  DDU   Little donkey  Eric Boswell 1960
*RUDUR  UDDRU  DUR   Black bottom  DeSylva/Brown/Henderson 1926
*RUDUR  UURDU  RDU   The King's horses  Noel Gay 1930
*RUDUU  DDDRU  DUU   Gonna get a girl  1927
*RUDUU  DDRUU  UUU   Have you seen but a whyte lillie grow?  anonymous
*RUDUU  DDUDD  UDD   Good-bye-ee  R P Weston/Bert Lee 1917
*RUDUU  DRRUD  UUD   Assembly  American bugle call
*RUDUU  DUDDU  UDU   It's a sin to tell a lie  Billy Mayhew 1936
*RUDUU  DUDDU  UDU   Anything goes  Cole Porter 1929
*RUDUU  DUDUD  DUU   Bill  Jerome Kern 1927
*RUDUU  DURUD  DDU   Walk on the wild side  Elmer Bernstein 1961
*RUDUU  DUUDU  UDU   Taps  bugle csll 1862
*RUDUU  RDDRU  DUU   Dragnet March  1953
*RUDUU  RUDRR  DDU   Maiden of Morven  old Highland tune
*RUDUU  RUURR  RUR   To you sweetheart, aloha
*RUDUU  UDDRU  DUU   How are things in Glocca Morra?  Burton Lane 1946
*RUDUU  UDDUD  DUR   I know a place  Tony Hatch 1965
*RUDUU  UDDUU  DDD   Walkin' my baby back home  Fred E Ahlert 1930
*RUDUU  UURUD  DRU   Please don't mention it  Harry S Pepper 1932
*RURDD  DUDRD        True love  Cole Porter 1956
*RURDD  DURUR  DDD   We shall overcome  1794(?)
*RURDD  RDUDU  DDR   Turn your radio on  Albert E Brumley 1959
*RURDD  RRUUD  DRU   Eton boating song  by A.D.E.W. (rhythmic version 1959)
*RURDD  URRUD  DRU   Eton boating song  by A.D.E.W.
*RURDD  UUDDD  UUU   Brown haired maiden  (Gruagach dhonn)
*RURDD  UURRU  URU   Moanin'  Bobby Timmons 1959
*RURDR  DDURU  RDR   She's a Latin from Manhattan  Harry Warren 1935
*RURDR  DRDRR  RRR   Me and you and a dog named Boo  Kent La Voie 1971
*RURDR  DRDRU  RUR   Without a song  Vincent Youmans 1929
*RURDR  DRURD  DUD   Santa Lucia  1t, Teodoro Cottrau 1849
```

*RURDR	DRURD	RDR	**I'm in a dancing mood** Sigler/Goodhart/Hoffman
*RURDR	RDRDD	RUR	**Paul Temple theme** Ron Grainer 1969
*RURDR	RRURD	RRR	**Among my souvenirs** Horatio Nicholls 1927
*RURDR	UDUDU	DRU	**Short'nin' bread** Jacques Wolf 1928
*RURDR	UDUUD	RUR	**At dawning** C W Cadman 1906
*RURDR	UDUUR	DRR	**Jamaica farewell** Lord Burgess 1955
*RURDR	URDRR	RUD	**Doin' what comes naturally** (Annie get your gun)
*RURDR	URDRU	DDD	**Mary's boy child** Jester Hairston 1956 [I Berlin
*RURDR	URURU	RDR	**Kiss of fire** (based on 'El choclo') Allen/Hill 1952
*RURDR	URURU	RDU	**Remember me?** Harry Warren 1937 [see below
*RURDR	URURU	RUD	**El choclo** (corn) A G Villoldo 1911
*RURDR	UUDDR	RUU	**What now my love** (Et maintenant) G Bécaud 1962
*RURDU	DDDDU	DDD	**Rule Britannia** (chorus) Thomas Arne
*RURDU	UDDDU	DDD	**Sally in our alley** ca 1715
*RURDU	UUDDU	DDR	**Clavelitos** J Valverde 1929
*RURDU	UUURD	RUR	**Down Vauxhall way** Teschermacher/Oliver 1912
*RURRD	DDDRU	RRD	**It's only a paper moon** Harold Arlen 1933
*RURRD	DDDUU	RUD	**Jealous heart** Jenny Lou Carson 1944
*RURRD	RDDDR	RUR	**San Francisco** Carlton/Condor 1925, 1967
*RURRD	RRDRR	DDR	**The Mountains of Morne** P French/H Collinson 1937
*RURRD	RURRD	URR	**I'll give to you a paper of pins** 1869
*RURRD	UDDUU	UDD	**Scarborough Fair** folk song arr Paul Simon 1966
*RURRR	DRDUR	RRD	**Being for the benefit of Mr Kite** Lennon/McCartney
*RURRR	RDRRD	UUU	**A four-legged friend** Jack Brooks [1967
*RURRR	RDUUD	RR	**Drink it down, drink it down** 1853
*RURRR	RRURR	DDU	**Then he kissed me** Spector/Greenwich/Barry 1963
*RURRR	UURRU	RRU	**At the end of the day** Donald O'Keefe
*RURRU	DDUUU	DDD	**The lass of Richmond Hill** folk song
*RURRU	RRUDU	DUD	**Toy trumpet** (instrumental) 'Raymond Scott' 1937
*RURRU	UDDDD	DDU	**I will give my love an apple** folk song
*RURRU	UDDDR	RRD	**Columbia, the gem of the ocean** origin obscure ca 1852
*RURRU	UDUDD	DUD	**When Johnny comes marching home** 'L Lambert' 1863
*RURRU	UDUUR	RUD	**A life on the ocean wave** Henry Russell 1838
*RURRU	URDDD	RUR	**The other man's grass** Jackie Trent/Tony Hatch 1967
*RURRU	URDUD	D	**Oh! The old grey mare** (one variant) 1858
*RURUD	DDRUD	DRR	**One for my baby** Harold Arlen 1943
*RURUD	DUUUU	DDD	**The Bay of Biscay** folk song
*RURUD	RDDDU	UUD	**The deil's awa wi' the exciseman** arr J Kenyon Lees
*RURUD	RDDRU	DUD	**The carnival is over** Tom Springfield 1965
*RURUD	RDDUD	DUD	**Ka-lu-a** Jerome Kern 1921
*RURUD	UUDUU	URU	**There's a rainbow round my shoulder** Jolson et al 1928
*RURUR	DDDRR	RUR	**You've got to hide your love away** Lennon/McCartney
*RURUR	DDDRU	RUR	**The sound of silence** Paul Simon 1964 [1965
*RURUR	DDRDR	DRD	**Ah, vous dirais-je, Maman** nursery tune
*RURUR	DDRDR	DRD	**Twinkle, twinkle, little star** version of above tune
*RURUR	DDRRU	RUR	**Close to you** (On the day) 1963
*RURUR	DRDRU	RUD	**The Aba daba honeymoon** Fields/Donovan 1914
*RURUR	DRDRU	RUR	**If I should fall in love again** J Popplewell 1940
*RURUR	DRURU	RDR	**Witchcraft** Cy Coleman 1957
*RURUR	DUUDR	UDU	**Charleston** Cecil Mack/Jimmy Johnson 1923
*RURUR	RRDDU	RRU	**Bend me, shape me** Laurence Weiss 1967
*RURUR	RRUUR	RDR	**This ole house** Stuart Hamblen 1954
*RURUR	UDDDU	DDU	**Liza** Gershwin 1929
*RURUR	UDRUR	URD	**Sylvia** Oley Speaks 1914
*RURUR	UDUDR	URR	**Everybody wants to go to heaven** Rogers/F'lds/Delaney
*RURUR	URDRU	RUR	**While the angelus was ringing** Jean Villard 1945, 1959
*RURUR	URDUR	DUR	**La Czarina** mazurka, Louis Ganne

```
*RURUR  URURD  RDR   Love will find a way (Maid of the Mountains) Fraser-Sim-
*RURUR  URURR  DDD   A walk in the Black Forest Jankowski 1965        [son 1917
*RURUU  DDDUR  URU   Pop goes the weasel trad (a US version)
*RURUU  UDRUU  DDU   Carmen Etonense J Barnby (Eton School song)
*RUUDD  DDURR  RRD   Tzena, Tzena, Tzena arr Spencer Ross 1950
*RUUDD  DRDUU  DDR   Alice where art thou Joseph Ascher 1861
*RUUDD  DRDUU  DDR   No milk today Graham Goodman 1948, 1966
*RUUDD  DUDDU  UDD   Alice where art thou Joseph Ascher 1861 (with grace
*RUUDD  DUUDR  UUD   Como se viene, se va 1958                        [note
*RUUDD  DUUDU  UUD   The ballad of Davy Crocket (verse) G Bruns 1945
*RUUDD  DUUUD  DUR   I wouldn't trade you for the world Smith/Kirk/Taylor
*RUUDD  DUUUD  DUU   Ask a policeman F W Rogers 1889, music hall [1963
*RUUDD  RDUDD  DUD   The Barley Mow English folk song
*RUUDD  RRDUD  DRD   Messing about on the river Mark Anthony 1960
*RUUDD  RRDUD  RRU   Hawaii Five-O (instrumental) Mort Stevens 1969
*RUUDD  RRUDD  URU   Why don't you believe me? Douglas/Laney/Rodde 1952
*RUUDD  RRUUD  DDU   S-H-I-N-E Ford Dabney 1924
*RUUDD  RUUUU  RDD   Ol' man river Jerome Kern 1927
*RUUDD  UDDUD  UUD   The pushbike song Idris & Evan Jones 1970
*RUUDD  UDRRU  UDD   Orchids in the moonlight Vincent Youmans 1933
*RUUDD  URDUR  RDU   Me and my dog Vivian Ellis 1936
*RUUDD  URUUD  DUR   I'll do anything (Oliver) Lionel Bart 1960
*RUUDD  UURUU  URR   Banks of the Ohio traditional
*RUUDD  UUURU  DDD   Ae fond kiss old Highland tune (Burns words)
*RUUDR  RURRU  RDD   I know where I'm going trad arranged Herbert Hughes
*RUUDR  UUDDD  DRU   Thank you girl Lennon/McCartney 1963              [1909
*RUUDR  UUDRU  UDR   Lover come back to me S Romberg 1928
*RUUDR  UURDU  UDU   Until it's time for you to go Buffy Sainte-Marie 1965
*RUUDR  UURUU  RDU   Rags, bottles or bones Harry S Pepper 1933
*RUUDR  UUUDD  UDD   Roll away clouds (Virginia) Jack Waller/Joe Tunbridge
*RUUDR  UUUDU  UUD   Rockin' chair Hoagy Carmichael 1930              [1928
*RUUDR  UUUUU  UUU   Spanish eyes Bart Kaempfert 1965
*RUUDU  DDDRU  DDU   Aignish on the Machair Highland air
*RUUDU  DDURU  UDU   The Yankee Doodle boy George M Cohan 1904
*RUUDU  DRDRU  U     The Mull fisher's love song Hebridean folk song
*RUUDU  DRDUU  DUR   It's easy to remember Hart/Rodgers (theme at bar 5)
*RUUDU  DURUD  DDD   Bird of love divine Haydn Wood 1912
*RUUDU  RRUDD  RRU   Lili Marlene Leip/Schultze 1941 (encoded for German
*RUUDU  URUUR  DDD   Come Saturday morning Fred Karlin 1969     [words)
*RUURD  DURDR  UUR   Indian reservation 1963
*RUURD  DURUU  RDD   C'est lui qui mon coeur a choisi R Asso
*RUURD  RRRUU  RDD   If I were a carpenter Tim Hardin 1966
*RUURD  RUDUU  URR   For all we know Fred Karlin 1970
*RUURR  DDRUD  DDU   In the year 2525 Rick Evans 1968
*RUURR  DURUR  DDD   The race is on Don Rollins 1964
*RUURR  RDDRR  RUU   She didn't say 'yes' (Cat and the Fiddle) J Kern 1931
*RUURU  UDUDD  DRU   Spanish Harlem Jerry Leiber/Phil Spector 1960
*RUURU  UUDDU  DDD   Long, long ago Bayly 1843
*RUUUD  DDDRU  DDD   Space oddity David Bowie 1969
*RUUUD  DDRRU  URU   Tell all the world Mark Anthony 1961
*RUUUD  DDRRU  UUD   They're either too young or too old Arthur Schwartz
*RUUUD  DDRUU  UDD   The hour of parting                              [1943
*RUUUD  DDUDD  RUU   Those were the days (verse) Gene Raskin 1962
*RUUUD  DDURR  RRD   Home on the range (Oh give me a home...) Daniel Kelly
*RUUUD  DDUUD  DUU   In a golden coach Ronald Jamieson 1953         ca 1872
*RUUUD  DDUUD  RRU   Oh! how I hate to get up in the morning I Berlin 1918
*RUUUD  DRDUR  DRR   Dominique Soeur Sourire O.P. 1962
```

237

*RUUUD DRUDD DRU   **I'm walking behind you** Billy Reid 1953
*RUUUD DUDDU DRR   **Yesterday** 2t, Lennon/McCartney 1965
*RUUUD DUDDU RUD   **Waves of the Danube** Ivanovici
*RUUUD DUDRU UUD   **Begin the beguine** Cole Porter (misquoted)
*RUUUD DUUDD DDU   **Temptation** Nacio Herb Brown 1933
*RUUUD DUUDD UUD   **I'm going to get lit up when the lights go on in London**
*RUUUD RDUUD DRU   **On top of Old Smokey** P Seeger 1951   [H Gregg 1943
*RUUUD RDUUR DD   **Zip-a-dee-doo-dah** Allie Wrubel 1946
*RUUUD RRDDR RUU   **Massachusetts** Barry, Maurice and Robin Gibb 1967
*RUUUD RUUDD RUU   **Gilly gilly Katzenellen Bogen by the sea** Mannings 1954
*RUUUD UUUDU UUU   **Rock around the clock** (chorus) Freedman/De Knight
*RUUUD UUUUD UDR   **Rose room** Art Hickman 1917   [1953
*RUUUR DDURD DDU   **Carry that weight** Lennon/McCartney 1969
*RUUUR DUUDR UUD   **Work song** Nat Adderley 1960
*RUUUR UDDDU DRU   **The man on the flying trapeze** ca 1868
*RUUUU DDDDU RDD   **Since first I saw your face** Ford
*RUUUU DDDUU RRU   **The star-spangled banner** tune is 18th C English!
*RUUUU DRDDU DRU   **The man on the flying trapeze** ca 1868
*RUUUU DRRDD UDU   **Snowy White Snow and Jingle Bells** Billy Reid 1949
*RUUUU DRUDD DDR   **'A' you're adorable** Buddy Kaye 1948
*RUUUU DRUUU UDU   **Put me amongst the girls** Murphy/Lipton 1908
*RUUUU DUDDU DDR   **Dardanella** Felix Bernard/Johnny Black 1919
*RUUUU RRURR DUD   **Poupée valsante** Poldini
*RUUUU RRUUR DDD   **I say a little prayer** Burt Bacharach 1968
*RUUUU UDDDD DUU   **Rose, Rose I love you** arr Chris Langdon 1951
*RUUUU UDDUU DDD   **Waltz dream** Oscar Straus 1908
*RUUUU UDDUU UDD   **The hunt is up** traditional
*RUUUU UDUDU RDU   **June is bustin' out all over** (Carousel) Rodgers 1945
*RUUUU URDUU UUU   **My hat's on the side of my head** Woods/Hulbert 1933
*RUUUU UUDDU DDU   **Flowers in the valley** folk song
*RUUUU UURDD RUU   **Who wants to be a millionaire** Cole Porter 1955
*RUUUU UURRR UDD   **Crying in the Chapel** Arthur Glenn 1953

*UDDDD DDDDU URD   **Charmaine** Rapee/Pollack 1926
*UDDDD DDDUD UDD   **Midnight sun** Sonny Burke/Lionel Hampton 1948
*UDDDD DDDUR UUD   **The sound of music** Richard Rodgers 1959
*UDDDD DDRUD DDD   **Sleepy shores** Johnny Pearson 1971 ('Owen MD' TV
*UDDDD DRRDU DDD   **The Christmas song** Tormé/Wells 1946   [sig tune
*UDDDD DUDDD DUD   **Boom** Charles Trenet 1938
*UDDDD DUDDD UDU   **Adieu to dear Cambria** (Llandyfri) traditional
*UDDDD DUDDU UDU   **Papa, won't you dance with me?** Jule Styne 1947
*UDDDD DUDDU DDD   **The flat foot floogie** Gaillard/Stewart/Green 1938
*UDDDD DUDUD DDU   **Moon River** Henry Mancini 1961
*UDDDD DUDUD UUU   **There's danger in your eyes, chèrie** Richman/Meskill/
*UDDDD DURUU UDU   **Singin' in the rain** Nacio H Brown 1929 [Wendling 1929
*UDDDD DUUDD DUD   **Midweek** BBC TV signature tune
*UDDDD DUUDU RUU   **Valse Bluette** Riccardo Drigo
*UDDDD DUUUU DDD   **There's a lull in my life** Harry Revel 1937
*UDDDD DUUUU UDR   **Serenade** Franz Drdla
*UDDDD RDUDU UUD   **David of the White Rock** (Dafydd y Gareg Wen)
*UDDDD RUDRD RRU   **Once upon a wintertime** Johnny Brandon/R Martin 1947
*UDDDD RUDRU DRU   **O du lieber Augustin** German folk song
*UDDDD RUDRU DRU   **Polly put the kettle on** same tune as above
*UDDDD RUUUD DRU   **Nell Gwyn dances/3** Edward German

```
*UDDDD  RUUUR  UDD   Valse bleue  Alfred Margis
*UDDDD  UDDDD  UDU   Trapeze waltz  Sydney Torch
*UDDDD  UDDDU  DRU   I'm telling you now
*UDDDD  UDDDU  DUU   The dove  (Y denyn pur) Welsh folk song
*UDDDD  UDDRU  UDD   The whistler and his dog  Arthur Pryor 1905
*UDDDD  UDDUR  URD   Sweethearts on parade  Carmen Lombardo 1928
*UDDDD  UDRDD  RDU   Massa's in de cold, cold ground  Stephen Foster
*UDDDD  UDRRU  UDD   How can you buy Killarney?  Kennedy/Groundland/
                              Morrison/Steele 1949
*UDDDD  UDRUD  DUD   Upidee  (verse) student song (Longfellow parody)
*UDDDD  UDUDD  UDD   Moon of Manakoora  Alfred Newman 1937
*UDDDD  UDUDU  UDU   Marche Lorraine  Louis Ganne (with intro triplet)
*UDDDD  UDUDU  UUU   Your eyes have told me so  Egbert van Alstyne 1919
*UDDDD  UDUUD  UDU   'Deed I do  Hirsch/Rose 1926
*UDDDD  UDUUU  UUD   Horseguards - Whitehall  2t, Haydn Wood
*UDDDD  URDUR  DUD   Bob White  Bernie Hanighen 1937
*UDDDD  URUDD  DDU   No orchids for my lady  Jack Strachey 1948
*UDDDD  UUDDD  DDU   Slumber song  Schumann (piano)
*UDDDD  UUDDD  DUD   Summer holiday  Bruce Welch/Brian Bennett 1963
*UDDDD  UUDDD  DUD   Farewell blues
*UDDDD  UUDDD  DUU   Twilight in Turkey  'Raymond Scott' (piano solo)
*UDDDD  UUDDD  DUU   Blues in the night  Harold Arlen 1941
*UDDDD  UUDDR  DUD   I will wait for you  Michel Legrand 1964
*UDDDD  UUDDR  URR   Goodnight, Irene  Ledbetter/Lomax 1936
*UDDDD  UUDDU  DDU   Hearts and flowers  Theo M Tobani
*UDDDD  UUDDU  DDU   Sunbonnet Sue  Barnes/Edgar/Cuthbertson 1945
*UDDDD  UUDDU  RRD   King Cotton  march 1t, Sousa
*UDDDD  UUDUD  UDU   Chicken reel  Joseph M Daly 1910
*UDDDD  UUDUU  DDD   Wait till the sun shines, Nellie  H Von Tilzer 1905
*UDDDD  UUDUU  UUD   Simon the cellarer  J L Hatton
*UDDDD  UUDUU  UUD   On mother Kelly's doorstep  Geo A Stevens 1925
*UDDDD  UURDD  DUR   June in January  Leo Robin/Ralph Rainger 1934
*UDDDD  UUUDU  RDU   Moonlight and roses  Lemare/Black/Moret 1925
*UDDDD  UUUDU  UDD   There's always room at our house  Bob Merrill 1951
*UDDDR  DDUDU  DUU   You made me love you  James V Monaco 1913
*UDDDR  DDUUU  RDU   For you alone  Henry Geehl 1909
*UDDDR  DUDDU  UDR   Annie Lisle  H S Thompson 1860
*UDDDR  RDRDD  URR   Don't blame me  Jimmy McHugh 1933
*UDDDR  RRURU  DDD   World without love  Lennon/McCartney 1964
*UDDDR  UDDDR  UDD   Coliseum march  Michael North
*UDDDR  UDDDU  RRR   I want to hold your hand  Lennon/McCartney 1963
*UDDDR  UUDDD  RUU   Back home in Tennessee  Walter Donaldson 1915
*UDDDU  DDDDD  UUU   Somewhere  (West Side Story) L Bernstein 1957
*UDDDU  DDDDU  UDD   I don't know how to love him  A L Webber 1970
*UDDDU  DDDDU  UDD   Ole Faithful  Michael Carr/J Kennedy 1934
*UDDDU  DDDRR  UDD   Thine is my heart  (Blossom Time) 1934 (Schubert
*UDDDU  DDDUD  DUD   Ev'ry day I love you                         [theme)
*UDDDU  DDDUD  DUR   Tiny man  Dutch nursery rhyme
*UDDDU  DDDUD  DUU   Give a little whistle  1940
*UDDDU  DDDUD  UDD   The greatest mistake of my life  1937
*UDDDU  DDDUU  DUU   By the side of the Zuyder Zee  Bennett Scott
*UDDDU  DDUDD  UDD   C-o-n-s-t-a-n-t-i-n-o-p-l-e  Harry Carleton 1928
*UDDDU  DDUDU  DDD   Many a new day  (Oklahoma) R Rodgers 1943
*UDDDU  DDUDU  RDU   O star of eve  Hubert David 1922
*UDDDU  DDUDU  UDD   How much is that doggie in the window?  Merrill 1926
*UDDDU  DDURU  DDD   La cumparsita  tango 1t
*UDDDU  DDURU  UUD   O dry those tears  Teresa del Riego 1901
```

*UDDDU	DDUUD	DRU	**Cast your fate to the wind** (instr.) Guaraldi 1962
*UDDDU	DDUUR	UUR	**Der Jäger in dem grünen Wald** German folk song
*UDDDU	DDUUU	UDD	**Rosie's young man** music hall song
*UDDDU	DDUUU	UDU	**Silver threads among the gold** Hart Pease Danks 1873
*UDDDU	DRDDU	DDU	**Carlos' theme** Ivor Slaney 1963
*UDDDU	DRUUU	DDR	**Ho ro my nut-brown maiden** old Highland melody
*UDDDU	DRUUU	UDD	**Carnival of Venice** Sir Julius Benedict
*UDDDU	DUDUU	DUD	**The Vicar of Bray** 17th century
*UDDDU	DUDUU	DUU	**On days like these** Quincy Jones 1969
*UDDDU	DUDUU	UUU	**The party's over now** (Words & Music) N Coward 1932
*UDDDU	DURUD	DUD	**I'm forever blowing bubbles** Kenbrovin/Kellette 1919
*UDDDU	DUUDD	DUU	**After the ball** Charles K Harris 1892
*UDDDU	RDDDU	RDR	**Tell me that you love me** Lincoln Chase 1935
*UDDDU	RDDUD	UDD	**Windy** Ruthann Friedman 1967
*UDDDU	RDRDU	URU	**Sing a song of sixpence** J W Elliott 1870 (US version)
*UDDDU	RDUUU	DRU	**The long and winding road** Lennon/McCartney 1970
*UDDDU	RRRRU	DRU	**Sentimental me** (Garrick Gaieties) Rodgers 1925
*UDDDU	RRUDD	DUR	**I came, I saw, I conga'd** Cavanaugh/Redmond/Weldon
*UDDDU	RUDU		**Champagne waltz** Conrad/Oakland/Drake 1934
*UDDDU	RUUUU	UUU	**I'm in the mood for love** Jimmy McHugh 1935
*UDDDU	UDDDU	DUU	**Malaga** (instrumental) Robert Farnon
*UDDDU	UDDDU	DUU	**If** Tolchard Evans 1934
*UDDDU	UDDDU	RDD	**Sentimental me** Morehead/Cassim 1950
*UDDDU	UDDDU	UDD	**Brush up your Shakespeare** (Kiss me Kate) Cole Porter
*UDDDU	UDDDU	UDU	**Sunday, Monday, or always** J van Heusen 1943 [1951
*UDDDU	UDDDU	UUD	**Out of town** R Beaumont/L Bricusse 1956
*UDDDU	UDDRU	DDR	**Dr Who theme** Ron Grainer 1964
*UDDDU	UDDRU	DDU	**Sanctuary of the heart** Ketelbey
*UDDDU	UDDUD	UUU	**Two eyes of gray** Daisy McGeogh
*UDDDU	UDDUR	UDD	**Your cheatin' heart** Hank Williams 1952
*UDDDU	UDDUU	URU	**Do-do-do** Gershwin 1926
*UDDDU	UDUDD	DUU	**Any little fish** Noel Coward 1931
*UDDDU	UDUDD	DUU	**When you wish upon a star** Leigh Harline 1940
*UDDDU	UDURU	DDD	**A little kiss each morning** Harry Woods 1929
*UDDDU	UDUUD	UUR	**London Bridge** nursery rhyme 1744
*UDDDU	URDDD	UUD	**Barney Google** Billy Rose/Con Conrad 1923
*UDDDU	URDDU	UDD	**Oh where, oh where has my little dog gone** 1847
*UDDDU	URDUU	RUU	**I'll be around** Alec Wilder 1942
*UDDDU	URRUD	DDU	**I could be happy with you** (The Boy Friend) S Wilson
*UDDDU	UUDDD	DRD	**Sing for your supper** Richard Rodgers 1938 [1954
*UDDDU	UUDDD	DUU	**Manhattan Beach** march 4t, Sousa
*UDDDU	UUDDD	UUD	**St Louis Blues** W C Handy 1914
*UDDDU	UUDDD	UUU	**As time goes by** Herman Hupfeld 1931
*UDDDU	UUDDD	UUU	**To each his own** Jay Livingston/Ray Evans 1946
*UDDDU	UUDDU	UDD	**Far away places** Joan Whitney/Alex Kramer 1948
*UDDDU	UUDRU	DDU	**The blue bell of Scotland** traditional
*UDDDU	UUUDD	DDU	**Nature Boy** Aden Ahbez 1948
*UDDDU	UUUDU	DDU	**Hullo, Tu-Tu!** C Scott Gatty, music hall song
*UDDDU	UUURR	DDU	**In a monastery garden** (The Kyrie theme) Ketelbey 1915
*UDDDU	UUURU	DDD	**Dream lover** Bobby Darin 1959
*UDDDU	UUUUD	DDD	**There's nae luck about the house** (verse)
*UDDDU	UUUUD	DUD	**Here comes summer** Jerry Keller 1959
*UDDDU	UUUUD	URR	**Wave** Antonio Carlos Jobim 1968
*UDDDU	UUUUU	DUU	**The British Empire** TV theme, Wilfred Josephs 1971
*UDDDU	UUUUU	UDD	**Berceuse** Alex Iljinsky
*UDDDU	UUUUU	UUD	**Mandy is two** Fulton McGrath 1942
*UDDRD	DDUUU	UDU	**Heartaches by the number** Harlan Howard 1959

240

```
*UDDRD  RDUDU  RRU    Don't take your love from me  Henry Nemo 1941
*UDDRD  UURDU  DDU    Look at me  John Lennon 1970
*UDDRR  RRUDD  RRR    All the things you are  Jerome Kern 1939
*UDDRR  UDUUD  UUD    Gaily the troubador
*UDDRU  DDRUU  URD    Too darn hot  (Kiss me Kate) Cole Porter 1949
*UDDRU  DURDD  URD    A time for us  Nino Rota 1968
*UDDRU  DUUUU  UDD    Morning, please don't come  Tom Springfield 1969
*UDDRU  UURRD  DDU    Experiment  Cole Porter
*UDDRU  UUUDD  UUR    Ma curly-headed babby 1900
*UDDRU  UUUUD  DRU    I'll see you again  Noel Coward 1929
*UDDUD  DDDDR  UDD    Dear old pal of mine  Lieut. Gitz Rice 1918
*UDDUD  DDDUU  DDR    My bonnie lies over the ocean  ca 1881
*UDDUD  DDRUD  DUD    You keep coming back like a song  Irving Berlin 1943
*UDDUD  DDUDD  DUD    The second minuet  Maurice Besly 1924
*UDDUD  DDUUR  URD    Durham Town  Roger Whittaker 1969
*UDDUD  DRRRU  DDU    Run rabbit run  Noel Gay 1939
*UDDUD  DRRUU  DUR    Marching strings  (instrumental) Marshall Ross 1953
*UDDUD  DRUDU  DUD    Rudolph the red-nosed reindeer  Johnny Marks 1949
*UDDUD  DUDDD  RUU    The old house  Frederick O'Connor 1937
*UDDUD  DUDDR  UDD    Sunrise serenade  Frankie Carle 1938
*UDDUD  DUDDU  DDU    Blue room  (The Girl Friend) Richard Rodgers 1926
*UDDUD  DUDDU  DDU    Tonight  (West Side Story) L Bernstein 1957
*UDDUD  DUDDU  UDU    The band played on  Charles B Ward 1895
*UDDUD  DUDDU  UUU    Sweetheart of all my dreams  Fitch/Lowe 1944
*UDDUD  DUDUD  DUD    It ain't necessarily so  Gershwin 1935
*UDDUD  DUDUU  DRR    The old oaken bucket  G Kiallmark 1822
*UDDUD  DURDU  UDD    Land of my fathers  James James
*UDDUD  DUUDD  DUU    The story of Tina  D Katrivanou 1945
*UDDUD  DUUDD  UUD    I love Louisa  Arthur Schwartz 1931
*UDDUD  DUUUU  D      I've got my eyes on you  Cole Porter 1939
*UDDUD  DUUUU  UUU    Nights of gladness  waltz, Charles Ancliffe
*UDDUD  RDDDU  UUD    In the gloaming  Annie Fortescue Harrison 1877
*UDDUD  RDDUD  DUD    Oh, the fairies, whoa, the fairies  W G Eaton 1878
*UDDUD  RDUDD  UDU    Just walkin' in the rain  Bragg/Riley 1956
*UDDUD  RUDRD  DUU    Ramblin' Rose  Noel & Joe Sherman 1962
*UDDUD  RUUDD  RUD    Because  Lennon/McCartney 1969
*UDDUD  UDDRU  DDU    Let bygones be bygones  Joseph G Gilbert 1933,1946
*UDDUD  UDDUD  RDU    Baby, it's cold outside 1948 (duet: parts overlap)
*UDDUD  UDDUD  UDD    Time marches on  John Belton 1946 (instrumental)
*UDDUD  UDDUR  DDD    Bei mir bist du schoen  Sholom Secunda 1937
*UDDUD  UDUDD  UDU    Jack in the box  David Myers/John Worsley 1971
*UDDUD  UDUDD  UDU    A bachelor gay  J W Tate
*UDDUD  UDUDU  DUD    Mary Rose  Philip Braham 1920
*UDDUD  UDUUD  DUD    Everyone's gone to the moon  Kenneth King 1965
*UDDUD  URDUD  URU    I like it  Mitch Murray 1963
*UDDUD  URUUD  DUD    I feel fine  Lennon/McCartney 1964
*UDDUD  UUDDD  RDU    Come back to Sorrento  (chorus) E de Curtis 1911
*UDDUD  UUDDD  UUD    Faithful for ever  L Robin/R Rainger 1939
*UDDUD  UUDDU  DUU    Portrait of Jennie  J Russel Robinson
*UDDUD  UUDDU  RUD    Play to me gipsy  Karel Vacek 1932
*UDDUD  UUDUD  DUD    The love nest  Louis A Hirsch 1920
*UDDUD  UUDUD  UDD    The night was made for love  Jerome Kern 1931
*UDDUD  UUDUU  DDU    Lulu's back in town  Harry Warren 1935
*UDDUD  UURDU  DDU    Get me to the church on time  (My Fair Lady) F Loewe
*UDDUD  UUUDD  DDU    King Cotton  march 3t, Sousa                    [1956
*UDDUR  DUDDU  RDU    Fascinating rhythm  Gershwin 1924
*UDDUR  RRUDD  URR    Drive my car  Lennon/McCartney 1965
```

241

*UDDUR RRUUD DUU **My old flame** Johnston/Coslow 1934
*UDDUR UDDRD URR **California dreamin'** 1965
*UDDUU DDDDD UDD **Enjoy yourself - it's later than you think** Sigman 1948
*UDDUU DDDDD UDU **The moment I saw you** Manning Sherwin 1945
*UDDUU DDDDD UUD **Slow hot wind** Henry Mancini 1963
*UDDUU DDDDD UUU **Marigold** piano solo, Billy Mayerl 1927
*UDDUU DDDDU DUU **'E dunno where 'e are** music hall song
*UDDUU DDDUD UDU **That naughty waltz** Sol P Levy 1920
*UDDUU DDDUR RRD **Wheezy Anna** Leslie Sarony 1933
*UDDUU DDDUU UDD **Elizabeth of Glamis** (Three Elizabeths Suite) Eric Coates
*UDDUU DDDUU UU **Beyond the blue horizon** Whiting/Harling 1930
*UDDUU DDDUU UUD **Georgia (on my mind)** Hoagy Carmichael 1930
*UDDUU DDUDD UDU **Won't you buy my pretty flowers?** traditional
*UDDUU DDUDD UUD **The stately homes of England** Noel Coward 1938
*UDDUU DDURD UDD **Oh! Darling** Lennon/McCartney 1969
*UDDUU DDURD URD **Silent night** Franz Gruber 1818
*UDDUU DDUUD DDU **My son, my son, my only one** Geo le Brunn, music hall
*UDDUU DDUUD DUD **I can't believe that you're in love with me** McHugh 1926
*UDDUU DDUUD DUD **Scarlet ribbons (for her hair)** Evelyn Danzig 1949
*UDDUU DDUUD RUU **Blue skies** Irving Berlin 1927
*UDDUU DDUUD UUD **Yearning (just for you)** Beny Davis/Joe Burke 1925
*UDDUU DDUUD UUU **Sunrise, sunset** Jerry Bock 1964
*UDDUU DDUUR RDU **The German band** Arthur Lloyd, music hall
*UDDUU DDUUR RUU **There's a pawnshop on the corner** Merrill
*UDDUU DDUUR UDD **Amoretten Tänze/4** 1t, Gung'l 1846
*UDDUU DDUUU DDD **Don't dilly dally on the way** Collins/Leigh 1919
*UDDUU DRDUR DDU **Miss MacLeod's reel**
*UDDUU DUDDD UUD **Wyoming lullaby** Gene Williams 1920
*UDDUU DUDUD DUU **Our love affair** A Freed/R Edens 1940
*UDDUU DUDUU DDU **Startime** Eric Rogers 1956
*UDDUU DUUDU DDD **Chinatown, my Chinatown** Jean Schwartz 1906
*UDDUU DUUUU UDU **Hollyhock** piano solo, Billy Mayerl 1927
*UDDUU RDUDD UUD **The last time I saw Paris** Jerome Kern 1940
*UDDUU RRDDU UDU **Champagne march** Geoffrey Henman
*UDDUU RURDR U **Fairy on the clock** E Reeves/S Myers 1929
*UDDUU RUUDD UUD **You belong to my heart** Augustin Lara 1941
*UDDUU UDDDD UUD **Heigh-ho** (Snow White) Frank Churchill 1938
*UDDUU UDDRU DDD **In the good old summer time** George Evans 1902
*UDDUU UDDRU DDU **Castanet song** Bizet
*UDDUU UDDRU DRU **Hi-li-li, hi-lo** B Kaper 1952
*UDDUU UDDUD DDD **How can I be sure** Cavaliere/Brigati 1967
*UDDUU UDDUD DDU **I cried for you** Freed/Arnheim/Lyman 1923
*UDDUU UDDUU UDD **Stage coach** Eric Winstone 1941
*UDDUU UDDUU UUD **Hello, Dolly** Jerry Herman 1963
*UDDUU UDRRR RUD **I'm Henery the Eighth, I am** Murray/Weston 1911
*UDDUU UDUDD DUU **Yankee Doodle** (chorus) traditional ca 1778
*UDDUU UDUDD UDD **Over the rainbow** Harold Arlen 1939
*UDDUU UDUUU DUD **Caravan** Gene Williams 1922
*UDDUU URDDD DUU **My silent love** Dana Suesse 1937
*UDDUU UUDDD DDU **How soon** H Mancini 1964
*UDDUU UUDRU DDD **Stein song** E A Fenstad 1910
*UDDUU UUDUD DUU **Where my caravan has rested** Hermann Löhr 1909
*UDDUU UUDUD DUU **The ballad of Bonnie and Clyde** 1967
*UDDUU UUDUD DUU **Miss You** Harry, Charles & Henry Tobias 1941
*UDDUU UUDUU UUR **Two sleepy people** Hoagy Carmichael 1938
*UDDUU UUUDD UUU **Mammy o' mine** Maceo Pinkard 1919
*UDDUU UUUUD UDD **Dearest love** Noel Coward 1938

242

*UDDUU UUUUD UDU   **I lift up my finger and I say 'Tweet tweet'** L Sarony
*UDDUU UUUUU UDD   **White Christmas** Irving Berlin 1942   [1929
*UDRDD DUDRU UUR   **It came upon the midnight clear** hymn, 1850
*UDRDD DUUDR RUD   **Walk right back** Sonny Curtis 1960
*UDRDD DUUUU UUD   **La Golondrina** Spanish folk song (chorus) ca 1883
*UDRDD UDDDD UUD   **Angel's serenade** G Braga
*UDRDD UUDUD RDD   **The dam busters** march 2t, Eric Coates
*UDRDD UUUUD DUD   **Cock o' the North**
*UDRDR DDUUR RRR   **American pie** (verse) 1971
*UDRDR DDUUU DRD   **The night is young and you're so beautiful** Dana Suesse
*UDRDR DRDRD RUU   **I only want to be with you** Hawker/Raymonde 1963 [1936
*UDRDR DRDUR UDR   **Song of India** (themes by Rimsky-Korsakov) arr 1953
*UDRDR DURUD RDR   **We shall not be moved** traditional
*UDRDR UUDDD UUU   **The moon was yellow** Fred E Ahlert 1934
*UDRDU DRDDD UDD   **I'll close my eyes** Billy Reid 1945
*UDRDU DUDRD UDU   **Theme from 'The way to the stars'** N Brodsky 1945
*UDRDU DUDUD DUU   **The ratcatcher's daughter**
*UDRDU DUDUD UDU   **Speak softly** Jimmy Fontana 1962
*UDRDU DUDUU UUU   **Spirit of Liberty** march 2t, Sousa
*UDRDU UDRDU UDR   **Just like a butterfly** Dixon/Woods 1927
*UDRRD URRUR RUD   **Come, landlord, fill the flowing bowl** [Novello 1949
*UDRRR DRDUU DUU   **The dancing lesson** Herbert Oliver 1918
*UDRRR RDRDU U   **Fiddler on the roof** Jerry Bock 1964
*UDRRR UDRDU RDD   **The prune song** 1928
*UDRRR UDRRR DUD   **After I say I'm sorry** Donaldson/Lyman 1926
*UDRRR URRRD RRR   **Leaning on a lamp-post** Noel Gay 1937
*UDRRR UUDDD DUD   **Fixing a hole** Lennon/McCartney 1967
*UDRRU DDRDD UUU   **No regrets** (Non, je ne regrette rien) Charles Dumont
*UDRRU DRRDD UUD   **Reach out I'll be there** Holland/Dozier/Holland 1966
*UDRRU DRRUD RRU   **There's no business like show business** I Berlin 1946
*UDRRU DUDRR UDU   **Bali Ha'i** (South Pacific) Richard Rodgers 1949
*UDRRU DUDUD UUD   **The second time around** James van Heusen 1960
*UDRRU DUUUR DRR   **Christopher Robin at Buckingham Palace** Fraser-Simson
*UDRUD RRUDU DUD   **Five foot two, eyes of blue** R Henderson 1925   [1935
*UDRUD RUDDD DUU   **Domino** Louis Ferrari 1951
*UDRUD RUDRU DRU   **So in love** (Kiss me Kate) Cole Porter 1948
*UDRUD UDRDD DRU   **Sunshine cake** James van Heusen 1950
*UDRUD UDRUD UDR   **South Rampart Street parade** Bauduc/Haggart 1938
*UDRUD UDUUR DUR   **The ugly duckling** Frank Loesser 1951
*UDRUD UUUDU DDD   **I'll sing thee songs of Araby** Frederic Clay 1877
*UDRUU DUUUD UUU   **Darn that dream** James van Heusen 1939
*UDRUU UDDDU URU   **Ida, sweet as apple cider** Eddie Leonard 1933
*UDRUU URDDD DRR   **The Cooper o' Fife** (chorus) traditional
*UDUDD DDDDR RRR   **Cosi cosa** (A night at the opera) Kasper/Jurmann 1935
*UDUDD DDDUU DUD   **Shine on harvest moon** Norah Bayes/J Norworth 1908
*UDUDD DDRUD UDU   **The curse of an aching heart** Al Piantadosi 1913
*UDUDD DDUDU DDD   **Un peu d'amour** Lao Silèsu 1912
*UDUDD DDUUD UDD   **Johnson rag** Guy Hall/Henry Kleinkauf 1940
*UDUDD DDUUU DUU   **Lucinda's lullaby** Roger Roger (Heinz TV commercial)
*UDUDD DRRRU UDU   **Another cup of coffee** 1963
*UDUDD DRRUD UDD   **Throw open wide your window** Hans May 1932
*UDUDD DRUDU DDD   **Scottish hornpipe**
*UDUDD DRUDU DDD   **Rose Marie** Rudolf Friml 1924
*UDUDD DUDDD UDD   **When you and I were seventeen** Charles Rosoff 1924
*UDUDD DUDDD UUR   **I can't begin to tell you** James V Monaco 1945
*UDUDD DUDDD UUU   **No one but you** 1953

243

```
*UDUDD  DUDDU  UUU   Mrs Worthington  Noel Coward 1935
*UDUDD  DUDRU  DUD   Carioca  (verse) Vincent Youmans 1933
*UDUDD  DUDRU  UDU   We  Henry Mancini 1969
*UDUDD  DUDUD  DDU   Dream when you're feeling blue
*UDUDD  DUDUD  DUU   Once in a lifetime  L Bricusse/A Newley 1961
*UDUDD  DUDUR  DDD   I once had a heart. Margarita  J Schmitz 1935
*UDUDD  DUDUR  DUU   Only sixteen  Barbara Campbell 1958
*UDUDD  DUDUU  DDD   L'Internationale  Pierre de Geyter 1888
*UDUDD  DUDUU  DUD   Apache  Jerry Lordan 1960
*UDUDD  DUDUU  DUD   Wake up and live  Harry Revel 1937
*UDUDD  DURRR  RRR   No can do  Nat Simon 1945
*UDUDD  DUUDD  DUD   My dreams are getting better all the time  Vic Mizzy 1944
*UDUDD  DUUDR  UDU   Because of you  A Hammerstein/D Wilkinson 1951
*UDUDD  DUUDU  DDD   Sipping cider through a straw  Morgan/David 1919
*UDUDD  DUURD  DDU   Hello! Hello! Who's your lady friend?  H Fragson 1914
*UDUDD  DUUUD  DUD   For all we know  J Fred Coots 1934
*UDUDD  DUUUU  DRD   The kiss waltz  Joe Burke 1930
*UDUDD  RDDUU  UDU   Oh maiden my maiden  Lehar 1930
*UDUDD  RRDUU  UDU   Marching through Georgia  (chorus) H C Work ca 1864
*UDUDD  RRUDU  DDU   Tell me that old love story  (Bridge of Sighs) Billy
*UDUDD  RUDDD  UDU   Charade  Henry Mancini 1963                    [Reid
*UDUDD  RUDUD  DDU   No other love  (Me and Juliet) R Rodgers 1953
*UDUDD  RUDUD  DRD   Watching the trains come in  Frank Leo 1916
*UDUDD  UDDDU  DDU   Marie  Irving Berlin 1928
*UDUDD  UDDDU  UDU   Wonderful one  Paul Whiteman/Ferde Grofé 1922
*UDUDD  UDUDD  UDU   I want to go back to Michigan  Irving Berlin 1914
*UDUDD  UDUDD  UDU   Hello! ma baby  J E Howard/Ida Emerson 1899
*UDUDD  UDUDD  UUD   When the world was young  M Philippe-Gerard 1950
*UDUDD  UDUDD  UUD   Albatross  P A Green 1968 (instrumental)
*UDUDD  UDUDU  DDU   Love is like a violin  M Laparcerie 1945, 1960
*UDUDD  UDUDU  UUD   I'm just a vagabond lover 1929  Rudy Vallée/Zimmerman
*UDUDD  UDUUD  DUU   Melody fair  Robert Farnon (instrumental)        [1929
*UDUDD  UDUUD  UDD   The good, the bad and the ugly  Morricone 1966
*UDUDD  URDDD  URU   You've got to see Mamma ev'ry night  Rose/Conrad 1923
*UDUDD  URUUD  DDU   Out on the edge of beyond  Mike Sammes 1971
*UDUDD  UUDDD  DUD   Smoke rings  H Eugene Clifford 1933
*UDUDD  UUDDU  DUU   Softly, as I leave you  de Vita 1960
*UDUDD  UUDUD  UDU   But not for me  Gershwin 1930
*UDUDD  UUDUD  UUD   I've found a new baby
*UDUDD  UUDUU  UDD   A bird in a gilded cage  H Von Tilzer 1900
*UDUDD  UURDU  DUD   He's got the whole world in his hand  spiritual
*UDUDD  UUUDD  UUD   That old feeling  Lew Brown/Sammy Fain 1937
*UDUDD  UUUDR  DDD   Prelude to the stars  Vic Oliver 1945
*UDUDD  UUUDU  DDU   Boã noite  (Good night) 1941
*UDUDR  DDRUD  DRU   Addio, mia bella Napoli  Teodoro Cottrau 1868
*UDUDR  DUDDR  RUU   So many memories  Harry Woods 1937
*UDUDR  DUDUD  DUU   Hands across the table  Jean Delettre 1934
*UDUDR  RDDUD  UDU   You wonderful you  Harry Warren 1950
*UDUDR  RDUUR  DUD   Until  (no rose in all the world) Wilfrid Sanderson
*UDUDR  RRUDD  DDU   Just you, just me  Jesse Greer 1929
*UDUDR  RRUDD  UUU   I'll never smile again  Ruth Lowe 1939
*UDUDR  RUDUD  RUU   Some day my prince will come  (Snow White) F Churchill
*UDUDR  UDDDU  DDD   When Sunny gets blue  Marvin Fisher 1956        [1938
*UDUDR  UDDUD  RDU   Czardas  V Monti
*UDUDR  UDDUD  RUD   The fleet's in port again  Noel Gay 1936
*UDUDR  UDDUD  UDU   China boy  Winfree/Boutelje 1922
*UDUDR  UDUDR  RRR   Parade of the tin (wooden) soldiers  L Jessel 1911
```

```
*UDUDR  URUDR  URU   Love is a dancing thing  Arthur Schwartz 1935
*UDUDR  URURD  RDD   Sisters  Irving Berlin
*UDUDR  URURU  DDR   Fly home, little heart  (King's Rhapsody) Novello 1949
*UDUDR  UUDRU  UDD   Mister Kiss Kiss Bang Bang  John Barry 1965
*UDUDU  DDDDD  RRR   Père Victoire  march, Louis Ganne
*UDUDU  DDDDR  RUR   The Mermaid  (verse) traditional
*UDUDU  DDDDU  DDU   The waltz of the gipsies  Michael Carr 1937
*UDUDU  DDDDU  DDU   Nancy Lee  (chorus) Stephen Adams 1876
*UDUDU  DDDDU  UDU   After tonight we say 'Goodbye'  Powers/Leon 1932
*UDUDU  DDDDU  UUU   In a Persian Market  5t, Ketelbey
*UDUDU  DDDUD  DUU   Solitaire  Neil Sedaka/Philip Cody 1972
*UDUDU  DDDUD  UDR   All at once (you love her)  R Rodgers 1955
*UDUDU  DDDUD  UDU   Calling all workers  march 2t, Eric Coates 1940
*UDUDU  DDDUU  DRU   Buttercups and daisies
*UDUDU  DDRUD  UDD   Pop goes the weasel  Engl country dance arr Hackney
*UDUDU  DDRUD  UDU   Light my fire  'The Doors' 1967              [1961
*UDUDU  DDUDD  DUD   Careless  Quadling/Howard/Jurgens 1939
*UDUDU  DDUDD  UDU   New sun in the sky  Arthur Schwartz 1931
*UDUDU  DDUDD  UDU   Here's to the maiden of bashful fifteen
*UDUDU  DDUDR  DUD   Glamorous night  Ivor Novello 1935
*UDUDU  DDUDU  DUD   Music! Music! Music!  Stephen Weiss/Bernie Baum 1950
*UDUDU  DDUUD  UDU   Two loves have I
*UDUDU  DRRRD  DUD   The English Rose  (Merrie England) Edward German
*UDUDU  DRUDU  DUD   Little mischief  Poldini
*UDUDU  DRUUD  UDU   Around the world  Victor Young 1947
*UDUDU  DUDDU  DUD   The Riff song  (The Desert Song) Romberg 1926
*UDUDU  DUDDU  UDD   How insensitive  (Insensatez) A C Jobim 1963
*UDUDU  DUDDU  UUU   Destiny waltz  Sydney Baynes 1912
*UDUDU  DUDRD  UDU   You must have been a beautiful baby  Robin/Rainger
*UDUDU  DUDRU  UDU   Undecided  Charles Shavers, 1939, 1951      [1938
*UDUDU  DUDUD  DRU   Baubles, bangles and beads  (based on Borodin) 1953
*UDUDU  DUDUD  DUD   How beautiful is night  Robert Farnon (instrumental)
*UDUDU  DUDUD  DUD   Mr Bojangles  Jerry Jeff Walker 1968
*UDUDU  DUDUD  DUD   The rain in Spain  (My Fair Lady) F Loewe 1956
*UDUDU  DUDUD  UDD   The Willow waltz  (World of Tim Fraser) C Walters
*UDUDU  DUDUD  UDR   My way  (Comme d'habitude) François/Revaux 1967
*UDUDU  DUDUD  UDU   Hydropaten waltz/5  Gung'l 1846
*UDUDU  DUDUD  UDU   Makin' whoopee!  Walter Donaldson 1928
*UDUDU  DUDUD  UDU   The man I love  Gershwin 1924
*UDUDU  DUDUD  UDU   Happy feet  Milton Ager 1930
*UDUDU  DUDUD  UDU   I want to be happy  (No, no, Nanette) Vincent Youmans
*UDUDU  DUDUD  UDU   I love to sing  P Misraki 1938              [1924
*UDUDU  DUDUD  UDU   The tender trap  James van Heusen 1955
*UDUDU  DUDUD  UDU   Man of my heart  Ivor Novello 1943
*UDUDU  DUDUD  UUD   Forgotten dreams  Leroy Anderson 1954
*UDUDU  DUDUD  UUR   Goodbye to all that  Harry S Pepper 1930
*UDUDU  DUDUU  DDD   Takes two to tango  Hoffman/Manning 1952
*UDUDU  DURDU  DDD   Alexander's ragtime band  Irving Berlin 1911
*UDUDU  DURDU  DUD   I found a million dollar baby  Harry Warren 1931
*UDUDU  DURRR  DRR   You turned the tables on me  Louis Alter 1936
*UDUDU  DURRU  DDR   Goldfinger  Bricusse/Newley 1964
*UDUDU  DUUDD  DUD   Lovesick blues  Irving Mills/Cliff Friend 1922
*UDUDU  DUUDD  UDD   Almost there  Keller/Shayne 1964
*UDUDU  DUUDU  DUD   On the trail  1t, (Grand Canyon suite) Ferde Grofé
*UDUDU  DUUDU  RDD   If you could care for me  H Darewski 1918  [1933
*UDUDU  DUURD  UDU   Ain't we got fun  Richard A Whiting 1921
*UDUDU  DUUUD  UUU   Horsey! Horsey!  Box/Cox/Butler/Roberts 1937
```

245

*UDUDU	RDDDU	DUU	**Fugue from 'Bach goes to town'** A Templeton 1938
*UDUDU	RDUDU	DUD	**Body and soul** John W Green 1930
*UDUDU	RDUDU	DUU	**All God's chillun got rhythm** Kasper/Jurmann 1937
*UDUDU	RDUUD	DUD	**Come dancing** Downes/David 1962
*UDUDU	RRDUD	DUD	**Arise, O sun** Maude Craske-Day 1921
*UDUDU	RRDUD	UDU	**Waltzing in the clouds** Robert Stolz 1934
*UDUDU	RRDUU	UUR	**Day in - day out** Rube Bloom 1939
*UDUDU	RRRRD	RDD	**Chick, chick, chick, chick, chicken** Holt/McGhee/King
*UDUDU	RRRRU	UDD	**My cherie amour** Wonder/Cosby/May 1968 [1925
*UDUDU	RRUDU	DDU	**The lonesome road** Nathaniel Shilkret 1928
*UDUDU	RRUDU	DUD	**I'll string along with you** Harry Warren 1934
*UDUDU	RUDUD	RD	**You're going to lose that girl** Lennon/McCartney 1965
*UDUDU	RUDUD	UDU	**I'm just wild about Harry** Noble Sissle/Eubie Blake
*UDUDU	RUDUR	RRR	**Return to sender** Otis Blackwell/W Scott 1962[1921
*UDUDU	UDDDD	UDU	**The last waltz** Les Reed/Barry Mason 1967
*UDUDU	UDDDD	UDU	**Magic moments** Burt Bacharach 1957
*UDUDU	UDDDD	UUD	**L'amour - toujours l'amour** Rudolf Friml 1922
*UDUDU	UDDDU	UDU	**A Frangesa** Italian march, P M Costa
*UDUDU	UDDDU	URR	**Sometimes I feel like a motherless child** spiritual
*UDUDU	UDDUD	DDD	**Drinking** (Im kühlen Keller) 1802
*UDUDU	UDDUD	DUU	**Come back to Erin** Claribel 1866
*UDUDU	UDDUD	UDU	**I hadn't anyone till you** Ray Noble 1938
*UDUDU	UDDUU	DDD	**A day in the life** Lennon/McCartney 1967
*UDUDU	UDRDU	DRR	**Cottage for sale**
*UDUDU	UDUDD	UDU	**The more I see of you** Harry Warren 1945
*UDUDU	UDUDU	DUR	**I want to sing in opera** W David/G Arthurs
*UDUDU	UDUDU	DUU	**Hey, look me over** Cy Coleman 1960
*UDUDU	UDUDU	UDU	**Where are you?** (Now that I need you) J McHugh 1936
*UDUDU	UDUDU	UDU	**Chirpy chirpy, cheep cheep** Larry Stott 1970
*UDUDU	UDUDU	UDU	**Gossip calypso** Trevor Peacock 1963
*UDUDU	UDUUU	DDD	**One for my baby** Harold Arlen 1943
*UDUDU	URDUD	UDU	**Valse lente** Delibes
*UDUDU	URDUD	UDU	**It must be him** 1t, 1966
*UDUDU	UUDDD	DDD	**Kitty the telephone girl** Gifford 1914
*UDUDU	UUDDU	UUU	**April love** Sammy Fain 1957
*UDUDU	UUDUD	DUD	**Knightsbridge march** (In town tonight) 2t, Eric Coates
*UDUDU	UUDUD	UDD	**Mem'ries** Harold Sanford 1928
*UDUDU	UUDUD	UUR	**That lovely weekend** Moira & Ted Heath 1941
*UDUDU	UUDUD	UUU	**I feel a song comin' on** McHugh/Fields/Oppenheim 1935
*UDUDU	UURDD	UDD	**Goodnight my love** Revel/DeSylva/Brown/Henderson
*UDUDU	UUUDD	DDD	**The lament of Flora Macdonald** [1934
*UDUDU	UUUDD	URR	**If I were a blackbird** Delia Murphy 1950
*UDURD	DUDRD	URD	**La pansé** (The pansy) Furio Rondine 1955
*UDURD	DURDD	URR	**Waltz of my heart** (Dancing Years) I Novello 1939
*UDURD	RUDUD	URD	**Half a sixpence** David Heneker 1963
*UDURD	RUDUR	DRU	**Yes Sir, that's my baby** W Donaldson 1925
*UDURD	UDUDU	DUD	**Lilliburlero** ca 1686
*UDURD	UDUDU	DUR	**Ain't misbehavin'** Waller/Brooks 1929
*UDURD	UDUDU	DUR	**It all depends on you** DeSylva/Brown/Henderson 1926
*UDURD	UUDUU	RDU	**Come on-a my house** Bagdasarian/Saroyan 1951
*UDURD	UUUDU	UUD	**Alone together** Arthur Schwartz 1932
*UDURR	DUDUR	RRU	**The very thought of you** Ray Noble 1934
*UDURR	DUDUU	DDU	**A hard day's night** Lennon/McCartney
*UDURR	DUUDD	UDD	**Too marvelous for words** Richard A Whiting 1937
*UDURR	DUUDD	DUR	**All shook up** O Blackwell/Elvis Presley 1957
*UDURR	RDDUU	UDD	**Fatinitza march** Suppé
*UDURR	RRRDR	RRR	**The Thunderer** march 2t, Sousa

*UDURR	UDUUU	DUR	**This is the moment** Robin/Hollander 1948
*UDURR	UUDUD	DUD	**Skye boat song** Highland rowing tune
*UDURU	DDDUU	DDU	**How do you do it** Mitch Murray 1962
*UDURU	DUDUU	UUU	**Time on my hands** Vincent Youmans 1930
*UDURU	DUUUD	UUU	**Lollipops and roses** Tony Velona 1960
*UDURU	UUDDD		**Lisboã antigua** (In old Lisbon) Portela/Galhardo/
*UDUUD	DDDDU	DUD	**The young ones** Tepper/Bennett 1961 [Vale 1937
*UDUUD	DDDDU	DUU	**A woman is a sometime thing** (Porgy & Bess) Gershwin
*UDUUD	DDDRD	UDU	**Sweet gingerbread man** Michel Legrand 1970 [1935
*UDUUD	DDDUD	UUD	**The Old Superb** C V Stanford
*UDUUD	DDDUD	UUD	**Sweet Genevieve** Henry Tucker 1869
*UDUUD	DDDUU	UUU	**Someday we shall meet again** H Parr Davies 1943
*UDUUD	DDRUD	UUD	**Je t'aime moi non plus** Serge Gainsbourg 1969
*UDUUD	DDUDD	DDD	**Once upon a time** Charles Strouse 1962
*UDUUD	DDURU	UDD	**Nightingale** Xavier Cugat/George Rosner 1942
*UDUUD	DDUUU	DDU	**King Cotton** march 2t, Sousa
*UDUUD	DRDUU	DUU	**The changing of the guard** 1931
*UDUUD	DRRUD	UDU	**How about you?** Burton Lane 1941
*UDUUD	DRUDU	UUU	**Only a rose** (The Vagabond King) R Friml 1925
*UDUUD	DUDDU	UUD	**Perfidia**
*UDUUD	DUDRD	DUR	**I want to be a lidy** A W Malbert, music hall
*UDUUD	DUDUD	UDU	**My canary has circles under his eyes**
*UDUUD	DUDUD	UUD	**Zorba's dance** 1t, M Theodorakis 1964
*UDUUD	DUDUD	UUU	**Bess you is my woman** (Porgy & Bess) Gershwin 1935
*UDUUD	DUDUU	DDU	**My song goes round the world** Hans May 1933
*UDUUD	DUDUU	UDD	**My song** Brown/Henderson 1931
*UDUUD	DURUD	UUD	**The impossible dream** Mitch Leigh 1965
*UDUUD	DUUDD	DUD	**Tenement symphony** Kuller/Golden/Borne 1941
*UDUUD	DUUDR	DUU	**Hatari** Henry Mancini 1961
*UDUUD	DUUDU	UDD	**Call me irresponsible** 1962
*UDUUD	DUUUD	UDU	**Hear my song** Violetta, 1936
*UDUUD	DUUUD	UUD	**Stompin' at the Savoy** B Goodman/Webb/Sampson 1936
*UDUUD	RDUUD	RDD	**I'm twenty-one today** Alec Kendal 1911
*UDUUD	RDUUU	DUD	**Unchained melody** Alex North 1955
*UDUUD	RRUDR	RUD	**Horsey, keep your tail up** 1923
*UDUUD	RURRU	RUR	**Mañana** Peggy Lee/Dave Barbour 1948
*UDUUD	RURUD	UUD	**Bidin' my time** Gershwin 1930
*UDUUD	RURUR	UUD	**A house is not a home** Burt Bacharach 1964
*UDUUD	UDDDU	DUU	**I'm into something good** Goffin/King 1964
*UDUUD	UDDDU	UDD	**Semper fidelis** march 3t, Sousa
*UDUUD	UDDRU	DUU	**Somebody bad stole de wedding bell** Dave Mann 1953
*UDUUD	UDUDD	DRD	**I talk to the trees** Frederick Loewe 1951
*UDUUD	UDUDD	UUD	**Aura Lee** G R Poulton 1861, Love me tender 1956
*UDUUD	UDUDU	DDU	**Climb ev'ry mountain** Richard Rodgers 1959
*UDUUD	UDUDU	UDU	**Come closer to me**
*UDUUD	UDUUD	DDU	**My Yiddische Momme** Yellen/Pollack 1925
*UDUUD	UDUUD	UDR	**A young man's fancy** Milton Ager 1920
*UDUUD	UDUUU	RDU	**The gold diggers' song** (We're in the money) H Warren
*UDUUD	URDUD	UDU	**What do you want?** Les Vandyke 1959 [1933
*UDUUD	URRUD	UUD	**You and the night and the music** Arthur Schwartz 1934
*UDUUD	URUUU	DDD	**Take the 'A' train** Billy Strayhorn 1941
*UDUUD	UUDUD	DDD	**De'il among the tailors** eightsome reel
*UDUUD	UUDUD	DDU	**Belle of the Ball** waltz, Leroy Anderson 1951
*UDUUD	UUDUD	UDU	**A handful of songs** Steele/Pratt/L Bart 1951
*UDUUD	UUDUU	DDU	**I'm shooting high** Jimmy McHugh 1935
*UDUUD	UUDUU	DUU	**Rose of the Rio Grande** H Warren/Ross Gorman 1922
*UDUUD	UUDUU	URU	**I'm gonna sit right down and write myself a letter** Fred
			[E Ahlert 1935

*UDUUD	UUDUU	UUU	**She's my lovely** Vivian Ellis 1937
*UDUUD	UURDU	DDU	**Diamonds are a girl's best friend** Jule Styne 1949
*UDUUD	UUUDD	URD	**Grandfather's clock** (verse) Henry C Work 1876
*UDUUD	UUUDU	UDU	**Mean to me** Fred E Ahlert 1929
*UDUUD	UUUUD	UDD	**The wedding samba** Ellstein/Small/Leibowitz 1947
*UDUUR	DDDUR	DDD	**Small world** Jule Styne 1959
*UDUUR	DRUDR	UDR	**Passing strangers** Rita Mann 1957
*UDUUR	DUDUU	DUD	**Moon glow** Will Hudson/Eddie DeLange 1934
*UDUUR	RDUUU	UUR	**Keep young and beautiful** Harry Warren 1933
*UDUUR	UDUUR	UDU	**It had to be you** Isham Jones 1924
*UDUUR	UDUUU	DUU	**I remember you** Victor Schertzinger 1942
*UDUUU	DDDDR	UDD	**My beautiful Sarie Marais** Carr/Connor 1945
*UDUUU	DDDDU	UDD	**Flamingo** Ted Grouya 1941
*UDUUU	DDDRU	DUU	**Carioca** Vincent Youmans 1933
*UDUUU	DDDUU	DDD	**I'm yours** Robert Mellin 1952
*UDUUU	DDDUU	UDD	**Flying down to Rio** Vincent Youmans 1933
*UDUUU	DDDUU	UDD	**Runaway** Max Crook/Del Shannon 1961
*UDUUU	DDRRR	UUU	**She said she said** Lennon/McCartney 1966
*UDUUU	DDRUU	DDR	**Symphony** Alstone 1945
*UDUUU	DDUDU	UDD	**Darling, je vous aime beaucoup** 1935
*UDUUU	DDUDU	UDU	**The mood I'm in** Pete King/Paul F Webster 1964
*UDUUU	DDUUU	DDD	**Let the people sing** Noel Gay 1939
*UDUUU	DDUUU	DDU	**Too close for comfort** Bock/Holofcener/Weiss 1956
*UDUUU	DRDRD	RUD	**Days of wine and roses** Henry Mancini 1962
*UDUUU	DUDDD	UDR	**You gentlemen of England** pre-17th century
*UDUUU	DUDDD	UDU	**The sea** (La mer) Charles Trenet 1945
*UDUUU	DUDDU	UDD	**Berceuse de Jocelyn** Benjamin Godard 1896
*UDUUU	DUDRU	DDD	**A room with a view** Noel Coward 1928
*UDUUU	DUDUU	DUU	**Do you mind?** Lionel Bart 1960
*UDUUU	DUUUD	DUD	**Theme from 'The Apartment'** C Williams 1949
*UDUUU	DUUUD	UDD	**The British Grenadiers** anonymous ca 1785
*UDUUU	DUUUD	UUU	**In party mood** Jack Strachey 1943 (Housewives choice
*UDUUU	DUUUD	UUU	**Night may have its sadness** Ivor Novello 1921 [sig tune)
*UDUUU	DUUUU	DDU	**People** Jule Styne 1963
*UDUUU	DUUUU	RDU	**El condor pasa** (I'd rather be a sparrow) 1963, 1970
*UDUUU	RDRDU	DRD	**And when I die** old Army marching song
*UDUUU	RDUDU	DUD	**Music, maestro, please!** Allie Wrubel 1938
*UDUUU	RDUDU	UUR	**The Piccolino** Irving Berlin 1935
*UDUUU	RDUUR	DUD	**So deep is the night** (Tristesse)(based on Chopin) arr
*UDUUU	RDUUU	RDU	**La zingana** Carl Bohm [1939
*UDUUU	RRDUD	DDU	**March from 'A little suite'** Trevor Duncan (signature
			tune of BBC TV series 'Dr Finlay's Case-book')
*UDUUU	RRRUD	UDU	**Would you like to take a walk?** Harry Warren 1930
*UDUUU	RUDDD	DDU	**Indian summer** Victor Herbert 1919, 1939
*UDUUU	UDDDU	DDU	**I'm always chasing rainbows** Harry Carroll 1918
*UDUUU	UDDUD	DUD	**I don't want to set the world on fire** Seiler et al 1941
*UDUUU	UDDUU	UUD	**I'll get by - as long as I have you** Ahlert 1928
*UDUUU	UDRRU	DUU	**An affair to remember** Harry Warren 1957
*UDUUU	UDUDD	DDD	**Meandering** (instrumental) Sidney Torch
*UDUUU	UDUDD	DUD	**So rare** Jerry Herst 1937
*UDUUU	UDUUD	DDD	**RAF March Past** 1t, H Walford Davies
*UDUUU	URDDU	DRU	**Learnin' the blues** Dolores V Silvers 1955
*UDUUU	URUDD	DDD	**Rhymes** (chorus) Leslie Sarony 1931
*UDUUU	URURR	RRU	**Much Binding in the Marsh** Murdoch/Horne/Torch 1946
*UDUUU	UUDDU	UDU	**Dinah** Harry Akst 1925
*UDUUU	UUDDU	UUD	**Again** Lionel Newman 1948
*UDUUU	UUDUD	DDU	**Valse de concert** Wieniawski

```
*UDUUU  UURDU  RDU    Never on Sunday  Hadjidakis 1960
*UDUUU  UURUD  UUD    Parisian Pierrot  (London Calling) Noel Coward 1923
*UDUUU  UUUDD  UDU    Serenade in blue  Harry Warren 1942
*UDUUU  UUUDU  UUU    A star is born  Robert Farnon (featured in BBC In town
*URDDD  DDDDU  DDU    What's new?  Bob Haggart 1939                    [tonight)
*URDDD  DDUUD  DUU    Pretty Polly Oliver  17th century tune
*URDDD  DUUDR  DUR    There! I've said it again  Evans/Mann 1941
*URDDD  RUURD  DDD    I've got you under my skin  Cole Porter 1936
*URDDD  URDDD  UDR    The little damozel  Ivor Novello 1912
*URDDD  URDDD  URD    I've got my love to keep me warm  Irving Berlin 1937
*URDDD  URUUU  DRU    The floral dance  Katie Moss 1911
*URDDD  UUUDD  UUR    Goin' home  theme from Dvořák's New World symph, arr
*URDDD  UUUUD  UUU    Waiting for the Robert E Lee  1912                [1922
*URDDR  DDUDU  UDR    Santiago  Corbin
*URDDR  DRDUR  DDD    Abschied vom Vaterland  German folk song
*URDDR  DURUD  RUR    My favourite things  Richard Rodgers 1959
*URDDR  RRDDD  DRU    My wild Irish Rose  Chauncey Olcott 1899
*URDDR  RRDDU  RDD    Liebeslied  P von Klenau
*URDDR  UDDDU  DUU    Santiago  Corbin
*URDDU  DURDD  DUD    Nice work if you can get it  Gershwin 1937
*URDDU  RDUDD  DUD    The miller of the Dee  pre-1762 folk tune
*URDDU  UDRDU  DDD    By the waters of Minnetonka  T Lieurance 1914
*URDDU  UUDDU  DDD    Morris dance  1t, (Henry VIII) Edward German
*URDDU  UURDR  DRD    Just like a woman  Bob Dylan 1966
*URDDU  UUURU  DUR    Love bug will bite you  Pinky Tomlin 1937
*URDRD  DUDUU  DDD    A-hunting we will go  traditional English tune
*URDRD  DURDR  DUU    Weber's last waltz  Reissiger
*URDRD  RRDRU  RRR    Barnacle Bill the sailor  Robison/Luther 1931
*URDRD  RURDR  DRU    Top hat, white tie and tails  Irving Berlin 1935
*URDRD  RURDR  RDD    Funiculi funicula  (Neapolitan song) L Denza 1880
*URDRD  RURUR  DDU    One after 909  Lennon/McCartney 1970
*URDRD  UDDDU  UDD    Dancing with my shadow  Harry Woods 1933
*URDRD  URDRD  URD    Ev'rywhere  Tolchard Evans 1955
*URDRD  URDRD  URD    Barcarolle  (Tales of Hoffman) Offenbach
*URDRD  URDRD  URD    Please don't go  same as Barcarolle above, arr 1968
*URDRD  UUUUR  DRD    All the way  James van Heusen 1957
*URDRR  DRRUR  RUR    Cobler's song from Chu Chin Chow  F Norton 1916
*URDRR  URDDR  RUR    Go down, Moses  spiritual
*URDRR  URDRU  DDU    The company sergeant major  Wilfrid Sanderson 1918
*URDRR  URDRU  RDR    John Peel  folk tune; words ca 1820
*URDRU  DUUDR  RUD    Amo, amas, I love a lass  folk song
*URDRU  RDDRU  RRU    A nightingale sang in Berkeley Square  M Sherwin
*URDRU  RDDUR  DDR    The song is you  Jerome Kern 1932                [1940
*URDRU  RDDUU  DDU    All day and all of the night  Ray Davies 1964
*URDRU  RDUDU  URD    Julie, do ya love me?  1970
*URDRU  UUUDR  DUU    Lovely lady let the roses see you today  Norman Hardy
*URDUD  DDRDU  DDD    The amorous goldfish  Sidney Jones 1896          [1935
*URDUD  DDUDD  DUD    Valencia  José Padilla 1926
*URDUD  DDURU  UUU    This could be the start of something  Steve Allen 1956
*URDUD  RDUDD  RUD    Because  Guy d'Hardelot 1902
*URDUD  RDUDR  DDU    Everything is beautiful  Ray Stevens 1970
*URDUD  RURDU  DDU    The crazy Otto rag  Mack Wolfson 1955
*URDUD  RURUD  DUU    Good-bye  (Benny Goodman theme song) G Jenkins 1935
*URDUD  UDRUR  DUD    Tequila  (instrumental) Chuck Rio 1958
*URDUD  UDUUD  DUD    Ukelele lady  Richard A Whiting 1925
*URDUD  URDUD  UDU    Let the rest of the world go by  Ernest R Ball 1919
*URDUD  URDUU  DUU    Sir Patrick Spens  Scottish ballad
```

*URDUD	URDUU	RRR	**Turkey in the straw** (Zip Coon) anonymous 1834
*URDUD	UUDDD	URD	**Strangers in the night** Bert Kaempfert 1966
*URDUD	UUDDR	DDU	**Sailing, sailing** Godfrey Marks 1880
*URDUR	DDDDD	UDD	**You're driving me crazy** Walter Donaldson 1930
*URDUR	DURDU	UDR	**For once in my life** O Murden 1965
*URDUR	DURDU	URU	**Hello goodbye** Lennon/McCartney 1967
*URDUR	DURUD	RDU	**Hydropaten waltz/3** Gung'l 1846
*URDUR	DUUUD	DDU	**To a wild rose** Macdowell
*URDUR	DUUUR	DUR	**March of Siamese children** Richard Rodgers 1951
*URDUR	RRRUU	DUU	**Sweet and lovely** Arnheim/Tobias/Lemare 1931
*URDUR	UDDDD	URU	**If I ruled the world** Bricusse/Ornadel 1963
*URDUU	DDDDU	DDD	**The village blacksmith** W H Weiss 1857
*URDUU	DDUDD	URU	**Ay-ay-ay** (Si alguna vez) O Perez Freire 1913
*URDUU	DDURD	UDU	**It happened in Monterey** Mabel Wayne 1930
*URDUU	DUDDD	UDD	**Glad to be unhappy** Richard Rodgers 1936
*URDUU	DURDU	RUD	**If you gotta go, go now** Bob Dylan
*URDUU	RDUDD	UUR	**Rio Rita** Harry Tierney 1926
*URDUU	RDUUR	DDU	**Last night on the back porch** Brown/Schraubstader 1923
*URDUU	RRURD	RUR	**Paper maché** Burt Bacharach 1969
*URDUU	UDDUR	DUR	**Señora** Owen Murphy 1922
*URDUU	UDURU	UDD	**Red wing** Kerry Mills 1907
*URRDD	DDDUU	RUD	**The Licolnshire poacher** traditional
*URRDD	DDRRD	UDU	**Can't buy me love** Lennon/McCartney 1964
*URRDD	DUDDD	UUD	**Ballet égyptien** 1m 2t, Luigini
*URRDD	DUDDU	UUD	**The fox jumped over the Parson's gate** folk song
*URRDD	RRRDR	RDD	**Remember me** (the girl in the wood) 1941
*URRDD	UDDUU	UDD	**The cheerful 'arn** similar to 'The fox jumped...'
*URRDD	UDRRU	RRD	**White Horse Inn** Ralph Benatzky 1931
*URRDD	UDUDR	UUD	**My kind of girl** Leslie Bricusse 1960
*URRDD	URUDU	UDD	**I'm Popeye the sailor man** Sammy Lerner
*URRDD	UUDRD	RRD	**Unless** T Evans 1934
*URRDD	UUUDD	DDU	**She wears red feathers** Bob Merrill
*URRDR	DRDUU	DUR	**The night they drove old Dixie down** 1969
*URRDR	RDRRD	RUR	**Penthouse serenade** Will Jason/Val Burton 1931
*URRDR	RUDUD	DUU	**Paddy McGinty's goat** 1917
*URRDR	URRUU	RRD	**He's going to marry Mary Ann** Jos Tabrar, music hall
*URRDU	RRDRR	UDD	**Got to get you into my life** Lennon/McCartney 1966
*URRDU	RRDUR	RDU	**Pretty little black-eyed Susie** Twomey/Wise/Weisman
*URRDU	RRDUR	RDU	**When day is done** Robert Katscher 1924 [1924
*URRDU	RRRDR	UDD	**Music goes 'round and around** Farley/Riley 1935
*URRDU	RRRRR	RRD	**I didn't know I loved you** Gary Glitter/Mike Lauder
*URRDU	RRURD	URD	**Till the real thing comes along** A Nichols 1931 [1972
*URRDU	RUDDD	UDD	**Bonnie Charlie's now awa'** (chorus) Neil Gow ca 1820
*URRDU	UDRDR	RDU	**For he's a jolly good fellow** origin uncertain
*URRDU	UUDDD	RRD	**Sweet Lorraine** Cliff Burwell 1928
*URRDU	UUDDD	URU	**The Golden Vanity** traditional English tune
*URRRD	DDUDD	URR	**Vive l'amour**
*URRRD	DRRDU	RRR	**Don't worry 'bout me** Koehler/Bloom
*URRRD	DUDRD	DUU	**A banda** (instrumental) C B De Hollanda 1966
*URRRD	DUUDU	RRR	**Rhymes** (verse) Leslie Sarony 1931
*URRRD	RRRDR	RDD	**It's foolish but it's fun** 1934, 1940
*URRRD	RRRRD	UUU	**Heigh-ho** (Snow White) (verse) Frank Churchill 1938
*URRRD	RRRUR	RRD	**The James Bond theme** Monty Norman 1962
*URRRD	RUDDU	DDU	**Music goes 'round and around** Farley/Riley 1935
*URRRD	URRRU	RRR	**Knees up Mother Brown** Weston/Lee 1939
*URRRD	UUDDU	RRR	**Little white cloud that cried** Johnnie Ray 1951
*URRRD	UUDRR	RRU	**Please sell no more drink to my father** C A White 1889

```
*URRRR  DDUDD  UDR   I've gotta get a message to you  B, R & M Gibb 1968
*URRRR  DDUDU  UUD   If I should plant a tiny seed of love  J W Tate 1908
*URRRR  DRRDD  DUU   A little co-operation from you  Lerner/Goodhart/Hoffman
*URRRR  DRRDR  RDR   The object of my affection  1935                    [1937
*URRRR  DUDDU  DUR   Everybody gets to go to the moon  Jimmy Webb 1969
*URRRR  DUDRU  DUU   Rainy days and Mondays  P Williams/R Nicholls 1970
*URRRR  DURRD  URR   That old black magic  Harold Arlen 1942
*URRRR  DURRR  UDR   The cooper o' Fife  Scottish traditional
*URRRR  RDRUR  DRD   You go to my head  J Fred Coots 1938
*URRRR  RDUDD  UDU   Jezebel  Wayne Shanklin 1951
*URRRR  RDUUD  UDD   The Comancheros  Tillman Franks 1961
*URRRR  RDUUR  RRR   There's something about a soldier  Noel Gay 1933
*URRRR  RRDDD  UUD   The sweetheart of Sigma Chi  F D Vernor 1912
*URRRR  RRDDR  DU    The laughing policeman
*URRRR  RRRRR  DDD   Macnamara's band  Shamus O'Connor 1917
*URRRR  RRRRR  RRR   Love me tonight  (Alla fine della strada) G Ruiz 1969
*URRRR  RRRUD  DRR   Chim Chim Cher-ee  (Mary Poppins) R M & R B Sherman
*URRRR  RRUUR  UDU   Falling in love with love  R Rodgers 1938           [1963
*URRRR  RURDD  UUD   Stars and stripes  march, Sousa
*URRRR  UDRDU  UUD   My very good friend, the milkman  H Spina 1935
*URRRR  UUDUD  RUD   The bird on Nellie's hat  Alfred Solman 1906
*URRRR  UURRR  R     The farmer in the dell  1883
*URRRU  DDDDD  RUR   Heart of oak  Dr William Boyce 1759
*URRRU  DDDRR  RUR   Bonnie Dundee  (chorus) traditional tune
*URRRU  DDDRR  UUD   Come to the fair  Easthope Martin 1917 (not a folk song)
*URRRU  DDDUR  UDD   MacArthur Park  Jim Webb 1968
*URRRU  DDDUU  RRD   The woodpecker's song  featured by Chico Marx
*URRRU  DDUUD  DUU   Shalom  (Milk and Honey) Jerry Herman 1961
*URRRU  DDUUR  UDR   Oh, promise me  Reginald DeKoven 1889
*URRRU  DRURR  RUD   These boots are made for walking  Lee Hazlewood 1965
*URRRU  DURRR  UDR   Cockles and mussels  (chorus) folk song
*URRRU  DUUUR  RRR   This is my lovely day  (Bless the Bride) V Ellis 1967
*URRRU  RDDDR  URR   Sgt Pepper's lonely hearts club band  Lennon/McCartney
*URRRU  UDDUR  RRU   The green cockatoo  Don Rellegro 1946                [1967
*URRRU  UDRRR  UUD   Burlington Bertie from Bow  W Hargreaves 1915
*URRRU  UDUDD  RDU   Revolution  Lennon/McCartney 1968
*URRRU  URRDD  DUU   The runaway train  Carson Robison 1925
*URRRU  UUUUR  DRR   I'll make a man of you  Herman Finck 1914
*URRUD  DDDUR  DDD   Sir Roger de Coverly  country dance
*URRUD  DDURU  RRU   (You can) never stop me loving you  Samwell/Slater 1963
*URRUD  DDUUU  DUR   Ramona  Mabel Wayne 1927
*URRUD  DURRU  DDD   On the crest of a wave  Ralph Reader 1934
*URRUD  DUUDR  UUU   Auld lang syne  melody evolved through 17th and 18th
*URRUD  DUURU  UDD   Sound the pibroch  (chorus)                [centuries
*URRUD  RDRRU  DDU   The foggy, foggy dew  folk song
*URRUD  RDURR  DDD   Galveston  Jim Webb 1968
*URRUD  RDURR  DRR   Puttin' on the style  arr Carden 1957
*URRUD  RDURU  DRD   Supercalifragilisticexpialidocious  R M & R B Sherman
*URRUD  RDUUR  DUR   All I do is dream of you  Nacio Herb Brown 1934  [1963
*URRUD  RRUDR  RDR   The spice of life  Kennedy/Carr 1937
*URRUD  UDDUR  RUD   Sloop John B  Brian Wilson 1966
*URRUD  URRDU  URR   Sometimes I'm happy  Vincent Youmans 1927
*URRUD  URRRR  RDD   Proud Mary  John Fogerty 1969
*URRUD  URRUD  URR   One moment alone  (Cat & the Fiddle) Jerome Kern 1931
*URRUD  URURD  RUR   He's dead but he won't lie down  Haines/Harper/Beres-
*URRUD  UURRU  DDU   Lipstick on your collar  Lewis/Goehring          [ford 1932
*URRUR  DRRDR  RUD   I won't tell a soul  R Parker/H Charles 1939
```

251

*URRUR	RRURR	UDR	**Uncle Ned** (chorus) Stephen Foster
*URRUR	RUDDD	RUR	**In a shanty in old Shanty Town** Little/Siras 1932
*URRUR	RUDRR	UDU	**Valse serenade** Eduard Poldini
*URRUR	RURRU	UDD	**Granada** Augustin Lara 1932
*URRUR	RUUUU	DDR	**Memories of you** Eubie Blake 1930
*URRUU	DDRRD	DRU	**Heat wave** Irving Berlin 1933
*URRUU	DRRDD	URR	**In a Persian market** 1t, Ketelbey
*URRUU	DURDD	RRR	**Chain gang** Quasha/Yakus 1955
*URRUU	DUURU	DRD	**The black hills of Dakota** Sammy Fain 1953
*URRUU	RRDUU	DUD	**Maryland, my Maryland** tune: O Tannenbaum
*URRUU	RRDUU	UDU	**O Tannenbaum** German song ca 1824
*URRUU	UDDDD	UDU	**A little bit off the top** Murray/Leigh, music hall
*URRUU	UDDUD	URR	**A taste of honey** Bobby Scott 1960
*URRUU	UUDUD	DDU	**Shenandoah** American sea shanty
*URRUU	UUDUU	DUD	**The dashing white sergeant** Scottish dance
*URRUU	UUDUU	UDD	**Rule Britannia** (verse) Dr Thomas Arne
*URUDD	DDDRR	RRU	**That same old feeling** Macaulay/MacLeod 1970
*URUDD	DDURR	RUD	**Widdicombe Fair** traditional West Country song
*URUDD	DUUDU	UUD	**The black monk** (Y mynach du)
*URUDD	DUUUR	UDD	**Summer song** a Dvořák theme arr 1956
*URUDD	RDUUD	D	**Flow gently sweet Afton** J E Spilman 1838
*URUDD	RUDDD	UDD	**The violin song** Paul A Rubens 1915
*URUDD	RUDDR	DUR	**Rosetta** Earl Hines/Henri Wood 1935
*URUDD	RUDDR	RRU	**The world is mine (tonight)** George Posford 1935
*URUDD	URDDD	DRU	**Amazing grace** traditional, popularised 1970
*URUDD	URDUR	UDD	**Danke schòn** Bert Kaempfert 1962
*URUDD	URRRU	RUD	**Of thee I sing** Gershwin 1931
*URUDD	UUDUD	DRU	**Luxembourg polka** Reisdorf
*URUDR	DUUDD	UDR	**Cherry ripe** Charles E Horn 1825 (see variant below)
*URUDR	RDRUD	RDR	**It's almost tomorrow** Gene Adkinson 1953
*URUDR	RUUDD	UDR	**Cherry ripe** Charles E Horn 1825 (see variant above)
*URUDU	DDDDU	UDU	**Deep night** Charlie Henderson 1929
*URUDU	DDDUR	UUU	**All by yourself in the moonlight 1928**
*URUDU	DUDRD	DUU	**I'll take you home again, Kathleen** T P Westendorf 1876
*URUDU	DUDUU	DDD	**Sympathy** Rudolf Friml 1912
*URUDU	RDURU	DDR	**The organ grinder's swing** Will Hudson 1936
*URUDU	RRUUD	DDR	**You're in the Army now** Dan L Howell 1942
*URUDU	RUDRU	DRD	**Oh happy day** Edwin R Hawkins 1969
*URUDU	RUURR	RUD	**Deep in the heart of Texas** Don Swander 1941
*URUDU	UUDDD	UUD	**Ye banks and braes** traditional Scottish
*URUDU	UUDUR	DUD	**I got plenty o' nuttin'** Gershwin 1935
*URURD	DUURD	UDD	**It's time to say goodnight** Henry Hall 1934
*URURD	RUDUD	URU	**Are you sure** Alison brothers 1961
*URURD	RURDR	URU	**I wonder where my baby is tonight** Donaldson/Kahn
*URURD	URRUR	UDU	**Strawberry Fair** traditional arranged 1959 [1925
*URURD	UUDUU	RUR	**Unforgettable** Irving Gordon 1951
*URURR	DRUDU	DDD	**I'll get you** Lennon/McCartney 1963
*URURR	URRDD	URU	**The last time** Mick Jagger/Keith Richard 1965
*URURU	DDUDD	DUR	**Games that lovers play** James Last 1966
*URURU	DRURD	DDD	**I heard it through the grapevine** Whitfield/Strong 1966
*URURU	RDDDD	UUR	**O no, John** folk song
*URURU	RRFDR	DRD	**Have a drink on me** Donegan/Buchanan 1936
*URURU	RURDR	DRD	**Slowpoke** Pee Wee King/Redd Stewart/Chilton Price
*URURU	RURDR	DRD	**Happy days are here again** Milton Ager 1929 [1951
*URURU	RURDR	DRD	**Love will find a way** (Maid of the Mountains) Fraser-
*URURU	RURUR	DRD	**The next time** Kaye/Springer 1962 [Simson 1917
*URURU	RUUDD	UDU	**Just a memory** DeSylva/Brown 1927

252

```
*URUUD  DDRRU  RDD   Sarie Marais  traditional folk song of South Africa
*URUUD  DURUU  DDD   O, the oak and the ash  Northumbrian folk song
*URUUD  DURUU  RRD   Woodbury, be kind to the loved ones at home  1847
*URUUD  RDDUR  UUD   Yankee Doodle  (Verse) traditional
*URUUD  RUUDD  DDU   You can't get a man with a gun  Irving Berlin 1946
*URUUD  UDUUD  URU   Everything's coming up roses  Jule Styne 1959
*URUUD  URUUD  URU   Just like a melody out of the sky  W Donaldson 1928
*URUUR  DDRDD  RRU   The bonnie banks o' Loch Lomon'  (chorus) folk song
*URUUR  RDDUU  DUU   England swings  Roger Miller 1965
*URUUR  UDRUD  DDR   How can ye gang lassie?  traditional Scottish tune
*URUUR  UURDD  UUD   Let Erin remember  1808
*URUUR  UURUU  RDD   The bells of St Mary's  A Emmett Adams 1917
*URUUU  DDUDD  D     Spirit of Liberty  march 3t, Sousa
*URUUU  DDUDD  UDU   Sing little birdie  Cordell/Butcher 1957
*URUUU  DRUUU  DDU   I passed by your window  May Brahe 1917
*URUUU  DUDDU  RRR   Casey Jones  Eddie Newton 1909
*UUDDD  DDDDD  DDD   Grotesque  Hans May (instrumental)
*UUDDD  DDDUD  DUD   The white dove  Lehar 1930
*UUDDD  DDDUD  DUU   I'll follow my secret heart  Noel Coward 1934
*UUDDD  DDDUD  UUD   There goes my heart  Abner Silver 1934
*UUDDD  DDDUD  UUU   The Virginian  Percy Faith 1962 (instrumental)
*UUDDD  DDRUD  DDU   Gwendoleen's repose  (Hun Gwenllian)
*UUDDD  DDUDD  DUD   You and I  Meredith Wilson 1941
*UUDDD  DDUDD  UDD   My love's in Germanie  Scottish folk tune
*UUDDD  DDUDD  UUD   By the fountains of Rome  Matyas Seiber 1956
*UUDDD  DDUDD  UUU   Little town in the ould County Down  Carlo/Sanders
*UUDDD  DDUDU  DD    Arrivederci Roma  R Rascel 1935              [1927
*UUDDD  DDUDU  UDD   Petite Tonkinoise  Vincent Scotto 1906
*UUDDD  DDUDU  UDU   Dancing with tears in my eyes  Joe Burke 1930
*UUDDD  DDUDU  UUU   Dear heart  Henry Mancini 1964
*UUDDD  DDURD  UDD   A shot in the dark  Henry Mancini 1964
*UUDDD  DDUUD  DDD   When the moon comes over the mountain  Harry Woods
*UUDDD  DDUUD  DUD   When the guards are on parade  H Nicholls 1931  [1931
*UUDDD  DDUUD  UUD   I'll be with you in appple blossom time  A Von Tilzer
*UUDDD  DDUUD  UUD   Vision of Salome  waltz, Archibald Joyce 1919 [1920
*UUDDD  DDUUR  RUD   I do like to be beside the sea-side  J A Glover-Kind
*UUDDD  DDUUU  DDD   What do we do on a dew-dew-dewy day?  Johnson/Tob-
*UUDDD  DDUUU  DUD   Waltz me round again, Willie  1906  [ias/Sherman 1927
*UUDDD  DDUUU  UDD   Imagine  Francis lai 1967
*UUDDD  DDUUU  UDD   I love the moon  Paul Rubens 1912
*UUDDD  DDUUU  UDU   Swingin' down the lane  Isham Jones 1923
*UUDDD  DRRUU  UDD   Edelweiss  Richard Rodgers 1959
*UUDDD  DRUDD  DUD   The world is a circle  Burt Bacharach 1972
*UUDDD  DUDDD  DUU   Love's roundabout  (La Ronde) Oscar Straus 1951
*UUDDD  DUDDD  UDD   I'll pray for you  King/Hill/Gilbert/Gay 1939
*UUDDD  DUDDD  UDD   The look of love  David/Bacharach 1967
*UUDDD  DUDDD  URU   There is no greater love  Isham Jones 1936
*UUDDD  DUDDD  UUD   Bedelia  Schwartz/Jerome 1946
*UUDDD  DUDDD  UUU   I'll remember April  Raye/de Paul/Johnston 1941
*UUDDD  DUDDU  DUU   Faery song  (The Immortal Hour) Rutland Boughton
*UUDDD  DUDDU  UDD   You're my world  Bindi/Sigman 1964
*UUDDD  DUDDU  UUD   La Violetera  (Violets) José Padilla 1918
*UUDDD  DUDRD  URU   Sigh no more ladies  R J S Stevens pre-1880
*UUDDD  DUDUD  URU   Mas que nada  Jorge Ben 1963
*UUDDD  DUDUU  DDU   She's a lassie from Lancashire  Murphy/Lipton/Neat
*UUDDD  DUUDD  DDU   Be my love  Nicholas Brodsky 1949              [1907
*UUDDD  DUUDD  DDU   Where the blue of the night meets the gold of the day
                                            [Turk/Crosby/Ahlert 1931
```

```
*UUDDD  DUUDD  DDU   Clinging vine  1962
*UUDDD  DUUDD  UDD   I shall get in such a row when Martha knows  music hall
*UUDDD  DUUDU  DDD   Bonnie Mary of Argyll  trad Scottish tune          [song
*UUDDD  DUUUD  DDD   I remember the cornfields  Harry Ralston 1948
*UUDDD  DUUUD  DDD   In a Persian market  3t, Ketelbey 1923 (instrumental)
*UUDDD  DUUUD  DDD   Suzanne  Paul Ganne (instrumental)
*UUDDD  DUUUD  DDD   Smile  (Modern Times) Charles Chaplin
*UUDDD  DUUUU  DDD   The gentle maiden  old Irish song
*UUDDD  DUUUU  DDD   The girl in the Alice blue gown  Ross Parker 1938
*UUDDD  DUUUU  DRU   Former BBC Panorama series theme  Robert Farnon
*UUDDD  RDURD  URD   Johnny get your gun  F Belasco 1886
*UUDDD  RRUUD  DDD   There'll always be an England  R Parker/H Charles 1939
*UUDDD  RUDRU  DUD   Smiles  F McGlennon
*UUDDD  RUDUD  URU   A felicidade  (Adieu tristesse) Antonio C Jobim 1959
*UUDDD  RUDUU  DDD   Tip of my tongue  Lennon/McCartney 1963
*UUDDD  RUUDD  DUU   America  Paul Simon 1968
*UUDDD  RUUDD  UDU   Serenade in the night  C A Bixio 1935
*UUDDD  RUUUD  DRU   The green leaves of summer  Tiomkin/Webster 1960
*UUDDD  RUUUD  DUD   I only have eyes for you  Harry Warren 1934
*UUDDD  UDDDD  UUU   High Schoool Cadets  march 3t, Sousa
*UUDDD  UDDDU  DDD   Hello little girl  Lennon/McCartney 1963
*UUDDD  UDDUD  DUU   Malagueña  from Suite Andalucia 3t, Lecuona
*UUDDD  UDDUU  DDD   You'd be so nice to come home to  Cole Porter 1943
*UUDDD  UDDUU  RUU   Anything you can do  (Annie get your gun) I Berlin 1927
*UUDDD  UDRDR  DRD   Eight by ten  Anderson/Haynes/Turner 1963
*UUDDD  UDRUU  UDD   Forget-me-not  A C Macbeth 1883
*UUDDD  UDUUU  DDD   Flanagan  C Murphy/W Letters 1892
*UUDDD  UDUUU  DDD   Softly, softly  P Dudan/M Paul 1955 (not BBC series)
*UUDDD  UDUUU  DDD   My prayer  based on Avant de mourir, G Boulanger 1939
*UUDDD  UDUUU  UDD   Tie me kangaroo down sport  Rolf Harris 1960
*UUDDD  URDUU  DDD   Sweet September  Bill McGuffie 1962
*UUDDD  URRRR  DDD   Gypsys, tramps and thieves  Bob Stone
*UUDDD  URURU  RUD   Nellie the elephant  Peter Hart 1956
*UUDDD  URUUU  DDD   I don't want to play in your yard  H W Petrie 1894
*UUDDD  URUUU  UDU   In the Chapel in the moonlight  Billy Hill
*UUDDD  UUDDD  DDR   Does your heart beat for me?  Johnson/Parish/Morgan
*UUDDD  UUDDD  RUU   Dawn, in your mystic beauty  (L'alba separá) Tost[1936
*UUDDD  UUDDD  UDD   Serenade  2t, Jonny Heykens
*UUDDD  UUDDD  UDU   There must be a way  Gallop/Saxon/Cook 1945
*UUDDD  UUDDU  DUU   When I fall in love  Victor Young 1952
*UUDDD  UUDDU  UUD   Semper fidelis  march 4t, Sousa
*UUDDD  UUDDU  UUU   All alone  Irving Berlin 1924
*UUDDD  UUDRU  UDD   Gypsy airs  Sarasate
*UUDDD  UURRD  DUU   These foolish things  Jack Strachey 1931
*UUDDD  UUUDD  DDU   The other man's grass is always greener  Hatch/Trent
*UUDDD  UUUDD  DDU   He'd have to get under - get out and get under     [1967
                       Abrahams 1913
*UUDDD  UUUDD  DUR   You've made me so very happy  Gordon & others 1967
*UUDDD  UUUDD  RUR   Oh! Dem golden slippers  James Bland 1879
*UUDDD  UUUDD  UDU   Yeh yeh  Grant/Patrick/Hendrick 1963
*UUDDD  UUUDD  UUD   On a clear day  Burton Lane 1965
*UUDDD  UUUDU  DDD   Because I love you  Irving Berlin 1926
*UUDDD  UUUDU  DUD   Quando, quando, quando  Tony Renis 1962
*UUDDD  UUUDU  UDD   Amoureuse waltz  Rodolphe Berger 1900
*UUDDD  UUURU  UDD   I'm going to see you today  Richard Addinsell 1942
*UUDDD  UUUUD  DDD   I love a lassie  Harry Lauder/Gerald Grafton 1906
*UUDDD  UUUUD  UUU   Patiently smiling  Franz Lehar 1931
```

```
*UUDDD  UUUUR  UUU   On the good ship 'Yacki Hicki Doo La'  Billy Merson 1919
*UUDDD  UUUUU  DUD   The dam busters  march 1t, Eric Coates
*UUDDD  UUUUU  DUD   For you  Joe Burke 1930
*UUDDR  DDDUD  DDD   In the blue of the evening  A A d'Artega 1942
*UUDDR  DRRUD  UDR   A tree in the meadow  Billy Reid 1948
*UUDDR  DUDDU  UDD   Let us be sweethearts all over again  Joseph Gilbert
*UUDDR  RRUDU  UDD   Money is the root of all evil  1945                    [1937
*UUDDR  RURRD  RRR   Roll me over  Desmond O'Connor 1944
*UUDDR  RUURR  UDR   In the ghetto  Scott Davis 1969
*UUDDR  RUUUU  DDR   When I'm not near the girl I love  Burton Lane 1946
*UUDDR  UDRRU  URR   Arkansas traveller  1851
*UUDDR  URUDD  RUR   A bushel and a peck  Frank Loesser 1950
*UUDDR  URUDU  UUD   I look at heaven
*UUDDR  UUDDD  DDU   She's ma daisy  Harry Lauder 1905
*UUDDR  UUDDD  DDU   Sweet William  Buddy Kaye/Philip Springer 1964
*UUDDR  UUUDD  UUR   The yeomen of England  Edward German
*UUDDR  UUUDU  D     Hootchy Kootchy dance  (The streets of Cairo) Thornton
*UUDDR  UUUDU  DDU   Masquerade  John J Loeb 1932                          [1893
*UUDDR  UUUUD  DDU   Lily of Laguna  Leslie Stuart 1898 music hall
*UUDDU  DDDUR  DDD   June night  Abel Baer 1924
*UUDDU  DDDUU  DDR   Colditz march  Robert Farnon
*UUDDU  DDDUU  UDD   The magnificent seven  E Bernstein
*UUDDU  DDDUU  UUD   But oh! Flo!  (chorus of 'And her golden hair...') 1894
*UUDDU  DDRUD  DUD   I wonder who's kissing her now  J E Howard 1909
*UUDDU  DDUDD  DUU   Mood indigo  (chorus) Duke Ellington/Mills/Bigard 1931
*UUDDU  DDUDD  UDU   Alone  (Night at the opera) Nacio H Brown 1935
*UUDDU  DDUDD  UUU   All alone am I  M Hadjidakis 1959
*UUDDU  DDUDU  UDD   Drifting and dreaming  Alstyne/Schmidt/Curtis 1925
*UUDDU  DDUDU  UUD   The auld hoose
*UUDDU  DDUUD  DDD   In the shadows  H Finck 1910 (instrumental)
*UUDDU  DDUUR  RRD   The Spaniard that blighted my life  Billy Merson 1911
*UUDDU  DDUUU  UDD   The one rose  Del Lyon/Lani McIntyre 1936
*UUDDU  DRDUU  DUU   Dedicated to the one I love  Pauling/Bass 1957
*UUDDU  DRRDU  DDU   Jean  (Prime of Miss Jean Brodie) McKuen 1970
*UUDDU  DRRDU  UDD   You belong to me  King/Stewart/Price 1952
*UUDDU  DUDDU  DRU   Love theme from 'The Godfather'  1972
*UUDDU  DUDDU  DUD   Reveille  bugle call, 1836
*UUDDU  DUDRU  DDU   There was a time  (Que reste-t-il) Charles Trenet 1942
*UUDDU  DUDUR  UDU   September in the rain  Harry Warren 1937
*UUDDU  DURDD  DRU   Yellow submarine  (verse) Lennon/McCartney 1966
*UUDDU  DURUD  RDD   Help me make it through the night  K Kristofferson, 1970
*UUDDU  DUUDD  RDR   Bonnie Charlie's now awa'
*UUDDU  DUUUD  UDD   A wonderful day like today  Bricusse/Newley
*UUDDU  DUUUD  DDU   Two little girls in blue  Charles Graham 1893
*UUDDU  DUUUD  DUD   The tickle toe  Louis A Hirsch 1917
*UUDDU  DUUUD  DUU   On a slow boat to China  Frank Loesser 1948
*UUDDU  DUUUU  DDD   The Pallisers  TV series theme, Herbert Chappell 1973
*UUDDU  DUUUU  DDU   Jealousy  (Jalousie) Jacob Gade 1942
*UUDDU  RDUUU  DDU   From me to you  Lennon/McCartney 1963
*UUDDU  RDUUU  DDU   My foolish heart  Victor Young 1949
*UUDDU  RURUR  DUU   Goodnight Vienna  George Posford 1932
*UUDDU  RUUDD  URU   Almost like being in love  F Loewe 1947
*UUDDU  RUURD  UDD   The streets of Laredo  Jay Livingston/Ray Evans 1949
*UUDDU  UDDDD  DUU   Tenderly  Walter Gross 1956
*UUDDU  UDDDD  UUR   The whole world is singing my song  Mizzy 1946
*UUDDU  UDDDR  DRD   Serenade  1t, R Drigo (instrumental)
*UUDDU  UDDDU  UUD   You're in love with everyone
```

*UUDDU	UDDDU	UUU	**Papillons d'amour** Edouard Schütt 1900
*UUDDU	UDDUD	DDU	**The Maigret theme** (TV series) Ron Grainer 1960
*UUDDU	UDDUD	DUU	**There's a lovely lake in London** Butler et al 1935
*UUDDU	UDDUD	RDD	**The Kerry dance** James Lyman Molloy 1875
*UUDDU	UDDUD	UUD	**Brokenhearted** DeSylva/Brown/Henderson 1927
*UUDDU	UDDUU	DDU	**Pathfinders March** Malcolm Lockyer 1972
*UUDDU	UDDUU	DDU	**Valse in E♭** A Durand
*UUDDU	UDDUU	DDU	**A good man is hard to find** Eddie Green 1918
*UUDDU	UDDUU	DRR	**A certain smile** Sammy Fain 1958
*UUDDU	UDDUU	DUU	**Cry** Churchill Kohlman 1951
*UUDDU	UDDUU	DUU	**When you've got a little springtime** Harry Woods
*UUDDU	UDDUU	UDD	**The worms crawl in** (The hearse song)
*UUDDU	UDDUU	UDD	**Till the clouds roll by** Jerome Kern 1917
*UUDDU	UDDUU	UDU	**This land is mine** (Exodus theme) 1960
*UUDDU	UDDUU	UUU	**Come prima** (for the first time) Taccani/di Paola 1957
*UUDDU	UDRDU	UDR	**Me and my girl** Noel Gay 1937
*UUDDU	UDRUR	DRD	**Because they're young** Don Costa 1959
*UUDDU	UDRUU	URD	**Hot lips** Busse/Lange/Davis 1921
*UUDDU	UDUDD	DDU	**Proud Maisie** (words: Sir W Scott) Malcolm Lawson
*UUDDU	UDUDD	DUU	**As I gaed down Glenmoriston**
*UUDDU	UDUDD	UUU	**Theme from 'A summer place'** Max Steiner 1959
*UUDDU	UDUDD	UUU	**I give thanks for you** Peter Young 1943
*UUDDU	UDUDU	DDD	**Cabin in the sky** 'Vernon Duke' 1940
*UUDDU	UDUDU	UDD	**The swingin' shepherd blues** Moe Kossman 1958
*UUDDU	UDUDU	URD	**I got it bad and that ain't good** Duke Ellington 1941
*UUDDU	URRUU	DDU	**Wouldn't it be loverly** (My Fair Lady) F Loewe 1956
*UUDDU	UUDDD	DUD	**The harp that once thro' Tara's halls** Irish tune
*UUDDU	UUDDD	UUU	**Coronation Scot** Vivian Ellis 1948 (Paul Temple sig
*UUDDU	UUDDU	DDD	**Say it with music** Irving Berlin 1921 [tune]
*UUDDU	UUDDU	UUD	**The Argentines, the Portuguese, and the Greeks** 1920
*UUDDU	UUDDU	UUD	**Waiting at the church** Henry E Pether 1906
*UUDDU	UUDUD	DRU	**The roast beef of old England** A Leveridge (1670 - 1750)
*UUDDU	UUDUD	UDD	**At Trinity Church I met my doom** Fred Gilbert 1894
*UUDDU	UUDUU	DDU	**The summer knows** Michel Legrand 1971
*UUDDU	UUDUU	DUD	**The world outside** (Warsaw Concerto theme) Richard
*UUDDU	UURDU	UDD	**Shanghai Lil** Harry Warren 1933 [Addinsell 1942
*UUDDU	UURRR	RUU	**That mysterious rag** Irving Berlin/Ted Snyder 1911
*UUDDU	UUUDD	DDU	**A man's a man for a' that**
*UUDDU	UUUDD	UDD	**Eleanor Rigby** Lennon/McCartney 1966
*UUDDU	UUUDU	UDD	**Horse feathers** Philip Green (instrumental)
*UUDDU	UUUDU	UDD	**In a Chinese temple garden** 2t, Ketelbey
*UUDDU	UUUDU	UDD	**Shangri-la** Matt Malneck/Robert Maxwell 1946
*UUDDU	UUUUD	DRU	**There are fairies at the bottom of our garden** Liza Lehmann 1917
*UUDRD	DRDDR	UUD	**I left my heart at the stage door canteen** I Berlin
*UUDRD	DUUDR	DDU	**Keep the home fires burning** Novello 1914 [1942
*UUDRD	UDRUU	UDR	**Put a little love in your heart** Holiday/Myers/de
*UUDRD	UDUDD	UUU	**Ja-da** Bob Carleton 1918 [Shannon 1969
*UUDRD	UDUUD	RDU	**The Valeta** (round dance) 1900
*UUDRD	URDUD	UUU	**As tears go by** 1964
*UUDRD	UUDDU	RUD	**Puppy love** Paul Anka 1959,1972
*UUDRD	UUDRD	UDU	**Till the end of time** based on Chopin's A♭ polonaise
*UUDRD	UUDRR	URD	**Dark eyes** (Black eyes) arranged 1945
*UUDRD	UUDRR	UUD	**If winter comes** M Gideon 1922
*UUDRD	UUUDD	UDR	**Georgy girl** 1966
*UUDRD	UUURU	DDR	**Wi' a hundred pipers an a'**
*UUDRR	DRUUD	RDR	**September song** Kurt Weill 1938

*UUDRR	RRDUU	DRR	**Something's gotta give** Johnny Mercer 1954
*UUDRR	UDRRU	UDD	**The road to the Isles** 2t
*UUDRU	DRURU	DDD	**The pipes of Pan are calling** L Monckton 1905
*UUDRU	DURDD	UUD	**Love is here to stay** Gershwin 1938
*UUDRU	DUURU	RDD	**Wi' a hundred pipers an a'** traditional Scottish
*UUDRU	UDDUU	UDD	**Le Régiment de Sambre-et-Meuse** Turlet
*UUDRU	UDUUU	DUU	**Frère Jacques** traditional French round
*UUDRU	URUDD	DDU	**Outward bound** Tom Paxton 1964
*UUDRU	UURUU	DDU	**He'll have to go** J & A Allison 1959
*UUDRU	UUUUD	DUU	**Foot tapper** (Summer Holiday) Marvin/Welch 1963
*UUDUD	DDDUU	UDU	**Little grey home in the West** Hermann Lohr 1911
*UUDUD	DDUDD	DDU	**Siboney** (chorus) Ernesto Lecuóna 1929
*UUDUD	DDUDD	DUD	**The gipsy's warning**
*UUDUD	DDUDD	DUR	**Pretty flamingo** Mark Barkan 1966
*UUDUD	DDUDD	DUU	**Primrose Hill** Chester/Lynton/Morris 1946
*UUDUD	DDUDD	RUU	**The little boy that Santa Claus forgot** Carr/Connor/
*UUDUD	DDUDD	UDU	**Sleeps the noon** Hebridean song [Leach 1937
*UUDUD	DDUUU	DDU	**She was poor but she was honest** Victorian song
*UUDUD	DUDDD	RUR	**Midnight in Moscow** arranged Kenny Ball 1961
*UUDUD	DUDDD	UDD	**Fare thee well, Annabelle** Allie Wrubel 1928
*UUDUD	DUDDU	UDU	**From Russia with love** Lionel Bart 1963
*UUDUD	DUDUD	DDU	**Rose of Washington Square** James F Hanley 1920
*UUDUD	DUDUD	UUD	**Teddy bears' picnic** J W Bratton 1933
*UUDUD	DUDUD	UUD	**I'll be home** Washington/Lewis 1956
*UUDUD	DUDUU	UUD	**Is it true what they say about Dixie?** Caesar/S Lerner/
*UUDUD	DURDU	DUU	**Brown eyes why are you blue?** Meyer 1925 [Marks 1936
*UUDUD	DUUDD	UDU	**Will you remember?** (sweetheart) S Romberg 1917
*UUDUD	DUUDU		**In the still of the night** Cole Porter 1937
*UUDUD	DUUDU	DDU	**The umbrella man** Vincent Rose/Larry Stock 1938
*UUDUD	DUUDU	DDU	**Dragnet theme** ('Danger ahead') 1953
*UUDUD	DUUDU	DDU	**Are you lonesome tonight?** Turk/Handman 1926
*UUDUD	DUUDU	DDU	**Roses for remembrance**
*UUDUD	DUUDU	DDU	**My funny Valentine** Richard Rodgers 1937
*UUDUD	DUUDU	DUD	**Non dimenticar** (Don't forget) P G Redi 1952
*UUDUD	DUUDU	DUR	**Song of the vagabonds** Rudolf Friml 1925
*UUDUD	DUUDU	UDU	**Eternally** (Theme from 'Limelight') Charles Chaplin 1953
*UUDUD	DUURD	UUU	**If I thought you'd ever** John Cameron 1969
*UUDUD	UDDDD	DDU	**Spanish flea** Julius Wechter (instrumental)
*UUDUD	UDRUU	RDD	**The Seine** Lafarge 1948
*UUDUD	UDUDD	DRU	**Sweet Georgia Brown** Bernie/Pinkard/Casey 1925
*UUDUD	UDUDD	DUU	**Rosita**
*UUDUD	UDUDU	DRR	**On the banks of the Wabash** Paul Dresser 1897
*UUDUD	UDUDU	UDD	**The Sheik of Araby** Ted Snyder 1921
*UUDUD	UDUUD	UDU	**Always true to you in my fashion** Cole Porter
*UUDUD	UDUUD	UDU	**Harry Lime theme** Anton Karas 1949
*UUDUD	UDUUR	DDU	**Do-re-mi** (Sound of Music) Richard Rodgers 1959
*UUDUD	UUDDD	DDU	**When the lights go on again** Seiler & others 1942
*UUDUD	UUDDD	RUU	**Where is your heart** (Moulin Rouge) Georges Auric 1953
*UUDUD	UUDDR	UUD	**Goin' out of my head** Randazzo/Weinstein 1965
*UUDUD	UUDUD	UUD	**The man from Uncle theme** J Goldsmith
*UUDUD	UUDUU	DUD	**Jeannine, I dream of lilac time** N Shilkret 1928
*UUDUD	UUDUU	RRD	**It could happen to you** James van Heusen 1944
*UUDUD	UUDUU	UUD	**Satisfaction** Mick Jagger/Keith Richard 1965
*UUDUD	UURUD	UUD	**Autumn leaves** Joseph Kosma 1950
*UUDUD	UUUDR	DUD	**Moonlight Bay** Percy Wenrich 1912
*UUDUD	UUUDU	UDU	**Valse serenade** Stanford Robinson
*UUDUD	UUUUD	DUU	**Take me back to New York town** H Von Tilzer 1907

*UUDUR	DDUUR	DDU	**Needles and pins** Nitzschie/Bono 1963
*UUDUR	DUDUD	UDU	**She's funny that way** Neil Moret 1928
*UUDUR	DUUDU	RUD	**She's a carioca** Antonio C Jobim 1965
*UUDUR	DUURD	URD	**Mister Sandman** Pat Ballard 1954
*UUDUR	RDDUR	DDD	**I love you love me love** Gary Glitter/Mike Leander 1973
*UUDUR	UDDDD	UUU	**Moanin' low** Ralph Rainger 1929
*UUDUR	UDUDU	DUD	**Picador** H Nicholls 1926
*UUDUR	URDDD	UDR	**If I had a hammer** Lee Hays/Pete Seeger 1958
*UUDUR	UUUUU	DDU	**My resistance is low** Hoagy Carmichael 1951
*UUDUU	DDDDU		**And her golden hair was hanging down her back** McGlennon
*UUDUU	DDDDU	DDU	**The World Cup march** Moorhouse/Mansfield 1966
*UUDUU	DDDDU	UDU	**Confidentially** Reg Dixon 1949
*UUDUU	DDDDU	UUU	**London Pride** Noel Coward 1941
*UUDUU	DDDUD	DDU	**Only you** Buck Ram/Ande Rand 1954
*UUDUU	DDDUD	UUD	**Autumn love** Paul Lewis (instrumental)
*UUDUU	DDDUD	UUU	**Poème** Fibich (arr 1933 as 'My moonlight Madonna')
*UUDUU	DDDUU	DUD	**Jungle dreams**
*UUDUU	DDDUU	DUU	**Hair of gold, eyes of blue** Sunny Skylar 1948
*UUDUU	DDDUU	DUU	**Malagueña** 1t, from Lecuona's Suite Andalucia for piano
*UUDUU	DDRUU	UDD	**For your love** Ed Townsend 1958
*UUDUU	DDUDD	UDU	**My devotion** Roc Hillman/Johnny Napton 1942
*UUDUU	DDURD	RDR	**La Cumparsita** 2t, tango
*UUDUU	DDUUD	DUR	**Michael - row the boat ashore** traditional arr 1958
*UUDUU	DRDDU	DDD	**Manhattan Beach** march 2t, Sousa
*UUDUU	DRRUD	RRU	**Horsey keep your tail up** 1923 (Oh! Horsey...)
*UUDUU	DUDDD	UUD	**Stormy weather** Harold Arlen 1933
*UUDUU	DUDUD	DDU	**In an 18th century drawing room** Mozart theme arr 1939
*UUDUU	DUDUD	UDU	**Will o' the wisp** Dudley Glass (instrumental)
*UUDUU	DURRR	UDD	**Bless 'em all** Hughes/Lake 1940 (army song)
*UUDUU	DUUDD	DDU	**A kiss in the dark** Victor Herbert 1922
*UUDUU	DUUDD	UUD	**A Stein song** Bullard 1898
*UUDUU	DUUDD	UUD	**Coal-black Mammy** Ivy St Helier 1921
*UUDUU	DUUDR	UUD	**Limehouse blues** Philip Braham 1924
*UUDUU	DUUDU	DDD	**Till there was you** Meredith Willson 1950
*UUDUU	DUUDU	DDD	**The de'il amang the tailors** Scottish eightsome reel
*UUDUU	DUUDU	DDD	**La-di-da-di-da** Noel Gay 1933
*UUDUU	DUUDU	DDR	**Everything's in rhythm** Sigler/Goodhart/Hoffman 1935
*UUDUU	DUUDU	RUD	**In the mood** Joe Garland 1939
*UUDUU	DUUDU	UDD	**Young at heart** Johnny Richards 1954
*UUDUU	DUUDU	UDU	**Perdido** (lost) Juan Tizol 1942
*UUDUU	DUUDU	UDU	**When the sergeant major's on parade** Ernest Longstaffe
*UUDUU	DUUDU	UDU	**L'accordeoniste** M Emer [1926
*UUDUU	DUUDU	UDU	**Blues in the night** Harold Arlen 1941
*UUDUU	DUUDU	UDU	**By the beautiful sea** Harry Carroll 1914
*UUDUU	DUUDU	UUU	**Love's been good to me** Rod McKuen 1963
*UUDUU	DUURR	DUD	**Martha my dear** Lennon/McCartney 1968
*UUDUU	DUURR	UDD	**Little child** Lennon/McCartney 1963
*UUDUU	DUUUD	DDD	**Chanson** (The donkey serenade) (instrumental) R Friml
*UUDUU	DUUUD	DDU	**Obladi, oblada** Lennon/McCartney 1968 [1920
*UUDUU	DUUUD	RDR	**Hunt theme** (Tantivy!)
*UUDUU	DUUUD	RUD	**Love's old sweet song** (Just a song at twilight) Molloy
*UUDUU	DUUUD	UDD	**Spartacus theme** Khachaturian (TV 'Onedin Line') [1884
*UUDUU	DUUUD	UUD	**Load of hay** Feahy/Barnes 1950
*UUDUU	DUUUU	DUD	**Am I blue?** Harry Akst 1929
*UUDUU	DUUUU	UDD	**Deep purple** Peter de Rose 1934
*UUDUU	DUUUU	UDU	**Blame it on my youth** Oscar Levant 1934

```
*UUDUU  RDDDD  UDD    Rhythm of life  Cy Coleman 1968
*UUDUU  RDUDD  UDD    What a diff'rence a day made  Maria Grever 1934
*UUDUU  RDUUR  DUU    Joanna  Tony Hatch/Jackie Trent 1968
*UUDUU  UDDDD  DUD    Five minutes more  Jule Styne 1946
*UUDUU  UDDDD  DUR    Lovely Rita  Lennon/McCartney 1967
*UUDUU  UDDDD  UUU    Istanbul  Nat Simon 1953
*UUDUU  UDDDU  UUD    Keep on running  1965
*UUDUU  UDDRD  UUU    I left my heart in San Francisco  George Cory 1954
*UUDUU  UDDUD  UDD    In my life  Lennon/McCartney 1965
*UUDUU  UDDUR  RUU    Holy cow  A Toussaint 1966
*UUDUU  UDRDU  UDU    I'm beginning to see the light  James/Ellington/Hodges/
*UUDUU  UDRRU  UUD    Embraceable you  Gershwin 1930                    [George
*UUDUU  UDUDR  DDR    Tammy  Jay Livingston/Ray Evans 1956
*UUDUU  UDURU  UDU    The touch of your lips  Ray Noble 1936
*UUDUU  UDUUD  DDU    Rainbow on the river  Louis Alter 1936
*UUDUU  UDUUU  URD    Maria  (West Side Story) Leonard Bernstein 1957
*UUDUU  UDUUU  DUD    We'll all go riding on a rainbow  Harry Woods
*UUDUU  UDUUU  UDU    If ever I would leave you  F Loewe 1960
*UUDUU  URUDD  UDD    Sing a rainbow  Arthur Hamilton 1955
*UUDUU  UUDDU  DDU    Zigeuner  Noel Coward 1929
*UUDUU  UUUDD  UDR    Dreamsville  Henry Mancini 1959
*UUDUU  UUUDU  DDD    Dreaming  Archibald Joyce 1912 (instrumental)
*UUDUU  UUURD  DDD    My romance  Richard Rodgers 1935
*UURDD  DDRUU  RDR    A song of joy  Beethoven arr by O & W De los Rios 1970
*UURDD  DDUUR  DDD    But beautiful  James van Heusen 1947
*UURDD  DDUUU  DDU    Amo, amas, I love a lass  (chorus: Rorum, corum...)
*UURDD  DRRUU  D      The ballad of Davy Crockett  (chorus) G Bruns 1955
*UURDD  DURRD  DDU    The white cliffs of Dover  Walter Kent 1941
*UURDD  DUURD  DDU    She loves you  (intro) Lennon/McCartney 1963
*UURDD  DUURR  RDD    With a little help from my friends  Lennon/McCartney
*UURDD  RUURD  DDU    Dengozo  (Maxixe) E Nazareth                      [1967
*UURDD  RUUUU  DDU    The Wombles of Wimbledon  1974
*UURDD  UDDUD  UUR    The Red River Valley  traditional arr 1945
*UURDD  URDDD  UDU    What the world needs now is love  Burt Bacharach 1965
*UURDD  URDDU  DDD    As I walked out  folk song arr Vaughan Williams
*UURDD  URDRU  RRU    Hare Krishna Mantra  traditional arr 1969
*UURDD  UUDDU  URD    Little things mean a lot  Edith Lindeman/Carl Stutz 1954
*UURDD  UUDDU  UUR    Alouette  Canadian folk song of French origin
*UURDD  UURDD  RRD    If you knew Susie like I know Susie  DeSylva 1925
*UURDD  UURDD  UUR    Can't buy me love  Lennon/McCartney 1964
*UURDD  UUUUD  DDU    When my dream boat comes home  Friend/Franklin 1936
*UURDD  UUUUR  DDD    Just a wee deoch an doris  Lauder/Cunliffe/Grafton 1911
*UURDR  URDRU  RRR    Mississippi mud  Harry Barris 1927
*UURDR  UURDR  UUR    Polly-wolly-doodle  traditional American
*UURDR  UURDU  UDR    Let there be love  Lionel Rand 1940
*UURDU  DDDDU  UDU    If I knew you were comin' I'd 'ave baked a cake
                         Hoffman/Merrill/Watts 1950
*UURDU  DDUDD  DUD    You can't chop your Poppa up in Massachusetts  Michael
*UURDU  DDUDD  UDR    The odd couple  Neal Hefti 19868              [Brown 1952
*UURDU  DDUUU  UDU    Love's garden of roses  Haydn Wood 1914
*UURDU  DRDRD  DUU    Green green grass of home  Curly Patman 1965
*UURDU  DRDUD  RRU    Walk like a man  Bob Crewe/Bob Gaudio 1962
*UURDU  DRDUU  RDU    They call the wind Maria  Frederick Loewe 1951
*UURDU  RDDUU  RDU    I love you truly  Carrie Jacobs-Bond 1906
*UURDU  RDURU  DDU    Put your hand in the hand  Gene Maclellan 1971
*UURDU  RRDUR  DUU    There's nae luck about the house  (chorus)
*UURDU  UDDUU  DDU    Will you love me in December as you do in May?  Ball
                                                                    [1905
```

```
*UURDU  UDRUU  DUU    Close to you  (they long to be) Bacharach 1963
*UURDU  UDUUR  DUD    Mr Wonderful  Bock/Holofcener/Weiss 1956
*UURDU  UDUUR  DUD    I got the sun in the morning  Irving Berlin
*UURDU  UDUUR  RDD    Let's hang on  Crewe/Linzer/Randell 1965
*UURDU  URDUR  RDD    When you're smiling  Fisher/Goodwin/Shay 1928
*UURDU  URDUU  DUD    By the fireside  Ray Noble 1932
*UURDU  URDUU  RDU    Mack the Knife  (Threepenny Opera) Kurt Weill 1928
*UURDU  URDUU  RUD    Our language of love  Marguerite Monnot 1956
*UURDU  URDUU  UDD    More than you know  Vincent Youmans 1929
*UURDU  URRDD  DUU    Sweet Caroline  Neil Diamond 1969
*UURDU  URUDD  UDD    Skater's waltz song  Waldteufel arr Colville 1944
*UURDU  UURDU  UUR    Mona Lisa  (Bow Bells) H Sullivan 1931
*UURDU  UURUU  DUU    Sweet Adeline  (In the evening...) Harry Armstrong 1903
*UURRD  DDDUD  DUU    I'll never find another you  T Springfield 1964
*UURRD  DDDUU  DDU    In the quartermaster's stores  Box/Cox/Read 1940
*UURRD  DUDDD  DUD    Just a cottage small - by a waterfall  J F Hanley 1925
*UURRD  DUDDU  RUU    In the summertime  Ray Dorset 1970
*UURRD  DUDRU  DDD    White Cockade  American folk dance
*UURRD  DURDU  URU    Jogging along the highway  Harold Samuel 1917
*UURRD  DURRD  DUD    When the red, red robin comes bob, bob, bobbin' along
*UURRD  DUUDU  URR    Sleep, my baby, sleep  1935          [Harry Woods 1926
*UURRD  RDDUU  RUD    When it's springtime in the Rockies  R Sauer 1929
*UURRD  RDURU  URR    Without you  Ham/Evans 1970
*UURRD  UDDDU  RUR    I was standing at the corner of the street  Formby/Hunt
*UURRD  URDUR  DDU    By the time I get to Phoenix  Jim Webb 1966          [1910
*UURRD  URDUR  RUD    One alone  (Desert Song) S Romberg 1926
*UURRD  URRRD  URR    I saw her standing there  Lennon/McCartney 1963
*UURRD  UURRU  DUD    Sweet Sue - just you  Victor Young 1928
*UURUD  UURUD  DUU    The rowan tree
*UURRR  DDDDR  RUR    Nothing rhymed  Ray O'Sullivan 1970
*UURRR  DDDUU  DUU    Malagueña  2t, from Lecuona's Suite Andalucia for piano
*UURRR  DDDUU  RUU    She'll be comin' round the mountain
*UURRR  DUDRU  URR    Here's a health unto His Majesty
*UURRR  DUDUU  RRU    The cottage well thatch'd with straw  (chorus)
*UURRR  DUUDD  DDD    The dear little Shamrock  W Jackson
*UURRR  DUUDU  RRR    La cinquantaine  (Golden Wedding) Gabriel-Marie 1887
*UURRR  DUURR  RDU    From the top of your head to the tip of your toes  Revel
*UURRR  RDDDU  UDR    There's a gold mine in the sky  C & N Kenny 1937[1935
*UURRR  RDDRU  URR    Alone again  (naturally) Raymond O'Sullivan 1972
*UURRR  RDDUD  UUD    When the midnight choo-choo leaves for Alabam'  Berlin
*UURRR  RDUDR  DUD    Come what may  (Après toi) Panas/Munro 1972
*UURRR  RDURU  RUD    See me dance the polka  George Grossmith
*UURRR  RDUUU  DDD    Un banc, un arbre, un rue  Jean-Pierre Bourtayre 1971
*UURRR  RRDDD  UUD    Wish you were here  Harold Rome 1952
*UURRR  RRDDU  DDU    Galway Bay  Dr Arthur Colahan
*UURRR  RRRDD  URR    The man that broke the bank at Monte Carlo  F Gilbert
*UURRR  RRRRD  DRR    The Battle of New Orleans  J Driftwood 1957          [1892
*UURRR  RRRRR  DDD    Miss Otis regrets  Cole Porter
*UURRR  RRRRR  RRU    Save the last dance for me  Pomus/Shuman 1960
*UURRR  RRUDD  DRU    There's a long long trail  Zo Elliott 1913
*UURRR  RRURD  DDU    Early in the morning  Leander/Seago 1969
*UURRR  RUDDU  DDU    Did you ever see a dream walking?  Harry Revel 1933
*UURRR  RUDDU  URD    The Marines' Hymn  or From the hills of Montezuma,
                           adapted from a melody by Offenbach
*UURRR  RUDUU  RRR    Shuffle off to Buffalo  Harry Warren 1932
*UURRR  RURDR  DRR    The wearing of the Green
*UURRR  RURRR  URR    United we stand  Tony Hillier/Peter Simons 1970
```

```
*UURRR  RUURR  RDD   Another little drink  Nat D Ayer 1916
*UURRR  UDDDR  DUD   Girl  Lennon/McCartney 1965
*UURRR  UDDUU  RRR   Everything stops for tea  Sigler/Goodhart/Hoffman
*UURRR  UDRDR  RRR   Darling Nellie Gray  Hanby 1856
*UURRR  UDRUD  RUU   In an old fashioned town  Squire
*UURRR  URRDR  DUU   Morning of my life  Barry Alan Gibb 1966
*UURRR  UUDDD  DRR   Andalusia  Henriques Gomez 1935
*UURRU  DDDDR  UUD   THere's a kind of hush  Reed/Stephens 1967
*UURRU  DDDDU  UDU   Smilin' through  Arthur A Penn 1915
*UURRU  DDDR         Do I love you?  Cole Porter 1939
*UURRU  DDRRU  DDD   The mistletoe  (Cnot y coed) traditional Welsh
*UURRU  DDRRU  DDR   Have I told you lately?  Harold Rome 1962
*UURRU  DDUUR  RUU   Twilight on the trail  Louis Alter 1935
*UURRU  DRRUD  DDD   Let him go, let him tarry  folk song
*UURRU  DRUDR  RRU   Falling in love again  F Hollander 1931
*UURRU  RDRRU  DRR   Blue suede shoes  C L Perkins 1956
*UURRU  RDURD  DDR   Solitude  Duke Ellington 1934
*UURRU  RRDUR  DUD   Sitting in the back seat  Lee Pockriss 1959
*UURRU  UDUUR  UDD   Choristers' waltz/1  Phelps
*UURRU  URUDD  RDU   Na na hey hey kiss him goodbye  DeCarlo/Frashauer/
*UURRU  UUDDD  URD   The leather bottel  traditional            [Leka 1969
*UURRU  UUDUU  DDU   In the cool, cool, cool of the evening  H Carmichael 1951
*UURRU  UUURD  DDU   It's a long, long way to Tipperary  Judge/Williams 1912
*UURUD  DDDDD  DUD   If I loved you  (Carousel) Richard Rodgers 1945
*UURUD  DDDDU  UUD   Polly Perkins of Paddington Green  Harry Clifton c 1865
*UURUD  DDDRD  UUU   Thine alone  Victor Herbert 1917
*UURUD  DDUUR  UUR   Roll along covered wagon  Jimmy Kennedy 1934
*UURUD  DDUUR  UUU   Ten pretty girls  Will Grosz 1937
*UURUD  DRUUR  UDD   Tuxedo Junction  Hawkins/Johnson/Dash 1940
*UURUD  DUDDU  URD   Take me high  Tony Cole 1973
*UURUD  DUDDU  UUR   You need hands  Roy Irwin 1957
*UURUD  DUUDU  RUD   Side by side  Harry Woods 1927
*UURUD  DUURU  DDU   Just an echo in the valley  Woods/Campbell/Connelly
*UURUD  RDRUU  RUU   The Mermaid  traditional (Oh! 'twas in the broad...)
*UURUD  RUDRD  DRD   Muss i denn zum Städtele 'naus  German folk song
*UURUD  RUUUR  DDD   You've got a friend  Carole King 1971
*UURUD  UDUDD  DDU   Lilacs in the rain  Peter de Rose 1939
*UURUD  URDRD  UDR   Bonnie Laddie
*UURUD  UUUDD  DDD   We've only just begun  Roger Nichols 1970
*UURUD  UUUDU  URU   How high the moon  Morgan Lewis 1940
*UURUD  UUURU  DUU   The story of my life  Burt F Bacharach 1957
*UURUR  DDDUU  RDD   Theme from Z cars  ('Johnny Todd') Bridget Fry 1962
*UURUR  DDUDD  UDU   Bless this house  May H Brahe 1932
*UURUR  DRDRD  DRU   Just one more chance  Coslow/Johnston 1931
*UURUR  DUURU  RDU   What kind of fool am I  Bricusse/Newley 1961
*UURUR  UDDDU  UUD   Dear old girl  Theodore F Morse 1903
*UURUU  RUUDD  DDD   Mah Lindy Lou  Lily Strickland 1920
*UURUU  RUURR  RDD   Under the roofs of Paris  (Sous les toits...) R Moretti
*UURUU  UDDDD  RDU   The night when love was born            [1930
*UURUU  UDUDD  DDR   Join the Navy  (Hit the deck) Vincent Youmans
*UURUU  UDUDD  RUD   Love is meant to make us glad  Merrie England, German
*UURUU  UDUUR  UUU   Hold your hand out naughty boy  C W Murphy 1914
*UURUU  URDUU  RUU   Clap yo' hands  Gershwin 1926
*UURUU  URUDU  RDD   There's a new world  Michael Carr 1936
*UURUU  URUUD  DDU   Little arrows  Hammond/Hazlewood 1968
*UUUDD                Mysterioso pizzicato  origin uncertain ca 1914
*UUUDD  DDDDD  DUU   Thank you so much Mrs Lowsborough-Goodby  C Porter
                                                                [1934
```

261

*UUUDD DDDDR URR   **Song of the Clyde** Bell/Gourlay 1958
*UUUDD DDDDU DDU   **It's all in the game** General C G Dawes 1912,
*UUUDD DDDDU RRD   **Why did I leave my little back room?** F Carter
*UUUDD DDDDU UDU   **Out of my dreams** (Oklahoma) Richard Rodgers 1943
*UUUDD DDDUD RUU   **Seventy six trombones** Meredith Willson 1957
*UUUDD DDDUU DUU   **Autumn** Chaminade
*UUUDD DDDUU UDD   **Sally** Leon/Towers/Haines 1931
*UUUDD DDDUU UUD   **Soldiers' march** Schumann
*UUUDD DDRDR DUU   **The peat fire flame**
*UUUDD DDRDU UUR   **Theme from 'The Persuaders'** John Barry 1970
*UUUDD DDRUU DDR   **You are too beautiful** Richard Rodgers 1932
*UUUDD DDUDD RRU   **The song is ended** Irving Berlin 1927
*UUUDD DDUDU DUD   **Twilight time** Ram/Nevins/Dunn 1944
*UUUDD DDUDU URD   **Aquarius** (Hair) Rado/Ragno 1967
*UUUDD DDUUD DDD   **My love parade** Victor Schertzinger 1929
*UUUDD DDUUD DDU   **Love grows** (where my Rosemary goes) Tony Macaulay/
*UUUDD DDUUD DUU   **A bench in the park** Milton Ager 1930 [Barry Mason 1970
*UUUDD DDUUU DDD   **Honey** Simons/Gillespie/Whiting 1928
*UUUDD DDUUU DDU   **Meet me tonight in dreamland** Leo Friedman 1909
*UUUDD DDUUU DRD   **Greensleeves** I6th century dance tune
*UUUDD DDUUU RDD   **Star dust** Hoagy Carmichael 1929
*UUUDD DDUUU RDD   **My truly truly fair** Bob Merrill 1951
*UUUDD DDUUU URD   **Barbara Allen** folk song
*UUUDD DRDDD RDD   **Second hand Rose** James F Hanley 1921
*UUUDD DRDDU UUD   **'Tis the last rose of summer** ca 1813
*UUUDD DRDRR RUU   **Everything I have is yours** Burton Lane 1933
*UUUDD DRDUD DUD   **Am I wasting my time over you?** Johnson/Bibo 1926
*UUUDD DRDUU DDU   **Paint it black** Mick Jagger/Keith Richard 1966
*UUUDD DRRUU UDD   **Frankie and Johnny** origin and date doubtful
*UUUDD DRRUU UDU   **Tweedle dee tweedle dum** M & G Capuano 1971
*UUUDD DRUDD DUU   **Hold me tight** Lennon/McCartney 1963
*UUUDD DRURD RRU   **Il était une bergère** French folk song
*UUUDD DRUUD DDD   **The ash grove** old Welsh song
*UUUDD DRUUU DDD   **Eriskay love lilt** Hebridean folk song
*UUUDD DUDDD DUD   **Blueberry Hill** L Stock/V Rose 1940, 1956
*UUUDD DUDDD UDD   **Carolina moon** Benny Davis/Joe Burke 1928
*UUUDD DUDDD UDD   **Pretty baby** Tony Jackson/Egbert van Alstyne 1916
*UUUDD DUDDD UDD   **Penny Lane** Lennon/McCartney 1967
*UUUDD DUDDD URU   **Wand'rin' star** F Loewe 1970
*UUUDD DUDDD UUU   **Cherokee** Ray Noble 1938
*UUUDD DUDDR UUU   **The old spinning wheel** Billy Hill 1933
*UUUDD DUDDU DDU   **All I've got to do** Lennon/McCartney 1963
*UUUDD DUDDU URD   **Nice people** Nat Mills/Fred Malcolm 1939
*UUUDD DUDUD DDD   **The snowy-breasted pearl** old Irish song
*UUUDD DUDUD UDU   **If I only had wings** Ronnie Aldrich 1940
*UUUDD DUDUU DDU   **I had the craziest dream** Harry Warren 1942
*UUUDD DUDUU UDD   **Too young** Sid Lippman 1951
*UUUDD DUDUU UDD   **Pennsylvania 6-5000** Jerry Gray 1940
*UUUDD DUDUU UDU   **Ship ahoy!** (All the nice girls love a sailor) B Scott
*UUUDD DUDUU UUD   **You're breaking my heart** Genaro/Skylar 1948 [1909
*UUUDD DUDUU UUD   **Mattinata** Leoncavallo
*UUUDD DUDUU UUU   **You don't have to tell me, I know** Noel/Pelosi 1941
*UUUDD DURRD UDD   **Down forget-me-not lane** Chester/Nicholls/Morgan 1941
*UUUDD DURRD UUU   **The Campbells are coming** Scottish country dance 1745
*UUUDD DURRU UUR   **Down below** Sydney Carter 1958
*UUUDD DUUDD DDU   **Lazy river** Hoagy Carmichael 1946
*UUUDD DUUDD DUU   **Down by the old mill stream** Tell Taylor 1910

```
*UUUDD  DUUDD  RUU   Goodbye to love  Richard Carpenter 1972
*UUUDD  DUUDR  UUU   Slightly out of tune  (Desafinado) A C Jobim 1959
*UUUDD  DUUDU  UDU   If you were the only girl in the world  Nat D Ayer 1916
*UUUDD  DUUDU  UDU   Nellie Dean
*UUUDD  DUUDU  UDU   Ticket to ride  Lennon/McCartney 1965
*UUUDD  DUUUD  DDD   Open the door, Richard  McVea/Howell 1947
*UUUDD  DUUUD  DDU   Tender is the night  Sammy Fain 1961
*UUUDD  DUUUD  DDU   So nice  (Summer samba) M & P S Valle 1965
*UUUDD  DUUUD  DUD   Mary's a grand old name  Cohan 1905
*UUUDD  DUUUD  DUD   In Morocco  1963
*UUUDD  DUUUD  UDD   The minstrel boy  Irish folk tune
*UUUDD  DUUUD  UDR   My baby's comin' home  Leavitt/Grady/Feller 1952
*UUUDD  DUUUD  UUU   You'll never know  Harry Warren 1943
*UUUDD  DUUUD  UUU   The violin began to play  (King's Rhapsody) Novello 1949
*UUUDD  DUUUU  DDD   Stars in my eyes  Fritz Kreisler 1936
*UUUDD  DUUUU  DDD   A shine on your shoes  Arthur Schwartz 1932
*UUUDD  DUUUU  DDD   Peg o' my heart  Fred Fisher 1913
*UUUDD  DUUUU  DDD   Sandmännchen  German folk song
*UUUDD  DUUUU  DUU   El relicario  1t, José Padilla 1918, 1926
*UUUDD  DUUUU  RDD   Under a blanket of blue  Jerry Levinson 1933
*UUUDD  DUUUU  UDD   Why am I always the bridesmaid?  Collins/Leigh 1917
*UUUDD  RDDUU  UDD   'Tis the last rose of summer  ca 1813
*UUUDD  RDRUU  UDU   It had better be tonight  Henry Mancini 1965
*UUUDD  RDUDD  RDD   Now Robin, lend to me thy bow
*UUUDD  RDUUU  UThy   Where the River Shannon flows  James J Russell 1905
*UUUDD  RURUD  DDD   Krakoviac  Polish folk dance
*UUUDD  RUUUD  DUU   O can ye sew cushions?  Scottish folk song
*UUUDD  RUUUU  UUD   The piper of Dundee
*UUUDD  UDDDD  UDD   I'm falling in love with someone  Victor Herbert 1910
*UUUDD  UDDDR  DUD   Yacka hula hickey dula  Pete Wendling 1916
*UUUDD  UDDRD  DUU   Poor butterfly  Raymond Hubbell 1916
*UUUDD  UDDUD  DDD   Where the black-eyed Susans grow  R A Whiting 1917
*UUUDD  UDDUR  UDD   Anniversary Song  Ivanovici's 'Waves of the Danube' arr
*UUUDD  UDDUU  UDD   Yours  (Quiereme mucho) Gonzalo Roig 1932        [1946
*UUUDD  UDDUU  UDU   Here there and everywhere  Lennon/McCartney 1966
*UUUDD  UDDUU  UUD   Cherry pink and apple blossom white  Louiguy 1950
*UUUDD  UDRRU  UUU   The banks of Allan Water  C E Horn
*UUUDD  UDRUU  DDD   Ho-ro my nut-brown maiden  Scottish folk tune
*UUUDD  UDRUU  RDR   Turned up  Rule/Castling 1924
*UUUDD  UDRUU  UDR   Begin the beguine  Cole Porter 1935
*UUUDD  UDUDD  DUD   The road to the Isles  Hebridean folk song
*UUUDD  UDUDD  DUU   Shadow waltz  (In the shadows)
*UUUDD  UDUDD  RRR   C'est magnifique  Cole Porter 1953
*UUUDD  UDUDD  RUU   If I fell  Lennon/McCartney 1964
*UUUDD  UDUDD  UUU   The wedding of the painted doll  Nacio H Brown 1929
*UUUDD  UDUUD  UUD   Dick Van Dyke theme  E H Hagen 1964
*UUUDD  UDUUD  UUU   Christopher Robin is saying his prayers  Fraser-Simson
*UUUDD  UDUUR  DDU   Let the heartaches begin  Macaulay/MacLeod 1967[1935
*UUUDD  UDUUU  DDU   Let's face the music and dance  Irving Berlin 1936
*UUUDD  UDUUU  DUU   Together  Ray Henderson 1928
*UUUDD  UDUUU  UDU   Kiss me again  Victor Herbert 1905
*UUUDD  UDUUU  UUR   The ferry-boat inn  Campbell/Pelosi 1950
*UUUDD  URDRD  DUU   The peanut vendor  Marion Sunshine/L W Gilbert 1931
*UUUDD  URDUU  UDD   Theme from 'The Defenders'  (TV series) L Rosenman
*UUUDD  URDUU  UDD   I'm confessin'  (that I love you) John W Green 1930
*UUUDD  URRRD  DDR   You can't have everything  Gordon/Revel
*UUUDD  URRUD  DUU   'Round midnight  Cootie Williams/Thelonius Monk 1944
```

*UUUDD	UUDDD	UUU	**If I didn't care** Jack Lawrence 1939
*UUUDD	UUDDD	UUU	**Aloha Oe** 1939 (native Hawaiian version)
*UUUDD	UUDDR	UUD	**Two little boys** T F Morse 1903, 1969
*UUUDD	UUDDR	UUU	**Dear hearts and gentle people** Sammy Fain 1949
*UUUDD	UUDDR	UUU	**Madelon** Camille Robert 1918, 1939
*UUUDD	UUDDU	DUU	**It's so nice to have a man around the house** H Spina
*UUUDD	UUDDU	UDD	**It was so beautiful** Harry Barris 1932 [1950
*UUUDD	UUDRD	DUU	**Aloha Oe** (English words: native version above)
*UUUDD	UUDRR	UDD	**Little drummer boy** Art Noel/Don Pelosi 1938
*UUUDD	UUDRU	UDR	**The Thunderer** march 4t, Sousa
*UUUDD	UUDUU	DDD	**I've got a feeling I'm falling** H Link/T Waller 1929
*UUUDD	UUDUU	UUU	**The Horseguards - Whitehall** Haydn Wood ('Down your way' signature tune)
*UUUDD	UURDU	UUD	**Out of nowhere** (also 'You came along') J W Green 1931
*UUUDD	UUUDD	DDU	**Oh, Donna Clara** J Petersburski 1930
*UUUDD	UUUDD	UUD	**Cara mia** Tulio Tranpani/Lee Lange 1954
*UUUDD	UUUDD	UUU	**Windows of Paris** Tony Osborne 1960
*UUUDD	UUUDD	UUU	**The shoemaker's serenade** Lubin/Lisbona 1947
*UUUDD	UUUDD	UUU	**Two guitars** Russian folk music
*UUUDD	UUUDD	UUU	**My blue heaven** Walter Donaldson 1927
*UUUDD	UUUDU	DUU	**The woody woodpecker song** Tibbles/Idriss 1947
*UUUDD	UUUDU	UUD	**High School Cadets** march 2t, Sousa
*UUUDD	UUUUD	DDD	**The world is waiting for the sunrise** Ernest Seitz 1919
*UUUDD	UUUUU	RUU	**And I love you so** Don McLean 1971
*UUUDD	UUUUU	DUD	**Reach out for me** Burt F Bacharach 1963
*UUUDD	UUUUU	UDU	**Paradise** Nacio Herb Brown 1931
*UUUDR	DDDDU	DUU	**Wait** Lennon/McCartney 1965
*UUUDR	DDDUU	DDU	**K-K-K-Katy** Geoffrey O'Hara 1918
*UUUDR	DRDRR	DUD	**The old lamp-lighter** Nat Simon 1946
*UUUDR	DRDUD	DDD	**Beg, steal or borrow** Cole/Hall/Wolfe 1972
*UUUDR	DURRD	DUD	**I hear you calling me** Charles Marshall 1908
*UUUDR	DUUDD	RUU	**People will say we're in love** (Oklahoma) R Rodgers
*UUUDR	DUUDU	DRD	**Amapola** Joseph M Lacalle 1924 [1943
*UUUDR	DUURD	UDR	**All of you** Cole Porter 1954
*UUUDR	DUUUD	RDD	**I could have danced all night** (My Fair Lady) Loewe
*UUUDR	RRRUU	DDU	**Match of the day** Rhet Stoller 1971 (instr) [1956
*UUUDR	RUDDD	UUU	**Feather your nest** Kendis/Brockman/Johnson 1920
*UUUDR	RUUUD	UDU	**Isn't this a lovely day?** (Top Hat) I Berlin 1935
*UUUDR	UDRUD	UDU	**I never see Maggie alone** 1926
*UUUDR	UDUDD	DDR	**Bonnie Dundee** (verse) old Scottish tune
*UUUDR	URURU	DRU	**The man that got away** Harold Arlen 1954
*UUUDR	UUUUD	DUD	**Emaline** Frank Perkins 1934
*UUUDR	UUUUR	RDD	**Nice to know you care** Leslie Baguley 1948
*UUUDU	DDDDR	UUD	**You're my baby** Nat D Ayer 1912
*UUUDU	DDDDR	UUU	**Somewhere my love** (Dr Zhivago) Maurice Jarre 1965
*UUUDU	DDDDR	UUU	**Dance on** Murtagh/Murtagh/Adams 1962
*UUUDU	DDDDU	UDR	**Let a smile be your umbrella on a rainy day** Sammy
*UUUDU	DDDDU	URD	**Kelvin Grove** [Fain 1927
*UUUDU	DDDRU	UDD	**High noon** Dimitri Tiomkin 1952
*UUUDU	DDDUD	DDD	**The gipsy** Billy Reid 1946
*UUUDU	DDDUD	DDD	**Side saddle** T H Stanford 1958 (instrumental)
*UUUDU	DDDUD	DDR	**I've got the world on a string** Harold Arlen 1932
*UUUDU	DDDUD	DDU	**Tesoro mio** waltz, Becucci
*UUUDU	DDDUD	DDU	**Then I'll be happy** Cliff Friend 1925
*UUUDU	DDDUU	RUD	**The House that Jack built** Alan Price 1967
*UUUDU	DDDUU	UDU	**Pretend** Douglas/Parman/Lavere 1952
*UUUDU	DDDUU	UDU	**Point of no return** Derek New/John Harris 1960

```
*UUUDU  DDUDD  UDU   Let's take an old-fashioned walk  Irving Berlin 1948
*UUUDU  DDUDD  URD   Rakoczy march  Liszt 1820
*UUUDU  DDURD  DUR   They say it's wonderful  (Annie get your gun) I Berlin
*UUUDU  DDURU  DUU   I love my dog  Cat Stevens 1966              [1946
*UUUDU  DDURU  URR   Comin' in on a wing and a prayer  Jimmy McHugh 1943
*UUUDU  DDUUU  DDR   Are we to part like this?  Castling/Collins 1911
*UUUDU  DDUUU  DDU   Loin du bal  Ernest Gillet (instrumental)
*UUUDU  DDUUU  DUD   Nobody's sweetheart  Kahn/Erdman & others 1940
*UUUDU  DRRUU  UDD   Frankie and Johnny  origin and date uncertain
*UUUDU  DUDDD  DDU   Auprès de ma blonde  old French marching song
*UUUDU  DUDDD  UDU   Cuban Pete  José Norman 1936
*UUUDU  DUDDU  UUD   After you've gone  Henry Creamer/Turner Layton 1918
*UUUDU  DUDDU  UUR   Alice blue gown  Harry Tierney 1919
*UUUDU  DUDRR  DUD   Little red monkey  Jack Jordan 1953
*UUUDU  DUDRU  UUU   I leave my heart in an English garden  H P Davies 1950
*UUUDU  DUDUD  UDU   March of the Mods  (The Finnjenka dance) Carr 1964
*UUUDU  DUDUD  UUU   Sing as we go  H Parr Davies 1934
*UUUDU  DUDUD  UUU   If I could be with you  Creamer/Johnson 1926, 1949
*UUUDU  DUDUD  UUU   Ain't nobody here but us chickens  Whitney/Kramer 1947
*UUUDU  DUDUU  DDD   Looking at the world through rose coloured glasses
                         Tommy Malie/Jimmy Stieger 1926
*UUUDU  DURDU  RDD   Banjo boy  Roger Roger (Mind of J G Reader series)
*UUUDU  DURUU  DUU   Indian summer  Victor Herbert 1919
*UUUDU  DUUDD  DUU   Myself when young  Liza Lehmann 1896
*UUUDU  DUUDD  DUU   I lost my heart in Heidelberg
*UUUDU  DUUDR  UUU   Congratulations  Bill Martin/Phil Coulter 1968
*UUUDU  DUUDU  DUD   What'll I do?  Irving Berlin 1924
*UUUDU  DUUUD  DUU   And I love her  Lennon/McCartney 1964
*UUUDU  DUUUD  UDU   The Doll dance  Nacio Herb Brown 1927
*UUUDU  DUUUU  DRU   Under the bridges of Paris  Vincent Scotto 1914, 1952
*UUUDU  DUUUU  UDU   The entertainer  piano ragtime, Scott Joplin 1902
*UUUDU  RDDDU  DDD   Ain't it grand to be blooming well dead  L Sarony 1932
*UUUDU  RRUUD  UDU   Gasoline Alley bred  Macaulay/Cook/Greenaway 1970
*UUUDU  RUDUD  DUR   El Capitan  march 1t, Sousa
*UUUDU  RUUUR  DUR   Dinner for one please James  Michael Carr 1935
*UUUDU  UDDDD  DUU   Londonderry Air  (Danny Boy) traditional
*UUUDU  UDDDU  DDU   The gipsy warned me
*UUUDU  UDDUU  UUU   A nice cup of tea  Henry Sullivan 1937
*UUUDU  UDRUU  URR   Hitchin' a ride  1969
*UUUDU  UDUDD  UUU   More  Oliviero/Ortolani 1962
*UUUDU  UDUDU  DDU   Charming Chloë  Edward German
*UUUDU  UDUDU  UDU   Peggy O'Neil  Pease/Nelson/Dodge 1921
*UUUDU  UDUUD  UUU   Moonlight serenade  Glenn Miller 1939
*UUUDU  UDUUR  RRD   Zing a little zong  Harry Warren 1952
*UUUDU  UDUUU  DUU   Bill Bailey, won't you please come home?  Cannon 1902
*UUUDU  UDUUU  DUU   Younger than springtime  (South Pacific) Rodgers 1949
*UUUDU  UDUUU  UUU   Serenade from Frasquita  (Hab' ein blaues...) Lehar 1922
*UUUDU  URDDD  URR   She moved thro' the fair  Donegal song
*UUUDU  URUDD  UUD   Praeludium  Järnefelt 1919
*UUUDU  UUDDD  DDU   Shadrack  Robert MacGimsey 1931·
*UUUDU  UUDDD  DUD   Paper doll  Johnny S Black 1942
*UUUDU  UUDDD  DUU   Pero porque?  José Aviles
*UUUDU  UUDDD  DUU   Call me darling  Reisfeld/Fryberg/Marbet 1931
*UUUDU  UUDDD  UDD   May you always  Larry Marks/Dick Charles 1958
*UUUDU  UUDDD  UUD   I want you  (She's so heavy) Lennon/McCartney 1969
*UUUDU  UUDDU  DRU   He ain't heavy...he's my brother  Bobby Scott 1969
*UUUDU  UUDDU  UUU   Love and marriage  James van Heusen 1955
```

*UUUDU	UUDRD	DDD	**Stephanie gavotte** A Czibulka
*UUUDU	UUDU		**It's all right with me** Cole Porter 1953
*UUUDU	UUDUD	UDD	**Anchors aweigh** Charles A Zimmerman 1906
*UUUDU	UUDUD	UDU	**Love's dream after the ball** A Czibulka
*UUUDU	UUDUD	URU	**A feather in her Tyrolean hat** Annette Mills 1936
*UUUDU	UUDUD	UUD	**You brought a new kind of love to me** Fain/Kahal/Norman
*UUUDU	UUDUD	UUU	**Till the sands of the desert grow cold** Ball 1911 [1930
*UUUDU	UUDUR	UDU	**All I need is the girl** Jule Styne 1959
*UUUDU	UUDUU	RUD	**Things are swinging** Peggy Lee/Jack Marshall 1958
*UUUDU	UUDUU	UDD	**When the saints go marching in** J M Black(?) ca 1896
*UUUDU	UUDUU	UDD	**The Westminster waltz** Robert Farnon 1955 (instr)
*UUUDU	UUDUU	UDR	**Steam heat** Richard Adler/Jerry Ross 1954
*UUUDU	UUDUU	UDU	**I feel pretty** (West Side Story) Leonard Bernstein 1957
*UUUDU	UUDUU	UDU	**Memory Lane** Larry Spier/Con Conrad 1924
*UUUDU	UUDUU	UDU	**Nola** F Arndt 1915
*UUUDU	UURRD	DUU	**A pretty girl is like a melody** Irving Berlin 1919
*UUUDU	UURUD	DDU	**How dry I am**
*UUUDU	UUUDD	DDD	**Who's sorry now?** Ted Snyder 1923
*UUUDU	UUUDD	DUU	**Merry widow waltz** (Lippen schweigen) Franz Lehar
*UUUDU	UUUDD	UDD	**The Pink Panther theme** Henry Mancini 1965
*UUUDU	UUURD	DDD	**La Golondrina** (verse) Narciso Serradell (Mexican) 1862
*UUUDU	UUUUU	RRD	**Tennessee waltz** Redd Stewart/Pee Wee King 1948
*UUUDU	UUUUU	UDD	**I'll walk alone** Jule Styne 1944
*UUURD	DDDRR	UUU	**On the street where you live** (My Fair Lady) Loewe 1956
*UUURD	DDDRU	UUR	**When I leave the world behind** Irving Berlin 1915
*UUURD	DDDUD	DRU	**My colouring book** John Kander 1962
*UUURD	DDDUU	DDU	**Under the greenwood tree**
*UUURD	DDDUU	URD	**Songe d'automne** waltz, Archibald Joyce
*UUURD	DDRUU	RUU	**It was a lover and his lass**
*UUURD	DDRUU	UUD	**I got rhythm** Gershwin 1930
*UUURD	DDUDD	UUU	**Why did she fall for the leader of the band?** kennedy/
*UUURD	DDUDD	RUR	**Semper fidelis** march 1t, Sousa [Carr 1935
*UUURD	DDUUD	UDD	**When you come home** W H Squire 1912
*UUURD	DRDUR	DDU	**Elmer's tune** Albrecht/Gallop/Jurgens 1941
*UUURD	DUDUR	DDU	**Sing you sinners** Coslow/Harling 1930
*UUURD	DUDUU	RDD	**Reach out and touch** (somebody's hand) Ashford/Simp-
*UUURD	DURDD	URD	**Itsy bitsy, teeny weenie yellow polka-dot bikini** [son
			Vance/Pockriss 1960
*UUURD	DURDD	URD	**When Yuba plays the rumba on the tuba** Hupfeld 1931
*UUURD	DURDR	DDU	**I married an angel** Richard Rodgers 1938
*UUURD	DUUDU	UDD	**Wichita linesman** Jim Webb 1968
*UUURD	DUUUD	DUU	**Do it again** Brian Wilson/Mike Love 1968
*UUURD	DUUUD	UUD	**Reach for the sky theme** John Addison
*UUURD	DUUUR	DUD	**What is there to say**
*UUURD	RDRDR	DRD	**Night ride** Roger Roger
*UUURD	RDRRU	RDD	**True confession** Coslow/Hollander 1937
*UUURD	RDUUD	UDD	**Harbour lights** Hugh Williams 1937
*UUURD	RURDU	UUU	**Mama don't want no peas an' rice an' coconut oil**
			Bahamian song
*UUURD	UDDRD	DDR	**Bugle call rag** Pettis/Meyers/Schoebel 1923
*UUURD	UDDUD	DUD	**I will live my life for you** Henri Salvador 1961
*UUURD	UDDUD	UDU	**It's a good day** Peggy Lee/Dave Barbour 1946
*UUURD	UDUDR	UUU	**Spanish dance/5** Playera-Andaluza, Granados
*UUURD	UDUDU	DUU	**Ragtime Cowboy Joe** Muir/Abrahams 1912
*UUURD	UDUUD	DRR	**It's the same old shillelagh**
*UUURD	UDUUR	DUU	**I like your old French bonnet** Mellor/Lawrance/Gifford
*UUURD	URDUD	DUU	**Don't fence me in** Cole Porter 1944 [1908

```
*UUURD  URDUR  DRU    La Czarine  Louis Ganne (instrumental)
*UUURD  URDUR  DUR    I know that you know  Vincent Youmans 1926
*UUURD  URRUR  DUU    Put on your old gray bonnet  Percy Wenrich 1909
*UUURD  URUUD  DRU    When the poppies bloom again  Towers/Morrow/Pelosi
*UUURD  UUDUU  URR    It's a most unusual day  Jimmy McHugh 1948      [1936
*UUURD  UUDUU  UUU    Let the great big world keep turning  Nat D Ayer 1917
*UUURD  UURRU  UUD    I get around  Brian Wilson 1964
*UUURD  UUUDD  DRU    A ghost of a chance  (If you'd surrender)
*UUURD  UUURD  DRD    Don't bother me  George Harrison 1963
*UUURD  UUURD  URD    Getting to know you  (The King & I) R Rodgers
*UUURD  UUUUU  DUD    A Scottish soldier  Stewart/MacFadyen 1961
*UUURR  DDDDD  UUU    For me and my gal  Leslie/Goetz 1917
*UUURR  DDDUU         And her mother came too  Ivor Novello 1922
*UUURR  DDDUU  UUD    This is my mother's day  Billy Reid 1948
*UUURR  DDURD  UUU    Get happy  Harold Arlen 1930
*UUURR  DDUUU  DDD    I'm gonna love that guy  Frances Ash,1945
*UUURR  DUDRR  UUU    You are my sunshine  Davis/Mitchell 1940
*UUURR  DUUDR  RUD    Those magnificent men in their flying machines  Ron
*UUURR  DUUDU  UDU    Alabamy bound  Ray Henderson 1925      [Goodwin
*UUURR  DUURR  DUU    Hot love  Marc Bolan 1971
*UUURR  DUUUD  UDR    High School Cadets  march 4t, Sousa
*UUURR  DUUUR  DUU    A lovely way to spend an evening  J McHugh 1943
*UUURR  DUUUR  RDU    American Patrol  Frank W Meacham 1885
*UUURR  RDDDR  RRU    Dance to your shadow
*UUURR  RDDDU  RRR    I'm putting all my eggs in one basket  I Berlin 1936
*UUURR  RDDRR  URR    Stairway to the stars  Malneck/Signorelli 1935
*UUURR  RDRRR  DUD    First Call  American bugle call
*UUURR  RDUDD  URR    Ac-cent-tchu-ate the positive  Harold Arlen 1944
*UUURR  RRDDD  URR    Where did you get that hat?  Joseph J Sullivan 1888
*UUURR  RRDUU  URR    Another spring  Malcolm Barron/Steven Cairn 1972
*UUURR  RRRRD  DDR    Eye level  'And you smiled' - song version of Van der
                          Valk TV series signature tune
*UUURR  RRRRR  RRD    Theme from 'A man and a woman'  Francis Lai 1966
*UUURR  RRRRR  RUD    Boom-bang-a-bang  Warne/Moorhouse 1969
*UUURR  RUDDR  RUD    Painting the clouds with sunshine  Joe Burke 1929
*UUURR  RURD          Down in the valley  Kentucky song
*UUURR  UDDDR  DUU    When I see an elephant fly  Oliver Wallace 1941
*UUURR  UDDUU  DDD    Washing on the Siegfried Line  Kennedy/Carr 1939
*UUURR  UDDUU  URR    Auf wiedersehn, my dear  Milton Ager 1932
*UUURR  UDUDD  DUU    This is all I ask  Gordon Jenkins 1958
*UUURR  UDUDU  RDU    We saw the sea  Irving Berlin
*UUURR  UUDDD  DUU    Poor old Joe  (verse) Stephen Foster
*UUURR  UUUDD  DDD    Row, row, row  James V Monaco 1912
*UUURR  UUUUD  DUU    Up Cherry Street  Julius Wechter 1964
*UUURU  DDDUD  RUD    Mrs Robinson  Paul Simon 1968
*UUURU  DDDUR  DUU    The Isle of Capri  Will Grosz 1934
*UUURU  DDDUU  RDD    Oh! Susanna  Stephen Foster 1848
*UUURU  DDRDU  URD    Hallelujah  (Hit the deck) Vincent Youmans 1927
*UUURU  DDRDU  UUR    We'll keep a welcome  Mai Jones 1949
*UUURU  DRUDR  RUU    Imagination  James van Heusen 1940
*UUURU  DUDUU  RRU    They didn't believe me  Jerome Kern 1914
*UUURU  DURUD  URU    The boy next door  Hugh Martin/Ralph Blane 1944
*UUURU  RDDDR  UUU    South of the Border  J Kennedy/M Carr 1939
*UUURU  RDDUD  DUU    Plaisir d'amour  Martini
*UUURU  RUUDD  DDD    Spirit of Liberty  march 1t, Sousa
*UUURU  UUDUU  URU    Dedicated follower of fashion  R Davies 1966
*UUURU  UUUDD  UDU    Chattanoooga choo-choo  Harry Warren 1941
```

*UUUUD	DDDDD	DUD	**Laugh! Clown, laugh** S M Lewis/Joe Young 1928
*UUUUD	DDDDD	UUU	**Sophisticated lady** Duke Ellington 1933
*UUUUD	DDDDR	DDU	**My melancholy baby** Ernie Burnett 1911
*UUUUD	DDDDR	DUD	**What do you want to make those eyes at me for?** McCarthy/Johnson/Monaco 1916
*UUUUD	DDDDR	UDD	**A groovy kind of love** tune by Clementi
*UUUUD	DDDDU	DDU	**I'm getting sentimental over you** George Bassman 1932
*UUUUD	DDDDU	RR	**J'attendrai** (I'll be yours) Dino Olivieri 1938
*UUUUD	DDDDU	UDU	**Autumn** Chaminade (instrumental)
*UUUUD	DDDUD	DDD	**Sleepy lagoon** Eric Coates 1930
*UUUUD	DDDUD	DUD	**Charley, my boy** Kahn/Fiorito 1924
*UUUUD	DDDUD	UUU	**Baby elephant walk** Henry Mancini 1961
*UUUUD	DDDUD	UUU	**California girls** Brian Wilson 1965
*UUUUD	DDDUD	UUU	**The Horseguards - Whitehall** 2t, Haydn Wood ('Down your way' signature tune)
*UUUUD	DDDUU	UDD	**Play a simple melody** Irving Berlin 1914
*UUUUD	DDDUU	UDR	**Greensleeves** 16th century dance tune
*UUUUD	DDDUU	UDU	**Indiana** James F Hanley
*UUUUD	DDDUU	UDU	**Avalon** Leopold Godowsky 1920
*UUUUD	DDDUU	UUD	**Rustic dance** C R Howell
*UUUUD	DDRDU	DUD	**I'll make up for everything** Ross Parker 1947
*UUUUD	DDUDD	DDR	**Nous n'irons plus au bois** French folk song
*UUUUD	DDUDD	DDU	**La mattchiche** Borel-Clerc
*UUUUD	DDUDD	DRR	**Girl of my dreams** Sunny Clapp 1927
*UUUUD	DDUDD	DUD	**Breakfast at Tiffany's** Henry Mancini 1961
*UUUUD	DDUDD	UDD	**Mr Lucky** Henry Mancini 1959
*UUUUD	DDUDD	UDD	**The nearnesss of you** Hoagy Carmichael 1940
*UUUUD	DDUDD	UDD	**Hey little hen** R Butler/Noel Gay 1941
*UUUUD	DDUDU	UUU	**Ma belle Marguerite** (Bless the Bride) Vivian Ellis 1947
*UUUUD	DDURR	RUR	**Give my regards to Broadway** George M Cohan 1904
*UUUUD	DDUUD	DDU	**Morning has broken** (old Gaelic 'Bunesson') arr 1973
*UUUUD	DDUUR	DDU	**Loving you** Mike Stoller/Jerry Leiber 1957
*UUUUD	DDUUU	RDU	**Underneath the arches** Bud Flanagan 1932
*UUUUD	DDUUU	UDD	**The old piano roll blues** Cy Coben 1950
*UUUUD	DRDUR	RDR	**Getting better** Lennon/McCartney 1967
*UUUUD	DRURR	DDR	**The house of the rising sun** traditional arr 1964
*UUUUD	DUDDD	DUU	**Three stars will shine tonight** (Dr Kildare theme) 1961
*UUUUD	DUDDD	UUU	**A fool such as I** Bill Trader 1952, 1959
*UUUUD	DUDDD	UUU	**A paradise for two** (Maid of the Mountains) J Tate 1917
*UUUUD	DUDDD	UUU	**Bach goes to town** Alec Templeton 1938
*UUUUD	DUDDD	UUU	**My faithful fond one** Highland song
*UUUUD	DUDDD	UUU	**Adios** Woods/Madriguera
*UUUUD	DUDDU	UUU	**Goodnight to you all** Denby/Watson 1937
*UUUUD	DUDRU	DDU	**Whatever Lola wants** Richard Adler/Jerry Ross 1955
*UUUUD	DUDUD	UDD	**Elizabethan serenade** 2t, R Binge 1952
*UUUUD	DUDUU	DDU	**Louise** Richard Whiting 1929
*UUUUD	DUDUU	UDD	**Theme from 'Whistle down the wind'** Malcolm Arnold
*UUUUD	DUDUU	UUD	**Cocktails for two** Johnston/Coslow 1934
*UUUUD	DURRD	UUD	**When I grow too old to dream** S Romberg 1935
*UUUUD	DURUD	DUD	**Frenesi** Albert Dominguez 1939
*UUUUD	DUUDD	UUD	**Looking for a boy** Gershwin 1925
*UUUUD	DUUDU	DDD	**My love's an arbutus** traditional Irish tune
*UUUUD	DUUDU	UUU	**I can't get started** Vernon Duke 1935
*UUUUD	DUURR	UDU	**Let me call you sweetheart** Leo Friedman 1910
*UUUUD	DUUUD	DDU	**Adios amigos** Jerry Livingstone 1962
*UUUUD	DUUUU	DDD	**Faraway music** Steve Race
*UUUUD	DUUUU	DDD	**Someone else's baby** Vandyke/Ford 1960

```
*UUUUD DUUUU DDU   Souvenir  violin & piano 1t, Franz Drdla
*UUUUD DUUUU RDR   Whispers in the dark  L Robin/F Hollander 1937
*UUUUD DUUUU UDD   For no one  Lennon/McCartney 1966 (And in her eyes...)
*UUUUD DUUUU UDD   Jersey bounce  Plater/Bradshaw/Johnson/Wright 1941
*UUUUD RDDRD DRR   March of the Siamese children  (The King & I) Rodgers
*UUUUD RDDUD DUU   Look around you and you'll find me there  F Lai 1970
*UUUUD RDRDR DDU   Love in bloom  Leo Robin/Ralph Rainger 1934
*UUUUD RDUDU UUU   Gimme a little kiss, will ya huh?  Pinkard 1926
*UUUUD RURDD DRU   Just like the ivy  1902
*UUUUD UDDDD DUU   Indian love call  R Friml 1924
*UUUUD UDDDD UDU   Andalucia  1t, from Lecuona's Suite Andalucia 1929
*UUUUD UDDDD UDU   The breeze and I  vocal to Lecuona's Andalucia (above)
*UUUUD UDDDR UUU   The shadow of your smile  Johnny Mandel 1965
*UUUUD UDDDU DDD   Valentiné  H Christiné 1925
*UUUUD UDDDU UDD   Never say goodbye  H Parr Davies 1943
*UUUUD UDDRD UUU   Moment of truth
*UUUUD UDDRU RUU   Paree  (Ca c'est Paris) José Padilla 1926
*UUUUD UDDUU UUD   La fontaine  (The fountain) Carl Bohm
*UUUUD UDDUU UUD   Broadway melody  Nacio Herb Brown 1929
*UUUUD UDDUU UUD   Fascination  Marchetti 1904, 1957
*UUUUD UDUDU DUU   On the air  Campbell/Connelly/Gibbons 1932
*UUUUD UDURD DDU   Paddlin' Madelin' home  Harry Woods 1925
*UUUUD UDUUD UDU   El relicario  3t, José Padilla 1918
*UUUUD URDRD RDU   At the Balalaika  George Posford 1936
*UUUUD URDUU DUD   Come back to Sorrento  (verse) E de Curtis 1911
*UUUUD UUDDD DDU   My happiness  Borney Bergantine 1948
*UUUUD UUDDD RUD   Tell me I'm forgiven  (Wonder Bar) Robert Katscher 1930
*UUUUD UUUDD DDU   Stranger than fiction  Howard Shaw 1955
*UUUUD UUUUD DDU   Me and my shadow  Al Jolson/Dave Dreyer 1927
*UUUUD UUUUD DDU   Ole Buttermilk sky  Hoagy Carmichael/Jack Brooks 1946
*UUUUD UUUUD UUU   Stumbling  Zez Confrey 1922
*UUUUD UUUUD UUU   I travel the road  Pat Thayer 1925
*UUUUD UUUUU UDU   I'll never be the same
*UUUUR DDDDD DUR   Spanish flea  vocal version, Julius Wechter 1965
*UUUUR DDDUU DUD   Vincent  Don McLean 1971
*UUUUR DDURD DUR   If I had you  Shapiro/Campbell/Connelly 1928
*UUUUR DDUUR RDD   They all laughed  Gershwin 1937
*UUUUR DDUUU UDD   Powder your face with sunshine  Lombardo/Rochinski
*UUUUR DRURD RUR   Because you're mine  Nicholas Brodszky 1951  [1948
*UUUUR DUDUD DDD   The March Hare  (Doodle-ee-di-di-di) Phil Green 1956
*UUUUR DUUUR UUU   My heart and I  (Old Chelsea) Richard Tauber 1942
*UUUUR DUUUU RDU   Allah's holiday  Rudolf Friml 1916
*UUUUR DUUUU RDU   Casanova  Karl Götz 1962
*UUUUR DUUUU RRD   Down among the dead men  (chorus) ca 1660
*UUUUR DUUUU RUD   Mighty lak' a rose  Ethelbert Nevin 1901
*UUUUR RDUDU DRD   When did you leave heaven?  Richard A Whiting 1936
*UUUUR RDUUU DDR   True grit  Elmer Bernstein 1969
*UUUUR RURRD UDD   Poupée valsante  Eduard Poldini (instrumental)
*UUUUR RUUUU UDD   Glasgow Highlanders  Scottish dance
*UUUUR UDDDR URU   La villageoise  French folk dance
*UUUUR UDDUU DDD   Get out and get under the moon  Tobias/Jerome 1928
*UUUUR UDUDD UDR   Just another day wasted away  Tobias/Turk 1927
*UUUUR URDDU UUU   S'posin'  Paul Denniker 1929
*UUUUR UUDUD RUD   In a Persian market  4t, Ketelbey (instrumental)
*UUUUU DDDDD DUD   Under Paris skies  (Waltz of Paree) Hubert Giraud 1951
*UUUUU DDDDD RUD   Things are looking up  Noel Gay 1934
*UUUUU DDDDD UDD   Looking around  Colin Smith (a BBC TV signature tune)
```

```
*UUUUU  DDDDD  UUU    **In a monastery garden**  2t, Ketelbey (instrumental)
*UUUUU  DDDDR  DDD    **Invitation to the dance**  1t, Weber
*UUUUU  DDDDR  RRR    **It's not unusual**  Gordon Mills/Les Reed 1965
*UUUUU  DDDDU  DUD    **Everything is peaches down in Georgia**
                             Ager/Meyer 1918
*UUUUU  DDDDU  RDD    **Dancing on the ceiling**  (Evergreen) R Rodgers 1930
*UUUUU  DDDDU  UUU    **The sweetheart tree**  Henry Mancini 1965
*UUUUU  DDDRU  DDD    **Dearie**  Hilliard/Mann 1950
*UUUUU  DDDUD  DDD    **Little man you've had a busy day**  Mabel Wayne 1934
*UUUUU  DDDUD  DDU    **I saw Mommy kissing Santa Claus**  Tommie Connor 1952
*UUUUU  DDDUD  DDU    **You're dancing on my heart**  Meyer 1932
*UUUUU  DDDUD  DUD    **By the light of the silvery moon**  Gus Edwards 1909
*UUUUU  DDDUD  RDU    **I love you because**  Leon Payne 1949
*UUUUU  DDDUD  UDU    **Swing me higher, Obadiah**  Maurice Scott, music hall
*UUUUU  DDDUU  UUD    **Got a date with an angel**  Grey/Miller/Tunbridge 1932
*UUUUU  DDRDR  DUD    **Something old, something new**  1970
*UUUUU  DDRDU  UUU    **Joybringer**  theme from Holst's 'Planets' arr Mann 1973
*UUUUU  DDRRD  DUD    **Oh, you beautiful doll**  Nat D Ayer 1911
*UUUUU  DDUDD  UUD    **Brother, can you spare a dime**  Jay Gorney 1932
*UUUUU  DDUUD  DDD    **Meet me in St Louis, Louis**  Kerry Mills 1904
*UUUUU  DDUUD  DUD    **Gladiator march**  2t, Sousa
*UUUUU  DDUUD  DUR    **Anniversary waltz**  Dubin/Franklin 1941
*UUUUU  DDUUD  DUU    **Speed the plough**  Irish folk dance
*UUUUU  DDUUD  DUU    **When hearts are young**  S Romberg/A Goodman 1922
*UUUUU  DDUUD  DUU    **Tee birks o' Aberfeldy**  (Burns words) Scottish folk
*UUUUU  DDUUD  DUU    **Domani**  (Tomorrow) Ulpio Minucci 1955
*UUUUU  DDUUU  DUD    **It's naughty but it's nice**  Arthur Lloyd 1873
*UUUUU  DDUUU  UUD    **Always**  Irving Berlin 1925
*UUUUU  DDUUU  UUU    **You've done something to my heart**  Noel Gay 1939
*UUUUU  DRDDD  DUD    **El Capitan**  march 2t, Sousa
*UUUUU  DRUDU  DUD    **Perhaps, perhaps, perhaps**  Osvaldo Farres 1947
*UUUUU  DRUUD  DDU    **Loss of love**  (Sunflower theme) Henry Mancini
*UUUUU  DUDDD  DDU    **In a Chinese temple garden**  4t, Ketelbey (instrumental)
*UUUUU  DUUDD  DDU    **Let's have another cup o' coffee**  Irving Berlin 1932
*UUUUU  DUUDD  UDU    **Charlie is my darling**  old Scottish tune
*UUUUU  DUUDU  DUU    **This'll make you whistle**  Sigler/Goodhart/Hoffman 1936
*UUUUU  DUUUD  DDU    **The petite waltz**  Joe Heyne 1950
*UUUUU  DUUUD  UUU    **Robin Adair**  Irish traditional tune: 'Eileen Aroon'
*UUUUU  DUUUU  UDD    **My love**  Paul & Linda McCartney 1973
*UUUUU  RDDDR  UDU    **Take a pair of sparkling eyes**  (The Gondoliers) Sullivan
*UUUUU  RDUUR  DUD    **Somebody loves me**  Gershwin 1924
*UUUUU  RDUUU  RRD    **Sussex by the sea**  W Ward-Higgs 1907
*UUUUU  RRDDD  DDD    **Put on a happy face**  Charles Strouse 1960
*UUUUU  RRDDR  RDD    **What a wonderful world**  G D Weiss/G Douglas 1967
*UUUUU  RUDDD        **I belong to Glasgow**  Will Fyffe 1920
*UUUUU  RUUDR  DUU    **She loves you**  Lennon/McCartney 1963
*UUUUU  UDDDD  DDU    **L'harmonie des anges**  Burgmuller
*UUUUU  UDDDD  UDD    **Vilia**  (Merry Widow Act II) Lehar 1907
*UUUUU  UDDDU  DDD    **Amid the new-mown hay**  folk song
*UUUUU  UDDDU  DDU    **Begone! Dull care**  17th century anonymous
*UUUUU  UDDDU  DUD    **That's for me**  James V Monaco 1940
*UUUUU  UDDDU  DUD    **High adventure**  Charles Williams (instrumental)
*UUUUU  UDDU         **Asleep in the deep**  H W Petri 1897
*UUUUU  UDDUD  DUD    **Lullaby of the leaves**  Bernice Petkere 1932
*UUUUU  UDDUD  UDD    **Jolly fellows, waltz**  (Lustige Brüder) Vollstedt
*UUUUU  UDDUU  DDD    **Where the blue begins**  H P Davies 1940
*UUUUU  UDDUU  DDU    **Theme from 'Picnic'**  George W Duning 1955
```

```
*UUUUU  UDDUU  DDU   Cabaret  John Kander 1966
*UUUUU  UDDUU  DUU   Cant del ocells  (song of the birds) Spanish folk
*UUUUU  UDDUU  DUU   Friends  Terry Reid 1970
*UUUUU  UDDUU  DUU   There will never be another you  Harry Warren 1942
*UUUUU  UDDUU  UUD   Melody for two  Mischa Spoliansky (instrumental)
*UUUUU  UDRDD  URR   Mon Légionnaire  R Asso
*UUUUU  UDRDU  RDU   Estrellita  M M Ponce 1923
*UUUUU  UDUDD  DDD   In a sentimental mood  Duke Ellington 1935
*UUUUU  UDUDD  DUU   Green eyes  Gilbert/Connelly/Menendez
*UUUUU  UDUDD  UDU   The good old bad old days  Bricusse/Newley 1971
*UUUUU  UDUDD  UUU   The fleet's in  Victor Schertzinger
*UUUUU  UDURD  RUR   Spread a little happiness  (Mister Cinders) Vivian
*UUUUU  UDUUD  DUD   Diane  Rapee/Pollack 1927          [Ellis 1929
*UUUUU  UDUUD  RRU   Semper fidelis  march 2t Sousa
*UUUUU  UDUUU  DDD   I kiss your hand, Madame  Ralph Erwin 1928
*UUUUU  UDUUU  UUU   I get a kick out of you  Cole Porter 1934
*UUUUU  URDDU  RDD   Someone to watch over me  Gershwin 1926
*UUUUU  URDUD  DDU   Buttons and bows  Jay Livingston/Ray Evans 1948
*UUUUU  URDUR  DDD   Calling all workers  1t Eric Coates 1940
*UUUUU  URDUR  DUU   What are you doing the rest of your life?  Michel
*UUUUU  URUUD  UUU   Jealous  Jack Little 1924          [Legrand 1969
*UUUUU  UUDDD  DDD   Dancing tambourine  W C Polla 1927 (piano solo)
*UUUUU  UUDDD  DDD   Dizzy fingers  Zez Confrey 1923 (piano solo)
*UUUUU  UUDDD  DDD   Today I met my love  Johnny Pearson 1971
*UUUUU  UUDDD  DUD   All strings and fancy free  Sidney Torch (instrumental)
*UUUUU  UUDDD  UDD   Spinning-wheel  Maryan Rawicz 1935 (The Rawicz and
                        Landauer signature tune)
*UUUUU  UUDDU  DDD   The typewriter  Leroy Anderson 1953 (instrumental)
*UUUUU  UUDDU  DUU   Linger awhile
*UUUUU  UUDDU  UUU   Seashore  Robert Farnon (Players TV Commercial)
*UUUUU  UUDUU  DUU   Marche mignonne  Eduard Poldini
*UUUUU  UUURR  DDD   Cotton Jenny  G Lightfoot 1969
*UUUUU  UUUUD  UUU   Portrait of a flirt  Robert Farnon 1948 (instr)
*UUUUU  UUUUR  RDD   Butterflies in the rain  S Myers 1932 (instrumental)
```

DIRECTORY OF NATIONAL ANTHEMS

```
*DDDDU  UUUUD  Norway
*DDDUD  DDUUU  Libya
*DDDUD  DUUDU  Puerto Rico
*DDDUR  RUDRU  Guyana
*DDRUR  UDDDU  Barbados
*DDUDU  DDDDD  Portugal
*DDUUR  UUUUU  Eire
*DDUUU  DRDRD  Austria
*DDUUU  UDDDU  USA
*DUDDU  UUDDU  Philippines
*DUDUD  DDDRD  Spain
*DUDUR  DDDUD  New Zealand
*DUUDD  DUUUD  Saudi Arabia
*DUUUD  DUUUD  Japan
*DUUUR  DRDUR  Tanzania
*DUUUU  DDDUU  Malawi
*DUUUU  DUDDU  Finland
*DUUUU  UDUUD  Belgium
*RDDDU  URDDU  Algeria
*RDRRU  URDDD  Sweden
*RDUUD  DURRD  Cambodia
*RRDDD  UURUU  Sierra Leone
*RRDDU  URRRD  Kenya
*RRDUD  RDUDR  Uruguay
*RRRDD  UDDRU  United Arab Republic
*RRRRD  RUDRR  Venezuela
*RRRRR  UUUDD  Malta
*RRRUD  DUURU  Greenland
*RRUDR  RDDDU  Vatican
*RRUDR  UDDUD  Ghana
*RRURD  RDRRU  Switzerland
*RRURU  RUDDR  France
*RRUUR  DRDUR  Zambia
*RUDDD  UUDDD  Paraguay
*RUDDU  DDDUR  Ethiopia
*RUDDU  UUDRU  Uganda
*RUDRR  UDDDU  Malaysia
*RUDRU  URRDD  Guatemala
*RUDUR  UDRUD  Italy
*RUDUU  DUDDR  Peru
*RUDUU  URUDD  United Kingdom
*RUDUU  URUDD  Liechtenstein
*RURDU  DRRRU  Luxembourg
*RURRU  DDUUD  Panama
*RURUR  DDUUD  China (Nationalist)
*RURUR  URDDD  South Africa
*RUUDR  UUUDD  Jordan
*RUUDU  UDDUD  Ecuador
*RUURU  DRUUR  Lebanon
*RUUUD  DDUDD  Mongolia
*RUUUU  DDDUU  Kuwait
*UDDUD  DDRRR  Czechoslovakia
*UDDUD  DURDU  Wales
*UDDUD  DUUUU  Korea
*UDDUU  RRUDD  Australia
*UDDUU  RRUDU  Nigeria
*UDDUU  UUDRD  Albania
```

275

```
*UDUUD  RDUDU   Thailand
*UDUUD  RUDDU   USSR
*UDUUU  DDDUU   Iran
*UDUUU  DUUUU   Brasil
*UDUUU  UUUDD   Denmark
*URDDR  DDRDD   Bolivia
*URDRD  RDRDU   Chile
*URDUU  UUUDU   Canada
*URRRD  UURRR   Syria
*URRRR  DURRR   Liberia
*URRRR  DUURR   Sri Lanka (Ceylon)
*URUDD  DURUU   Nepal
*URUUD  DURRR   Bulgaria
*URUUD  RDRUU   Iraq
*URUUR  UUDDD   Tunisia
*URUUU  DUDUU   Netherlands
*UUDDU  DDURR   Roumania
*UUDDU  UDUUU   Greece
*UUDUD  DDUUD   Germany
*UUDUD  DUDDR   Afghanistan
*UUDUU  URDDR   Cuba
*UUDUU  UUDDU   Burma
*UURRD  UDDDD   Poland
*UURRR  RRRRR   India
*UURRR  RUUUD   Mexico
*UURRR  UDDDD   Yugoslavia
*UURUD  DDURR   China (People's Republic)
*UURUD  DUDDU   Colombia
*UURUU  DDDRD   Morocco
*UUUDD  DUDDD   Hungary
*UUUDD  DUDRU   Tibet
*UUUDD  UDUUU   Laos
*UUUDD  UDUUU   Iceland
*UUUDD  UURDU   Haiti
*UUUDU  DRUUU   Turkey
*UUURD  RDDRR   Indonesia
*UUURR  RRDDD   Central African Republic
*UUURR  URRUD   Nicaragua
*UUURU  DDDDD   Argentina
*UUUUD  UDUUD   Vietnam
*UUUUD  UURDR   Pakistan
*UUUUR  UDUUD   Israel
*UUUUU  UUDRD   Sudan
```

NATIONAL ANTHEMS

Afghanistan ★ U U D U D D U D D R

Albania ★ U D DUUUU D R D

Algeria ★ R D D D DU U R D D U

Argentina ★ U U U R U D D D D D

Australia ★ U D D U U R R U D D

Austria ★ D. D U U U D R D R D

Barbados ★ D D D R U R U D D D U

Belgium ★ D U U U U U D U U D

Bolivia ★ U R D D R D D R D D

Brazil ★ U D U U U D U U U

Bulgaria ★ U R U U D D U R R R

277

Burma

★ U U D U U U U D D U

Cambodia

★ R D U U D D U R R D

Canada

★ U R D U U U U U D U

Central African Republic

★ U U U R R R R D D D

Chile

★ U R D R D R D R D U

China (Nationalist)

★ R U R U R D D U U D

China (People's Republic)

★ U U R U D D D U R R

Colombia

★ U U R U D D U D D U

Cuba

★ U U D U U U R D D R

Czechoslovakia

★ U D D U D D D R R R•

Denmark

★ U D U U U U U U D D

Ecuador

★ R U U D U U D D U D

278

Eire ★ D D U U R U U U U

Ethiopia ★ R U D D U D D D U R

Finland ★ D U U U U D U D U

France ★ R R U R U R U D D R

Germany ★ U U D U D D D U U D

Ghana ★ R R U D R U D D U D

U.K. and Liechtenstein ★ R U D U U U R U D D

Greece ★ U U D D U U D U U U

Greenland ★ R R R U D D U U R U

Guatemala ★ R U D R U U R R D D

Guyana ★ D D D U R R U D R U

Haiti ★ U U U D D U U R D U

Honduras ★ R U D D U R U D D R

279

Hungary

Iceland

India

Indonesia

Iran

Iraq

Israel

Italy

Japan

Jordan

Kenya

Korea

Kuwait

280

Laos

Lebanon

Liberia

Libya

Luxembourg

Malawi

Malaysia

Malta

Mexico

Mongolia

Morocco

Nepal

Netherlands

New Zealand

★ D U D U R D D D U D

Nicaragua

★ U U U R R U R R U D

Nigeria

★ U D D U U R R U D U

Norway

★ D D D D U U U U U D

Pakistan

★ U U U U D U U R D R

Panama

★ R U R R U D D U U D

Paraquay

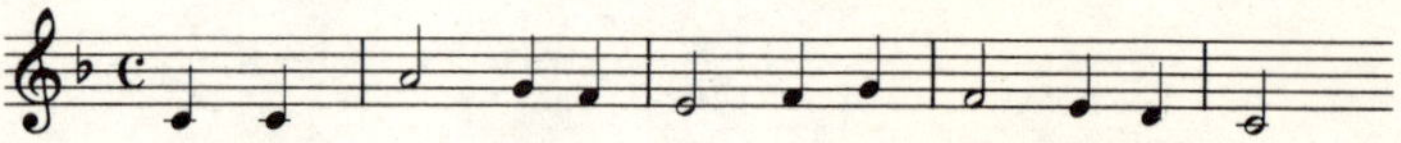

★ R U D D D U U D D D

Peru

★ R U D U U D U D D R

Philippines

★ D U D D U U U D D U

Poland

★ U U R R D U D D D D

Portugal

★ D D U D U D D D D D

Puerto Rico

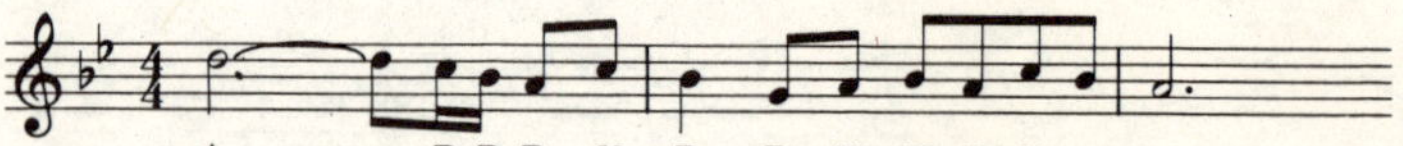

★ D D D U D D U U D U

Romania

★ U U D D U D D U R R

Saudi Arabia	★ D U U D D D U U U D
Sierra Leone	★ R R D D D U U R U U
South Africa	★ R U R U R U R D D D
Spain	★ D U D U D D D D D R D
Sri Lanka (Ceylon)	★ U R R R R D U U R R
Sudan	★ U U U U U U U D R D
Sweden	★ R D R R U U R D D D
Switzerland	★ R R U R D R D R R U
Syria	★ U R R R D U U R R R
Tanzania	★ D U U U R D R D U R
Thailand	★ U D U U D R D U D U
Tibet	★ U U U D D D U D R U

283

Tunisia

Turkey

UAR

Uganda

Uruguay

USA

USSR

Vatican

Venezuella

Vietnam

Wales

Yugoslavia

Zambia

284

READER'S NOTES

READER'S NOTES

READER'S NOTES